欧盟能源战略

——走向低碳经济

冯建中　著

时 事 出 版 社

目 录

前　言

本书的研究对象是欧盟能源战略，即欧盟[①]作为一个高度一体化的地区性经济政治合作组织，为应对不同时期的能源安全挑战、保障其经济社会发展所需要的能源供应而制定的战略性规划，旨在运用历史学的理论与方法全面系统地梳理欧盟能源战略如何从单纯保障供应安全到能源安全、经济安全和生态安全三重目标互动并最终走向低碳经济的历史演变过程，并尝试运用区域一体化、能源经济学、国际关系学和地缘政治学的理论和方法对欧盟能源战略的制定背景和成败得失进行跨学科的分析，力图通过大量运用原始资料，全面客观准确地揭示欧盟能源安全思想不断演进的内在动力和发展逻辑，解析欧盟能源战略的基本目标和政策措施，探讨欧盟能源战略与欧洲一体化之间存在的互动关系。

写作本书主要基于以下几个方面的考虑：

第一，欧盟拥有最完整的能源战略演变过程。欧盟是高度一体化的地区性经济政治合作组织。作为一个整体，欧盟经济发达，能源需求旺盛，是当今世界第一大能源进口区，也是继美国之后的全球第二大能源消费区。欧盟成员国拥有比较丰富的煤炭资源，因此，在以煤为主要燃料的时代，欧洲的

① 欧盟（全称欧洲联盟）是一个动态的概念。欧盟的前身是欧洲共同体（简称欧共体）。1992年签署的《马斯特里赫特条约》成立了欧洲联盟，1993年正式运作。2007年第6次扩大后，欧盟成员国已经增加到27个。为避免混淆，本书中出现“欧共体”之处特指1993年欧盟成立之前，出现“欧盟”之处则表示1993年欧盟成立以后的名称。一般情况下，本书使用“欧盟”一词涵盖上述两个概念。此外，本书中所说的“西欧”、“欧洲”、“共同体”和欧共体/欧盟一般均指特定时期的欧盟及其成员国。

能源问题并不十分突出。但是，随着石油的广泛使用，油气资源相对贫乏的欧盟国家对外依赖日趋严重，能源问题日渐突出。20 世纪 70 年代两次世界石油危机使欧洲国家政治经济遭受沉重打击，彻底暴露了欧共体国家过于依赖外部能源的脆弱性，证明了互不协调的单边行动的无效性和成员国之间缺乏团结的危险性。于是，欧共体开始制定共同体能源战略，力图协调成员国能源行动，促进能源政策的趋同，共同保障能源供应安全。随着国际能源市场的深刻变化、欧盟内部能源市场的启动、国际环境运动和可持续发展的兴起，以及经济全球化和欧洲一体化进程的飞速发展，欧盟能源战略不断演变。30 多年来，欧盟先后制定了六部能源战略，其能源安全思想不断深化，战略目标不断延拓，政策措施不断丰富，时空维度不断拓宽，主动性、全面性、一致性、远见性和可持续性不断增强。欧盟能源战略已经从一种单纯保障供应安全的被动防范性能源战略演进为多重目标互动的综合性可持续能源战略，并正在加速向以减排为核心、以应对气候变化和能源安全双重挑战为目标的低碳经济过渡。实践证明，欧盟能源战略是高瞻远瞩和深谋远虑的，从总体上讲也是成功的。作为最早面对能源问题、最早制定能源战略的区域集团，欧盟拥有最完整的能源战略演变过程。在实践中，欧盟创造了许多行之有效的政策、措施和办法，积累了许多好的经验，为后起工业国制定和发展能源战略、保障能源安全、谋求可持续发展以及开展区域和全球能源合作提供了有益的借鉴。因此，研究欧盟能源战略不仅有着极高的学术价值，而且还有重要的现实意义。

第二，欧盟能源战略是研究如何把能源安全、环境安全和经济安全完美结合的一部理想教材。欧盟成员国油气资源普遍贫乏，对外依赖十分严重，如不采取措施，到 2030 年，欧盟对外依存度将从目前的 50%上升到 70%。当前，在欧盟能源结构中，化石燃料（石油、天然气和煤炭）占 80%。如果现行政策不变，到 2030 年，欧盟能源结构将继续受化石燃料的支配。这就意味着，欧盟不仅能源供应安全将面临巨大风险，而且也无法应对气候变化的挑战，并严重影响其经济竞争力。在经济发展需要能源、能源生产又不能破坏和污染环境的新形势下，如何保障能源供应安全、促进可持续发展、保持欧盟经济的全球竞争力，这是一个巨大的挑战。欧盟致力于保护环境，应对全球气候变化，追求可持续发展。在 1997 年签署的《京都议定书》中，欧盟承诺将温室气体排放量以 1990 年为基准平均削减 8%，高于其他所有工业化国家。2000年欧盟能源供应安全战略绿皮书提出的能源政策目标是，“确保所有消费者（家庭和工业企业）能够在市场上以能够承受的价格不间断地获得能源产品，同时兼顾环境关切、追求可持续发展。”不难看出，这是一种涵盖能源安全、经济安全和环境/生态安全的综合性可持续能源安全观。欧盟2006年出台的《欧洲可持续、竞争力、安全能源战略》绿皮书明确提出了可持续、竞争力和供应安全三大目标，从而把生态安全、经济安全和能源安全正式融为一体。欧盟能源战略的政策重点，从短期而言，就是要采取包括供应多元化、战略储备和应急机制在内的各种措施，防范供需失衡，应对能源危机（供应中断和价格暴涨），确保成员国之间的团结互助；从长期讲，就是要开发替代能源和可再生能源，促进节能减排，加速向低碳能源经济过渡，逐渐摆脱对油气等不可再生能源的依赖，从而实现供应安全、竞争力和可持续发展的战略目标。2007年欧盟提出把能源政策与气候保护政策相结合，确立了以减排为核心、加速向低碳经济过渡的“20—20—20”一揽子能源新政策，决心在欧盟催生一场“后工业革命”。欧盟的意图是牢牢把握气候变化和全球化所隐含的机遇，积极应对全球气候变暖和能源安全的双重挑战。其远景目标是使欧洲成为一个充满活力的可持续经济体，在多样化的清洁、高效和低碳能源技术方面拥有世界领先地位，使这些技术成为欧洲繁荣的强大动力，促进增长和就业，并通过各项内外能源政策的全面实施，确保共同体能源安全的“长治久安”，以服务于欧盟更高层次的经济政治环境一体化目标。

第三，能源政策是观察和研究欧洲一体化进程的一个独特视角。欧洲一体化最初就是从能源领域开始起步的。在促成欧洲共同体诞生的最初三个基础条约中，有两个直接与能源合作相关。从这一意义上讲，欧洲的一体化进程最初始于能源部门的合作，能源政策在欧盟的发展战略中占有重要地位。能源领域的一体化是欧洲一体化的一个不可分割的重要组成部分。20世纪80年代中期，随着《单一欧洲法》的生效、内部能源市场的启动以及环境政策与能源政策的结合，欧盟能源政策获得了迅速发展。特别是90年代以来，欧盟能源政策中的一体化因素日益加强。随着内部能源市场一体化战略、跨欧能源网络战略、节能增效战略、可再生能源战略、气候变化战略、技术研发和创新战略、能源供应多元化战略、国际对话和合作战略、油气储备战略和应急机制以及一系列法律法规和政策措施的实施，超国家主义成分逐渐将欧盟能源政策推向共同体化。能源政策的一体化正在通过议题推动的方式构筑未来欧洲政治经济一体化发展的现实基础。欧盟能源战略推动了欧洲一体化的进一步发展，反过来，欧洲一体化的扩大和深化也为欧盟能源战略的发展提供了新的动力。由此可见，欧盟能源战略是深入研究欧洲一体化进程的一个重要的、独特的切入点。通过对欧盟能源战略的系统研究，我们不仅可以解读欧盟能源战略的演进历史、内在动力、战略思想、基本目标、政策措施和成败得失，而且还可以加深我们对欧洲一体化进程的全面理解，揭示其发展规律和趋势。如果不全面、客观、准确地掌握欧盟能源战略的来龙去脉，我们就难以理解欧盟在能源领域的一体化进程及其所采取的政策措施，更无法全面把握欧洲一体化进程，这无疑会影响我国对欧盟的研究深度，也必然影响我国与欧盟交流和合作的深度和广度。

第四，欧盟能源战略是认识和把握当今国际政治经济形势特别是欧盟对外能源政策变化的一个窗口。能源是人类社会生存和发展的重要物质基础，是现代经济的血液。能源问题不仅是一个重要的经济问题，也是一个重大的政治问题。能源安全关系到国家经济安全，而对国家经济安全的影响又必然会波及到一个国家的政治、军事、外交方面，从而影响到一个国家的社会稳定、政治安全、军事安全以及外交安全。因此，20 世纪 70 年代两次能源危机以后，西方发达国家把能源安全提升到国家安全的层面，能源安全成为国家安全的一个重要组成部分。最近几年油价飙升，给包括欧盟在内的世界经济和社会发展都带来了巨大的冲击和影响。这一事实戏剧性地凸显了能源问题的重要性。为此，各国政府无不高度重视能源安全问题，积极制定自己的能源战略，并把它置于国家安全战略的首位。欧盟经济严重依赖能源进口。为了应对能源安全领域的多重挑战，欧盟已经制定了共同对外能源政策，把能源与环境、竞争、对外关系、贸易、发展、研究等各相关政策相结合，并确定了旨在促进可持续发展、供应安全和竞争力的一系列短期性、中期性和长期性战略措施。与此同时，欧盟也清醒地认识到，在经济全球化、贸易自由化和全球气温变暖的大背景下，世界各国的相互依赖越来越紧密。没有哪个国家或地区能够独自实现可持续能源安全。因此，欧盟倡导的能源安全观是共同体内部与外部、发达国家与发展中国家之间、能源进口国与过境国和出口国之间基于市场原则、相互依存、相互合作的新能源安全观。由此可见，研究欧盟能源战略，对于我们正确认识当今国际政治经济环境形势特别是国际能源市场形势的变化，全面掌握相关国家特别是作为世界重要一极的欧盟的应对之策，同样具有重要的理论意义和实践价值。

第五，作为一个快速崛起的发展中能源消费大国，中国需要借鉴欧盟的先进经验，制定和完善我国的可持续能源战略。我国自改革开放以来，经济快速发展，能源需求不断增加。1993 年，我国由石油出口国转变为石油进口国，而且对外依存度逐年上升。2009 年，我国原油对外依存度首次超过 50％的国际警戒线，能源供应安全将面临严峻挑战。与此同时，作为能源消费大国，中国同样面临经济竞争力、环境保护、气候变化和可持续发展的压力，必须改变传统的以“高投入、高消耗、高污染”为特点的经济增长模式。在此背景下，我国无疑需要制定和完善自己的可持续能源战略，以确保我国经济社会的可持续发展对可持续能源供应的需要。实际上，中国政府已于 2007 年 12 月制定了一项综合性能源战略，其基本内容是：“坚持节约优先、立足国内、多元发展、依靠科技、保护环境、加强国际互利合作，努力构筑稳定、经济、清洁、安全的能源供应体系，以能源的可持续发展支持经济社会的可持续发展。”① 无疑，这是一部兼顾多重目标的可持续能源战略。然而，我们必须清醒地认识到，就我国目前的能源、环境、科技以及整体的经济社会发展水平而言，要全面、有效地落实这一战略，保障我国和平崛起对可持续能源安全的要求，我国将面临长期而艰巨的挑战。2010 年 1 月 27 日，中国政府宣布成立国家能源委员会，其主要职责是：负责研究拟订国家能源发展战略，审议能源安全和能源发展中的重大问题，统筹协调国内能源开发和能源国际合作的重大事项。国务院总理温家宝任能源委主任、副总理李克强任副主任，包括外交部、发改委、科技部、安全部、财政部、国土资源部、环保部、交通运输部、商务部等部委及军队高层 21 名高官出任委员。② 成立如此高规格的国家机构，足见我国政府对能源安全问题的高度重

① 中华人民共和国国务院新闻办公室：《中国的能源状况与政策》，2007 年 12 月。

② 这 21 名高层官员是：国务院副秘书长尤权、中央财办主任朱之鑫、外交部部长杨洁篪、国家发展改革委主任张平、科技部部长万钢、工业和信息化部部长李毅中、国家安全部部长耿惠昌、财政部部长谢旭人、国土资源部部长徐绍史、环境保护部部长周生贤、交通运输部部长李盛霖、水利部部长陈雷、商务部部长陈德铭、中国人民银行行长周小川、国资委主任李荣融、税务总局局长肖捷、安全监管总局局长骆琳、银监会主席刘明康、电监会主席王旭东、总参谋部副总参谋长章沁生、国家发展改革委副主任兼能源局局长张国宝。

视和应对该问题的坚定决心。为了全面、高效地贯彻落实我国的能源战略，我们无疑需要加强对国际上先进、成熟的能源战略的研究，总结和借鉴它们的先进经验和成功做法，学习其行之有效的政策措施和运作机制，跨越式地建立和完善各项制度。欧盟能源战略的先进理念、政策措施和方法手段对于我国发展和完善能源战略，建立健全各项制度，大力发展低碳经济，追求可持续能源安全，开展区域性和全球性能源合作，均具有极大的启示性和借鉴性。

基于上述考虑，本书的理论意义可归结为：(1) 有利于我们全面把握欧盟能源战略产生和发展的历史背景和演变历程，正确认识欧盟能源安全思想发展的内在动力，掌握欧盟所制定的基本目标、政策措施及其成败得失，深刻揭示其发展规律；(2) 有利于我们进一步研究欧盟能源政策发展与欧洲一体化进程的互动关系，正确把握欧盟能源领域的一体化趋势，加深对欧盟政治经济的历史和现状的认识；(3) 有利于我们深入研究欧盟作为一个高度一体化的地区性经济政治合作组织的独特性，加深我们对其政府间合作和超国家双重性的认识，掌握其在能源领域的决策机制和政策一体化的走向；(4) 有利于我们把握当今国际政治经济形势的发展趋势，特别是气候变化和经济全球化对欧盟乃至世界各国能源安全、经济安全和生态安全所带来的影响。

本书的现实意义主要体现在：(1) 有利于我们全面掌握欧盟能源战略的演进历程，总结和借鉴其成功经验，制定和完善符合我国国情的能源战略，规避能源供应中断和价格飙升对我国经济社会生活带来的风险和冲击；(2) 有利于我国及时掌握欧盟可持续能源战略的最新信息，借鉴其先进理念、行之有效的政策措施和运行机制，制定和完善以发展低碳经济为核心、兼顾能源安全、经济安全和生态安全的可持续能源战略，坚持走科技含量高、资源消耗低、环境污染少、经济效益好、安全有保障的能源发展道路，最大程度地实现我国经济社会的全面、协调和可持续发展；(3) 有利于我国加大能源领域的改革，改善我国以煤为主的不合理的能源结构，大力发展以低耗能、低排放、低污染为取向的低碳经济，促进可再生能源和清洁能源的发展和推广，提高能源效率，改革和完善我国能源领域的法律法规和监管体系，使之朝着能源结构更趋多元、市场机制更加完善、政府监管更加科学、应急体系更加健全、能源政策与环境保护结合更加紧密的方向发展；(4) 有利于利用欧盟雄厚的科技力量和丰富的财政资源，促进中欧在能源领域的人员交往和信息交流，提升双方的能源技术合作水平；（5）有利于我国开展区域和全球能源对话与合作，共同应对能源安全和气候变化的双重挑战。

欧盟为什么会制定共同能源安全战略？这一战略经历了哪些发展阶段？其能源安全思想是如何演变的？内在动力是什么？欧盟在各个阶段制定了哪些战略目标和政策措施？如何评估其成败得失？未来发展前景如何？欧盟能源战略与欧洲一体化有什么相互影响？欧盟能源战略对中国有什么启示和借鉴意义？对这一系列问题的解析构成了本研究的主导脉络和基本线索。本课题主要运用历史学的理论和方法来系统梳理欧盟能源战略的演变历程，探讨其萌芽、产生、发展和成熟的历史背景和内在动力，深刻揭示其发展规律。同时，笔者将尝试运用区域一体化、能源经济学、国际关系学和地缘政治学的理论和方法对欧盟能源战略的制定背景和成败得失进行跨学科的分析。

本书认为，欧盟能源安全问题的起源和实质是欧盟成员国油气资源普遍贫乏，对外依存度日益提高，面临供应中断和价格暴涨的现实和潜在风险，严重威胁共同体经济社会的协调和可持续发展。由于受资源禀赋、国家实力等诸多因素的影响，欧盟国家仅凭一国之力难以解决能源供应安全问题，因此，合作是唯一合理的选择。然而，《罗马条约》没有为共同能源政策提供任何法律基础。20 世纪 60 年代，充足而廉价的进口石油逐渐取代了本土的煤炭，成为主要能源，欧洲从能源基本自给自足转向严重依赖外部进口。欧委会试图创建共同能源政策。然而，欧盟成员国之间在能源资源禀赋、能源消费结构、能源监管体系、能源对外依存度、外交政策目标等方面存在的种种差异，阻碍了共同能源政策的发展。70 年代两次世界石油危机使欧洲国家政治经济遭受沉重打击，彻底暴露了欧共体国家过于依赖外部能源的脆弱性，证明了互不协调的单边行动的无效性和成员国之间缺乏团结的危险性。于是，欧共体开始制定共同体能源战略，力图协调成员国能源行动，促进能源政策的趋同，共同保障能源供应安全。可见，欧盟能源战略的最初动力主要来自于两次能源危机，主要目标是保障供应安全。从 80 年代中期开始，随着国际能源市场形势的缓和，欧盟能源安全思想开始发生根本性的转变，战略目标开始由供应安全向与能源相关的经济竞争力和可持续发展延拓，能源政策的市场化、绿色化和共同体化趋势逐渐加强。90 年代末特别是新世纪以来，欧盟能源安全形势、气候变化、经济全球化和欧洲一体化进程的不断演变，促使欧盟能源战略朝着多重目标互动的可持续能源战略方向发展，同时也决定了未来的走向。30多年来，欧盟先后制定了六部能源战略，其能源安全思想不断升华，战略目标不断延拓，政策措施不断丰富，时空维度不断拓宽，主动性、全面性、一致性、远见性和可持续性不断增强。欧盟能源战略已经从一种单纯保障供应安全的防范性能源战略，演进为能源安全、经济安全和生态安全三重目标互动的综合性可持续能源战略，并正在加速向低碳经济过渡。欧盟的意图是牢牢把握气候变化和全球化所隐含的机遇，积极应对全球气候变暖和能源安全的双重挑战，使欧洲成为一个充满活力的可持续经济体，在多样化的清洁、高效和低碳能源技术方面拥有世界领先地位，使这些技术成为欧洲繁荣的强大动力，促进增长和就业，并通过各项内外能源政策的全面实施，确保共同体能源安全的“长治久安”，以服务于欧盟更高层次的经济政治社会一体化目标。

作为最早面对能源问题、最早制定能源战略的区域集团，欧盟拥有能源战略最完整的演变过程。根据欧盟在不同时期所面临的能源安全挑战和欧盟能源安全思想演变的基本特征，本书将欧盟能源战略的发展大致分为6个阶段：(1) 萌芽阶段（1946—1972）。这一阶段分为两个时期。1946—1957年，能源供应严重不足是煤钢共同体六国面临的一个主要问题。能源合作促进了欧洲经济政治一体化。西欧六国先后创建了三个部门性能源政策合作框架——欧洲煤钢共同体（ECSC）、欧洲原子能共同体（EURATOM）和欧洲经济共同体（EEC）。1957—1972年，廉价的进口石油逐渐取代了本土的煤炭成为主要能源，欧洲从能源基本自给自足转向严重依赖外部进口。欧共体试图创建共同能源政策，建立能源共同市场，保障能源供应安全。然而，由于种种历史性、制度性和结构性原因，共同能源政策屡屡受挫。欧共体通过的唯一有意义的措施是根据经济合作与发展组织（OECD）的要求规定成员国必须建立90天消费量的战略石油储备。(2) 起步阶段（1973—1985）。70年代两次世界石油危机彻底暴露了欧洲对外能源依赖的脆弱性，证明了互不协调的单边行动的无效性和成员国之间缺乏团结的危险性。欧共体开始制定能源战略，先后通过了1974年和1980年两部能源战略，确定了共同体1985年和1990年能源目标。两部战略均以供应安全为唯一目标。1974年战略旨在减少对进口石油的依赖，防范欧佩克（OPEC）使用石油武器造成供应中断和油价暴涨。1980年，欧共体面临的能源安全挑战不是供应中断，而是因油价暴涨而对成员国经济和国际收支平衡产生的巨大冲击。因此，1980年战略提出的目标是打破经济增长与石油消费增长的联系，这就强化了供应安全的目标。虽然两部战略的基本出发点都是要解决石油供应安全问题，但后者的战略重心已经从防范短期性石油供应中断和油价暴涨向应对中长期石油供应不确定性的结构性调整的方向转变。（3）转折阶段（1986—1995）。从80年代中期开始，由于国际油价暴跌、内部市场的启动以及环境运动的高涨，欧共体能源战略的关注焦点出现了明显的转折。1986年出台的共同体能源战略确定了1995年能源目标。受两次石油危机的影响以及对能源价格继续上涨的期待，欧共体依然把战略重心置于供应安全之上，但能源市场的自由和公平竞争以及因能源使用引起的环境安全问题也被纳入了行动范围，表明共同体能源战略开始由供应安全向竞争力和环境安全延拓。《单一欧洲法》和《欧洲联盟条约》的生效为欧盟能源政策的发展提供了强大的动力。随着内部能源市场的启动和环境政策与能源政策的结合，欧共体能源政策开始走向市场化、绿色化、共同体化。从此，竞争政策和环境政策成为共同体能源战略的新动力。（4）可持续能源战略创立期（1995—2000）。80年代末、90年代初，冷战的结束、经济全球化、国际可持续发展运动、欧盟成立等一系列政治经济形势的深刻变化，对欧盟能源政策产生了重大的影响。1995年出台的《欧洲能源政策》白皮书提出了总体竞争力、供应安全和环境保护三个目标。这标志着欧盟能源战略开始向经济安全、能源安全和环境安全相协调的可持续能源安全方向发展，同时也表明欧盟开始构建真正的共同体能源政策。1997年《阿姆斯特丹条约》的生效和《京都议定书》的签署，为欧盟能源政策的可持续化提供了强大的动力。减少对化石燃料的依赖、提高能源效率、扩大可再生能源的使用，不仅成为保障能源安全的需要，更成为应对气候变化、实现可持续发展的迫切要求。（5）可持续能源战略确立期（2000—2006）。世纪之交，面对国际油价上涨、对外依赖日趋严重、国际减排义务等一系列新挑战，欧盟于2000年出台了《欧洲能源供应安全战略》绿皮书，提出了供应安全和气候变化的双重目标。鉴于欧盟在能源供应方面回旋余地有限，减排又进一步限制了欧盟的能源选择，欧盟开始把能源政策的重心由突出增加供应的传统思路转向控制需求增长和管理对外依赖。供应安全本身的关注范围也由石油扩大到天然气和电力部门。此外，核安全也受到高度重视。这标志着欧盟能源安全思想出现了根本性的转变。里斯本战略和欧盟可持续发展战略的相继出台推动了能源安全、生态安全和经济安全的进一步结合。(6) 可持续能源战略成熟期（2006 年至今）。进入新世纪以来，欧盟能源安全面临一系列新的挑战：世界能源需求激增；能源资源日趋集中；全球竞争日益激烈；油气价格暴涨；对外依存度继续上升；全球气候变暖，生态环境恶化；全面竞争的内部能源市场尚未完成。2006 年初爆发的俄乌天然气之争以及一系列大面积停电事故更加剧了欧盟能源安全危机感。天然气和电力供应安全的地位陡然上升。《京都议定书》的生效、里斯本战略的重启以及欧盟可持续发展战略的更新为欧盟能源安全思想的升华提供了新的动力。欧盟 2006 年出台的《欧洲可持续、竞争力、安全能源战略》绿皮书，提出了可持续、竞争力和供应安全三大目标。三者既相互独立又相互促进，构成一个平衡、统一、互动的大三角。生态安全、经济安全和能源安全由此融为一体。这标志着欧盟多重目标互动的综合性可持续能源战略趋于成熟。为落实这一战略，欧盟于 2007 年出台了《欧洲能源政策》，明确提出把能源政策与气候保护政策相结合，确立了以减排为核心、加速向低碳经济过渡的“20—20—20”一揽子能源新政策，决心在欧盟催生一场“后工业革命”，最终实现可持续发展、供应安全和竞争力三大目标。

经过几十年的不懈努力，欧盟已经形成了比较完整、成熟、先进的可持续能源战略。这一战略的基本架构由内部和外部两个维度组成：内部维度主要包括内部能源市场战略、跨欧能源网络战略、节能增效战略、可再生能源战略、气候变化战略、技术研发与创新战略；外部维度主要包括能源供应多元化战略、国际对话与合作战略、油气储备战略和应急机制。目前，欧盟正在通过立法、政策、市场手段以及财政工具，在共同体内部各个层面上全面推进各项政策和措施的落实，并加紧整合其强大的经济、政治、外交、法律、行政、科技和财政资源，谋求在国际上以一个声音说话，一方面按照自己的利益和规则加速构建以欧盟为核心的泛欧能源大市场，保障其能源供应安全；另一方面与全球生产国、过境国和消费国开展多层次的能源对话和合作，在促进能源供应多元化的同时，努力保障国际能源市场的正常运转，促进全球节能减排和发展可再生能源，共同应对气候变化和能源安全的严峻挑战，最终确保其可持续能源战略三重目标的全面实现。

需要指出的是，欧盟能源战略涉及两个层面：共同体层面和成员国层面。本书主要以欧盟层面上的能源战略为研究对象。研究欧盟虽然要涉及其成员国的能源政策，但本书不把它们作为考察重点。本书所谓的“欧盟能源战略”系指欧盟作为一个高度一体化的国际组织为应对特定时期的能源安全挑战、保障其经济社会发展所需要的能源供应而制定的具有全局性、长远性、目标性和预见性的统筹谋划或总体构想。它是一个包括能源安全指导思想、战略目标和政策措施在内的决策体系。这种规划是由欧盟机构①按照法定程序制定并通过的具有高度指导性、系统性、延续性和可操作性的官方文件。欧盟能源战略的目的是促进共同体和成员国能源政策的协调和趋同，促进欧洲经济竞争力、供应安全和环境保护，服务于欧盟更高层次的经济、社会和环境政策目标，最终实现与共同体经济社会目标相一致的共同体能源政策一体化。

从严格意义上讲，欧盟能源战略的主要构成文件是：1974 年《理事会关于 1985 年共同体能源政策目标的决议》、1980 年《理事会关于 1990 年共同体能源目标及成员国政策趋同的决议》、1986 年《理事会关于 1995 年共同体能源政策新目标及成员国政策趋同的决议》、1995 年《欧洲能源政策》白皮书、2000 年《欧洲能源供应安全战略》绿皮书、2006 年《欧洲可持续、竞争力和安全能源战略》绿皮书以及欧盟理事会所通过的相关决议和主席国结论。这些战略性和纲领性文件集中体现了欧盟能源战略的指导思想、基本目标和政策措施，对欧盟成员国制定能源战略和能源政策具有极大的指导性、协调性和规范性。尽管它们常常以共同体能源政策、欧洲能源政策等名称出现，但从实质上讲，它们构成了不同历史时期的欧盟能源战略。欧盟的具体能源政策主要反映在欧盟机构根据上述能源战略所制定和发布的各种白皮书、绿皮书、指令、条例、决定等法律文件中。

需要指出的是，虽然促成欧共体诞生的三个基础条约中有两个与能源

---

① 欧盟决策机构主要由三个机构组成：欧盟委员会（简称欧委会或委员会）、欧盟理事会（简称理事会，也称部长理事会）和欧洲议会。另外，作为欧盟首脑会议的欧洲理事会虽不参与具体的政策制定，但却是欧盟实际上的最高决策机构、决定欧盟的大政方针。

直接相关，但是，欧盟成员国却没有在《罗马条约》中为共同能源政策赋予一个独立的法律基础。其根本原因是，能源政策历来被视为与国家安全相关的一个问题，欧盟成员国不愿失去在这一领域的主权。因此，在2009年12月1日《里斯本条约》生效前，欧委会一直未能取得共同能源政策的正式权限。① 欧盟在能源领域的几乎所有问题上都采用了政府间合作的方式。50多年来，特别是20世纪70年代两次能源危机以来，欧盟机构主要通过内部市场、对外关系、消费者保护、环境、竞争、贸易、交通、研究等共同政策来制定和实施能源政策、解决能源领域的突出问题。欧盟在制定能源政策和措施时始终按照共同体基础条约和相关法律的规定和程序行事，遵循“辅助性原则”（Subsidiarity）和“比例适度原则”（Proportionality）②，不能超越现行条约所规定的权限。可见，欧盟在共同体层面上并非是中央集中式的监管。欧盟制定的能源战略主要由成员国实施。各成员国在共同体能源战略所确定的优先发展目标的框架内根据本国国情制定和实施本国的能源战略。共同体在实施能源战略方面的作用，主要是对各成员国采取的政策措施加以监测、报告和协调，在必要的情况下，根据条约的相关规定和辅助性原则，制定共同体措施来协调、辅助和加强成员国措施。

冯建中

2010年4月12日于南京

---

① 2009年12月1日生效的《里斯本条约》为能源专门设立了一章，规定共同体应“确保能源市场的运转；确保能源供应安全；促进能效和节能；开发新能源和可再生能源；促进能源网络的跨境连接”。条约的生效意味着欧盟在能源领域的法律基础和正式职能得以确立。能源政策已成为共同体及其成员国的共享职能，采取有效（或称资格/特定）多数表决机制。当然，涉及燃料结构的决定仍将采取一致通过的表决方式。

② 《欧洲联盟条约》第3b条规定：“共同体应在本条约赋予它的权力与指派予它的目标的限度内行事。在不属于其专管的方面，共同体应根据辅助性原则行动，即只有在并且仅限于下述情况下：所拟采取的行动的目标非成员国所能充分实现，且鉴于所拟采取行动的规模和影响，最好由共同体来实现。”此即所谓辅助性原则。比例适度原则是指“共同体的任何行动均不应超过实现本条约的目标所需。”

第一章

创建共同能源政策的尝试（1946—1972）

欧盟能源战略的历史由来已久。从宽泛意义上讲，它是伴随着欧洲一体化进程而萌生的。1946—1957 年，能源供应严重不足是煤钢共同体六国面临的一个主要问题。能源合作促进了欧洲经济政治一体化。西欧六国先后创建了三个部门性能源政策合作框架——欧洲煤钢共同体（ECSC）、欧洲原子能共同体（EURATOM）和欧洲经济共同体（EEC）。1957—1972 年，廉价的进口石油逐渐取代了本土的煤炭，成为主要能源，欧洲从能源基本自给转向严重依赖外部进口。欧共体试图创建共同能源政策，建立能源共同市场，保障能源供应安全。然而，由于石油供应充足、成员国能源利益差异太大、共同体自身缺陷等一系列历史性、制度性和结构性原因，共同能源政策屡屡受挫。欧共体仅仅通过了一些不具法律约束力的备忘录、议定书和指导方针。唯一有实质意义的是在经合组织（OECD）框架内建立了强制性战略石油储备。本章将西欧国家创建共同能源政策的尝试分为两个阶段——创建部门性共同能源政策和创建共同能源政策，旨在追寻欧盟能源战略萌生的历史背景和内在动力，分析共同能源政策失败并最终走向对外依赖的根本原因，探讨共同体为保障石油供应安全所作的主要努力。

第一节 创建部门性共同能源政策 (1946—1957)

一、战后西欧能源危机

能源是现代工业经济运行和发展的一个决定因素。在以煤炭为主要能源的时代，西欧大部分国家能源供应基本自给。然而，第二次世界大战期间，欧洲各国的能源工业遭到了严重破坏。战后，西欧各国普遍出现了严重的能源危机。1946年底，欧洲偏偏遭遇了百年不遇的漫长的严冬，随后又是洪水泛滥，欧洲人饥寒交迫，能源危机达到了顶点。

为了拯救欧洲、遏制苏联势力的扩张，1947年6月，美国国务卿马歇尔在哈佛大学的毕业典礼上，提出了复兴和重建欧洲的“马歇尔计划”。该计划以整个欧洲大陆为出发点，帮助西欧恢复和重建战后经济。1948年4月2日，美国国会通过了《1948年援外法案》，“马歇尔计划”开始正式实施。计划首先要解决的问题是欧洲能源危机。大笔资金的到来使比利时、法国、荷兰和西德的煤炭工业得以大规模重建，设备得到更新，到50年代后期，西欧各国的煤炭生产已经实现了自给。

由于战后初期欧洲煤炭生产能力不足，劳动生产率低下，加上工人运动不断，煤炭价格居高不下，煤炭产量无法满足欧洲重建对能源的需要。改用石油成为解决欧洲能源危机的唯一办法。“马歇尔计划”的制定者认为，欧洲获得充足的能源供应是其经济复苏和政治稳定的基础。因此，他们修订了西欧的能源政策，鼓励西欧国家充分利用拥有巨大储量的中东石油。据当时美国政府的一份报告称，“没有石油，马歇尔计划不可能起作用”。①

然而，欧洲消费的石油约有一半来自美国石油公司，需要以美元来支付。这样，对大多数欧洲国家来说，石油开支便成为“马歇尔计划”支出的

---

① [美]丹尼尔·耶金著：《石油·金钱·权力》，钟菲译，北京：新华出版社，1992年版，第436页。

最大项目。据估计，在1948年以后的4年里，石油进口占了援助计划总开支的20%。[①] 由于石油定价过高、石油开支过大，再加上1948年的石油价格上涨，因此欧洲国家美元流失严重，它们对美国石油公司日益不满。于是，如何确定油价成了一个备受争议的问题。在欧洲国家的压力下，国际大石油公司被迫改变不合理的石油定价机制，由“单一基点价格制”改为“双重基点价格制”，即从中东运往欧洲的石油价格，等于从美国墨西哥湾出口的石油价格加上从中东（原来是从墨西哥湾）运往欧洲的运费。这样就大大降低了中东石油的价格，使生产成本和运输费用低廉的中东石油开始大量输入欧洲。1946年，欧洲消费的石油有77%来自西半球。到1951年，来自中东的石油已上升到80%左右。这一转变在为欧洲人带来福音的同时，也为其日益依赖中东石油埋下了隐患。

“马歇尔计划”原定期限为5年，由于西欧经济恢复较快，到1951年底就提前结束了。除东欧国家和西班牙以外，欧洲共有16个国家（英国、法国、意大利、奥地利、比利时、荷兰、丹麦、希腊、冰岛、爱尔兰、挪威、瑞典、瑞士、葡萄牙、土耳其）和德国的英法美占领区接受了援助，总额达到131.5亿美元[②]。

从能源的角度来看，“马歇尔计划”缓解了欧洲的能源危机，促进了欧洲煤炭工业的恢复，同时由于油价的下降，欧洲开始从以煤炭为动力的经济逐渐转向以进口石油为动力的经济。此外，在“马歇尔计划”的执行过程中，美国始终把推动欧洲统一作为其对欧政策的核心。1948年4月成立的欧洲经济合作组织（OEEC）负责美国援款分配和使用，它先后与一系列受援国签订多边和双边协定，逐步削减了西欧国家之间的关税壁垒，取消了一些贸易限制。1950年9月成立的欧洲支付联盟促进了西欧的贸易和支付自由化。这一切对恢复欧洲的能源生产、保障欧洲能源供应、促进欧洲人走经济一体化的道路均起到了积极的推动作用。

---

① 王能全著：《石油与当代国际经济政治》，北京：时事出版社，1993年版，第48—49页。

② 吴于廑、齐世荣主编：《世界史·现代史编（下卷）》，北京：高等教育出版社，1994年版，第63页。

二、创建共同煤炭政策（1951年）

20世纪50年代早期，煤炭是欧洲的主要能源，大部分依靠本土生产。1950年，煤炭占欧洲一次能源需求的75%，石油仅占10%。[①] 欧洲的重建和复兴需要大量的能源。在经历了战争的严重破坏后，当时西欧严重缺煤，不得不依赖进口。因此，煤钢生产能否顺利地恢复和扩大在当时看来显然是未来欧洲的希望之所在。然而，西欧各国在煤炭和钢铁方面存在着严重的歧视性定价和垄断行为，在萨尔地区煤炭资源和洛林地区铁矿石的归属等根本性问题上继续存在着竞争和猜疑。这些因素不仅阻碍了煤钢生产的扩大，而且还会诱发新的冲突和战争。因此，西欧各国的决策者决定将能源产业作为制定共同政策、采取协调行动的重要领域。

1950年5月9日，法国外长罗贝尔·舒曼发表了由让·莫内起草的“舒曼计划”，提出建立一个共同机构，把法国和德国的煤炭和钢铁工业联合起来经营，通过渐进的方式建设一个和平与统一的欧洲。在莫内等欧洲一体化支持者眼里，能源既是一个具有政治重要性的经济部门，也具有一旦实现一体化就会继续外溢到其他经济部门的良好潜力。欧洲可以从进行战争所必需的煤钢入手，然后扩大到其他经济和政治领域，直到在欧洲层面上作出重大决定。这一计划得到了西欧国家和美国的普遍支持。

1951年4月18日，法国、联邦德国、意大利、比利时、荷兰和卢森堡六国在巴黎签订了为期50年的《建立欧洲煤钢共同体条约》（即《巴黎条约》），成立了欧洲煤钢共同体（ECSC）。ECSC的宗旨是“促进成员国的经济扩张、就业增加和生活水平提高”。[②] 条约有两个基本目标：一是经济目标，即建立一个煤钢共同市场；二是政治目标，即建立某种超国家的权力机构，以逐步向政治一体化方向发展。[③] 煤钢共同市场的目标是废除成员国之

---

① Robert J. Lieber, *The Oil Decade: Conflict and Cooperation in the West*. New York, USA: Praeger Publishers, 1983, p.14.

② 戴炳然译：《欧洲共同体条约集》，上海：复旦大学出版社，1993年，第1页。

③ 李世安、刘丽云等著：《欧洲一体化史》，石家庄：河北人民出版社，2003年版，第50页。

间煤钢贸易的关税和数量限制，消除价格歧视，禁止国家补贴，消除有合谋瓜分市场倾向的限制性做法，以使各成员国能平等享有生产资料，提高生产率，促进贸易增长。条约同时成立了包括高级机构、共同议会、部长理事会和法院在内的组织机构。

1952年8月，具有超国家性质的高级机构在卢森堡成立。该机构集中了成员国在煤钢领域的管理权，包括制定最低价格和投资政策、规定生产限额以及征税权等。高级机构还被赋予了广泛的紧急权力，以应对共同体可能出现的煤钢供应过剩或短缺的情况。1953年2月10日，煤炭共同市场正式设立。从此，煤炭属于共同体，而不再分德国、法国、意大利、比利时、荷兰和卢森堡。各成员国生产的煤炭可以在共同市场内自由流通，任何人都可以在共同体范围内自由选购。多少年来彼此争夺的煤炭和钢铁现在变成了共享的资源，彻底消除了战争的隐患，实现了法德之间的和解，使欧洲开始了经济一体化的进程。

ECSC条约反映了煤炭在成员国能源结构中的主导地位。在欧洲人看来，解决了煤炭问题，其他能源供求问题就能迎刃而解。条约的签署创建了共同煤炭政策，导致了共同体内部进出口关税的取消和一些限制性贸易做法的废除。这对于促进煤炭生产、扩大煤炭贸易、保障能源供应、缓解西欧的经济危机，起到了积极的推动作用。随着煤钢共同体的成立，法德等国的煤钢生产迅速增长并带动了经济的发展。联邦德国的钢铁工业没有压垮邻国的同行。法国得到了萨尔的煤炭供应，即使是在行情紧张的情况下也是如此。

但是，由于ECSC关注的焦点是如何管理煤炭和钢铁生产，而不是制定全面的能源政策，因此，它没有引向一项包括油气在内的共同能源政策。50年代末，由于煤炭生产成本和价格上升，西欧各国政府纷纷鼓励使用廉价的进口石油来解决能源供应问题，煤炭生产出现大幅度萎缩，共同煤炭政策随即陷入了困境。

三、创建共同核能政策（1957年）

20世纪50年代，人们普遍认为，欧洲缺乏常规能源。煤炭生产已经达到顶峰，似乎已经没有增长的可能。发展水电又受到地理条件上的限制。1956年苏伊士运河危机使欧洲不断增长的对进口石油的依赖成为人们关注的焦点。于是，欧洲人把目光投向了似乎潜力无限的原子能。

对于核工业，欧洲人既渴望又担心。一方面，西欧各国乐观地认为，核能是一种安全、廉价、高技术的、有着光明前景的能源，因而迫切希望开发这一新能源，以减轻其对进口能源，特别是对中东石油的依赖。另一方面，原子能的研发与核武器密切相关。当时，美、英、苏三国已经拥有核武器技术，法国政府也在加速研制核武器，而德国已被明确地排斥在核竞赛之外。因此，从核防务方面来看，法德两国决不可能共同开展核研究，这必然会损害法德两国业已开创的欧洲一体化事业。

1954 年法国国民议会对欧洲防务共同体的否决堵塞了军事一体化的道路后，欧洲一体化主义者开始在经济领域寻找欧洲一体化发展的新起点。莫内主张将煤钢共同体的合作扩大到核研发领域，建立一个原子能共同体。在他看来，建立原子能共同体不仅能为欧洲不断增长的能源需求提供无穷的廉价、可靠的能源，同时也能对德国核工业实施有效监督。更重要的是，核工业完全有可能成为一个依靠计划的干预性部门，这样就具有了外溢的潜力。莫内希望，通过共同体方式来开展核研究，可以防止法国制造自己的原子弹。

莫内的计划得到了美国的大力支持。当然，这种支持是出于不同的目的。美国的利益集团迫切希望出口其核工业产品，而美国政府关心的是防止核武器的扩散。原子能共同体可以使美国既向西欧出售核技术和浓缩铀，又能建立安全措施，确保核材料不会用于军事目的。为此，美国积极支持欧洲原子能共同体（EURATOM），这是该条约谈判成功的一个重要因素。但是，美国把 EURATOM 当作其核电厂和核材料的一个方便的客户，这与莫内的设想并不一致。莫内是想把 EURATOM 作为发展一个独立的欧洲核工业的手段。莫内创建的欧洲合众国行动委员会在 1956 年布鲁塞尔会议的决议中提出："我们各成员国只有依靠共同力量，才能发展自己的核工业；只有组成一个整体，才能达到世界强国水平。否则，分裂的欧洲的任何一国都无法独自改变本国的落后状态。"①

1955 年 6 月 1 日到 3 日，煤钢共同体六国第一次外长会议在意大利的

① ［法］让·莫内，孙慧双译：《欧洲第一公民——让·莫内回忆录》，成都：成都出版社，1993 年版，第 492 页。

墨西拿召开。六国一致同意通过经济领域内的合作来扩大一体化的范围。会议决定成立由各国政府代表和专家组成的筹备委员会，负责对运输和能源部门一体化以及共同市场的建立作进一步的研究。1955年7月，比利时外交大臣斯巴克领导成立了成员国专家委员会，即斯巴克委员会（Spaak Committee），负责拟订欧洲经济共同体和欧洲原子能共同体计划。斯巴克委员会研究了在能源（原子能、石油、天然气、电力）等部门实现一体化的可能性。斯巴克委员会提交的报告认为，石油、天然气、电力等能源部门以及运输部门的一体化将存在巨大困难，因为石油是属于国际石油公司的业务，天然气和电力则基本上在国家范围内进行分配。石油的管辖权问题使它不可能被包括在欧洲煤钢共同体的权限内，而在国家范围内进行分配的天然气和电力则不存在很大的国际贸易问题。在这些部门内实行经济一体化会涉及国家主权的特殊问题。只有原子能部门的一体化值得尝试。当时原子能应用处于研发阶段，成立一个专门组织着手对欧洲原子能进行综合开发是可行的，不仅可以集中六国之力，同时还有利于对原子能开发与应用实行有效的管理和监督。

合作发展原子能的计划对煤钢共同体成员国政府的吸引力在于它能分摊核技术研发所需要的昂贵费用。尤其是法国，它是核研究方面的领先国家，正在进行核能的军用研究，但它缺乏发展核能所需要的巨额资金，因此，它对原子能共同体特别感兴趣，希望从中获得其他成员国的核技术、比（利时）属刚果的高质量铀供应以及来自西德的、通过共同体预算对原子能研究计划的补贴。同时，条约还可以限制西德独立发展具有战略意义的核工业。[①] 西德对原子能共同体并不热心，它只是想用该条约来交换法国同意成立经济共同体，而且，美国对该条约的支持使西德难以拒绝。

1956年7月爆发的苏伊士运河危机对成立原子能共同体的谈判成功起到了重要的推动作用。运河危机爆发后，西欧各国对中东石油进口的依赖危如累卵。石油运输的瘫痪给西欧各国以沉重的打击，使它们意识到能源问题的重要性和紧迫性，意识到必须降低对中东石油的依赖，必须发展欧洲的原子能，作为未来的新能源。认清了自己的脆弱性后，欧洲人也懂得了团结的

---

① Stephan George, *Politics and Policy in the European Community*, Second Edition. New York: Oxford University Press, 1991, p. 120.

必要性，使莫内等人关于建立欧洲原子能共同体的呼声更具说服力。9月19日，欧洲合众国行动委员会在巴黎开会。随后发表的决议指出："能源供应是西欧各国兴衰的决定性因素。目前，西欧国家使用的能源1/5依靠从国外进口。今后10年，需要进口的能源将从1/5增至1/3，其中主要是从中东进口石油。"① 决议呼吁西欧各国："只要我们联合起来，共同开发我们的资源，便可及时生产出必要的原子能，便可把煤和石油的进口控制在适当的限度之内。"② 这些论点得到了大多数欧洲人的认同。苏伊士危机比任何雄辩都更有说服力。这一涉及到欧洲经济与军事安全利益的严重事件，既引起了正在进行共同市场和原子能共同体谈判的各国的恐惧和担心，又成了它们加速条约谈判从而促进欧洲联合的直接动力。一位欧洲主义者甚至开玩笑说，应该给欧洲联邦建设者纳赛尔建座铜像。③

1957年3月25日，煤钢共同体六国在罗马签署了《欧洲经济共同体条约》（EEC）和《欧洲原子能共同体条约》（EURATOM）（通称《罗马条约》）。1958年1月1日，欧洲原子能共同体在布鲁塞尔诞生。可以说，欧洲原子能共同体是部门一体化的复制。EURATOM的目标是"为核工业的快速建立和发展创造必要的条件，促进成员国人民生活水平的提高，促进与其他国家关系的发展。"④ 其任务包括：促进原子能的研究，确保技术信息的传播；制定并落实统一的安全标准，保护工人和公众的健康；促进核能开发的投资；确保共同体内所有用户获得稳定、公平的铀矿石和核燃料供应；通过合适的监督措施确保核燃料不被挪作他用；行使其享有的特殊裂变材料的所有权；创建一个专用材料和设备的共同市场，促进核能领域投资资本的自由流通，保证专业人士在共同体的就业自由，以此扩大商业网点，保证最佳技术设施的准入；与其他国家和国际组织建立合作，促进核能

---

① ［法］让·莫内，孙慧双译：《欧洲第一公民——让·莫内回忆录》，成都：成都出版社，1993年版，第495页。

② 同上。

③ 计秋枫、洪邮生、张志尧：《欧洲的梦想与现实——欧洲统一的历程与前景》，南京：南京大学出版社，2000年版，第92—93页。

④ European Communities，*Treaty Establishing the European Atomic Energy Community* [Euratom]，signed on 25 March 1957，Article 1，Luxembourg：Office for Official Publications，1973.

的和平利用。[1]

从原则上讲，EURATOM也要创建一个一体化的核能市场。然而，与煤钢共同体和经济共同体不同的是，创建核能共同市场的问题似乎只起辅助性作用。成员国虽然口头上同意创建核能共同市场，并为核能商品的自由流通作出规定，但在核原料的供应问题上，普遍认为，仅仅消除自由流通的障碍不足以确保条约的一个目标——所有用户能够获得铀矿石和核燃料的稳定和公平的供应。核工业的特殊情况使条约起草者们相信，实现这一目标只能通过创建一个专营机构集中供应。这一机构就是“欧洲供应局”（European Supply Agency）——一个由欧委会监督的共同体机构。它被赋予的任务是使用户需求与生产能力相平衡，与共同体以外的供应能力相平衡，签订供应合同。为了使它能履行其职能，该机构被授予了从共同体以外进口核材料的专营权和从共同体内部生产商购买核材料的专买权。

EURATOM条约确立了共同体的基本核政策，对汇集资源、促进核技术研发和知识传播、保障核安全等均起到积极的推动作用。但是，由于种种原因，原子能共同体的发展并没有像人们所希望的那样乐观。首先，随着苏伊士运河危机的结束，中东廉价而充足的石油供应迅速得到恢复，核能开发失去了紧迫性。由于领导人的频繁更换，EURATOM直到1959年底才真正开始运作。此时，意大利和德国已经开始发展本国的核计划，以防法国人从共同体联合研究预算中获益太多。共同体伙伴开始走上了互为商业竞争对手的道路。其次，条约中所作的妥协导致共同体无法产生强有力的共同措施。尽管条约成立了“欧洲供应局”，对铀供应实施专营，但成员国只要得到供应局的正式同意，即可从世界市场上购买铀。这为西德从美国直接购买铀打开了大门。条约中没有规定联合建造铀浓缩工厂或铀加工厂的义务，而这两项都是法国所希望的。另一方面，法国也得到了其他成员国的让步：对涉及国家安全的技术信息没有分享的义务。最后，在条约的实际执行过程中，成员国并没有完全遵守条约的精神甚至条款。由于法国“经常性、系统

---

① European Communities, *Treaty Establishing the European Atomic Energy Community* [Euratom], signed on 25 March 1957, Article 2, Luxembourg: Office for Official Publications, 1973.

地违反供应规则"[①]，条约的核心——由欧洲供应局集中提供铀供应，到1973年都没有开始运作。条约对共同体自身的铀供应从未产生过实际影响。共同体内部只有法国拥有一定规模的铀资源，但法国人从未把自己的铀资源置于共同体机制的有效控制之下。法国把这些铀资源一部分用于防务目的，一部分用于核电站。可见，同其雄心勃勃的目标相比，欧洲原子能共同体几乎没有取得什么成就。对原子能潜力的过度迷恋还导致了石油地位遭到完全的忽视。

四、创建共同市场（1957年）

1957年3月25日与欧洲原子能共同体同时签署的《欧洲经济共同体条约》，旨在"通过建立一个共同市场，逐渐实现成员国经济政策的趋同，促进共同体经济活动的协调、持续、平衡、稳定的发展，加速提高人民的生活水平，密切成员国之间的关系。"[②] 这一共同市场不言而喻应该覆盖上述两个条约没有涉及的燃料——石油、天然气、电力等能源。然而，EEC条约既没有包含一般意义上的能源政策，也没有为石油、天然气和电力确定任何具体政策。条约没有明确规定，共同市场的基本原则——禁止进出口关税及其他具有同等效果的关税、禁止数量限制及其他同等效果的措施、禁止限制开业和人员流动的自由、禁止其他扭曲共同体内部贸易的国家措施（如歧视性内部税收、国家援助、操纵国家企业行为）——不应在能源部门实施。通过适当运用一般规则来解决具体经济部门出现的问题，这一点可以从条约对过剩和短缺问题所给予的有限关注看出来。在EURATOM条约中，过剩和短缺问题被当作一个需要认真对待的基本问题。ECSC条约甚至规定了详细的紧急处置权力。可是，在EEC条约中，除农业部门外，其他部门的过剩问题只是在有关倾销、贸易扭曲和过渡期内保护措施的规定中笼统提及，而

---

① Terence Daintith and Leigh Hancher, *Energy Strategy in Europe: The Legal Framework*, Berlin: Walter de Gruyter & Co., 1986, p. 23.

② European Communities, *Treaty Establishing the European Economic Community* (Rome, 1957), Article 2. Luxembourg: European Communities Publishing Services, 1958.

短缺的问题仅在一个关于短期经济政策的协调的条款框架内一带而过。[①]

EEC条约在对外贸易关系的规定中也是采取了统一的方式。这一点特别值得一提，因为EEC成员国的能源供应主要来自于第三国的进口。EEC条约建立了一个关税同盟，对外实行统一关税，对内免除关税。在这一机制下，成员国把本国的商业政策职能让渡给了共同体，因而不再拥有采取单边措施的自由，如对第三国进口强加临时性的国家配额或关税（除条约明确规定的特殊情况外）。

值得注意的是，EEC条约中纳入了第235条[②]，作为一项临时性措施，以防成员国希望发展某个领域而条约又没有作出相应规定。这个条款本是为了某个特定的目的而一次性使用，以填补下一次条约修改之前的空白。然而，由于EEC条约没有为共同能源政策专门确定一个法律基础，欧委会在以后的50多年中总是借用第235条来制定相关的能源政策措施（包括能源多元化、节能等），解决能源领域的突出问题。然而，也正是这一条款使欧委会提出的大部分提案遭到了失败，因为该条款规定了一致通过的表决方式，只要有一个成员国反对，提案就会被否决。

为什么《罗马条约》的起草者们会平静地看待与能源相关的资源分属三个不同的条约呢？一种解释是，他们未能预知到石油进口会对西欧发挥日益重要的作用。另一种解释是，他们过于相信核能会廉价、快速地发展。"三位智者"[③] 在1957年提交的报告中称，核能将从1967年起取代进口石油，从而改善共同体供应结构及其总体地位。[④]《罗马条约》的主要动因是煤钢共同体六国希望在核心领域表现出推进欧洲一体化的具体愿望。核能在当时被视为最核心的领域——一个有着无限发展潜力的部门。西欧国家要摆脱美国霸权和苏联集团的威胁与挑战，就必须推进核能领域的合作和一体化。正

---

① 参见《欧洲经济共同体条约》第91、115、226、103（4）条。

② 《欧洲经济共同体条约》第235条规定："如果在共同市场的运行过程中，共同体行动确系实现共同体一目标所必不可少，而本条约又没有给予必要的权力，则部长理事会应就委员会的提议和经征询欧洲议会的意见，以全体一致议决采取适当的措施。"

③ "Three Wise Men"，指负责起草Euratom报告——A Target for Euratom的三名关键人物——法国的Louis Armand、西德的Franz Etzel和意大利的Francesco Giordani。

④ Office for Official Publications of the European Communities, *The European Community and the Energy Problem*. 3rd ed. European Documentation 1—1983, p. 42.

式启动《罗马条约》谈判进程的煤钢共同体成员国外长会议（即墨西拿会议）达成了一个共识：创建一个有权、也有能力确保核能和平发展的联合机构。[①] 可见，核能部门的一体化从一开始就被视为与一个全面的共同市场发展相分离、相平行的项目。

墨西拿会议对常规能源表现出很大的兴趣，其受关注程度不亚于核能。斯巴克委员会就常规能源问题专门设立了一个专家委员会，并且在“斯巴克报告”中专门有一段阐述常规能源问题。然而，报告没有提出对 ECSC 条约进行修订。其原因是，墨西拿会议是在 1958 年煤炭过剩危机之前召开的，当时，石油比煤炭昂贵，因而仅仅用作煤炭的备用品。斯巴克委员会无视源源不断的廉价石油进口所带来的影响。它只关注以煤为基础的电力和天然气供应业已存在的问题，特别是在核能成为主要初级能源的过渡期内如何协调上述产业的投资需求问题。[②] 电力和天然气工业均为垄断性公用事业，它们不无困难地被纳入了 EEC 条约设计的竞争框架。然而，它们并没有被置于更具统制性的 ECSC 的明确规定之下。

综上所述，20 世纪 50 年代，能源供应短缺是煤钢共同体六国共同面临的问题。因此，欧洲人高度重视能源问题。ECSC、EURATOM 和 EEC 创建了三个部门性能源政策合作框架。ECSC 旨在建立煤炭共同市场，实现成员国煤炭政策的趋同。共同体机构掌握了全部煤炭政策权力。EURATOM 旨在发展共同研发核能的基础，促进核能的迅速发展，为快速增长的能源需求提供廉价而可靠的能源供应。核能政策主要掌握在成员国手中，共同体机构仅拥有极为有限的权力。EEC 没有专门提及能源政策，不过，条约的总体规定和竞争的规则均适用于能源部门。三个条约试图通过部门一体化的方式来协调成员国的能源政策。然而，条约所表达的愿望与实际能源政策结果之间存在很大的差距。此外，三个机构之间互相排斥，使共同体能源领域问题丛生。

---

① Resolution of the Foreign Ministers of the ECSC at the Messina Conference，2 January 1955.

② Terence Daintith and Leigh Hancher，*Energy Strategy in Europe：The Legal Framework*，Walter de Gruyter & Co.，Berlin，1986，p. 17.

第二节 共同能源政策的艰难起步（1957—1972）

一、石油取代煤炭导致对外能源依赖

出乎欧洲一体化设计师们预料的是，从20世纪50年代末开始，进口石油逐渐取代本土煤炭而成为欧洲主要能源消费品种，共同体各国能源结构随之发生了重大变化，最显著的特点是固体燃料的相对重要性下降，液体和气体燃料的使用量大幅上升。

50年代初期和中期，由于欧洲煤炭工业扩大面临困难，石油开始替代煤炭，但替代速度还比较缓慢。1957年以后，替代速度明显加快，进口依存度迅速提高。1960年，欧共体六国的能源自给率为60%；到1973年已经下降到40%。1960年，煤炭占能源消费总量的60.4%，1973年仅占24.5%。同期石油消费量从28.1%上升到58%。欧共体六国的一次性能源消费总量由1960年的5.078亿吨油当量，上升到1973年的8.805亿吨油当量。煤从1960年的3.269亿吨油当量下降到2.13亿吨油当量，减少了35%。而石油消费则由1428万吨上升到5104万吨，增加了257%。到1973年，卢森堡几乎完全依赖进口能源，意大利进口能源约占87%，法国81%，西德55%，荷兰26%。在短短10多年的时间里，欧洲各国从以煤炭为主的能源供应体系过渡到了依赖进口石油的体系。（参见表1、表2）

欧洲能源经济的这一变化是由一系列政治经济因素造成的：

首先，价格是这一时期石油迅速成为欧共体主要能源的决定性因素。能源在工业成品最终成本中占有重要的比例。因此，依靠廉价进口燃料的企业必然享有很大的成本优势。从二战结束到50年代，共同体能源价格基本上受煤炭价格的支配。各国总的能源政策是保护煤炭，不让它因价格过高而被赶出能源市场，而对其他能源特别是进口能源（尤其是石油）维持了较高的价格水平，以保护本土煤炭的竞争力。国际大石油公司也利用其垄断地位，

表 1　1960—1973 年西欧国家能源净进口占一次能源消费总量的百分比（%）

	1960	1965	1970	1973
OECD—欧洲	35	50	63	65
西德	11	34	49	55
英国	26	37	47	48
荷兰	61	78	60	26
意大利	65	83	85	87
法国	44	56	72	81

资料来源：John G. Clark，*The Political Economy of World Energy*：*A Twentieth-Century Perspective*，p. 189.

表 2　1955—1973 年西欧国家原油和油品净进口量（百万吨）

	1955	1960	1965	1970	1973
OECD—欧洲	117	201	392	657	776
西德	7	26	68	118	139
英国	31	50	76	106	117
比利时和荷兰	10	16	33	63	86
意大利	12	21	49	83	97
法国	20	27	52	96	130
世界	300	456	759	1263	1656

资料来源：John G. Clark，*The Political Economy of World Energy*：*A Twentieth-Century Perspective*，p. 190.

使油价远高于成本。然而，由于欧洲煤炭生产能力严重不足，无法满足快速增长的能源需求，再加上煤矿工人工资水平不断提高，因此煤炭价格不断上涨。西欧一些国家（主要是法国和意大利）开始成立国家石油公司，从事石油勘探，以打破被称作“七姐妹”的七大国际石油公司的垄断。随着中东和北非地区大批产量高、成本低的新油田的发现，国际石油生产能力超过了世界石油需求的增长，出现了供过于求的局面。1955 年苏联重返世界石油市场，更使国际石油市场的竞争达到了白热化的程度，削价之风愈演愈烈，油价一跌再跌。为了保护国内石油工业，美国总统艾森豪威尔在 1958 年宣布对石油进口实施配额限制，从而关闭了世界最大的石油销售市场。1959 年和 1960 年，国际大石油公司被迫开始降价。但是，为了保证其高额利润，“七姐妹”选择的是降低石油的标价——石油所在国政府获得税收的基础。这一行动带来了两个结果：一是引起了石油生产国的强烈抗议，并直接导致了 1960 年 9 月石油输出国组织（欧佩克）的成立；二是降低了西欧消费者的油价，使中东的廉价石油大量涌入西欧市场。在 1960 年至 1973 年期间，欧洲能源市场上石油价格始终低于煤炭和天然气的价格，石油价格逐渐支配了共同体能源价格。随着煤炭和石油之间价格关系的根本性变化，西欧产煤国也都纷纷放弃了本地的煤炭资源，制定了允许使用成本较低的进口能源的能源政策。到 1971 年，就连战后煤炭工业效率较高、比其他欧洲国家更具竞争力的英国也出现了石油需求超过煤炭的状况。

其次，煤钢共同体和原子能共同体所出现的问题也助长了能源结构的转向。由于 1958 年和 1959 年连续两个暖冬以及工业增长速度放缓，煤钢共同体的煤炭库存量从 1957 年的 730 万吨上升到 1958 年的 2470 万吨和 1959 年的 3210 万吨。[①] 一开始，高级机构认为问题是暂时性的，因而采取了一种轻松的姿态。可是，由于比利时、法国和西德相继采取措施，限制煤炭进口，并因此而威胁到共同市场，高级机构最终被迫采取行动。1959 年 3 月，高级机构请求部长理事会根据《巴黎条约》宣布严重危机状态。这一决定只需一个简单多数，但却未能如愿。戴高乐掌权下的法国拒绝赋予超国家机构处理紧急状态的权力；荷兰和意大利反对共同体控制进口的提议，是因为它们正想利用世界能源价格低廉的优势来振兴本国经济；西德的拒绝则是出于保护本国煤炭生产商的考虑，希望通过给煤炭提供补贴的方式解决问题，这样就可以继续向本国工业提供廉价的能源。理事会拒绝宣布危机状态和给予高级机构紧急状态处置权，这是对高级机构威信与自信的严重打击。为了挽回影响，高级机构与另外两个共同体委员会代表组成的机构间工作组于 1962 年提交了一份能源政策备忘录，试图解决这一难题。这一文件虽然在 1964 年 4 月 ECSC 部长理事会上得以通过，但它只有文字上的意义，因为它不过是对各国现有的煤炭工业补贴的协调，没有任何共同财政的因素。到 1967 年三个共同体合并时，EEC 要求无限制地进口廉价能源和 EURATOM

① N. Lucas, *Energy and the European Communities*, London: Europa, 1980, p. 30.

要求长期发展原子能成了共同体能源供应的两个主导性思维。因此，60 年代中期以后，高级机构和煤炭本身日益失去其重要性。[①]

第三，西方大石油公司也是造成欧洲严重依赖中东进口石油的重要原因。由于共同体没有被赋予石油方面的管理职能，因此，"七姐妹"得以不受控制地在欧洲开拓石油市场，使西欧日益依赖中东石油供应。尽管共同体一些成员国也曾担心对不稳定的中东地区的依赖所存在的风险，但 1956 年苏伊士危机、1967 年中东战争及其他一些危机的最终结果似乎表明，大石油公司有能力保持石油生产的稳定性和石油供应的连续性。没有多少观察家认为，产油国政府会抢走并且有效行使定价权。石油消费大国也因为在两次中东战争中有能力承受临时性的石油供应中断而放松了警惕。毕竟，当时的情况是，石油生产能力过剩，供需平衡不成问题。

第四，北非产油国的出现给欧洲带来了新的石油供应渠道。1967 年中东战争期间，苏伊士运河再次被切断，导致波斯湾石油出口受阻，这使北非石油生产国利比亚和阿尔及利亚对欧洲的石油出口大增。1970 年 5 月，由沙特阿拉伯通往地中海的"横贯阿拉伯输油管"破裂，沙特阿拉伯出口到欧洲的石油每天减少 50 万桶，加之尼日利亚又发生比夫拉战争，石油生产陷入停顿，而利比亚和阿尔及利亚输往欧洲的石油运费又少，于是，这两个国家对欧洲的石油出口又有了较大的增加，导致西欧对这一地区的石油依赖愈来愈大。1970 年，北非产油国生产的石油占西欧原油进口量的 90%以上，其中仅利比亚一国就高达 1/3。因而到 70 年代初，西欧已经严重依赖利比亚和阿尔及利亚的石油。

石油取代煤炭，使共同体成员国的情况日趋接近。以前，能源生产国（如德国、法国、英国、比利时和荷兰）与能源消费国（丹麦、爱尔兰、意大利和卢森堡）之间泾渭分明。现在，这一界线开始模糊，因为那些产煤国也开始进口能源特别是石油了。由于煤炭生产的减少和能源需求的不断增加，共同体所有成员国到 1973 年都沦为能源净进口国。

对于欧洲日益依赖进口石油，西方不乏有识之士提出过警告。1962 年，西欧煤炭生产商和英国全国煤炭委员会就曾联合发表一份报告，题为《满足

---

① Stephan George, *Politics and Policy in the European Community*, Second Edition. New York: Oxford Univeristy Press, 1991, pp. 117－118.

欧洲的能源需求》。[①] 该报告警告说，到 70 年代中期将会出现一次世界性能源短缺，因此，出于谨慎考虑，应停止关闭煤矿。1964 年，英国经济学家舒马赫也曾提出："能源是不可替代的，整个现代化生活的大厦建立在能源之上。尽管能源可以像其他商品一样买卖，但它并不只是'另一种商品'，而是其他商品的前提，是一种像空气、水和土壤一样的基本元素。"[②] 他认为石油是一种有限的资源，不应随意使用。石油不会总是这样便宜，因为石油储量会减少，石油出口国总想获得更多的租金。他尤其对依赖中东石油发出了警告。"品位最高、最廉价的石油储备分布在世界上一些最不稳定的国家。面对这种不稳定因素，大家就会放弃长远观点，只求老天保佑。"[③] 他大声疾呼使用煤来满足世界的能源需求。1963 年，哈罗德·卢贝尔在《中东石油危机和西欧的能源供应》一书中曾提及中东石油中断的可能性。在经历了 50 年代两次石油供应危机[④]后，卢贝尔非常担心西方经济对潜在事件的脆弱性。他预测了一些可能发生的事态，包括伊拉克入侵科威特、伊朗发生革命、伊拉克发生政变、石油公司与东道国政府关系破裂、黎巴嫩发生内战以及阿美石油公司（Aramco）被国有化。[⑤] 事实证明，他的预言相当正确。可惜，在随后的 10 年中，没有哪个消费国政府认真看待过这个问题。

二、创建共同能源政策的努力

充足、廉价的石油进口极大地促进了欧洲的经济发展和社会进步，同时也加速了共同体煤炭生产的衰落，减缓了核能发展的速度。石油取代煤炭成为西欧的主要能源，这是欧洲能源安全史上一个重大的分水岭。它标志着共

① Douglas Evans, *The Politics of Oil Energy: The Emergence of the Superstate*. London: Macmillan Press LTD, 1976, p. 56.

② ［美］丹尼尔·耶金著：《石油·金钱·权力》，钟菲译，北京：新华出版社，1992 年版，第 580 页。

③ ［美］丹尼尔·耶金著：《石油·金钱·权力》，钟菲译，北京：新华出版社，1992 年版，第 580 页。

④ 指 1951—1954 年伊朗摩萨台国有化运动和 1956 年苏伊士危机。

⑤ Harold Lubell, *Middle East Oil Crises and Western Europe's Energy Supplies*. John Hopkins Press, Baltimore, MD, 1963.

同体各国从能源基本自给转向日益依赖外部进口的脆弱地位。

欧共体发展共同能源政策的努力最早可以追溯到 20 世纪 50 年代中后期。当时，煤炭仍然是欧洲最基本的能源品种，因此，能源政策是在欧洲煤钢共同体的基础上起步的。1956 年爆发的苏伊士运河危机使共同体成员国明显感受到石油供应不安全的威胁。苏伊士运河的关闭促使欧洲经济合作组织（OEEC）的石油委员会提出建议，要求成员国就石油紧急分享安排达成协议。随后，欧洲煤钢共同体、欧洲原子能共同体和欧洲经济共同体在行政机构间层面上曾数次试图建立一个参照定价体系。然而，由于煤炭、核能和其他形式的能源（包括油气）分属不同的条约，因此，各成员国无法就参照体系赖以建立的燃料选择或者所应采取的价格水平达成一致。

1957 年，随着苏伊士运河的重新开通和廉价石油供应的恢复，共同体又出现了严重的煤炭销售困难问题。廉价石油的到来以及随之而来的共同体能源结构的变化，给欧洲煤炭工业带来了严重的社会问题，共同体六国煤矿工人人数下降了 24%，煤矿减少了 42%。[①] 高极机构试图启动煤钢共同体条约中规定的紧急机制。然而，这一努力也告失败，因为成员国政府希望由本国来控制第三国的进口，给本国煤炭生产提供补贴，甚至不惜以煤炭共同市场一定程度的重新分裂为代价。[②] 这对共同体能源合作来说无疑是一个严重的教训。

石油进口的增加、核能的和平开发，给煤炭工业带来了严重的问题，要求共同体采取一种全面的方法来解决能源问题。根据《欧洲经济共同体条约》，团结是成员国必须遵守的义务。成员国有义务加强能源供应安全，并且确保其能源进口政策不会引起有损共同市场和经济联盟实现的扭曲和不平衡现象。然而，不同成员国对进口能源的依存度不一样，有些成员国拥有更多的本土资源。因此，要确保成员国之间的团结就必须制定一项共同能源政策。1957 年，三个共同体“行政机构间能源委员会”（IEC）[③] 被赋予了对

---

① Douglas Evans，*The Politics of Energy*，London：The Macmillan Press LTD，1976，p. 56.

② Terence Daintith and Leigh Hancher，*Energy Strategy in Europe：The Legal Framework*，Berlin：Walter de Gruyter & Co.，1986，p. 19.

③ 行政机构间能源委员会（Inter-executive Energy Committee，IEC），由欧洲经济共同体和欧洲原子能共同体的委员会以及欧洲煤钢共同体高级机构代表组成。

成员国中长期能源平衡进行广泛研究的任务。

1962 年 6 月，IEC 向部长理事会提交了一份能源政策备忘录，提出了关于实现成员国能源政策一体化的建议，目的是实现能源在共同市场上的自由流通。备忘录对实现外部供应多元化、共同体对能源生产（主要是煤）的援助、核能的快速发展、能源储备、税收和进口监管作出了详细的说明。其基本原则有两项：一是能源共同市场；二是供应安全。① 关于第一项原则，IEC 建议采取一项鼓励向非能源部门投资的政策，以便把这些部门的出口用来支付石油进口。与向成本高、缺乏竞争力的煤炭生产提供补贴相比，这被认为是应对能源需求增加的更有效办法。② 第二条原则——供应安全，主要通过供应渠道的多元化来实现，以减少因依赖某个主要供应渠道而可能出现的突然中断或意外中断的风险。假如国际石油公司无法实现这项多元化措施，则由共同体石油公司来维持和发展中东油井的生产，以确保一定程度的安全水平。最后，IEC 提出建立一项石油储备共同政策，以确保临时性石油短缺不会给成员国经济造成太大的破坏，同时确保储备水平的差异不会导致竞争扭曲。这一备忘录构成了共同能源政策的雏形。假如备忘录得到实施，那就意味着成员国很大一部分主权要让渡给共同体。显然，理事会尚未对为实现这一政策所需采取的措施作好准备。因此，它重新确定了 IEC 的任务，让它制定一个对能源政策进行务实协调的框架。能源政策主要是成员国的职责。

1964 年 4 月，欧洲煤钢共同体正式走上了制定共同能源政策的道路。部长理事会通过了《共同体能源问题议定书》，确定了非常宽泛的能源政策目标，包括：廉价的能源供应；供应安全；供应稳定（价格和数量）；开发替代产品；不同能源种类的公平竞争；消费者自由选择供应商。③ 但是，由于这些目标缺少具体措施，因而只能反映出成员国间缺乏真正的一致。议定书取得的唯一成果是：1965 年欧洲煤钢共同体高级机构通过的关于授权成

---

① *The European Community and the Energy Problem*. 3rd Edition. Luxembourg: Office for Official Publications of the European Communities, 1983, p. 23.

② Terence Daintith and Leigh Hancher, *Energy Strategy in Europe: The Legal Framework*, Berlin: Walter de Gruyter & Co., 1986, p. 20.

③ Council of Ministers of the European Coal and Steel Community, *Protocol of Agreement on Energy Problems*. Journal officiel n° 069 du 30/04/1964, pp. 1099—1100.

员国向煤炭工业提供财政援助的决定[1]。该决定建议成员国协调国家补贴制度。由于煤炭生产国和消费国无法就共同煤炭政策达成协议，因此，即使是向煤炭工业的补贴都是由成员国本国财政提供。

1967 年三个共同体合并为欧洲共同体后，人们普遍希望共同能源政策会找到新的动力，因为一个统一的欧委会和理事会可以全面地看待不同形式的能源所带来的问题。1968 年 12 月 18 日，欧委会向理事会提交了《共同体能源政策第一份指导方针》（简称《指导方针》）。[2]《指导方针》首先指出了制定一项共同能源政策的必要性：第一，共同体内部能源产品依然存在严重的贸易障碍。如果无法实现共同能源市场，那么，能源领域业已取得的一体化水平就会受到威胁。成员国不同的能源政策造成了能源使用成本的差别，从而导致高能耗产业的竞争日益扭曲。成员国层面为解决这些问题所采取的措施正在导致共同体能源经济的逐渐瓦解。不符合经济法则的援助制度、各不相同的消费税、日益国家性的供销政策大行其道。这一趋势只有通过制定一项共同体能源政策、把能源部门完全融入共同市场才能加以改变。第二，制定共同体能源政策也是为了应对共同体内部因成员国对进口能源依存度高、供应来源多元化程度不足所带来的风险。共同体能源需求一半以上依赖进口。采取共同途径可以使共同体在世界能源市场上发挥其作为主要消费者的作用，取得足够稳定的供应基础。第三，能源部门占共同体工业生产的 12%，投资占共同体全部产业投资的 15%—20%。1967 年，共同体能源进口总值上升到 55 亿 EUA（欧洲计算单位），占共同体进口总量的 18%。这些数字反映了能源部门的经济重要性，要求发展一项共同政策来更加有效地协调共同体和成员国的利益。[3]

《指导方针》提出了共同体能源政策的目标，包括：供应的廉价性；供应的安全性；逐步开发替代产品；供应的稳定性（价格和数量）；消费者选择自由；不同能源种类的公平竞争；一项全面的经济政策。[4] 这是 1964 年

---

① ECSC Decision 3—65 of February 17，1965，J. O. 1965，p. 480.

② European Commission，*First Guidelines for a Community Energy Policy*，COM (68) 1040.

③ Ibid.

④ Ibid.

《共同体能源问题议定书》中所提出的目标。共同能源政策的长远目标被确定为以相对稳定和尽可能低廉的价格确保能源供应安全。

为了解决成员国政府扭曲需求的问题，欧委会强调必须全面贯彻《罗马条约》。共同体能源供应流通的完全自由应该成为一个至高无上的中心目标。一个建立在消费者需要和竞争压力基础上的共同市场，将有利于以最低价格取得能源供应安全。《指导方针》提出，共同体应该从三个方向采取行动：第一，建立一个共同行动框架和政策大纲，包括制定五年期的供需形势预测及相应的政策措施；研究经济形势，制定能源市场年度报告及必要的调整措施；不间断地研究共同体供应中断的风险以及在供应部分中断时所应采取的干预措施，实施原油、油品和核燃料的储备政策。第二，建立一个共同市场，包括能源产品的自由流通、建立能源企业的自由、统一竞争规则、统一能源间接税。第三，继续确保能源供应的廉价性和安全性。显然，欧委会试图对“消费者选择自由”及“供应商之间公平竞争”这两个宽泛的商业目标与供应的稳定和安全这两个战略目标进行协调。这标志着以共同市场为中心的能源政策达到了高潮。[①]

1969 年 11 月 13 日部长理事会第 88 届会议批准了《指导方针》提出的基本原则，要求欧委会尽快提出能源政策领域里最紧迫的具体建议，并同意尽快研究这些提议，以建立一项共同体能源政策。[②] 理事会虽然批准了这一能源政策文件，但是，除了通过关于建立原油及油品最低储备的理事会第 68/414/EEC 号指令外，欧委会提出的关于能源价格和税收趋同的大部分提案都未能得到理事会的支持。在理事会内部，普遍认为国际大石油公司有能力确保廉价石油的充足供应。受壳牌公司的影响，荷兰政府拒绝任何对市场进行干预的建议。

1972 年，面对世界能源形势的急剧变化、共同体日益依赖进口能源（特别是石油）、环境保护呼声的高涨以及共同体即将开始的第一轮扩大，欧

---

① Douglas Evans，*The Politics of Energy：The Emergence of the Superstate*，1976，p. 57.

② Council of the European Communities，*Regulation（EEC）No 1055/72 of the Council of 18 May 1972 on notifying the Commission of imports of crude oil and natural gas*，OJ L 120，25/05/1972.

委会再次试图制定一项共同能源政策。不过，其重心已经从共同市场建设转向供应安全。1972 年 10 月 19—21 日扩大后的欧共体第一次首脑会议确认："共同体机构确有必要尽快制定一项能源政策，以令人满意的经济条件确保可靠、持久的供应。"① 1972 年 10 月 13 日，欧委会出台了一份新的能源政策提案——《共同体能源政策所需取得的进展》②，提出了成员国应遵循的新的指导方针：立即解决因能源使用而引起的环境问题；更加合理地使用能源；通过一项研发计划，改善能源生产、提炼、运输、储存和使用的总水平和条件；开发替代能源和可再生能源以及传统能源形式的新用途；与其他消费国的合作；共同体与生产国之间的合作。在共同体内部，欧委会提交了几项关于加强市场趋同、建立应对石油供应短缺的长效机制的提案。这是对 1968 年《指导方针》的进一步发展。但是，理事会无法在成员国不同的利益之间进行成功的协调。这些措施的通过遇到了障碍。

由于国际石油市场供应形势日趋紧张，欧委会曾建议实施内部价格控制，限制对进口石油的依赖。但是，作为能源生产国的荷兰和英国坚决反对任何对市场的干预行动。西德一贯信奉自由市场原则，自然反对公共部门对市场的干预。丹麦和法国则是出于对欧委会动机的不信任而反对价格控制。法国是欧委会要求代表共同体与石油生产国和美国举行谈判的主要障碍，因为这不仅意味着欧委会影响力的提高，也可能损害法国对第三世界和美国的外交政策。因此，当 1973 年的油价上涨和随后发生的能源危机来临时，共同体完全没有作好准备，根本无法作出统一的反应。

这一阶段，共同能源政策的发展步履维艰，其主要原因有以下五个方面：

第一，发展共同能源政策必须超越错综复杂且迥然不同的国家能源政策。由于成员国在资源禀赋、消费结构、能源选择、进口依存度等方面均存在着巨大的差异，而且每一个成员国内部都存在着大型的国有垄断性能源工业，因此，成员国能源政策大相径庭，要实行共同能源政策就必须解决一系

① *The First Summit Conference of the Enlarged Community*，19－21 OCTOBER 1972. Reproduced from the Bulletin of the European Communities，No. 10，1972，p. 20.

② European Commission，*Necessary Progress in Community Energy Policy*. COM (72) 1200 final.

列涉及国家主权的敏感问题（包括能源生产垄断企业、地区政策、国有化工业和财税政策），这使能源政策的协调极为困难。[①] 更重要的是，不同品种的能源在不同的成员国有着不同的重要性。例如，意大利、荷兰和卢森堡没有多少煤炭生产，因此，它们支持廉价燃料的政策，这就意味着进口石油。而西德、法国和比利时则主张能源自给政策，即更多地依靠本土的煤炭，因为共同体 3/4 的煤炭产自西德，另有 15%产自法国。

第二，这一阶段共同体六国的能源供应形势决定了共同体没有建立共同能源政策的必要。20 世纪 50 年代，煤炭是成员国的主要能源，因此，人们认为，解决了煤炭供应问题，其他能源问题就可迎刃而解。60 年代石油取代煤炭成为主要能源，但由于市场价格低廉、外部供应充裕，能源进口不成问题，没有对共同体的经济发展造成负面影响，因而掩盖了制定共同能源政策的紧迫性。此外，成员国政府普遍认为，大石油公司有能力保障石油供应的稳定性和安全性。

第三，三个共同体在能源问题上的职能是分裂的。欧洲煤钢共同体旨在实现六国煤炭政策的趋同；欧洲原子能共同体的任务是处理核能资源；欧洲经济共同体负责石油、天然气和电力。职能的分裂使三个相互竞争的共同体机构之间充满冲突，难以发展兼顾三方的共同能源政策。

第四，三个条约没有任何一个条约提及共同能源政策。其主要原因是，20 世纪 50 年代三个条约起草时，煤炭占西欧六国能源消费总量的 3/4。因此，协调其他能源品种的安排没有多少经济用途。[②] 正是因为条约中缺乏共同能源政策的法律基础，欧委会没有推行能源政策措施的权限。

第五，三个条约在实际实施过程中矛盾重重。欧洲煤钢共同体仅仅是提供了一个监督成员国煤炭定价和补贴政策的机制，却允许成员国对第三国煤炭进口维持不同的政策，并允许成员国对此类进口煤炭贸易维持内部壁垒。欧洲原子能共同体则完全处于混乱之中。成员国经常违反条约的精神甚至条款。欧洲经济共同体框架内取得了一些进展。理事会 1964 年和 1969 年通过

---

① European Commission，*Necessary Progress in Community Energy Policy*. COM (72) 1200 final.

② Douglas Evans，*The Politics of Energy: The Emergence of the Superstate*，1976，p. 55.

的两项指令规定成员国在采矿和石油生产与钻探活动方面准予开业自由和提供服务的自由。[①] 能源市场中心信息收集系统也在建设之中。1972 年通过的一项条例要求成员国必须就石油、天然气和电力领域的投资项目向欧委会提交报告。[②] 1972 年条例还规定，成员国必须向欧委会通报原油和天然气进口。然而，共同体未能在能源领域有效地落实 EEC 条约中规定的对外贸易机制。到 1969 年，共同商业政策之下规定的第三国进口的共同机制和共同出口机制，都未适用于原油、天然气和石油产品。成员国无法就石油产品原产地的共同定义达成一致意见。共同体无法将这些燃料完全纳入条约的机制，其原因一方面是因为成员国对石油作为一种战略商品赋予了不同的重要性，另一方面是因为成员国对石油政策问题所持的不同态度上。例如，法国奉行的是统制式经济哲学，它实行的是垄断性的进口机制；而荷兰与西德信奉的是自由市场哲学。为此，欧委会难以协调。

三、强制性战略石油储备的建立

尽管理事会未能就欧委会提出的大部分共同能源政策提案达成一致，但在保障石油供应安全的措施方面却取得了一定的突破。1968 年 12 月 20 日，理事会根据《罗马条约》第 103 条的规定[③]，通过了共同体的第一项危机管理措施——《关于建立原油及油品最低储备的第 68/414/EEC 号指令》[④]。该指令规定，各成员国必须制定相关法律、法规和行政措施，在任何时候都持有至少 65 天消费量的原油和/或油品（主要是飞机、汽车和其他燃料油）

---

① Council Directive 64/428, O. J. 1965, p. 1871; Council Directive 69/82, O. J. 1969, L. 68/4.

② Council of the European Communities, Council Regulation 1056/72, O. J. 1972, L. 120/7.

③ 《罗马条约》第 103 条规定，如果某些商品的供应出现困难，理事会可在欧委会建议的基础上，以一致通过的表决方式就所需要采取的措施通过指令。

④ Council of the European Communities, Council Directive 68/414/EEC of 20 December 1968 imposing an obligation on Member States of the EEC to maintain minimum stocks of crude oil and/or petroleum products, OJ L 308, 23/12/1968, pp. 0014－0016.

的最低储备，以确保国内消费不再受短期石油供应中断的影响。[①] 储备可以原油、半成品和成品油的形式持有，品种可包括三类：一是车用汽油、航空汽油；二是柴油、煤油；三是燃料油。拥有本土石油生产的成员国可按比例减少石油储备义务。然而，这种减免不得超过成员国内陆消费量的25%。石油储备必须维持在共同体境内，但无需在其国内持有全部储备。如果储备置于另一成员国，则两国应签署一个政府间协议，确保所在国控制这些储备，并保证其实际可获得性。协议须向欧委会报告。成员国必须在每个季度末向欧委会提交储备数据。这一指令为共同体范围内的义务储备提供了法律依据。

这一成果的取得主要归功于两个历史事件：1956年苏伊士运河危机和1967年第三次中东战争。

1956年7月26日，为了给阿斯旺大坝筹集资金，并且回应美英等国撤销贷款的蛮横行径，埃及总统纳赛尔宣布将苏伊士运河收归国有。埃及军队同时控制了运河区。这一举动立即引发了苏伊士运河危机。英法两国绝对不能容忍纳赛尔控制这条西欧国家的生命线。经过密谋，英国、法国和以色列三国达成谅解。1956年10月29日，以色列按计划进攻埃及西奈半岛。第二次中东战争爆发。10月31日，英法出动空军轰炸了埃及的多处军事设施，并于11月5日占领了塞得港，控制了苏伊士运河的北部咽喉。

为了抗击侵略，埃及和其他阿拉伯国家使出了“石油武器”。战争爆发后，埃及在运河沉船约40艘，堵塞了运河交通，切断了石油供应。随后，叙利亚炸毁了经叙利亚和黎巴嫩到地中海的伊拉克石油公司输油管道沿线的三个泵站，切断了从基尔库克到地中海的输油管道。紧接着，沙特国王也下令，临时关闭跨阿拉伯半岛输油管道，对英、法实施石油禁运。与此同时，科威特石油供应系统也遭到破坏。保护苏伊士运河的安全和畅通本是英法进攻埃及的冠冕堂皇的理由。如今，运河被封锁，石油供应被切断，欧洲面临严重的石油恐慌。

在策划此次军事行动之前，英国曾就纳赛尔关闭运河时如何避免石油短

---

① Council of the European Communities, Council Directive 68/414/EEC of 20 December 1968 imposing an obligation on Member States of the EEC to maintain minimum stocks of crude oil and/or petroleum products, OJ L 308, 23/12/1968, pp. 0014—0016.

缺的问题进行过研究。英国把希望寄托在美国人身上，满心以为美国一定会用自己的石油来填补欧洲的石油供应短缺。然而，在英、法背着美国向埃及开战后，美国既震惊又恼怒。它不仅没有向欧洲盟友供应石油，反而把石油作为对英法进行惩罚、施加压力的一种手段。

没有了美国的援助，西欧各国很快就出现了严重的石油短缺。冬季正在临近，石油储备仅供维持几周之用。可是，苏伊士运河交通中断，伊拉克输油管道停止向地中海输油。这两条被称为西欧石油生命线的传统通道往常每天都要向西欧输送200多万桶的中东和远东石油。现在，通道被堵塞，西欧的石油供应缺口达到了67%。11月7日，英国被迫宣布减少石油消费10%，加征新的石油税，政府鼓励发电站改用煤炭。到12月底，英国不得不实行汽油定量供应，伦敦街头出现了马拉汽车的奇观。法国把石油公司销售量限制在危机前的70%。比利时政府禁止星期日私人驾车外出。①

鉴于整个西欧已处于能源危机的边缘，美国一些政府高官担心，苏伊士运河危机在经济上和政治上将给西欧带来严重后果，从而可能会削弱北约组织的团结和成员国的稳定。美国国务院的代表莫林甚至认为，美国若不立即解决西欧石油短缺问题，势必在西欧引起反美高潮。② 鉴于英法两国已经最终保证迅速从苏伊士运河撤军，12月3日，艾森豪威尔批准中东应急委员会实施应急行动计划，解决欧洲的石油危机。美国和欧洲国家政府与石油公司合作，开始了向西欧赶运石油的救援行动，其规模之大仅次于马歇尔计划。西欧每天需要325万桶石油，美国每天向西欧运送307万桶石油，占西欧所需石油的90%以上。

为了确保应急供应石油能够在各国之间公平分配，欧洲经济合作组织（OEEC）专门成立了一个石油应急供应小组，依据苏伊士运河危机前的石油使用情况、储备水平和各国能源供需状况，制定应急分配计划，实行石油分配。与此同时，西欧各国采取了定量供应及其他需求限制措施，作为石油救援行动的补充措施。由于救援行动效果明显，大部分供应缺额得到了补充。当时，欧洲经济还不像后来那样易受石油供应中断的伤害。1956年，

① [美] 丹尼尔·耶金著：《石油·金钱·权力》，钟菲译，北京：新华出版社，1992年版，第509页。

② 转引自江红：《为石油而战——美国石油霸权的历史透视》，第320页。

西欧经济虽然正处于转变之中，但它依然主要是一种煤炭经济，石油仅占其能源消费总量的 20%。此外，联合国对苏伊士运河进行了迅速而有效的疏通，1957 年 4 月运河恢复了油轮通航，伊拉克石油公司的输油管也已于同年 3 月部分开通，4 月美国政府中止了应急石油救援计划，5 月中旬英国政府停止了石油定量供应。至此，欧洲石油危机才正式宣告结束。苏伊士危机后，西欧国家根据 OEEC 的建议开始制定针对另一场突发事件的应急计划，建立必要的石油储备。

1967 年 6 月 5 日爆发的第三次中东战争对共同体石油储备指令的通过起到了直接的推动作用。战争爆发后，沙特阿拉伯、科威特、伊拉克、利比亚和阿尔及利亚等阿拉伯国家重新拿起“石油武器”，对美国、英国、西德等与以色列友好的国家实行石油禁运。与此同时，埃及政府下令关闭苏伊士运河。从伊拉克和沙特阿拉伯通往地中海的输油管道也被切断。石油运输随即陷于瘫痪。这样，欧洲石油供应又一次发生中断，再次引起了欧洲人的一片恐慌。

然而，与 1956 年苏伊士危机相比，此次危机所造成的影响是有限的，其原因是：第一，从 50 年代初到 60 年代末，由于中东和北非油田的大发现，世界石油市场上增产迅猛，石油工业已经进入了一个过剩的时代。因此，这次禁运尽管存在着高度的不确定性，但情况似乎并不像预期的那样严重。第二，美国、伊朗和委内瑞拉提供了充足的石油供应。这次禁运的最大限量是每天 150 万桶，相当于正常情况下运往三个遭禁运国家的数量。由于美国从 7 年前就开始封存部分油井以备不时之需，加上从中东以外的其他地方可以增加产量，150 万桶的损失在短时间内就得到了弥补。因此，阿拉伯人的禁运和减产不仅没有严重危及西方国家的石油供应，反而使阿拉伯产油国遭受了巨大的经济损失，并且丧失了很大一部分世界石油市场份额。第三，自 1956 年苏伊士危机以来，西欧国家已经根据 OEEC（1961 年起改名为 OECD，欧洲经济合作与发展组织）的建议制定了针对另一场不测事件的应急计划（如改变油轮目的地的安排），并且已经付诸实施。第四，西欧的石油储备已经有了相当规模的增长。第五，国际石油公司已经开始在北海和阿拉斯加寻找新的石油资源。因此，欧洲已经不存在因石油短缺而被扼杀的现实危险。

尽管如此，共同体已经充分认识到对进口石油的严重依赖所隐含的风险。苏伊士运河的再次关闭导致了石油运输的大规模中断，促使各国紧急立法。(OECD) 欧洲成员国同意改进其石油储备安排以及紧急情况下的石油分配程序。1968 年 12 月 20 日，欧共体理事会根据 OECD 的建议，通过了关于建立原油及油品最低储备的第 68/414/EEC 号指令。

1969 年，连接波斯湾和地中海的主干输油管道——“横贯阿拉伯半岛输油管道”(TAPline) 被巴勒斯坦游击队炸毁后，共同体对油轮运输的依赖进一步提高，同时也加强了利比亚的地位，使它开始了打破石油生产和贸易安排的进程。OECD 对这一威胁再次作出了反应。OECD 理事会在 1971 年 6 月的建议和 1972 年 11 月的决定中提出了石油储备和应对临时性石油短缺的新安排，包括一项在发生严重短缺时西欧国家间公平分享石油的制度。[①] 针对这些不安全因素，欧共体所做的主要是把 OECD 的建议转化为具有约束力的但要求不太高的危机管理措施。1972 年 12 月 19 日，欧共体理事会通过了第 72/425/EEC 号指令，要求成员国把紧急储备提高到 90 天的消费量。[②]

从某种意义上说，两项危机管理措施——第 68/414/EEC 号指令和第 72/425/EEC 号指令——仅仅是对欧共体成员国在 OECD 政府间合作框架下所作的承诺在欧共体层面上的重新确认。换言之，这一阶段欧共体能源安全措施的政策动力主要来自于 OECD。尽管如此，这些措施还是有着十分重要的意义，因为它们毕竟为共同体所有成员国建立战略石油储备确定了明确的目标，并且为这些目标赋予了法律约束力。欧共体由此走上了协调成员国能源政策、保障供应安全的道路。因此，这两项措施也可以说是共同体能源战略的萌芽。

---

① Terence Daintith and Leigh Hancher, *Energy Strategy in Europe: The Legal Framework*, Berlin: Walter de Gruyter & Co., 1986, p. 22.

② Council of the European Communities, *Council Directive 72/425/EEC of 19 December 1972 amending the Council Directive of 20 December 1968 imposing an obligation on Member States of the EEC to maintain minimum stocks of crude oil and/or petroleum products*, OJ L 291, 28/12/1972, p. 0154.

第二章

欧盟能源战略的起步阶段（1973—1985）

20 世纪 70 年代爆发的两次世界石油危机使欧共体各国的政治经济遭到了沉重的打击，彻底暴露了欧共体高度依赖进口石油的脆弱性。欧共体开始认真制定共同能源战略。从 1973 年到 1985 年，欧共体先后制定了两部能源战略：1974 年战略旨在防范欧佩克（OPEC）的石油武器，因而确立了以供应安全为核心的战略目标；1980 年战略旨在打破经济增长与石油消费增长的联系，从而强化了供应安全的目标。虽然两部战略的基本出发点都是要解决石油供应安全问题，但后者的战略重心已经从被动防范石油供应中断和油价暴涨向中长期结构性调整的方向转变，从节能增效和开发替代能源向经济增长与石油消费脱钩的方向转变。可见，后者无论在深度上还是在广度上均有了显著的发展，与前者相比更具主动性和全面性。本章主要梳理欧盟能源战略起步的历史背景，解析欧共体两部能源战略的基本内容，揭示供应安全作为战略目标得以确立和强化的内在动力，探讨欧共体为实施两部战略所采取的主要政策和措施。

第一节 供应安全目标的初步确立

一、70年代初国际石油市场的结构性变化

长期以来，国际大石油公司支配着世界石油市场，它们拥有巨大的市场权力，可以直接影响到石油生产国的石油收入。当时，世界许多国家拥有石油资源，市场供应过剩，油价低廉。而且，如果石油供应出现困难，美国和其他国家拥有足够的生产能力，可以为欧洲国家、远东地区保障供应安全。然而，20世纪60年代末至70年代初，这种相对稳定的石油供应形势逐渐消失，其主要原因是世界过度依赖这种商品。石油的过度使用带来了能源危机的风险，也产生了能源供应管理的问题。伴随着经济的快速发展，西方发达国家的石油需求也飞速增长。相比之下，节能措施却严重不足。石油相对低廉的价格使美国石油工业投资减少、生产能力下降。到70年代初，美国已经丧失了在国际石油市场上的绝对支配地位，石油进口量接近20%。环境对石油和其他主要能源生产的制约也导致市场供需矛盾日益紧张。这一系列因素使世界石油市场由传统的买方市场转变为卖方市场。

与此同时，欧佩克经过10年的发展，其成员国的市场权力日益扩大，联合行动能力不断增强。它们积极与国际石油公司展开斗争，谋求提高本国的石油收入，并夺回本国石油资源的控制权。从1969年开始，利比亚以削减石油产量为手段，与其境内的外国石油公司谈判，成功地迫使它们签订了一系列协议，把石油标价提高30美分，利润所得从50%增加到55%。这一突破极大地改变了产油国政府与石油公司之间的力量对比，鼓舞了欧佩克的斗志。1970年11月，伊朗如法炮制，从合伙公司赢得了55%的利润分成。随之而来的是一场轮番提价的竞赛。在这种情形之下，西方石油公司被迫与欧佩克进行谈判，并于1971年先后达成了《德黑兰协议》和

《的黎波里协议》。[①] 两项协议的签署不仅提高了石油标价和利润分成，埋葬了沿用了20年的利润对半分成原则，而且还使欧佩克取得了更大的价格主动权以及对大石油公司本身的控制权。

国际能源市场供求关系紧张，加上欧佩克采取的一系列行动，彻底改变了世界石油行业的传统格局，市场权力逐渐从国际石油公司向石油生产国转移。欧佩克成员国越来越多地要求扩大其对本国石油财富的控制和利益分成，并且开始在未与石油公司谈判的情况下确定石油价格。石油价格开始上涨，更多的财富从西方发达国家向石油生产国转移，随之出现了通货膨胀和金融市场吃紧。在国际主要货币特别是用于石油交易的结算货币——美元——汇率动荡不安的国际形势下，石油输出国不断要求提高石油价格，以保护其石油收入的实际价值和购买力不因通货膨胀而遭受损失。与此同时，石油生产国已经充分认识到"石油武器"的政治用途。世界新增的石油需求大部分来自于工业化国家以外，尤其是来自中东国家。这使石油生产国的石油财富不仅可以取得更大的经济利益，还可以作为一种武器，在国际关系领域达到政治目标。由此可见，发生潜在而深远的经济、政治和社会变革的条件已经成熟。

二、第一次世界能源危机的爆发

1973年10月6日，埃及和叙利亚为洗刷第三次中东战争失败的耻辱，联手进攻被以色列占领的西奈半岛和戈兰高地，第四次中东战争爆发。由于美国和许多西方国家对以色列表示强烈支持，欧佩克中的阿拉伯成员国决定使用"石油武器"对支持以色列的国家实施禁运。

10月16日，欧佩克的六个海湾成员国决定单方面把油价提高70%，使沙特基准原油标价从3.01美元/桶，提高到5.12美元/桶。这一决定对欧佩克来说是一个历史性的转折点——收回了油价决定权。10月18日，阿拉伯石油输出国组织（OAPEC）召开会议，宣布每月削减5%的产油量，日产原油也由原来的2080万桶减少到1580万桶，直到以色列撤出1967年第三

① 齐高岱等编译：《中东局势与能源危机——欧佩克30年的发展和政策》，北京：经济管理出版社，1991年，第71—83页。

次中东战争中侵占的领土，并同意恢复巴勒斯坦人民的合法权益。为了分化和打击敌对阵营，OAPEC 还按对阿以问题的态度将石油消费国分为“友好”、“中立”和“敌对”三类，确定不同的石油供应量。其中，对友好国家的石油供应与原来一样，而对不友好国家则实行石油禁运。“石油武器”从威胁变成了行动。美国、丹麦、荷兰、葡萄牙、罗得西亚和南非成为禁运对象。实施禁运的国家包括：沙特阿拉伯、科威特、利比亚、阿尔及利亚、埃及、叙利亚、阿布扎比、巴林和卡塔尔。伊拉克没有参加减产行动，而是把美国和荷兰拥有的巴士拉石油公司国有化，并且对美国和荷兰实施石油禁运。

在减产、禁运、提价、国际石油公司中增加参股权和对国际石油公司进行国有化等措施的综合作用下，世界市场发生了严重的石油供应短缺，油价暴涨，从而引发了第一次世界石油危机。到 1973 年 12 月，所有阿拉伯产油国的原油产量比 9 月份减少了 30%，减产总量达 500 万桶/日以上，约占当时世界原油出口量的 15.8%。石油价格由每桶 3.01 美元提高到 5.12 美元。1974 年 1 月 1 日，又在原来基础上提价 128%，使原油标价达到每桶 11.65 美元。石油禁运一直持续到 1974 年 3 月 8 日。

西方石油消费国没有实现国际合作来共同抵御油价上涨的风险。由于内部分歧严重，各自为政，甚至以邻为壑，不但没有促成集体行动，而且出现集体行动的难题，付出了沉重的代价。经合组织（OECD）是西方国家应对石油危机唯一正式的合作手段，主要是通过其下设的石油委员会和能源委员会。能源委员会只是一个分享能源政策信息的论坛，没有开展政策协调的职能。然而，通过石油委员会以及在 OECD 本身范围内，欧洲国家早已就紧急分享体系的指导原则达成了协议。可是，这一机制在石油危机来临时未能启动，原因是缺乏必要的一致。不过，欧洲人还是从通过 OECD 达成的协议中得到了好处。这一协议要求 OECD 欧洲成员国建立相当于 90 天进口量的紧急石油储备。尽管这一储备仅达到 70 天的水平，但它在第一次石油危机的最初几个月提供了有益的缓冲。OECD 成员国之间也进行了协商和信息交换。石油委员会及其高级小组于 1973 年 10 月、11 月和 12 月以及 1974 年 3 月召开会议，讨论了供应短缺、需求限制措施、评估石油储备水平、石油危机的国际影响等。不过，这些会议仅限于讨论。成员国之间没有对需求限制、储备提取或供应分配进行协调。尽管 OECD 秘书处力图为各国提供信息，甚至提出紧急计划，但终究未能实现有效的合作。主要石油进口国都采取了狭隘的利己政策。美国、日本、德国公司则在现货市场上哄抬油价以获利。

欧共体成员国对禁运和减产作出的第一反应对共同体团结和共同能源政策业已取得的小小成就不是一个好兆头。由于缺乏必要的政治意愿，共同体根本无法作出统一的反应，出现了四分五裂、各自为战的局面。成员国完全以维护本国利益的方式作出了回应。它们争先恐后地与石油输出国寻求双边交易，不论价格，疯狂抢购，签订了一系列双边协议。[①] 在阿拉伯石油生产国对以色列的支持者（包括荷兰）实行石油禁运政策时，共同体其他成员国公开抛弃了荷兰。法国和英国迫不及待地同阿拉伯国家签订双边协议（主要是用工业品、技术、武器和投资交换石油供应的保证），并且无视通过共同体渠道采取的任何行动。为了避免得罪阿拉伯国家，英、法两国极力阻止国际石油公司在相关国家中分摊石油供应困难，尤其是向受禁运的荷兰转运石油。在OECD框架内，英、法两国还反对启动石油分享计划。由于态度"积极"，英国和法国被OAPEC排除在禁运名单之外。在OAPEC宣布加大禁运力度，从5%提高到25%后，欧共体随即于1973年11月5—6日召开成员国外长会议，通过了一项亲阿决议，要求以色列回到1967年中东战争前的停火线，并归还阿拉伯被占领土。阿拉伯人对这一友好姿态给予了奖赏，宣布共同体（除荷兰以外）免于12月石油出口5%的削减，使共同体石油短缺得以缓解。

石油禁运和油价大幅上涨立即使西方国家经济出现一片混乱，最终引发了1973—1975年的战后资本主义世界最大的一次经济危机。美国的经济危机持续了17个月，工业生产下降14%，物价上涨11%，失业人数增加101%。日本的经济危机持续了15个月，法国10个月，英国22个月。1973年石油危机后，美国标准普尔指数从1972年的117.44点跌至1974年的69.72点，跌幅达40%；日经225指数也从1972年的5236点下跌到1974年的3764点，跌幅达29%。1975年，欧共体GDP降幅超过1%。欧共体各国纷纷陷入了通货膨胀、经济衰退、失业率攀升、国际收支恶化的困境之

① Wayne H. Ferris, *Energy Policies in the European Community*. Prepared for the US Energy Research & Development Administration, 1975, p. 38.

中，充分暴露了其工业脆弱性。

三、国际能源机构的成立

石油危机使西方石油消费国意识到其对石油进口的依赖程度及其脆弱性。这种脆弱性表现在消费国对石油这样一种至关重要的战略性商品缺乏控制且没有做好采取集体行动应对经济政治影响的充分准备，一旦出现石油供应中断的威胁或实际供应中断的行动或者因自然或其他原因引起的偶发性供应中断，消费国必然承受巨大的经济损失和政治压力。石油消费国政府认识到，不能对石油生产国的成功视而不见，能源政策问题不能交给国际石油公司，各个国家单独行动无法有效解决能源安全问题，必须建立永久性的国际组织来应对新的挑战。阿拉伯国家的联合禁运和提价给了西方国家以启示：消费国也可以联合起来，共同应对国际市场的动荡和突发事件造成的供应中断。于是，以美国为首的西方国家决定成立石油消费国组织，促进石油消费国之间的合作，削弱欧佩克的谈判能力。

1973 年 12 月 12 日，美国国务卿基辛格在伦敦“英国清教徒学会”（the Pilgrims Society）的演讲中指出，“1973 年的能源危机可能成为相当于 1957 年苏联发射人造地球卫星一样的经济上的挑战”，“这次危机不单纯是阿以战争的结果，它也是世界范围内能源需求快速增长超过能源供应的必然产物”，“解决能源危机的长远之计是努力刺激生产，提高产量，鼓励消费者合理利用现有能源，并发展替代能源。”① 为了实现上述目标，基辛格提议由欧洲、北美和日本组建“能源行动小组”（the Energy Action Group）。

1974 年 2 月 11—13 日，在美国的倡议下，比利时、加拿大、丹麦、法国、联邦德国、爱尔兰、意大利、日本、卢森堡、荷兰、挪威、英国和美国等 13 个主要石油消费国的能源部长和欧洲经济共同体以及经合组织的高级官员聚集于华盛顿，召开石油消费国会议——“华盛顿能源会议”。会议认为，为了应对世界能源形势，需要采取协调措施并制定广泛的行动计划。会议决定成立“能源协调小组”（the Energy Coordinating Group，ECG）以指

---

① Richard Scot，*The History of the IEA——the First 20 Years*，*Volume One*：*The Origins and Structures of the IEA*. OECD/IEA，1994，p. 44.

导和协调与会国的能源工作。八个欧共体成员国接受美国的领导并签署了最后的会议公报。奉行戴高乐主义外交政策的法国拒绝追随美国，反对与OPEC对抗。因此，它既没有签署该会议公报，随后也没有派人参加能源协调小组的工作。

华盛顿会议结束后不久，ECG即在布鲁塞尔开会，以落实大会的精神，制订详细的实施计划。从1974年3月至11月，17个国家、经合组织和欧委会的代表参加了ECG的工作，最终完成了建立国际能源机构（IEA）的两个协议草案：《关于建立欧洲经济合作与发展组织国际能源机构的理事会决定》（简称《理事会决定》）和《关于国际能源计划的协议》（简称《IEP协议》）。[①] 同年11月15日，OECD理事会在巴黎开会，一致通过《理事会决定》，在OECD框架下建立国际能源机构，总部设在法国巴黎。芬兰、法国和希腊弃权。1974年11月18日，16个创始国的代表在巴黎签署了《IEP协议》。八个欧共体成员国签署了最后的会议公报，法国拒绝签署。1976年1月19日，协议正式生效。

IEP协议的目标和宗旨是：建立共同的石油供应紧急自足体系；建立一套紧急状况下的共同需求限制措施；建立和实施紧急情况下可获石油的分配措施；发展国际石油市场的信息系统和与国际石油公司协商的框架；发展和实施减少对进口石油依赖的长期合作计划，包括节能、开发替代能源、能源研发、天然铀和浓缩铀的供应；促进与石油生产国和其他消费国特别是发展中石油消费国的合作关系。[②]

IEP要求每个国际能源机构参与国建立应急石油储备（或称战略石油储备），持有相当于上一年度至少90天净进口量的石油储备，并且在发生7%的石油供应中断时与IEA或相关国家分享石油储备；建立覆盖国际石油市场的信息系统；建立和实施一项长期合作计划，以减少对进口石油的依赖；鼓励与生产国和其他消费国合作。此外，IEP还规定了因突发事件引起石油供应中断时的应急反应措施，包括：应急储备的动用、需求限制、燃料转换、增加国内生产，以及必要时分享现有石油。

---

① Richard Scot, *The History of the IEA——the First 20 Years, Volume One: The Origins and Structures of the IEA*, OECD/IEA, 1994, pp. 46－54.

② Ibid., p. 407.

IEA的成立及IEP的实施，标志着IEA应急反应体系的初步形成。欧委会从1974年底起就参加IEA的工作，尽管不是IEA的成员。欧委会在IEA中发挥了双重作用：一是协调共同体成员国的观点；二是协调IEA和共同体的行动。

正如1973年以前一样，这一次又是OECD起了领导作用。欧共体国家在EEC框架内制定相应的安排，落实在OECD框架内所承担的义务。鉴于法国拒绝参加IEA，EEC框架内的措施比以往任何时候都显得有必要，因为一旦IEP启动，EEC义务和IEP义务之间就可能出现冲突，使共同体其他成员国无所适从。欧委会强调，共同体所有成员国，不论是否是IEP的签约方，均应制定一项详细的共同能源政策，签署协议的成员国则应采取必要措施，确保在出现协议所规定的能源分享机制实施时维护共同体的团结，遵守共同体条约的相关规则。①

四、第一部共同体能源战略的出台

由于国际能源市场形势日益严峻，欧委会早在1973年4月就曾向理事会提交过一份新的能源政策文件——《共同体能源政策的指导方针和优先行动》②，以打破共同能源政策进程的僵局。该文件既包括指导共同体机构未来活动的指导方针，又包括向理事会提出的具体提案的详细原则。这份文件尽管没有提出特别新的建议，但它却集中讨论了一些重要的问题：一是与其他能源进口国的关系；二是与能源出口国的关系；三是石油市场的组织；四是核能开发。理事会一方面确认了制定共同体能源政策的紧迫性，也承认这些指导原则和优先行动从总体上讲构成了共同体旨在确保能源供应安全措施的讨论基础；另一方面，理事会却无法就欧委会提出的任何提案达成协议，特别是无法就所选择的优先行动取得一致意见。

---

① *The European Community and the Energy Problem*，3rd Edition，Luxembourg：Office for Official Publications of the European Communities，1983，p. 19.

② European Commission，*Guidelines and Priority Actions under the Community Energy Policy*，SEC（73）1481 final，19 April 1973. Bulletin of the European Communities，Supplement 6－73.

石油危机给严重依赖进口石油的欧共体国家以沉重的打击，使它们付出了政治和经济上的沉重代价，彻底暴露了共同体过度依赖外部能源的脆弱性，证明了互不协调的成员国单边行动的无效性和成员国之间缺乏团结的危险性，同时也凸显了成员国自身以及共同体作为一个整体制定和实施能源战略、减少对石油依赖的必要性和紧迫性。共同体各国认识到，能源危机已经彻底终结了廉价石油的时代，共同体必须改变能源供应模式，通过加大节能增效的力度、更多地使用本土资源和开发石油替代能源，减少进口依存度。痛定思痛，欧洲人开始制定共同体能源战略。

1973 年 12 月 14—15 日，欧共体在哥本哈根召开成员国首脑会议。作为一项重点，会议讨论了石油危机及其对世界尤其是对共同体的影响。各国领导人一致认为，共同体必须立即采取有效措施，发展共同能源政策。[①] 会议要求欧委会尽快向理事会提交提案，一是确保共同能源市场的有序运作，二是采取协调一致的行动解决能源危机带来的问题，并使各成员国在协调一致和公平合理的基础上采取措施，限制能源消费。为了确保共同体能源供应安全，会议要求理事会制定一项全面的共同体能源计划，促进能源供应多元化。为方便能源政策的制定和实施，会议同意成立一个新的机构——能源委员会，由成员国代表组成，欧委会的一名委员担任主席。1974 年 1 月 30 日，理事会通过决定，成立了能源委员会，负责协调成员国贯彻共同体措施，在成员国与欧委会之间就供应条件以及供应形势中可预见的发展事态交换信息，开展协商，协助欧委会制定相关提案。

哥本哈根首脑会议明确表达成员国最高领导人的政治意愿和发展共同能源政策的指导方针，为共同体采取真正的联合行动扫清了障碍。为了落实这一政治意愿，欧委会于 1974 年 5 月向理事会提交了《迈向一项欧共体的能源政策新战略》的政策文件[②]。危机的爆发使理事会比较容易地采取积极步骤，在欧委会提出的能源目标、计划、建议和立法提案的基础上，制定共同体能源政策。1974 年 9 月 17 日，理事会通过了《关于制定一项共同体能源

---

① *Meetings of the Heads of State or Government（Copenhagen，14—15/12/1973）*，*The Copenhagen Summit Conference*. Bulletin EC No. 11—12，1973，p. 11.

② European Commission，*Toward a New Energy Policy Strategy for the European Community*，COM（74）550 final/2，Brussels，26/6/1974.

政策新战略的决议》[1]，批准了这一新战略，明确表达了制定和实施一项共同体能源政策的政治意志。决议指出，所谓共同体能源政策，一是制定共同的数量指标，作为成员国政策的指导方针和共同体能源生产商和消费者的重要指向；二是密切协调成员国的立场，使共同体能够逐渐地就能源问题向外部世界表达共同的观点。能源问题的世界性使消费国之间以及消费国与生产国之间必须开展合作。为此，理事会确定了发展共同体能源政策的三项原则：(1) 在能源需求方面，通过合理使用能源和节能措施，降低能源消耗的增长速度，前提是不影响社会经济发展目标；(2) 在能源供给方面，在最令人满意的经济条件下改善供应安全，主要途径包括：发展核电生产、充分利用共同体本土的油气和固体燃料资源、促进外部供应的多元化和可靠性、加强各种能源的研究与技术开发；(3) 考虑与能源生产和使用有关的环境保护问题。[2] 理事会决定在 1974 年底就能源问题召开一次会议，确定 1985 年共同体能源生产和消费指标，明确开发各种能源所需要的指导原则和行动以及确保共同能源市场有序运作所需要的条件。这些表述至少在成员国之间就共同能源政策所需确定的、并且在制定国内政策时必须考虑的基本指导原则和优先考虑达成了一定程度的共识。

1974 年 12 月 9—10 日，共同体成员国政府首脑在巴黎开会，再次呼吁共同体机构尽快制定和实施一项共同能源政策。同年 12 月 17 日，理事会在欧委会 11 月 27 日提交的《共同体能源政策——1985 年目标》的基础上，通过了《关于 1985 年共同体能源政策目标的决议》。[3] 决议提出，到 1985 年，共同体进口能源依存度由 1973 年的 63％降低到 50％，如有可能则降低到 40％。决议从能源消费和能源供应两个方面对 1985 年共同体目标进行了

---

① Council of the European Communities, *Council Resolution of 17 September 1974 concerning a new energy policy strategy for the Community*, O J C 153, 09/07/1975 pp. 0001－0002.

② Council of the European Communities, *Council Resolution of 17 September 1974 concerning a new energy policy strategy for the Community*, O J C 153, 09/07/1975 pp. 0001－0002.

③ Council of the European Communities, *Council Resolution of 17 December 1974 concerning Community energy policy objectives for 1985*, O J C 153, 09/07/1975, pp. 0002－0004.

量化（参见表 3）。理事会要求成员国在制定本国能源战略时考虑这些共同体目标，并且要求欧委会每半年提交一份报告，汇报落实共同体目标的进展情况，特别是共同体和成员国层面所采取的措施。

表 3　1985 年共同体能源政策目标

总目标	1985 年共同体进口能源依存度由 1973 年的 63%降低到 50%甚至 40%（如有可能）。
具体目标	1. 能源需求 (1) 降低共同体能源消费增长速度，将 1973 年做出的、对 1985 年能源需求量的预测数降低 15%。 (2) 改变能源消费模式，逐渐增加可靠能源的使用，更多地依赖电力（特别是核电），将电力在最终能源消费中的比重提高到 35%。
	2. 能源供应 (1) 固体燃料：将共同体的煤产量保持在 1.8 亿吨（油当量）；从第三国增加 4000 万吨（油当量）的煤炭进口；将褐煤和泥煤产量提高到 3000 万吨（油当量）。 (2) 天然气：加强共同体研究和生产，将天然气产量提高到 1.75 亿—2.25 亿吨油当量；确保第三国天然气进口达到 9500 万—1.15 亿吨油当量。 (3) 核能：将核能装机发电量增加到 160 吉瓦—200 吉瓦。 (4) 水电和地热能：建立和发展水电和地热能生产基地，将其产量提高到 4500 万吨油当量。 (5) 石油：限制石油消费，代之以其他经济的能源；加强研究，将共同体的石油产量提高到 1.8 亿吨油当量；将第三国石油进口减少到 5.4 亿吨油当量（1973 年为 6.4 亿吨油当量）；进口石油在能源总需求中的比例将降低到 38%—28%（1973 年为 61%），或者石油消费总量的 75%—70%（1973 年为 98%）。 (6) 其他能源：通过实施一项技术研发政策，更好地利用传统能源，并在未来用新能源取代。

资料来源：Council Resolution of 17 December 1974 concerning Community energy policy objectives for 1985，O J C 153，09/07/1975 p. 0002—0004.

为了落实上述目标，1975 年 2 月 13 日，理事会又通过了一项决议——《关于实现 1974 年理事会通过的共同体能源政策目标所需实施的措施的决议》[1]，对实施上述目标的方式提供了更多的细节。决议要求欧委会定期提出长期的能源指导方针，以帮助成员国采取相应的决定。决议还从能源需求和能源供应两方面提出了一系列政策、措施和手段。不过，该决议只是明确了共同体所应采取的行动，而没有使成员国的政策目标或法律工具更为精确。

理事会通过的决议以及起补充作用的各类部门性措施——价格和投资、煤炭、天然气、核能、合理利用能源——构成了欧委会的行动框架，表明共同体正朝着加强能源政策的方向发展。值得一提的是，自1973年石油危机开始，能源问题始终出现在欧洲理事会——成员国国家元首和政府首脑的峰会——的议事日程之上。由此可见，能源问题的严重性已经引起了共同体各国领导人的高度关注。普遍认识到，石油不仅是经济发展所不可或缺的一种普通商品，而且是关系到国家安全的战略商品。从国际政治的角度看，能源问题已经由传统的“低级政治”上升为关乎国家政治安全、经济安全乃至军事安全的“高级政治”，成为国家安全战略的一个组成部分。

1985年能源目标的通过，标志着欧盟第一部能源战略的诞生。这一战略的主要目标是大幅度减少对进口石油的过度依赖，防范再次成为OPEC石油武器的受害者，减少进口能源价格大幅上涨对共同体经济和国际收支平衡的负担。共同体提出的主要措施包括：合理使用能源和减少石油消耗；开发本土资源，促进能源供应多样化。理事会确定的能源目标只是一些数量指标和指导原则，作为成员国制定本国能源战略和政策的参照。这表明，以供应安全为目标的共同体能源战略初步确立。这一阶段，能源安全的概念基本上等同于石油供应安全，因为石油在共同体能源结构中占据了2/3的比例。共同体面临的能源安全挑战是由石油供应中断和油价暴涨引起的能源危机。因此，共同体所采取的一切行动都是为了减少对进口石油的过度依赖，以确保廉价能源充分而又可靠的供应。虽然理事会也提出在制定共同能源政策时

---

① Council of the European Communities, *Council Resolution of 13 February 1975 concerning measures to be implemented to achieve the Community energy policy objectives adopted by the Council on 17 December 1974*, O J C 153, 09/07/1975, pp. 0006—0008.

必须考虑与能源生产和使用有关的环境保护问题，[①] 但是，由于防范和应对能源危机是共同体的头等大事，因此，环境保护并未作为一个明确的目标纳入 1985 年共同体能源目标。

需要指出的是，由于欧共体成员国在能源领域存在着巨大的差异，且各国始终不肯让渡能源主权，因此，欧共体能源战略不可能采取严格的形式，只能采取比较灵活的指导原则，并通过共同体机构颁布建议和指令，促使成员国行动的趋同。

五、落实 1974 年共同体战略的行动

20 世纪初，时任英国海军大臣的温斯顿·丘吉尔在论及如何保障石油安全时曾经指出："我们绝不能仅仅依赖一种品级、一种工艺、一个国家、一条线路和一个油田。石油的安全性与确定性在于多样化，并且仅仅在于多样化。"[②] 石油危机使欧共体深刻领会了多样化的真正含意。欧洲人痛定思痛，开始认真制定和实施多元化战略，以减少对中东石油的过度依赖。面对能源危机，共同体积极采取措施，促进节能增效和能源供应多样化。

（一）合理利用和节约能源

改善共同体的能源供应安全，首先是要更加合理地使用能源。具体地说，就是要尽可能地减少一次能源产量或进口量与供应给终端用户的可用能源之间的差异，消除或减少浪费和损失，提高（石油或煤炭等燃料转换为电力的）转换效率。节能等于开源，大有可为。减少能源消耗 10%就相当于每年节省 1 亿吨油当量或者 100 个大型核电站的产量。[③] 因此，合理利用能

---

① Council of the European Communities, *Council Resolution of 17 September 1974 concerning a new energy policy strategy for the Community*, O J C 153, 09/07/1975, pp. 0001—0002.

② 转引自 Andrew Gould, *Balancing the Interests of Consumers and Producers*, http://www.slb.com/content/news/presentations/2006/20060612_agould_kualalumpur.asp，2008 年 2 月 17 日。

③ Office for Official Publications of the European Communities, *The European Community and the Energy Problem*, 3rd ed. European Documentation 1—1983, p. 36.

源成为共同体能源政策的一个支柱。这方面的措施旨在达到三个目的：一是尽可能经济地利用各种能源，实现节能；二是减少损失，提高一次能源的使用效率；三是鼓励其他能源在令人满意的经济情况下替代石油。节能行动应在不危害经济和社会发展的前提下，降低共同体能源需求的增长。

1974 年 12 月理事会决议提出的 1985 年能源目标中，要求通过合理使用能源和减少消耗的措施，降低共同体能源消费增长速度，将 1973 年对 1985 年能源需求量的预测数降低 15%。为了实现这一目标，理事会于 1974 年 12 月通过了一个共同体节能行动计划。[①] 根据这一行动计划，理事会于 1976 年通过了五项关于合理利用能源的具体措施的建议，包括：（1）建筑物的隔热：改善隔热性、减少热流失；[②]（2）既有建筑物的供热：改善新旧建筑中的供热设施的运转、减少热流失；[③]（3）改进驾车习惯，减少汽车油耗；[④]（4）促进城市公共交通；[⑤]（5）提高家用电器的性能。[⑥] 1977 年，理事会又根据欧委会的提议，在下列领域增加了一些新的建议：（1）新建楼房中的制热、自来水热水生产及用表计量室温的规范；[⑦]（2）工业企业合理使用能源问题；[⑧]（3）建立全国咨询机构，促进热电联产，向地区供热和工业

---

① Council of the European Communities，*Council Resolution of 17 December 1974 on a Community action programme on the rational utilization of energy*，OJ C 153，09/07/1975，p. 0005.

② Council of the European Communities，*Council Recommendation 76/492 on the rational use of energy by promoting thermal insulation of buildings*，OJ L140，1976.

③ Council of the European Communities，*Council Recommendation 76/493 on the rational use of energy in the heating systems of existing buildings*，OJ L140，1976.

④ Council of the European Communities，*Council Recommendation 76/494 on the rational use of energy consumed by road vehicles*，OJ L140，1976.

⑤ Council of the European Communities，*Council Recommendation 76/495 on the rational use of energy for urban passenger transport*，OJ L140，1976.

⑥ Council of the European Communities，*Council Recommendation 76/496 on the rational use of energy for electric household appliances*，OJ L140，1976.

⑦ Council of the European Communities，Council of the European Communities，*Council Recommendation 77/712 on the regulation of space heating，the production of domestic hot water and the metering of heat in new buildings*，OJ L295，1977.

⑧ Council of the European Communities，*Council Recommendation 77/713 on the rational use of energy in industrial undertakings*，OJ L295，1977.

部门供电供热。[①] 这些建议不具有约束性，只是敦促成员国采取大量合理的具体节能措施。

真正具有意义的是理事会通过的对成员国具有约束力的几项指令，主要涉及工业和家庭活动，包括1978年出台的关于新建大楼制热器（锅炉）性能标准和配热系统隔热性能的指令和1979年5月14日通过的家用电器能源标签指令。1979年5月14日，理事会通过了将这些措施应用于电烤箱的指令。1980年5月，欧委会向理事会建议，将这些措施应用于其他高耗能家用电器，如洗衣机、洗碟机、电冰箱和冰柜，选择标准为耗能量、市场占有率以及衡量能耗的标准是否已经由欧洲标准机构通过。此外，理事会基于EEC条约第103款有关在发生供应困难时采取联合行动的规定，于1975年先后通过了两项指令，对发电厂使用石油和天然气发电作出了限制，目的是鼓励使用煤炭和核能发电，减少石油和天然气的消费。[②]

与此同时，理事会还通过了专项财政措施，支持节能领域的示范项目。根据1978年6月12日通过的第1303/78号条例（关于提供财政支持的条件）和1979年4月9日通过的第725/79号条例（关于为四年行动计划提供5500万EUA资金支持），欧委会实施了数次项目招标。第一次招标收到了324项申请，欧委会批准了53项，资金总额达7500万EUA，其中，共同体提供2140万EUA。这些项目每年可以节能10万吨石油。项目分布在许多部门，涉及不同类型的工艺。1979年9月第二次节能项目招标收到了304项申请，其中60项得到批准，总投资8840万EUA，共同体提供2700万。[③] 鉴于该措施引起了各方的广泛兴趣，欧委会不得不要求预算机构追加资金。

---

① Council of the European Communities, *Council Recommendation 77/714 on the creation in the member states of advisory boards or committees to promote combined heat and power production and the exploration of residual heat*, OJ L295, 1977.

② Council of the European Communities, *COUNCIL DIRECTIVE 75/404/EEC of 13 February 1975 concerning the restriction of the use of natural gas in power stations*, OJ L 178/24, 09/07/1975; *COUNCIL DIRECTIVE 75/405/EEC of 14 April 1975 concerning the restriction of the use of petroleum products in power stations*, OJ L 178/26, 09/07/1975.

③ European Commission, *European Energy Demonstration Projects*, European File 15—80, October 1980.

（二）开发本土能源

1. 支持煤炭工业，鼓励使用煤炭

长期以来，煤炭一直是欧洲的一种主要能源，甚至是唯一的能源。但是，从20年代60年代起，煤炭产量不论是相对数还是绝对数都迅速下降，其重要性也随之下降。到1973年石油危机前，欧洲煤炭政策主要是在满足地区发展要求和就业问题的限度内实行逐步减产。石油危机导致了这一政策的改变。

1974年共同体能源战略提出的目标是：到1985年，煤炭要维持在1973年以前的生产水平。新的煤炭政策就是要停止煤炭生产的下降，确保煤炭在能源消费中占一定的比例，保证欧洲钢铁工业拥有相对独立的煤炭供应。为此，共同体采取了一系列具体的措施，包括：大力开展技术研发；共同体对成员国向煤炭工业提供的财政援助进行监视；建立一项机制，使共同体钢铁工业能够以与世界市场可比的价格购买成员国生产的煤炭和焦炭；对来自第三国的进口进行监控。①

此外，欧委会还提议通过对共同体燃煤发电厂投资和蒸汽煤贸易提供财政支持，促进煤炭在发电厂的使用。然而，成员国日益难以就共同体帮助本土煤矿的措施达成协议。由于需求水平偏低，煤炭工业在1975年面临困境。尽管能源价格上涨，但是，从1976年到1979年，煤炭工业的财政状况还是继续恶化，因为成本上升超过收入。因此，共同体最需要采取的措施是向煤矿提供财政援助。1976年初，欧委会制定了一套新的共同体安排，在共同体层面上协调成员国的煤炭工业政策。欧委会对共同的炼焦煤援助制度也进行了改革和扩大。共同体一直保留着一定规模的炼焦煤，目的是确保欧洲煤钢工业有相对独立的供应。

煤炭可以汽化和液化，问题是成本比较高。为了促进煤炭汽化和液化，共同体于1978年公布了首期招标通知。有14个公司提出了申请，项目总数达12个。经过精选，有三个项目得以实施，总投资达到5800万埃居，其中

---

① European Commission，*Towards a European Energy Policy*，European File 8－79，April 1979.

1150万埃居由共同体提供。[①]

然而，自1973年起，煤炭的消费量并没有增加。其原因有几个方面：煤炭作为一种燃料的性质、围绕价格运动和供应安全的不确定性以及煤炭在成员国能源政策中的作用等问题。因此，共同体需要采取措施来消除这些障碍。为了改善煤炭消费的前景，欧委会提议：提高价格的透明度；鼓励对工业部门以煤为燃料的工厂、公共建筑物和地区供热计划的投资；加强研发和示范活动，扩大煤炭的使用范围。

2. 投资发展核能

严格地说，核能不是一种新能源，因为共同体核电产量已经占能源供应总量的3%。然而，核能的发展并未实现1957年EURATOM成立时的宏伟抱负。当时，欧洲人乐观地认为，核能将在10年内取代进口石油，从而大大改善欧洲的能源供应结构。不料，60年代能源市场的有利条件——石油供应充足、价格低廉——大大削弱了共同体发展核能的努力，制约了核能利用的发展。1973年石油危机的爆发使核能再次走上了前台，成为所有能源中最有可能替代石油的能源。1974年确定的最低目标是到1985年核电装机容量达到160万千瓦。这就相当于总发电量的1/3，能源消费总量的15%。

核电站的建设成本极其昂贵，大规模的建设计划需要大量资金。共同体主要通过向国际资本市场借贷来为核电设施筹措所需资金。从1977年起，共同体的拨款达8亿多埃居。欧委会却成功地取得了两倍的财政资源。预计到1980年底，欧共体国家的核电站项目的投资总额将达到10亿埃居。

发展核能的另外一个困难在于核燃料的供应。尽管核燃料供应与石油供应相比没有多少风险，但欧委会认为必须制定一项核燃料供应政策，以确保共同体能以合理的价格获得充足的天然铀供应，确保共同体有浓缩铀的能力和废料的再加工能力，同时加强欧洲核工业。

就铀浓缩加工能力而言，这一扩张已经实现，有几个同位素分离设施已经开始在共同体投入运营。自1976年起，共同体开始向本土铀勘探项目提供财政援助。至1980年，有34个项目获得了财政支持，资金总数约为

① European Commission, *European Energy Demonstration Projects*, European File 15—80, October 1980.

2750万埃居。[①] 然而，核电站的燃料供应在很大程度上仍将依赖外部天然铀供应。此外，核扩散问题意味着铀出口会受到政治因素的影响。因此，共同体希望通过谈判解决这一国际安全问题，同时消除共同体发展核工业的障碍。

共同体发展核能的最大障碍是公众不太愿意接受核工业的扩大，原因是核能生产对核设施中的工人、周围居民和环境可能带来危害。为此，共同体积极想办法解决核燃料的运输和加工、放射性废弃物的处理以及核电站经济寿命结束时的退役问题。这项工作与1958年开始的健康保护工作一起，旨在提高核工业的工人、欧洲公众和环境的安全性。尽管如此，公众对核电站的大规模增加还是持明显的反对态度。1979年3月美国三哩岛核电站发生的事故尽管没有对员工、公众或环境造成严重后果，但却进一步加深了欧洲公民对核能的疑虑。

面对核能发展的障碍，共同体的作用既是防范任何可能出现的危险、减少风险，同时也是向公众宣传核能的真实影响。为了消除公众疑虑，欧委会于1977年11月和1978年初组织了数次会议，向公众舆论的代表解释核问题的各个方面，并对核能发展所需要实现的条件进行客观的调查，以了解核能是否能和谐地纳入共同体未来的能源供应。

3. 鼓励本土油气生产

共同体能源战略明确提出要减少对进口石油的依赖。为了促进本土油气资源的开发，欧委会对使用新技术在诸如北海等条件困难的地区勘探和开发油气的共同体研发项目提供了财政支持。欧洲投资银行为油气生产设施和运输基础设施（油气管道）的建设提供资金。欧共体从1973年11月发布条例，对油气开发技术的示范提供财政援助。1974年开始招标，随后又于1976年、1977年、1978年和1979年连续四次招标。约有170家公司投标，提出300项工程。共同体批准了其中的168项，总价约5亿埃居。共同体提供的预算资金达1.83亿埃居。[②]

---

① Office for Official Publications of the European Communities, *The European Community and the Energy Problem*, 3rd ed., European Documentation 1—1983, p. 43.

② European Commission, *European Energy Demonstration Projects*, European File 15—80, October 1980.

4. 发展新能源和可再生能源

除了煤炭、油气和核裂变与核聚变领域的项目外，欧委会从 1975 年起就开始在节能以及新能源和可再生能源（NRSE）领域里开展研究。1976 年，共同体为整个能源研发计划拨款 1 亿 EUA（欧洲计算单位），1978 年达到将近 2 亿 EUA。伴随着共同体行动的显著加强，一些持续致力于研发的成员国也相应地加强了其行动。共同体支出约占整个共同体成员国能源研究公共支出总数的 8%。

除了研发外，欧委会还向除石油外的其他能源的示范项目提供财政援助，以鼓励已在科学上证明可行但技术和经济适用性还有待示范的技术和工艺得到工业规模或半工业规模的推广。在向节能领域的示范项目提供援助的同时，欧委会也向开发替代能源的项目提供财政支持。获得支持的项目包括：（1）地热能开发项目 40 个：投资 3 亿埃居，获 2800 万埃居的财政支持；（2）太阳能项目 70 个：投资 8000 万埃居，获 2300 万埃居的财政支持。①

一项特别重要的研发项目是受控热核聚变。该项目早已处于酝酿阶段，1977 年 10 月，部长理事会同意将其委托给英国的 Culham 核研究所。该项目被命名为“欧洲联合环形加速器”（Joint European Torus，JET）。

（三）开展能源技术研发和示范

1973 年第一次世界石油危机对欧洲经济产生了巨大影响。欧洲人认识到，如果其缺乏效率的能源使用模式继续下去的话，欧洲一体化的经济和社会基础就有崩溃的危险。为此，旨在促进新技术和更加高效的能源研究技术成为共同体各国的一项重点目标，并且被视为生死攸关的大事。

欧共体有一项广泛的能源研究计划，研发活动有三种方式：一是通过 1957 年成立的“联合研究中心”（JRC）的直接行动；二是通过与成员国科研机构签订合同，实施间接行动；三是通过为 JET 的建设和运行而建立的“联合企业”。共同体能源研发计划主要有三个目的：一是改进核技术知识，完善核领域（核反应堆、燃料周期）安全运行的技巧和标准；二是节能技术

---

① Office for Official Publications of the European Communities，*The European Community and the Energy Problem*，3rd ed.，European Documentation 1—1983，p. 46.

的改进；三是新能源（特别是太阳能、地热和核聚变）的知识。研发活动得到了财政支持，主要涉及替代能源的示范项目：太阳能、地热能、固体燃料的液化和气化。

共同体能源研发历来集中在核能领域。为了实现共同体能源安全的战略目标，共同体研发工作的重点作出了一些重大的调整。尽管核能研究仍然占据重要地位，但共同体能源战略提出要提高能源效率和开发石油替代能源，这就导致欧委会研发计划的扩大和相关支出的增加。1973 年，JRC 研发计划开始多元化，纳入了太阳能和用水生产氢气。JRC 多年度研发计划（1977—1980）也加强了新能源的研发。与此同时，第一个四年能源研发计划（间接性行动）开始实施，重点是研发新型能源（太阳能、地热能）和提高能源效率，预算资金达到 5900 万 EUA。第二个能源研发计划（1979/80）将预算资金增加到 1.05 亿 EUA。[①] 能源在共同体研发计划中占主导地位。1979 年，能源研发占共同体研发预算资金的 70%以上。

1978 年 6 月建立的 JET“联合企业”朝着保障能源的长期供应迈出了重要的一步。通过建立这一先进的计划，共同体将走在国际受控热核聚变研究的前沿。共同体提供 80%的 JET 研发资金。JET 建设成本预计为 2 亿 EUA。

由于替代能源的开发与利用可能因新方法和新技术运用中所隐含的财政风险或者因投资成本过高而受到延误，1973 年，为应对国际能源危机，欧共体启动了能源技术扶持计划，帮助解决示范项目的融资问题。这些示范项目旨在示范新方法的工业和商业可行性，以鼓励新方法的使用，在共同体内加以推广。第一个计划（1973—1975）仅限于油气的勘探、生产和运输技术。1978 年 6 月，根据欧委会的建议，理事会通过了关于向开发替代能源的项目提供财政支持的条例框架，并将共同体资金扶持扩大到四个领域：油气、固体燃料、合理使用能源和替代能源。[②] 1979 年 4 月，理事会通过了太阳能、固体燃料液化和气化以及地热能领域的实施条例。理事会还在五年能源计划中为上述能源安排了 9500 万 EUA 的专项资金——固体燃料的液化

① European Commission，*Energy Policy in the European Community——Perspectives and Achievements*，COM（80）397 final，pp. 18—19.

② Paul K. Lyons，*Energy Policy in the European Union*，1994，p. 107.

和气化5000万EUA，地热能2250万EUA，太阳能2250万EUA。条例指出，共同体财政资金的比例不得超过援助项目总成本的40%。1979年发放的第一批招标项目引起了广泛兴趣。欧委会收到了183项财政支持申请（其中，太阳能135项、地热能36项、固体燃料的液化或气化12项）。1980年初发出的第二批招标项目收到了太阳能申请151项，地热能申请31项。可见，示范项目取得了巨大成功。

（四）发展能源市场信息收集系统

能源市场的信息是制定和实施能源政策最重要的工具。能源市场信息涉及到三个方面：煤炭、核能以及石油、天然气和电力部门的投资项目；能源市场的总体情况，包括油气及其产品的出口，原油和油品进口及进口预测，来自第三国的煤炭进口，核燃料贸易；原油及其产品和煤炭产品的价格。

根据欧洲煤钢共同体条约和欧洲原子能共同体条约，成员国必须向欧委会通报煤炭和核能方面的投资项目。因此，煤炭和核能的信息透明度比较高。但是，有关石油、天然气和电力市场的信息却严重不足。1972年，理事会通过了一项条例，要求成员国必须向欧委会报告有关石油、天然气和电力部门投资计划的信息。[①] 理事会通过的另一项条例则规定，成员国必须向欧委会通报原油和天然气进口情况。[②] 1973年石油危机爆发后，欧委会要求成员国提供能源公司每个季度的原油和天然气进口量，以便准确评估能源供应形势。

1974年能源战略出台后，共同体的能源市场信息系统得到了进一步的发展。1974年理事会通过了两项条例，把进出口通报制度延伸到油品的进口以及原油、天然气和大多数产品的出口。

有关定价的信息对欧共体来说历来是一个比较敏感的问题。根据欧洲煤钢共同体条约，定价是委员会直接关注的问题，委员会可以制定规则，对企

---

① Council of the European Communities，*Council Regulation（EEC）No 1056/72 of 18 May 1972 on notifying the Commission of investment projects of interest to the Community in the petroleum，natural gas and electricity sectors*，O. J. 1972，L. 120/7.

② Council of the European Communities，*Council Regulation（EEC）No 1055/72 (1) of 18 May 1972 on notifying the Commission of imports of crude oil and natural gas*，O. J. 1972，L. 120/3.

业公布和协调价格具有直接的约束力，在某些情况下甚至可以直接定价。欧洲原子能共同体机制也把定价权让渡给共同体，规定价格通常应由供求平衡决定，成员国法规不得干预，但价格也可以由理事会来确定。1976 年，理事会通过了关于在共同体建立原油与油品价格信息和磋商程序的第 76/491 号指令，规定成员国必须向委员会报告原油和油品价格。在此基础上，欧委会制作一份原油和油品价格数据汇总以及石油供应成本和炼油厂收入比较的季度报告，并提供给各成员国。新指令旨在确保市场成本和油品价格方面的透明度。上述条例和指令形成了成员国和欧委会之间就市场趋势进行协商的基础。欧委会还每周发表一份简报，公布共同体消费的主要油品的税前价格水平。1979 年下半年，由于供应形势紧张，石油进口的监测得到了加强，要求对石油交易也进行登记，并提供有关交易条件的信息。

共同体收集能源市场情况和趋势本身不是目的。它使欧委会可以跟踪能源市场的发展趋势，制定相应的措施，并在共同体机构、成员国公共管理部门以及工业和劳工组织之间发展合作。

（五）完善石油危机管理

1973 年 7 月 24 日，欧共体理事会通过了《关于石油和油品供应困难时采取措施减少影响的第 73/238/EEC 号指令》。[①] 这是理事会继第 68/414/EEC 号指令后通过的共同体第二项危机管理措施。该指令明确要求成员国采取措施，给相关职能部门赋予必要的权力，以便在石油供应出现困难时职能部门有权动用应急储备，应对能源危机。这些权力包括：根据理事会第 68/414/EEC 号指令动用应急石油储备；强制欧共体成员国维持原油和油品最低储备并向用户分配这些储备；根据短缺情况限制能源消费，对某些类别的用户优先供应石油产品；管理油价以防价格不正常飙升。指令还要求成员国制订干预计划，以便在石油供应出现困难时启用。在共同体或某个成员国遭遇原油或油品供应困难时，欧委会可应成员国的要求或自行召集成员国代表开会，开展必要的磋商，以协调各成员国措施。成员国必须向欧委会通报

---

① Council of the European Communities, *Council Directive 73/238/EEC of 24 July 1973 on measures to mitigate the effects of difficulties in the supply of crude oil and petroleum products*, OJ L 228, 16/08/1973, pp. 0001—0002.

相关职能部门的组成及权限。成员国必须制定相关法律、条例和行政措施，使该指令在1974年6月30日之前生效。

为了更加有效地应对石油危机，理事会于1977年又通过了两项决定。第一项决定是理事会于1977年11月7日通过的第77/706/EEC号决定。该决定规定了对共同体在发生原油和油品供应困难时减少一次能源消耗的指标。根据这项决定，在共同体一国或多国发生原油或石油产品供应困难时，欧委会有权应成员国的要求或者自行制定共同体减少石油消费量的目标，削减额可达到正常消费量的10%，最多可适用两个月；若供应短缺现象持续恶化，消费削减额甚至可超过10%，并可扩大到其他形式的能源产品；理事会必须在10天内通过有效多数的决策方式对欧委会提交的任何提案进行表决；各成员国应立即采取措施按要求减少石油消费量；节省下来的石油应在成员国间进行分享。① 该决定为建立共同体应急体系打下了基础，为欧委会在发生供应困难时制定消费削减目标和成员国间分享石油作出了具体的规定。

第二项决定是1977年2月14日理事会通过的关于放宽共同体内部石油贸易义务的第77/186/EEC号决定。根据这项决定，在遭遇供应困难或石油产品贸易不正常增加时，成员国可在欧委会的监督下，使用出口许可证，对从其领土向其他成员国出口此类产品进行监测并（在必要时）加以限制。②该决定建立了共同体对成员国之间原油和油品出口的监测程序，其最基本的目标是要帮助成员国建立起真正的团结，以便公平地分摊石油危机所带来的负担和后果，确保原油和/或油品在整个共同体内得到最佳供应，同时即使有必要采取保护性措施也能确保共同市场的统一性。

这些应对石油危机的行动措施是与国际能源机构的机制完全吻合的。一旦石油供需缺口达到7%，共同体应急措施即可立即启动。因此，这些措施

---

① Council of the European Communities, *Council Decision 77/706/EEC of 7 November 1977 on the setting of a Community target for a reduction in the consumption of primary sources of energy in the event of difficulties in the supply of crude oil and petroleum products*. O J L 292, 16/11/1977.

② Council of the European Communities, *Council Decision 77/186/EEC on the exporting of crude oil and petroleum products from one Member State to another in the event of supply difficulties*, O J L 61, 5/3/1977, p. 23.

旨在应对很大的供应缺口。而1979年石油市场的发展却表明，小规模的供需缺口也能导致严重问题。对石油市场的预防性监视有助于避免此类“亚危机”。但是，除了预防措施外，共同体还须建立有效机制，减小因有限供需缺口和价格上涨压力所造成的影响。欧委会就此问题向理事会提交了一份报告，提出了一套可供考虑的“亚危机”措施，包括劝阻石油公司不要高价购买石油、动用石油和油品储备来平抑供需紧张、分享石油和减少消耗、增加共同体油气生产。

无论是上述危机管理措施，还是放宽石油自由贸易义务的安排，都不意味着成员国接受了超出理事会第73/238号指令所确定的短期危机管理目标，并且两类措施都使用原定的协商安排。

（六）积极开展能源外交

鉴于欧共体成员国的能源供应主要来自外部，欧共体除了在内部开发油源、改换燃料、节能增效外，还十分重视发展对外能源关系，在能源外交方面迈出了具有历史意义的步伐。

第一，在国际能源机构（IEA）框架内与美、日等西方工业化国家积极开展合作。IEA的宗旨是调整成员国对世界石油危机的对策，发展石油供应方面的自给能力，共同采取节约石油需求的措施，减少对石油进口的依赖，建立在危机时分摊石油消费的制度，共享石油市场情报，促进与石油生产国和其他石油消费国的合作关系。IEA成员国均承诺在发生供应困难时相互之间尽可能有效地分享现有资源。欧共体部长理事会就开发能源资源的国际合作确定了总体原则：石油消费国相互承认自由获取能源资源的权利；同意不在能源资源的价格和获取条件上歧视共同体伙伴国的消费者；通过共同协议，建立一系列能源生产和节能目标，作为国家能源政策的指导方针；建立一个对贯彻这些原则、追求这些目标过程中取得的进展和遇到的障碍进行定期评估的程序；在开发替代能源的合作框架内，相关国家为研发成果分摊相应的费用。[①] 本着这种精神，欧委会参与了IEA的工作和经合组织其他能源领域的活动。

---

① Office for Official Publications of the European Communities, *The European Community and the Energy Problem*, 3rd ed., European Documentation 1－1983, p. 47.

第二，开展欧阿对话。欧共体各国认识到，要从中东获得长期稳定的石油供应，必须采取同情和支持阿拉伯民族利益的立场。1973 年 11 月 6 日，布鲁塞尔欧共体九国外长会议首次在政治外交领域协调一致，以欧共体的名义发表联合声明，强烈敦促阿以双方严格遵守安理会 339 号决议，在中东政策上与美国偏袒以色列的政策分道扬镳。随后欧共体在外交上谴责以色列扩张政策，支持阿拉伯国家的独立主权和领土完整以及巴勒斯坦人的合法权利。1973 年 12 月哥本哈根首脑会议欧共体外长会议期间，4 位阿拉伯国家部长不期而至，建议开展全面的欧阿对话。1974 年 7 月 31 日，在法国的倡议下，共同体 9 国与阿拉伯联盟 20 个成员国及巴解组织在巴黎正式开始对话。双方于 1975 年 6 月成立了工作小组，协调双方的行动，并最后召开了欧阿部长会议。工作小组在巴黎等地多次会面，但是，双方讨论的问题仅限于诸如农业发展、基础设施项目和技术合作等技术问题，并且收效甚微。阿拉伯国家试图把谈判扩展到政治方面，但由于内部分歧以及欧共体拒绝讨论政治问题而告失败。结果，阿以争端、石油价格和供应等关键性问题却未能得到讨论。双方内部的分歧导致了这一结果。阿拉伯联盟列入了一些非石油生产国并排除了一些非阿拉伯生产国，再加上美国和日本等重要的石油消费国的缺席，这些因素不利于能源问题纳入议程。欧洲国家更重视与单个阿拉伯产油国的双边交易。阿拉伯与会国之间的分裂以及在巴勒斯坦问题上不断出现的分歧也使议程受到限制。1979 年初，埃及与以色列签署戴维营协议并遭到阿拉伯国家的普遍抵制后，欧阿对话停止。

第三，发展与地中海国家的经贸和能源合作。地中海南部和东部国家与西欧国家之间历来存在着各种经济、社会、政治和文化关系。西欧经济的飞速发展进一步加强了这种联系。欧洲成为地中海国家重要的原材料出口市场和工业品进口市场。因此，地中海国家严重依赖欧共体的贸易往来。欧洲的地中海政策始于 20 世纪 60 年代，主要是与某些国家签订联系国和贸易优惠协议。1972 年，部分出于国际石油市场（特别是阿拉伯石油输出国）的压力，欧共体决定与地中海国家发展更加全面的关系。第一次石油危机后，欧共体先后与马格里布国家（突尼斯、阿尔及利亚、摩洛哥和利比亚）和马什里克国家（埃及、约旦、巴勒斯坦、以色列和叙利亚）举行了谈判，签订了一系列经贸合作协议。能源成为一个重要的合作领域。例如，在与阿尔及利亚签署的协议中，明确规定支持欧洲国家参与阿尔及利亚能源资源的勘探、生产和加工。[①] 欧共体还在《洛美协议》的框架内积极开展与非加太（非洲、加勒比和太平洋，ACP）国家的能源合作，以谋求获取尼日利亚、加蓬、尼日尔、安哥拉等现实和潜在能源出口国的能源资源。这些举措对于改善欧共体能源供应安全有着现实和深远的意义。

第四，发起“南北对话”。1974 年，法国在共同体其他成员国的支持下，在巴黎发起了旨在解决能源问题的国际经济合作大会（即所谓的“南北对话”）。发展中国家要求，讨论议题不应局限在能源问题上，而应关注因其经济形势恶化而产生的一系列问题。石油出口国拒绝在美国和沙特为共同主席的能源委员会中讨论石油供应和价格问题。西方各国政府则不愿意在贸易和金融方面对第三世界作出让步。这一对话从 1975 年 12 月持续到 1977 年 6 月，最后由于在任何议题上都找不到共同点而告终。最后的公报中达成的一致与存在的分歧一样多。在能源问题上，达成的一致非常笼统：稳定和合适的能源供应是所有国家繁荣和进步的必要因素；所有国家均必须确保拥有足够的能源资源；石油资源的不可再生性得到承认，因此应促进以石油为基础的供应向更为持久和可再生的能源过渡；必须节约能源，更加合理地使用能源；实现这些目标必须采取国家性措施，开展能源领域的国际合作，制订一项能源发展计划。[②]

第五，开展其他国际能源合作。欧委会在核能、生物质能、太阳能和氢技术领域签署了九项合作协议，大大加强了欧共体能源研究活动的效率。有关核能问题特别是核燃料周期（浓缩、再加工、核废料等）问题的国际谈判 1977 年正式启动。两年后，谈判结束。其结论是清楚的，特别是对严重依赖进口能源的发达国家，这就是：在发展辐照核燃料（irradiated fuels）再加工和快速增殖反应堆的选项上必须持开放态度。[③]

---

① Hans Maull，*Europe and World Energy*，London：Butterworth & Co.（Publishers）Ltd.，1980，p. 296.

② Hanns Maull，*Europe and World Energy*，London：Butterworth & Co.（Publishers）Ltd，1980，pp. 267－283.

③ Office for Official Publications of the European Communities，*The European Community and the Energy Problem*，3rd ed.，European Documentation 1－1983，p. 50.

第二节 供应安全目标的强化

一、伊朗革命前欧共体能源形势

实施1974年能源战略后，共同体和成员国均取得了明显的成效。从1973年到1978年，共同体能源消费基本稳定，尽管GDP增长了12%。石油消费从1973年的5.73亿吨减少到1978年的4.75亿吨，在一次能源消费中的比例从61%下降到55%左右。① 当然，这既是共同体和成员国层面上燃料转换和节能措施所产生的成效，也是经济增长速度放缓的结果。北海油田的开发扩大了欧共体本土能源产量，在欧共体石油需求中占16%。天然气的份额稳步增长，在能源总需求中占18%，达到了1985年的目标。天然气主要依靠共同体内部增产，进口仅占25%。煤炭的份额上升到20%左右，1973年危机未能阻止共同体本土煤炭生产的继续下降，但产量逐渐稳定。煤炭进口从2900万吨增加到5700万吨。核能占电力生产的比例由1973年的6%上升到1979年的11%，占能源总需求的3.2%，离1974年制定的目标依然有很大的距离。水电、地热和其他种类的能源约占3.5%。

尽管欧共体在减少能源需求、促进能源多样化方面取得了积极的进展，但共同体依然是世界上最大的石油进口区（1980年进口量达870万桶/日），而且一半以上的石油进口来自三个国家——沙特阿拉伯、利比亚和尼日利亚，因此，欧共体依然面临着供应中断和价格上涨的风险。另一方面，1975年至1980年石油实际价格的下挫使人们产生了某种程度的自满，导致了节能增效和发展替代能源的努力的懈怠。伊朗革命引发的世界石油市场价格紧张，使欧共体各国再次深切地感受到发展共同能源政策的必要性和紧迫性。1979年，油价比1973年高出12倍。尽管共同体石油进口已从1973年的5.73亿吨减少到4.75亿吨，但石油进口开支继续上升，由1973年的100

---

① European Commission, *Energy Policy in the European Community——Perspectives and Achievements*, COM (80) 397 final, 10/7/1980, p.4.

亿EUA（欧洲计算单位），上升到1979年的500亿EUA，1980年可能上升到770亿EUA。[①] 鉴于OPEC正在努力限制石油产量以提高石油价格，1985—1990年，OPEC石油供应大有可能无法满足世界石油需求。欧共体感到必须进一步大幅度地减少对进口石油的依赖。

此外，1973年能源危机强加给成员国的措施是在没有得到认真酝酿的情况下匆促通过的，没有显示出多少协调和团结。因此，成员国落实理事会通过的指令以及所取得的进展表现出很大的差异，这不仅减弱了共同体措施的有效性，也危害了欧洲的一体化进程。显然，成员国政策的趋同和创建一项共同能源政策成为促进欧洲团结的关键性因素。

二、第二次世界能源危机的爆发

1978年初，世界第二大石油输出国伊朗国内发生了严重的政治动乱。以霍梅尼为首的什叶派穆斯林宗教势力利用国内矛盾激化的有利时机在全国掀起了推翻巴列维王朝的运动。各地相继爆发反对国王的大规模示威游行和政治动乱，全国陷入了一片混乱。巴列维国王被迫流亡国外。1979年，伊斯兰革命临时政府正式接管政权，宣布推翻君主制，成立伊朗伊斯兰共和国。

伊朗当时是世界上第二大石油出口国，在其每天生产的600万桶石油中，有520万桶供出口，年出口量2.6亿吨，接近日本的年石油消费量。因此，伊朗的政治动乱如同强烈的地震，巨大的震波从伊朗迅速波及到世界各地。在什叶派穆斯林反抗巴列维王朝的斗争中，由于石油工人罢工，伊朗的石油产量和出口量日益下降。从1978年12月25日至1979年3月4日，伊朗石油出口全部停止，世界市场的石油日供应量骤减了500多万桶，约占世界总消费量的1/10，造成油价动荡和供应短缺。

由于西方国家在第一次石油危机期间普遍出现了恐慌心理，因此，世界石油市场的原油供应突然减少，使各石油消费国特别是西欧和日本再次发生恐慌，国际现货市场上立即刮起了一场争抢原油的风潮。疯狂的抢购加剧了

---

① European Commission，*Energy Policy in the European Community——Perspectives and Achievements*，COM（80）397 final，10/7/1980，p. 1.

石油短缺，各种谣言又助长了消费国的恐慌，“石油大战”愈演愈烈，油价也跟着直线攀升，从 1978 年的 12.70 美元涨到 1979 年 11 月发生美国驻德黑兰使馆人质事件时的 41 美元，从而引发了第二次世界石油危机。

这一事态刚要平息，1980 年 9 月 22 日伊拉克出动空军轰炸伊朗，历时 8 年的两伊战争爆发。国际石油市场再次陷入恐慌，导致又一轮油价上涨。战争爆发后，伊朗的石油出口迅速下降到 100 万桶/天，到 1980 年第四季度，石油出口完全停止。伊拉克的石油生产也随之下降，到 1980 年底，石油产量从 350 万桶/天降至 50 万桶/天。世界石油产量剧减，全球市场上每天都有 560 万桶的缺口，打破了当时全球原油市场上脆弱的供求关系，再度引起油价上扬。在此期间，欧佩克内部发生分裂。多数成员国主张随行就市，提高油价。沙特阿拉伯则主张冻结油价，甚至单独大幅度增加产量来压价。结果，欧佩克失去市场调控能力。各主要出口国轮番提高官价，火上浇油。油价在 1979 年开始暴涨，从每桶 13 美元猛增至 1980 年底的 41 美元。油价的大幅度提升沉重打击了西方工业国家经济，使其石油进口费用大增，国际收支恶化，通货膨胀和失业率增加。1980 年、1981 年和 1982 年，经合组织国家经济增长率低于 1%，欧共体 10 国为 0.8%，美国为 0%，日本约为 3%。欧共体失业人数由 1974 年 350 万，上升到 1975 年的 500 万，1981 年底超过 1000 万。

IEA 成员国的有效合作避免了事态的进一步恶化。所以，尽管在 1980 年秋，现货市场原油价格急剧上涨，从战前的每桶 31 美元上涨到 12 月中旬的每桶 40 美元，但到年底又降到每桶 35.5 美元，然后继续一路下跌。到 1981 年 7 月，原油价格仅比战前高出 5 个百分点，而且这一价格水平继续保持了下去。

三、1980 年共同体能源战略的出台

1973/74 年的第一次石油危机和 1979/80 年的第二次石油危机使人们认识到，世界石油市场已经告别了廉价石油的时代，进入了一个永久性的不确定和不稳定的时期。如同第一次石油危机一样，第二次石油危机反映了国际能源市场上所发生的深刻的结构性变化，1979 年发生的政治事件——伊朗

革命和以埃和平条约成为危机的触发因素。[①] 危机给欧共体成员国经济带来了无穷的问题，凸显了制定新能源战略、进一步减少对进口能源依赖的必要性。共同体制定能源政策有三个方面的基本考虑：一是特别注意确保成员国遵守共同体的基本原则，特别是商品的自由流通；二是谋求解决因世界石油市场的大幅波动而带来的困难；三是为应对未来中长期的不确定性提供相应的手段。欧委会声称，它并不希望能源领域的一切事务要在共同体层面集中监管。能源战略的大部分措施只能在成员国层面上加以实施。不过，欧委会认为，这些措施必须加以协调，必要时通过共同体措施加以补充和加强。事实上，1974 年共同体能源战略实施后，欧委会始终对成员国能源政策与 1985 年目标的兼容情况进行监测。

鉴于 1979 年再次出现国际石油市场供需紧张以及成员国在实现 1985 年目标过程中所存在的困难和不一致性，欧委会于 1979 年 6 月向理事会提交了一份题为《1990 年共同体能源目标和成员国政策趋同》的政策提案。1979 年 6 月 21—22 日，斯特拉斯堡欧洲理事会一致同意制定共同能源战略，并决心继续加强限制石油消费的努力，通过节能、发展本土能源生产和逐步使用替代能源，使共同体 1980—1985 年石油年进口量保持在不高于 1978 年的水平（即 4.7 亿吨）。[②] 会议同意改善石油市场监测，对所有石油贸易进行登记，并要求成员国说服石油公司不要以过高的价格在现货市场购买石油。

1980 年 6 月 9 日，理事会通过了《关于 1990 年能源目标及成员国政策趋同的决议》，为 1990 年能源政策目标确定了一系列指导方针。[③] 鉴于葡萄牙和西班牙即将加入共同体，因此，1990 年能源目标必须反映新的形势，以确保新成员国与共同能源战略的框架相一致。决议在语气上有了明显的变化：1974 年理事会批准了量化的目标，而 1980 年理事会则要求欧委会根据

---

① Hans Maull，*Europe and World Energy*，London：Butterworth & Co.（Publishers）Ltd.，1980，pp. 323－324.

② The European Council in Strasbourg，21－22 JUNE 1979，Bull. EC 6－1979.

③ Council of the European Communities，*Council Resolution of 9 June 1980 concerning Community Energy Policy Objectives for 1990 and Convergence of Policies of the Member States*，Council of the European Communities Press Releases，Presidency：Italy，Meetings and press releases May-June 1980，p. 6.

某些确定的发展方向来衡量成员国政策的趋同性。

理事会决议为1990年确定了新的能源政策目标和指导方针：

（1）打破经济增长同石油消费之间的现有联系，把一次能源总需求增长率与国内生产总值增长率之间的平均比率降到0.7或更低；

（2）把共同体石油消费在一次能源消费总量中的比重降到40%左右；

（3）电力生产中一次能源需求的70%—75%由固体燃料和核能来替代；

（4）鼓励和扩大可再生能源的使用，增加其在共同体能源供应中的比例；

（5）奉行有利于实现共同体能源目标的能源价格政策。[①]

这些建议反映了共同体的三个基本考虑：一是使经济增长与能源消耗的增长脱钩；二是对石油进口设置一个最高限额；三是为更遥远的未来创造一个更加令人满意的能源供应。

理事会对节能、合理使用能源、减少石油消费和进口给予了优先考虑。为了加强共同体监督成员国能源政策的能力，促进成员国能源政策的趋同，理事会要求成员国每年向欧委会提交一份能源计划实施报告。欧委会在评估成员国报告的基础上，向理事会提交一个年度报告，汇报成员国进展情况，并就加强成员国能源政策趋同提出建议，以确保共同体能源目标的实现，并使这些目标适应长期的经济趋势和能源供应条件。决议为成员国能源政策提供了一个参照框架，也为欧委会更加有效地协调、激励并在必要时补充成员国措施提供了基础。

与1974年能源战略相比，1980年能源战略有了实质性的进步。尽管两部战略均以供应安全为目标，但两者在能源安全理念、侧重点和应对策略上却有着一些本质的区别。1974年欧共体面临的能源安全挑战，主要表现在成员国对进口石油过度依赖，在欧佩克石油禁运、减产和提价造成的供应中断和油价上涨面前，共同体各国所表现出的政治脆弱性。因此，1974年能源战略的目标是减少对进口石油的依赖，手段是制定量化的目标，限制能源消费，开发本土替代能源。1980年，欧共体面临的能源安全挑战不是供应中断，而是因油价暴涨而对成员国经济和国际收支平衡产生的巨大冲击。因

---

① Office for Official Publications of the European Communities, *The European Community and the Energy Problem*, 3rd ed., European Documentation 1—1983, p. 27.

此，1980 年能源战略提出的目标是使经济增长与能源消费增长脱钩。虽然其基本出发点仍然是要解决石油供应安全问题，但其战略重心已经从降低对进口能源的依存度转向摆脱对石油依赖的结构性方向转变，这标志着共同体能源安全理念的深化。调整后的共同体能源战略围绕着一个基本目标：通过促进能源的合理使用和能源供应的多样化，减少对石油的依赖。1980 年战略主要通过某些确定的发展方向来衡量成员国政策的趋同性，与 1974 年战略相比更具主动性和全面性。

四、发展共同体能源战略的新努力

虽然两次能源危机使能源市场一体化再次被纳入欧洲一体化的进程，欧共体通过了 1974 年和 1980 年两部共同体能源战略，但是，两部战略的出台并没有导致包括共同体、成员国、生产商和消费者参与行动的一个总体战略的实施。各成员国虽然表达了应对能源挑战的政治意志，但在采取实际行动时普遍存在“雷声大雨点小”的现象。欧委会指出，“成员国行动的不足和不一致性实在令人感到非常遗憾。”①

共同体加强能源政策合作之所以举步维艰，是因为成员国有着不同的能源利益、经济哲学和外交政策目标。首先，成员国能源利益不同。就能源禀赋而言，欧共体国家分为三类。第一类是能源富国——英国和荷兰。荷兰拥有丰富的天然气资源。为了保存资源，荷兰政府决定不再续签天然气出口合同。英国在北海拥有可观的油气资源以及相当规模的煤炭资源。英国政府希望维护对北海油气田的主权和严格控制，因而拒绝在共同体能源政策框架内作出增加油气出口或者在危机时分享更多石油的承诺。英国还在继续大规模地发展核计划。第二类是能源穷国——丹麦、意大利和爱尔兰。意大利能源对外依存度达到 80%，石油 99%依赖进口。丹麦和爱尔兰本国能源资源贫乏，只能依靠节能和进口来源多元化来减少其脆弱性。因此，这些国家可望从共同体加强能源政策中获得最大的收益。第三类是能源资源居中的国家——法国、西德和比利时。法国拥有庞大的核计划和一些煤炭、天然气和

---

① European Commission, *The Development of an Energy Strategy for the Community*, COM (81) 540, Brussels, 2/10/1981.

铀资源，但其能源对外依存度达到75%，石油98%依赖进口。西德拥有大量煤炭资源，但其能源对外依存度为58%，石油96%依赖进口。其核计划因国内抵制而被迫推迟。比利时拥有一些煤炭资源和大规模的核计划，核能已经占发电总量的25%。这些国家对共同体的提案时而支持，时而反对，其态度取决于所涉及的能源品种。其次，各成员国有着不同的经济结构，对国家在经济运行中的作用也有着不同的看法。西德奉行自由市场经济政策，政府负责制定私营部门经营的法律框架。英国同样奉行市场经济政策，但拥有相当多的公共企业，国家继续在能源市场发挥相当大的作用。法国历来贯彻统制式的管理方法。中央政府拥有一系列市场干预工具。意大利介于两种模式之间。尽管也有不少公共能源企业，但政府频繁更迭阻碍了稳定的能源政策的制定。国家政策也会随着不同的政党和执政联盟的上台而出现重心甚至方向转移。最后，各成员国与能源生产国有着不同的依赖关系，对外能源政策无法统一。各国在能源政策的发展方向和政治化程度上无法达成共识。因此，欧共体成员国之间只能在各方对能源利益和风险具有共识的基础上进行能源政策协调，并没有产生共同体层面上的共同能源政策。

第二次石油危机后，能源供应形势非常严峻。欧委会在对共同体能源政策评估的基础上指出，共同体在制定和实施一项有效的能源政策中还存在着“令人不安的差距”。[①] 为了缩小这一差距，使共同体能够有效地应对当前的和未来的能源供应的严重威胁，1981年9月30日，欧委会向理事会提交了一份题为《发展一项共同体能源战略》的政策提案[②]，目的是重新发起能源政策大辩论。提案指出，为了尽快减少共同体对石油的依赖、减少油价上涨对共同体经济的危害，共同体必须在能源供需双方采取进一步措施：在需求管理方面，进一步加强节能，更加合理地使用现有资源；在供应方面，应加大能源供应多样化的努力，特别是增加煤炭消费，大力实施核能计划，发展可再生能源。

---

① Office for Official Publications of the European Communities, *The European Community and the Energy Problem*, 3rd ed., European Documentation 1—1983, p. 24.

② European Commission, *The Development of an Energy Strategy for the Community*, COM (81) 540, Brussels, 2/10/1981.

文件提出，共同体应在五个优先领域采取行动：（1）在石油替代能源和更加合理使用能源方面确保足够的投资，以便降低石油在消费结构中的重要性，为经济活动和就业带来良好影响；（2）发展能源定价和税收的共同方法，使价格反映成本和长期的市场条件；（3）建立共同体团结措施，防范市场不稳定，这些措施必须确保即使非常有限的石油供应减少都不应引起价格的大幅变化；（4）加强研究、开发和技术示范领域的共同政策，通过共同体财政措施和协调活动，进一步挖掘共同体能源研发和技术示范方面的潜力，提高其有效性；（5）进一步发展对外能源关系中的共同方法和计划，通过共同体与外部能源供应国建立有助于确保能源供应稳定的合作关系框架。① 这一提案为共同体更加有效、迅速地减少其脆弱性确定了一个行动框架。

应该说，欧委会提出的能源战略是有前瞻性的：它不只是应对事件和危机，而是为市场发展将会带来的调整作好准备，减少这种发展所带来的经济和社会影响。然而，理事会对这个提案态度消极，它还没有对这些建议进行进一步的可行性研究，就宣布在当前条件下要取得必要的政治共识可能性很小。这一挫折促使欧委会重新认识其对能源政策的整个策略。其结果是：改变。不是内容的改变（因为共同体的问题并没有变化），而是策略的改变。于是，“战略”一词换成了“政策”。变化的关键是共同体可以依靠一项多元化的非集中（即由成员国制定和实施）的能源政策，只要有“努力相等”、“集体纪律”和“追求共同目标的意愿”。同时，共同体集体行动还是拥有自己的地位：“假如条约规定有此要求，或者假如共同体层面上采取行动比成员国单独行动或者协调行动还要有效的话。”②

1983 年 11 月，能源理事会第一次授权欧委会制定欧共体共同能源政策。理事会肯定了共同体确定共同能源政策目标的必要性，同时强调了共同体协调、加强成员国活动以及发起专项共同体行动的必要性。③

---

① European Commission，*The Development of an Energy Strategy for the Community*，COM（81）540，Brussels，2/10/1981，p. 11.

② European Commission，*The Development of an Energy Strategy for the Community*，COM（81）540，Brussels，2/10/1981，p. 11.

③ European Commission，*For a European Union Energy Policy——Green Paper*，COM（94）659 final，Brussels，23/2/1995，p. 9.

五、落实1980年共同体战略的行动

为了落实1980年能源战略目标，共同体一方面继续实施先前的各项政策措施，另一方面也采取了一些新的政策和措施。

（一）加大对合理利用能源的投资

合理使用能源已经成为共同体能源政策的一个支柱。自1973年危机以来，共同体和成员国层面上采取的节能努力已经导致了能源消耗的下降。到1980年能源消耗每年下降7%—8%，相当于每年节省7000万吨石油或者100亿美元（1979年价格）。[①]

为了落实共同体到1990年一次能源增长率和GDP增长率之间的平均比率降至0.7以下的目标，理事会加强了共同体在节能领域的行动。1980年5月13日，理事会通过了《关于共同体在节能领域开展新的行动方针的决议》[②]，为共同体节能领域的行动提供了一个政策框架。决议批准了将1990年整个共同体的一次能源消费增长率与GDP增长率之间的平均比率降低到0.7以下，要求各成员国在1980年底前通过一项覆盖所有能源使用主要领域的节能计划，并根据理事会推荐的措施制定一项合适的能源价格政策。理事会向成员国推荐了有关能源定价政策的指导原则，以及鼓励家庭、工业、农业、办公室、商业以及交通运输业中合理使用能源的措施。理事会要求欧委会对各成员国节能政策进行监督，并向它报告共同体节能目标的进展情况。

第一代的节能措施所需要的投资比较小，或者只需要改变人们的行为即可。然而第二代的节能措施往往需要比较大的投资，这种投资还不一定会产生明显的利润。1982年2月欧委会向理事会提交的有关对合理使用能源投

---

① European Commission, *Energy Policy in the European Community——Perspectives and Achievements* , COM (80) 397 final, 10/7/1980, p. 5.

② Council of the European Communities, *Council Resolution of 9 June 1980 concerning new lines of action by the Community in the field of energy saving* , O J C 149, 18 June 1980, pp. 3—5.

资的一份政策文件中详细地分析了节能和石油替代领域投资的前景及制约因素。尽管过去几年中能源进口下降，但共同体经济依然严重依赖外来石油供应。1980 年，对合理利用能源的投资仅占共同体 GDP 的 0.4%，到 1985 年应该提高到 0.7%，1990 年达到 1%。从绝对数而言，投资额应从 1980 年的 70 亿—80 亿埃居，上升到 1985 年的 190 亿，1990 年的 250 亿。节能努力有助于提高共同体企业的能源效率，从而改善其国际竞争力。为此，欧委会提出了各种措施，以解决投资决定方面存在的各种困难。这些措施包括：成员国所实施的节能行动对共同体开放，共同体的行动支持成员国的措施。这意味着改善财政渠道和协议，提供更适合中小企业和家庭需要的融资，防止或纠正共同体市场的分裂化，鼓励合理使用能源方面的决策权分散化，促进该领域的培训和信息。

1982 年 7 月，理事会通过了一项建议，请成员国采取鼓励节能投资的措施。欧委会也确定了一些特殊的投资项目，如废弃材料的利用、热浪费、地区供热网络。1982 年 10 月，欧委会提出一项在共同体层面上采取补充性行动的提案，为节能领域某些类别的投资建立一个财政激励机制（从共同体预算中利息退税）。能源理事会讨论了两次，没有取得什么进展。

共同体的节能行动大多限于指南和建议，具体实施根据各成员国的重点和条件由成员国、各类电器生产商或消费者负责。尽管理事会 1979 年曾通过若干项指令，要求对某些家用电器和电烤箱根据耗能量加以标识，但欧委会 1980 年提出的将标签制度扩大到洗衣机、洗碟机、电冰箱和冰柜等高耗能电器的提案仅仅被理事会作为建议推荐给成员国，而不是有法律约束力的指令。

（二）继续促进本土能源的利用

1. 促进煤炭的使用

尽管共同体采取了许多措施鼓励煤炭的使用，但是，自 1973 年起，煤炭的消费量并没有增加。其原因有几个方面：一是煤炭作为一种燃料的性质；二是围绕价格运动和供应安全的不确定性；三是煤炭在成员国能源政策中的作用问题。显然，共同体必须采取措施来消除这些障碍。欧委会提出的主要措施包括：进一步促进煤炭在发电站和工业部门的使用；采取措施促进煤炭生产。[①]

自实施1974年战略以来，煤炭技术研究有了发展。作为对这些努力和成就的后续行动，欧委会于1982年2月10日向理事会提交了一份新的政策文件，对煤炭在共同体能源战略中的作用进行了重新确定。[②] 其目标是增加煤炭使用，即使这意味着增加进口。煤炭储量丰富，且地理分布广泛，不存在石油一样的过度依赖的问题。文件提出了一系列建议，包括鼓励煤炭使用，促进煤炭技术现代化，促进共同体煤炭工业更加健康发展，鼓励第三国煤炭进口的顺利进行。

为了改善煤炭消费的前景，欧委会提议：提高价格的透明度；鼓励对工业部门以煤为燃料的工厂、公共建筑物和地区供热计划的投资；加强研发和示范活动，扩大煤炭的使用范围。

此外，煤炭工业的状况需要加以改善。目前，共同体煤炭总产量中，只有5000万—6000万吨（20%—25%）可以赢利，1.4亿—1.5亿吨（60%—65%）在当前的市场条件下无法赢利，还有4000万吨（15%）的煤炭生产完全没有竞争力。[③] 改善煤炭工业的状况，只有依靠现代化和合理化，关闭不经济的煤矿，开辟新的经济的生产能力。因此，欧委会积极支持煤矿的现代化和合理化，继续履行其职责，对矿工进行再培训，解决可能出现的其他社会问题。

2. 大力发展核能

核能对共同体供应安全具有促进作用，表现在以下几个方面：一是有助于实现能源使用种类和供应地理来源的多元化；二是核燃料的特性使大量潜能可以相对容易、相对廉价地储存；三是欧洲工业已经获得了全部核技术，包括燃料周期的各个阶段。因此，扩大核能的使用是欧共体的既定政策。它是大幅度减少共同体对进口石油的依赖的关键措施之一。与煤炭和石油相比，核能用作发电的燃料在生产成本方面享有优势。

---

① European Commission, *Energy Objectives for 1990 and Programmes of the Member States*, COM (78) 613 final, 16/11/1978.

② Office for Official Publications of the European Communities, *The European Community and the Energy Problem*, 3rd ed., European Documentation 1—1983, p. 40.

③ Ibid.

1981年，共同体电力生产的16%或者能源消费总量的6%来自核能。核电站的生产能力已经达到410亿千瓦。核能替代了5600万吨油当量。然而，与1974年12月理事会制定的1985年目标相比，核能所取得的成就经历了严重挫折，其原因是：一是受节能、经济增长速度放慢等因素的影响，电力需求增长速度远远低于预测；二是受1979年3月美国发生的三哩岛核事故的影响，反对核能的力量增强，导致一大批项目被放弃或推迟。

1978年11月欧委会在制定1990年能源目标时，对核能发展提出的目标是：（1）阻止核建设计划实施中出现的下滑趋势；（2）加快解决核废料问题；（3）大力开展核安全（反应堆和燃料周期，包括运输）工作，以促进核项目通过审批程序；（4）鼓励快速增殖反应堆的研究。

核能研究的重点更多地转向核安全问题，特别是反应堆安全和核废料的处理上。1980年3月理事会新通过的JRC研究计划，预算资金高达5.11亿EUA，仅核反应堆一项就获得了1/3，即1.51亿EUA，比前一个计划的预算增加了96%，而预算总额仅增加了47%。1980—1984年，在核废料方面，研发工作将比前一个五年期翻一番。对各种核应用技术给生物和生态带来的影响的研究继续受到关注。

为了推动核能的发展，1982年2月9日，欧委会向理事会提交了一份能源战略文件，专门阐述共同体能源战略的核战略。① 该文件分析了大规模发展核能所需具备的条件，提出了共同体层面解决核能发展的突出问题所需采取的行动。这些问题包括：核燃料的供应；核材料的安全措施；保护工人及公众的健康与安全，保护环境；公众信息。尽管一些成员国没有作出发展核能的承诺，但所有成员国均承认以下两点：（1）核能和煤炭必须承担起帮助共同体从现在到2000年实现能源供应多样化的主要任务；（2）核能具有经济优势，可以为经济经营企业提供有竞争力的能源供应。这些共识对实现1990年促进核能和煤炭发电的目标是一个有益的补充。

1982年12月，欧委会还向理事会提交了关于修改欧洲原子能共同体条约中供应一章的提案。其基本目标是使共同体核供应机制与80年代的工业

---

① European Commission, *An Energy Strategy for the Community: the Nuclear Aspects*. COM (82) 36 final, Brussels, 9/2/1982.

现实相一致，既为核工业和核贸易在核能的进一步发展中提供更大的自主性，也可确保用户获得定期的价格公平的核燃料供应。

在核安全标准领域，欧委会于 1983 年 1 月就欧洲原子能共同体及其成员国与国际原子能机构（IAEA）签署的核查协议的实施情况提交了一份报告。报告强调了安全标准对国际核贸易中发展稳定关系的至关重要性。欧委会指出，共同体已经实施两项多边安全标准制度。

在发展核能方面，欧委会提出了一系列行动，包括：更加频繁地公布“指导性核能研发计划”，帮助相关各方了解核能发展的经济基础；将欧洲原子能共同体贷款的最高限额翻一番；共同体采取一种新的方法来解决核材料供应问题；加速共同体内部为建立放射性燃料的临时性储存能力和再加工能力所采取的措施；迅速解决在一些重要的国际协议签订以后还存在的问题；巩固和加强共同体在核安全领域的研发活动，特别是扩大放射性废料管理和储存领域的合作；加强共同体就核能问题开展的公众信息宣传活动。

3. 鼓励和扩大可再生能源的使用

1980 年共同体能源战略要求鼓励和扩大新能源和可再生能源（NRSE）的使用，增加其在共同体能源供应中的比例。NRSE 已经在共同体研究活动中占有重要位置。

为期四年的能源部门第二个研发计划（1979—1983 年）得以通过。该计划总预算达 1.05 亿 EUA，比第一个计划几乎翻一番。尽管覆盖的领域是相同的，但第二个计划明显向太阳能和节能方面转变。1982 年，共同体为整个能源研发计划拨款几乎达到 3 亿埃居。伴随着共同体行动的显著加强，一些研发努力相对持续的成员国也相应地加强了其行动。共同体支出约占整个共同体成员国能源研究公共支出总数的 8%。[①]

共同体为 NRSE 研究计划分配的专项资金包括：太阳能间接行动计划（1979—1983 年）4600 万埃居；JRC 太阳能直接行动计划（1980—1983 年）

---

① Office for Official Publications of the European Communities, *The European Community and the Energy Problem*. 3rd ed., European Documentation 1—1983, p. 46.

2600万埃居；地热能领域间接行动计划（1980—1983年）1800万埃居。[①]

除了研发外，欧委会还向除石油外的其他能源的示范项目提供财政援助，以鼓励已在科学上证明可行但技术和经济适用性还有待示范的技术和工艺得到工业规模或半工业规模的推广。在向节能领域的示范项目提供援助的同时，欧委会也向开发替代能源的项目提供财政支持。获得支持的项目包括：（1）地热能开发项目40个：投资3亿埃居，获2800万埃居的财政支持；（2）太阳能项目70个：投资8000万埃居，获2300万埃居的财政支持。[②]

（三）促进能源价格政策的趋同

能源定价可以对能源需求并且从长远来说对能源投资会产生影响，因而在追求能源政策目标中可以发挥基础性作用。但是，定价政策也会给工业竞争力和成员国之间的贸易以及共同体对外贸易产生广泛的影响。因此，欧委会认为，制定共同的定价政策是决定成员国能源政策趋同的一个关键因素，能够支持投资政策、使投资者对节能措施的有效性以及替代燃料的经济性作出正确的判断。此外，共同的定价政策对于避免共同体内部竞争的扭曲、提高宏观经济目标与能源政策目标之间的一致性也具有重要意义。最后，共同的定价政策对共同体鼓励其贸易和竞争伙伴制定合理的定价做法也能提供重要的可信性。

欧委会在1981年公布的有关石油税收的政策文件中强调了上述思想，并且提请理事会就电力关税结构通过一项建议案。另外，欧委会还在一份政策文件中进一步发展了能源定价的若干原则。理事会1980年6月9日的决议已经批准。这些原则强调指出，消费者价格必须全面反映替代能源开发成本，即使短期内世界石油价格稳定甚至下跌，以鼓励投资。

欧委会认为，共同体内部应建立一个一次能源的共同市场。煤炭、原油

---

① European Commission, *Community Position for the United National Conference on New and Renewable Sources of Energy (Nairobi, August 1981)*. Presented by the Commission to the Council. COM (81) 381 final, 9/7/1981.

② Office for Official Publications of the European Communities, *The European Community and the Energy Problem*. 3rd ed., European Documentation 1—1983, p. 46.

和天然气供应的价格差异应该限制在由运输成本产生的差异之内。当然，这并不意味着共同体范围的消费者价格能够或者应该完全统一。相反，各成员国对能源转换（提炼、运输、分配特别是发电）的审慎投资应该反映在消费者价格上。但是，消费者价格不仅取决于比较成本，而且还包括重大的政策差异，尤其是税收、价格控制和公用事业单位的融资。

能源定价和税收政策的一致性首先要求改善能源价格和关税的透明度，并且共同努力，使石油税收符合能源和经济政策的目标。在这方面，欧委会采取的行动主要包括四个方面：第一，发展和加强 1980 年 6 月所确定的总的定价原则。欧委会在 1981 年 10 月发布的一份政策文件[①]中提出了一系列具体建议，这些建议形成了共同体进一步发展价格政策的基础。第二，提高能源价格的透明度，使消费者和投资者能够获得更多的信息，使定价原则的实施程度可以随时观察得到。作为促进透明度的一项措施，欧委会每半年发布一期《能源价格简讯》，1982 年 12 月发表了第一期。欧委会、工业界和成员国政府正在讨论其他措施，以实现各个部门可以接受的透明度。第三，为把总体原则落实到具体部门制定指导方针。1981 年，理事会就制定电力关税向成员国发布了一份建议；1983 年 4 月理事会就制定天然气价格和关税的方法通过了一份建议。第四，通过严格监督成员国政策，确保定价原则的实施以及定价机制与共同体竞争法相一致。[②]

（四）加强能源技术研发和示范

在第一次石油危机的刺激之下，共同体开始对节能和新能源技术展开研究。其结果是，能源吸收了共同体研发总预算资金的 70%。共同体预算占能源及相关领域研发的全部公共财政支持（成员国和共同体）的 10%。[③] 欧委会认为，共同体需要进一步加强能源技术研发努力，以帮助共同体各国更快地减少对石油的依赖，使共同体工业能够更加容易地适应能源市场的变

---

① European Commission，*Energy Pricing—Policy and Transparency*，COM（81）539 final，1/10/1981.

② European Commission，*Community Energy Strategy：Progress and Guidelines for Future Action*，COM（83）305 final，2/6/1983，pp. 19－20.

③ European Commission，*The Development of an Energy Strategy for the Community*，COM（81）540，Brussels，2/10/1981.

化。在此背景下，欧委会开始对相关研发机构进行重组，并对各种研发计划进行审视，在此基础上提出加强节能和可再生能源研究的新的提案。这种研究不仅要服务于共同体本身，还要满足欠发达国家的需要。

技术示范阶段是新技术全面商业化的一个重要桥梁，对产业和能源政策鼓励新产业、新工艺和新产品的启动起着支持作用。共同体参与示范项目的协调和财政支持没有研发方面大。欧委会的评估报告显示，共同体 1979 年开始实施的支持节能和替代能源示范项目的多年度计划不足以满足需要。因此，1980 年，欧委会向理事会建议，将示范项目的财政资金翻一番，并采取必要措施，确保研发计划所取得的成果得到有效推广，使共同体工业界最大程度地利用这些技术。

70 年代中后期，在亚太地区兴起的空前的高科技革命中，曾长期作为美国在新技术领域中的强有力竞争对手的欧洲国家，却在关键的新兴技术领域内榜上无名。为了整合欧洲科技资源，协调各成员国的研发活动，形成整体优势，支持共同体能源政策目标的实现，1982 年 12 月，欧委会向理事会提交了一个欧洲科技战略框架计划的提案。① 该计划的最大特点是技术推动模式，以技术的先进性为判定标准，以研究者的市场分析为立项依据，以产品提供者的需求为出发点。它确定了一系列重点攻关计划，如欧洲计算机计划、欧洲机器人计划、欧洲通信网计划等。1983 年 7 月 25 日，理事会依据欧洲经济共同体条约第 235 条和欧洲原子能共同体条约第 7 条，批准了共同体历史上的第一个研发框架计划（FP1）（1983—1987）②，总预算约为 32.7 亿埃居。FP1 的优先研究主题包括：促进农业和工业竞争力；改善原材料管理；改善能源资源的管理；加强发展援助；改善生活和工作条件；改善共同体科技潜力。获预算资金最多的是能源资源管理和减少能源依赖，占总预算的 50%。这反映了共同体对能源供应安全的高度重视。

研发框架计划批准后，理事会通过了一系列决定：联合研究中心多年度

---

① European Commission, *Proposal for a European Scientific and Technical Strategy Framework Programme*, COM (82) 865 final, 21/12/1982.

② *Council Resolution of 25 July 1983 on framework programmes for Community research, development and demonstration activities and a first framework programme for 1984 to 1987*, O. J. C 208, 4/8/1983, p. 1.

计划（1984—1987）预算7亿埃居；能源示范项目预算资金（1983—1985）2.65亿埃居；信息技术计划（ESPRIT）7.5亿埃居；另外八个多年度计划（核聚变、辐射防护、放射性废料、反应堆安全、生物技术、非核能源等）合计12.25亿埃居。

值得一提的是，FP1纳入了由德国科研部长里申胡伯（Riesenhuber）担任轮值主席期间确定的共同体参与研究的标准（The Riesenhuber Criteria）：(1) 研究规模太大，单个成员国无法提供所需的财政资源和人员，或者虽能提供，但非常困难；(2) 所开展的联合研究，在扣除涉及国际合作所有行动可能带来的额外成本后，明显能获利；(3) 由于成员国在特定领域开展的研发工作具有互补性，能在整个共同体解决一些需要大规模（特别是在地理意义上）研究的问题上取得重大成果；(4) 有利于促进共同市场的凝聚性，促进欧洲科技统一，必要时导致统一法律和标准的建立。① 这些标准首次明确而系统地表达了共同体参与研究活动的理由。当然，这些标准并不是选择主题领域的标准，而是为了确定哪些活动具有欧洲增值性，从而有充分理由在欧洲层面上进行。对共同体研究项目的申报、审批、监督等环节均由欧委会统一管理，以发挥欧洲各国在科研方面的互补性。项目必须由不同成员国的机构联合申请和执行，以促进各国从联合研究中明显获益。

（五）强化国际能源合作

共同体能源战略不可避免地涉及其他主要能源消费国、能源出口国和进口石油的发展中国家。欧委会认为，共同体是在世界舞台上表达成员国利益的一个必要层面。必须通过共同体与能源供应国建立一个关系框架，以确保能源——特别是煤炭和天然气供应的稳定和安全。在确保核燃料供应方面，共同体已经发挥了关键性作用，与主要供应国——澳大利亚、加拿大和美国签订了合作协议。共同体的另一个优先目标是加强与发展中国家的能源合作，一方面是帮助它们满足自身的能源需求，另一方面是减轻对世界石油供应的压力。

第二次石油危机爆发后，1980年初，欧洲人试图重新启动“欧阿对

---

① 转引自 Dan Andrée, *Priority-setting in the European Research Framework Programmes*, VinnoVA-Swedish Governmental Agency for Innovation Systems, July 2009.

话”，并表示愿意在对话中纳入政治问题。但是，阿拉伯国家把对话用作向欧洲人在中东问题上施加压力的手段。在1980年11月卢森堡会议上，阿拉伯国家要求欧洲承认巴勒斯坦解放组织。而欧共体则重申以色列从被占领土上撤军、阿拉伯人和巴勒斯坦人承认以色列的生存权、巴勒斯坦人在自决权问题上有机会表达自己观点的必要性。能源问题在很大程度上没有被纳入讨论的范围。① 对话时断时续，没有取得实质性的成果。1980年9月两伊战争的爆发进一步加剧了阿拉伯联盟内部分裂，对话再次受阻。

更具实质性的进展是在IEA框架内取得的。西方消费国之间达成协议和开展合作在很大程度上取决于市场趋势：当困难消失时，各国的努力就会松懈；一旦形势紧张，各国又会重新加强协调和合作。1979年再次出现的国际能源市场供求紧张导致了一项重要进展：在1979年6月28—29日西方七国集团东京首脑会议上，加拿大、西德、法国、意大利、日本、英国、美国的国家元首和政府首脑以及欧委会主席就限制石油消费、加速开发替代能源达成了一项共同战略。各国承诺，在今后五年内将石油进口水平维持在1978/79年的水平，实行反映现实的石油定价政策，促进节能，鼓励煤炭生产和使用，采取协调措施开发石油替代能源。② 1979—1980年油价暴涨有力地推动了这些承诺的兑现。1980年6月22—23日西方七国集团威尼斯首脑会议就一项更全面的能源战略达成了共识，明确提出“打破经济增长与石油消耗之间的现有联系”，1990年将能耗与GDP比率降至0.6，石油在能源总需求中的比例由1980年的53%降至1990年的40%。这一战略的核心是节省石油、大幅度地提高替代能源的生产和使用，要求充分依靠价格机制，使国内石油定价反映国际石油价格，在合适的情况下采取有效的财税和行政措施补充市场力量，促进能源投资。③ 欧共体参与了西方首脑会议的协商程序，并且发挥了积极的推动作用。1980年11月，欧共体能源部长理事会召开会议，讨论阻止石油市场油价上涨、控制现货市场交易的措施。成员国决

---

① Robert J. Lieber, *The Oil Decade: Conflict and Cooperation in the West*, New York: Praeger Publishers, 1983, p. 66.

② G7 Summit Tokyo DECLARATION, June 29, 1979. http://www.g7.utoronto.ca/summit/1979tokyo/communique.html. 2008-7-28.

③ G7 Venice Summit DECLARATION, June 23, 1980. http://www.g8.utoronto.ca/summit/1980venice/communique/energy.html. 2008-7-28.

定要求石油公司动用超出储备要求的石油存货，避免到现货市场去抢购。在1981年6月能源部长理事会上，各成员国领导人表示愿意加快行动，考虑在亚危机形势下动用石油储备及其管理的建议。

在1979—1980年危机期间，人们发现，即使低于启动“国际能源计划”（IEP）所需达到的7%的石油供应短缺也能对西方发达国家造成严重的经济破坏。显然，IEA需要制定应对低于IEP规定的小规模石油供应中断事件的防范措施。1981年6月，IEA执行董事会在与石油公司充分协商的基础上，通过了《关于准备应对未来供应中断的决定》。[①] 决定指出，如果对当前石油市场形势的评估表明存在石油供应中断（即使低于7%）的危险，给经济带来严重破坏，那么，执行董事会应立即开会，决定是否迅速采取灵活措施，以减少经济破坏。措施包括：劝阻不正常的现货市场买卖或其他不当买卖；限制消费；短期性燃料转换；增加本国石油生产；由政府决定或通过政府与石油公司协商提取储备；作出非正式的努力，减少和遏制供应失衡的影响。

1984年7月11日，IEA执行董事会通过了《关于储备和供应中断的决定》，即“协调性紧急状况反应措施”（Coordinated Emergency Response Measures，CERM）。[②] 这一机制确立了发生石油供应危机时的协商程序。决定中明确指出，CERM针对可导致严重经济破坏的中断危机，不论其规模大小。供应中断加上公众抢购，可能导致石油价格的飙升，因此必须加以避免。与紧急分享机制不同的是，CERM机制不是一个按部就班的固定的计划。IEA及其参与国灵活作出应对危机的决定。CERM只规定了可以采取的措施的原则，如协调提取储备或其他相应行动。假如储备提取、需求限制或其他措施不足或不合适，则最终启动“紧急石油分享机制”。

第三世界欠发达国家在油价暴涨中遭受的打击非常严重。因此，欧共体与发展中国家积极开展能源合作，帮助它们开发能源资源。仅1980年，援助（赠款和贷款）总额就达到7亿埃居。欧共体根据《洛美公约》（其前身

---

① Richard Scott，*The History of the IEA：the First 20 Years*，Vol. III，pp. 132—134.

② Richard Scott，*The History of the IEA：the First 20 Years*，Vol. III，pp. 137—143.

为《雅温得公约》），承担了对非洲、加勒比海和太平洋（ACP）国家（公约缔约国）的特殊责任。在这一公约的框架内，欧共体采取了措施，积极帮助 ACP 国家发展采矿和替代能源。1981 年 8 月，联合国在内罗毕召开“联合国新能源和可再生能源大会”，旨在帮助第三世界开发本土能源资源，提高新能源和可再生能源在能源供应中的比例。欧共体参加了这一会议。它认为，可再生能源对第三世界的能源供应和经济增长可以发挥独特的作用。因此，这方面的行动在会议召开前就已经被纳入了欧共体与发展中国家的传统的合作政策之中。共同体参加这一会议以及会议所制定的措施也是突出新能源和可再生能源的好处，因为它们有助于世界经济向减少对石油依赖的方向过渡，并扫除高价能源对第三世界经济发展构成的障碍。①

欧委会认为，在与发展中国家发展能源合作时必须采取一种全面的方式，既要考虑到相关国家的特殊情况及其优先发展目标，又要考虑其与共同体的关系的性质，特别应注意以下几点：（1）为能源规划领域（包括资源及需要评估）的援助制定指导原则；（2）以信息形式（项目评估、勘探专业技术、研发、数据库）为投资决策提供帮助；（3）技术和职业教育；（4）就可以用于发展中国家的技术，特别是合理利用能源方面的技术交流信息，鼓励发展中国家使用这些技术；（5）推广欧佩克、阿拉伯基金、世界银行等机构普遍采取的共同融资的做法；（6）鼓励工业界对欠发达国家采取建设性的投资政策；（7）鼓励新能源和可再生能源的使用，特别是有利于促进农村发展和环境保护。②

欧共体还在联合国欧洲经济委员会（UNECE）框架内积极加强东西方之间的能源合作关系。为了落实欧洲安全与合作会议赫尔辛基会议的最终法案，UNECE 第 34 次会议专门成立了一个新的机构——UNECE 成员国政府高级顾问小组。欧共体参加了该小组的讨论，积极谋求与东欧国家开展能源对话与合作。

---

① European Commission，*Community Position for the United National Conference on New and Renewable Sources of Energy（Nairobi，August 1981）*，COM（81）381 final，1981.

② European Commission，*The Development of an Energy Strategy for the Community*，COM（81）540，O J C 280，0/10/1980，p. 16.

1985年，在美苏首脑的倡议和国际原子能机构（IAEA）的支持下，国际热核实验反应堆（ITER）计划得以确立。这是一个独立于国际原子能机构的重大国际核聚变科技合作计划，其目标是要建造一个可自持燃烧（即“点火”）的核聚变实验堆，验证聚变反应堆的工程可行性。ITER的原理类似太阳发光发热，即在上亿摄氏度的超高温条件下，利用氢原子最容易实现聚变反应的同位素氘、氚的聚变反应，释放出核能。氘和氚聚变后，2个原子核结合成1个氦原子核，并放出1个中子和17.6兆电子伏特能量。核聚变燃料氘和氚可以从海水中提取，每1升海水中含30毫克氘，30毫克氘聚变产生的能量相当于300升汽油。核聚变不会产生核裂变所出现的长期和高水平的核辐射，不产生核废料，也不产生温室气体，基本不污染环境。由于原料取之不尽，又不会危害环境，这一计划的实施结果将决定人类能否迅速地、大规模地使用核聚变能，从而可能影响人类从根本上解决能源问题的进程，因此，意义和影响十分重大。欧共体（通过欧洲原子能共同体）参与了这一计划，与苏联、美国和日本一起承建ITER。

第三章

欧盟能源战略的转折阶段 (1986—1995)

从20世纪80年代中期开始，随着能源市场供需形势的缓和、市场自由化的兴起以及国际环保运动的高涨，欧共体能源政策的关注焦点出现了重大的转折。虽然受两次石油危机的影响以及对能源价格继续上涨的期待，1986年欧共体能源战略依然把战略重点置于供应安全之上，但是，能源市场的自由和公平竞争以及由能源使用引起的环境安全问题也被纳入了行动范围，表明共同体能源战略开始由供应安全向经济竞争力和环境保护延拓。80年代末、90年代初，在供应安全失去大部分动力的情况下，欧共体利用《单一欧洲法》赋予的内部市场和环境政策职能大力推进能源政策的发展。随着内部能源市场的启动和环境政策与能源政策的结合，欧共体许多旨在促进供应安全的内外政策和措施迅速转向支持内部能源市场和环境政策目标。本章主要描述欧盟能源战略发生转折的历史背景，探讨欧共体1986年能源战略的基本内容，揭示其战略目标由供应安全向竞争力和环境安全延拓的内在动力，解析欧共体为保障供应安全、促进能源政策的市场化、绿色化和共同体化所采取的主要政策和措施。

第一节 80年代国际政治经济形势

一、国际能源市场日趋缓和

国际能源市场形势的深刻变化是驱动欧共体能源政策议程改变的关键因素。通过两次世界性石油危机，传统的国际石油体系逐渐被打破，欧佩克对世界石油市场的影响力达到了巅峰。具有巨大出口能力的欧佩克实行的减产提价政策，成为左右世界石油供应形势的巨大力量。从1973年到1980年，国际油价上涨了20倍。国际石油市场呈卖方市场，持续时间长达七八年之久。然而，过高的油价使石油市场的供需关系发生了急剧的变化。从20世纪80年代初开始，能源价格逐渐稳定并开始一路下跌，直到1986年油价崩溃。

造成油价暴跌的原因是深层次的，主要有以下几点：

首先，油价暴涨不仅刺激了欧佩克的石油生产，也促进了世界其他地区的勘探和生产。从70年代中后期起，西方发达国家和石油公司加大了在非欧佩克地区的石油勘探和开采活动。高油价使高成本油田有了经济上进行开发的可能性和现实性。到1980年，挪威和英国的北海油田储量已被分别确定为57.5亿桶和154亿桶。北海的石油产量达到200万桶/天，英国和挪威成为重要的石油出口国。从1976年到1979年，墨西哥的探明石油储量增加了6倍，到1980年墨西哥的石油储量已达到300多亿桶，1979年墨西哥的平均日产水平已达150万桶。美国在阿拉斯加也发现了储量近100亿桶的大油田。20世纪七八十年代正是前苏联石油工业大发展的时期，由于西西伯利亚一系列大型油田陆续投入开发，前苏联石油产量节节上升。1975年前苏联石油产量达到4.96亿吨，超过美国成为世界第一大产油国，1982年更是达到了6.1亿吨。从1979年到1985年间，非欧佩克产油国的产量逐渐超过了欧佩克。

其次，世界经济衰退严重影响了石油消费。由于油价上涨，世界经济出现了自大萧条年代以来最严重的经济衰退，工业经济先后出现了两次低谷，第一次是在1980年，第二次在1982年。工业经济活动的停滞，大大减少了对石油的需求。许多发展中国家也是负债累累，经济急剧滑坡，抑制了它们对石油的需求。1983年，全球（社会主义国家除外）石油消费从5160万桶/日下降到4570万桶/日。

第三，石油消费国所采取的能源多样化战略日显成效。煤炭大规模地重返发电业，核能得到了进一步的开发，对天然气的勘探、开发和利用也获得了新的动力，大口径、高输量、远距离输气道线和海底输气道线的大规模的建成，为这个时期天然气工业的持续增长创造了条件。这一切使世界石油需求量大幅度下降。从1978年到1985年，石油在工业国家能源总需求中的比例从53%降至43%。①

第四，油价上涨刺激了新技术、新能源的开发，节能增效取得了一定的效果。过高的油价使人们普遍认识到节能增效和发展新能源的重要性，于是，各国纷纷投入巨资，发展新技术、开发新能源、制定节能增效措施。

第五，石油公司把预防潜在危机而储存的石油释放到了市场，这也导致了石油的过剩。

石油需求下跌、非欧佩克国家不断增加供应以及原先的巨量库存，造成了油价下降的压力。1981年10月标志着欧佩克的油价最后一次上涨。神圣的供求关系法则已经发挥作用，推动价格下降。从1981年起，石油市场从供不应求开始转为供过于求，石油销售发生困难。为维持每桶34美元的基准油价，欧佩克于1982年决定执行“限产保价”政策，规定了总产量的限额，并建立了欧佩克成员国生产配额体系。然而，由于欧佩克各成员国不愿遵守配额并减价求售，而非欧佩克产油国又纷纷降低价格，国际石油市场上竞争不断升级，现货价格继续下跌。1985年11月17日，沙特阿拉伯宣布，不再履行机动生产国的义务，不再维护欧佩克的官价，而开始增产，以恢复其在石油市场上的份额。油价随即开始暴跌。从1985年12月中旬到1986年3月短短几个月，国际原油价格从每桶28美元跌到10美元左右。

油价暴跌使中东阿拉伯国家的石油权力几乎完全丧失，西方国家在国际权力争夺战中重新获得主动权，权力再度回到美国、日本和欧洲。由于石油供应充足，价格便宜，因此，能源安全作为一个议题在西方国家失去了重要

---

① [美] 丹尼尔·耶金著：《石油·金钱·权力》，钟菲译，北京：新华出版社，1992年版，第751页。

性。不论是对普通公民，还是对大多数公司，亦或是对几乎所有的决策者，能源问题都消失了。1985 年 5 月西方七国在波恩举行首脑会议时，根本没有提及石油和能源问题。这是西方首脑会议十几年以来的第一次。就像 60 年代一样，如今石油和能源来源十分充裕，供应重新有了保障，世界石油供过于求，每天过剩约 1000 万桶。西方各国领导人再也不必关心能源安全问题了，而在以往的首脑会议时，石油问题都是最重要、最棘手的问题。

二、市场自由化的兴起

由于油价下跌和国际能源市场供应充足，欧洲人的关注焦点逐渐从供应安全转向石油价格以及实现最低价格所存在的障碍。市场条件的这种变化也使许多能源政策，特别是支持节能的政策措施和规避高价燃料的多样化措施难以继续或者没有充分的理由继续下去。一些成员国政府放弃了传统的能源政策管理方法。英国就是一个最典型的例子。它明确采取行动，依靠市场力量来决定供需。[①] 1980 年，英国开始对能源、电信等重要的国有或国营工业部门进行私有化改革。这场改革引发了其他国家对能源市场组织方式的新思维。北欧国家、法国、荷兰等国内部就能源问题进行了大辩论，辩论的重点是能源是否真的是需要国家关心的头等大事，引入自由市场规则是否可以使能源部门和能源贸易更有效率。人们在思考国家在传统公共经济部门的作用时出现了“范式转换”。[②] 欧洲人对能源政策的观点开始发生变化。能源不再是国家政策的关注重点，供应安全不再是能源政策议程上的头等大事。这一变化发生在政治上比较稳定的时期：严重的供应危机结束了，人们不再关注进口依赖性的问题。石油、天然气和电力生产能力的过剩，意味着能源价格在短期内不会上涨，这对欧共体成员国政府来说犹如一粒定心丸。在这样一种环境下，实现能源工业和能源市场——特别是使用网络供应的能源部门（即天然气和电力）——的自由化在政治上是安全的。政治家们和市场主体

① Piotr Jasinski and Wolfgang Pfaffenberger, *Energy and Environment: Multiregulation in Europe*, Hampshire, England: Ashgate Publishing Limited, 2000, p. 7.

② Helen Wallace and William Wallace, *Policy-making in the European Union*, Third Edition, Oxford: Oxford University Press, 1996, p. 258.

开始探索能源部门私有化和取消管制的办法。基于网络供应的能源工业必须加以结构性改革，消除效率低下的问题，以便为各个公司（日益依赖基于网络供应的能源）提供成本更加低廉的能源，提高其在全球市场上的竞争地位。这一趋势正好与单一市场思想的发展相吻合。

1985年，欧委会发表了《完善内部市场》白皮书，[①] 启动了内部市场建设的进程。1986年2月理事会通过的《单一欧洲法》（SEA）成为这一改革的关键性动作。为了使创建内部市场所需制定的300多个指令得以顺利通过，SEA对共同体决策程序进行了修改，加强了欧共体在一系列政策领域的超国家权力，扩大了有效多数表决权在欧盟范围市场规则决策中的使用范围，消除了某些成员国出于自身利益行使否决权，从而对共同体决策效率所造成的障碍。随着《单一欧洲法》的通过，欧洲内部市场的障碍已经清除。

最初，《完善内部市场》白皮书并没有把能源市场一体化纳入欧共体的改革计划，因为能源被认为是一个几乎不可能按照竞争规则发展市场的政策领域。欧洲能源部门的典型特点是国家垄断企业控制了能源的进口、出口、销售和传输。[②] 然而，共同内部市场规则的总趋势带来了一种新的动力，促使能源市场相关主体开始重新确定传统的能源政策问题。人们普遍认识到，除非能源部门也被纳入，否则就不可能有真正意义上的内部市场。有些国家的产业部门明显享有廉价能源的好处。而且，欧洲能源运输依然掌握在成员国公司手中，每个公司有着不同的条件。可见，建立共同的过境规则和过境关税、打破能源垄断有着明显的理由。欧洲企业要求加强各成员国能源市场的一体化，使能源供应更具效率，统一并降低本地区的能源价格，以提高欧洲工业的全球竞争力。

三、环境问题成为关注焦点

这一阶段的第三大变化是环境保护的地位上升。环境问题由来已久。20

---

① European Commission, *Completing The Internal Market—White Paper from the Commission to the European Council*, COM (85) 310 final, 14/6/1985.

② Helen Wallace and William Wallace, *Policy-making in the European Union*, Third Edition, Oxford, New York: Oxford University Press, 1996, p. 263.

世纪 60 年代中后期，随着工业化国家经济社会的迅速发展，环境破坏日益严重。西方公众开始批评战后只注重物质增长和繁荣的倾向。他们开始关心生活质量问题，关注环境恶化问题。1972 年罗马俱乐部发表的《增长的极限》对工业社会的发展模式进行了反思，其结论是，环境危机的根源在于极速增长，资源的耗竭将导致灾难。该报告的发表唤醒了人类对全球环境问题的认识。1972 年 6 月 5—16 日，联合国人类环境大会在瑞典首都斯德哥尔摩召开，大会通过了《人类环境宣言》，呼吁世界各国改善和防止环境恶化的趋势，在“只有一个地球”的口号下开展长期和广泛的国际合作。

20 世纪 70 年代，随着共同体的扩大，成员国之间的经济边界逐渐消失，环境问题日益突出，尤其是跨国界污染造成的损害并不能通过各国自身的政策得到有效的防范。此外，成员国间不同的环境保护措施和对环境来说至关重要的产品规范日益表现为贸易的非关税壁垒，与欧共体自由贸易的目标相对立，要求制定共同体环境政策的呼声日益高涨。加强环境保护，制定统一的环保规则，日益成为共同体成员国的共识。

1972 年 10 月 19—20 日，欧共体在巴黎召开首脑会议，明确提出要在地区开发、环境保护、能源政策等方面开辟新的活动领域，并针对环境问题制定了一系列基本原则，从而为共同体的共同环境政策揭开了序幕。会议一致认为：“经济增长本身不是目的，经济增长应该有利于生活质量和生活水平的提高，特别要注意一些无形的价值观和环境保护问题。”① 1973 年 11 月，理事会批准了欧共体第一个环境行动计划。尽管欧共体关心的环境问题非常广泛，但是能源选择所产生的后果是环境政策的一项重要内容。共同体采取了一系列政策和措施，限制能源消耗所造成的环境破坏。然而，由于两次石油危机的影响，欧共体国家关注焦点是能源供应安全，因此，环境保护被放到了次要的位置。

进入 20 世纪 80 年代后，随着能源供应问题的缓和，欧共体国家对能源消费的安全性和污染问题给予了更多的关注。由于 1979 年美国三

---

① *Communique for the First Summit Conference of the Enlarged Community*, Paris, 19－21 October 1972, reproduced from the Bulletin of the European Communities, No. 10, 1972, pp. 15－16.

哩岛[①]和1986年切尔诺贝利[②]发生的两起重大核事故的影响，再加上核废料的处理问题，公众对核能的支持率几乎降到了零。此外，化石燃料使用所带来的种种环境影响，如二氧化碳过度排放所导致的地球温室效应等问题同样引发了公众和各种非政府组织的强烈关注，从而对欧共体和各成员国形成了越来越大的压力。内部市场一体化还给共同体带来了双重威胁：一是市场的完善使经济活动增多，反过来又导致环境进一步恶化；二是成员国环境政策的发展具有扭曲市场的潜在影响。

来自欧共体各国的专家就单一市场对环境的影响作了调查评估。结果表明，交通和发电带来的影响是欧共体需要面对的最严重的问题，两者总共产生西欧地区60%的二氧化硫、80%的氮氧化物、55%的二氧化碳、40%的非甲烷类油气。评估报告还指出：越境运输增加30%—50%，二氧化硫的排放就会上升8%—9%，氮氧化物增加12%—14%。很明显，单一市场的完成将对环境构成新的压力。最后，跨国界污染造成的破坏无法通过各国自身的政策得到有效的防范。为此，欧共体一些成员国率先采取了污染控制措施。为了不牺牲本国的竞争力，这些国家强烈要求在整个共同体普及这些措施。

第二节 供应安全向竞争力和环境安全的延拓

一、欧委会提出《共同体能源新目标》

受两次石油危机的驱动，欧共体先后实施了1974年和1980年两部能

---

① 三哩岛核泄漏事故，简称“三哩岛事件”，是1979年3月28日发生在美国宾夕法尼亚州萨斯奎哈河三哩岛核电站的一次严重放射性物质泄漏事故。

② 1986年4月26日当地时间1点24分，前苏联的乌克兰共和国切尔诺贝利核电厂发生严重泄漏及爆炸事故。事故导致31人当场死亡，上万人由于放射性物质远期影响而致命或患重病。这是有史以来最严重的核事故。外泄的辐射尘随着大气飘散到前苏联的西部地区、东欧地区、北欧斯堪的纳维亚半岛。乌克兰、白俄罗斯、俄罗斯受污染最为严重，由于风向的关系，据估计约有60%的放射性物质落在白俄罗斯境内。此事故引起国际社会对前苏联核电厂安全性的极大关注。

源战略。在共同体能源战略的指导下，欧共体各国认真制定本国的能源战略：一是大力提倡节能，减少石油需求；二是发展核能和煤炭，降低石油尤其是进口石油在能源消费结构中的比重，促使能源消费结构从以石油为主向多样化转变；三是重视能源进口的多元化；四是不断开发风能等可再生能源。节能增效不再停留在口号之上，而是真正落实到了实际行动之中。共同体能源战略的实施取得了令人瞩目的成就。1973 年至 1985 年，共同体成功地将进口石油在一次能源消费总量中的比例从 61％降低到 31％。[①]

但是，随着石油供应形势的缓和，欧共体国家政府和公众对能源供应问题的兴趣大减，燃料替换和节能增效工作出现了很大程度的减缓。预算限制对大部分成员国的能效计划开支带来了不利的影响，从而更加剧了这种趋势。1973 年到 1982 年，共同体 12 国能效提高了 20％，而 1982 年到 1986 年能效仅提高了 2％左右。[②] 1986 年《单一欧洲法》甚至没有提及能源。

20 世纪 80 年代中期，国际能源市场的发展、内部市场的启动、环境地位的上升以及欧委会在能源政策制定中总体地位的上升，使共同体能源政策关注焦点出现了重大转向。新的议程基于两个宽泛的目标：创建以竞争为导向的单一能源市场；追求环境保护。[③] 这两个目标对共同体能源政策的重要性，在 1995 年共同体能源目标中得到了明确的体现，成为能源政策的重要考虑因素。但是，由于受两次石油危机的深刻影响以及对未来能源供应不确定性的担忧，欧委会在制定 1995 年能源目标时，依然把战略重点置于供应安全之上。

鉴于 1980 年制定的 1990 年能源政策目标即将到期，1985 年 5 月 28 日，欧委会在广泛调查研究的基础上通过了《共同体新的能源目标》，提出

---

① European Commission，*The European Energy Policy*，European File 2－87，1987，p. 5.

② European Commission，*The Main Findings of the Commission's Review of Member States' Energy Policies*，COM（88）174 final Vol. I.

③ Ali M. El-Agraa，*The European Union：History，Institutions，Economics and Policies*，Fifth Edition，London：Prentice Hall Europe，1998，p. 271.

了1995年共同体能源政策目标。[1] 新战略提出，共同体能源政策所要追求的基本目标有两个：一是确保供应安全；二是通过竞争、提高能效，最大程度地减少能源成本。其目的是确保共同体以有利的价格获得能源供应，最大程度地减小供应中断的风险，以实现共同体经济增长和社会进步。显然，欧委会依然把20世纪70年代两次石油危机的影响作为主要参照对象，试图规避因供应短缺引起的能源价格暴涨的风险，保障共同体公民的生活质量和经济的正常运行。

为了确保共同体经济和社会发展能够得到安全和高效的能源经济的支持，欧委会同时提出了两类政策目标：横向政策[2]目标和部门政策目标。横向政策目标包括：通过协调一致的共同体方法发展对外能源关系；促进共同体能源市场的一体化，通过加强竞争，改善供应安全、减少总成本、提高经济效率；通过开发本土能源、促进供应来源多元化、提高系统灵活性和有效的应急措施，减少能源安全风险；在所有能源消费部门贯彻共同体能源定价原则；通过使用现有最佳的符合成本效益的控制技术，通过改善能源效率，以平衡的方式追求能源和环境目标；加速地区开发，在偏远贫困地区采取措施，加强共同体能源政策；通过研发和示范，继续促进能源技术创新。欧委会提出的部门政策目标包括：至少进一步提高能效25%；进口石油应低于1/3的能源消费量；维持并（有可能的话）增加天然气市场份额；维持并（有可能的话）增加固体燃料的市场份额；石油和天然气发电量不超过10%；核能发电约占40%；到20世纪末新能源和可再生能源生产增加3倍。[3]

二、1986年共同体能源战略的出台

在欧委会上述建议的基础上，1986年9月15日，理事会正式通过了

① European Commission，*New Community Energy Objectives*，COM（85）245 final，28/5/1985.

② “横向政策”是指那些影响到所有经济部门和人民生活标准的政策。

③ European Commission，*New Community Energy Objectives*，COM（85）245 final，28/5/1985.

《关于 1995 年共同体能源目标的决议》。[①] 决议强调指出："充足、安全和经济的能源供应依然是共同体和成员国追求经济社会目标的先决条件。"[②] 鉴于国际能源市场未来的供需前景仍然存在着相当大的不稳定性，共同体必须继续保持甚至加强对能源经济的调整。在需求方面，重点是更大程度遏制能源消耗，限制石油的比例；在供应方面，重点是确保进口能源特别是进口石油的依存度保持在合理的水平内。共同体能源政策的目标就是"使消费者能够以令人满意的经济条件拥有充足、安全的能源供应"。[③] 决议指出，必须继续努力减少未来能源市场特别是石油市场出现供应紧张的风险。为此，决议为 1995 年确定了两类目标——横向目标和部门目标（参见表 4）。横向目标涉及欧洲市场一体化、价格、供应安全、对外关系、环境保护、地区开发和技术创新等问题。部门目标与不同的能源品种有关，可以衡量成员国能源政策的趋同程度。共同体层面和成员国层面同时采取行动，落实这些目标。

不难发现，理事会通过的 1995 年共同体能源目标几乎完全是针对供应安全的，目的是遏制能源消耗，限制石油消费的比例，避免对石油特别是进口石油的依赖上升。可见，促进能源供应多元化、加强共同体能源供应安全，依然是 1986 年共同体能源战略的主要目标。与此同时，在 1995 年横向目标中包含了能源市场一体化、环境保护等要求，这说明能源市场的自由和公平竞争、应对能源使用所带来的环境问题已经开始受到欧共体的高度重视。共同体能源战略目标已经开始由单纯关注供应安全向竞争力和环境保护延拓。

值得注意的是，1995 年目标刚刚批准，就显得过时了。由于经济形势的深刻变化，特别是 1986 年油价暴跌后能源市场长期保持低迷，即使海湾战争也未能使油价发生重大变化，这就破坏了 1995 年部门目标所赖以确立的预测基础。1990 年，西方经济开始减速、衰退，使预测结果与现实的距

---

① Council of the European Communities，*Council Resolution of 16 September 1986 concerning new Community energy policy objectives for 1995 and convergence of the policies of the Member States*，O J C 241，25/09/1986.

② Ibid.

③ Ibid.

表4 1995年共同体能源政策目标

横向目标	(1) 通过以下方式创造更加安全的供应条件、减少能源价格骤然波动的风险：在令人满意的经济条件下开发共同体能源；促进共同体外部能源供应地理上的多元化；发展必要的网络联接，提高能源系统的灵活性；制定有效的危机措施，特别是在石油方面；实施一项强有力的节能和合理使用能源的政策；在不同形式的能源之间实现多样化。 (2) 在落实能源政策措施时强调成本效益。 (3) 在所有消费部门和各种形式的能源中实施理事会批准的共同体能源价格形成原则。 (4) 消除贸易障碍，扩大内部能源市场的一体化，以增强供应安全、减少成本、提高经济竞争力。 (5) 充分利用现有最佳、经济可行的技术，改进能源效率，在能源和环境之间寻找平衡的解决办法；同时要在共同体环境事务中采取更加协调的办法，限制能源市场上的竞争扭曲现象。 (6) 在贫困和边缘地区采取措施，建设能源基础设施，改善共同体能源平衡。 (7) 通过研究、开发和示范，在共同体迅速推广其成果，不断促进技术创新。 (8) 在成员国和欧委会之间定期开展磋商，协调一致地发展共同体对外能源关系。
部门目标	(1) 到1995年提高能效至少20%。 (2) 通过石油替代政策和加强共同体石油勘探和生产，使来自第三国的石油进口保持在合理的比例范围内，进口石油不超过33%；降低石油在一次能源消费中的比例，到1995年，这一比例应限制在40%以内。 (3) 保持天然气在能源平衡中的比例，确保天然气供应稳定和多元化，加强共同体内部的天然气勘探和生产。 (4) 促进固体燃料的消费，改善共同体固体燃料生产的竞争力。 (5) 尽可能减少油气在电力生产中的比例，油气在发电中的比例不得超过15%。 (6) 继续发展新能源和可再生能源，包括常规水电，使其在能源总结构中占有重要比例。

资源来源：*Council Resolution of 16 September 1986 concerning new Community energy policy objectives for 1995 and convergence of the policies of the Member States*. O J C 241，25/09/1986.

离更加遥远。结果表明，部门目标根本无法实现。欧共体减少对石油依赖的努力遭受了严重的挫折。进口依存度大幅上升，从1986年的43%上升到

1992年的50%以上。[①] 能源效率仅提高了5%。石油净进口接近37%，远远超过1/3的目标。[②] 欧委会本该在1990—1991年对1995年能源目标加以修改，使供应安全和其他政策目标取得平衡。然而，由于海湾战争和内部能源市场的发展分散了注意力，欧委会未能根据形势的变化修改能源目标。

20世纪80年代末、90年代初，在供应安全失去大部分动力的情况下，内部能源市场的自由化和环境政策的发展为共同体能源政策提供了强大的动力。欧委会利用《单一欧洲法》赋予的内部市场和环境政策职能大力推进能源政策的发展。两者对共同体能源工业的影响已经远远超过传统的供应安全政策。随着内部能源市场的启动和环境政策与能源政策的结合，尤其是在理事会确定将2000年共同体二氧化碳排放量限制在1990年水平的目标后，欧共体许多旨在促进供应安全的内外政策和措施（如研发、节能、可再生能源），几乎在一夜之间转向支持内部能源市场和环境政策目标。欧共体围绕着促进经济竞争力、保护环境、减少二氧化碳排放、保障供应安全等能源政策目标采取了一系列新的行动，包括推进内部能源市场的自由化、提高能源效率、扩大可再生能源市场占有率、签署《欧洲能源宪章》、加强能源技术研发、促进经济和社会整合等。这表明，能源安全已经开始向经济安全和环境安全延拓，并逐渐向可持续能源安全方向发展。

第三节　落实1986年共同体战略的行动

一、创建内部能源市场

1986年9月理事会在1995年共同体能源目标中，明确提出要实现能源市场更大程度的一体化、消除贸易障碍，以改善供应安全、减少成本、提高经济竞争力。

欧共体历来重视能源市场建设，希望通过开放市场和自由竞争，降低能

① Paul K. Lyons，*Energy Policy in the European Union*，p. 90.

② Paul K. Lyons，*Energy Policy in the European Union*，p. 85.

源价格，保障能源供应安全。20 世纪 50 年代初，煤钢共同体的建立不仅为共同体成员国构建了初步的能源合作框架，还促进了共同体在经济和政治方面的广泛合作。20 世纪 50 年代末至 70 年代初，廉价石油的大量进口取代了煤炭成为主要能源，为此，能源部门一体化未能成为欧共体国家重点关注的领域。1973 年爆发的第一次世界石油危机沉重地打击了欧共体能源部门。欧共体国家开始着手研究能源一体化和市场自由化的问题。最直接的成效便是制定和实施了统一的对外石油政策，稳定石油供给源并着手推行其内部一体化市场建设，至今欧共体能源结构中的石油部门合作已相对成熟。而煤炭和原子能部门在原有基础上亦不断完善，又由于目前两者在总体能源结构中的比重相对较小，因此电力和天然气部门便成为欧洲能源一体化中的焦点问题。

1987 年，欧共体通过了具有划时代意义的《单一欧洲法》（SEA），提出到 1992 年 12 月 31 日以前完成单一欧洲市场，实现商品、服务、人员和资本的自由流通。SEA 的通过为欧洲一体化加速发展和单一欧洲市场的完成扫清了道路。欧共体成员国政府和工业界开始更加重视欧洲工业的竞争力，消除欧洲内部阻碍工业取得全球经济竞争力的障碍。内部市场启动后，欧洲人日益认识到，能源不可能独立于共同体内部市场建设的主流。在一个竞争日益加剧的世界里，欧共体工业要有效地参与国际竞争、取得具有竞争力的安全的能源供应条件，就必须建立一个一体化的竞争的共同体能源市场。能源市场一体化可以为消费者（特别是能源密集型产业）削减成本，增强欧洲工业的整体竞争力；提高能源工业的一体化程度，扩大成员国之间的能源产品贸易，改善供应安全；促进能源工业结构的合理化，在供需要求不同的成员国之间扩大互补性。①

1987 年 6 月，欧共体能源部长理事会一致同意，欧委会应着手调查实现内部能源市场所存在的障碍以及在 1992 年底前逐渐消除这些障碍的建议。1988 年 5 月，在与消费者、工业界和成员国广泛协商的基础上，欧委会发表了《内部能源市场》的纲领性文件。② 根据这份报告，创建内部能源市场面临的主要障碍存在于能源工业的结构和做法之中，从不同的税收和财政机

① European Commission, *The Internal Energy Market*, COM (88) 238, final, 2/5/1988.

② Ibid.

制到某些国家存在的保护能源工业的限制性措施，一些不利条件的存在也使能源供应无法在最具效率的层面上加以全面协调。文件提出了创建内部能源市场的四个步骤：一是在能源领域落实单一市场的总体规定（即规则和技术标准的趋同、公共采购市场的开放、财税壁垒的消除）；二是欧委会坚定不移地实施现行欧共体条约和法规，如一般竞争规则；三是在能源和环境之间找到令人满意的平衡；四是实施理事会通过的具体的能源新指令。①

针对各个能源部门所存在的障碍，文件指出，现行共同体法律和单一市场规定已经足以消除石油业、煤炭和核能部门存在的竞争壁垒。石油行业早已运行于自由市场，因此私有化和自由化程度比较高，已经实现了高度的竞争。煤炭和核能领域自20世纪50年代起就已纳入了条约范围。煤炭部门的行动重点是削减国家补贴，同时解决社会和地区问题。核能部门的重点是提高设备和零部件成本的市场透明度，并促进合理化和标准化。然而，在天然气和电力的下游业务以及石油和天然气的上游业务方面，欧委会认为必须制定新的指令，因为这些部门的结构与做法严重偏离内部市场原则。阻碍其一体化的主要障碍在于两者的市场自由化总体水平偏低且各国之间的差异较大，尤其是电力市场。因此，欧委会最初的能源市场自由化指令主要针对电力和天然气两个部门。

1988年11月，理事会授权欧委会制定内部能源市场提案。欧委会决定分阶段实施天然气和电力单一市场。第一阶段增加对终端用户天然气和电力价格的透明度，改善共同体主要天然气和电力网络之间的过境安排。第二阶段始于1992年，主要措施是取消在碳氢化合物勘探和生产领域对企业平等准入的一系列限制，制定天然气和电力市场的共同规则，包括网络的第三方准入（TPA）问题。1996年和1998年欧盟先后通过了电力和天然气第一号指令，旨在确保电力和天然气在共同体内部的自由流通。1999年和2000年，欧盟各国的电力和天然气市场向主要用户开放。第三阶段是内部市场的全面完成。

欧盟能源市场自由化的主要目标有四个：（1）促进电力和天然气生产和运输领域的竞争和效率，实现能源单一市场；（2）降低价格，使欧盟所有消

① Per Ove Eikeland, *The Long and Winding Road to the Internal Energy Market: Consistencies and Inconsistencies in EU policy*, FNI Report 8/2004, p. 3.

费者有机会选择能源供应商；（3）改善环境；（4）加强能源安全。能源市场自由化的原则是：（1）生产方与消费者建立直接关系；（2）自由接入传输和分配网（即第三方接入）；（3）根据消费者的规模逐渐展开；（4）除了受到监管的传输和分配（即网络业）外，所有活动实行自由化；（5）为避免自由化和监管活动中出现利益冲突，对审计、法律、功能和产权进行拆分。[①]

1989年7月，欧委会向理事会提交了确保电力和天然气市场自由和公平竞争的一揽子提案，包括价格透明度、电力和天然气过境以及投资四个提案。作为创建内部能源市场的第一阶段行动，这四个提案旨在最终建立一个覆盖所有成员国的天然气和电力“共同运输系统”和“共同过境系统”，使消费者可从任何供应商购买能源，不论中间网络结构的产权属于谁。理事会内部对建立共同体运输系统普遍持反对态度，这迫使欧委会采取分阶段进行的办法。

1990年6月，理事会通过了争议最小的《共同体关于改善产业最终用户天然气和电力价格透明度的理事会指令》[②]，从而正式拉开了欧洲天然气和电力市场一体化的序幕。能源价格的透明度直接关系到内部能源市场的创建和正常运转。天然气和电力价格的透明有助于改善市场条件，确保市场公平竞争；有助于促进消费者对能源品种和供应商的选择自由，从而消除对消费者的歧视。根据这项指令，成员国必须确保电力和天然气终端用户供应商向欧洲统计局（Eurostat）定期提供三类信息：天然气和电力销售价格和条件、实际执行的定价体系以及消费者类别和所占份额。欧洲统计局从1991年中旬开始发布价格和定价体系信息公报。该指令为工业用户获取天然气和电力公司对共同体各类消费者制定的价格信息提供了法律依据，使它们可以更加有效地与供应商谈判供货合同。

---

① CNE（National Energy Commission of Spain），*Overview of Energy liberalisation in the North Western Mediterranean Basin*，http：//www.cne.es/cne/doc/intervencion/texto_sierra.pdf. 2008－8－27.

② COUNCIL DIRECTIVE of 29 June 1990 concerning a Community procedure to improve the transparency of gas and electricity prices charged to industrial end-users，90/377/EEC，OJ L 185，17/7/1990，pp. 16－24.

1990年和1991年，理事会分别通过了电力过境指令[1]和天然气过境指令[2]。两项指令旨在确保任何成员国的任何网络运营商不能阻碍其他成员国之间的天然气或电力贸易。根据这两项指令，传输企业必须立即采取行动：向欧委会和成员国当局通报任何与合同（电力部门至少1年）有关的过境请求；就过境条件展开谈判；签订过境合同须向欧委会和成员国当局通报；若谈判失败，须在通报过境请求后12个月内，向欧委会和成员国当局通报失败的原因。两项指令还明确规定，过境条件必须是非歧视性的，对相关各方都应公平对待；不得纳入不公平的条款或者缺乏理由的限制，不得危害供应安全和服务质量；必须充分考虑到备用生产能力和天然气储备能力的利用以及现有系统的最有效的运营。[3] 过境指令的通过，为共同体范围更加有效地开展天然气和电力贸易创造了条件，即使网络运营商之间存在第三网络。例如，如果位于西班牙的一个能源实体要从德国能源公司购买电力，它有权利用法国的电网实现这一贸易。

欧委会提出的第四个提案是修改1972年关于投资通报的条例。该条例对投资项目信息向欧委会的通报问题和通报时间作出了明确规定，要求天然气和石油项目必须在开工建设前3年，电力项目在开工建设前5年。相关企业必须在每年1月15日将信息通报给成员国，成员国则在2月15日前通报给欧委会。现在，欧委会提出，成员国应将新的投资项目向欧委会通报的时间提前到可行性研究阶段，目的是确保共同体层面的信息交流，提高投资透明度，实现大型投资项目的最佳协调。在1989年10月和1990年5月召开的能源部长理事会上，这一计划遭到了绝大多数成员国的反对。为此，欧委会只好同意更有效地利用现行的1972年条例。1991年12月，欧委会向理事会提交了一份报告，建议成员国更加严格地落实通报最后期限的规定。从此，投资透明度计划被搁置。

价格透明度和过境指令的通过只是打开成员国能源市场的第一步。能源

---

① COUNCIL DIRECTIVE of 29 October 1990 on the transit of electricity through transmission grids，90/547/EEC，OJ L 313，13/11/1990，pp. 30－33.

② COUNCIL DIRECTIVE of 31 May 1991 on the transit of natural gas through grids，91/296/EEC，OJ L 147，12/6/1991，pp. 37－40.

③ Paul K. Lyons，*Energy Policy in the European Union*，p. 9.

市场的一体化还存在着许许多多障碍。以电力部门为例，新兴公司无法进入市场，包括生产和传输。顾客也无法选择供应商，这多半是因为电力工业的垄断结构所致。由于历史的原因，欧共体能源市场条块分割非常严重，既得利益集团常常阻碍共同体内部在经济上有充分理由的贸易。因此，市场自由化的第二阶段就是要消除此类障碍。

1992 年 1 月，欧委会向理事会提交了完善内部能源市场第二阶段的提案，要求成员国采取以下行动：第一，生产和运输在非歧视的基础上对新入市公司开放。第二，垂直一体化能源公司从核算角度拆分不同的功能部门——发电、供应和分配，产权结构可以不变，但管理的独立性至少在行政层面上必须加以保证。第三，在有限的基础上引入第三方准入（TPA）。传输和分配公司将被迫在谈判的基础上，向某些符合资质的消费者或分配商以合理的价格提供网络使用权。[①] 这些问题涉及敏感和战略性的问题，因而遭到了大部分成员国的反对。因此，这些提案未能在理事会获得通过。

二、促进环境政策与能源政策的结合

（一）能源与环境的结合

1995 年共同体能源政策目标要求在能源和环境之间寻找平衡的解决办法。环境政策和能源政策的结合对欧委会来说不是一件容易的事情。1983 年 2 月 7 日通过的欧共体第三个环境行动计划（1982—1986）就曾提出将环境政策融入到共同体其他政策领域。1986 年签署的《单一欧洲法》（SEA）为《罗马条约》增加了一个独立的环境编（第 7 编第 130R—130T 条），从而为共同体环境政策提供了正式的法律基础。SEA 规定，共同体环境政策的目标是保护和提高环境质量、保护人类健康、确保自然资源的审慎和合理的利用；原则是预防为主、源头治理和污染者付费。SEA 明确要求把环境保护作为共同体其他政策的一个组成部分。[②] 在立法程序上，SEA 引入了两

① David S. MacDougall and Thomas W. Walde，*European Community Energy Law: Selected Topics*，London，UK：Graham & Trotman Limited，1994，p. 17.

② European Communities，*Single European Act*. Luxembourg，Office for Official Publications，O J L 169，29/6/1987.

项革新：一是除了在环境行动上仍需部长理事会一致通过外，其他问题可采用有效多数表决制（QMV）；二是部长理事会和欧洲议会的合作程序。前一项革新使环境保护措施更容易获得欧盟机构的通过，避免了以前在一致通过的表决程序下一些成员国为保护本国利益随意否决对本国不利的措施，提高了决策效率。后一项革新使欧洲议会在环境事务中能发挥更大的作用。欧洲议会通常比多数成员国具有“更绿”的环保观念，所以这项革新对欧盟环境政策是一个促进。SEA 的通过，使共同体在各成员国内部实施共同的环境政策和标准具有了合法性。

欧盟环境政策包括空气污染、气候变化、水质、废物处理、化学物质和噪音控制，其中空气污染和气候变化对欧盟能源政策的影响最大。空气污染［主要是二氧化硫（SO_2）和氮氧化合物（NO_x）］造成酸雨，而气候变化则主要由二氧化碳等温室气体引起。因此，节能、提高能源效率和使用可再生能源成为欧盟能源战略的重要内容。

为了解决酸雨问题，欧共体必须采取更加严格的措施，减少二氧化硫和氮氧化物排放。1988 年，理事会经过 5 年的谈判，通过了《大型燃烧工厂指令》(LCPD)。[①] 这是欧共体控制空气污染的一大成就。该指令对所有新建大型（50 百万千瓦以上）工厂的二氧化硫、氮氧化物和粉尘排放规定了限额。对现有工厂，该指令则规定以 1980 年为基准分阶段（1993 年、1998 年和 2003 年）逐渐减少二氧化硫和氮氧化物的排放总量。二氧化硫排放总量要减少 60%，氮氧化物排放总量减少 30%。1989 年，理事会通过了有关小汽车发动机的新条例，加强了对汽车排放的控制。[②] 1991 年理事会通过的一项指令将这些规定扩大到大型车辆。该指令规定了汽车一氧化碳(2.72g/km)、氮氧化合物和碳氢化合物（0.97 g/km）以及粉尘（0.14 g/km）的排放量，比以往的水平减少了 25%—50%，从而使欧共体的排放标

① Council Directive 88/609/EEC of 24 November 1988 on the limitation of emissions of certain pollutants into the air from large combustion plants, O J L 336, 7/12/1988, pp. 1—13.

② Council Directive 89/458/EEC of 18th July 1989 amending with regard to European emission standards for cars below 1.4 litres, Directive 70/220/EEC on the approximation of the laws of the Member States relating to measures to be taken against air pollution by emissions from motor vehicles, O J L226, 3/8/1989, p. 1.

准与美国大致相同。1991 年和 1993 年，理事会通过了一系列指令，对卡车和轻型商用车辆的排放也确定了更为严格的标准。此外，理事会还就燃料含硫量和含铅量制定了重要的条例。[①]

然而，限制二氧化硫和氮氧化合物排放的第一批法规刚刚出台，酸雨问题就退居了次要位置。温室效应作为一个全球问题，逐渐成为欧共体及其成员国的关注焦点。促使共同体采取行动的主要原因是 1990 年联合国政府间气候变化专门委员会（IPCC）发表的第一份有关全球气温变暖的综合性报告。该报告代表了最顶尖的科学家对气候变化可能带来的影响和风险所取得的共识。报告指出，二氧化碳是导致气候变化的主要原因，并把攻击矛头直接指向能源使用。

1990 年初，欧委会发表了一份题为《能源与环境》的政策文件[②]，发起了共同体应对气候变化的大辩论。这是环境问题首次被纳入能源政策框架加以审视。该文件首先阐述了能源生产和使用所产生的污染，随后审视了解决污染问题的横向行动、需求管理措施（能源效率和财税考虑）以及各能源部门的具体措施。尽管文件涉及的问题和解决办法非常广泛，但其主要焦点还是温室效应。最后，欧委会提出了解决与能源相关的环境问题的四项计划：(1) 促进能源技术（THERMIE）；(2) 节能行动计划（SAVE）；(3) 建立一个由成员国专家组成的委员会，帮助欧委会研究能同时满足能源、环境和财税要求的成员国税收制度；(4) 起草共同体能源工业行为规范。该文件还建议成员国和能源工业遵循一些总的环境指导原则。[③]

《能源与环境》发表后，欧共体气候变化政策迅速发展。1990 年 6 月，欧洲理事会都柏林峰会要求尽早通过限制温室气体排放的指标和战略。同年 10 月 29 日，欧共体首次召开能源和环境部长联席会议，将“2000 年二氧化碳排放量稳定在 1990 年水平”确定为共同体目标。这是一个具有里程碑意义的决定。1991 年 10 月，欧委会向理事会提交了一份政策文件——《共同

① Paul K. Lyons，*Energy Policy in the European Union*，pp. 42—49.

② Commission，*Energy and the Environment*，COM (89) 369 final，Brussels，8/2/1990.

③ Paul K. Lyons，*Energy Policy in the European Union*，p. 54.

体限制二氧化碳排放和提高能效的战略》，提出了实现这一目标的战略。[①] 同年12月13日，能源和环境部长联席会议审议了这份文件，要求欧委会提出减排二氧化碳的具体建议。

1992年5月，就在联合国环境与发展大会召开前夕，欧委会发表了由四个提案组成的一揽子计划，该计划构成了欧委会的减排战略。这四个提案是：一项二氧化碳/能源税；一个节能的指令草案（在SAVE计划框架内）；一份促进可再生能源的决定草案（ALTERNER）；一份加强温室气体监测的决定草案。在里约热内卢会议期间，欧共体及其所有成员国均签署了《气候变化公约》，从而进一步强化了共同体到2000年稳定二氧化碳的承诺，同时也突出了制定相应措施实现这一目标的必要性。

二氧化碳/能源税是欧委会气候变化战略一揽子计划中最有争议的问题。欧委会认为，开征一项50∶50的能源和二氧化碳联合税是欧共体稳定2000年二氧化碳排放战略的一项重要措施。欧委会提出的税率为17.75埃居/油当量（即每排放一吨二氧化碳，征收2.81埃居），相当于3美元/桶。然后，每年提高初始税率的1/3，7年内达到10美元/桶。这一提案遭到了相关产业和成员国政府（特别是英国）的强烈反对，最后被迫放弃。后来，在能源领域使用税收作为环境政策手段也遭到了反对。

争议最小的是建立监测机制的提案。1993年6月，理事会通过了关于建立共同体监测二氧化碳及其他温室气体机制的决定。[②] 该决定要求各成员国实施一项限制二氧化碳排放的国家计划并明确提出计划所需包含的信息：1990年二氧化碳排放总量；二氧化碳分类排放量及碳汇消除量明细表；导致二氧化碳排放的国家政策和措施细节；1990—2000年国家二氧化碳排放的轨迹；为落实共同体相关法规和政策正在采取或准备采取的措施；增加二氧化碳排放封存的政策和措施说明；上述措施的经济影响评估。[③]

---

① European Commission, *Community Strategy to Limit Carbon Dioxide Emissions and to Improve Energy Efficiency*, 1991.

② Council Decision 93/389/EEC of 24 June 1993 for a monitoring mechanism of Community CO_2 and other greenhouse gas emissions, O J L 167, 09/07/1993, pp. 0031－0033.

③ Paul K. Lyons, *Energy Policy in the European Union*, p. 58.

(二) 提高能源效率——SAVE

节能增效历来是欧盟能源战略的一项重要政策。1986 年以前，节能增效政策主要服务于供应安全的目标。1986 年理事会确定了到 1995 年将共同体能源效率提高 20%的目标。然而，由于油价暴跌后能源价格连续走低，供应安全作为共同体节能行动的动力失去了意义，1995 年的节能目标显然无法实现。[①] 1990 年 2 月 8 日，欧委会发布了能源与环境政策文件，突出强调了能源效率的作用，把它作为未来减少能源对环境不利影响的政策基石。同年，欧共体理事会作出的将 2000 年二氧化碳排放量稳定在 1990 年水平的决定，为实现 1995 年减少能源消耗 20%的目标带来了新的动力。节能传统上所依据的供应安全的理由，几乎在一夜之间被应对气候变化的要求所取代。

1991 年 10 月，理事会根据欧洲经济共同体条约第 235 条通过一项决定，批准了专门针对能源消费而实施的节能计划——SAVE（即 SAVE I），预算资金为 3500 万埃居，实施期为 1991—1995 年。[②] SAVE I 的最初目的有两个：一是稳定二氧化碳排放；二是达到共同体在 1986 年所制定的能源政策目标，即到 1995 年能源效率提高 20%。

SAVE 包含三层意思：一般意义上的 SAVE 计划；为专项计划提供资金的 SAVE 决定；SAVE 综合指令。SAVE 计划主要开展能源效率领域的非技术行动，通过政策措施、信息传播、学习培训、示范项目和地方与地区能源管理机构的建立，在工业、商业、家庭与交通领域提高能源效率和促进合理利用能源、节约能源的行动。

根据 SAVE 计划，理事会先后通过了三个新指令。第一项指令于 1992 年 5 月通过，1994 年 1 月生效。该指令为以液体和气体为燃料的 4KW—400KW 新热水锅炉制定了最低能效标准。1992 年 9 月，理事会通过了第二

---

① European Commission, *Energy and the Environment*, COM (89) 369 final, 8/2/1990, pp. 19—20.

② Decision 91/565/EEC, OJ L 307, 8/11/1991.

项节能指令——家用电器能耗标签指令。[1] 该指令为一系列家用电器确定了强制性能源标签，主要目的是就每个产品的能耗提供清楚而准确的信息，以便让消费者作出知情选择。该指令覆盖七个领域：电冰箱/冰柜、洗衣机/干洗机、洗碟机、烤箱、热水器、照明和空调。1993年9月，理事会通过了旨在落实稳定欧共体二氧化碳目标的第三项指令——SAVE综合指令，这是共同体最重要的节能法规。该指令建议成员国采取如下措施：（1）建筑物能源认证；（2）暖气、空调和热水按能源实际使用量收费；（3）加强公共部门能效投资的第三方融资；（4）改进建筑物的隔热设施；（5）定期检查功率高于15000瓦的锅炉；（6）设立高耗能企业的能源审计制度。[2]

SAVE共实施了200个试点项目，重点是开发落后地区。在SAVE的推动下，欧盟开始执行新的建筑用能标准，包括建筑物本身能耗、制冷、取暖和照明能耗等，并建立建筑物能源认证体系；对家用电器和通用设施，欧盟实行能源标签制度，与大制造商签订自愿协议，对冰箱、冰柜、空调、洗衣机、洗碟机、烤箱、照明、电热水器、电视机等设备的待机能耗实行能源效率标签；对功率在4KW—400KW之间的液体或气体燃料标准锅炉、低温锅炉和气体压缩锅炉制定了生产和上市的基本要求，锅炉上市前须印上"CE"标签，表明其符合共同体标准。

（三）发展可再生能源

1986年9月16日理事会通过的1995年能源政策目标之一就是要大幅度提高新能源和可再生能源（NRSE）产量，使其在总体能源结构平衡中占重要比例。仅仅几个月后，即同年11月26日，理事会即通过了一份完全针对NRSE的决议。[3] 决议对共同体发展NRSE提出了几点原则，以指导成员

---

① Council of the European Communities, *Council Directive 92/75/EEC of 22 September 1992 on the indication by labelling and standard product information of the consumption of energy and other resources by household appliances*, OJ L 297, 13/10/1992, pp. 16－19.

② Paul K. Lyons, *Energy Policy in the European Union*, pp. 61－62.

③ Council of the European Communities, *COUNCIL RESOLUTION of 26 November 1986 on a Community orientation to develop new and renewable energy sources*, 86/C 316/01, OJ C 316, 09/12/1986, pp. 0001－0002.

国充分开发 NRSE 并且确保政策趋同。1988 年 6 月 9 日，理事会通过了一个关于促进共同体开发利用 NRSE 的建议，再次表达了促进 NRSE 发展的强烈政治意愿。1988 年 11 月 8 日，理事会又通过了一份关于促进公用事业单位与电力汽车生产企业之间合作的建议，鼓励成员国采取一系列措施，推广替代能源，消除 NRSE 使用的法律障碍。这一系列文件包含了共同体 NRSE 政策的核心内容和要求。此时，研发和使用 NRSE 的主要目的依然是促进能源供应安全，从长远的角度为共同体增加能源供应提供一种保证。

尽管共同体已经作出了许多努力，但是，1988 年 11 月理事会在评估 1995 年共同体目标所取得的进展时指出，可再生能源（RES）的贡献预计到 1995 年只会小幅增加。由于常规能源价格的下跌，可再生能源的竞争力受到沉重打击。到 1991 年，可再生能源（包括水电）商业化水平不会超过一次能源需求的 2%。如果把樵木计算在内，可再生能源的份额也只有 4%。[①]

气候变化的辩论为可再生能源的发展带来了巨大的动力。1991 年 12 月 13 日，能源和环境部长理事会联席会议明确要求欧委会就促进可再生能源发展提出具体措施，以落实共同体 2000 年减排目标。为了大力扶持可再生能源的发展，使其在共同体减排战略中发挥重要作用，1992 年 5 月，欧委会向理事会提交了《关于在共同体推广可再生能源的专项行动计划》（ALTERNER）。[②] 该提案提出，到 2005 年共同体将减少二氧化碳排放量 1.8 亿吨。具体措施包括三个方面：（1）1991—2005 年，将欧盟 12 国的可再生能源在能源结构中的比例从 4%提高到 8%，可再生能源产量从 43 百万吨油当量提高到 109 百万吨油当量；（2）将可再生能源（不包括大型水力发电厂）发电量提高两倍，可再生能源发电厂的装机容量和发电量从 8 GW（吉瓦或十亿瓦）和 25 千瓦时提高到 27 GW 和 80 千瓦时；（3）确保生物燃料在汽车燃料消费总量中占 5%的市场份额。为实现上述目标，欧委会同时提出了一个可再生能源行动计划——ALTERNER（1993—1997）。计划的目的是促进共同体可再生能源的市场占有率，增加共同体内外的可再生能源产品、

① European Commission, *Specific actions for greater penetration for renewable energy sources——ALTENER*. COM（92）180 final, 29/6/1992.

② Ibid.

设备和服务贸易。其宗旨是：促进本地能源资源的更好利用和公共资金的有效分配；限制温室气体及其他污染物的排放，保护环境；促进内部市场的完善；减少共同体对进口能源的依赖。ALTERNER 将在四个领域采取行动：（1）促进可再生能源市场，使其融入内部能源市场；（2）财政和经济措施；（3）培训、信息和推广活动；（4）与第三国开展合作。行动计划所涉及的可再生能源包括：小水电、风能、太阳热能、光伏太阳能、生物质能、生物燃料和地热能。

1993 年 9 月，部长理事会批准了 ALTERNER 计划，总预算 4000 万埃居，实施期为 1993—1997 年。ALTERNER 的行动包括四个领域：（1）为确定标准和规格进行研究和技术评估；（2）支持成员国扩建或创建可再生能源基础设施（包括培训/信息活动和部门性行动）的措施；（3）为创建一个信息网络以促进成员国、共同体和国际活动之间协调而采取的措施；（4）旨在评估生物质能作为能源（特别是供热和发电）的工业利用的技术可行性以及对经济和环境所带来的优势的研究、评估及其他相应的措施。资金支持从 30%—100%不等，取决于活动类别。

1997 年，欧委会发表的评估报告指出，从总体上说，ALTERNER 计划在提高人们对可再生能源在共同体的作用的认识方面发挥了重要作用。该计划填补了可再生能源研究和商业应用之间的空白。4400 万埃居（包括后来为新成员国追加的 400 万埃居）的预算资金，2/3 用于资助第二类活动（支持成员国的可再生能源发展计划）。由于成员国进行了预选，因此项目质量非常高。然而，由于预算不足，只有一半的项目得到了支持。①

三、促进能源技术研发与示范

1986 年理事会决议明确指出，要通过研究、开发和示范以及在共同体迅速推广其成果，不断促进技术创新。从 20 世纪 80 年代起，共同体能源研究的趋势出现了显著的变化。在整个 70 年代，由于两次石油危机的严重冲击，能源安全始终是欧共体的关注焦点，因此，能源研发在共同体研发计划占据了中心位置，其预算资金的 50%—70%用于能源研究。随着能源强度

① Paul K. Lyons, *EU Energy Policies towards the 21st Century*, p. 96.

的大幅度减少，特别是1986年世界油价暴跌，共同体能源研究的重心发生了转移。虽然能源供应安全依然是共同体能源政策的一个主要目标，但经济竞争力和环境保护的地位显著上升，成为能源政策的重点目标和能源研发的主要动力。

（一）共同体研究活动法律基础的确立

在《单一欧洲法》批准之前，除了煤炭和核能领域的研究活动外，其他能源（包括非核能源）的联合研究活动不得不借用EEC条约第235条作为法律基础。从20世纪80年代起，共同体研究活动的制度基础得到了迅速发展。1986年签署的《单一欧洲法》为研究和技术开发单独设立了一个部分，从而首次为共同体科研活动提供了一个坚实的法律基础。第130f条规定："共同体的目标是加强欧洲工业的科学技术基础，鼓励欧洲工业在国际层面上更具竞争力。"①《单一欧洲法》对共同体层面开展联合研究和开发确定了基本原则：（1）目标（工业竞争力）；（2）四类共同行动（研究、开发与示范，国际合作，传播和利用，研究人员的培训和流动）；（3）实施计划的方式（框架计划、专项计划、补充计划、参与形式）；（4）协调成员国政策的手段。②《单一欧洲法》不仅正式确立了共同体科技研发框架计划，扩大了共同体在协调研究方面的作用，而且还为部长理事会和欧洲议会在科技研发框架计划的决策上规定了合作程序。

《欧洲联盟条约》在《单一欧洲法》的基础上进一步加强了研究和创新的法律基础，表现在五个方面：（1）第2条为欧共体规定了一项新的使命——"以尊重环境的方式实现可持续、非膨胀性的增长"和"实现高水平的就业和社会保障"；（2）第3B条规定了"辅助性原则"，即共同体计划应集中在规模太大和/或太复杂，任何单个成员国无法单独开展的研究活动；（3）新增的关于研究和技术开发的第15编明确了欧共体在促进其工业的国际竞争

---

① European Communities, *Single European Act*, Luxembourg: Office for Official Publications, O J L 169, 29/6/1987.

② István MOLNÁR, *Legal and Institutional Aspects of the Innovation System of the European Integration*, PERIODICA POLYTECHNICA SER. SOC. MAN. SCI. VOL. 12, NO. 1, p. 107 (2004).

力方面的目标，同时促进为支持共同体其他政策所必要的研究活动；（4）第130H条强调了共同体与成员国之间的协调，以确保相互之间政策的连贯性；（5）通过新的共决程序，欧洲议会被赋予了制定战略性决定——研发框架计划的全面责任。①

条约的这些规定为共同体研发框架计划提供了一个正式的法律基础。它们一方面通过扩大立法直接加强联合行动的重要性，另一方面通过增强欧洲议会的权力间接加强联合行动的重要性。从此，欧洲议会可以利用共决程序为许多领域（包括研究）要求更高的资金拨款。

随着政治形势的演变，特别是环境问题被纳入科技研发框架计划后，能源研究中非核能源研究的重要性迅速提高，研究项目的预算资金出现了大幅度的增加。这既反映了许多成员国的研究优先，同时也体现了欧洲议会作用的增强。

（二）三个共同体科技研发框架计划的实施

从1987—1995年，共同体批准了三个科技研发框架计划（FP）。这三个计划中的能源技术研发对推动1995年能源目标的实现起到积极的作用。

1987年9月28日，理事会批准了总预算为53.6亿埃居的欧共体第二个科技研发框架计划（FP2）（1987—1991）。这一预算远低于欧委会的期望，仅占欧共体总预算的不足3%（其中农业研究占研发框架计划总预算的70%），相当于成员国科研投入总额的1.8%。FP2包括八个重点研究领域（包括生活质量、走向大市场的信息与通信社会、工业现代化、生物资源、能源等）。能源是其中之一，研发内容包括核裂变、可控核聚变、非核能源、能源效率。能源研发经费占总预算的1/4，为11.7亿埃居。这笔经费划分给三个专项计划（核能占大头）：（1）核裂变安全：预算4.4亿埃居，由三个子计划组成——放射性废料、核反应堆的退役以及远程操控计划（Teleman）；（2）受控热核聚变：预算6.11亿埃居；（3）非核能源和合理使用能

① István MOLNÁR，*Legal and Institutional Aspects of the Innovation System of the European Integration*，PERIODICA POLYTECHNICA SER. SOC. MAN. SCI. VOL. 12，NO. 1，p. 108（2004）.

源：预算1.22亿埃居，由非核能源计划（1989—1992）组成。[①] FP2将科技开发政策视作与欧共体的经济政策、社会政策等同样重要的地位，因此它被认为是全面制定欧共体科技战略的开始。与FP1相比，FP2的研究重点有了明显的变化，最主要的变化是从以能源研究为主转变为以工业创新研究为主。内部市场的启动使欧共体更加重视提高欧洲工业的竞争力，消除欧洲内部阻碍工业取得全球经济竞争力的障碍。因此，FP2把60%以上的财政资源用于研发新的工业技术和共同的欧洲标准。能源研发的预算相对下降。根据《单一欧洲法》，FP2首次加入了经济和社会协调发展的研究内容，表明欧共体开始强调可持续发展。这也反映了20世纪80年代人们对能源使用带来的环境影响的日益担忧，20世纪80年代末全球气温变暖的辩论尤其加剧了这种担忧。因此，FP2开始寻求能源供应安全、减少成本和保护环境的长期解决办法。

1990年4月，理事会批准了总预算为57亿埃居的欧共体第三个科技研发框架计划（FP3）（1990—1994）。FP3与FP2在时间上有两年的重叠，因此是一个具有滚动性质的科研开发计划。计划中各个项目将视其执行情况和研究结果，在计划执行中期或在下一个总体规划中做出相应调整。FP2和FP3都是在《单一欧洲法》的基础上制定的。为欧洲工业提高竞争力仍是共同体最重要的考虑。FP3确定了六个优先研发领域，强调工业创新和科研成果的推广应用。能源研发的预算仅占8.14亿埃居。其中，核裂变安全1.99亿埃居，受控热核聚变4.58亿埃居，非核能源（JOULE）1.57亿埃居。不过，1992年底，理事会又给FP3追加了9亿埃居。其中，裂变安全追加了2900万埃居，聚变研究1.1亿埃居，非核能源研发1.1亿埃居。[②] 非核能源追加的资金超出了其应有的比例，这归功于欧洲议会的不懈努力。非核能源研发预算的增加反映了新的非核能源技术特别是能源效率和可再生能源重要性的上升。欧盟已经认识到，非核能源技术不仅有利于促进能源供应多样化，减少对外能源依赖，而且有利于减少欧洲工业的能源成本，扩大出口潜力，提高欧盟国家的经济竞争力。此外，发展非核能源技术还有助于共同体实现控制环境污染和温室气体排放的目标。

---

① Paul K. Lyons, *Energy Policy in the European Union*, p. 106.

② Paul K. Lyons, *Energy Policy in the European Union*, p. 107.

1994年4月，部长理事会和欧洲议会通过了欧盟第四个科技研发框架计划（FP4）（1994—1998）。[①] FP4是1992年10月欧共体按照马斯特里赫特条约和《单一欧洲法》规定的目标和立法程序制定的，它把欧共体的所有科研活动都纳入了框架计划，包括以往独立的能源技术示范。整个研发和示范（RTD）框架计划的总预算为123亿埃居。FP4的预算追加了两次：1995年3月追加了8亿埃居；1997年12月追加了1.15亿埃居。因此，FP4的预算总额最后达到132.15亿埃居。FP4以发展信息、通信、遥感、能源和工业技术为重点，同时加强环境保护、生物医学和交通运输。该计划旨在促进三个基本目标：一是支持欧洲工业的竞争力；二是科技为满足社会的需要作贡献；三是支持共同体的共同政策。研究活动的具体目标包括：高效、安全的基础设施；确保内部市场的技术和工业一体化（特别是加强RTD政策与标准化政策的协调）；为技术和工业变革作好准备，更好地考虑市场和社会需要；加强国际科技合作与共同体对外活动之间的协作；确保科技进步在整个经济和社会体系特别是对中小企业的高效传播；在现代生产组织方式的基础上，以高效、清洁、安全和环保的方式进行生产，并且考虑人的因素；把环保作为工业的机会加以促进，加强工业竞争力；提高生活质量，重点关注保健和卫生；鼓励新技术的掌握。

1994年底，部长理事会批准了20个专项计划，其中FP4框架内17个，欧洲原子能共同体框架内3个。[②]《欧洲联盟条约》不仅为RTD框架计划规定了部长理事会和欧洲议会共决程序，而且还改革了RTD的结构，引入了四项活动。[③] 因此，FP4的四项活动分为：活动一（研究、技术和示范），114.96亿埃居；活动二（与第三国合作），5.75亿埃居；活动三（知识传播），3.52亿埃居；活动四（培训与人员流动），7.92亿埃居。[④] 1994年11月部长理事会通过的非核能源计划，总预算为9.67亿埃居，包括：能源合理利用2.61亿埃居（研发1.16亿埃居，示范1.45亿埃居）；可再生能

① Fourth Framework Programme of European Community activities in the field of research and technological development and demonstration（1994－1998），1110/94/EC，O J L 126，18/05/1994.

② Paul K. Lyons，*EU Energy Policies Towards the 21st Century*，pp. 146－147.

③ 《欧洲联盟条约》第130g条。

④ Paul K. Lyons，*Transport Policies of the European Union*，p. 188.

源4.35亿埃居（研发2.71亿埃居，示范1.64亿埃居）；化石燃料2.71亿埃居（研发4800万埃居，示范2.23亿埃居）。在FP4计划内，可再生能源占能源研发预算的非核能源部分的14%，预算资金最多，其目的是促进欧洲可再生能源的快速增长，帮助欧洲企业在不断发展的世界可再生能源技术市场上尽可能多地占领份额，以提高欧洲企业的竞争力。能源效率也从FP2的3%增加到FP4的12%。

不难发现，FP4的总预算以及非核能源计划的预算相对于FP2和FP3均有了大幅度的增加，这反映了共同体加强技术研发、促进经济竞争力的决心，同时也表明共同体加大了应对气候变化的力度。该计划成为欧盟的科研龙头计划，也是为追赶美国、振兴欧洲经济而制定的行动计划。

非核能源计划统称JOULE-THERMIE，实际上由JOULE研发计划和THERMIE示范计划两个部分组成。前者由欧委会科研总司负责，后者由欧委会能源总司负责。1994年理事会为JOULE-THERMIE两个专项计划确定的优先领域包括：

1. 第一领域（示范和推广，预算的5%）：RTD政策选择的总体研究；社会经济研究；能源模型；“能源—环境—经济”论坛；不同计划之间的协作；能源技术的推广。

2. 第二领域［合理使用能源（RUE），预算的26%］：旨在减少能源消耗、促进创新性高效、清洁技术的市场占有率。研究包括：建筑物节能；工业节能减污；能源转换效率，降低燃料电池成本；交通节能（发展高能效、低排放汽车技术）。

3. 第三领域（可再生能源，预算的44%）：旨在促进可再生能源进入欧洲能源系统，加强环境保护和长期的能源供应安全。研究活动包括：可再生能源接入能源系统；降低光伏系统的成本；促进可再生能源在建筑物中的使用；促进风能的广泛使用；大规模使用生物质和废物产能；建设小水电；地热能；能源储存新方法；促进可再生能源进入社会和市场。

4. 第四领域（化石燃料，预算的27%）：旨在实现所有与能源有关的减排，提高矿物能源转换和使用效率，改善以化石燃料为基础的发电厂的经济效益。研究活动包括：固体燃料的清洁技术；燃烧技术；新型交通燃料；油气资源勘探。

5. 第五领域（能源技术的推广，预算的2.3%）：与市场模拟相关的活动；新的能源技术应用的建议；融资工具运用的建议和支持。①

1994年12月，JOULE第一次招标共收到近1000份申请，1995年实际签订合同115项，1996年又签订了18项。能源RTD计划不仅集中在技术研发，还寻求驱动能源RTD本身的未来发展以及更宽泛的能源环境政策。例如，JOULE发展的一个主题是将外部成本纳入能源使用的科学基础。90年代开展的ExternE计划，一直在研究对与不同能源使用相关的外部环境和健康成本进行量化的方法。

FP4框架内的核能研究集中在两大主题上：核裂变安全，包括核材料的控制和核废料的处理；热核聚变研究。鉴于欧盟认为裂变反应堆技术已经成熟，而且欧洲没有订购新的核电厂的计划，因此，欧盟没有花费资金研发新的裂变反应堆。

1994年12月，理事会正式通过了两个核计划：一是核裂变研究计划；二是核聚变研究计划。核裂变研究计划的目标是：确保欧洲核电设施的安全性，改进核工业的竞争力；确保工人和公众不受辐射的危害；支持国际核材料安全措施的实施；帮助确保放射性废料的安全和有效管理与最终处理。研究主要集中在现有的核设施的安全性方面，包括反应堆生命周期延长、燃料周期安全和不扩散等问题。此外，研究还集中在预防和管理核事故的战略和方法；核设施退役的最佳做法；未来系统的安全性和效率，包括先进和高效的燃料的研究；新的设施概念。该计划还集中在与中东欧国家和前苏联国家的合作。该领域的工作旨在协助这些国家改进其反应堆的安全性、废料管理、辐射带来的长期性健康影响、裂变材料的控制等。核裂变研发计划预算资金1.6亿埃居，涉及六个领域：探索（核反应堆和燃料周期）创新性途径（700万埃居）；反应堆安全（4800万埃居）；放射性废料管理与处理以及反应堆退役（4300万埃居）；辐射对人类和环境的影响（5000万埃居）；掌握过去发生的事件（1200万埃居）。② 1995年1月第一次招标后，有约200个项目获得1995—1996年的合同，绝大多数为研究和培训。

受控核聚变计划的长期目标是创造可以满足社会未来能源需要的安全、

① Paul K. Lyons, *EU Energy Policies Towards the 21st Century*, p. 147.

② Paul K. Lyons, *EU Energy Policies Towards the 21st Century*, p. 149.

环境友好和经济的核电站原型反应堆。[①] 实现这一目标的战略包括发展一个试验反应堆，然后再建造一个示范反应堆（DEMO）。欧盟相信，建造一个试验反应堆是必需的，而且根据目前的进展来说在下个十年从技术上讲是可行的。聚变项目与其他形式的共同体研发活动不同，它汇集了所有成员国和瑞士在这一方面的研究努力，并且与俄罗斯、日本和美国三个国际聚变研究大国协作，共同致力于国际热核试验反应堆（ITER）的研究。欧洲各国聚变实验室之间的协作已经使世界最大的设施——JET 得以建造。

1994—1998 年期间，核聚变研究的预算为 7.94 亿埃居。其优先目标是在四方（欧盟、日本、俄罗斯和美国）合作框架内，在 ITER 计划的“工程设计活动”（EDA）中建立下一步试验反应堆的工程设计。下一步反应堆旨在示范和平利用聚变能的科学与技术可行性。FP4 框架内的关键性研究包括：（1）改进“托卡马克”（Tokamak）反应堆；（2）大型仿星器（stellarator）反应堆的设计和原型开发；（3）以聚变技术的环境可接受性、安全性和经济活力为核心的长远性聚变技术研发。

（三）支持能源技术示范——THERMIE 计划

欧共体从 1973 年开始实施能源技术支持计划，作为对国际能源市场发生的事件的应对措施。第一个计划（1973—1975）仅限于支持油气的勘探、生产和运输。1978 年，共同体的资助开始拓宽到四个领域：油气、固体燃料、合理使用能源和替代能源。从 1978 年到 1990 年，部长理事会通过了好几个条例和计划支持这四个领域的活动。在 20 世纪 80 年代中期，共同体每年为示范项目提供 1.2 亿—1.4 亿埃居的赠款，在四个领域里基本平均分配。从 1973 年到 1993 年，欧共体为 3000 多个项目提供了 18.9 亿埃居的资金支持。[②]

与研发计划一样，驱动示范计划的关注焦点已经发生了深刻的变化。在 1986 年以前，石油危机以及对能源价格持续上涨的期待导致欧共体对油气和石油替代燃料的高度重视。进入 20 世纪 80 年代后，欧洲人日益关注能源

---

① P. J. Runci，*Energy R&D in the European Union*，Prepared for U. S. Department of Energy under Contract DE-AC06-76RLO 1830，May 1999，p. 27.

② Paul K. Lyons，*EU Energy Policies Towards the 21st Century*，p. 107.

使用所产生的环境影响。20 世纪 80 年代后期有关全球气温变暖的大讨论更加剧了人们对这个问题的担忧。

欧共体高度重视能源技术示范，这是因为研发和创新的成果不会自动进入市场，大批新技术需要外力的推动。共同体介入新能源技术和能效技术的开发有一系列正当的理由：帮助确保共同体有能力获得安全和有竞争力的能源供应；改善环境质量；加强内部市场的技术基础；鼓励社会和经济凝聚性；创造就业机会。20 世纪 80 年代后期，对已经实施的计划的评估表明，结果远远不能令人满意，特别是新技术的市场推广。成功的项目未能得到充分的推广。[①] 因此，欧委会提议设立 THERMIE 计划，通过示范来解决此类问题。

1990 年 6 月，理事会在 FP3 框架以外批准了 THERMIE。该计划最根本的目的是通过能源技术的推广来达到以下目的：以消费者承受得起的价格和条件确保持久和可靠的能源服务；降低能源消费；减少能源生产和使用过程中的环境影响；加强能源行业的技术基础。

THERMIE 计划先后经过了两期。首期 THERMIE（1990—1994）总预算为 7 亿埃居。大部分用于支持实际项目，技术推广也获得了相当多的预算资金。根据规定，对技术项目的资助最高可达 40%。欧委会优先支持涉及一个成员国以上的公司的计划，优先支持中小企业和欠发达地区的企业。THERMIE 确定了四个领域：石油和天然气、固体燃料、能源的合理使用和可再生能源。共同体投入了 5.7 亿埃居资助 726 个使用节能技术和排放最少化的能源技术项目。这些项目包括：能源合理利用 259 个项目，涉及建筑、工业、能源工业、交通等行业；可再生能源 272 个项目，包括太阳能、地热、生物质能、风能、废弃物发电、小水电（小于 1000 万千瓦）等；固体燃料 28 个项目，包括各种煤的清洁与整合技术；油气 167 个项目。首期 THERMIE 非常成功，年削减二氧化碳排放量近 1200 万吨、二氧化硫 7.5 万吨、氮氧化物 3 万吨，节能 300 万吨油当量。

THERMIE 最具创新性的一项行动是把总预算 15%的资金（约 1 亿埃居）用于旨在鼓励能源技术的应用和市场占领的配套措施（如市场分析，利用研讨会、数据库、新闻稿和大型画册进行推广和宣传，对项目的监督与评

---

① Paul K. Lyons，*EU Energy Policies Towards the 21st Century*，p. 108.

估）。欧委会能源总司通过一个能源技术推广机构（Opet）网络管理这些配套措施。Opet 机构包括大学、工程公司、国营机构、商会及供应方协会，由欧委会签订合同。Opet 从 1991 年开始运作，每年拨款约 2500 万埃居。在最初的 4 年中，这一网络发展到 40 个 Opets，负责 1000 项配套措施。[①] THERMIE 的另一项创新是鼓励更大规模的示范计划和泛欧合作。1992 年至 1993 年间，欧盟抓住东欧和新独立国家的改革所提供的机会，迅速扩大 THERMIE。在这过程中，Opets 发挥了重要作用。它们在中东欧和新独立国家的战略要地组建了一些能源中心。Opets 与这些能源中心联合，通过一个“审计和研究短训班”，推广成效明显的节能方法，通过应用现代能源技术节省资金。

1994 年 4 月，部长理事会和欧洲议会批准了 THERMIE 第二期 (1995—1998)，但能源技术示范被纳入了 FP4 的框架内。THERMIE 第二期预算为 5.77 亿埃居，超过 JOULE 计划的研发资金。这表明，技术示范和商业化在欧盟技术研发计划中重要性上升。预算资金划分为三个部分：可再生能源；合理使用能源；化石燃料。主要资助那些使用节能技术和排放最少化的能源技术（革新性技术）的示范项目。与示范项目相配套的措施是鼓励经验、信息与能源技术的传播。该计划采取了以下方式来达到目的：需求管理；提高能源效率；建立基金资助研发技术；各种措施整合，取消对破坏环境的能源活动的补贴，促进自愿协议的形式；改变态度。THERMIE 主要围绕三项活动：支持技术项目（A 类）；帮助这些技术进入市场的配套措施（B 类）；欧盟和成员国相关努力的协调。1995—1996 年，受支持的 A 类行动 241 项，支持资金达 2.24 亿埃居；B 类行动 412 个，支持资金 4700 万埃居。[②] 欧委会 1997 年发表的一份评估报告特别强调了几个 A 类项目。其中一个旨在促进西班牙、意大利和葡萄牙应用低能耗住房的设计与建造技术，总成本为 2940 万埃居，其中 THERMIE 出资 120 万。

---

① Paul K. Lyons，*Energy Policy in the European Union*，p. 108.

② Paul K. Lyons，EU Energy Policies towards the 21st Century，p. 148.

四、加大落后和偏远地区的能源开发

欧共体最不发达的地区往往也是能源供应最差的地区。这些地区大多位于对进口能源依赖最严重的国家。其人均能源消费水平最低，不仅因为气候比较温和，还因为经济活动比较少。此外，其能源使用效率很低，并且没有或者几乎没有主干能源网络。经济和社会整合（团结）是共同体能源政策的一个基石。如同环境保护一样，欧共体对整合目标日益重视。共同体许多政策都直接或间接地照顾到整合的需要，如研发和示范计划均包含鼓励欠发达地区的项目或技术流向欠发达地区的项目。1986 年欧共体能源战略明确提出，要在贫困和边缘地区采取措施，建设能源基础设施，改善共同体能源平衡。欧共体支持地区整合的政策和行动框架主要包括“共同体倡议”和跨欧能源网络。

（一）“共同体倡议”

“共同体倡议”是欧共体在结构基金下为支持欠发达地区而开展的一系列计划的总称。1989—1993 年，欧共体为结构基金拨款 600 亿埃居。大部分资金根据成员国本国的发展计划进行分配。1988 年结构基金的改革使欧委会有权自行提议和开展财政援助计划。欧共体在能源部门开展的专项计划主要有三个：“瓦卢伦计划”（Valoren）、“里金计划”（Regen）和“勒夏尔计划”（Rechar）。

Valoren 旨在资助在欠发达地区鼓励节能和使用本地可再生能源的项目。该计划创建于 1986 年，预算资金为 4 亿埃居，主要资助那些落实共同体能源目标缺乏进展的地区或作为岛屿而被选中的地区。成员国的资金分配如下：法国 1500 万埃居（主要资助科西嘉和海外领地）；爱尔兰 2500 万埃居；意大利 1.25 亿埃居；希腊 5000 万埃居；西班牙 1.05 亿埃居；葡萄牙 6500 万埃居；英国 800 万埃居（资助北爱尔兰）。[①] 1986 年 10 月部长理事会一项条例规定了资助项目的种类：本地能源资源（如小水电、生物质能、风能、小储量泥煤或褐煤等）的开发；中小型企业的能源高效利用和石油替

① Paul K. Lyons, *Energy Policy in the European Union*, p. 71.

代；地方层面上开展的改进能源潜力利用的研究或信息宣传活动。该计划于1991年结束，实际援助资金达3.92亿埃居。

"勒夏尔计划"旨在帮助28个遭受严重打击的采煤区调整结构。该计划创建于1989年底。其资金来自多个渠道：结构基金再开发拨款1.3亿埃居；欧洲煤钢共同体预算提供的贷款的利息退税1.2亿埃居；欧洲投资银行的贷款。在结构基金中，欧委会提出，英国有资格获得1.3亿埃居，德国7500万埃居，法国4800万埃居，西班牙1800万埃居，比利时2400万埃居，葡萄牙300万埃居。预算资金是根据1984年以来的失业人数以及公开宣布的未来失业人数进行分配的。该计划于1993年结束。通过结构基金分配的"勒夏尔计划"资金实际为3.69亿埃居。[①]

"里金计划"创建于1990年12月，其目标是：在边缘地区加速创建天然气接收和传输基础设施；加速完成共同体范围的天然气和电力传输与分配网络，以确保共同体边缘地区与共同体其他地区良好的连接。"里金计划"预算资金3亿埃居，用于资助6个能源基础设施项目：希腊和葡萄牙的天然气计划；爱尔兰与英国之间的天然气连接；西班牙与葡萄牙天然气网络的跨境连接；希腊与意大利的电力连接线；意大利与科西嘉/撒丁岛之间的电力连接线。欧委会对这些项目的资金如何使用和何时使用有一些限制：援助只提供给传输设施（如天然气主干管道、高压电网、液化天然气（LNG）设施等），而不是分配网络。在上述6个项目中，获得资金项目只有4个，竣工项目只有1个（英国—爱尔兰天然气连接）。其他项目遇到了各种各样的问题。该计划1993年结束。

1992年12月，欧洲理事会爱丁堡峰会一致同意，为1994—1999年结构基金提供1410亿埃居。其中9%，即126亿埃居，用于"共同体倡议"。

1994年2月，欧委会公布了第二代倡议的主题，包括：（1）跨境、跨国合作和网络；（2）农村发展；（3）偏远地区；（4）就业和人力资源开发；（5）工业变革的管理。[②]

"跨地区连接计划"（Interreg）（1994—1999）是为上述第一个主题成立的规模最大的计划，预算资金达29亿埃居。其目标是：以符合当地居民利

---

① Paul K. Lyons, *Energy Policy in the European Union*, p. 72.

② Ibid., p. 73.

益和环境保护的原则，协助欧盟内外边界地区克服因在国家经济和共同体中处于相对闭塞的状况而引起的特殊发展问题；促进跨越内部边界合作网络的创建和发展，并根据1992年完成单一市场的要求，将这些网络与共同体网络相连接；协助外部边境地区调整角色，成为一个单一的一体化市场的边境地区；把握欧盟外部边境地区与第三国开展合作的新机会；完成“里金计划”内的能源网络，并与欧洲网络相连接。该倡议通过两类行动加以实施：一是跨境合作；二是完成能源网络。第一类行动预算资金为24亿埃居，包括17项行动，其中三项与能源有关。行动也分三个方面：当地水、天然气和电力供应，当地电信，可再生能源开发，水资源和基础设施的共同开发；污染防治，合理利用能源，废物处理或环境保护，监测边境地区新产业的环境标准；旨在补充跨欧能源、电信和交通网络发展的措施。1994年7月，欧委会提出了一项提案，将“跨地区连接计划”延伸到欧盟与“中东欧技术援助计划”（PHARE）国家接壤的地区。第二类行动即“里金计划Ⅱ”，其目标与“里金计划Ⅰ”相同，资助的项目也完全与“里金计划Ⅰ”相同，预算资金增加到5亿埃居。①

“勒夏尔计划Ⅱ”基本上是“勒夏尔计划”的后续行动，只是预算由原来的3亿埃居增加到4亿埃居，实施期是1994—1997年。其宗旨是加速受工业结构调整影响最严重的采煤区的经济转型，重点是改善环境、促进新经济活动、开发人力资源。②

“共同体倡议”还有几个涉及能源的小型计划，包括：（1）“农业示范项目计划Ⅱ”（Leader Ⅱ），预算资金14亿埃居，旨在资助补偿共同体农业计划改革所带来的影响的措施，其中包括环境和可再生能源项目，如生物质能和森林产品用于能源生产的示范。（2）帮助中小企业适应单一市场的计划。资助重点有七个，包括：考虑环境和合理利用能源；鼓励研究中心和中小企业之间的合作，使各地区开展的研究能反映当地的需要等。该计划预算资金10亿埃居，其中8亿用于资助最不发达地区。（3）“偏远地区扶持计划”（Regis），旨在支持偏远地区（如瓜达罗普岛、圭亚那、马提尼克岛、加那利群岛），预算资金为6亿埃居，支持领域包括合理利用能源和本土能

① Paul K. Lyons, *Energy Policy in the European Union*, p. 73.

② Ibid.

源生产，特别是对可再生能源投资的资助。（4）“衰败城市扶持计划”（Urban），旨在为综合性的发展计划提供共同体援助，全面解决衰落的城市地区的经济、社会和环境问题。预算资金为6亿埃居，支持的重点是能源效率项目。①

（二）跨欧能源网络

1993年以前，欧共体对跨欧能源网络的支持在很大程度上局限于上述“里金计划”。欧委会能源总司把天然气和电力基础设施的连接仅仅视为内部能源市场的辅助措施而已。《欧洲联盟条约》单独为跨欧网络（TEN，包括交通、能源和电信）开辟了一章，要求共同体促进跨欧网络的建设。从此，部长理事会连续对这个问题给予了特别关注。

欧委会积极响应部长理事会对发展跨欧网络的浓厚兴趣，向理事会提交了一系列促进“共同利益项目”跨欧网络的提案。1992年初，欧委会提出了第一个跨欧网络提案，要求对某些符合共同体利益的能源、交通和电信网络项目提供一个批准印章——“欧洲利益通行令”（DEI）。1992年3月，欧委会发表了一份重要文件，提出了能源网络建设的目标、重点、共同利益项目和行动步骤。该文件阐述了网络项目对共同体目标——内部市场、供应安全和地区整合——的重要性。同时，文件指出了天然气和电力网络发展所需经过的三个阶段：与边缘地区的连接；在共同体内部加强成员国网络和过境网络；与周边国家的连接。②

1994年1月，欧委会通过了两项关于能源网络指导方针和配套措施的决定草案。第一份决定草案确定了关于跨欧能源网络（TEN-E）的一系列指导方针，并附录了一份“共同利益项目”清单。文件指出，所谓基础设施是指：所有用于跨地区或国际传输的电线及操作系统；高压天然气管线；地下天然气储存设施；液化气（LNG）系统及操作系统（包括LNG运输船）。文件列出了需要优先发展的电力和天然气网络项目。电力网络的优先发展目标包括：孤立的电力传输网络的连接；发展成员国之间跨境连接以及控制这些连接线所需建立的内部连接线；与欧洲和地中海地区非共同体国家

① Paul K. Lyons，*Energy Policy in the European Union*，p. 73.

② Paul K. Lyons，*Energy Policy in the European Union*，pp. 75－76.

的跨境连接线，促进共同体电力供应网络的可靠性和安全性，增加共同体的电力供应。天然气网络的优先发展目标是：将天然气送入新的地区；连接孤立的天然气传输网络，包括连接现有网络和独立的天然气网络所需的改进；提高（天然气管道）传输、LNG接收和储存能力，满足天然气需求和天然气供应来源与路线的多元化。[①] 1994年5月，部长理事会通过了这一决定，要求成员国在国家、地区和地方层面采取一切必要措施，促进"共同利益项目"的完成。

欧委会的第二份决定草案要求各国采取协调行动，为完成TEN-E相关的共同利益项目以及这些网络在共同体范围的运转创造一个更加有利的技术、行政、法律和财政环境。两类项目将给予财政支持：一是以利率补贴或贷款担保支持有关共同利益项目的可行性研究；二是旨在改进技术合作的研究和项目。欧委会确认了70个共同利益项目，1994—1998年需要投资130亿埃居。欧委会为1994—1998年能源网络援助提出了9000万埃居的预算，用于项目的可行性研究、促进技术合作和利率补贴。

1994年初，欧委会还提交了一项为上述辅助措施提供资金的条例草案。条例的目标是为提供援助建立总的规则、明确不同的干预、为项目选择制定标准、说明申请财政帮助的程序。

1993年12月，部长理事会专门成立了一个由成员国首脑私人代表组成的小组。其任务是确认优先TEN项目以及加速构建网络的办法。1994年6月，该小组提交了一份报告，提出了八个优先项目：（1）意大利—希腊地下电缆（3亿埃居）；（2）意大利—法国跨境连接线（1.7亿—1.9亿埃居）；（3）西班牙—葡萄牙跨境连接线（三根高压输电线）（1.3亿埃居）；（4）丹麦东西部水下电缆连接（1.7亿埃居）；（5）希腊输入天然气（12亿—13亿埃居）（不包括分配）；（6）葡萄牙输入天然气（4.4亿埃居）；（7）西班牙—葡萄牙跨境连接线以及西班牙两个地区输入天然气（8亿埃居）；（8）阿尔及利亚—摩洛哥—欧盟天然气管道（穿越直布罗陀海峡）（4.5亿埃居）。[②]

建设TEN需要巨额投资。TEN主要依靠结构基金、研发资金、团结基

① Paul K. Lyons，*Energy Policy in the European Union*，p. 77.

② Paul K. Lyons，*Energy Policy in the European Union*，p. 78.

金以及欧洲煤钢共同体和欧洲原子能共同体援助和贷款等财政支持。但共同体财政资源有限，最多可提供50亿埃居/年。欧洲投资银行可提供70亿埃居/年贷款。欧委会估计，资金缺口仍可能达到50亿埃居/年。为了帮助TEN（包括能源网络）项目融资，1992年12月，欧洲理事会爱丁堡峰会专门成立了一个欧洲投资基金（EIF），以支持跨欧能源网络投资、能源生产领域设备及其他有助于改善与跨欧能源网络相关地区进入网络的投资的融资。该基金于1994年中期开始运作，其宗旨是为TEN（包括能源网络）和中小企业的资本投资提供长期担保。欧盟能源政策的目标构成欧洲投资银行的资格标准。内部市场的实现也导致对欧盟内外天然气和电力网络跨境连接的重视。

（三）地区和城镇规划

从1982—1989年，共同体还实施了一个小规模的计划，专门为地区和城镇层面上能源规划研究提供资金。尽管没有法律基础，但其目标是明确的，即通过充分利用本地能源资源（尤其是可再生能源）、提高能源效率、为地区和城镇寻求最佳的供应条件，改进能源管理。该计划所资助的研究作为实施项目的催化剂。

五、发展对外能源关系

发展对外能源关系、促进能源供应的多元化，是1986年能源战略的目标之一。20世纪80年代末、90年代初，中东欧剧变、苏联解体、冷战结束，使欧共体面临潜在的混乱和能源供应威胁。如何帮助中东欧国家和独联体国家尽快实现政治稳定和经济体制的顺利转轨，保障共同体能源供应安全，这是欧共体必须认真对待的问题。此外，1986年切尔诺贝利核事故所引起的核安全问题也成为欧共体国家特别关注的一个问题。国际专家小组对东欧和独联体国家境内苏联设计的反应堆进行的调查表明，许多核电厂存在严重的安全隐患。这一发现更加剧了西方国家政府和公众的普遍恐慌。因此，欧共体还必须同时应对环境安全以及共同体自身的能源供应安全问题。主要应对办法就是建立技术与经济援助计划和《欧洲能源宪章》。

（一）与新独立国家和中东欧建立密切关系

1989年12月18日，欧共体与苏联签订了第一个贸易和经济协议——《贸易和合作协定》，[①] 从而为双方在许多领域的合作提供了一个框架。然而，1991年12月苏联解体，形成了15个国家。欧共体不得不重新考虑与这些新独立国家的关系。1992年10月，欧共体部长理事会授权欧委会与俄罗斯和其他11个独联体国家就签订伙伴与合作协议（PCA）举行谈判。PCA的目的不仅是更新合作关系的法律基础，而且要将这些国家与欧共体的关系提高到紧密的政治和经济关系的水平。1994年，欧共体与俄罗斯、乌克兰、哈萨克斯坦和吉尔吉斯斯坦就PCA达成了协议。协议涉及了包括能源合作在内的非常广阔的领域，但是，煤炭不包括在协议内。除俄罗斯外，核燃料贸易也被排除在协议之外。

波罗的海三国（立陶宛、爱沙尼亚和拉脱维亚）独立后，积极谋求与欧盟建立更紧密的关系。1994年，欧委会开始与三国就建立自由贸易区进行谈判。同年7月，双方签署了协议，1995年初生效。

欧共体与中东欧国家的关系发展更为迅速。欧委会提出了“欧洲协议”的概念。这种协议在欧盟未来成员国资格的框架内全面发展政治经济合作。欧共体与波兰和匈牙利签订了“欧洲协议”，1994年生效。两国正式提出了加入欧盟的申请。捷克、斯洛伐克、保加利亚和罗马尼亚也与欧盟展开了谈判。1994年7月，欧委会向部长理事会提交了两份文件，就如何使中东欧国家作好入盟准备提出了全面的和具体的建议。这一战略包括：为深化关系创建一个框架；创建一个法律和制度环境；促进贸易；鼓励宏观经济和结构调整；提供欧盟援助，促进一体化和改革。在宏观经济和结构调整的计划内，欧委会在能源问题上提出了一系列建议，以协助中东欧国家的入盟进程。1994年12月埃森（Essen）欧洲理事会通过了这项

---

① The Agreement between the European Economic Community and the European Atomic Energy Community and the Union of Soviet Socialist Republics on trade and commercial and economic cooperation，signed on 18 December 1989 and approved by Decision 90/116/EEC.

入盟战略。[①] 在这一框架内，欧盟与申请国建立了多层次的政治对话，讨论双方感兴趣的问题，其中包括能源。在能源领域，这一战略要求申请国实现能源政策趋同、根据共同体法律改革其法规并对其能源部门进行调整。

（二）中东欧技术援助计划（PHARE）

PHARE 是欧共体针对中东欧国家建立的第一个技术和经济援助计划。中东欧剧变后，西方七国集团在 1989 年 7 月巴黎峰会上建立了一个援助框架，欧委会起协调作用。24 个国家（史称“24 国集团”）参与了此项工作。24 国集团最初决定将援助集中在市场准入、农业、环境、投资和经济改革。在此框架内，欧共体于 1989 年通过了一个理事会条例，创建了向波兰和匈牙利提供技术和经济援助的 PHARE 计划。1990 年，该计划扩大到其他中东欧国家。1990 年 PHARE 计划实施的第一年，共同体就向波兰、匈牙利、东德（统一前）和捷克斯洛伐克提供了 5 亿埃居的援助。其中，1 亿埃居用于环境项目，这笔援助的 1/4 被分配给能源部门。

1990 年 10 月，24 国集团决定优先援助中东欧国家的能源部门，这就为能源项目的大量出现铺平了道路。1991 年 1 月，24 国集团通过了一项中长期能源战略。波兰、匈牙利、捷克斯洛伐克、保加利亚、罗马尼亚和南斯拉夫六国成为此战略的援助对象。同年，在 7.85 亿埃居的 PHARE 计划预算总额中，约有 3000 万埃居被分配给能源部门。每个国家有独特的能源特点，这些特点显然成为提供援助的依据。例如，保加利亚是核安全；波兰和捷克斯洛伐克是煤炭工业的环境援助；罗马尼亚是发现新的石油资源的可能性。1991 年，匈牙利获得 500 万埃居，捷克斯洛伐克获得 500 万埃居，波兰获得 300 万埃居，罗马尼亚获得 100 万埃居。这些援助在很大程度上支持了能源结构调整和提高能源效率的研究。大部分资金流向了保加利亚，以确保科兹罗杜（Kozlodui）核电厂的安全，并在该核电厂 1991—1992 年冬季关闭期间提供紧急电力进口。

---

① Essen European Council（9－10 December 1994），*Pre-accession Strategy for the ten Central and Eastern European countries（CEECs）*，Conclusions of the Presidency in Bulletin of the European Union，No 12，pp. 12－13；20－26.

1992年，PHARE计划又纳入了波罗的海三国和阿尔巴尼亚。尽管PHARE的总预算增加到10亿埃居，但非核能源的份额依然很小，约为2500万埃居。

1993年部长理事会批准的PHARE（1993—1997）纳入了一些新的指导方针。新计划要求与每个国家签署的协议应为大部分PHARE援助提供法律和政策框架。新计划同时表现出由单纯的技术援助，向制订多年度计划和日益重视刺激投资的方向发展。在为每个国家制订的指导性计划中，对能源部门技术援助的重要性减弱，能源基础设施、煤矿工业的合理化、环境问题、煤炭的清洁使用、能源效率等问题受到了重视。

在PHARE计划中，核安全问题受到了高度重视。欧共体第一波核安全活动是1990—1991年在捷克斯洛伐克和保加利亚两个核电厂发起的。保加利亚唯一的核电厂被认为是一个重大的安全隐患，因此，在独联体国家以外，它所吸引的资金和项目最多。1991年，欧共体向保加利亚核电厂管理当局提供了1150万埃居，1992和1993年又先后提供了500万和380万，帮助其尽可能安全地运营该核电厂。

PHARE计划内的核安全工作大多通过一个专门的地区性计划展开，该计划1992年预算资金为700万埃居，1993年为2000万埃居。其活动主要有四个方面：支持监管当局；核燃料周期和核废料；核计划管理；改进使用苏联设计的反应堆的核电厂的运作和设计安全。

（三）对独联体国家技术援助计划（TACIS）

TACIS是欧共体针对东欧和中亚新独立国家发起的一个财政和技术援助计划。1990年12月，欧洲理事会在罗马作出了这项政治决定。1991年6月，部长理事会通过了关于向苏联提供技术援助的条例。TACIS确定了五个重点领域，其中包括能源，1991年预算为4亿。然而，理事会刚刚批准财政预算的决定，苏联就解体了。于是，欧委会被迫与12个新独立的国家（亚美尼亚、阿塞拜疆、白俄罗斯、格鲁吉亚、哈萨克斯坦、吉尔吉斯斯坦、摩尔多瓦、俄罗斯、塔吉克斯坦、土库曼斯坦、乌克兰和乌兹别克斯坦）进行谈判。TACIS的主要目的是促进这些国家的转型进程。最初，技术援助是TACIS的唯一活动。随着伙伴关系与合作协议（PCA）的实施，TACIS也成为欧盟与伙伴国之间合作进程的一个更具战略性的工具。

TACIS活动集中在下列几个领域：支持制度、法律和行政改革；支持私营部门，提供经济发展援助；支持解决转型带来的社会后果；发展基础设施网络；促进环境保护，管理自然资源；发展农村经济；支持核安全。TACIS资助的领域旨在实现互补，每一个国家性或多国性计划集中在上述领域，但同一计划不超过三个领域（在合适的情况下再加上核安全），以保证计划的效果。该条例还集中在具有充分规模的项目（在俄罗斯和乌克兰至少200万欧元的项目，其他伙伴国为100万欧元的项目），并支持PCA的目标。

1991年，TACIS将1/4以上的援助资金（1.15亿埃居）用于能源领域。电力部门获得1700万埃居，旨在促进供电业的结构调整并建立一个法律框架。石油和天然气部门获得1700万埃居，目的是重新调整天然气供应工业的结构，培训经理人员，改进运输方法。也有两个项目是针对产油区以及炼油业存在的问题。节能项目也是优先之一。①

1992年，欧共体与12个国家直接建立了指导性计划。这些计划充分考虑各国的具体需要。各国均任命了一位高级协调员，成立了一个协调小组。援助项目改变了先前的部门性特点，明显向综合性方面发展。能源成为网络计划的一部分，但仍然吸引最大一部分资金。1992年欧共体为TACIS提供的资金为4.5亿埃居，非核能源领域获得4600万埃居。各国援助计划的重点是：能源政策建议、节能研究、炼油厂现代化研究、石油和天然气生产战略、经理人员的培训以及能源中心。

1993—1995年，有6个受援国（亚美尼亚、阿塞拜疆、乌克兰、摩尔多瓦、吉尔吉斯斯坦和俄罗斯）将能源作为TACIS指导计划的一个重点。1993年，这6个国家的基本情况如下：

1. 亚美尼亚（360万埃居）：重点是能源效率和能源供应多元化。措施是对现有的天然气供应网络进行升级，并铺设新的石油管道系统。技术援助还用于水电的潜在利用以及风力、太阳能和地热能资源。

2. 阿塞拜疆（360万埃居）：援助计划集中在三个领域：机构和公司的政策建议；工业消费和家庭消费分配设施的改进；石化和石油工业的结构调

---

① European Commission，*Tacis：1993 Annual Report*，COM（95）57 final，Brussels，23/03/1995.

整，特别要考虑环境因素和新技术的应用。

3. 乌克兰（540 万埃居）：技术援助确定了四个领域：中央和部门层面的能源部门改革；支持燃料多样化；引进先进技术，改善煤炭业的效率，促进市场改革；家庭和工业部门的节能。

4. 摩尔多瓦（60 万埃居）：援助计划集中在工业、商业和家庭领域的能源效率以及开发非传统能源资源的可能性。

5. 吉尔吉斯斯坦（240 万埃居）：援助计划确定了三个目标：支持政府形成基于市场原则的能源政策；开发本地资源，改善能源平衡，节省外汇；供需双方的节能计划。

6. 俄罗斯：能源部门被视为俄罗斯转型进程的关键。阻止石油和天然气生产的滑坡对俄罗斯的总体稳定至关重要。1993—1995 年，欧盟技术援助的重点包括：发展经济评估和规划、招标和项目监测；与现代化相关的具体和实际的研发项目；提供复制试点项目的技术和培训。1993 年批准了三个独立的行动计划，援助资金总额为 2210 万埃居。[①]

TACIS 还资助了五个重要的地区性研究项目，1993 年预算为 500 万埃居。这五个项目是：（1）延长对摩尔多瓦和乌克兰两国管道的研究；（2）与 PHARE 国家联合开展的有关东西方电网跨境连接的研究；（3）改进高加索和中亚地区电力系统运作规划的研究；（4）改善中亚地区电力传输/分配/终端使用的研究；（5）独联体国家电力系统的共同技术组织和要求的研究。

欧共体 TACIS 框架内的核安全计划相对于 PHARE 计划实施难度较大，政治因素更为复杂。首先，出于对民族核工业的自豪感，俄罗斯不愿承认其核电厂的安全性比西方的差。直到 1993 年，俄罗斯对西方干预的抵制才逐渐消除。其次，西方承包商提出了一个实际的责任问题。受援国不是国际公约的成员国，因此它们没有为核责任制定指导原则。欧委会要求 TACIS 国家政府为任何核事故引起的破坏承担全部责任，然而这些国家不愿意为所有的风险提供永久性担保。因此，双方只好通过临时性的解决办法，使合作项目得以开展。

1991 年 TACIS 计划为 35 个核安全项目提供了 5300 万埃居的资金，重

① Paul K. Lyons，*Energy Policy in the European Union*，p. 131.

点是可以延伸到类似核反应堆的基础性研究。1992 年签订的项目合同涉及核安全当局结构和核反应堆安全研究的方法转让、在乌克兰和白俄罗斯建立快速警报系统、向支持俄罗斯核安全当局的技术研究所转让事故技术规范等。1992 年计划还拨款 6000 万埃居支持核设施的安全，2000 万埃居用于成立“国际科技中心”（ISTC）。ISTC 的宗旨是帮助独联体国家的武器专家转向核安全和环境领域的和平研究项目。欧盟、美国和日本为前两年提供 6500 万美元，俄罗斯则提供人员和后勤支持。1994 年 3 月 3 日，该中心正式运作。

（四）《欧洲能源宪章》和《能源宪章条约》

东欧剧变和苏联解体后，欧共体国家面临新的难题：如何使中东欧各国和前苏联国家尽快实现政治稳定和经济体制的顺利转轨？能源问题提供了一个契机。欧共体认为，成功开发前苏联和中东欧国家的能源资源，不仅有利于这些国家的经济重建，也将促进其政治环境的稳定。前苏联和中东欧国家的油气生产大幅下降，相互之间正围绕着价格和过境问题进行艰苦的谈判，有些国家还在讨论应该给外国投资者提供多大程度的自由来获得这些国家原材料。欧共体认为，国际保障的规则将有助于说服经合组织国家的投资者帮助这些国家更新和发展整个能源周期的基础设施。明确的行动标准也将有助于限制潜在的冲突，改善欧共体的能源供应安全。①

在此背景下，1990 年 6 月，荷兰前首相吕贝尔斯在欧共体首脑会议上提出了《欧洲能源宪章》（简称《宪章》）的设想。总的原则就是要利用能源贸易和合作来实现东欧的经济发展和政治稳定。他建议利用西方的工业实力、技术和资金，勘探、开发、运输和利用苏联和东欧国家丰富的能源资源（特别是天然气），一方面帮助这些国家实现经济复苏和政治稳定，另一方面确保西方的长期能源供应要求。欧共体各国对吕贝尔斯的提议表现出浓厚的兴趣，并授权欧委会研究实施方案。

经过各缔约方的第一轮谈判，1991 年 12 月 17 日，《宪章》在海牙签

① Commission, *The European Energy Charter: Fresh Impetus from the European Community*, COM (93) 542 final, 4/11/1993.

署。欧共体各成员国，西欧其他国家，中东欧国家，地中海3国，波罗的海3国，前苏联12个独立共和国，以及美国、日本、加拿大、澳大利亚等50个国家在《宪章》上签字。《宪章》是一个政治性宣言。其宗旨是：改善能源供应安全，最大程度地提高能源生产、转换、运输、分配和使用效率，提高安全性，在可接受的经济条件下最大程度地减少环境问题。[①] 本着全球合作的精神，各方承诺，在非歧视和市场导向的价格形成原则的基础上，在全欧范围促进全球市场的更好运转，同时考虑到国家对能源资源的主权和对环境的关切。各方决心在能源领域贯彻市场原则，以创造一个有利于企业经营以及投资和技术流入的气候。《宪章》确定了三个目标：发展能源贸易；在能源领域加强合作；能源效率和环境保护。实现这三个目标的手段包括：能源资源的准入和开发；市场准入；能源贸易的自由化；促进和保护投资；统一技术规格和安全规则；促进研究、技术开发、创新和推广；提高能效和保护环境；教育和培训。为了扩大合作，参与各方同意就下列内容开展谈判，签订专项协议：横向和组织性问题；能源效率；油气勘探/生产；电站现代化；传输网络；煤炭周期；核燃料周期；开发可再生能源；技术转让；发生重大事故后的合作。

《宪章》的最高领导和决策机构是能源宪章大会（Energy Charter Conference），下设投资、贸易与过境、能源效率与环境问题等工作组。投资组负责对一些国家的投资环境进行调查和研究，并在此基础上对有关政府提出关于改善投资环境的建议和意见。贸易组工作的重点是帮助缔约国（特别是非WTO成员国）消除条约执行的障碍。过境组成立于1998年4月，并于1999年12月由能源宪章大会授权开始进行《过境运输协定》的谈判。该协定的宗旨是在《能源宪章条约》的基础上，制定更具体的法律义务规则，基于公平、透明和非歧视原则，保证油气和电力等能源过境运输的安全性，促进使用他国管道条件的合理化和过境运输费率标准的公平化。能源效率组的任务包括组织相关论坛，跟踪缔约国在提高能源效率、减少环境污染等方面的工作进展，并着重在税收、价格、环保、补贴等政策以及建立提高能源效率的机制等方面提出相应建议。

《宪章》的签署无疑是一个重大成就。然而，在苏联和东欧国家政治形

---

① http：//www.encharter.org/index.php？id=5.2006年5月8日。

势动荡不安的情况下，《宪章》根本无法保障西方公司所需要的投资安全。因此，将《宪章》的良好意愿转化为具有法律约束力的文件就是接下来要迈出的关键性步骤。换言之，必须在《宪章》之外建立一种保障投资者合法权益的机制，并且在各缔约国意见一致的基础上，形成一个具有法律效力的、被各缔约方立法机构认可的多边协议，这一协议便是所谓的《能源宪章条约》(ECT)。

ECT 是规范石油、天然气、煤炭及可再生能源的多边协议，负责调整缔约国在勘探开发、生产加工、运输分配、销售利用等能源领域的活动。经过多轮谈判，各方终于就 ECT 达成了一致。1994 年 12 月 17 日，ECT 在里斯本举行的缔约国部长会议上获得通过。包括欧盟成员国和欧共体在内的 45 个国家在条约上签字。该条约于 1998 年 4 月 16 日正式生效。ECT 在能源这一特殊经济部门涉及如此之多的国家是大多数国际多边协定无法比拟的，对保障欧盟能源供应安全起着十分重要的作用。

ECT 的目标包括：为促进外国能源投资创造一个公平竞争的规则环境；能源材料、产品和设备的自由贸易；能源通过管道和网络运输的过境自由；提高能效；提供争端解决机制。其主要内容有以下几项：

(1) 能源投资。ECT 规定，签约国有义务促进运输投资，允许能源从本国过境，创造牢固、平等、有利的能源投资条件。ECT 以经合组织《投资规则》为蓝本，要求东道国向外国能源投资者提供保护，并把这些规则法律化。ECT 适用于能源领域投资者和政府所能达成的一切协议，而不管这些协议是在 ECT 签署前还是签署后达成的。任何公司若在协议的某一部分受到当地政府的刁难，均可借助于 ECT 中的仲裁规定诉诸仲裁。此外，ECT 还纳入了国民待遇（National Treatment）的概念，即东道国政府必须对外资和内资一视同仁，不得歧视。这一规定对那些正在犹豫是否该冒险到国外能源领域投资的公司来说，无疑是一针强心剂。

(2) 能源贸易。ECT 规定，缔约国应通过谈判实现能源贸易自由化。鉴于某些缔约国（主要是俄罗斯及其他独联体国家）不是关贸组织/世界贸易组织（GATT/WTO）的成员国，可能会影响国际能源贸易自由化，因此，ECT 决定对俄罗斯等一些有望在将来成为 GATT/WTO 成员国的国家网开一面，在能源领域的国际合作中享受 WTO 成员国的权利，同时履行相应的义务。俄罗斯等国家为了调节能源市场，往往对本国出口能源课以较高的关税，利用能源垄断优势擅自提高能源关税或价格，致使依赖能源进口的西方国家特别是欧洲国家遭受巨大损失。宪章会议欲通过“关税固定”条款禁止任何缔约国擅自提高能源进出口关税，但该条款在缔约国中尚存分歧，未能成为具有法律约束力的文件，只是要各缔约国“自愿接受”。

（3）能源运输。运输是投资者尤为关心的问题。一个公司仅拥有能源生产的投资权和世界市场的产品交易权是远远不够的，它还必须有权通过相关国家把能源产品（如油、气、电）输送到目标市场。为此，ECT 明确规定，各缔约国应对使用运输设施、经营能源产品的本国和外国经营者采取非歧视原则，对过境和本国的原料和产品一视同仁。缔约国应鼓励在能源运输设施现代化、开发和运行等方面进行合作。过境国具有处理所属运输设施的决定权，包括新建、改造和扩建等。若现有运输设施不能满足过境运输的需要，缔约国不得阻碍在其领土上修建新的运输管道。

（4）争端解决程序。ECT 明确规定，过境国家必须采取适当措施，防止发生供应中断，确保能源供应的持续性。如果发生运输争端，任何一方政府不能停止或缩减运输数量，直到争端解决。能源宪章秘书长有权指定中间人调解争端。各缔约方应首先通过争端解决程序协商，而不应采取极端措施切断能源输送系统的运行。ECT 是第一次在国际层面上制订解决争端的专门规则。

（5）促进能源效率，努力减少能源生产和使用所产生的环境影响。

ECT 的签署对于欧盟有着非常重要的意义。第一，ECT 是一个包括西欧、东欧、前苏联地区和欧洲以外的部分经合组织国家签订的以市场为基础的非歧视性多边能源贸易、过境和投资国际法律文书，它在很大程度上以 WTO 规则和欧盟法律为基础，有助于创建一种有法律保障的国际能源机制；第二，通过鼓励投资和能源贸易，有助于改善欧洲和世界市场能源供给与保障形势；第三，通过推动科技交流和在能源效率、能源环境等方面的措施，将产生巨大的环境效益；第四，通过各缔约国将 ECT 条款纳入它们自己国家立法体系，有助于增强投资者的信心，为各国企业创造大量的投资、贸易和经营机会；第五，ECT 的实施有助于东欧和前苏联地区的政治稳定和经济复苏。[①]

---

① 胡国松、邓翔：“《〈欧洲能源宪章条约〉述评》，《欧洲》，1996 年第 6 期。

(五) 与其他生产国和消费国的对话与合作

自 1986 年起，欧共体能源（特别是石油）供应的对外依存度逐渐加大。欧共体成为世界最大的能源进口区，几乎一半的能源需求依靠进口。据预测，这一依赖还可能继续上升。因此，欧共体可能对有限几个生产国甚至一个政治上不稳定的生产区过于依赖。

海湾战争是对国际能源机构（IEA）框架内消费国之间合作的首次考验。1990 年 8 月 2 日，伊拉克入侵科威特。8 月 6 日，联合国宣布对伊拉克和科威特石油实施禁运，这导致国际石油市场每天石油供应减少 430 万桶。油价从每桶 17 美元冲上 40 美元。为了防范海湾战争爆发后油价的进一步上涨，IEA 实施了一个应急计划：从联军空中打击开始之日起，IEA 成员国在 15 天内每天向市场投放 250 万桶石油，其中 200 万桶来自 IEA 成员国的石油储备，40 万桶来自减少石油需求的限制措施，10 万桶来自石油替代燃料和动用剩余产能。[①] 然而，在海湾战争开始前，许多欧佩克国家，首先是沙特阿拉伯，向市场增加了石油供应。1991 年 1 月 17 日海湾战争爆发后，IEA 应急计划开始实施，17 个经合组织成员国动用了石油储备，其中美国贡献最大，向市场一共投放了 3375 万桶战略石油储备。当时还不是 IEA 参与国的芬兰、法国和爱尔兰也参加了该联合计划。IEA 成员国大量抛售战略石油储备，使国际油价大跌将近 50%。这次动用石油储备有效地抑制了石油价格上涨，起到了稳定石油市场的作用。这说明 IEA 机制的有效性，第一次动用石油储备非常成功。

海湾战争促使欧共体提出了申请 IEA 正式成员资格问题、共同体石油分享机制问题以及欧共体旨在稳定油价的政策干预问题。欧委会认为，供应安全问题需要在共同体层面加以应对，因为共同体是国际能源舞台上的主要角色之一。为此，欧委会提交了一份报告，阐述了提高现行危机措施有效性以及更有效率地动用现有石油储备的方法并在必要时建立新的储备的必要性。共同体申请加入 IEA 就是出于这样一种考虑。

与此同时，共同体积极促进生产国与消费国之间的对话和合作，努力促

---

① Richard Scott, *The History of the International Energy Agency: the First 20 Years*, Vol. II, 1995, p. 134.

进能源市场的稳定和可预测性。1991年7月，法国和委内瑞拉在巴黎共同组织了第一次会议，邀请能源生产国和消费国的能源部长出席。根据该会议的成果，与会者支持定期举办类似的活动，为认识世界石油市场、推进能源市场上其他主要国家之间的合作与政治对话奠定基础。1992年，在挪威举行的第二次会议指出，必须寻找合适的合作方式以消除能源领域的对抗；强调能源作为经济一体化进程中最重要的手段应该发挥应有的作用；也强调了国家对外政策与能源领域的行动之间的相互关系。1994年，在西班牙举行了第三次会议。此次论坛反映，能源生产国与消费国的活动是可以互补和互利的。为了保障能源安全，应该制定新的投资方式和完善市场机制的新方式。在此以后，能源生产国和消费国的全球对话更加积极、具体。1995年，IEA举办了极其重要的专家预备会议，专家来自这两个集团，这在一定程度上促进了这一对话进程。1995年9月，国际能源会议在委内瑞拉举行了第四次会议。在这次会议上，俄罗斯与欧盟第一次成为论坛的共同主席。由于世界人口的增长和经济活力的加强，会议研究了石油和天然气部门的发展前景。会议指出了共同努力保护环境的必要性，建议扩大天然气的使用范围。

此外，欧共体还与拥有世界上石油资源最多的海湾阿拉伯国家保持着密切的联系，并就经济合作协议进行了谈判。在核领域，由于共同体与其主要的铀供应国（澳大利亚、加拿大、美国）之间已经签订了协议，因此，铀供应的稳定性得到了一定程度的保证。欧委会也希望，充分利用共同体作为重要进口方的有利地位，在重大的天然气供应合同政策方面在共同体内部开展合作。欧共体还在第三世界国家积极推广新技术（太阳能、节能技术等），帮助它们评估能源需求和资源。

第四章

欧盟可持续能源战略的创立期（1995—2000）

20世纪90年代前后，随着苏东剧变和冷战的结束、经济全球化和欧洲一体化步伐的加快，特别是可持续发展的兴起，欧洲人的能源安全思想出现了重大飞跃。《欧洲联盟条约》的签署和生效，使欧盟能源政策获得了巨大的发展空间。内部能源市场的启动和环境政策的严格执行，促使欧盟能源政策逐步走向一体化，超国家因素日益加强。为了应对经济全球化、可持续发展、欧盟扩大等一系列政治经济挑战，欧盟于1995年出台了《欧洲能源政策》白皮书，提出了总体竞争力、供应安全和环境保护三个目标。这标志着欧盟开始对经济安全、能源安全和环境安全加以整合，欧盟可持续能源战略初步确立。1997年《阿姆斯特丹条约》的生效和《京都议定书》的签署，使追求可持续发展、应对气候变化成为促进欧盟能源政策发展的新动力。减少对化石燃料的依赖、提高能源效率、发展可再生能源，不仅成为保障能源供应安全的需要，更成为应对气候变化、实现可持续发展的迫切需要。欧盟能源政策开始加速向可持续能源安全方向发展。本章旨在探讨欧盟1995年可持续能源战略出台的历史背景和内在动力，解析这一战略的基本内容以及欧盟为协调三重目标、落实这一战略所采取的主要政策和措施。

第一节　90年代国际政治经济形势

一、经济全球化不断加速

20世纪90年代以来，以信息通讯技术和现代交通运输技术为代表的高新技术迅猛发展，不仅冲破了国界，而且缩小了各国和各地的距离，使世界经济越来越融为一个整体，大大加快了经济全球化的进程。世界经济活动通过对外贸易、资本流动、技术转移、提供服务、相互依存、相互联系，形成了一个全球性的有机经济整体。相隔数千里、甚至上万里的世界转瞬之间变成了一个地球村。

经济全球化和全球能源一体化的深入发展，使世界各国间的经济和能源相互依赖程度日益加深，能源自立的可能性越来越小。推动能源相互依赖的主导力量是全球能源特别是石油市场一体化的发展。自20世纪80年代中后期开始，世界石油市场逐渐趋于多元化。随着参与结构的多元化，世界石油市场逐渐从垄断性向竞争性转变。同时，石油现货市场、准现货市场和期货市场迅速发展，石油供应与需求间的贸易方式逐渐市场化，石油的交易数量和价格在世界范围内进行供需平衡和价值比较，世界石油市场趋于一体化。加之生产国与消费国间相互渗透、互相依赖程度大幅提高，影响市场与油价的因素显著增多，任何一方都已不能单方面长期控制市场和油价。

由于欧盟经济日益受全球化的影响，欧盟各国封闭的能源市场必然要受到全球化的冲击。在能源市场的全球性之上，还存在着两个重要问题：一是与能源政策特别是能源供应安全相关的战略性；二是大规模的国际能源产品贸易。这都是因为能源资源和能源市场往往分布在不同地区所致。20世纪80年代末90年代初东欧剧变和苏联解体更加剧了能源部门的全球化趋势。1993年欧盟统一市场的开通、1994年《欧洲能源宪章》的签订以及1995年世界贸易组织的成立，均反映了世界贸易和市场经济的深刻变化。

《欧洲联盟条约》的签订和生效，给欧盟能源政策带来了巨大的发展空间，使欧盟能源政策逐步走向一体化，超国家因素日益加强。经济全球化要求欧盟在制定新的共同体能源政策指导原则时必须考虑到全球化和“一个世界”的概念。与第三国改善关系、发展国际能源对话成为欧盟能源政策的中心要求。鉴于一些贸易伙伴政治上不稳定，这一点就显得愈加重要。但是，更重要的是，欧洲工业，包括能源工业，必须在结构上和技术上适应新形势，以应对全球化带来的激烈竞争，同时充分利用全球化带来的机遇。预测表明，一些发展中国家经济将强劲增长，能源消费量的增长更快。这将导致国际能源市场的深刻变化，同时也会给欧盟带来新的机会。面对经济全球化和能源市场国际化所带来的激烈竞争，采取什么样的有效对策是欧盟亟待解决的一个难题。

二、国际可持续发展运动的兴起

自 18 世纪工业革命以来，人类认识自然和改造自然的能力大大加强，社会经济发展获得了空前的速度和规模，创造了日益丰富的物质财富，促进了人类文明的发达和繁荣。但是，人类过度地消耗了资源，严重地污染了环境，破坏了生态平衡，从而损害了人类赖以生存的地球。现在，人类面临着一系列全球性的资源和环境问题，不但给当前的人类发展造成困难，而且对子孙后代的生存构成威胁。寻求什么样的发展道路才能摆脱这种困境呢？这是全人类共同关注的热点问题，是列为榜首的世界性问题。可持续发展观就是为了使人类走出这种困境，使子孙后代能够正常生存和发展而提出来的一种发展战略思想。

1987 年，以挪威前首相布伦特兰（Brundtland）夫人为首的世界环境与发展委员会（WCED）在其调研报告《我们共同的未来》（Our Common Future）中对可持续发展给出了定义：“既满足当代人的需要，又不损害子孙后代满足其需求能力的发展。”①

1992 年 6 月，在巴西里约热内卢举行的“联合国环境与发展大会”是有史以来规模最大的一次国际会议，有 183 个国家和 70 个国际组织的代表出席了会议，其中还有 102 位国家元首或政府首脑。可持续发展是会议的中

① 王伟中主编：《国际可持续发展战略比较研究》，北京：商务印书馆，2000 年版，第 23 页。

心议题。会议通过并签署了五个重要文件——《里约环境与发展宣言》、《21世纪议程》、《关于森林问题的原则声明》、《气候变化框架公约》和《生物多样性公约》。《里约热内卢宣言》提出了致力于可持续发展的27条原则，号召各国政府和人民开辟新的合作层面，建立一种新的、公平的全球伙伴关系。[①]《21世纪议程》的中心内容是寻求人类与自然怎样和谐相处以获得可持续发展的条件和方式。《议程》围绕着保护全球生态环境，有效利用自然资源，消除贫困，保护和促进人类健康，动员全世界各社会阶层公众本着伙伴精神广泛参与可持续发展等重大议题，分别阐述了有关可持续发展的40个领域的问题，提出了120个实施项目，目的是使人类的生产方式和消费方式通过改革，与地球的有限的承载能力相适应，使人类社会在21世纪转变为可持续发展的社会。这是一次使人类历史发生转折的重要会议。由此，可持续发展形成了全球共识，成为全人类共同的发展战略。各国政府、国际机构纷纷采取行动，制定自己的可持续发展计划，承担自己的国际义务，为拯救地球和人类自身、坚决抑制环境恶化、建设一个"可持续发展"的新世界而共同奋斗。

和世界其他地区一样，欧盟主要依赖化石燃料（油、煤和天然气），化石燃料占能源消费总量的4/5。能源的生产和消费对环境产生的负面影响是气候变暖和酸雨的主要诱因。同时，处理能源生产过程中所产生的废弃物也是一大难题，特别是核废料，至今没有绝对安全的处理方式。能源活动中可能出现的附加影响也是一个值得重视的问题，例如原油泄漏引起的海水污染等。所以，欧盟既有能源短缺与供应安全问题，还有能源所带来的环境安全问题。

欧盟致力于环境保护和可持续发展。1987年生效的《单一欧洲法》为环境政策提供了法律基础。环境与能源政策相结合的问题随之出现在共同体的议事日程上。除了严格遵守一系列国际环境协议外，欧盟把环境考虑作为能源政策的关键目标之一。欧共体第四个环境行动计划（1987—1992）将能源政策领域纳入了环境保护的行动范围。1990年5月，欧共体能源部长理事会正式提出把环境考虑纳入未来能源政策。1990年6月26日欧共体峰会明确要求制订一项可持续行动计划。1992年，欧委会发布了关于减少温室

① 张国忠主编：《世纪宣言》，北京：华夏出版社，1998年版，第521—524页。

气体排放特别是二氧化碳的提案。该提案包含四项内容：鼓励开发可再生能源的计划；提高能效的计划；建立一个监测体系；征收二氧化碳/能源税以鼓励减少能源使用。1993 年生效的《欧洲联盟条约》具有里程碑意义。条约把尊重环境的可持续非膨胀性增长确定为欧盟的一项核心目标，并且为环境政策规定了有效多数的表决机制。

1992 年联合国里约峰会后，欧盟开始密切关注世界环境不断恶化给人类带来的灾难，并积极制定本地区环境保护政策；增加投入，组织大型环境科研攻关计划；加大环境保护宣传力度，鼓励民众参与各项环保活动；促进国际合作，努力推动国际社会共同面对世界环境不断恶化的严峻挑战。

1993 年 5 月，欧委会发布的第五个环境行动计划（EAP5）——“走向可持续”（1993—2000）成为欧盟促进可持续发展的主要蓝图。[①] 该计划把欧盟自身对环境政策发展的考虑同全球正在辩论的问题结合在一起，并且以一种长期战略的办法来实现可持续发展的目标，堪称是欧盟可持续发展战略的起点。EAP5 选定了与环境密切相关的五个部门（工业、能源、交通、农业和旅游）和七个主题（包括气候变化、空气质量、城市环境等）作为共同体优先采取行动的目标。能源政策被 EAP5 确定为实现可持续发展的一个关键领域，因为能源政策事关酸雨、气候变化等环境问题。要实现可持续发展，能源领域的行动必不可少。未来能源领域面临的挑战是经济增长、能源效率、能源供应安全以及清洁的环境之间的协调问题。于是，提高能源效率、减少化石燃料的消费、开发低碳能源特别是可再生能源，成为共同体可持续能源政策的基本要求。EAP5 不再把视野限定在共同体以内，而是要求欧盟在国际层面上推动采取有效措施，应对地区性和全球性环境问题，特别是气候变化、臭氧层耗损、生物多样性减少和森林破坏等四个重大环境问题，尽早实现欧盟及其成员国在相关国际协议中所作的承诺，并以多边或双边的方式进行合作，积极推动发展中国家和中东欧国家制订可持续发展计划，在国际范围促进资源管理效率的提高。

---

① European Commission，*Fifth Environmental Action Programme——Towards Sustainability*，COM（92）93.

三、欧盟能源形势日趋严峻

从20世纪80年代中期起，由于国际能源市场长期处于供过于求的低迷状态，欧洲人把关注重点由发展对外能源关系、确保能源供应安全，转移到发展统一能源大市场和减少能源生产与使用给环境带来的负面影响之上。经济全球化与信息技术的应用，使虚拟经济无限膨胀，人们感到世界经济已进入“新经济”时代，以能源为基础的“旧经济”影响减弱，油价跌至20美元一桶以下，天然气几乎无人问津，人们开始谈忘能源安全问题。

1995年，欧盟对外能源依存度上升到50%。石油在欧盟能源消费总量中占44%，继续在欧盟燃料结构中据支配地位。70%以上的石油来自俄罗斯、波斯湾地区和北非。欧盟石油消费的绝大部分用于交通运输业。由于环境保护的需要和过去十年天然气资源的增加，天然气是欧盟能源结构中增长速度最快的燃料品种。天然气直接与煤炭构成竞争，使煤炭的市场份额日益减少。核能继续在欧盟能源结构中发挥重要作用，但核工业的长远前景日益不确定。由于切尔诺贝利核事故的影响，欧盟不少成员国对发展核能持反对态度。德国正在分阶段彻底淘汰核能，这一立场受到了各大政党和相当一部分公众的支持。然而，在欧盟其他一些国家，如法国，核能提供了电力消费总量的一半以上。在欧洲核电工业生死存亡的问题上，从长远来看，欧盟能源市场一体化构成的挑战可能比公众反对更严重。天然气等价格便宜、资本密集度较低、风险较小的燃料可能会给核电厂的未来投资带来冲击。可再生能源在欧盟能源结构中比例很小，但其作用正在提高。

冷战结束、苏东剧变、海湾战争以及全球能源需求剧增、能源供应相对趋紧、能源价格持续上升等一系列国际经济政治的新变化，使能源安全问题重新提上了议事日程。美国、日本等大国纷纷出台新的能源战略，以确保能源安全。日益严峻的能源供需形势同样要求欧盟制定新的能源战略。

第二节 总体竞争力、供应安全和环境保护三重目标的协调

一、欧盟能源政策大辩论

面对经济全球化、国际可持续发展、能源供需形势趋紧以及欧盟扩大等一系列政治经济的新形势、新挑战，欧盟迫切希望调整其能源战略。然而，由于成员国能源政策的差异难以实现趋同，欧盟依然缺乏一个严格意义上的共同能源战略。其主要原因：一是成员国政府普遍希望对能源这个具有战略意义的部门继续实施控制；二是能源进口国与出口国（如英国和荷兰）有着不同的利益。因此，欧盟在能源政策领域的任务之一就是要使成员国政策遵循某些统一的战略目标。欧委会深知，只有建立在最广泛支持基础上的能源政策才有可能取得成功。因此，从 1993 年起，欧委会在相关各方之间发起了广泛的辩论。

从 1994 年下半年到 1995 年上半年，能源安全问题在欧委会内外再次成为辩论的焦点，这有几方面的原因：首先，此时正值 1986 年理事会通过的 1995 年能源目标即将到期，由于成员国能源政策缺乏明确的协调，这些目标只是部分完成，因此，能源政策辩论的重新启动，为制定新的能源目标提供了框架；其次，市场自由化进展缓慢使人们日益认识到，一些成员国担心共同体缺乏供应保障措施；第三，对供应安全问题的大辩论给跨欧网络建设的提案提供了有益的支持；第四，天然气用量的迅速扩大也引起了对供应国政治不稳定的忧虑；最后，能源总司所发布的预测表明，欧盟的能源进口依存度可能会从当前的 50%猛增到 21 世纪初的 2/3 以上。

在此背景下，1995 年 1 月 11 日，欧委会发表了《欧洲能源政策》绿皮书。[①] 绿皮书阐述了发展共同体能源政策框架所面临的挑战和可能的解决办

---

① European Commission，*Green Paper：An Energy Policy for the European Union*，COM（94）659/final/2.

法。其目的是在整个欧洲大陆就欧盟应该如何制定新的能源政策目标作为共同体和成员国行动的一个参照框架发起一场广泛的能源政策大辩论。

绿皮书提出了共同体能源政策的三个基本目标——总体竞争力、能源供应安全和环境保护，并详细阐述了其含义和实现的途径。竞争力成为共同能源政策的目标，是因为它给能源部门的公司提供了供应安全所需要的国际环境，并且确保整个经济的发展。竞争力来自于运转良好的内部市场、最低水平的监管和对能源效率不断增长的经济价值的认识。所谓供应安全，就是“在可以接受的经济条件下分享内部能源资源和战略储备，确保未来基本的能源需要得到满足。”[①] 这一概念包括实际供应安全、经济安全和供应的连续性。供应安全包括两个方面：一是短期安全，即避免因特殊情况引起的削减使用户供应中断的能力，这里主要涉及石油和天然气；二是长期安全，指能源工业长期、充足、可靠和经济地保证能源供应的能力。环境保护是共同体的一项基本目标。共同体需要在竞争力、能源安全和环境保护三个目标之间发展协调关系，解决三者之间可能出现的矛盾。内化外部成本对于能源与环境政策非常关键。此外，欧盟还需要积极促进环境与能源政策的结合，采取的手段包括统一产品和工艺的标准、排放限制、税收优惠/规费、自愿协议、民事责任等。能源效率和可再生能源技术的研发和利用既可以为企业带来商机，又可应对气候变化，还可促进能源供应安全，必须予以大力支持。欧委会指出，追求竞争力应该成为共同体能源政策的动力。为促进三个目标的实现，绿皮书提出了内部能源市场、供应安全、国际合作、环境保护、能源效率、技术研发等九个优先行动领域。

各成员国政府机构、工业、经济、环境、社会、科研等各界人士踊跃参加了大辩论，从不同角度提出了许多建设性意见。许多人认为，共同体能源政策非常重要，有必要发展共同体能源政策指导方针。普遍认识到，共同体已经拥有一系列基于各项条约的能源事务职能，共同体能源政策在尊重辅助性原则的同时，能够在某些领域带来更大的价值，特别是在研发与示范、对外关系和环境保护领域。欧洲议会在支持能源市场自由化的同时，也强调了确保供应安全、公共服务使命以及环境保护的必要性。它要求共同体追求一

---

① European Commission, *Green Paper: An Energy Policy for the European Union*, COM (94) 659/final/2, p. 22.

项坚定的多样化政策，并维持核能。出于环境考虑，欧洲议会要求共同体制订一项计划，重点是促进能源效率、节能和可再生能源，实现共同体的国际环境承诺。①

部长理事会从总体上对建立新的能源政策指导方针持积极态度。1995年11月，理事会就绿皮书通过了一项决议，要求迅速完成内部能源市场。理事会认为，供应安全应该通过加强能源多样化和供应灵活性、各部门合理利用能源以及技术研发来实现，主张环境政策与能源政策应该统一考虑。理事会强调，改善共同体成员国能源政策的趋同必须首先考虑使用现有的共同体工具。该决议就能源政策原则提出了以下几点：(1) 将能源政策（包括天然气和电力内部市场的完善）纳入欧盟促进增长、就业、竞争力和整合的战略之中；(2) 定期评估共同体现行能源法规，必要时取消不再需要的规定；(3) 更好地促进能源和环境目标的结合，考虑并发展诸如经济刺激措施、环境成本内部化、信息传播等工具；(4) 发展必要的能源基础设施，特别是跨欧网络；(5) 与第三国建立更紧密的能源关系，如与《欧洲能源宪章》签字国和地中海国家发展国际协议，就能源政策的基本内容建立必要的对话；(6) 促进能源领域的效率和节能，包括交通节能、热电联产、促进可再生能源和本土资源，达到保护环境和以令人满意的经济条件保障供应，减少能源依赖；(7) 评估现行措施，必要时考虑采取新的措施，与 IEA 一起，应对供应中断的风险，促进长远的供应安全；(8) 在遵守条约关于安全和环境保护的相关规定的基础上，考虑各种形式的能源生产，促进能源供应的多样化，实现能源部门的稳定。②

二、《欧洲能源政策》白皮书的出台

大辩论为欧委会起草《欧洲能源政策》白皮书提供了许多宝贵的意见，特别是能源政策指导方针及相关政策措施。在此基础上，欧委会又经过近一

---

① European Commission, *White Paper: An Energy Policy for the European Union*, COM (95) 682, pp. 9—10.

② COUNCIL RESOLUTION of 23 November 1995 on the Green Paper "For a European Union Energy Policy", 95/C 327/03, OJ C 327, 7/12/1995, pp. 3—4.

年的研究、论证与修改，于 1995 年 12 月公布了《欧洲能源政策》白皮书。[①] 白皮书首先分析了未来能源发展的趋势：欧洲能源进口依存度将大幅度提高；天然气将与石油竞争，成为燃料结构中的一种主要能源；欧洲消费者将日益依赖“网络”供应能源；未来燃料结构的最终形态将存在很大的灵活性，取决于气候变化政策、技术影响、市场自由化以及可再生能源的发展。

白皮书指出，欧盟未来能源供应面临几个严峻挑战：一是能源市场加速全球化，竞争日趋激烈；二是环境保护对能源生产的严格限制；三是欧盟能否筹措到巨额资金，有效地组织实施大型能源研究与技术开发计划；四是欧盟各成员国的能源机构千差万别，科研与技术开发能力差别悬殊，经济实力强弱不均，因此，必须建立有效的协调机制，促进欧盟在能源领域的联合自强。此外，预测数据表明，世界能源消耗量将以平均每年 2%的速度增长，2020 年将增加至 130 亿吨标准石油（TEP）。化石燃料资源的逐渐枯竭、人们生活质量的不断提高、环境保护对能源生产更加苛刻的限制、能源市场国际化的加剧等众多的因素正在威胁着欧盟能源的安全供给。

欧委会强调指出，如同共同体其他政策一样，能源政策的最终评判标准将取决于其对共同体条约核心目标发挥了多大的促进作用，特别是对市场一体化、经济的可持续增长、创造就业以及欧盟公民的繁荣。在这一框架内，欧委会提出了欧盟能源政策的三个基本目标：总体竞争力、能源供应安全和环境保护。鉴于任何一项能源措施都会对至少两个目标甚至三个目标同时产生影响，而且有些影响是相互冲突的，共同体能源政策必须尽可能对三个目标进行协调，使它们取得一致。共同体未来工作的一个重点就是要以长远的眼光维持和加强共同体能源行动的一致性。欧委会同时指出，尽管三个目标至高无上，但其他目标也不应忽视，特别是社会经济整合，因为能源对保证生活质量和创造就业均具有非常重要的意义。[②]

为了实现上述三个目标，欧委会提出了四个优先行动领域：一是促进内部能源市场的一体化，主要包括推进电力和天然气内部市场自由化，建立统

---

① European Commission，*White Paper：An Energy Policy for the European Union*，COM（95）682.

② Ibid.

一、公平的竞争机制，加强能源市场的监测与管理，创造良好的投资环境；二是加强对外依赖的管理，保障能源供应安全，主要包括修改共同体石油危机措施，促进能源品种的多样化和供应来源的多元化，加强与能源伙伴的对话与合作；三是促进可持续发展，主要包括加强环境保护，提高能源效率，促进可再生能源的使用，发动各地区、城乡地区节能增效，增加清洁能源和可再生能源的使用，交流节能增效的经验；四是加强能源技术的研发。最后，白皮书强调了共同体在能源领域的行动必须遵守辅助性原则，即只有在共同体行动能够带来更大价值的情况下才能考虑。不过，白皮书提出，成员国政策应与共同体战略更加兼容。

为了给相关各方提供一个加强对话的框架，白皮书提出了三项具体建议：(1) 建立一项计划，与成员国、工业界及其他机构合作，监测能源需求，以便在共同分析的基础上作出与能源有关的政治决定；(2) 建立一个能源协商委员会，受欧委会的领导，由能源领域的著名专家和社会人士组成，目标是确保共同体能源政策倡议的发展尽可能透明；(3) 组织成员国之间就达成一致的能源目标开展合作。

1996 年 7 月 8 日，部长理事会就白皮书正式通过了一项决议，表示支持欧委会提出的在充分考虑辅助性原则和社会经济整合的前提下，对竞争力、供应安全和保护环境三个目标进行协调的建议。理事会指出，实现共同体目标需要使用条约中提供的一切工具，包括：改善内部能源市场的运转，特别是完成内部电力和天然气市场；尊重竞争的总体原则以及服务于整体经济利益；确定标准化计划，促进能源效率和新能源与可再生能源；环境领域采取统一的途径；发展跨欧网络；在未来的研究计划中制定能源重点；在对外关系方面建立一种统一的路径；更为统一地制订能源效率和可再生能源计划，以便更有效地使用预算资源。① 理事会要求欧委会启动共同体与成员国之间的合作进程，以确保共同体和成员国能源政策与三个目标更加一致。

虽然欧洲煤钢共同体和欧洲原子能共同体均建立在能源合作基础之上，但欧盟一直未能创建一项共同能源政策。白皮书的出台确立了发展共同体能源政策的正式基础。在欧委会看来，共同能源政策将进一步推进欧盟经济一

---

① Council of the European Union, *Council Resolution of 8 July 1996 on the White Paper "An Energy Policy for the European Union"*, O J C 224, 1/8/1996.

体化，促进单一欧洲市场的实现。能源政策是欧盟经济政策总目标的一部分。建立欧盟能源政策的目的是促进欧洲经济竞争力、供应安全和环境保护，服务于欧盟更高层次的经济、社会和环境政策目标。白皮书的通过标志着欧盟决心采取行动，创建一项以提高经济竞争力为核心的欧洲能源政策，加强共同体与成员国之间的协调，着力解决工业竞争力、能源供应安全和环境保护三个目标之间存在的矛盾。这标志着共同体可持续能源战略的初步确立。

第三节　落实1995年共同体战略的行动

一、整合共同体各种能源行动和计划

理事会决议通过后，欧委会迅速采取行动，落实白皮书中所提出的三项具体建议。1996 年 10 月，欧委会提交了一份关于共同能源目标的指令草案。根据这项提案，成员国就一系列共同能源目标达成一致，定期讨论各自落实这些目标的进展情况，定期交换最佳做法。该提案共分三条：八项共同能源目标；实现这些目标所需采取的一系列行动；成员国每年向欧委会通报为实现这些目标所采取的措施，欧委会每两年发表一份文件，分析成员国能源政策和共同体能源行动与共同能源目标的兼容情况。然而，由于成员国认为该提案不符合本国利益，因此，理事会未能通过。

欧委会的第二项行动是建立一个与工业界开展对话的工具——能源协商委员会（ECC）。这项行动没有引起多大争议。1996 年 11 月 8 日，欧委会通过决定，正式成立了 ECC。该委员会由 31 位知名人士组成，其中能源工业代表 15 人，能源消费者代表 8 人，能源部门联盟代表 6 人，环境保护组织代表 1 人，欧委会代表 1 人。ECC 的任务是帮助欧委会寻求欧洲能源政策目标和实施的建议，确定行动的领域。

欧委会的第三项行动是对众多的能源计划进行结构调整。由于受一些成员国（主要是德国）的压力，1996 年欧委会能源总司被迫开始研究为各种能源计划制定一个更为合理的框架。作为第一步，1997 年 4 月，欧委会公

布了一份题为《全面看待能源政策和行动》的政策文件。[①] 该文件重点说明共同体各项计划和政策及其与白皮书所提出的四大优先行动（即确保供应安全和加强国际合作；欧洲能源市场一体化；促进可持续发展；促进研究和技术发展）的关系。文件指出了整合能源领域各项政策措施的五点理由：(1) 为能源问题制定一个清楚的、专门的法律，因为罗马条约第 235 条不足于解决问题；(2) 提高欧盟能源政策行动的透明度，因为现行行动对工业界和政策决策者缺乏透明度；(3) 更好地制定目标，最基本的考虑应该是找出政策差距，鼓励协作，避免共同体行动与成员国行动的重复，以最大程度地保证各项措施的有效性；(4) 促进共同体与成员国之间的合作，确保成员国能源选择与共同体优先目标相兼容；(5) 让感兴趣的相关各方更全面地参与。

在此基础上，欧委会列出了供应安全、能源市场一体化和可持续发展三个方面的行动。确保供应安全的行动包括：(1) 与供应国发展关系，加强替代能源的研发，促进能源供应的多元化；(2) 采取能源需求行动，促进能源的合理利用；(3) 实施援助和合作计划，包括技术援助计划（如 PHARE、TACIS）和专项计划以及科技研发和环境政策的对外合作部分；(4) 在中东欧国家入盟准备战略中纳入能源内容；(5) 与国际组织开展合作。针对能源市场一体化，该文件列出了已经采取的立法措施，特别是旨在促进电力和天然气市场逐渐自由化的几个指令，并提示了能源投资的融资渠道，包括结构基金、跨欧网络以及欧洲投资银行、欧洲投资基金、煤钢共同体和原子能共同体。关于促进可持续发展，欧委会突出了确保能源目标与环境目标相互兼容、能源资源的合理利用、促进新能源和可再生能源以及不同计划之间的一致性问题。最后，文件强调必须继续支持技术研发，包括核能和非核能源。

显然，欧委会试图通过这份文件提高欧盟能源政策的透明度，整合分散在能源政策、对外关系、环境、研发、竞争、内部市场、地区政策和农业等共同体政策中与能源有关的政策和工具，以形成一个全面、统一的欧洲能源政策框架，提高共同体能源政策和行动的有效性，优化共同体能源行动的资源，促进共同体与成员国、共同体与相关各方在能源领域的合作。这是欧盟

---

① European Commission, *An Overall View of Energy Policy and Actions*, COM (97) 167 final.

第一次全面阐述共同体能源领域的政策与行动，包括共同体与成员国的合作以及共同体自身的行动。这也是欧委会首次全面分析共同体能源政策的不同组成部分。

为了确保能源政策和其他共同体政策框架内采取的能源行动的统一性和效率，1997年下半年，欧委会提出了关于建立一个能源部门行动框架计划的提案。据此，部长理事会于1998年12月通过了《1998—2002年能源部门行动框架计划》。[①] 该计划旨在以平衡的方式追求欧盟能源政策的三大目标——供应安全、竞争力和环境保护，促进共同体能源领域所有行动和措施的透明性、连贯性和协调性，有效地利用各种财政资源，确保这些措施与共同体其他政策框架内的行动有效结合。该计划总预算为1.75亿埃居，通过六个专项计划加以实施：一是定期研究、分析、预测市场变化和能源趋势的ETAP计划，预算为500万埃居；[②] 二是加强国际能源合作的SYNERGY计划，预算为1500万埃居；[③] 三是促进可再生能源的ALTERNER计划，预算为7400万埃居；[④] 四是鼓励能源资源合理和高效使用的SAVE计划，预算为6400万埃居；[⑤] 五是促进固体燃料清洁、高效利用的CARNOT计划，

---

① Council of the European Union, *Council Decision 1999/21/EC, Euratom of 14 December 1998 adopting a multiannual framework programme for actions in the energy sector (1998 2002) and connected measures*, O J L 7/16, 13/1/1999.

② Council of the European Union, *Council Decision 1999/22/EC of 14 December 1998 adopting a multiannual programme of studies, analyses, forecasts and other related work in the energy sector (1998—2002)* ——ETAP programme, OJ L 7, 13/1/1999.

③ Council of the European Union, *Council Decision 1999/23/EC of 14 December 1998 adopting a multiannual programme to promote international cooperation in the energy sector (1998—2002) ——SYNERGY programme*, O J L 7, 13/1/1999.

④ European Parliament and the Council, *Decision 646/2000/EC of the European Parliament and of the Council of 28 February 2000 adopting a multiannual programme for the promotion of renewable energy sources in the Community (1998—2002) ——ALTENER programme*, O J L 79, 30/3/2000.

⑤ European Parliament and the Council, *Decision 647/2000/EC of the European Parliament and of the Council of 28 February 2000 adopting a multiannual programme for the promotion of energy Efficiency in the Community (1998—2002) ——SAVE programme*, O J L 79, 30/3/2000.

预算为 300 万埃居；[①] 六是关于辐射材料运输安全、监测核安全的活动、促进核设施安全合作的 SURE 计划，预算为 900 万埃居。[②]

二、推进能源市场一体化

欧盟提高竞争力的最重要的措施就是完善内部能源市场、消除一切竞争障碍。欧委会认为，只有建立在完全自由、公开竞争和充分互联而不是国家垄断基础上的真正的内部能源市场，才能降低能源价格，提高企业的竞争力，使公众受益，并最终实现其能源战略三大目标——竞争力、供应安全和环境可持续。

（一）创建内部能源市场

创建单一能源市场的目的是为欧盟提供最有效、最安全、最具竞争力的能源市场。内部能源市场的运作要求有一系列规则和手段作为基础。这是一个自由化的过程，也是引入竞争的过程。创建内部能源市场要求在整个共同体范围内逐渐消除现有的监管壁垒，在能源工业中引入竞争，特别是在天然气和电力部门。

欧洲能源市场的一体化与始于 20 世纪 80 年代的全球主要工业自由化和取消政府管制的趋势是相一致的。欧委会认识到，欧盟的许多工业被迫在日益一体化的全球市场上进行竞争。在全球市场上，成本较低的生产者享有明显的经济优势。由于欧洲工业比美国和亚洲部分国家在能源上平均多付出

---

① Council of the European Union，*Council Decision 1999/24/EC*，*Euratom of 14 December 1998 adopting a multiannual programme of technical actions promting the clean and efficient use of solid fuels（1998—2002）——CARNOT* programme，O J L 7，13/1/1999.

② Council of the European Union，*Council Decision 1999/25/Euratom of 14 December 1998 adopting a multiannual programme（1998—2002）of actions in the nuclear sector relating to the safe transport of radioactive materials and to safeguards and industrial cooperation to promote certain aspects of the safety of nuclear installations in the countries currently participating in the TACIS Programme——SURE* programme，O J L 7，13/1/1999.

30%—50%的费用，因此在欧洲能源工业引入竞争，旨在帮助欧洲公司减少能源成本，从而在全球市场上进行竞争。可见，能源工业成为欧盟一个优先行动领域有其特殊的经济和法律原因。

欧盟能源市场的全面自由化和一体化是一项非常艰巨的任务，因为，欧盟 15 国在能源工业自由化的道路上处于不同的位置。每一个国家都有一套独特的能源制度和监管结构。此外，成员国之间在态度和现行制度上存在巨大的差异。例如，英国一直是能源市场自由化的领头羊。取消政府对电力工业的管制、实行电力工业的私有化早在 1989 年就已开始，并于 1998 年完成。所有消费者已经可以选择自己的电力供应商。但是，在法国，政府在很大程度上抵制压力，不愿取消政府管制。法国约有 95%的电力生产、传输和分配系统仍然处在一家国有公司——法国电力（EDF）的控制之下。因此，欧洲能源一体化的进程面临一系列错综复杂的问题，需要协调每个成员国能源系统的结构、传统和历史。[①]

欧盟创建单一能源市场是分阶段进行的。第一阶段采取的措施是为了确保终端用户的价格透明，为天然气和电力在共同体主要网络之间过境提供便利。

为了使能源生产商之间建立起真正的竞争，给消费者以电力供应的选择权，1996 年 12 月 19 日，理事会通过了《关于内部电力市场共同规则的指令》。[②] 根据这项指令，所有成员国均须在 1999 年 2 月以前将本国电力市场至少 25.37%开放，引入竞争。这是用电量在 40 吉瓦/小时以上的消费者所占有的用电总量。欧洲电力市场的全面竞争预定到 2003 年结束。届时，80%以上的电力市场将实现自由化。据欧委会称，有些成员国已经提前实现了电力工业的自由化。因此，到 2000 年 2 月，60%以上的消费者可以选择自己的电力供应商。1999 年 2 月，发电部门的全面自由化生效。

1998 年 6 月 22 日，理事会又通过了《关于内部天然气市场共同规则的

---

① P. J. Runci，*Energy R&D in the European Union*，Prepared for U. S. Department of Energy under Contract DE-AC06-76RLO 1830，May 1999，p. 14.

② Directive 96/92/EC of the European Parliament and of the Council of 19 December 1996 concerning common rules for the internal market in electricity，O J L 27，30/1/1997.

指令》，1998年8月10日生效。[①] 该指令规定，从2000年8月10日起，所有成员国均须向至少所有的天然气发电厂家（不论其年消费量是多少）和其他年消费量在2500万立方米以上的终端用户开放天然气市场。到2003年逐渐降低到1500万立方米的用户；至2008年降低到500万立方米的用户。从2000年8月10日起，天然气市场最低开放程度须达到20%，到2008年逐渐提高到33%。该指令还确立了天然气储存、传输、供应和分配的共同规则，并详细规定了天然气部门组织和运转的规则，包括液化天然气(LNG)，市场准入，为天然气传输、储存、分配和供应以及系统运转发放经营证的标准和程序。

电力和天然气共同规则两项指令通过后，欧盟成员国的电力和天然气市场先后在1999年和2000年向主要消费者开放，保证了电力和天然气在共同体的自由流通。这标志着欧盟在创建单一能源市场的进程中向前迈出了重要的一步。

（二）跨欧能源网络建设

完善内部能源市场需要同时采取加强经济和社会整合的措施，包括创建跨欧能源网络（TEN-E)。能源运输网络是内部市场的一个基本要素。网络的跨境连接主要在国家和地区层面进行。欧盟的目标是实现共同体成员国能源市场之间全欧范围的连接。目前，在各个层面上均存在连接缺失和跨境传输能力不足的问题。此外，为了满足欧盟日益增长的天然气需求，欧盟也需要建设新的天然气管道。

为了给TEN-E创建有利的环境，欧盟制定了一系列指令和措施。这项政策有三个基石：

第一，1993年生效的《欧洲联盟条约》。《罗马条约》和《欧洲联盟条约》为创建人员、商品、资本和服务自由流通的内部市场奠定了基础，其中包括欧洲内部能源市场。条约第129B条关于跨欧网络的部分，确定了共同体行动的目标：促进交通、电信和能源基础设施领域跨欧网络的建立和发展；促进各成员国网络间的相互联接和互操作性，确保网络的准入；特别要

---

① Directive 98/30/EC of the European Parliament and of the Council of 22 June 1998 concerning common rules for the internal market in natural gas，O J L 204，21/7/1998.

使岛屿、内陆和边缘地区与共同体的中心地区相连接。第129C条提出了实施上述目标的手段，特别是制定纲要和共同体财政支持。第129D条规定了实施这些措施的程序。

第二，《跨欧网络财政支持条例》。[①] 欧盟条约允许共同体对交通、电信和能源TEN建设提供补贴。1993年，欧盟发布的《增长、竞争和就业》白皮书指出，建设所需基础设施需要大量资金。1995年欧盟财长理事会就TEN的融资问题作出了三项决定：一是完善法规框架，筹措私人风险资本；二是增加TEN预算；三是依靠贷款，主要是从欧洲投资银行（EIB）贷款。该条例于1995年通过，1999年修订。[②] 欧盟资金主要资助一系列由成员国确定的工程项目清单的投资前的可行性研究。数据表明，1995—2001年TEN-E支出约为1.22亿欧元。[③] 在天然气部门，资金主要用于天然气储存设施（LNG和天然气）；电力部门的资金主要用于与第三国的连接线。

第三，《发展跨欧能源网络纲要》。[④] 理事会于1996年6月5日通过了此项决定。目的是就共同体跨欧能源网络的目标、优先领域和措施建立一系列指导方针，并确定跨欧电力和天然气网络中符合共同利益的项目清单。决定覆盖的电力网络包括高压线以及电力系统正常运转所必需的设备或设施。天然气网络包括高压天然气管道、接收和储存设施以及天然气运输系统正常运转所必需的设备或设施。共同体的目标是，通过促进网络的相互连接、互操

---

① Council of the European Union，*Council Regulation（EC）No 2236/95 of the Council of 18 September 1995 laying down general rules for the granting of Community financial aid in the field of Trans-European networks*，O J L 228，23/09/1995，p. 1.

② Amended by Regulation（EC）No 1655/1999 of the European Parliament and the Council of 19 July 1999.

③ European Commission，*Report from the Commission to the European Parliament，the Council，the Economic and Social Committee and the Committee of the Regions on the implementation of the guidelines for Trans-European Energy Networks in the period 1996—2001*. COM（2001）775，14/12/2002.

④ Council Decision 96/391/EC of 28 March 1996 laying down a series of measures aimed at creating a more favouable context for the development of Trans-European Networks in the energy sector. O J L161，29/06/1996，p. 154；Decision 1254/96/EC of the European Parliament and of the Council of 5 June 1996 laying down a series of guidelines for Trans-European Energy Networks，O J L161，29/06/1996，p. 147.

作性和发展以及网络的准入，确保内部市场特别是内部能源市场的有效运转、加强经济社会整合、提高共同体能源供应安全。共同体的行动包括：确定符合共同利益的项目；为发展网络创建一个更加有利的技术、行政、法律和财政环境。

理事会决定中包含了一份项目清单，共有74个共同利益项目获得确认，投资总额达到180亿欧元。其中，电力部门的共同利益项目包括：

（1）孤立的电力网络与一体化的欧洲网络的连接，项目包括英国（北爱尔兰—苏格兰）、爱尔兰—英国、希腊—意大利以及英国和希腊两国内部的一些连接。

（2）发展成员国之间的跨境连接，项目包括德国—丹麦、法国—比利时、法国—德国、法国—意大利、法国—西班牙、爱尔兰—英国、奥地利—德国、荷兰—英国。

（3）为更好地利用成员国之间的跨境连接而发展内部电力连接线，项目涉及丹麦、荷兰、法国、意大利、西班牙、葡萄牙、希腊、爱尔兰、瑞典、德国和英国。

（4）发展与欧洲和地中海地区第三国的跨境连接，以改善通向共同体的传输线的可靠性，保证供电能力，项目包括德国—波兰、德国—挪威、意大利—瑞士、希腊—巴尔干国家、希腊—土耳其、英国—挪威、荷兰—挪威、西班牙—摩洛哥、波罗的海沿岸国家（德国—波兰—俄罗斯—爱沙尼亚—拉脱维亚—立陶宛—瑞典—芬兰—丹麦—白俄罗斯）、瑞典—挪威、欧盟—白俄罗斯—俄罗斯—乌克兰。

天然气部门的共同利益项目包括：

（1）向新的地区输入天然气，项目涉及西班牙、葡萄牙和希腊。

（2）将孤立的天然气网络与相互连接的欧洲网络实现连接，改善现有网络，将独立的天然气网络加以连接，项目包括：爱尔兰—英国、英国—欧洲大陆、卢森堡—德国、法国—西班牙、葡萄牙—西班牙、法国、奥地利—德国、奥地利—匈牙利、奥地利—斯洛伐克、希腊—阿尔巴尼亚、意大利—希腊—其他巴尔干国家、奥地利—捷克、奥地利—斯洛文尼亚—克罗地亚。

（3）增加液化气的接收和储存能力，以满足需求、能源多样化和供应路线多元化，项目涉及爱尔兰、法国、意大利、德国、西班牙、葡萄牙、比利时、丹麦、奥地利和英国。

(4) 增加运输能力（天然气管道），以满足需求、能源多样化和供应路线多元化，项目包括：挪威—法国、挪威—丹麦—瑞典—芬兰—俄罗斯—波罗的海国家、阿尔及利亚—西班牙—葡萄牙—法国、阿尔及利亚—突尼斯—意大利、俄罗斯—乌克兰—欧盟、俄罗斯—白俄罗斯—波兰—欧盟、里海国家—欧盟、俄罗斯—乌克兰—摩尔多瓦—罗马尼亚—保加利亚—希腊—其他巴尔干国家、比利时—德国、德国—捷克—奥地利—意大利、俄罗斯—乌克兰—斯洛伐克—匈牙利—斯洛文尼亚—意大利、荷兰—德国—瑞士—意大利、比利时—法国—瑞士—意大利、丹麦—波兰。

这些项目的资金大部分由该领域里的运营商负责筹措。有些项目获得了欧盟的融资工具欧洲投资银行的贷款和欧洲地区开发基金的援助。

欧委会在 1997 年有关跨欧网络的年度报告中称，天然气领域取得了重大进展。然而，电力部门的优先项目面临行政、财政和环境问题，影响了项目的进度。因此，理事会对纲要进行了修改，重点突破剩下的瓶颈部分，改进网络之间的互操作性。1997 年清单包含 90 项共同利益项目，其中电力部门 44 项，天然气部门 46 项。

据欧委会 2002 年公布的一份跨欧能源网络纲要实施情况的报告称，1996—2001 年期间，共同体一共确定了 90 项符合共同利益的项目，其中 24 项投入运营，12 项在建，22 项正在申请行政许可证，32 项处于研究阶段。1995—2001 年期间，共同体共提供财政资金 1.23 亿欧元，资助了 53 个项目。鼓励 TEN-E 项目实施的其他行动包括：授权程序、私营企业和公共部门之间的协调、召开会议、考虑网络发展的外部维度。①

（三）跨欧能源网络的对外延伸

跨欧能源网络的发展旨在实现欧盟 15 国以及中东欧国家和地中海国家的电力和天然气系统的一体化，从而把欧盟能源供应的选择范围扩大到共同

---

① European Commission, *Report from the Commission to the European Parliament, the Council, the Economic and Social Committee and the Committee of the Regions on the implementation of the guidelines for Trans-European Energy Networks in the period 1996—2001*, COM (2001) 775, 14/12/2002.

体边界以外。跨欧能源网络的引入对欧盟与第三国的关系产生影响。增加通往欧盟的能源运输设施是提高能源供应安全的一个决定性因素。因此，欧委会在TEN框架内，支持对欧盟与相关第三国发展能源基础设施的研究和确认工作。

1997年3月26日，欧委会公布了《跨欧能源网络的对外部分》。[①] 该文件强调了共同体与第三国能源网络连接对于发展经济贸易、确保能源供应安全的重要性。随着天然气市场份额的上升，欧盟所有成员国的天然气需求量都在增加。欧委会指出，共同体的目标是：保持外部天然气供应的高水平多元化，在现有供应源和潜在供应源之间建立一种竞争的气候；改善天然气传输的灵活性；提高地下储存能力。

中东欧国家基本上依赖一个外部供应源——俄罗斯。因此，这些国家所要应对的挑战是通过与西欧国家的跨境连接、建立地下储存能力、发展天然气管道，改善供应安全，实现供应源的多元化。

在电力方面，欧洲大陆电网连接了覆盖波兰、捷克、斯洛伐克和匈牙利的中欧电网（CENTREL）和欧洲大陆同步电网（UCTE）。中欧电网于1995年与欧洲大陆同步电网实现了联网。覆盖北欧国家的北欧电网（NORDEL）也与欧洲大陆同步电网实现了联网。共同体正在资助的研究项目包括：巴尔干国家与欧洲大陆同步电网的联网；巴尔干国家与北欧电网或中欧电网/欧洲大陆同步电网的联网；地中海国家与欧洲大陆同步电网的联网；与独联体国家的跨境连接。

欧盟成员国与俄罗斯等国家之间的天然气管道合作项目正通过一系列欧盟工具提供资金。这些工具包括欧洲投资银行贷款以及诸如PHARE和TACIS等欧盟资助的援助计划，它们为项目的可行性研究和与第三国的技术合作提供资金支持。欧盟与阿尔及利亚等地中海国家的连接项目也正处在研究之中。欧盟—地中海在能源领域里的伙伴关系已经建立起来。

为了促进与第三国的能源网络项目，欧委会正在对共同体各种行动进行全面调查。除了确定一个符合双边利益或地区利益的项目清单外，共同体还在通过其他政治性质的行动，在欧洲大陆规模上鼓励能源网络的相互连接。

---

① European Commission，*The External Dimension of Trans-European Energy Networks*，COM (97) 125 final.

这些行动包括：《能源宪章条约》的签署和实施将有利于保障对签约的第三国的投资，确立使用这些国家网络的过境权；在联系国、伙伴关系和合作协议中纳入能源基础设施的内容；利用“国际能源合作计划”（SYNERGY）、“欧洲地中海发已援助计划”（MEDA）、PHARE和TACIS计划的资金，实施统一的能源政策；使用诸如欧洲投资银行（EIB）和欧洲投资基金（EIF）等工具，为能源网络项目的投资进行融资，特别是在入盟候选国。

三、保障能源供应安全

确保能源供应安全是欧盟能源政策的第二个核心目标。欧盟对外能源依存度已经接近50%，到2020年很可能达到70%。鉴于一些重要的供应国存在政治风险，并且世界能源消费量正在快速增长，1995年欧盟能源战略依然把供应安全作为一个核心目标。不过，能源供应安全不单纯是考虑能源供应安全本身，而是开始与实现可持续经济增长、创造就业挂钩。从短期讲，欧盟能源政策需要完善相应措施，应对供应突然中断和价格暴涨。从长远讲，欧盟必须确保所有燃料的可靠、经济和可持续的供应。

（一）更新危机管理措施，确保短期能源供应安全

供应安全的重要性在共同体发展史上几经起伏。20世纪50年代，在ECSC、EURATOM和EEC所创建的法律框架内，供应安全作为宏观的工业政策的一部分，服务于创建共同市场、促进增长和就业。20世纪60年代后期，欧共体开始制定石油储备和应对危机措施。1973年第一次石油危机爆发后，供应安全成为能源政策的主要动力。直到1986年，共同体能源政策就等同于供应安全。但是，从20世纪80年代末期起一直到90年代，由于国际油价的暴跌、国际能源市场的长期疲软以及环境保护和单一市场建设的兴起，供应安全作为一个政策问题退居次要地位。1990年海湾危机期间，欧委会试图制定新的供应安全措施，提出了一揽子措施，包括共同体申请加入IEA（以使欧委会可以代表全体成员国以一个声音说话），加强危机应对和储备措施以满足内部市场的需要。显然，这些建议过于雄心勃勃，最终遭到了成员国的拒绝。

目前，共同体层面上建立的供应安全措施基本形成于石油支配能源市场

的时代。欧委会认为，这些危机管理措施依然非常重要，因为尽管燃料多样化程度的提高已经限制了石油供应中断所能产生的影响，但是某些经济部门（如交通运输业）依然主要依赖石油。并且，鉴于油价与其他燃料价格之间存在的联系，石油危机的后果会迅速传递到所有其他能源部门。但是，欧委会强调，这些安排必须根据过去十年政治经济发生的重大变化加以更新，以反映当前石油市场的形势以及欧盟内部能源市场的现实，因为欧盟已经没有内部边界。欧洲内部市场的发展和欧盟的扩大给共同体应对外部供应中断提供了更大的潜在灵活性。同时，全球石油需求量的增长和欧洲对外部供应依存度的提高，迫切要求欧盟成员国协调能源安全措施，共同努力来减少集体能源脆弱性。

因此，欧盟供应安全的政策目标是要确保在发生危机时共同体内部能够进行充分的协调，减少此类安全措施的成本，发展卓有成效的欧盟燃料储备管理体系。① 实现这一目标需要分两个阶段：一是修改成员国强制性石油储备义务，改善针对未来石油危机的准备程度；二是协调储备管理措施，确保其与内部市场相兼容。欧洲能源市场一体化的进一步发展将促进能源资源在欧盟内部更加自由地流通，因此也被视为欧盟能源安全政策的一个重要方面。

1998 年 12 月 14 日，理事会通过了一项指令，对 1968 年通过的理事会第 68/414/EEC 号指令进行修改和更新。② 由于成员国的反对，该指令除了对各成员国的储备管理措施进行更新和趋同以外，没有规定新的义务。

与此同时，随着欧盟天然气消费量的日益增加和内部天然气产量的日益下降，欧盟天然气的进口依存度日益提高。天然气供应安全问题也开始引起欧委会的关注。欧委会在 1995 年发表的一份政策文件中，对共同体采取措施保障天然气供应安全问题的价值作出了首次评估。③ 鉴于当前和未来发展趋势，欧委会认为，共同体应准备应对天然气供应安全的问题，天然气部门

---

① European Commission，*White Paper: An Energy Policy for the European Union*，COM (95) 682，p. 25 .

② Council Directive 98/93/EC of 14 December 1998 amending Directive 68/414/EEC imposing an obligation on Member States of the EEC to maintain minimum stocks of crude oil and/or petroleum products，O J L 358，31/12/1998.

③ European Commission，*EC Gas Supply and Prospects*，COM (95) 478.

准确信息的可获得性应作为评估现有透明度和信息交流工具的一部分。

（二）促进能源供应多样化，保障长期能源供应安全

鉴于欧盟中长期进口依存度将日益上升，欧委会认为，必须充分得到开发利用共同体内部符合经济成本的能源资源，不错过改进能源技术的机会。为了保证供应安全，共同体必须保留所有可能的能源选择。欧委会把所有重要的燃料（化石燃料、核能、可再生能源）和能源效率视为长期能源安全的重要因素，也鼓励成员国保持尽可能多的能源供应选择，确保宽广的内部能源资源基础。

欧盟能源资源多样化的重点是固体燃料、核能和可再生能源。新能源和可再生能源有助于增进欧盟的能源安全。同样，核能和欧洲本土能源产品也能促进欧盟能源供应安全，只要经济上具有竞争力。多年来，欧盟已经采取了一系列政策行动，促进能源供应多样化。

在固体燃料方面，共同体实施的政策已经使相当一部分煤炭生产提高了竞争地位。欧委会认为，如果这一势头得以保持，今后十年，共同体内部的一大部分固体燃料生产可以世界市场价格具备充分的竞争力。保持甚至增加固体燃料的市场份额关键是要提高其燃料效率。技术改进必须关注限制二氧化碳的排放。为此，共同体正在通过研发计划发展和推广此类技术。欧盟还将考虑煤钢共同体条约2002年到期后如何保持固体燃料的地位问题。

核能占欧盟电力生产的30%以上，它为降低对外能源依存度起着重要的作用。核能还有助于实现共同体环境保护和工业竞争力的目标，因此，核能的选项必须保留。然而，核能的未来在很大程度上取决于社会和政治领导人的接受程度。而接受程度又与核安全、核废料的运输和处理以及核不扩散问题相关。能源供应多样化、核工业的外部竞争力以及几个成员国电力市场的一体化，突出表明了核能在电力生产中所发挥的重要作用。问题是，欧盟有些成员国严重依赖核能，有些则选择无核政策，还有些已经决定减少对核能的依赖，或者彻底关停现有的核电厂。根据EURATOM条约，欧盟机构负有发展核能的职责。发展核能需要解决以下问题：确保拥有核计划的成员国继续贯彻充分保证核安全的各项标准和程序；把发展与准备入盟的国家的对外关系与实施《国际核安全公约》联系起来；开展提高反应堆安全性概念的研发计划，建立核废料安全处理的科学/技术基础；支持核聚变科学和技术的发展，特别是通过国际合作，如ITER计划；通过技术援助和科技合作，积极改进中东欧国家和独联体国家核设施的安全性；保留核燃料加工的选项；通过支持尽快签署《关于核废料安全管理和处理的国际公约》，通过实施一项涉及整个核废料问题（包括支持相关监管要求和标准趋同的研究活动）的行动计划，促进放射性废料管理的进步；通过共同体参与IAEA国际监管工作，通过确保这些监管在共同体得到全面落实，改进放射性物质的运输安全；通过与独联体国家建立合作和培训计划，推动一个旨在预防非法走私核材料的国际行动计划；在核安全措施和供应领域开展制定规章的活动；确保现行与第三国和国际组织签订的核贸易协议的最佳管理，签署新的贸易协议和核研发协议。此外，根据EURATOM条约第40条，欧委会有责任通过公布PINC（“核能研发计划”），向该领域的投资者提供指导。

欧盟积极促进可再生能源的发展，力求实现可再生能源的发展潜力。共同体可再生能源发展战略、ALTERNER计划和JOULE-THERMIE计划在促进这一进程中发挥了重要作用。共同体的主要措施包括：支持可再生能源研究和示范项目；刺激有竞争力的新技术的开发和推广合作；采用不同设备的相应标准；建立一个国家财政及其他优惠政策的共同体框架，将技术进步转化为可销售的产品。在交通领域，燃料的多样化也非常重要，这既是出于环境保护的原因，也是为了增强供应安全。欧盟积极支持生物燃料的开发和使用。生物质能产品的成本相对高昂，但欧委会认为，不能因此而忽视这些技术对共同体能源政策、创造就业、环境和农业发展的有利之处。共同农业政策支持对人类或动物消费以外的原材料的生产，这种非食物生产大多用于生物燃料。

（三）强化国际能源合作，促进能源供应多元化

国际能源合作是欧盟能源政策的一个重要组成部分。能源依存度的提高和气候变化的全球性都使解决能源问题的局部性努力成为过时之举。因此，欧盟除了继续加强《能源宪章条约》以外，还通过PHARE、TACIS、欧洲地中海发展援助计划（MEDA）、欧盟与中东欧国家科技合作计划（PECO）、欧盟国际科技合作计划（INCO）等计划积极发展与周边邻国和世界各地区的能源合作关系，逐步建立起包括双边和多边协议在内的一套合适的法律框架，以保障能源供应安全、促进国际环境保护。

1. 中亚—里海地区

里海—中亚地区拥有丰富的能源资源，是世界第三大油气资源富集区，被誉为“第二个中东”。据估计，环里海五国（伊朗、阿塞拜疆、土库曼斯坦、哈萨克斯坦和俄罗斯）的石油是全球已探明储量的14.6%，天然气约占全球探明储量的50%。

早在20世纪初，英国地缘政治学家麦金德就把该地区称为“欧亚大陆的心脏”，强调“谁统治心脏地带，谁就主宰世界岛；谁统治世界岛，谁就主宰全世界”。[①] 在冷战时代，这一地区的全部资源和管道属于苏联。苏联解体后，该地区成为俄罗斯的势力范围，这里的油气资源不仅给俄罗斯带来了经济利益，而且还有政治利益。然而，从20世纪90年代起，中亚—里海国家纷纷实行自由化政策。美国、俄罗斯、中国、日本、伊朗、印度等纷纷前往该地区，积极开辟新的石油和天然气渠道。油气资源不足、对外依存度日益上升的欧盟当然也不例外。长期以来，在中亚地区，欧盟不过是一个边缘性的参与者。随着中亚地区局势的发展以及欧盟自身所面临外部环境的变化，欧盟越来越意识到中亚地区对于其维护自身安全与保障更广泛的利益所具有的重大意义。尽管欧盟在中亚地区历来不是举足轻重的国际大玩家，但欧盟自1991年开始就致力于通过包括政府援助在内的各种手段对中亚各国的发展方向进行引导与施加影响。

里海油气输出管道的安全与可靠，对欧盟的能源安全以及里海地区的发展至关重要。为了确保能源供应安全，欧盟积极贯彻能源进口来源和运输线路多元化的政策。里海中亚地区丰富的能源资源是实现这一政策的重要组成部分。由于地理阻隔，欧盟消费者无法直接获得这些资源，只能通过管道运输。为此，欧盟必须拥有发达的管道系统和可靠的过境国。欧盟深刻认识到这些因素，积极参与通向该地区的多个管道工程项目。

1995年，欧盟在TACIS框架内启动了“向欧洲输送石油天然气跨国运输计划”（INOGATE）。[②] 这是一个包括欧盟、黑海与里海沿岸国家以及周边国家在内的国际性能源合作项目，其主要目标包括四个方面：(1) 以欧盟

---

① 夏景华编译：《里海石油的魅力所在》，http://www.cnpc.com.cn/CNPC/hjysh/syzs/syg/里海石油的魅力所在.htm，2009年7月13日。

② http://www.inogate.org/inogate/en/.

内部能源市场原则为基础并考虑到相关国家的特殊性，逐渐使各国各地区的能源市场连为一体；（2）应对能源出口/进口、供应多元化、能源过境和能源需求等问题，促进能源安全；（3）支持可持续能源发展，包括发展能源效率、再生能源以及需求管理；（4）为符合共同利益和地区利益的能源项目吸引投资。欧盟希望通过该项目提高参与国现有油气管网的安全程度，通过延伸现有能源管线解决基础设施瓶颈问题，吸引必要的投资，并希望参与国效仿欧盟的能源管理规则与监管程序。根据 INOGATE 机构的统计，从 1996 年至 2003 年，欧盟 TACIS 共提供了 5300 万欧元的援助资金。

2. 欧盟—地中海伙伴关系

地中海南岸、东岸国家是一个复杂的群体。历史上，这一地区的阿拉伯国家曾经是一些欧洲国家的殖民地，法国、英国、意大利等都在这些国家进行过长时间的统治，对这些国家的政治、经济和社会生活造成了重大影响。这些国家自然资源单一、经济结构不合理、整体经济发展滞后、人民生活水平普遍较低。长时间的殖民统治更使这些国家在市场、资金和技术等多方面严重依赖欧洲。进入 20 世纪 90 年代，贸易自由化和投资便利化大大削弱了地中海国家在欧洲市场获得的优惠。因此，加强与欧盟国家的政治、经济关系成为它们自身经济社会发展的需要。

另一方面，欧盟非常重视与地中海国家发展关系。其原因有几个方面：首先，欧盟国家不愿意疏远自己传统的经济合作伙伴，更不愿意看到美国在该地区的步步深入。其次，地中海地区政治、宗教因素等也给欧洲带来不安全感，加之因经济发展水平不同引发的移民潮，已开始给欧洲带来一系列的社会问题。没有稳定的周边环境，欧盟也难独善其身。再次，地中海南岸国家拥有丰富的石油、天然气、原材料，欧盟“南下”可以使这些国家成为欧盟能源和原材料供应地和重要的出口市场。最后，在地缘政治方面，地中海沿岸地区连接欧洲、非洲和亚洲三个大陆，一旦建立联盟，欧盟还可以继续“东进”、“南下”，尤其是进入被欧洲看作“后院”的整个非洲大陆。可见，与地中海国家发展关系对欧盟具有极其重要的意义。

为此，欧盟开始实施新的发展战略。1994 年 10 月，欧盟明确表示，地中海地区的和平、稳定和繁荣是欧盟最优先考虑的问题之一，决心以具体行动面对本地区政治、经济、社会和环境方面的挑战，提出了进一步加强地中海国家之间的合作、建立欧盟与地中海国家伙伴关系的设想。1995 年 3 月，欧委会通过了建立欧盟与地中海国家伙伴关系的方案。根据该方案确定的计划，欧盟将在未来几年通过双边谈判逐步与地中海南岸、东岸国家建立联系国伙伴关系，进而到2010年逐步建立起包括欧盟15个成员国与地中海沿岸12个国家[①]在内的近30个国家、拥有6亿至8亿人口的欧洲—地中海自由贸易区。

1995年11月27—28日，欧盟15国和地中海12国在西班牙巴塞罗那举行了第一届外长会议，启动了旨在加强欧盟和地中海国家在政治、经济、安全、社会发展等方面合作的“巴塞罗那进程”。会议发表了《巴塞罗那宣言》，决定将双方关系提升为“全面伙伴关系”，意在加强欧盟及其成员国与地中海国家之间的区域合作，促进地中海地区的稳定和经济发展，争取在2010年建立欧盟—地中海自由贸易区。巴塞罗那进程的开始标志着联系国协议谈判工作的正式启动。《巴塞罗那宣言》为与会国家建立伙伴关系确定了三大目标：（1）通过政治和安全谈判确定共同的和平稳定空间；（2）确立经济和财政伙伴关系，创建自由贸易区；（3）加强人民之间的接触和理解，建立社会和人文伙伴关系。

为尽快完成建立欧盟—地中海自由贸易区的谈判，协议各方还就具体合作领域进行了规划：一是改革经济和社会结构，优先培育和发展私营部门，建立市场经济法律构架；二是促进先进技术的转让；三是创建便利的引资环境，消除各类投资障碍；四是加强环境保护领域的合作；五是加强能源领域合作和能源政策沟通；六是促进农业现代化和农村一体化发展；七是改善基础设施建设；八是在统计领域开展合作；九是欧盟对东、南地中海国家提供必要的财政和金融支持，并加强双方在人员培训和学术、科研等方面的交流。[②]

为了推动“欧洲新地中海政策”的实施，欧盟设置了“欧洲地中海发展援助”计划（MEDA），作为对这项合作的专门援助机构。该计划拨付的援助以及欧洲发展银行提供的贷款，成为欧盟推动其“新地中海政策”的两个

---

① 这12个国家为阿尔及利亚、埃及、约旦、以色列、摩洛哥、土耳其、黎巴嫩、叙利亚、巴勒斯坦当局、马耳他、塞浦路斯和突尼斯。利比亚从1999年起获得观察员资格。

② 余莉：“欧地协议：背景、内容及其影响”，《国际经济合作》，2006—05—26。

主要支柱。在能源领域，MEDA 主要资助旨在连接地中海南部国家之间的网络或者与跨欧（跨地中海）网络连接的地区性基础设施网的相关建议和可行性研究。

3. “北方维度”——加强北欧地区的国际能源合作

“北方维度”（Northern Dimension）的地理范围从冰岛一直到俄罗斯西北部，从北方的挪威海、巴伦支海和卡拉海（Kara）到波罗的海南岸。这一概念集中在波罗的海沿岸国家和俄罗斯的西北地区。北欧地区在气候、资源、工业结构和人口方面有着显著的特点。1999 年 11 月 8 日，欧委会提出了一份关于加强欧洲能源政策北方维度的政策文件。[①] 文件对北欧地区在实现欧盟能源政策目标——供应安全、竞争力和环境保护中的贡献进行了评估。

北欧地区的能源情况非常多元，主要表现在几个方面：

首先，从供应安全看，除了挪威和俄罗斯两个能源出口国以外，该地区其他国家均依赖能源进口。波兰拥有丰富的煤炭资源。波罗的海和丹麦本土能源资源非常有限。由于俄罗斯和挪威能源供应的重要性，“北方维度”代表欧盟能源供应安全一个极其重要的前沿地区。鉴于欧盟能源消费量将进一步增加，该地区的过境问题（特别是石油产品和天然气）将日益重要。欧盟已经从跨欧网络预算中资助该地区的跨境项目建设。然而，该地区存在着保护主义能源政策，因此，改善能源供应安全的一个先决条件就是建立稳定的贸易和投资条件。《能源宪章条约》为这种稳定提供了框架。该地区大部分国家已经签订了该条约，但波兰、俄罗斯、挪威和冰岛还没有。

其次，从竞争力的角度看，整个波罗的海地区的能源市场自由化进程进展顺利，特别是在石油、煤炭和电力部门。许多国家已经实现了自由化，有些国家正处于能源市场自由化的进程中。这方面存在的问题主要是实现东西欧能源系统之间的相互连接，消除扭曲竞争的国家援助和补贴。

再次，在环境方面，北欧地区拥有巨大的节能和减排潜力。能源政策的环境内容主要基于能源效率和可再生能源。先进的国家可以通过技术转让和

① European Commission，*Strengthening the Northern Dimension of European Energy Policy*，COM（99）548，8/11/1999.

投资促进能源效率。可再生能源在北欧一些国家发挥重要作用，如水电是挪威、瑞典、芬兰和拉脱维亚的主要能源之一；生物能在芬兰占重要位置；风能在丹麦和德国正在得到大规模开发。该地区减排二氧化碳也具有很大的潜力。挪威征收二氧化碳税，其他国家也在发展促进减排的税收制度。此外，能源生产和过境必须考虑到北欧地区脆弱的生态系统。

最后，北欧地区存在着严重的核安全问题。核能在北欧地区起着重要作用。国际上普遍认为，俄罗斯西北部和立陶宛存在严重的核安全问题。因此，国际上一直向该地区提供援助。另一个问题是核燃料和放射性废料的管理。

基于上述问题，欧委会提出了加强共同体能源政策北方维度的一系列战略性指导方针，并且提出了专项行动：（1）建立制度框架，加强国际能源合作。欧俄伙伴关系和合作协议已经加强了双边能源合作。巴仑支海地区和波罗的海地区已经建立了协调机制。波罗的海国家和波兰参加的欧盟扩大进程也为能源合作提供了一个制度框架。最后，欧委会于 1998 年发起的“波罗的海能源特别工作组”（Baltic Energy Task Force）作为一个催化剂，把各种的优先领域纳入了一个联合能源计划。该计划的目标是：促进能源贸易和环境法规的趋同；发展一个投资框架；逐渐向更加环保的能源品种过渡；更加高效的能源生产和使用；发展电力和天然气网络。（2）密切与工业界的合作。工业界要适应市场经济和自由化带来的环境变化，接受竞争、监管和新的标准。公共当局要改变传统的计划经济方式，减少指令性作用，转向对公司进行投资。竞争监管机构的作用则得到加强。（3）加强天然气和电力网络等基础设施的相互连接，实现北方市场与欧盟大市场的一体化，促进市场开放和竞争。（4）发展和加强环境维度，将环境和可持续发展融入能源政策。作为扩大进程的一部分，SAVE 和 ALTERNER 等共同体计划对候选国开放。（5）改善核安全。关闭不安全的核电厂，促进核安全文化，改进废料管理，这些都是需要实现的目标，确保北方国家和欧盟享有更大程度的核安全。

“北方维度”对于实现欧盟能源战略提出的供应安全、竞争力和环境保护三个目标具有重要的意义。同时，这一进程也可帮助欧盟加强其在本地区能源行动的有效性。

4. 与第三国的能源合作——SYNERGY计划

SYNERGY是由欧委会能源与交通总司在能源领域开展的一个国际合作计划。它为欧盟与非欧盟国家在制定和实施有利于相关各方的能源政策领域的合作活动提供资金支持。20世纪70年代两次石油危机以后，欧盟开始参与能源相关的合作项目，即“欧共体国际能源合作计划”，这一项目后来演变为SYNERGY计划。

1997年4月14日，理事会通过了一个条例，开始实施SYNERGY计划，实施期从1997年1月1日至1997年12月31日，预算700万埃居。① 1998年，理事会又通过了一个条例，将该计划延长一年（1998年1月1日至12月31日），预算500万埃居。② SYNERGY旨在落实1995年《欧洲能源政策》白皮书所确定的目标：总体竞争力、供应安全和环境保护。为了实现这些目标，共同体资助了一系列活动，主要包括：能源政策建议和培训；能源问题的分析与预测；组织会议和研讨会；支持地区性跨境合作。

1998年9月14日，理事会在《能源领域行动框架计划（1998—2002）》下通过了SYNERGY II（1998—2002）。③ 根据新颁布的指导方针，该计划的实施重点已经转移到供应安全和《京都议定书》的落实方面。其目标是通过密切共同体与第三国在能源领域的合作，改善能源效率、促进可持续发展、提高共同体企业的竞争力、增强供应安全。SYNERGY II预算资金1500万欧元（1998/1999年预算资金为600万欧元，2000—2002年根据新的财政展望确定），主要支持能源领域的五类行动：（1）能源政策咨询和培训；（2）能源问题的分析和预测；（3）组织大会和研讨会，促进对话和能源政策信息交流；（4）支持地区性跨境合作；（5）改善工业部门能源合作的框架。投资、研发和示范项目不予资助。

SYNERGY的重点放在寻求各种计划之间的互补性。该计划将欧盟在

---

① Council Regulation（EC）No 701/97 of 14 April 1997 amending a programme to promote international cooperation in the energy sector——Synergy programme，12/05/1997.

② Regulation（EC）No 2598/97，23/12/1997.

③ Council Decision 1999/23/EC of 14 December 1998 adopting a multiannual programme to promote international cooperation in the energy sector（1998—2002）——Synergy II programme，OJ L 7，13/01/1999.

国际层面上的能源利益作为重点，以补充欧盟能源工业的行动。这一方法不同于PHARE/TACIS和《洛美公约》。在那些计划框架内，欧盟所资助的行动是由欧委会根据第三国提出的请求的基础上确定的。SYNERGY不是一个笼统的涵盖几个目标的计划，而是一个涉及欧盟能源政策领域外部维度的专项能源政策计划。由于它不是一个援助计划，而是一个合作计划，因此SYNERGY项目都是根据欧盟相关组织机构和欧委会采取的行动后实施的。

该计划涉及中东欧国家、新独立国家和地中海国家以及亚洲、拉丁美洲和非洲国家。其重要特征之一是把欧洲能源政策发展的特殊需要作为一个重点。资助项目包括："地中海能源与城市环境"地区行动计划；海湾中东能源合作会议；地中海炼油业研究；地中海伙伴能源政策对话；与巴勒斯坦机构在能源部门的合作；地中海能源投资与网络会议；地中海南部和东南部欧洲能源工业法律与制度投资柜架研究；欧洲对前苏联共和国能源部门投资的政治风险保证研究；俄罗斯与欧共体能源领域的工业合作；黑海地区能源中心的活动；波罗的海沿岸可再生能源；中东欧国家加入欧盟对能源部门的影响；对中国能源管理和能效工程师和决策人员的培训；中欧能源合作大会；菲律宾天然气潜力评估；加强欧盟与拉丁美洲能源合作加拉加斯大会；第三国能源部门官员培训；国际能源合作数据库开发。

5. 促进国际能源对话与合作

欧盟与能源生产国和消费国的全球对话更加积极、具体。1996年12月6—8日，国际能源会议在印度的果阿举行了第五次会议。这是国际能源论坛首次在亚洲召开，对发展欧亚能源合作具有特殊意义。40多个能源国参加了会议。阿塞拜疆、哈萨克斯坦和土库曼斯坦第一次应邀参加。论坛议题包括：为能源开采和加工领域的投资活动创造有利的环境；天然气不断增长的趋势与天然气运输有关的问题；经济飞速发展的国家对能源需求的增长。这次会议还讨论了发展欧亚地区能源基础设施（从波斯湾和中亚国家向印度、巴基斯坦、中国和韩国输送天然气）的计划。第六次会议于1998年11月在南非开普敦举行。这次会议讨论了在世界石油和天然气价格急剧下跌的情况下，在能源生产国和能源消费国之间出现的尖锐问题。第七次会议于2000年末在沙特阿拉伯利雅得召开。会议讨论了世界能源与能源市场、能源部门的可持续发展、技术交流、能源生态等十分迫切的问题，还分析了提高全球能源对话的有效性与前景问题，包括建立常设机构以筹备国际能源会议。

1994年12月签署的《欧洲能源宪章》已经成为泛欧能源合作的主要框架。这是第一个覆盖所有新独立国家、中东欧国家、欧共体及其成员国以及一些经合组织国家的能源合作协议。其主要目标是促进和发展贸易，保护和促进能源领域的投资。所有签字国批准《宪章条约》对东西方在能源领域里的合作具有重要意义。

在欧盟与中东欧国家以及大部分新独立国家签署的协议中，能源和核安全是重点问题。中亚和里海油气生产国的出现为欧盟的能源供应提供了巨大的出口潜力。欧盟与海湾国家的关系不仅本身很重要，而且还成为刚刚恢复的能源生产国和消费国对话的一部分。与波斯湾国家的合作是欧盟能源供应安全的重要组成部分。欧盟与地中海国家签署的议定书中也纳入了能源方面的行动，能源是"欧地伙伴关系"框架内经济和社会结构改革的重要方面。《洛美公约》中专门有一节，对非加太（ACP）国家发展能源（化石燃料和可再生能源）生产作出了规定。欧盟与亚洲和拉丁美洲的双边协议中也非常重视能源领域的合作，特别是在促进能源效率方面。在国际层面上，欧盟也在努力与世界所有重要的国家和地区建立能源领域的合作关系。SYNERGY计划旨在促进欧盟与第三国的能源关系。欧盟在波罗的海地区的一些倡议中发挥了积极的作用，包括"北方维度"行动计划。欧盟还与诸如巴尔干半岛国家和中国等国家积极发展联系。与俄罗斯在能源领域的合作由于能源伙伴关系的概念而于2000年10月在欧俄首脑会议上得到了有力的推动。最后，欧盟积极与其他经合组织工业化国家和欧洲经济区（EEA）伙伴国保持良好关系。欧盟还在许多国际论坛和机构（如IEA）中取得了代表权。

四、促进能源领域的可持续发展

可持续发展是1995年欧盟能源战略的第三个目标。欧委会认为，提高经济竞争力与环境保护这两个目标不一定发生冲突。推动工业界投资新的更清洁的低能耗的技术（主要是能源效率和可再生能源领域）的政策，从长远来讲，对欧盟公司只会有好处，不会是惩罚。为了促进能源领域的可持续发展，欧盟主要从四个方面采取行动：一是将环境目标融入能源政策；二是应对气候变化；三是促进能源效率；四是制定可再生能源战略。

（一）环境目标融入共同体能源政策

《欧洲联盟条约》、欧盟第五个环境行动计划、欧委会 1993 年发表的《经济增长、竞争力、就业——21 世纪的挑战与前进道路》白皮书、[①]《21 世纪议程》等是促进欧盟可持续发展的重要政策文件。1997 年生效的《阿姆斯特丹条约》对环境保护给予了更多的重视。该条约最重要的修改是把促进"可持续发展"作为原则和目标写入了条约，从而进一步突出了对环境保护的重视。此外，条约还把几乎所有的环境事务纳入有效多数表决和共决程序，只有土地使用、财政措施、能源、水资源等非常重要的问题例外，从而实质性地提高了欧洲议会在环境事务中的影响力。

实施可持续发展的关键是把环境保护的目标融入各个部门政策中，即各部门政策的"环境协调"原则。正如欧委会在《全面看待能源政策和行动》中指出的，能源的生产、运输和使用对环境带来巨大影响。因此，欧盟能源政策面临的挑战之一就是要在制订可持续能源政策时把环境保护的目标融入到能源政策的目标和行动中去。在能源的开采、生产、加工、运输和消费等能源活动的各个环节尽量降低环境影响。

共同体已经采取了几项措施，促进环境与能源政策的结合，如 1988 年通过的《大型燃烧工厂指令》、1997 年欧委会公布的《热电联产的政策文件》和《关于海上废弃油气设施的处理》[②] 以及在 SAVE（节能计划）、ALTENER（可再生能源计划）、JOULE-THERMIE（能源技术研发和示范计划）和共同体研发框架计划内所采取的各项行动。此外，欧委会已经提出了一系列新的立法措施，内容涉及能源产品的税收、垃圾焚烧和汽车尾气排放（即 Auto-Oil 计划）。

为了进一步促进环境与能源政策的结合，欧委会于 1998 年 10 月 14 日

---

① European Commission, *White Paper on growth, competitiveness, and employment: The challenges and ways forward into the 21st century*, COM (93) 700 final, Brussels, 5 December 1993.

② http://europa.eu.int/scadplus/leg/en/lvb/l28053.htm.

向理事会提交了一份关于加强环境融入共同体能源政策的文件，提出了一系列具体的措施。[①] 文件指出，环境保护应该以一种平衡的方式融入能源政策，必须考虑到竞争力和供应安全等其他能源政策目标。各个层面（地方、地区、国家和共同体）都应采取相应的步骤。采取行动的主要责任在于成员国政府。地区和地方当局则可以在能源管理和能源服务方面发挥主要作用。共同体层面采取的行动则对这些活动加以补充和加强。

欧委会为共同体可持续能源政策提出了三个主要目标：一是促进能源效率/节能；二是增加更清洁能源的生产和使用的比例；三是减少能源生产和使用的环境影响。为了实现这些目标，欧盟提出在以下领域采取行动：(1) 促进共同体、成员国和相关各方的合作。这种合作包括交换信息、传播最佳做法和分享分析结果（ETAP 计划）。鼓励地方和地区当局更积极地参与。(2) 促进专项能源政策行动。此类措施根据能源领域行动框架计划（1998—2002）制定，旨在促进可再生能源的发展（ALTERNER 计划）、[②] 提高能源效率（SAVE 计划）、[③] 促进热电联产。(3) 修改能源领域的法律框架，以体现环境目标。(4) 确保其他共同体政策在能源领域更好地协调。研究政策、地区政策、跨欧网络、农业政策、工业政策、交通政策和税收政策都应促进能源资源的可持续发展。(5) 制定应对气候变化以及京都后续谈判结果的能源政策。(6) 发展能源政策的对外维度。就促进可持续能源系统和能源资源的问题与其他国家（包括工业化国家和发展中国家）加强对话。(7) 建立一个监测体系，确定指标，以监测环境融入的进程。

1998 年 11 月，理事会在共同体第五个科技研发框架计划（FP5）（1998—2002）内专门设立了一个子计划——“能源、环境和可持续发展”，

---

① European Commission, *Strengthening environmental integration within Community energy policy*, COM (1998) 571 final, 14/10/1998.

② Decision No 646/2000/EC of the European Parliament and of the Council of 28 February 2000 adopting a multiannual programme for the promotion of renewable energy sources in the Community (Altener) (1998 to 2002), O J L 079, 25/10/2000, pp. 0001—0005.

③ Decision No 647/2000/EC of the European Parliament and of the Council of 28 February 2000 adopting a multiannual programme for the promotion of energy efficiency (SAVE) (1998 to 2002), O J L 079, 25/10/2000, pp. 0006—0009.

重点是研发能源和环境新技术。同年12月，理事会又批准了《1998—2002年能源部门行动框架计划》，通过六个专项计划支持共同体可持续能源政策（参见本节第一点“整合共同体各种能源行动和计划”）。

（二）应对气候变化

自工业革命以来，人类活动产生的大量温室气体（GHG），导致大气中温室气体浓度急剧上升，引起全球气候变化。1988年11月，世界气象组织（WMO）和联合国环境规划署（UNEP）联合建立了由数百名世界顶尖科学家组成的“政府间气候变化专门委员会”（IPCC），其任务是就气候变化的成因、潜在的环境和社会经济影响以及可能采取的对策等提供科学、客观、权威的评估。1990年，IPCC发表了第一份评估报告。科学家提出了大气二氧化碳浓度增加将导致地球升温的警告，气候变化首次作为一个受到国际社会关注的问题提上议事日程。于是，各种行动和谈判在世界范围展开。

1992年6月，在巴西里约热内卢举行的联合国环境与发展峰会上，155个国家和欧共体签署了《联合国气候变化框架公约》（UNFCCC）。UNFCCC的最终目标是将大气中温室气体的浓度稳定在防止气候系统受到危险的人为干扰的水平上。这是世界上第一个为全面控制二氧化碳等温室气体排放，应对全球气候变暖给人类经济和社会带来不利影响的国际公约，也是国际社会在应对全球气候变化问题上进行国际合作的一个基本框架。公约指出，历史上和目前全球温室气体排放的最大部分源自发达国家，发展中国家的人均排放仍相对较低，因此应对气候变化应遵循“共同而有区别的责任”原则。根据这个原则，发达国家应率先采取措施限制温室气体的排放，并向发展中国家提供有关资金和技术；而发展中国家在得到发达国家技术和资金支持下，采取措施减缓或适应气候变化。① 1994年3月21日，即获得第50个国家的批准90天后，公约开始生效。

但是，UNFCCC只是一个原则性的框架协议，仅规定了发达国家缔约方于2000年将其温室气体排放稳定在1990年水平上，没有涉及2000年以后的排放义务。由于缺乏法律约束力，公约生效后，发达国家也未普遍执

① 《联合国气候变化框架公约》，新华网，http：//news.xinhuanet.com/ziliao/2003－07/10/content_966008.htm。

行公约确定的减排目标，全球二氧化碳浓度仍在不断上升。1995 年 12 月，IPCC 在第二份评估报告（AR2）中指出，如果要将二氧化碳浓度稳定在工业革命前的两倍（550ppm），防止全球变暖对人类社会造成重大的冲击，就必须确保整个 21 世纪的全球排放量都低于当时的水平。于是，尽快制定一部具有法律约束力的议定书或其他法律文书，以加强对发达国家缔约方在 2000 年以后所应采取的限控政策和目标，成为 UNFCCC 缔约方的共识。

经过激烈的谈判，1997 年 12 月 11 日，在日本京都召开的 UNFCCC 第三次缔约方大会上，这一共识终于变为现实。149 个国家和地区的代表签署了旨在限制发达国家温室气体排放量以抑制全球变暖的《京都议定书》。《议定书》规定了 UNFCCC 附件一国家（工业发达国家）的量化减排指标，即在 2008—2012 年间（第一承诺期），其温室气体排放量在 1990 年的水平上平均削减 5.2%。其中，欧盟减排 8%，美国 7%，日本和加拿大均为 6%，东欧各国 5%—8%。新西兰、俄罗斯和乌克兰可将排放量稳定在 1990 年水平上。议定书同时允许爱尔兰、澳大利亚和挪威的排放量比 1990 年分别增加 10%、8%和 1%。（参见图 1）议定书还规定了三种“灵活机制”来帮助附件一所列缔约方以符合成本效益的方式实现其部分减排目标，这三种机制是排放贸易机制（ET）、联合履约机制（JI）和清洁发展机制（CDM）。ET 和 JI 主要涉及附件一所列缔约方之间的合作；CDM 涉及附件一所列缔约方与发展中国家缔约方之间在二氧化碳减排量交易方面的合作关系。①

《京都议定书》具有里程碑的作用，因为这是国际社会第一次以国际法形式对 2012 年前主要发达国家减排温室气体的种类、时间和额度等作出了具体规定。议定书与公约的最大区别是：公约没有设定强制性减排目标，只是鼓励工业化国家稳定温室气体排放，而议定书则以具有法律约束力的方式规定了发达国家的具体减排指标。根据公约确定的“共同而有区别的责任”的原则，作为温室气体排放大户的发达国家应采取具体措施限制温室气体的排放，而发展中国家不承担有法律约束力的温室气体限控义务。

---

①《〈京都议定书〉生效》，新华网 2005 年 2 月 17 日，http://env.people.com.cn/GB/8220/112301/112308/6620815.html。

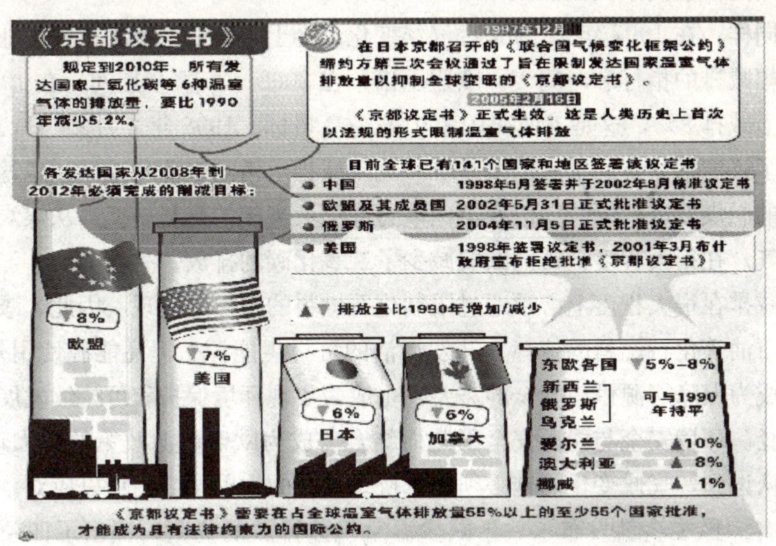

图1　《京都议定书》各缔约方减排目标

资料来源：新华社 2005 年 2 月 16 日，林平编制。

欧盟是 UNFCCC 的缔约方，也是《京都议定书》的签字方。在国际应对气候变化的努力中，欧盟始终走在世界的前列，一直发挥着领导作用，积极敦促各国基于预防原则采取行动，应对气候变化。防止气候变化达到危险水平已经成为欧委会及其成员国的一个战略优先目标。1991 年 2 月 4 日，理事会授权欧委会代表欧盟参加 UNFCCC 的谈判。1992 年在里约热内卢联合国环境与发展大会上，正是欧盟提出到 2000 年将其二氧化碳排放量稳定在 1990 年水平上的承诺，才说服其他国家同意仿效。1992 年 5 月 9 日，气候变化框架公约在纽约通过，1994 年 3 月生效。为落实 UNFCCC，欧盟于 1993 年 6 月 24 日通过了理事会第 93/389/EEC 号决定，建立了温室气体监测和报告机制。[①] 1993 年 12 月 15 日，理事会通过了第 94/69/EC 号决定，

---

① Council of the European Union, *Council Decision 93/389/EEC of 24 June 1993 for a monitoring mechanism of Community CO_2 and other greenhouse gas emissions*, O J L 167, 9/7/1993, p. 31.

批准共同体及其成员国加入UNFCCC。[①]

同样，在1997年12月京都气候变化大会上，欧盟又率先提出工业化国家大幅减排的指标和时间表。欧盟承诺，在2008—2012年期间，在1990年水平上减排8%，这是工业化国家中的最高指标。1998年4月29日，欧盟签署了议定书。实际上，欧盟是唯一兑现减排承诺的工业化地区。东德效率低下的燃煤发电厂的关闭以及英国电力部门大规模的燃料转换（从煤炭转向天然气）在很大程度上帮助欧盟减少了二氧化碳的排放。

减排在很大程度上必须通过限制化石燃料的使用来实现。因此，减少煤炭和石油等化石燃料的依赖、开发清洁的可再生能源、提高能源使用效率，不仅成为保障能源供应安全的需要，也成为实现环境保护和可持续发展的重要途径。环境安全与能源安全因此而结合，成为欧盟能源政策的重大动力。欧盟认识到，气候变化问题必须在可持续发展的大框架之内加以应对。早在1992年，欧委会就发布了关于减少温室气体排放的提案，提出了四项政策措施：鼓励开发可再生能源的计划；提高能效的计划；建立一个监测体系；征收二氧化碳/能源税以鼓励减少能源使用。[②]《欧洲联盟条约》第6条明确规定，对环境保护的要求应贯彻到其他共同体政策的制定和实施中。这就意味着欧盟各成员国对温室气体的减排负有共同的、不可推卸的责任和义务。1996年，欧委会提出在共同体层面上征收二氧化碳税，目的是在欧盟范围，特别是在工业部门，在提高能源效率水平、促进低碳和无碳能源的使用问题上提供一种刺激。

1997年5月14日，欧委会发布了《气候变化的能源维度》，[③]目的是就能源政策与气候变化相结合的问题在欧盟各界发起一场大讨论，为即将在京都召开的UNFCCC第三次缔约方大会作准备。该文件提出了可以开展

---

① Council of the European Communities, *Council Decision 94/69/EC of 15 December 1993 concerning the conclusion of the United Nations Framework Convention on Climate Change*.

② European Commission, *A Community Strategy to Limit Carbon Dioxide Emissions and to Imporve Energy Efficiency*, *Communication from the Commission*, COM (92) 246 final, 1/6/1992.

③ European Commission, *The Energy Dimension of Climate Change*, COM (97) 196 final, 14/05/1997.

减排行动的一系列能源政策领域，包括：节能增效；扩大与经营者的合作，发挥环境协议的作用；加速可再生能源的市场渗透；改善地方、岛屿和地区层面上能源管理；促进热电联产；促进可再生能源发电；加强与其他政策的融合；加强技术和创新；限制其他温室气体排放；采取财政手段等。

《京都议定书》签署后，环境部长理事会于1998年6月通过了欧盟义务分摊协议（BSA）。BSA在欧盟成员国之间对8%的减排总指标进行了再次分配。一些成员国主动承诺更大幅度的减排义务（如卢森堡减排28%，德国和丹麦21%）。出于经济发展的考虑，欧盟经济比较落后的国家通过谈判在欧盟协议中获得了较多的温室气体排放指标（如葡萄牙获得27%，希腊25%）（参见表5）。大幅度地减少温室气体排放，其目的是刺激各国采用能效技术和最佳做法，提高可再生能源在欧盟能源供应中的比例。

表5 欧盟15国义务分摊协议

国别	占2008—2012年目标的百分比	国别	占2008—2012年目标的百分比
奥地利	－13	意大利	－6.5
比利时	－7.5	卢森堡	28
丹麦	－21	荷兰	－6
芬兰	0	葡萄牙	27
法国	0	西班牙	15
德国	－21	瑞典	4
希腊	25	英国	－12.5
爱尔兰	13	欧盟15国京都目标	－8

资料来源：http：//www.climnet.org/resources/euburden.htm.

（三）促进节能增效

为了保护环境、改善能源供应安全、促进可持续发展，共同体迫切需要改善能源管理。《欧洲联盟条约》第130a条规定，共同体应采取行动，加强经济和社会的整合，特别是缩小各地区发展水平之间的差距，减少偏远地区的落后状况。能源理应纳入这一行动范围。条约第174条还规定，共同体政策的一个目标是确保自然资源的审慎和合理的利用。根据这一条款，欧盟实施了SAVE计划，以鼓励能源资源的合理、高效利用。

改善能源效率不仅有利于能源供应安全，而且还将对保护环境、减少温室气体排放产生积极影响。普遍认为，到2000年，终端需求的能源强度提高5%，就可减少1.8亿—2亿吨二氧化碳排放量。[①] 1991年，部长理事会通过了第91/565/EEC号决定，建立了旨在加强共同体能源效率基础设施的SAVE计划，作为共同体减排二氧化碳战略的一个重要组成部分。1993年7月16日欧洲议会通过决议，明确表示这些活动应继续开展、扩大和利用，作为对共同体能源战略的一种支持。1994年，欧洲议会和欧盟理事会通过了共同体第四个研发框架计划，能源效率政策成为该框架计划所涉及的新能源技术使用和推广的重要工具。

1994年12月15—16日，部长理事会指出，要实现稳定二氧化碳排放的目标，必须依靠采取旨在提高能源效率、促进能源合理使用的协调一致的一揽子措施，它涉及能源生产、转换、运输和消费各个层面上的供需，同时还包括开发可再生能源。这些措施也包括地方性能源计划。1995年1月11日《欧洲能源政策》绿皮书和1995年12月13日《欧洲能源政策》白皮书均强调了节能和能效措施在共同体能源政策中的重要作用。欧洲议会在就《欧洲能源政策》绿皮书提出的意见中，呼吁制定与1992年联合国气候变化框架公约所规定的温室气体减排目标相一致的目标和共同能效与节能框架，呼吁制定SAVE II。

1996年12月16日，欧盟理事会通过了第二个SAVE计划（即SAVE II），预算为4500万埃居，实施期为1996—2000年。[②] SAVE II的目标是：刺激各部门的能效措施；鼓励公私消费者和工业部门对节能的投资；为改善终端消费的能源强度创造条件。SAVE II继续支持能源标签制度，重点资助

---

① Council of the European Union, *Council Decision 96/737/EC of 16 December 1996 concerning a multiannual programme for the promotion of energy efficiency in the Community——SAVE II*, O J L 335, 24/12/1996.

② Council of the European Union, *Council Decision 96/737/EC of 16 December 1996 concerning a multiannual programme for the promotion of energy efficiency in the Community——SAVE II*, O J L 335, 24/12/1996.

建筑和交通部门的示范项目。SAVEⅡ资助的行动类别包括：(1) 能源效率研究，目的是把能源效率确立为共同体其他计划、能源定价影响和补充共同体措施的行动的一个标准；(2) 旨在加速投资和/或改进能源使用模式的部门试点行动；(3) 欧委会或第三方提出的旨在促进经验交流的措施；(4) 监测能源效率进展，评估计划框架内所采取的行动；(5) 有利于地区和城市层面能源管理、增强成员国和地区之间凝聚力的具体行动。SAVEⅡ的有些行动由共同体全额资助，有些行动则部分资助，共同体最多资助50%（如试点行动、第三方提出的措施、专项行动）。SAVEⅡ资助成立了31个能源管理机构，并在"地区网络"（FEDARENE）、"城市网络"（ENERGIE-CITE）和"岛屿网络"（ISLENET）的帮助下，建立了地方和地区传播网络。其目的是鼓励地方和地区开展能效行动，鼓励它们使用当地能源资源并在地方层面上创造最佳能源供应条件，刺激"自下而上式"的能源管理方法。

在1997年《京都议定书》和减排二氧化碳的背景下，能源效率更加被视为欧盟能源和环境行动的基石。促进能源效率的措施构成了欧盟能源和环境政策更大的目标的一部分。提高能源效率有利于完成《京都议定书》确定的目标，可以鼓励更加可持续的能源政策，并且构成欧盟能源供应安全的一个关键因素。

1998年4月29日，欧委会向理事会提交了一份政策提案——《欧共体的能源效率：迈向一项合理使用能源的战略》。[①] 文件指出，1998—2010年各部门改进能源效率的经济潜力合计可达1995年能源消费总量的18%。然而，这一潜力尚未得到全面的实现，其原因是在能源效率的投资方面仍然存在着障碍。价格因素非常重要，因为能源效率只有在能源价格准确反映能源成本的情况下才会在市场上全面渗透。实现这一点可以通过两个途径：一是通过税收和收费，内化外部成本；二是电力和天然气部门自由化，这样就会改进能源生产的能源效率，使能源价格降下来。欧盟在能源效率方面的措施主要包括：(1) JOULE-THERMIE技术计划；(2) SAVE计划；(3) 欧盟

① Communication from the Commission of 29 April 1998: *Energy Efficiency in the European Community-Towards a Strategy for the Rational Use of Energy*, COM (1998) 246 final.

地区开发基金（ERDF）和团结基金的投资支持；（4）通过 PHARE、TACIS、SYNERGY 计划的国际合作。在此基础上，欧委会提出了一项合理使用能源的战略。这一战略从总体上讲就是要把能源效率问题融入其他政策——主要是地区、交通、财政、研发和国际合作政策。具体地讲，就是要把下列行动领域作为短期和中期的优先：（1）建筑物能效；（2）评估理事会关于限制二氧化碳排放的第 93/76/EEC 号指令；（3）家用电器及其他终端设备的能效；（4）扩大使用经谈判达成有关最低能效要求的长期协议；（5）加强信息传播；（6）第三方融资、结果担保及其他创造性融资机制；（7）电力和天然气部门以及热电联产（CHP）的能源效率；（8）能源管理和公共与合作技术采购。最后，欧委会强调指出，只有所有决策者和相关各方均表现出坚决支持，才可能实现实质性的节能。1998 年 12 月 7 日，理事会通过了一项决议，批准实施能源效率战略。①

（四）加速可再生能源的市场渗透

可再生能源在温室气体的减排、降低对进口能源的依赖性、增进能源供应安全等方面具有重大意义，并且从中长期来看，可再生能源在经济上具备竞争能力。同时，可再生能源是地方性能源，因而在解决偏远地区的能源供应和脱贫方面具有特别的意义。所以，欧盟历来重视可再生能源。1995 年欧盟能源战略出台后，发展可再生能源成为欧盟可持续能源政策的一个核心目标，在应对气候变化的斗争发挥着关键性作用。

1.《可再生能源白皮书》——共同体可再生能源战略和行动计划

1996 年 11 月 20 日，欧委会发表了一份《未来能源：可再生能源——共同体战略绿皮书》，② 目的是就可再生能源相关的最紧迫、最重要的措施展开辩论，以确定可再生能源的目标、障碍以及推广的手段。绿皮书提出的可再生能源宗旨是：促进可持续发展总体战略；减少欧盟对能源进口的依赖，从而确保供应安全；提高欧洲工业的总体竞争力；促进地区开发和就

---

① *Council Resolution on energy efficiency in the European Community*，O J C 394，17/12/1998.

② European Commission，*Energy for the Future: Renewable Sources of Energy——Green Paper for a Community Strategy*，COM（96）576 final，20 November 1996.

业。欧委会指出，当前可再生能源大规模使用面临的障碍是：投资成本高，回报期长；参与可再生能源决策的不同角色并不了解其潜力；公众抵制变革；影响可再生能源与集中式电网联接的技术和经济问题尚未解决；与某些能源（风能和太阳能）季节性变动有关的困难；其他能源（生物燃料）需要相应的基础设施。绿皮书提出，在15年内将可再生能源在内陆能源消费总量中的比例翻一番，到2010年达到12%，创造50万个工作机会。这一目标要求加强共同体相关政策，包括：内部能源市场；专项财政支持（ALTENER）；增加研发框架计划中可再生能源的比例（JOULE和THERMIE）；特别是在边缘地区和农村地区促进可再生能源的地区政策；促进可持续能源生产和发展的农业政策；为中东欧国家、地中海国家和发展中国家挖掘可再生能源潜力。绿皮书的发表标志着共同体发展和实施可再生能源战略和行动计划进程的开始。

促进可再生能源发展得到了欧洲议会的大力支持。1996年11月14日，欧洲议会在就《欧洲能源政策》白皮书通过的决议中，呼吁欧委会建立一项旨在促进可持续能源的财政计划。1997年5月15日，欧洲议会就可再生能源绿皮书通过了一项决议，明确要求尽快批准ALTERNER II，加强可再生能源的支持力度。

1997年11月26日，欧委会公布了《未来能源：可再生能源——共同体战略与行动计划》白皮书，明确提出将可再生能源在一次能源消费中的比例从1995年的6%提高到2010年的12%。可再生能源电力装机容量在电力总装机容量中的比例也将从1997年的14%提高到2010年的22%，其中主要是生物质能发电和风力发电。至2050年，可再生能源在欧盟能源供应结构中达到50%。①

可再生能源白皮书指出，实现12%的目标估计需要在1997—2010年期间投资950亿埃居。但扩大可再生能源的使用预计可带来巨大的经济效益，特别是巨大的出口机会，因为欧盟具有供应设备以及技术和金融服务的能力。此外，欧委会还估计：创造50万—90万个工作机会；从2010年起每年可节省燃料费用30亿埃居；减少17.4%的燃料进口；到2010年二氧化

---

① European Commission, *Energy for the Future: Renewable Sources of Energy——White Paper for a Community Strategy and Action Plan*, COM (97) 599 final.

碳减排量达到4.02亿吨/年。

可再生能源白皮书同时提出了一项共同体可再生能源行动计划。该计划旨在为可再生能源提供公平的市场机会，而不带来过大的财政负担。为此，白皮书列出了一份优先措施清单，包括：电力市场的非歧视准入；财政和金融措施；鼓励生物能源用于交通、产热和发电的新计划，特别是增加生物燃料市场份额、促进生物气体使用和开发固体生物质能市场的专项措施；在建筑业促进可再生能源（如太阳能）使用。

行动计划旨在提高各种计划的制定者的意识，提高可再生能源在共同体各项政策中的地位，包括环境、就业、竞争和国家援助、技术研发、地区政策、共同农业政策和农村开发、对外关系（特别是通过PHARE、TACIS和MEDA计划）。

白皮书还提出开展一个可再生能源“起飞运动”（CTO），以宣传各个可再生能源部门中的重要项目。起飞运动确定四个关键部门作为其核心：(1）安装100万套光伏系统，其中欧盟内部市场安装50万套，出口50万套，特别是刺激发展中国家的非集中式电器化；（2）1万兆瓦的大型风电场；(3）1万兆瓦的生物质能设施；(4）可再生能源接入100个小型社区、地区、大都市、岛屿等，作为试点。

白皮书为欧盟制定了一个全面的可再生能源战略和行动计划，并提出了实现这一战略的手段——加强监管以创建对可再生能源有利的框架条件，在成员国和共同体层面上开展的各项计划增加可再生能源资金。可再生能源战略的制定反映了欧盟对环境保护的高度重视，并直接反映了欧盟对正在谈判的《京都议定书》的立场。《京都议定书》的签署更加突出了可再生能源的重要性。

2. 共同体可再生能源财政支持计划——ALTENER II

1997年3月12日，欧委会通过了ALTENER II（1998—2002)。该计划的目的是促进可再生能源的使用，克服加速可再生能源进入市场和鼓励投资的障碍，帮助创建贯彻可再生能源行动计划所需要的法律、社会经济和行政条件，促进私营企业和公共企业对可再生能源生产和使用的投资。ALTENER II所追求的环境与能源目标是：限制二氧化碳排放，应对全球气温变暖的威胁；实现到2010年可再生能源占能源消费总量12%的目标；降低对进口能源的依赖；寻求替代能源，保证供应安全。该计划积极支持生物燃料，预计2005年至少达燃料总销售额的2%，至2010年上升至5.75%，至2020年在道路交通领域，生物燃料将取代汽油和柴油使用量的20%。

ALTENER II行动包括：延长ALTENER I计划下的行动；旨在动员私营企业投资、促进可再生能源市场渗透的新倡议；实施、跟踪和监测欧盟可再生能源战略。支持的项目包括旨在支持和补充共同体和成员国发展可再生能源潜力的努力以及旨在创建或扩大可再生能源基础设施的试点行动。该计划为试点项目提供50%的资金支持，对可行性研究和市场分析提供高达100%的支持。同时，该计划还促进信息传播，为投资提供建议，协调成员国、地区和地方层面加速可再生能源进入市场的行动。欧委会提出的措施包括：促进可再生能源市场的发展，把可再生能源融入内部能源市场；采取财政和经济措施；培训、信息等活动；与欧盟外国家开展合作。该计划的目的不是为了资助研究活动或者技术示范项目，而是为了实施研究活动或示范项目的结果，鼓励多地区、多国家项目。该计划还鼓励与中东欧国家和塞浦路斯的合作。

1998年5月18日，理事会通过了一项决定，[①] 批准了ALTENER II，总预算为2200万欧元，实施期从1998年1月1日至《能源领域措施的多年度框架计划》生效，最迟到1999年12月31日。

2000年2月28日，理事会在《1998—2002年能源部门行动框架计划》内，通过了《关于在共同体内促进可再生能源的多年度计划的决定（1998—2002）》（ALTENER计划），[②] 作为支持和监测共同体可再生能源战略的主要工具。ALTENER计划延续了1999年12月31日结束的ALTENER II计划。作为《共同体能源领域行动多年度框架计划（1998—2002）》的一部分，该计划支持共同体可再生能源的发展和使用，总预算7700万欧元。其宗旨是贯彻共同体环境和能源政策目标，即：限制二氧化碳排放；增加可再生能

---

① Council of the European Union, *Council Decision of 18 May 1998 concerning a multiannual programme for the promotion of renewable energy sources in the Community (Altener II)*, 98/352/EC, O J L 159, 03/06/1998.

② European Parliament and the Council, *Decision 646/2000/EC of the European Parliament and of the Council of 28 February 2000 adopting a multiannual programme for the promotion of renewable energy sources in the Community (1998—2002) ——ALTENER programme*, O J L 79, 30/3/2000.

源在能源平衡中的比例，达到2010年共同体内部能源消费总量12%的目标；减少对进口能源的依赖；确保供应安全；促进地方和地区经济发展及经济社会整合。其目标是为落实共同体可再生能源行动计划创造必要的法律、社会经济和行政条件，鼓励私人资本和公共资金对可再生能源生产和使用的投资。

ALTENER计划资助的行动包括：对实施和补充共同体和成员国采取的开发可再生能源潜力的措施的研究和措施；共同体感兴趣的旨在创建或扩大可再生能源开发的结构的试点行动；旨在发展信息、教育和培训结构的措施；促进可再生能源市场渗透和相关技术知识传播以及鼓励投资的行动；旨在监测共同体发展可再生能源行动计划实施情况、支持为实施可再生能源行动计划而采取的倡议以及评估在ALTENER计划框架内所采取的行动和措施的成本效益所进行的监测和评估行动。

1998—1999年申请共同体支持的项目超过200个。与“起飞运动”相关的项目主要包括以下形式：“起飞运动”的广告支持；发展项目实施计划；确定“100个社区”专项行动的候选名单；为AGORES（虚拟信息中心）收集数据；发展具体的销售和推广活动来支持“起飞运动”；针对“起飞运动”关键部门的大型项目采取行动。

五、加强可持续能源技术研发与示范

1995年欧盟能源战略的出台对能源技术的研发提出了新的要求。为了支持工业竞争力、能源供应安全和环境保护三个目标，欧盟于1998年通过了第五个科技研发框架计划（FP5）（1998—2002），重点是研发能够给工业和社会带来重大变革的能源和环境新技术。该计划包括两个专项计划：一是非核能研究计划——“能源、环境和可持续发展”；二是根据EURATOM条约开展的核能领域研究和培训计划。

（一）非核能研究——促进能源、环境和可持续发展

1998年12月，欧洲议会和理事会通过了第五个科技研发框架计划

(1998—2002)，[①] 总预算约为150亿埃居。该计划把解决欧盟所面临的经济和社会问题、应对欧盟所面临的挑战作为重点目标，从管埋组织结构、研究领域、设置方式、评价标准等方面进行了新的调整。该计划有两个新的特点：一是研究项目更为集中，重点研究七大领域，包括生活质量与生活资源管理，用户友好的信息社会，竞争力和可持续增长，能源、环境与可持续发展四个主题计划，以及保障欧洲研究的国际地位、吸引和促进中小企业的技术创新、改善人力研究潜力和社会经济知识基础三个横向计划；二是运作方式更为灵活和协调，不仅总体规划的各项活动要协调进行，还要留出部分资金，以便必要时资助那些对形势做出迅速反映的紧急任务。该计划的目标是促进高水准知识和高质量技术的生产，增强欧洲的竞争力；还规定了重点资助领域的项目遴选标准：与社会需求相结合、与经济发展相关、与欧洲增值和需求原则相关。在这一原则指导下确定了如下的优先领域：气候和环境问题，洁净技术和生物防治，人类和动物的老化及衰退以及防治问题，远距离通信以及数据资料的获取和传递问题，多功能材料、能源问题。

1999年1月25日，理事会通过了《能源、环境和可持续发展的研究、技术开发和示范专项计划》，[②] 旨在促进能源供应多样化、实现欧洲可持续发展。可持续发展的核心是追求与环境保护相一致的经济增长。计划的目标是促进能源和环境的研究和技术开发，以提高生活质量，鼓励增长，加强竞争力，改善就业。研究活动具有多学科和多部门性质，覆盖了基础研究项目和示范项目，强调中小企业（SMEs）的参与。这种方法可以进一步促进"生态效率"概念——以较少的材料、能源和浪费，提供质量更好的产品和服务。该计划包括六项重点行动，总预算为21.25亿欧元。其中，用于环境和可持续发展子项目的资金10.83亿欧元，用于能源子项目（不包括核能）的资金10.42亿欧元。能源技术研究集中在第五、第六两项。

第五项重点行动是更清洁的能源系统，包括可再生能源，预算为4.79

---

① http://cordis.europa.eu/fp5/，2007年8月9日。

② Council of the European Union，*Council Decision 1999/170/EC of 25 January 1999 adopting a specific programme for research，technological development and demonstration on energy，environment and sustainable development (1998 to 2002)*，O J L 64，12/03/1999.

亿欧元。目标是最大程度地减少能源生产和利用所造成的环境影响。研究活动的两个参照点是《京都议定书》（要求在2008—2012年期间减排8%的温室气体）和到2010年可再生能源达到12%的目标。研究领域包括：（1）煤炭、生物质能或其他燃料发电产热的清洁生产，包括热电联产。目标是优化其他燃料的使用，以减少成本及对环境的影响（主要是二氧化碳排放）。(2) 主要新能源和可再生能源特别是生物质能、风能和太阳能技术以及燃料电池的研发和示范，包括非集中式发电（decentralised generation）。目标是研发生物质转换的应用技术，开发风能、成本效益好的光伏系统、太阳能集热系统以及更具效率、更可靠和更具成本效益的燃料电池。(3) 新能源和可再生能源融入能源系统。目标是开发混合系统，把可再生能源与常规系统相结合，克服阻碍公众接受的技术阻碍。（4）具有成本效益的发电环境减排技术。目标是最大程度地减少发电厂排放二氧化碳、氮氧化物及其他污染物，促进燃料效率的提高。

第六项重点行动是研发经济和高效的能源，提高欧洲的竞争力，预算5.47亿欧元。目标是提供可靠、清洁、高效、安全和具有成本效益的能源服务，加强工业的竞争力，尊重环境。研究重点是能源周期的各个阶段，如生产、分配和终端使用。研究领域包括：(1) 合理、高效使用能源。目标是开发能够确保能源高效和可持续利用并能减少能源需求的新技术。研究涉及的部门包括交通、工业、建筑和农业。(2) 能源传输和分配。目标是改进能源传输网络。重点是智能能源分配和传输系统，特别是天然气和电力的远距离传输以及具有成本效益的热气冷气分配。(3) 大型和微型能源储存技术。目标是优化稳定、安全和具有成本效益的能源储存，减少其对环境的影响。(4) 化石燃料的勘探、采掘和生产技术。目标是确认和优化油气资源，减少环境影响。(5) 就经济/环境/能源系统及其相互影响中的供需技术起草方案，分析成本效益性以及各种能源的效率。目标是开发能够满足消费者需要和行为的技术。

另外，在通用性质的研究活动中，该计划也包含了能源领域的研究活动，其重点集中在可持续发展的背景下能源的社会经济方面，即对能源、环境、技术、经济增长和就业之间的关系进行比较评估和分析。

除框架计划内的研发活动外，欧盟还开展了其他一些支持框架计划的专项计划，如SAVE II、ALTENER II和SYNERGY。这些计划旨在促进新的能源技术的示范和推广、促进欧盟成员国之间以及欧盟与其他国家之间能源政策的发展和协调、促进欧盟与发展中国家和地区的能源和政策合作。除了在全世界推广高效、可持续的能源系统的这一目标外，欧盟的这些计划还有一个明确的目标，那就是将欧盟的能源产品推向世界市场，帮助欧盟公司确立在未来能源技术和服务市场上的领先地位。

能源领域的国际合作是欧盟研究与技术示范政策（INCO 计划和 JOULE-THERMIE 计划）的一个部分，也是欧盟环境政策框架内能源行动的一部分。在 INCO 计划框架内，欧盟积极谋求与 JOULE-THERMIE 计划一起，确保协作，以最佳地利用与第三国在能源技术方面的伙伴关系和合作潜力。欧盟还同发展中国家开展联合能源研究项目。

（二）核能研究

核能及相关问题的研究一直是欧盟研发活动的重要组成部分。核能占欧盟电力消费总量的 1/3，并且是一种非常可靠的能源。核能不排放温室气体。因此，核能是欧盟实现减排目标的一种替代选择。在 FP5 框架内的核能专项计划称“核能领域的研究和培训计划”（EURATOM 计划），[①] 旨在以可持续、安全和具有成本效益的方式，开发核裂变和核聚变的潜力。欧委会认为，欧盟必须在科学、技术、财政和组织机制方面更好地准备应对核能的挑战。

EURATOM 计划主要包括两项重点行动——受控热核聚变和核裂变。此外还有放射科学中的通用研究活动和对研究基础设施的支持。总预算为 9.79 亿欧元。

第一项重点行动是受控核聚变，预算 7.88 亿欧元。目标是为核聚变反应建造一个原型反应堆。FP5 提出，要为建造“下一步”试验反应堆奠定基础，并同时研发一个供示范之用的反应堆。研究活动的成功取决于国际合作。在这方面，“国际热核实验反应堆”（ITER）就是欧盟、美国、日本和俄罗斯合作的一个项目。研究的另一条主线是欧洲联合环型加速器（JET），

---

① Council of the European Union，*Council Decision 1999/175/Euratom of 25 January 1999 adopting a research and training programme (Euratom) in the field of nuclear energy (1998 to 2002)*，O J L 64，12/03/1999.

这是全世界第一个大规模的聚变设施，它使欧洲在发展核聚变方面处于领先地位。核聚变的研究领域包括：(1)“下一步”活动。目标是项目设计的最终确定，并实现全面运营。(2) 改进聚变装置的基本概念。目标是改进与“下一步”准备工作相关的聚变装置的基本概念以及示范概念的确定。(3) 长远技术。目标是筹建示范反应堆、一项对抗辐射材料的前景研究、安全性评估以及环境影响评估。

第二项重点行动是核裂变，预算 1.42 亿欧元。目标是确保核设施的安全性，改善欧洲工业的竞争力。特别关注的问题是废料储存和公众态度，同时探索具有更长期经济可持续的创新性概念。1957 年签署的 EURATOM 条约将核安全的责任交给共同体。于是，“联合研究中心”(JRC) 与成员国的特别实验室开展广泛的高水平研究。核裂变的研究领域包括：(1) 现有设施的操作安全。目标是改进设备和方法以保持现有设施的安全性，改进其运作。(2) 燃料周期的安全性。目标是开展废料管理和储存的研发，特别是持久性的高辐射废料。(3) 未来系统的安全性和效率性。目标是探索创新性概念，能够在成本、安全和可持续性方面带来优势。(4) 辐射保护。目标是改进操作人员在操作中的安全，特别是在核燃料周期中。

第五章

欧盟可持续能源战略的确立期（2000—2006）

世纪之交，欧盟能源安全形势出现了一系列新的挑战。对外依存度不断上升使欧盟面临供应中断以及经济、社会和环境风险。1999—2000 年油价暴涨再次暴露了欧盟严重依赖进口石油的结构性弱点。《京都议定书》的签署极大地提高了减排在欧盟能源政策中的重要性。欧盟自身能源供应选择余地有限，对气候变化的承诺又制约了欧盟的能源选择，内部能源市场的逐步完善可能导致能源需求的增长，从而影响气候变化的努力。为了应对新的挑战，欧盟于 2000 年出台了《欧洲能源供应安全战略》绿皮书。其目标是确保所有消费者（家庭和企业）能够在市场上以支付得起的价格不间断地获得能源产品，同时兼顾环境保护问题、追求可持续发展。新战略提出对需求政策采取明确无误的行动来平衡供求政策，力求通过控制需求增长、管理对外依赖来应对能源供应安全和气候变化的双重挑战。供应安全本身的关注范围也由石油扩大到天然气和电力部门。此外，核安全也受到高度重视。这表明欧盟能源安全思想出现了重大转折。里斯本战略和欧盟可持续发展战略的相继出台为欧盟可持续能源政策的发展注入了新的动力。欧盟能源政策不仅要保障能源供应安全，也要履行京都义务，应对气候变化，实现可持续发展，还要实现里斯本战略，促进欧盟经济、社会创新。这标志着欧盟可持续能源战略的正式确立。本章主要探讨欧盟 2000 年能源战略出台的历史背景和基本内容，揭示欧盟可持续能源安全思想进一步升华的内在动力，解析欧盟为促进能源安全、生态安全和经济安全的结合所采取的主要政策和措施。

第一节 世纪之交欧盟能源安全新挑战

一、对外依存度日益提高

自 20 世纪 80 年代以来，国际能源市场油气价格长期偏低、供应充足，导致欧盟严重依赖化石燃料，减弱了对新能源技术创新和投资的兴趣，也延误了与俄罗斯、中东及其他供应国签订地区性协议的进程。

世纪之交，欧盟的能源消费量日益提高。自 1986 年以来，欧盟能源需求量以每年 1%—2%的速度递增。欧盟工业对能源的需求量相对稳定。由于热电联产的引入、技术效率的提高以及向服务经济的过渡，1985—1998 年欧盟工业的能源强度下降了 23%。[①] 然而，电力、交通、家庭取暖以及第三产业的能源需求增长迅速，大大抵消了工业部门的节能成果。交通部门几乎完全依赖石油（石油占其能源消耗量的 98%，终端石油总需求的 67%），其能源需求增长尤其迅速。1985—1998 年，其能源消耗量增长了 10%，从 2.03 亿吨油当量上升到 2.98 亿吨油当量。

与此同时，欧盟本土能源资源极其有限，根本无法满足其能源需求。共同体石油储量主要集中在北海，预计只能持续 8 年，开采成本昂贵。1997 年，共同体石油产量为 1.583 亿吨油当量，仅占世界总产量的 4.4%。欧盟天然气储量也非常有限，仅占世界总量的 2%。1997 年，共同体天然气产量为 2.232 亿吨油当量，占世界总产量的 12%。欧盟固体燃料资源虽然比较丰富，但由于开采成本高、品质不一，因此共同体生产缺乏竞争力，导致其产量持续下降。欧盟铀储量仅占世界总储量的 2%。由于资源即将枯竭，开采成本高于世界价格，且世界市场核燃料供应量充足，因此共同体铀矿已经关闭。可再生能源尽管潜力巨大，但目前在欧盟经济中仅发挥很小的

---

① European Commission, *Green Paper——Towards a European strategy for the security of energy supply*, COM (2000) 769 final, p. 14.

作用。

1998年，欧盟能源消费总量达到14.36亿吨油当量。其中，7.53亿吨由共同体本土生产。共同体能源进口依存度达到50%。欧委会指出，如不采取措施，今后20—30年，欧盟能源需求的对外依存度将上升到70%。当前，在欧盟能源结构中，石油占41%，天然气22%，煤炭16%，核能15%，可再生能源6%。如果现行政策不变，到2030年，欧盟的能源结构将继续受化石燃料的支配：石油占38%，天然气29%，煤炭19%，可再生能源8%，核能6%。① 共同体依赖最严重的是石油，76%的需求通过外部进口来满足。地理意义上的石油供应多元化已经难以实现，因为世界剩余石油储量日益集中在中东。这就意味着欧盟供应安全将面临巨大风险。

欧盟天然气对外依存度也在日益提高。如果不作出很大的努力来实现供应渠道的多元化，欧洲未来天然气进口增量很可能将由俄罗斯来提供。欧洲能源消费和供应预测清楚地表明，今后20年，欧盟所面临的最重要的能源安全挑战将是欧洲是否有能力实现其能源进口渠道和能源运输过境方式的多元化。此外，欧盟日益依赖天然气作为主要的能源还存在两个问题：首先，石油供应中断有一个应急机制，而针对天然气供应中断，欧盟层面上或者IEA框架内均没有相应的应急机制；其次，石油和天然气有着本质的不同：天然气除非转变成液化气，否则只能通过管道直接输送到用户，因此，生产商与用户需要签订长期合同。与天然气不同，石油只需用管道输送到转运点，装船后运往远方市场。这就意味着石油有一个全球市场，而天然气市场只是地区性的。一旦主要供应源发生危机，多元化的选择非常有限。为此，欧委会指出，“从长期来说，欧洲天然气供应将造成一种新的依赖。”②

从经济角度讲，欧盟对外能源依赖的代价非常沉重。1999年，欧盟为能源进口花费了2400亿欧元，占欧盟进口总量的6%和欧盟GDP的1.2%。从地缘政治角度讲，欧盟45%的石油进口来自中东，到2030年，欧盟石油

---

① European Commission, *Green Paper——Towards a European strategy for the security of energy supply*, COM (2000) 769 final, p. 3.

② European Commission, *Green Paper——Towards a European strategy for the security of energy supply*, COM (2000) 769 final, p. 46.

消费量的90%将依赖进口；欧盟40%的天然气从俄罗斯进口（阿尔及利亚占30%、挪威占25%），到2030年，欧盟天然气消费量的60%以上将来自俄罗斯，总体依存度将达到80%。到2030年，欧盟煤炭需求的66%将依靠进口。欧盟扩大不仅无助于改变这一趋势，反而可能带来新的依赖问题。

进口依存度的上升使欧盟日益受到能源价格波动的影响。欧盟缺乏必要的手段控制国际能源市场。1999—2000年国际原油价格飙升，直接助长了欧盟的通货膨胀，对欧盟的就业、投资和企业经营以及经济复苏产生了不利的影响。这突出表明了能源在欧洲经济中的极端重要性，也再次暴露了欧盟在能源供应方面的结构性弱点：欧洲对能源的依赖日益上升，石油在能源价格中仍占支配地位，共同体消费控制政策成效令人失望。

可见，减少对外石油依赖是保障欧盟经济安全的需要，也是促进能源供应安全的要求。鉴于共同体本土资源有限，欧盟只有改善供应的多元化和引导能源需求摆脱石油。没有一项积极的能源政策，欧盟将无法解决日益上升的能源依存度。

二、《京都议定书》的签署制约能源选择

欧盟能源消耗和进口的日益增多不仅意味着供应安全将面临巨大风险，而且也无法应对气候变化的挑战。早在气候变化成为人们的关注焦点之前，能源生产和使用与环境破坏之间的关系就已经被证实。所有能源生产都会对环境带来某种影响。气候变化问题的出现使环境和可持续发展成为供应安全辩论的一个关键要素。能源使用和生产是欧盟温室气体的主要排放源，约占欧盟1990年排放总量的80%。欧盟二氧化碳排放总量约有1/3来自热电生产。交通运输业不仅几乎完全依赖进口石油，而且占二氧化碳排放总量的28%，并将占1990—2010年之间新增排放量的90%。减排意味着减少常规燃料的使用，包括煤炭、石油。

1997年，欧盟及其成员国在《京都议定书》中承诺，到2008—2012年以1990年为基准减排六种温室气体8%。然而，据预测，如果不采取有效政策，2010年欧盟二氧化碳排放总量将比1990年高出7%。因此，实际需

要实现的减排量接近15%。[①] 从数字上讲，京都确定的减排目标要求欧盟到2010年减少2.72亿吨二氧化碳年排放量。如果不采取实质性措施，现行政策将使上述排放量增加一倍，达到5.44亿吨。即使可再生能源的比例从6%增加到12%，那也只能减排2亿吨。还剩下3.5亿吨需要解决。

欧盟致力于环境保护和应对气候变化。欧盟相关各方提出了多种减排方案。例如，用天然气替代煤炭和石油用于发电，理论上可以帮助欧盟减少31%的二氧化碳排放量。通过建造100吉瓦（约70座反应堆）核能生产能力，理论上可以减排22%。发电厂采用二氧化碳捕集与地下封存技术理论上可以减排30%，但煤炭成本会增加60%，天然气增加30%—40%，并且还需要解决地下储存长期管理的风险。交通部门的排放量增长最快，因此减少交通部门的能源需求对减排能产生积极影响。最后，把增加可再生能源的使用同能源效率相结合，理论上可从能源生产和使用中减少一大部分二氧化碳排放。问题是，二氧化碳在几周之内即可飘散到世界各地。因此，欧盟必须鼓励世界各国采取行动，减少化石燃料的需求量，提高可再生能源的可行性。否则，世界其他地区，特别是发展中国家增加的排放，很快就会抵消欧盟所做的努力。

履行京都目标以及可持续发展的要求大大限制了能源供应安全的选择可能。经济发展需要能源，能源生产又不能破坏和污染环境。在这种情况下，欧盟将面临重新调整能源工业结构、加大科研与技术推广力度、寻求新的能源开发途径的考验。欧委会认为，能源供应安全和可持续发展有着相似的目标：减少能源强度，改进能源效率，增加清洁、本土和可再生能源，同时服务于环境保护和能源供应安全目标。环境考虑可提高人们对能源使用所带来的环境影响的认识，从而鼓励人们自愿提高能源效率，使用更清洁的能源。能源供应考虑也需要遵循《阿姆斯特丹条约》所确定的可持续发展的要求。

三、内部能源市场的发展导致需求增长

虽然内部电力和天然气市场尚未全面建成，但是内部市场的自由化已经

---

① European Commission, *Green Paper——Towards a European strategy for the security of energy supply*, Technical Document, p. 13.

给消费者带来了好处，表现在能源价格下降，对服务供应商的选择余地扩大。然而，它也给供应安全带来了两个截然不同的效果：一方面，内部市场提高了能源系统的整体效率，为更多的节能技术创造了市场，其目标是从较少的燃料投入获得更大的能源服务产出；另一方面，内部市场也使需要大规模资本输入或者回报时间太长的投资缺乏吸引力。能源技术研究，特别是基础研究以及新技术的开发处于不利的地位。

此外，内部能源市场的逐渐完善对能源需求产生了新的影响。内部市场自由化所带来的竞争正在改变着不同能源品种（煤炭、核能、天然气、石油和可再生能源）的竞争地位。竞争在降低能源价格的同时，也可导致能源需求的增长。例如，电价的下降与遏制需求上升和应对气候变化的政策背道而驰。这一系列因素可能形成不利于供应安全的合力，导致价格上涨甚至供应中断，并且破坏应对气候变化的努力。因此，欧盟需要在经济竞争力、供应安全和气候变化三个目标之间找到妥善的解决办法。

四、欧盟扩大带来新的供应安全问题

自 20 世纪 90 年代起，剧变后的中东欧国家在进行全面改制的同时，纷纷提出“回归欧洲”的口号，积极寻求加入欧洲现有的各种国际机制，其中加入欧盟是主要目标之一。出于地缘战略的考虑，欧盟也将东扩视为欧洲一体化发展的重要步骤。2000 年 12 月，《尼斯条约》的通过，消除了阻碍欧盟扩大的决策机制障碍，为东扩铺平了道路。2001 年 12 月，欧盟布鲁塞尔首脑会议宣布，塞浦路斯、爱沙尼亚、匈牙利、拉脱维亚、立陶宛、马耳他、波兰、斯洛伐克、捷克和斯洛文尼亚等 10 个候选国基本达到入盟标准，可望在 2004 年正式加入欧盟。2002 年 12 月 13 日，历时 4 年多的欧盟东扩谈判终于在哥本哈根峰会圆满地画上了句号。会议通过决议，宣布从 2004 年 5 月 1 日起上述 10 国将正式成为欧盟成员国，“15 国”将变成“25 国”。[①]

然而，欧盟东扩不会改变当前共同体能源消费增加、常规燃料需求不断

① 马凤书：《融入欧洲：欧盟东扩与俄罗斯的欧洲战略》，http：//www. europe. sdu. edu. cn/ouzhouzhongxin/php/article. php? articleid=34。

增长和进口依存度上升的总体趋势。相反，由于工业结构和财税体制的调整、陈旧的工厂和基础设施的更新，即将入盟的10个中东欧国家还会带来新的问题。新成员国供需平衡与欧盟成员国基本相似，但在经营环境方面存在着巨大差异。中东欧国家普遍存在着固体燃料占支配地位、法律和法规框架不同、垂直一体化的国有垄断企业、能源低效率、技术过时、需求超过供应等问题。此外，由于历史和文化的不同，中东欧国家有着不同的能源价格和税收传统。在社会主义体系内，能源获得补贴，能源市场几乎完全依赖前苏联的供应。现在，一些中东欧国家能源供应已经出现支付困难。这些问题给欧盟带来了新的供应安全问题，但同时也为欧盟的先进技术和替代能源创造了新的投资机会。

新成员国的天然气依赖迅速上升和本土煤炭生产的大幅削减均将加大进口依赖，特别是对传统供应国——俄罗斯的依赖。中东欧国家严重依赖单一供应源，凸显了进口多元化的必要性和紧迫性。当前，除俄罗斯外，向新成员国输送新增能源需求的系统并不存在。与俄罗斯以外的重要供应国缺乏管道连接或过境衔接。因此，欧盟必须考虑在候选国内部和外部创建必要的连接。

东扩将极大地改变欧洲市场的版图。1994年签署的《能源宪章条约》在某种程度上已经促进了相关国家能源主体之间的互动。新成员国进入欧洲能源大市场将创造新的跨境连接和伙伴关系，从而对能源供应安全带来深刻的影响。欧盟决策者的困难在于如何在一个自由化的市场内，建立相应的消费者行为、企业投资和基础设施框架，防止东部地区能源消费上升给整个共同体带来新的能源供应困难。

第二节　促进供应安全、气候变化和竞争力的结合

一、《欧洲能源供应安全战略》绿皮书的出台

鉴于欧盟面临一系列新的挑战，欧盟必须制定相应的能源战略。2000

年11月29日，欧委会公布了一份题为《迈向欧洲能源供应安全战略》的绿皮书。[①] 这是自1995年以来首次对欧盟能源政策进行评估。绿皮书指出，欧盟极其依赖外部能源供应。当前，欧盟50%的能源需求依赖进口。如不采取措施，到2030年欧盟能源的对外依存度将上升到70%，并且对油气的依赖将进一步提高。这使欧盟能源供应安全在未来20—30年面临四种风险：一是实际供应中断的风险，指因某种能源枯竭或生产中断而造成的短期性、长期性或者永久性的能源供应中断；二是经济风险，指由欧盟和世界能源市场上油价大幅波动所引起的经济“中断”；三是社会风险，指能源供应不稳定（不论是由能源价格大幅波动引起，还是由地缘政治危机或者偶发事件引起）所带来的严重社会后果（如罢工、社会冲突）；四是环境风险，指由能源供应链发生事故（如石油泄漏、核事故）或污染物排放（如城市污染、温室气体）所造成的环境/生态破坏，特别是全球气温变暖。所谓能源安全，就是要防范这四种风险。

欧盟历来重视能源供应安全和环境保护问题。1997年《京都议定书》的签署进一步提高了环境保护和可持续发展在共同体能源政策中的重要性。为了应对能源供应安全、气候变化和可持续发展的严峻挑战，欧委会提出共同体必须制定一项长期的能源供应安全战略。这一战略的主要目标是：“确保所有消费者（家庭和企业）能够在市场上以支付得起的价格不间断地获得能源产品；同时尊重环境关切、追求可持续发展。供应安全并不是追求能源自给的最大化，或者对外依赖的最小化，而是要减少与这一依赖相关的风险。追求目标应包括在不同能源产品和供应来源之间实现平衡，并且实行多样化。”[②] 无疑，这是一种兼顾供应安全、竞争力和可持续发展三个目标的可持续能源安全观。

绿皮书把欧盟能源供应分为内部和外部两个维度：对内，欧盟需要平衡供求关系，并尊重环境、消费者、人身安全、政治和经济要求；对外，欧盟主要谋求充足的、合适的能源供应来填补内部生产和内部需求之间的缺口。欧盟应对能源供应安全的传统方式历来强调增加供应，既包括内部，也包括

---

① European Commission, *Green Paper——Towards a European strategy for the security of energy supply*, COM (2000) 769 final, p. 2.

② Ibid.

外部。从这种观点出发，欧盟应该扩大和发展本土能源的种类，并且努力确保外部供应的安全。然而，绿皮书指出，欧盟增加能源供应的回旋余地有限。可再生能源虽然得到大力推动，但在需求增长面前只能产生有限的影响。常规能源将长期不可或缺。然而，未来能源市场的前景限制了欧盟在供应方采取行动的可能性。成员国对共同体能源政策缺乏政治共识又限制了干预的可能性。因此，欧委会提出，新的能源战略的重点应放在控制需求增长上，既要遵守欧盟的京都承诺，又要牢记供应安全，通过引导能源消费需求来平衡供需关系。这是欧委会首次提出将能源需求管理置于能源政策的首位。绿皮书把历来追求的对外能源独立的目标也改成了对外依赖的管理。这是欧委会基于对自身条件、当前面临的挑战以及未来能源市场发展的基本判断而在战略理念上所作出的一个重大转折。

绿皮书提出在两个优先领域采取行动：（1）在需求方面，主要是控制需求增长。应通过明确支持控制需求的政策行动来重新平衡供应政策，通过征税措施实质性地改变消费者行为，引导消费者朝着尊重环境的消费方式发展。（2）在供应方面，主要是管理外部依赖的问题。应优先考虑应对全球气候变暖的要求，采取一切财政手段（包括援助、减税和财政支持）支持新能源和可再生能源（包括生物燃料）的发展，使其在能源供应结构中的比例从6％增至2010年的12％，在电力生产中的比例由14％提高到22％；鉴于大部分成员国已经放弃核能，因此有必要就核能在未来10—20年内对应对全球气温变暖、供应安全和可持续发展的贡献进行辩论。不论辩论结果如何，共同体都必须加强对核废料技术的研究，最大程度地提高核设施的安全性。在油气方面，必须加强油气储备机制建设，建立油气战略储备，预测新的进口线路。

绿皮书同时指出，由于欧盟东扩在即，欧盟需要对其与外部伙伴国（供应国和过境国）的关系进行重新定位。未来十年，欧盟需要在新的能源市场条件下进行大规模的能源投资，以取代陈旧的基础设施、满足能源需求的增长。这对促进能源市场开放和环境保护是一个难得的机会，有助于帮助欧盟形成统一的共同体能源政策。但是，共同体仍然缺乏必要的资源和手段来应对这些挑战。尽管能源供应问题自欧洲一体化启动以来始终是共同体关注的问题，三个基础条约中有两个是为了确保共同体煤炭和核能供应的稳定和公平，然而成员国拒绝在《欧洲经济共同体条约》中为共同能源政策确定一个法律基础。在《马斯特里赫特条约》和《阿姆斯特丹条约》的谈判过程中，欧委会试图在条约中纳入能源一章。然而，缺乏政治共识使一切努力均告失败。为此，1957年《罗马条约》签署后共同体所出现的一切能源问题，特别是两次石油危机，都是通过内部市场机制、趋同、环境政策或税收来加以解决的。《罗马条约》第103条专门就共同体层面上解决供应问题作出了规定。这就是欧盟建立石油储备的指令所引用的法律依据。然而，自马约签署以后，供应安全措施的实施需要理事会一致通过，而不是第103条所规定的有效多数。这就限制了共同体干预的可能性。

绿皮书进一步指出，今天，欧盟各成员国相互依赖，既是为了应对气候变化，也是为了创建内部能源市场。任何一个成员国所采取的任何一项能源政策决定，都会对其他成员国的市场运转产生影响。因此，能源政策已经具有一个新的共同体维度。在这种情况下，能源政策缺乏协调是否明智值得深思。2000年10月3日，欧盟委员会主席普罗迪在欧洲议会的演讲中就直言不讳地指出："你不能一方面谴责欧洲缺乏统一、有效的行动，另一方面却又满足于共同体开展这些行动的工具所存在的缺陷。最近出现的油价危机就是一个最好的说明。"[①] 只有扩大共同体在能源问题上的权力，才能有效地确保欧盟更好地控制自身的能源命运。

绿皮书得出的结论是："欧盟日益依赖外部能源供应；东扩无法改变这一形势；基于当前预测，到2030年欧盟对外依存度将达到70%。欧盟影响能源供应条件的能力非常有限，欧盟能够干预的基本上只有需求端，主要通过建筑和交通部门的节能。目前，欧盟缺乏必要的资源和工具来应对气候变化的挑战，履行其在《京都议定书》中所作出的承诺。"[②] 为此，绿皮书围绕未来的欧盟能源供应安全战略所应采取的措施提出了13个问题，[③] 目的是引导欧盟相关各方展开大辩论。

辩论结果表明，欧盟各方（包括成员国和NGO）几乎一致赞成欧委会提出的政策理念，即把控制需求增长作为欧盟能源战略的重心。2001年5

---

① European Commission, *Green Paper——Towards a European strategy for the security of energy supply*, COM (2000) 769 final, p. 11.

② Ibid., p. 12.

③ Ibid., pp. 12—13.

月，欧盟理事会对绿皮书进行了审议，强调了成员国和欧盟层面发展长期战略、改善欧盟能源供应安全的必要性。理事会一致认为，需求增长和供应依赖要认真加以管理。2001年12月，欧洲理事会讨论了绿皮书，重点是（“9·11”事件后）基础设施安全、油气储备以及加强欧盟与生产国的对话问题。2002年欧洲理事会巴塞罗那峰会特别强调了到2010年提高能源效率以及尽快通过能源税收法案的必要性，从而为这一优先考虑提供了政治支持。①

二、里斯本战略和欧盟可持续发展战略提供新动力

面对全球和欧洲气候变化的严峻形势，同时也是为了应对经济全球化和日益激烈的市场竞争的挑战，2000年3月23—24日，欧洲理事会里斯本峰会通过了一个10年发展战略——里斯本战略，旨在将环境挑战转化为经济增长，使环境、经济和社会三方面达到最优化平衡。里斯本战略的总目标是“至2010年，将欧洲建设成为世界上最具竞争力、最具活力的知识经济体，有能力实现可持续的经济增长，为人们提供更多、更好的工作，并促进社会凝聚力”。② 其具体目标是：为所有公民创建一个信息社会；建立一个欧洲研究和创新区；为创新型企业特别是中小企业的启动和发展创建一个友好的环境。作为欧盟可持续发展战略的一部分，里斯本战略提出了振兴经济和社会创新两个支柱，其中心目标是：对研发进行必要的投资，使经济年增长率达到3%；减少官僚主义，促进企业发展；到2010年就业率达到70%（妇女60%）。里斯本战略的通过必然要求能源政策与经济竞争力和可持续发展进一步结合。

2001年5月15日，欧委会通过了《欧盟可持续发展战略》，提出了四个主要目标，限制气候变化是其中之一。为了实现这一目标，欧委会提出，首先是实现《京都议定书》下所作出的承诺，其次是以1990年为基准减少

① European Commission, *Final report on the Green Paper "Towards a European strategy for the security of energy supply"*, COM (2002) 321 final, p. 3.

② http: //europa. en. int/comm/lisbon _ strategy/index _ en. html.

温室气体排放，平均每年1%，直到2020年。[1] 2001年6月15—16日，哥德堡欧洲理事会通过了《欧盟可持续发展战略》，要求各项政策必须更加统一，均应将可持续发展列为优先目标。[2] 可持续发展战略作为可持续性的第三个支柱——环境保护，与里斯本战略所提出的振兴经济和社会创新两个支柱，形成了欧盟相互支持、相互促进、共创欧洲美好未来的政治承诺，为欧盟经济、社会和可持续发展确定了长远的政策路线。哥德堡峰会明确承诺，欧盟决心履行《京都议定书》义务，要求各国批准议定书，使它在2002年生效。2001年12月，拉肯（Laeken）欧洲理事会进一步确认，欧盟希望《京都议定书》在约翰内斯堡世界可持续发展峰会前生效。2002年4月25日，部长理事会通过了第2002/358/EC号决定，批准了《京都议定书》以及共同体和各成员国的减排义务。[3] 各成员国也在随后的几个月里完成了国内的批准程序。应对气候变化由此成为欧盟可持续发展战略的一项关键内容，并且构成了欧盟在2002年8月26日—9月4日约翰内斯堡世界可持续发展峰会上所作出的主要承诺之一。

里斯本战略和欧盟可持续发展战略的相继出台为欧盟可持续能源政策的发展注入了新的动力。欧盟能源政策不仅要保障能源供应安全，也要节能减排，履行京都义务，实现可持续发展，还要实现里斯本战略，促进欧盟经济繁荣和社会创新。

2002年7月22日，部长理事会通过了第六个环境行动计划（2002—2010），把应对气候变化列为四个优先行动领域之一。减排的要求逐渐融入了能源、农业、地区政策、研究等欧盟各项共同政策领域。

---

① European Commission，*A Sustainable Europe for a Better World：A European Union Strategy for Sustainable Development*，COM（2001）264.

② *The Lisbon Strategy and the EU Strategy for Sustainable Development——An Overview*，http：//www.clubofrome.at/events/2006/brussels/guide.html.

③ Council of the European Union，*Council Decision 2002/358/EC of 25 April 2002 concerning the approval，on behalf of the European Community，of the Kyoto Protocol to the United Nations Framework Convention on Climate Change and the joint fulfilment of commitments thereunder*，O J L 130，15/05/2002.

第三节 落实2000年共同体战略的行动

一、应对气候变化

（一）实施气候变化战略

欧盟从1991年起就建立了一项减少二氧化碳排放、提高能效的战略。但是，发展协调一致的欧洲气候变化政策从2000年3月8日欧委会发起的《欧盟气候变化计划》（ECCP）才算真正开始。[①] 2001年6月15—16日，哥德堡欧洲理事会明确提出，欧盟决心履行《京都议定书》的承诺。2001年10月23日，欧委会发表了ECCP第一阶段实施计划，里面包含了为实现哥德堡峰会提出的目标而制定的措施。

欧盟气候变化计划分为两个阶段实施。第一阶段（2000—2001）的目标是实施气候变化计划，使欧盟到2010年的预估排放量和《京都议定书》确定的目标之间的差额减少一半。初期工作的重点是为能源、交通和工业部门制定符合成本效益的政策和措施，确保欧盟及其成员国完成2008—2012年《京都议定书》减排目标。欧盟气候变化计划框架内成立了六个工作组：灵活机制、能源供应、能源消费、交通运输、工业和研究。第二阶段（2001—2003）成立了11个工作组：排放交易；联合履约与清洁发展机制；能源供应；能源需求；终端使用设备与工业加工中的能源效率；交通运输；工业（包括氟化气、可再生原材料、自愿协议分组）；研究；农业；农业土壤碳汇；森林相关的碳汇。

2002年欧委会在能源领域提出了一系列立法提案和措施，包括：终端设备最低能效要求框架指令；能源需求管理指令；热电联产指令；加强能源

---

① European Commission，*Communication from the Commission to the Council and the European Parliament on EU policies and measures to reduce greenhouse gas emissions: Towards a European Climate Change Programme (ECCP)*，COM（2000）88 final，8/3/2000.

效率公共采购的倡议，公共部门促进能效技术需求；开展提高公众意识的宣传活动和“起飞”运动，推广行动成果和最佳做法。[①]

欧盟气候变化计划奠定了欧盟气候政策以及应对全球变暖的战略的基础，完美地体现了环境考虑融入其他政策的原则。该计划为欧盟各国提出了一整套符合成本效益的减排政策和措施，分析评估了现行措施对应对气候变化可能作出的贡献。随后，欧委会制定了一系列减排政策和措施，包括促进可再生能源发电、提高建筑物能效、限制对全球气温变暖具有影响的工业性氟化气体排放等立法提案。欧盟在该计划框架下制定的最重要的措施是欧盟排放交易机制（EU ETS）。该机制 2005 年启动，旨在限制发电和制造业中能源密集型设施的 CO_2 排放。[②]

2005 年 10 月 24 日，欧委会在布鲁塞尔由 450 名不同利益者代表参加的大会上启动了第二个欧盟气候变化计划。在这之前，欧委会公布了《打赢全球气候变化之战》的政策文件。[③] ECCP II 旨在确定 2005—2012 年以及 2012 年以后所需进一步采取的符合成本效益的减排措施，制定适应气候变化的战略。欧委会提出，从 2011 年开始把航空业也纳入欧盟排放交易机制，并通过立法加强欧盟新车二氧化碳减排战略。ECCP II 其他行动包括：对欧盟排放交易机制进行评估，为从 2013 年起加强和扩大该体系铺平道路；为以环境安全的方式使用碳捕集与封存（CCS）技术制定一个法律框架；制定将于 2007 年 6 月公布的适应气候变化绿皮书。

（二）启动欧盟排放交易制度

在《京都议定书》的约束下，每个国家的温室气体（GHG）排放权开始成为一种稀缺的资源，也就有了商品的属性。人们对温室气体排放权限制的承认，使得温室气体排放权成为一种全新的交易对象出现在商品贸易中。鉴于温室效应具有全球性，且不同国家、不同企业之间在减排成本方面又存

---

① European Commission, *Implementation of the European Climate Change Programme (2000—2001)*, COM（2001）580 final.

② *Questions and Answers on Emissions Trading and National Allocation Plans for 2008 to 2012*, MEMO/06/452. Brussels, 29 November 2006.

③ European Commission, *Winning the Battle Against Global Climate Change*, COM（2005）35 final, Brussels, 9/2/2005.

在巨大差异，所以《京都议定书》建立了三种灵活减排机制，即联合履约、清洁发展机制和国际排放贸易。通过这三种机制，《京都议定书》规定的附件一国家可以以符合成本效益的方式通过交易转让或者境外合作的方式获得温室气体排放权。这样就能够在不影响全球环境完整性的同时，降低温室气体减排活动对经济的负面影响，实现全球减排成本效益最优化。京都三机制为国家之间就温室气体排放权展开贸易提供了一个全新的框架，且逐渐孕育出了一种崭新的温室气体排放权交易市场。

为了实现8%的减排目标，欧盟15国达成了一个内部分摊协议，每个成员国分得一个2008—2012年履约期的固定的最高排放量（以吨计算）。排放量较少的国家可以把未用的排放配额出售给排放量较多的国家。这是一种市场驱动的解决办法，可以最大程度地减少履行《京都议定书》减排义务所产生的经济成本。

为帮助其成员国为履约做好准备，获得进行排放贸易的经验，欧盟决定建立排放交易制度（EU ETS），为欧盟各国公司提供一个可以对污染配额进行交易的内部市场。2003年10月13日，欧盟理事会通过了《关于建立共同体温室气体排放配额交易制度的2003/87/EC号指令》。[①] 该指令建立了在共同体内部进行温室气体排放配额交易的计划，以促进符合成本效益和经济效率的减排。2005年1月1日，欧盟排放交易机制正式启动。

欧盟排放交易机制是世界上第一个国际性的排放交易制度，也是全球最大的温室气体排放权交易市场。该体系覆盖所有欧盟成员国，目前覆盖的行业包括发电、炼油、钢铁、玻璃、水泥、陶瓷、纸及纸浆生产、砖瓦制造业。约1.2万家能源密集型工业企业可买卖二氧化碳污染配额，约占欧盟二氧化碳排放总量的40%。非欧盟成员国的瑞士和挪威也决定于2007年自愿加入欧盟排放交易机制，与欧盟成员国进行排放贸易。

该交易体系采用的是总量控制和排放交易（Cap-and-Trade）的管理和交易模式，即：环境管理者（欧盟及其成员国政府）从2005年开始对包括电力行业在内的几个部门设置一个排放量的上限，受该体系管辖的每个企业从环境管理者那里分配到一定数量的排放许可额度——欧盟碳排放配额

① Council of the European Union, *Directive establishing a scheme for greenhouse gas emission allowance trading within the Community*, 2003/87/EC, 13/10/2003.

(EUA)，而所有企业的排放总量不得超过该上限。如果企业能够使其实际排放量小于分配到的排放许可额度，那么它就可以将余下的额度放到排放市场上出售，以获取利润。反之，如果一个工厂的排放量超出了它获得的许可额度，那么它就必须到市场上购买排放权，否则将会被重罚。

欧盟的排放交易机制分两个阶段实施：第一阶段是2005—2007年，是一个试验性阶段；第二阶段是2008—2012年（与《京都议定书》减排承诺实施期相一致）。在第一阶段内，每个成员国要把本国排放总量限制以及国内受体系管辖的设施所分得的EUA数量以国家分配方案（National Allocation Plan，NAP）的形式提交给欧委会。欧委会则对这些NAP进行评估，决定它们是否符合排放交易指令规定的标准。为了保证这项制度的实施，欧盟设计了一个严格的履约框架。框架规定，自2005年开始，企业的CO_2排放量每超1吨，将被处以40欧元的罚款；自2008年开始，罚款额将涨至每吨100欧元，并且在次年，企业排放许可额度还必须扣除相应数量。

为了建立一个全球性的排放贸易网络体系，欧盟于2004年10月27日通过了《连接指令》（2004年11月14日生效），[①] 允许欧盟排放交易机制系统内的成员从2005年起可使用清洁发展机制（CDM）项目和联合履行（JI）项目的减排量指标核证减排量（CERs）来抵消其排放量。因此，欧盟排放交易体系实现了排放交易机制和CDM、JI机制的结合。此外，为扩大欧盟排放交易机制的影响，进一步降低欧盟企业的履约成本，欧盟排放交易机制积极与其他排放贸易制度进行连接。目前，它已可与《京都议定书》附件一国家的排放贸易制度连接，如加拿大、日本、瑞士等国的排放交易机制。通过双边认可，欧盟排放交易机制还实现了与其他非《京都议定书》机制连接，例如美国州一级的排放贸易制度。这种连接不仅能使欧盟国家获得比其国内便宜的减排配额，而且还有助于促进对签署《京都议定书》的发展中国家（通过CDM）和其他工业化国家（通过JI）的技术转让。

---

① Council of the European Union，*Directive 2004/101/EC establishing a scheme for greenhouse gas emission allowance trading within the Community*，*in respect of the Kyoto Protocol's project mechanisms* (Linking Directive)，27/10/2004.

欧盟排放交易机制的交易基本上都是通过直接交易市场或交易所来进行的。欧盟碳交易活动的 3/4 是场外柜台交易和双边交易，其中半数以上场外柜台交易是通过交易所结算交割。目前，欧洲有四个交易所参与碳交易：阿姆斯特丹的欧洲气候交易所、奥斯陆的北方电力交易所、法国的未来电力交易所、德国的欧洲能源交易所。在所有通过交易所结算交割的碳交易量中，欧洲气候交易所的交易量占 82%，其全部碳融资合同都在伦敦跨洲期货交易市场进行电子交易。

为了加强对欧盟温室气体和《京都议定书》履约情况的监测、评估和报告，2004 年 2 月 11 日，欧盟理事会通过了第 280/2004/EC 号决定，① 建立了新的欧盟温室气体排放监测报告机制。该决定取代了 1993 年 6 月 24 日理事会为落实《联合国气候变化框架公约》而通过的关于建立温室气体监测和报告机制的第 93/389/EEC 号决定。② 新机制的任务是：（1）监测成员国温室气体排放和消减情况；（2）评估履约进展情况；（3）落实《联合国气候变化框架公约》和《京都议定书》的情况，如国家规划、温室气体登记、国家体系、共同体及成员国登记体系以及《京都议定书》之下的相关程序；（4）确保共同体及成员国向《联合国气候变化框架公约》秘书处报告的及时性、完整性、准确性、一致性、可比性和透明性。理事会决定要求各成员国建立一个国家性温室气体排放和消减信息汇总体系，并在 2005 年 3 月 15 日前向共同体提交一份情况汇总报告，以后每两年提交一份报告。共同体层面上最迟应在 2006 年 6 月 30 日建立一个信息汇总体系，以确保成员国信息的准确性、可比性、一致性、完整性和及时性。这些注册平台的建立对确保欧盟成员国在《京都议定书》下的所有减排指标和欧盟排放交易机制指标交易的准确记录发挥了重要的作用。

---

① Council of the European Union, *Decision No 280/2004/EC of the European Parliament and of the Council of 11 February 2004 concerning a mechanism for monitoring Community greenhouse gas emissions and for implementing the Kyoto Protocol*, O J L 49, 19/2/2004, pp. 1—8.

② Council of the European Union, *Council Decision 93/389/EEC of 24 June 1993 for a monitoring mechanism of Community CO_2 and other greenhouse gas emissions*, O J L 167, 9/7/1993, p. 31.

二、突出节能增效，控制需求增长

2000年欧盟能源战略绿皮书把能源效率和节能作为欧盟保障供应安全、应对气候变化的重中之重。为此，欧盟积极采取措施，改善终端使用能源效率，控制需求增长，"聪明"地使用能源，以使欧盟成为世界上能效最高的经济体。

（一）制定能源效率行动计划

作为欧盟1998年4月《共同体能源效率战略》的一个后续行动，欧委会于2000年出台了《提高欧洲共同体能源效率的行动计划》。[①] 该行动计划构成了共同体到2010年的能源效率领域的活动框架。该计划提出的目标是，将欧盟能源效率由过去10年每年的0.6%提高到1%。这就意味着到2010年欧盟可以实现18%节能潜力的2/3。为了实现这一总目标，欧委会制定了具体的指标，目的是在能源和环境政策领域发展行动，强调超过既定目标的可能性，最后采取措施通过市场力量和新技术的运用，确保能源效率的长远改善。

欧委会提出的行动分为三类：

第一类是将能源效率融入其他欧盟政策的措施。主要包括六个领域：(1) 交通。该部门占终端能源消费的30%，因此是能源效率的优先领域。措施主要是建立新的基础设施以及交通模式的相互衔接。(2) 现代企业政策。可持续发展主要涉及工业，可通过自愿协议实现。(3) 地区和城市政策。这方面主要通过结构基金、地区基金和团结基金等融入资源分配之中。(4) 研究与开发。第五个科技研发框架计划，特别是能源计划，将促进该领域的研究。在1999—2002年分配给能源的10.42亿预算中，4.4亿将分配给能源效率。(5) 税收和关税政策。可能采取的措施包括对能源效率投资的税收减免。欧委会已提出了欧盟能源产品税收框架。[②] (6) 国际合作与入盟

---

① European Commission, *Action Plan to Improve Energy Efficiency in the European Community*, COM (2000) 247.

② http://europa.eu.int/scadplus/leg/en/lvb/l27019.htm.

前准备活动。这方面主要是法规的趋同、能效标准的趋同以及国际自由化措施。《能源宪章条约》和SAVE计划都是重要的工具。

第二类是加强和扩大现行政策的倡议。这方面需要在四个优先领域加强团结和扩大措施：(1) 交通。措施包括非强制性措施（自愿协议）和立法。欧委会已经与汽车工业签订自愿协议，到2005/2010年将新车二氧化碳排放量减少1/3。(2) 家用电器、商用及其他设备。主要措施是加强和扩大现行欧盟标签制度和最低能效标准。(3) 工业（包括电力和天然气公司）。行动计划包括：在工业部门签订长期协议，消除技术障碍；增加热电联产；在分配公司和中小企业提供的能源服务中提高能源效率的作用。(4) 建筑。行动计划提出修改理事会关于建筑物能源认证的第93/76/EEC号指令。2001年5月，欧委会提出了关于建筑物能效的指令草案。2000年9月，理事会通过了关于提高照明能源效率的指令。欧盟还资助了一个关于商用楼照明的“绿灯计划”。行动计划还提出了一系列旨在改进能源效率的横向措施，包括：地方和地区层面上的非集中式能源管理；加强第三方融资（如私营企业）；通过开展新的欧盟信息宣传运动和专业化培训，改善信息传播和培训；通过扩大成员国监测计划和确定指标的趋同，改善监测和评估方法。

第三类是新的政策和措施。为了落实能源效率指标，需要实施一些新的政策：(1) 促进公共采购中的能源效率。公共采购可以促进能效技术的需求，从而为能效措施融入公共和私营部门政策/活动树立榜样。欧盟机构已发起自身的能源管理行动。(2) 合作性技术采购。这里涉及对公共部门对能效技术的招标需要和要求进行协调，以便从所有的现有技术中充分受益。(3) 工业和第三产业的能源审计。某些成员国开展的能源审计提供了有用的信息，但常常难以获得。因此，欧委会考虑发起一个加强成员国能源审计的欧盟行动。(4) 最佳做法。在开展了一个可行性研究后，SAVE计划框架内已经发起了一个最佳做法的计划，目的是为决策者和终端用户提供有关能源效率的独立的信息，使他们熟悉新技术、新方法。

欧委会还提出了一系列政策工具，用于欧盟和成员国层面上实施该计划。SAVE计划、欧洲聪明能源计划和第五个科技研发框架计划都是欧盟实施该计划的重要工具。许多行动并不是强制性的，而是自愿性的。欧盟政策旨在加强和补充成员国的政策。共同体主要通过SAVE计划发挥重要的协调作用。

（二）建立健全节能增效法规

建立健全节能增效法规是实现政策目标的制度保证。为了实现共同体能源效率行动计划中提出的节能增效目标，欧盟在现有节能增效指令的基础上又提出了包括促进建筑物节能、交通节能、能源服务、生态设计、生态标签在内的一系列指令提案，目的是促进欧盟相关各方改变能源利用和消费模式。大部分已经理事会批准。

1. 建筑物节能指令

建筑物约占能耗的40%，节能潜力超过20%。2002年12月16日，理事会通过了建筑物节能指令，[①] 旨在为改进建筑物的能源效率创建一个共同框架，作为共同体履行《京都议定书》义务和促进供应安全的行动的一个组成部分。虽然欧盟已经有一个建筑物能源认证指令，[②] 但那是在一个不同的政治背景下通过的。当时还没有《京都议定书》，并且欧盟能源供应安全也不存在2000年所出现的不稳定性，因此其目标和覆盖范围有限。2002年通过的指令涉及居民住宅和第三产业（办公室、公共建筑等），旨在覆盖建筑物能源效率的所有方面，目标是确立真正一体化的解决方法。该指令包括四个方面：一是计算建筑物一体化能源效率的共同方法；二是新建筑和列入翻修计划的既有建筑物的能源效率的最低标准；三是新建筑和既有建筑能源认证制度以及公共建筑标示认证和其他相关信息的制度，证书不得超过5年；四是定期检查建筑物中的锅炉和中央空调系统，评估锅炉寿命已超过15年的供热设施。

2. 热电联产指令

热电联产（CHP）在提高能效、节约能源、减少环境影响方面具有巨大的潜力。与热和电分开生产相比，热电联产可以实现对燃料的高效使用。1997年，欧盟公布了热电联产战略，[③] 并制定了到2010年将热电联产的比

---

① Directive 2002/91/EC of the European Parliament and of the Council of 16 December 2002 on the energy performance of buildings，O J L1/65，4/1/2003.

② Directive on the energy certification of buildings，93/76/EEC.

③ Communication from the Commission，of 15 October 1997，on a Community strategy to promote combined heat and power（CHP）and to dismantle barriers to its development，COM（1997）514 final.

例增加一倍，达到18%的目标。如果这一目标得以实现，那么节能量可达欧盟能源消耗总量的3%—4%。1997年12月，欧盟理事会通过了一项决议，这表明成员国同意这一目标。[①]

2004年2月11日，欧盟理事会通过了促进热电联产指令。[②] 该指令的目标是建立一个透明的共同框架，以促进和便利在有需要的地方设立热电联产工厂。其具体目标有两个：在短期内，巩固现有热电联产设施，促进新工厂的建立；在中长期内，为高效率热电联产建立必要的框架，以减少二氧化碳等物质的排放，促进可持续发展。根据该指令，到2010年，欧盟热电联产发电量占总发电量的比重将翻一番，达到18%（按1994年9%的比例计算而来），热电装机容量达135吉瓦，至2030年达195吉瓦，占发电总量的20%。该指令特别指出，来自热电联产的电力将同可再生能源发电一样，各电网运营商必须为其联网提供"接入"服务。由于实施热电联产战略，预计到2010年，欧盟可减排1.27亿吨，到2020年减排2.68亿吨，为实现《京都议定书》中欧盟减排温室气体8%的承诺作出贡献。

3. 荧光照明灯镇流器能源效率要求指令

该指令于2000年9月18日通过，旨在促进荧光照明中其他措施无法实现的符合成本效益的节能。[③] 该指令只包含新生产的镇流器，此类产品能耗高，具有相当大的节能潜力。欧委会研究表明，为荧光照明灯镇流器制定能效标准是共同体为减少商用楼照明能耗可采取的最有效的行动之一。鉴于荧光照明占共同体相当大的用电量，而共同体市场上出售的各类荧光灯镇流器耗电水平非常不统一，能源效率差异极大，因此该指令建议实现镇流器的标准和能源效率的趋同。所有荧光灯都有镇流器，因此使用能效更高的镇流器可以节省大量电能流失。

---

① Council Resolution of 18 December 1997 on a Community strategy to promote combined heat and power，O J C 4，8/1/1998，p. 1.

② Directive 2004/8/EC of the European Parliament and of the Council of 11 February 2004 on the promotion of cogeneration based on a useful heat demand in the internal energy market and amending Directive 92/42/EEC，O J L 52，21/2/2004，pp. 50—60.

③ Directive 2000/55/EC of the 18 September 2000 on energy efficiency requirements for ballasts for fluorescent lighting，O J L279/33，1/11/2000.

4. 办公设备能源效率标签条例（“能源之星”）

办公设备占第三产业耗电量的很大一部分比例。在《京都议定书》签署以后，共同体所承担的国际减排义务以及可持续发展的目标，使能效行动具有特殊的意义。“能源之星”计划旨在使用“能源之星”的徽标，协调办公设备的能效标签。标签范围包括个人电脑、监视器、传真机、扫描仪、复印机、打印机等办公设备。该计划旨在帮助消费者识别能效电器，促进节电，既保护环境，又保障能源供应安全，同时鼓励能效产品的生产和销售。2001年11月6日，理事会通过了该条例。①

5. 用能产品生态设计要求指令

欧委会于2003年提出该指令草案，② 意在为环境考虑融入用能产品的设计和开发建立一个框架，以确保此类产品在内部市场上自由流通。其宗旨是提高能源供应安全、实现高水平的环境保护，促进可持续发展。该框架指令将为制定用能产品的环境要求确定原则、条件和标准。它不会为具体产品直接作出规定。这要等相关各方进行协商后并且通过影响评估后再实施。该框架指令将适用于所有上市的用能产品。它还将覆盖可以单独评估的用能产品的零部件。理事会于2005年8月11日通过了该项指令。③

6. 促进能源终端效率和能源服务指令

2003年12月，欧委会提出了该指令草案④，旨在改进终端用户的能源消费方式，使能源终端服务更加经济、高效。这是欧委会首次试图在共同体层面上应对这一问题。欧委会提出的手段包括：(1) 确立指标、激励措施以及制度、财政和法律框架，消除阻碍终端能源使用效率的市场壁垒和缺陷；(2) 发展能源服务市场，促进旨在改善终端能源使用效率的节能计划和措

---

① Regulation (EC) No 2422/2001 of the European Parliament and of the Council of 6 November 2001 on a Community energy efficiency labelling programme for office equipment, O J L 332, 15/12/2001, pp. 1－6.

② Directive on Eco design requirements for energy using products, Proposal COM (2003) 453.

③ Directive 2005/32/EC of the European Parliament and of the Council of 6 July 2005 establishing a framework for the setting of ecodesign requirements for energy-using products, O J L 191, 22/7/2005.

④ Directive on energy efficiency and energy services, Proposal COM (2003) 739.

施。该指令适用于终端用户的能源分配和零售，特别针对网络型能源载体的零售、供应和分配，如电力、天然气以及地区供热、取暖用油、煤炭、林业和农业能源产品和交通燃料。根据该指令，成员国须为公共部门制定强制性年度节能指标，并通过能源服务的采购以及旨在改善能源效率的能源计划及其他措施实现节能指标。公共部门的年度节能指标至少要达到能源分配和/或销售量的 1.5%。成员国必须采取措施，消除对能源服务需求的一切障碍，确保能源分配企业或零售企业向所有用户提供能源服务。理事会于 2006 年 4 月 5 日通过了该项指令。①

其他立法措施还包括：能源产品和电力税收指令；电烤箱、空调和冰箱标签指令；能源产品和电力税收指令。

（三）实施节能增效专项计划——SAVE

为了贯彻能源效率行动计划，2000 年 2 月 28 日，理事会通过了一项决定，将 SAVE II 纳入《1998—2002 共同体能源领域行动框架计划》，作为能源效率领域的一个专项行动计划。② 新的 SAVE 预算 6600 万欧元，实施期 1998—2002 年。其目标是：刺激各部门的能效措施；鼓励公私消费者和工业部门投资于节能事业；为改善终端消费的能源强度创造条件。行动领域与 1996 年批准的 SAVE II 相同。

2000 年欧盟能源供应安全战略绿皮书出台后，为了支持能源效率各项指令，促进能源领域的可持续发展，欧洲议会和欧盟理事会于 2003 年 6 月 26 日通过了一个“欧洲聪明能源”（IEE）框架计划（2003—2006），旨在为可再生能源、提高能效、交通节能和国际推广方面的各种地方性、地区性和

---

① Directive 2006/32/EC of the European Parliament and of the Council of 5 April 2006 on energy end-use efficiency and energy services and repealing Council Directive 93/76/EEC，O J L 114，27/4/2006.

② *Council Decision No 647/2000/EC of the European Parliament and of the Council of 28 February 2000 adopting a multiannual programme for the promotion of energy efficiency (SAVE) (1998 to 2002)*，O J L 79，30/03/2001.

国家性倡议提供财政支持。[①] 在IEE覆盖的四个领域中，包括一个SAVE计划，预算为6980万欧元，旨在改善能源效率和能源的合理使用，特别是在建筑业和工业部门。

三、促进可再生能源的发展和推广

可再生能源有助于减少对外能源依赖，应对气候变化，并通过创造就业，加强欧盟在生态技术方面的领先优势，促进欧盟经济的竞争力。为了促进可再生能源的发展和推广，欧盟采取了一系列新的立法、财政支持和推广行动。

（一）可再生能源指令

1. 促进可再生能源发电指令

1997年《可再生能源白皮书》提出，到2010年将可再生能源在欧盟能源结构中的比例提高到12%的目标。欧洲议会和欧盟理事会在1998年的决议中强调了大幅度、持续地增加共同体可再生能源使用的必要性，并且批准了欧委会提出的可再生能源战略和行动计划，包括加强支持可再生能源的计划。然而，欧委会对共同体1998—2000年可再生能源战略和行动计划的实施情况所作的评估发现，尽管可再生能源发展取得了进展，但实现可再生能源发展目标还有很大的差距，需要共同体和成员国层面上作出进一步的努力，特别是制定新的指令，促进可再生能源的发展和推广。

2001年9月27日，欧盟理事会通过了《促进可再生能源发电的指令》(RES-E指令)。[②] 该指令是欧盟第一个促进可再生能源使用的政策框架，其目的是在电力市场上增加可再生能源发电（即绿电）的比例，使其在电力消费中的份额从1997年的14%提高到2010年的22.1%，同时使可再生能源

---

① *Decision No 1230/2003/EC of European Parliament and of the Council of 26 June 2003 adopting a multiannual programme for action in the field of energy: "Intelligent Energy——Europe" (2003－2006)*, O J L 176, 15/7/2003.

② *Directive 2001/77/EC of the European Parliament and of the Council of 27 September 2001 on the promotion of electricity produced from renewable energy sources in the internal electricity market*, O J L 283, 27/10/2001.

在能源消费总量中的比例从6%增加到12%。该指令指出，欧盟的可再生能源使用率过低，因此应将促进可再生能源作为环境保护和可持续发展的一个重要手段。发展可再生能源也有助于促进地方就业、社会整合、供应安全和京都目标。

该指令要求每个成员国制定与共同体目标相一致的国家指导性目标。此外，该指令还在四个领域为成员国规定了落实要求：一是实施具有吸引力的高效的支持机制；二是消除行政障碍；三是确保公平的网络准入；四是发放原产地保证书。这些要求都是为了确保可再生能源发电拥有稳定的投资条件。成员国可以自由选择实现其目标的措施。

该指令提出了五项国家政策措施：一是投资补贴，帮助支持高昂的基本建设成本；二是财政措施，如税收；三是可再生能源入网保证价（feed-in tariff），包括项目投资者的保证收入、为吸引对可再生能源投资而制定的价格、国家对可再生能源市场的干预或政府选择成功的技术；四是配额和可交易证书，类似于国际排放交易；五是招标制度。指令没有提出统一的共同体绿电扶持制度，但承诺将对成员国的支持措施加以评估。

该指令反映了欧盟对减少能源依赖性、保护未来可用能源、限制温室气体和有害大气污染物排放等方面的决心。

2. 生物燃料指令

2003年，欧洲议会和欧盟理事会通过了《生物燃料指令》,[①] 规定了生物燃料或其他可再生燃料在成员国交通燃料中所应达到的最低水平。这是可再生能源白皮书公布以后所通过的第二个指令。该指令也是为了贯彻《欧洲能源供应安全战略》绿皮书所提出的可再生能源目标——到2020年替代燃料替换20%的常规燃料。其宗旨是落实环境保护、供应安全和应对气候变化的目标。

从指标和监测制度而言，该指令没有绿电指令全面。该指令为生物燃料的增长确定了一个统一的指标：到2010年达到5.75%。这一指标对所有成员国都是一样的，没有国别指标。其监测制度类似于绿电指令：成员国每年

① European Parliament and the Council, *Directive 2003/30/EC of the European Parliament and of the Council on promotion of the use of biofuels or other renewable fuels for transport*, O. J. L 123/42, 17/5/2003.

向欧委会提供年度报告，说明本国所采取的措施、配给的资源以及生物燃料的总销售额。到2006年12月，欧委会发表一份评估报告。在此报告基础上再向欧洲议会和理事会提出进一步的行动建议。

(二) 可再生能源财政支持计划——“欧洲聪明能源计划”

为了支持2000年里斯本战略、2000年欧盟能源供应安全战略绿皮书、2001年可持续发展战略以及共同体相关法规（包括促进可再生能源发电指令、建筑物能源效率指令和生物燃料指令），促进能源领域的可持续发展，以平衡的方式实现欧盟能源供应安全、竞争力和环境保护三重目标，2003年6月26日，欧洲议会和欧盟理事会通过了“欧洲聪明能源计划”（IEE），同年8月4日生效，预算为2.15亿欧元，实施期2003—2006年。[①]

IEE是继欧盟能源领域框架行动计划（1998—2002）之后欧盟在能源领域（主要是能源效率和可再生能源领域）开展的又一个非技术行动计划。该计划的具体目标有三个：(1) 促进能源效率，增加可再生能源的使用，促进能源多样化（包括交通部门），改善可持续性，开发偏远地区和岛屿的潜力，制定实现这些目标所需的立法措施。(2) 发展必要的手段和工具，使欧委会和成员国可以跟踪、监测和评估共同体及其成员国在能源效率和可再生能源领域（包括交通部门的能源方面）中所采取的措施的影响。(3) 通过宣传教育、经验技术交流、支持旨在刺激对新技术投资的行动、鼓励最佳做法和最佳现有技术的传播、在国际层面上的积极推广，促进高效和聪明的能源生产和消费模式的形成。

该计划纳入了原来的SAVE、ALTERNER、SYNERGY、SURE和ETAP。新计划由四个部分组成：(1) SAVE（预算6980万欧元），旨在改善能源效率和能源的合理使用，特别是在建筑业和工业部门；(2) ALTENER（预算8000万欧元），旨在促进新能源和可再生能源用于集中和分散的热电联产，并且使它们接入当地环境和能源系统；(3) STEER（预算3260万欧元），旨在支持与交通运输中所有能源方面相关的各项计划，

① *Decision No 1230/2003/EC of European Parliament and of the Council of 26 June 2003 adopting a multiannual programme for action in the field of energy: “Intelligent Energy—Europe” (2003—2006)*, O J L 176, 15/7/2003.

促进燃料的多样化，如通过开发新能源和可再生能源，促进交通运输业中的可再生燃料（生物燃料）和能源效率；（4）COOPENER（预算1760万欧元），旨在支持与促进发展中国家可再生能源和能源效率相关的各项计划，特别是在欧盟与非洲、亚洲、拉丁美洲和太平洋地区发展中国家的合作框架内。①

IEE框架内所支持的行动或项目旨在消除扩大能源效率和可再生能源使用所存在的市场障碍。在每个领域，欧盟资助的措施和项目涉及：（1）能源领域促进本计划主要目标落实的中长期战略的实施，包括发展标准、标签和认证制度以及监测市场变化和能源趋势；（2）创建、扩大和促进可持续能源发展的结构和工具，包括地方性和地区性能源管理以及金融产品的开发；（3）促进系统和设备的使用，以加强最佳现有技术的市场占有；（4）发展信息、教育和培训结构，提高公众认知以及知识和最佳做法的传播；（5）监测欧盟可持续能源政策的实施及影响；（6）对本计划所资助的项目进行影响评估。

与欧盟研发框架计划相反，IEE计划的行动一般属于非常宽泛意义上的推广活动，它不支持与新技术投资相关的经费支出。不过，许多行动实际上都与一种或多种能源效率和/或可再生能源技术有联系。受IEE计划支持的行动或项目致力于消除提高能源效率、促进可再生能源使用的各种市场壁垒，在欧盟层面也产生了巨大的影响，直接影响到欧盟公民和政策。

（三）共同体可再生能源宣传活动

1. 可再生能源“起飞运动”（CTO）

1997年，可再生能源白皮书提出了一个可再生能源战略和行动计划，其目标是将可再生能源由6%提高到2010年的12%。白皮书出台后，欧洲议会和欧盟理事会对CTO的想法都表示支持，认为这一手段有利于提高工业界、投资者和公众对可再生能源的兴趣。理事会要求欧委会提出详细的建议。1999年4月9日，欧委会发表了《可再生能源战略“起飞运动”》的工

---

① *Decision No 1230/2003/EC of European Parliament and of the Council of 26 June 2003 adopting a multiannual programme for action in the field of energy: “Intelligent Energy——Europe” (2003－2006)*, O J L 176, 15/7/2003.

作文件，提出了一个包括优先领域、实施手段、财政支持在内的详细的行动框架。[①]

2000年，欧委会启动了可再生能源“起飞运动”（2000—2003）。作为共同体可再生能源战略和行动计划的一个组成部分，CTO旨在加速可再生能源的市场占有率，实质性地提高可再生能源的投资，实现到2010年使可再生能源在欧盟内陆能源消费总量中占12%的战略目标。其具体目标是到2003年达到2010年目标的15%—25%。1997年公布的可再生能源白皮书和2000年发表的欧洲能源供应安全战略绿皮书两个里程碑式的重要文件为可再生能源的发展扫清了道路。CTO旨在启动可再生能源战略和能源供应安全战略的实施。

CTO集中在太阳能、风能和生物能三个关键部门，旨在为这些具有发展前景的可再生能源部门建立一个行动框架，发挥催化剂的作用，以此来凸显投资机会，吸引必要的私人投资，因为私人资本将占CTO所需资本的大头。同时，CTO还积极寻求公共开支向三个关键部门倾斜，从而补充私人投资。

“起飞运动”为上述三个可再生能源部门确定了量化指标，作为决策者和计划人员的参照标准，去宣传成功的行动，推广最佳做法，提高地方、地区、国家和欧盟层面上决策者的认识。这些目标包括：（1）100万套光伏系统；（2）1500万平方米太阳能集热器；（3）1万兆瓦风力涡轮发电器；（4）1万兆瓦的生物质能热电联供设施；（5）100万套由生物质能供热的住宅；（6）1000兆瓦的生物沼气设施；（7）500万吨液体生物燃料；（8）100个100%依靠可再生能源供应的社区。

该运动有四个优先领域：

第一个优先领域是太阳能。欧盟在此领域着重于两个方面的行动：（1）100万个光伏系统；（2）1500万平方米太阳能集热器。热力太阳能采暖技术几乎达到了完全成熟的程度，到2010年总安装能力估计能达到1亿平方米。

第二个优先领域是风能。用风力涡轮发电机发电1万兆瓦。该运动涉及

---

① European Commission, *Energy for the future: Renewable Sources of Energy (Community Strategy and Action Plan)* ——*Campaign for Take-Off*, SEC (1999) 504.

市场的五个不同应用领域：（1）私营风力涡轮发电机；（2）商用小风机园（容量小于5兆瓦）；（3）商用大风机园（容量大于5兆瓦）；（4）电力公司的风机园（5—100兆瓦）；（5）特殊市场。在该运动期间重点开发和试验总容量为50兆瓦的新风力发电机。风能是一种绿色能源，欧盟计划到2010年实现25%的风能进入市场。

第三个优先领域是生物质能。生物质能可根据需要，在可生产电力、热或碳氢燃料并能储存的条件下是一种多用途的能源。生物质能将涉及能源需求的三个领域：热、电力和交通运输。该运动的总贡献估计约达1450万吨标准石油，其内容包括：（1）1万兆瓦的生物质能热电联供设施；（2）100万户住宅用生物质能取暖；（3）1000兆瓦的生物沼气装置；（4）500万吨液体生物燃料。欧盟计划至2010年进入市场的生物质能估计占生产量的16%。

第四个优先领域是在100个社区内实现可再生能源的接入。目标是在这些社区全都使用可再生能源，也成为实施分散能源供给的试点。

“起飞运动”一个最重要的工具是“可再生能源伙伴关系”。这是由欧委会与推广可再生能源计划、项目和倡议的公共和私营部门伙伴签订的一个自愿协议，旨在促进成员国、地区或地方层面的合作，实现运动的目标。作为公开表达意愿的一种形式，这些伙伴关系为鼓励和加强地区和城市公共管理部门以及工业界、各种机构、技术研究所、大学和企业的可见的承诺提供一种工具。伙伴的分布范围非常广阔，目的是最大程度地获得支持。选择的伙伴包括公共行动当局、市政府、生产商、工业部门、协会、非政府组织等。它们受益于在欧盟层面上协调的一系列宣传工具，如CTO会议、一年一度的获奖竞赛、交流和媒体宣传，根据地方、地区和国家层面上所作出的成绩进行奖励，同时向欧洲内外公众展示这些努力。

欧盟700多个伙伴机构作为可再生能源伙伴参加了2000—2003年的“起飞运动”，可再生能源计划和项目多达125个。[①]

2.“欧洲可持续能源运动”

2005年2月16日，《京都议定书》正式生效。为了帮助共同体履行京

① European Commission，*Sustainable Energy Europe 2005－2008——A European campaign to raise awareness and change the landscape of energy*，Luxembourg：Office for Official Publications of the European Communities，2005.

都义务，贯彻2000年《欧洲能源供应安全战略》绿皮书，欧委会于2005年发起了“欧洲可持续能源运动”（2005—2008）。[①] 运动的宗旨是促进欧盟能源政策目标和可再生能源、能源效率、清洁交通和替代燃料指标的实现。其具体目标是：提高地方、地区、国家和欧洲层面上各级决策者的意识；推广最佳做法；确保强大的公众意识、理解和支持基础，刺激私营部门时可持续能源技术增加投资。

该运动重点支持九个领域的行动：（1）地区可持续能源社区；（2）城市可持续能源社区；（3）岛屿和农村可持续能源社区；（4）以实现100%可再生能源供应为目标的可持续能源社区；（5）交通可持续能源；（6）建筑可持续能源；（7）可持续能源照明系统和电器；（8）与发展中国家的可持续能源合作；（9）可持续能源推广和交流活动。

前四个领域统称可持续能源社区，可再生能源运动追求的目标是：促进各类可持续能源社区之间的合作，展示和推广在任何可持续能源生产或使用领域的先进计划和项目，提高其认知度，刺激在全欧范围的复制。

在第五个领域中，欧盟交通部门90%以上的能源都依赖于石油，并且未来进口依存度还将日益提高。欧盟已经制定了增加使用生物燃料的目标，并颁布了生物燃料指令。在这方面，可再生能源运动所追求的目标是：在汽车替代推进系统和燃料领域，促进有助于交通减排CO_2的行动和政策措施，促进有关该部门能源问题的知识的传播。

在第六个领域中，居民住宅、工业建筑、商业和行政大楼占欧盟能源消费总量将近40%，其中暖气和冷气是最大的部分。可再生能源运动旨在提高建筑物的能源效率。其作用是鼓励和促进建筑物的可持续能源计划，最终形成新型的一体化栖息地的概念。其中，可再生能源发挥一种根本性的作用，提高欧洲公民的福利。

在第七领域中，照明和家电耗电量巨大，拥有很大的节能潜力。可再生能源运动旨在推广照明和家电的能效技术和产品，加速其市场占有。

第八领域旨在加强与发展中国家的可持续能源合作。根据世界可持续发

① European Commission, *Sustainable Energy Europe 2005－2008——A European campaign to raise awareness and change the landscape of energy*, Luxembourg: Office for Official Publications of the European Communities, 2005.

展战略（WSSD），欧盟2002年9月1日发起的“扶贫和可持续发展能源倡议”（EUEI）以及约翰内斯堡可再生能源联盟（JREC），欧盟能源主体与发展中国家相关主体之间的伙伴关系正在加强这些国家的地方性能源技术，并确保有助于减贫的能源政策、法规和市场条件的落实。可再生能源运动在这方面所追求的目标是通过推广成功的行动，促进与发展中国家开展此类合作项目。

在第九个行动领域中，欧盟有一大批旨在促进可持续能源的地方性和地区性机构——各种能源机构、NGO、消费者协会。可再生能源运动旨在发展一个网络，分享最佳做法和相关信息，支持在可再生能源和能效市场占主导地位的中、小型企业相互合作，从全欧范围学习经验。

四、完善内部能源市场

（一）出台内部能源市场第二批指令

完善内部能源市场有助于促进不同供应商之间的竞争，提高共同体能源供应的多元化水平，进而加强共同体供应安全。此外，建立内部能源市场的法规不仅谋求实现更有竞争力的价格，也规定了公共服务的义务，以确保能源供应不会中断。因此，欧盟继续推进内部能源市场一体化，其目标是建设一个最有效、最安全、最竞争的能源市场。

10多年来，欧盟内部能源市场建设取得了显著成效，通过引入竞争机制和自由化，打破能源市场的垄断，拉动了电力、天然气等能源价格下降，使能源资源在全欧盟范围内更有效地配置。然而迄今为止，统一的、真正竞争的欧盟内部能源市场尚未完全形成。欧盟1996年和1998年通过的旨在确保电力和天然气在共同体内部自由流通的第一号指令明确规定，欧盟各国的电力和天然气市场应于1999年和2000年向主要用户开放。然而，2001年欧委会的一份调查报告指出，到2000年9月，虽然大多数成员国已经落实了两项指令，但各国自由化程度相差很大，成员国政府在落实指令方面进展缓慢。对于那些竞争水平较低的成员国来说，在本国内部以及该地区的电力和天然气市场中引入竞争机制十分困难。因此，共同体有必要采取下一阶段措施，促进能源市场的进一步开放，增加共同体内部贸易。

2000年欧盟里斯本峰会呼吁加速开放各国能源市场，以应对经济全球化的挑战以及来自美国和亚洲的竞争。这就为单一能源市场的建设提供了一个新的动力。2003年6月26日，欧盟理事会和欧洲议会通过了天然气和电力市场自由化第二批指令，包括两项指令和两个条例，即：关于内部电力市场共同规则的第2003/54号指令；关于内部天然气市场共同规则的第2003/55号指令；关于电力跨境交换网络使用条件的第1228/2003号条例；关于天然气传输网络使用条件的第1775/2005号条例（2005年9月28日通过）。①

天然气和电力市场两项指令规定：（1）在2004年7月1日之前，欧盟工业和商业用户能自由地选择其天然气和电力供应方；在2007年7月1日之前，除爱沙尼亚、希腊和葡萄牙等少数几个国家出于特殊原因得以宽限外，其他所有成员国都必须全面开放能源市场，所有用户均可通过市场自由选择天然气和电力供应方。（2）在2004年7月1日之前，欧盟内电力和天然气传输系统的经营商将实施分类计价；在2007年7月1日前，区内电力和天然气营销系统的经营商将实施分类计价。从2004年年中起，欧盟将结束那种能源公司既控制主要的能源设施又利用设施供应能源产品的局面。欧盟境内的大型能源企业必须从2007年7月1日开始对旗下中型以上电力和天然气输送企业进行重组，将它们组建成独立法人，即实行“法律拆分”。至此，在获取能源和市场方面，欧盟区内的能源公司将本着透明、非歧视的运营原则，进行公平竞争。（3）在每个成员国里，建立一个独立的监管机构。（4）欧委会将为跨国电力传输制定一个共同的定价机制。

第二批指令的通过不仅为确保能源市场的真正公平竞争创造了更有利的

---

① Directive 2003/54 of the European Parliament and of the Council of 26 June 2003 concerning common rules for the internal market in electricity and repealing Directive 96/92/EC (Directive 2003/54/EC); Directive 2003/55 of the European Parliament and of the Council of 26 June 2003 concerning common rules for the internal market in natural gas and repealing Directive 98/30/EC (Directive 2003/55/EC); Regulation (EC) No 1228/2003 of the European Parliament and of the Council of 26 June 2003 on conditions for access to the network for cross-border exchanges in electricity; Regulation (EC) No 1775/2005 of the European Parliament and of the Council of 28 September 2005 on conditions for access to the natural gas transmission networks.

条件，同时也为确保公共安全、保护环境、确保消费者获得安全和支付得起的能源供应提供了保障。

（二）修改跨欧能源网络纲要

一个全面运转的安全的内部能源市场离不开跨欧能源网络，不仅要实现成员国能源市场的连接，而且还要与外部供应国之间建立连接。能源网络使企业可以在一个真正的开放的市场上进行竞争，扩大消费者的选择范围。因此，完善跨欧能源网络是欧盟的一项优先工作。

鉴于1996年以来能源市场特别是电力和天然气市场自由化指令实施后所发生的变化、欧盟对进口能源（特别是天然气）依赖程度的日益上升以及可再生能源市场占有率的不断提高，欧委会于2001年提出对跨欧能源网络（TEN-E）纲要进行第三次修订。修改的重点包括：（1）引入两项新的政策优先：一是支持内部市场的实施；二是可再生能源生产的连接。（2）确定了12项符合欧洲利益的项目，其中，电力网络7项，天然气网络5项。这些项目被认为对内部市场的完成、加强供应安全具有极其重要的意义。（3）新的符合共同利益的项目清单包括10个项目（5个电力项目、5个天然气项目），而不是90个项目。

鉴于东扩在即，欧盟于2003年对TEN-E纲要进行了第四次修改，以纳入涉及新成员国的优先项目。修订的重点是：（1）引入符合欧洲利益的优先项目清单；（2）重新确定优先项目，以突出能源市场的自由化和供应安全、可再生能源的接入、欧盟扩大以及边缘地区的发展；（3）详细项目清单的更新。TEN-E的目标是：促进欧盟各成员国之间以及成员国与外部供应国（周边生产国/过境国）能源管线的相互联接、跨网运营能力的发展，并根据共同体法获得网络的准入；使整个内部市场有效运作，鼓励能源资源的合理生产、分配和利用，开发可再生能源，以减少消费者的能源成本，使欧盟经济更具竞争力；促进共同体落后地区的发展，减少其闭塞程度，加强经济和社会凝聚性；增强能源供应安全，加强与第三国在能源领域的互利关系，特别是通过《能源宪章条约》框架以及共同体所签署的合作协议。①

---

① European Commission, *Overview of the Guidelines in Force for Trans-European Energy Networks*（TEN-E）. 25/07/2003.

根据2003年修订内容，《纲要》特别重视建立：(1) 电网高压线，海底连接线，保护、监测和控制系统；(2) 天然气网络高压天然气管道，地下储存设施，液化气接收、储存和再气化设施，保护、监测和控制系统。共同体的优先考虑是：(1) 电力方面，主要是对孤立电网的联接，发展成员国之间的相互联接，发展与第三国的相互联接；(2) 天然气方面，主要是把天然气输送到一些新的地区，孤立天然气网的联接，增加接收和储存能力，增加运输能力（天然气供应管道）。《纲要》为加强协调、监督实施进程、提供共同体财政支持（包括EIB贷款），提供了一个框架。

TEN-E跨欧能源网资金在大部分情况下占总开支很小比例。TEN-E资金主要起催化剂的作用，以刺激其他投资来源，为项目以TEN-E名义的实施提供便利。从2002—2006年，欧委会收到了132份TEN-E资金申请，其中72份申请获得资金支持（42项电力工程、30项天然气工程）。72份申请中，只有3项是工程项目，其余均为研究性项目。2002—2006年期间，支持资金总计为9372万欧元。其中57%用于天然气部分，43%用于电力部分。全部资金的94%用于为研究项目（50%）提供共同资金，6%用于为工程项目（10%）提供共同资金。①

五、构建泛欧油气运输管道

(一) 泛欧能源基础设施建设的成就

从某种意义上讲，欧盟非常幸运，因为其周边地区拥有世界上最丰富的油气资源。从世界能源地缘政治图景可以看出，中亚和中东结合在一起，形成了新的能源供应中心。从北非的马格里布到波斯湾，从波斯湾到里海，从里海到外高加索，再到俄罗斯的西伯利亚和远东，形成了一个巨大的能源富集地理带。这个巨大的地理带蕴藏着65%的世界石油储量和73%的天然气储量。这一地理带拥有的能源储量和产量都足以使北海、墨西哥湾、拉美和几内亚湾在世界能源供应格局中逐渐变得边缘化。在这种意义上，北非—波

① European Commission, *Report on the implementation of the trans-European energy networks programme in the period 2002—2006*. COM (2008) 770, Brussels, 13/11/2008.

斯湾—里海—俄罗斯被称为“世界能源供应心脏地带”。欧盟拥有得天独厚的地理位置：它靠近两个能源生产大国——俄罗斯和挪威，并且通过两个重要的过境国——土耳其和乌克兰，欧盟可以很容易地获得里海、中亚、中东和北非巨大的能源资源。地理上的接近给欧盟提供了从不同地区获得能源供应的机会（参见图 2）。这是欧盟保障自身能源供应安全的一大优势。但是，仅仅依靠进口来源多元化是不够的，欧盟还必须拥有一个安全可靠和多元化的供应网络。运输路线和运输方式的多元化是欧盟促进能源安全的重要措施之一。

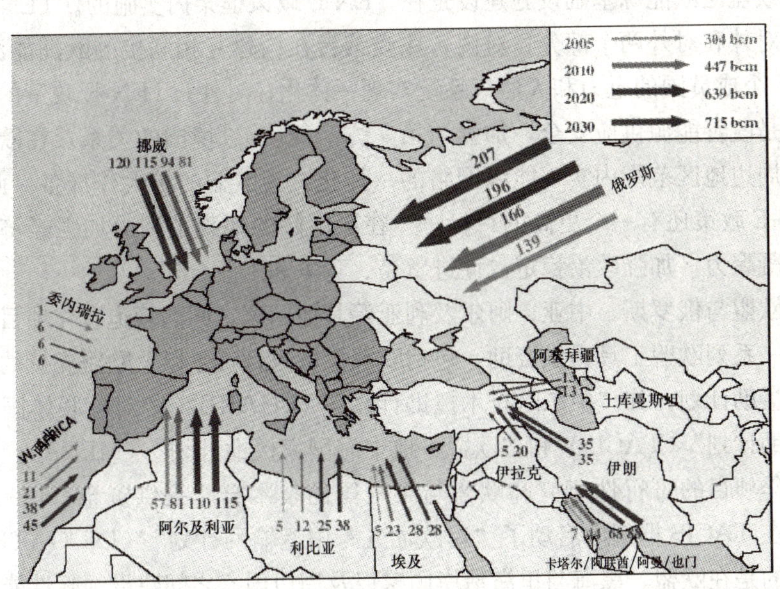

图 2 主要生产国对欧盟的天然气出口潜力

资料来源：EUROPEAN COMMISSION，*Energy corridors——European Union and Neighbouring countries*，Luxembourg：Office for Official Publications of the European Communities，2007，p. 32.

为了确保周边地区油气资源稳定、安全地输送到欧盟市场，实现油气运输的多元化，欧盟积极构建面向其市场的油气供应管道网络。对于来自俄罗斯、里海地区、北非和中东的能源运输来说，两个过境区特别重要：一是东欧和北欧地区，包括土耳其、中东欧国家、乌克兰、波罗的海三国以及高加索国家；二是地中海地区。目前，欧盟与能源产区连接大致可分为西向、北向两个方向。西向的连接包括俄罗斯到欧洲的石油和天然气运输管道和中亚向欧洲的出口通道。俄罗斯到欧洲的油气运输通道主要指的是原有的友谊管道和新建的亚马尔管道。中亚向欧洲的出口通道可分为北线和西线，北线从哈萨克斯坦的田吉兹北油田到俄罗斯里海港口新罗西斯克，再通过俄罗斯通往欧洲的管道出口。西线从阿塞拜疆经格鲁吉亚到土耳其的地中海的杰伊汉港。北向的连接指的是北非的天然气横穿地中海到达南欧市场，即马格里布—欧洲管线。

欧盟泛欧能源基础设施建设是在 TEN-E 政策框架内实施的。TEN-E 政策分对外和对外两个部分：对内，该政策旨在构建互相联接的欧洲能源网，使 27 个成员国的电力和天然气系统实现一体化；对外，TEN-E 政策的直接目标是改善能源供应安全，加强与第三方产能国/过境国的关系，在欧洲大陆和周边地区范围内实现能源网络的一体化，为欧盟的扩大作准备。此外，TEN-E 政策还有一个更高的目标——在更广阔的地理范围内加强经济和社会的凝聚力，加强政治稳定，促进贸易、竞争和工业合作。

欧盟与俄罗斯、中亚、阿尔及利亚等其他国家之间的管道合作项目主要通过一系列欧盟工具提供资助，包括欧洲投资银行贷款以及欧盟支持的一些技术援助计划，如“中东欧技术援助计划”（PHARE）、“对独联体国家技术援助计划”（TACIS）和“欧盟—地中海国家援助计划”（MEDA）。它们为合作项目的可行性研究和欧盟与第三国的技术合作提供资金。1995 年，欧盟在 TACIS 框架内启动了“对欧油气跨国运输网计划”（INOGATE），[①] 其目的是在欧盟、黑海与里海沿岸国家以及周边国家之间建设国际性能源合作项目，逐渐使这些地区能源市场与欧盟连为一体，解决双方能源出口/进口、供应多元化、能源过境、能源需求等问题，促进能源安全。通过该计划，欧盟谋求提高参与国现有油气管网的安全程度，通过延伸现有能源管线解决基础设施瓶颈问题，吸引必要的投资，并希望参与国效仿欧盟的能源管理规则与监管程序。从 1996 年至 2006 年，INOGATE 计划一共拨款 5600 万欧元，其中 40%用于支持紧急干预行动，以维持供应的持续性，改善新

① INOGATE：Interstate oil and gas programme for the development and rehabilitation of oil and gas pipelines in the countries of the former Soviet Union.

独立国家内越境天然气贸易的透明度。在MEDA框架内，欧盟主要资助旨在连接地中海南部国家之间的网络或者与跨欧（跨地中海）网络连接的地区性基础设施网的相关建议和可行性研究。2000年欧盟巴塞罗那进程启动了“欧盟—地中海伙伴关系”，[①] 使大规模的地区性项目得到了额外的支持。同样，INOGATE计划和“欧亚运输走廊计划”（TRACECA）在开发特定国家（阿塞拜疆、哈萨克斯坦、土库曼斯坦）的资源方面也是不可或缺的工具。[②] 欧盟特别重视中东欧国家尽快实施《能源宪章》和《过境议定书》规定的各项条款。另外，欧盟还非常重视INOGATE框架协议的实施问题。

（二）规划中的石油运输管道

欧盟90%的石油进口依靠海上运输。鉴于交通事故、恐怖主义、地区局势不稳定等因素，交通咽喉受阻和石油运输中断的可能性日益加大。另外，随着欧盟附近水域和黑海水域的海上交通运输的密度不断加大，欧盟还担心发生海上事故以及由此引起的石油外泄等重大的环境破坏问题。因此，除了加强海运路线和交通咽喉的保护、完善船运法规以外，欧盟还把重点转向石油管道的建设，利用管道来替代石油运输。目前，欧盟正在规划修建与黑海能源生产国相连的多条油气管道（参见图3）。

1. 巴库—第比利斯—杰伊汉管道（BTC）

BTC是世界第三大油气资源富集区的里海与地中海之间的首条直接输油管线。该管线始于阿塞拜疆首都巴库，经过格鲁吉亚首都第比利斯，到达土耳其地中海港口城市杰伊汉，全长1760公里，其中440公里在阿塞拜疆境内，244.5公里在格鲁吉亚境内，1070公里在土耳其境内。BTC耗资40亿美元，是世界上最长、最昂贵的输油管道之一。

BTC管道于2002年6月动工修建，2006年7月13日正式开通。管道年设计运输能力为5000万吨石油，第一阶段（2005—2009年）的运力为

---

① European Commission，*Reinvigorating the Barcelona process*，COM（2000）497.

② Traceca：programme for the rehabilitation of transport in the countries of the former Soviet Union. This programme has for the first time enabled the transport of goods from the Caspian Sea by rail.

2500万吨/年，随后将逐渐提高到设计能力。假如运输过程中使用化学制剂并增建管道泵站的话，运力则可提高到7000万—8000万吨/年。BTC管道最初主要运输来自阿塞拜疆里海大陆架的原油。从管道开通至同年12月13日的5个月内，巴杰管道输出阿塞拜疆原油4700万桶（640万吨），港口存储原油43万吨，装载了65艘油轮，原油出口到意大利、以色列、美国、印度等国家。从2007年起，哈萨克斯坦将通过其里海港口阿克套，用油轮把部分田吉兹油田的原油运到巴库并注入BTC管道。2008年哈萨克斯坦里海卡沙甘油田投产后，哈萨克斯坦将把通过该管道出口的原油逐步增加到2000万吨/年。

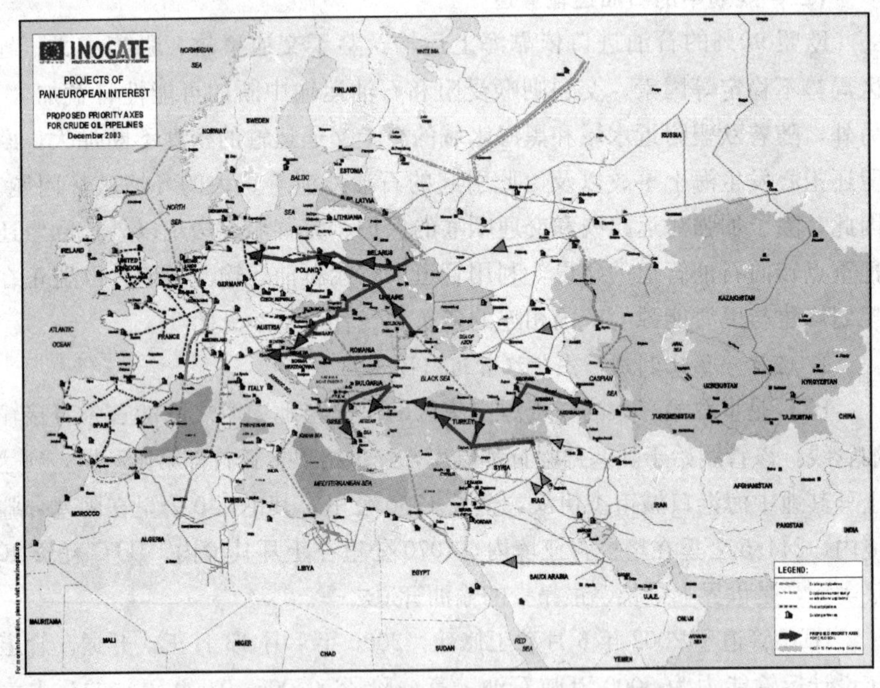

图3 欧盟规划中泛欧原油运输管道（2003年12月）

资源来源：http：//www. inogate. org/en/resources/map _ oil.

修建BTC最直接的战略目的是拓展里海原油的输出途径，维护欧洲能源安全。BTC的建设者和投资者宣称，输油管可以保证欧美未来50年的能源供应，里海地区的石油储量达 2200 亿桶。[①] BTC 的建成还可使里海石油的外运绕开俄罗斯，这样既可减少欧盟对俄罗斯的依赖性，增强其能源供应安全，同时也可加强里海和中亚国家的独立性，使传统上受俄罗斯控制的这些国家向西方靠拢。此外，通过这一管道，中亚地区的石油可以通过陆路抵达地中海，然后运往欧洲各国，从而避开了极其繁忙的博斯普鲁斯海峡的海上通道。

2. 敖德萨—布罗德输油管道延伸线（Odessa-Brody pipeline to Plock）

乌克兰境内黑海沿岸的敖德萨至乌克兰—波兰边境城市布罗德输油管道（简称“敖布线”），全长 674 公里，设计年输油能力为 1450 万吨。乌克兰修建该管道，目的在于通过其领土向欧洲国家运送阿塞拜疆和哈萨克斯坦的里海石油。管道完工后，乌克兰一直未能解决油源问题。无奈之下，乌克兰政府只好将管道租借给俄罗斯的石油公司。2003 年，乌克兰、波兰及欧盟发表声明，支持将敖布线扩建至波境内的普沃茨克，再与波兰现有管线连接，最终延伸至波兰北方港口城市格但斯克。这条扩建后的敖德萨—格但斯克管道（简称“敖格线”）若能建成，将打通从里海经黑海至波罗的海的石油运输走廊，从而使里海石油可绕过俄罗斯直接输送到波兰和波罗的海国家。

敖格线项目对乌克兰意义重大。该项目成功后，乌克兰不仅能实现梦寐以求的能源供给多元化，而且还可获得石油过境运输费用，并促进乌克兰西部的经济发展。因此，乌克兰国内各派政治力量都对敖格线建设表示支持，即使同俄关系密切的亚努科维奇政府，也积极主张将敖布线扩建至波兰，并建议将管道的年输油能力提升至 2000 万吨。与乌克兰同为“古阿姆”组织成员国的格鲁吉亚、阿塞拜疆也对这条管线表现出浓厚的兴趣。

3. 康斯坦察—的里雅斯特输油管道（Constanza-Omisalj-Trieste pipeline）

康斯坦察—的里雅斯特输油管道，即“泛欧输油管线”，总长预计为 1856 公里，经罗马尼亚、塞尔维亚、克罗地亚和斯洛文尼亚，到达意大利港口城市的里雅斯特附近，并与穿越阿尔卑斯山的一条输油管线实现连接。这条管线总造价预计为 26.2 亿美元，年输油能力约为 6000 万吨至 9000 万吨，在 2011 年至 2013 年之间投入使用。它将有效地减少土耳其海峡和北亚

① 陆志明：“BTC pipeline 里海油管与大国权谋共舞”，香港《经济导报》第 22 期，2005 年 6 月 5 日。

德里亚海中的油轮数量。目前，每年需要500艘油轮向的里雅斯特、威尼斯和克罗地亚港口奥米沙利运送石油。项目不仅能大大节省输油成本，提高输油量，保障能源供应稳定，而且还能在能源与环保方面促进东南欧国家融入欧洲一体化进程。[①]

4. 布尔加斯—亚历山德鲁波利斯输油管道（Burgas-Alexandropoulis pipeline）

布尔加斯—亚历山德鲁波利斯输油管道（简称“布亚管道”），东起保加利亚的黑海港口布尔加斯，西至希腊爱琴海东北部的亚历山德鲁波利斯，将把俄罗斯出产的原油经保加利亚和希腊运送到地中海国家。其设计年输油能力为3500万—5000万吨。该管道将采用连续泵油技术进行多种原油的输送，预计造价为7.83亿欧元。该石油管道长达277公里，其建成无疑将为俄罗斯从黑海各港口出口石油再辟一条通道。俄罗斯、保加利亚、希腊三国政府从1993年开始该石油管道的谈判，并于2005年4月签署了关于铺设该管道的备忘录。该管道计划于2008年起开工建设，2010年完成。

（二）规划中的天然气运输管道

保持和新建天然气管道是贯彻天然气供应多元化战略、实现供应安全的最重要的措施之一。首先要对现有的天然气输送网络进行升级，这包括通过乌克兰、白俄罗斯和摩尔多瓦向欧盟输出俄罗斯天然气的过境管道系统以及通过突尼斯和摩洛哥向欧盟输送阿尔及利亚天然气的过境管道系统。其次，在今后的5—10年里兴建一批新的天然气管道项目，提高其进口能力（参见图4）。

1. 挪威—英国天然气管道（The Norway-UK pipeline）

该管道是世界最长的海底天然气管道，全长1200公里。该管线将挪威西海岸的一个天然气加工厂与英国东海岸的伊辛顿（Easington）相连接，运输来自挪威海最大的一个天然气田——奥尔门兰格（Ormen Lange）气田的天然气。该管道从2004年开始建设，2007年投入使用，年输送能力为200亿立方米，在未来的数十年将为英国供应20%的天然气。该项目对挪威

---

① 王海昉：“欧洲五国与欧委会签署建泛欧输油管线声明”，http://www.china5e.com/news/oil/200704/200704090121.html，2008年7月12日。

和英国都具有重要的意义，对挪威可实现其天然气对英国的大量出口，对英国则满足其能源需求。

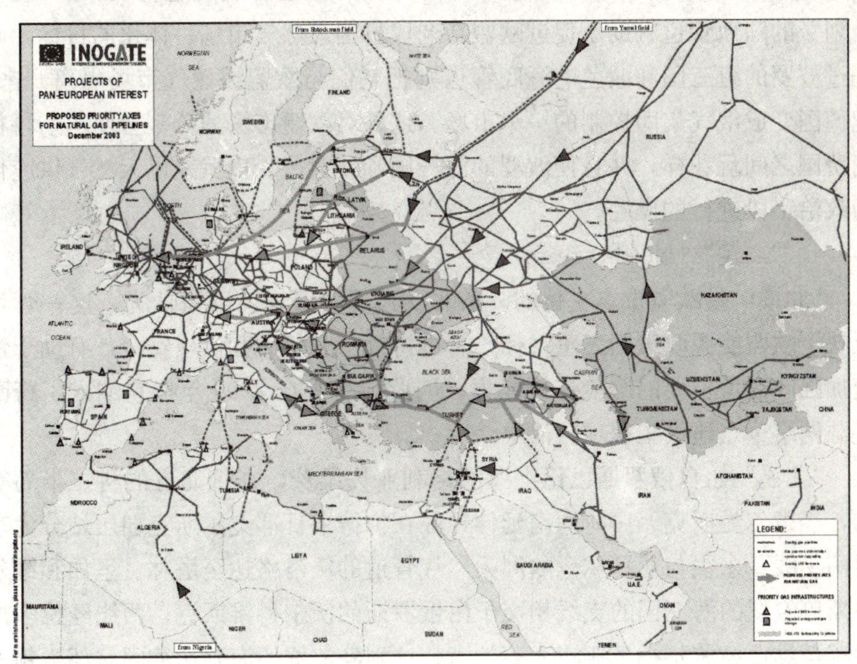

图 4 欧盟规划中泛欧天然气运输管道（2003 年 12 月）

资源来源：http：//www.inogate.org/inogate/en/strategic/interest.

2. 亚马尔 II 号线工程（The Yamal II project）

该工程是亚马尔—欧洲天然气管道的延伸部分。为了满足欧盟天然气需求的增长，2005 年，白俄罗斯总统卢卡申科提出修建亚马尔—欧洲Ⅱ号输气管线，将亚马尔—欧洲Ⅰ号输气管线从俄白边境经波兰延伸到德国，这一段管道总长 2000 公里。俄罗斯天然气工业股份公司（Gazprom）希望亚马尔—欧洲Ⅱ号输气管线能够经由波兰南部通至斯洛伐克，进而可向中欧供气，而波兰方面的计划是使管线穿过其全境后直通德国。

3. 波罗的海陆上天然气管道（“琥珀计划”The Amber Project）

该计划由波罗的海三国和波兰提出，希望通过它们领土修建一条从俄罗斯到德国的陆地天然气管道。它们要求欧盟支持这一建议，以取代在波罗的海海底修建天然气管道的方案。修建陆地管道可以节省30%的建设资金，而且更适于控制事故的影响。这类事故如果在海底发生的话可能成为灾难。修建海底天然气管道还会剥夺波罗的海三国和波兰可观的过境收入。“琥珀计划”的陆地管道有助于促进欧盟新老成员国天然气市场一体化的目标。而绕过波罗的海三国和波兰的海底管道则把它们与欧盟天然气市场隔离开来，把德国变成俄气集团控制的一个市场。这种对欧盟市场的分割会使莫斯科在消费国之间玩花样，并且使波罗的海三国和波兰遭受俄罗斯以天然气供应作为政治手段进行的操控。

4. “北溪”(Nord Stream)

“北溪”是欧盟重点支持的一条北欧天然气管道。欧盟认为，这一管道反映了欧盟能源政策的三重目标——可持续、竞争力和供应安全，有助于快速加强欧盟最重要的跨境连接能力。因此，欧盟在2000年把它纳入了跨欧能源网络重点建设工程项目清单。

“北溪”始自俄罗斯巴伦支海的格利亚佐维茨，在俄北方的科拉半岛登陆，经摩尔曼斯克、白海向南延伸，并在梅德韦日耶戈尔斯克加压站分为东西两支线：东线与亚马尔—欧洲天然气管道的沃洛格达至塔林、里加和维尔纽斯等波罗的海三国的支线相交于白俄罗斯的沃尔科维斯克；西线经拉多加湖畔至维堡经波尔托瓦亚湾入芬兰湾，计划经波罗的海到达德国北部格赖夫斯瓦尔德，将俄的输气管网与西欧的输气管网直接连在一起（参见图5）。管道全长约1200公里、直径1220毫米、220个工作气压。工程于2003年6月提出，所需成本约为60亿欧元。

2005年9月，俄气集团与德国巴斯夫（BASF）公司和意昂集团（E. ON）签署了联合建设北欧输气管道的原则协议。根据协议，俄德双方建立了北欧输气管道建设合资公司，俄方在本项目中拥有51%的份额，其余49%由两家德国公司各占一半。此外，荷兰对参与该项计划也表现出了兴趣。管道气源为位于秋明州亚马尔—涅涅茨自治区的南俄罗斯气田，未来还将把亚马尔、奥普斯克—塔佐夫湾和什托克曼诺夫气田的天然气作为补充气源。管道项目于2005年底动工，2010年全部完工。新管道修成后，将使俄罗斯对西欧的天然气运输能力从每年275亿立方米提高到550亿立方米。届时，德国从俄罗斯进口的天然气份额将从目前的32%增至40%。

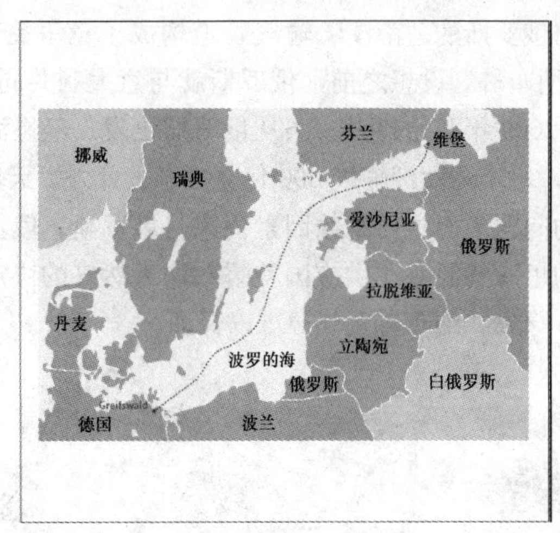

图5　“北溪”天然气管道

资料来源：Ariel Cohen，*Europe's Strategic Dependence on Russian Energy*，November 5，2007，p. 5.

“北溪”不仅是俄罗斯天然气出口到欧洲的新路径，而且可使俄罗斯的天然气运输网与波罗的海地区及欧洲的天然气运输网直接连接起来。其特点是不必跨越其他国家，避免了管道受控制的风险和管道过境的成本，同时也加强了天然气出口的稳定性。俄罗斯和德国共同修建此管道的目的就是为了减少对乌克兰和白俄罗斯两个过境中转国家的依赖。该管道的建设将有助于提高俄向北欧地区的天然气出口量，进而为西欧地区提供稳定的天然气供应。

5.“纳布科”天然气管道（The Nabucco Gas Pipeline）

已被欧盟列入“优先项目”的“纳布科”天然气管道全长3300公里，预计总耗资50亿欧元，计划于2009年开工，2013年建成运营，每年可向欧洲提供天然气250亿至310亿立方米。建设该管道项目的目的是要把里海和中亚各国及至伊朗和中东的天然气经阿塞拜疆、格鲁吉亚、土耳其、保加利亚、罗马尼亚、匈牙利和奥地利输送到更多欧洲国家。作为欧盟保障能源安全的重要举措之一，“纳布科”天然气管道主要是为了减少欧盟各国对俄罗斯天然气供应的单方面依赖。因此，从地缘政治角度来说，“纳布科”非常重要，因为它将像BTC管线一样绕过俄罗斯。①

“纳布科”与俄罗斯的“南溪”输气管道构成了竞争关系（参见图6）。早在欧盟提出“纳布科”设想之前，俄罗斯就与意大利共同推出了“南溪”输气计划，拟从2009年开始建设一条从俄罗斯出发、经黑海从保加利亚上岸的天然气管道，每年向欧洲输气300亿立方米。此外，天然气供应源也是“纳布科”最大的问题，而主要制约因素仍来自俄罗斯。俄罗斯积极谋求与“纳布科”管道的里海气源潜在供应国签署收购天然气的协定，并且争取阿塞拜疆“入伙”，导致“纳布科”气源难以保证。

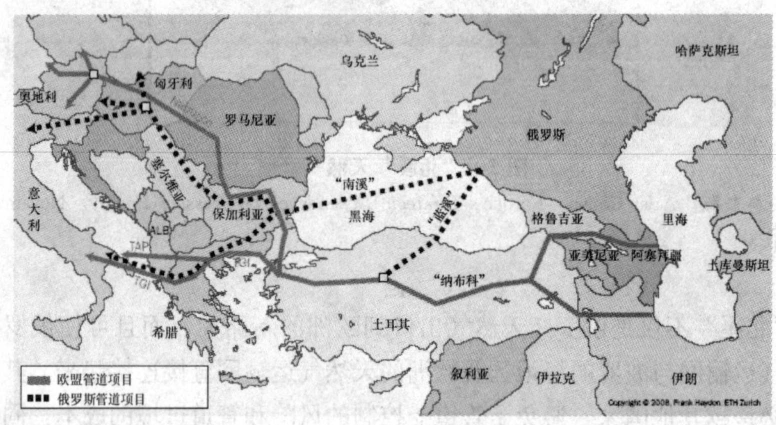

图6 欧盟“纳布科”管道和竞争中的俄罗斯“南溪”天然气管道

资料来源：Stacy Closson，*Energy Security of the European Union*，*CSS Analyses in Security Policy*，Vol. 3，No. 36，June 2008.

6. 跨里海天然气管道（Trans-Caspian Gas Pipeline）

“跨里海天然气管道”起自土库曼斯坦，经阿塞拜疆、格鲁吉亚、土耳其最后到欧洲，旨在把中亚的天然气直接输送到欧盟市场，从而改变俄罗斯垄断中亚天然气出口的局面。美国早在1996年就提出铺设跨里海天然气管道计划，并且得到了欧盟的积极响应和参与。按照设计规划，这项年输气能力同样为300亿立方米的项目建成后，可与巴库—第比利斯—埃尔祖鲁姆

---

① John Roberts，*The Turkish Gate：Energy Transit and Security Issues*，Centre for European Policy Studies，EU-Turkey Working Papers，No. 11/October 2004.

（土耳其）管道连接，中亚天然气就可以直接输往国际市场。不仅是土库曼斯坦，还有哈萨克斯坦，甚至将来还有乌兹别克斯坦，都能使用这条管道对欧洲出口天然气。

7. 南高加索天然气管道

该管道也称巴库—第比利斯—埃尔祖鲁姆（BAKU-TBILISI-ERZURUM）天然气管道，它跨越阿塞拜疆、格鲁吉亚、土库曼斯坦三国，设计输气能力160亿立方米/年，总造价约10亿美元。该管道于2006年底建成。“南高加索天然气管道”是欧盟最重要的管线工程之一。其主要目的是把阿塞拜疆和土库曼斯坦的天然气经土耳其输送到欧洲。如果成功，该管线将削弱俄罗斯天然气在市场上的支配地位，进一步改善欧盟的天然气供应安全。到目前为止，通过这条管道供应的只有阿塞拜疆的天然气。阿塞拜疆和土库曼斯坦之间的利益分歧是这一项目的主要障碍。

8. 土耳其—希腊—意大利天然气管道连接线（Turkey-Greece-Italy interconnection）

该管道全长3398公里，预计总输送能力为220亿立方米。建设该管道的主要目的是为了把里海、伊朗和中东天然气资源输往欧洲市场和巴尔干半岛国家，使能源进口渠道多元化，摆脱单一依靠俄罗斯天然气供应的局面。希腊和土耳其均为一揽子协议的签字国。联合天然气管道的第一个议定书是在INOGATE计划的框架内于2000年7月签署的。该项目包括在亚得里亚海底修建一个长212公里的水下天然气管道，连接希腊西北部的斯塔夫罗利门拿斯（Stavrolimenas）和意大利东南部的奥特朗托（Otranto）（参见图7）。管道落成后，里海的天然气可以通过土耳其、希腊、意大利输往中欧国家。该管道预计2011年开始运营，年输送能力将达到80亿立方米。这是欧盟为推行能源来源多元化和确保能源供应安全所采取的一项重要举措。欧盟将对该管道通过提供便利贷款和授予许可等方式进行部分资助。

9. “马什里克阿拉伯”天然气管道（The Trans-Mashrek Gas Pipeline）

阿拉伯天然气管道是一个重点项目。天然气通过埃及、叙利亚、约旦、黎巴嫩等国家，向北延伸至土耳其，最后通过“纳希科”管道接入保加利亚、罗马尼亚、匈牙利、奥地利等欧洲国家。管道全长1200公里，起点为埃及西奈半岛北部城市阿里什，穿过约旦和叙利亚，叙利亚境内全长600公里。管道全部完工后，中东国家的天然气可沿这条管线输往欧洲市场。

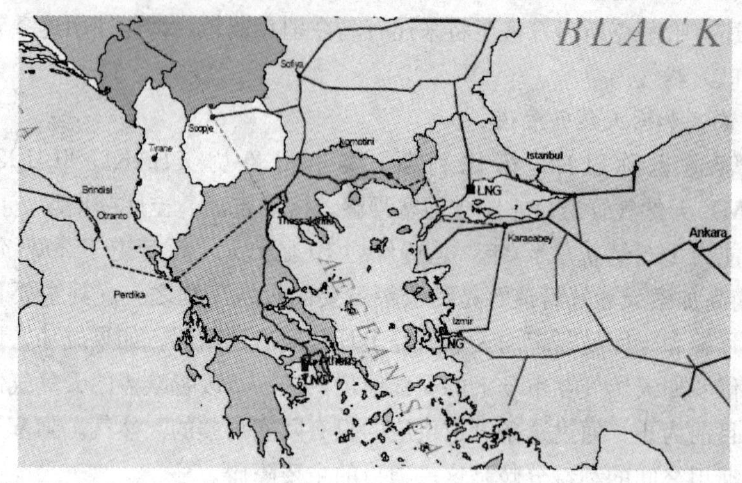

图 7　土耳其—希腊—意大利天然气管道连接线示意图

资源来源：European Commission，*Communication on the Development of Energy Policy for the Enlarged European Union*，*its Neighbours and Partner Countries*，COM（2003）262 final，p. 43.

参与该项目的埃及、伊朗、约旦和叙利亚等阿拉伯国家代表还与伊拉克官方商讨伊拉克加入该项目的可能性。如果伊拉克同意加入该项目，届时伊拉克的天然气管道将与叙利亚边境的阿拉伯天然气管道连接起来。

（10）阿尔及利亚—西班牙跨海输气管道（Medgaz）和阿尔及利亚—意大利跨海输气管道（Galsi）

Medgaz 输气管道连接阿尔及利亚本尼萨夫和西班牙阿勒梅利亚两座城市，总长 1050 公里，阿尔及利亚境内 550 公里，西班牙境内 300 公里，海底 200 公里，总投资逾 6.5 亿美元。管道铺设工作已于 2004 年 6 月展开，计划在 2008 年底 2009 年初完成，输气能力每年 80 亿立方米，可扩展至每年 160 亿立方米。目前，阿尔及利亚已建成两条油气输送管线并投入运营，其中一条名为“马格里布—欧洲”（Maghreb-Europe），经由摩洛哥和直布罗陀海峡直抵西班牙；另一条称作“跨地中海输气管道”（Transmed），通过突尼斯到达意大利。

Galsi 输气管道连接阿尔及利亚和意大利，途经意大利撒丁岛（Sardinia）。该管道将于 2010 年完成，输送能力为 850 亿立方米/年。阿尔及利亚计划通过意大利扩大天然气出口，2006年12月与五家意大利能源公司签订了新的天然气采购合同。这五家公司分别是Enel、Edison、Hera、Ascopiave和Worldenergy，将从阿尔及利亚通过Galsi管道每年进口60亿立方米天然气。

11. 横跨撒哈拉天然气管道（TSGP）

这条穿越撒哈拉沙漠的天然气管道全长4500公里，从尼日利亚的尼日尔三角洲，经尼日尔、阿尔及利亚，再穿过地中海到西班牙。穿越撒哈拉沙漠修建管道将为欧洲提供新的天然气来源，有助于欧盟减少在天然气进口方面对俄罗斯的依赖，达到天然气来源多元化的目标。管道建成后，每年可以从尼日利亚向欧洲输送200亿—300亿立方米的天然气。欧盟将为此管道投资95亿欧元。

（四）修建中的液化天然气终端（码头）

液化天然气（LNG）和天然气储备对于增强欧盟天然气市场的流动性和多元化具有重要意义。近年来，由于俄罗斯地缘政治战略发生了变化，俄罗斯与东欧过境国之间频频发生天然气纠纷，导致欧盟天然气供应出现中断。这些事件为欧洲增加LNG基础设施建设提供了强有力的政治动力。由于LNG有利于促进欧盟能源供应多元化，在发生危机时增加灵活性，因此，欧盟高度重视发展LNG基础设施、加强设施之间的相互衔接。

天然气管道是天然气生产与市场连接的首选途径，但是，管道对远距离运输在经济上显然不划算。于是，LNG应运而生。LNG通过在常压下将气态的天然气冷却至－162℃，使之凝结成液体。天然气液化后，其体积只有液化前的1/600，从而大大节约了储运空间，为解决远洋和边缘地区开发天然气的远距离运输问题提供了一条便捷的途径。但是，油气管道和LNG两种运输方式所需的基础设施投资是不一样的：管道运输只需输气管和加压站，而LNG却需要对整个运输链进行投资，包括液化厂、LNG专用船和带有液化气储存及再气化厂的接收终端。可见，LNG运输链比管道耗资更多。

目前，世界LNG市场主要分为三大市场：亚洲、欧洲和美国。2001年，全世界LNG消费总量为143亿立方米，其中亚洲占91%，欧洲占8%，美国占1%。[①] 可见，欧洲的LNG需求还是很有限的，进口国主要包括比利时、法国、希腊、意大利、葡萄牙、西班牙等，主要供给国是阿尔及利亚，利比亚和埃及正在成为新的供给国。

随着LNG技术的日益成熟，欧洲增加了一个天然气供应多元化的渠道，而且这种方式的成本也在可承受的范围内，通过从北非、尼日利亚以及波斯湾运输LNG给欧洲提供能源。目前，欧盟运营中的LNG终端有12个，每年可进口天然气800亿立方米。欧盟计划扩建和新建的项目包括：(1) 波罗的海和北海LNG终端项目。这些项目中5个为新建项目，其中波罗的海（波兰的格但斯克）1个、北海4个。计划于2010年投入运营，年接收能力达180亿—200亿立方米。另有2个项目正在扩建：一是在比利时，一是在英国。预计到2008年，这两个终端每年将增加接收能力120亿立方米。如果这批项目全部竣工，该地区的天然气终端新增接收能力将达约300亿立方米/年。目前尚未听说这些项目遇到什么困难。(2) 大西洋LNG终端项目。该地区有11个项目，涉及英国（2个）、法国（1个）、西班牙（扩建2个、新建5个）和葡萄牙（1个）。预计这批项目将于2008—2011年间投入运营，年接收能力300亿—350亿立方米。(3) 地中海西部地区。该地区有7个项目，涉及西班牙（扩建3个）、法国（新建1个）、意大利西海岸（新建3个）。遇到的主要问题是意大利在审批阶段碰到了政治和环境问题。这批项目预计在2007—2011年间投入运营，年接收能力为150亿—180亿立方米。据估计，这些项目至少有一半将得到建设，因此，该地区新增天然气终端接收能力将达80亿立方米/年。(4) 地中海东部地区。该地区有9个项目，涉及意大利（新建7个）、希腊（扩建1个）和塞浦路斯（新建1个）。遇到的主要问题是意大利在审批阶段碰到了政治和环境问题。预计这批项目将在2008—2012年间投入运营，年接收能力为300亿—350亿立方米。假如这些项目有一半得到建设，该地区新增天然气终端接收能力将达150亿立方米/年。

鉴于欧盟日益依赖外来天然气供应，欧委会积极主张建立足够的天然气

① Patrick Cayrade, *Investments in Gas Pipelines and Liquefied Natural Gas Infrastructure——What is the Impact on the Security of Supply?* INDES WORKING PAPER NO. 3/MARCH 2004. http://www.ceps.be.

储备，以确保发生中断时的天然气供应。天然气储备应确保至少两个月的消费量，即大约800亿—850亿立方米。这样才能增加成员国之间天然气转换供应的可能性，改善内部市场的运作，在发生供应危机时确保天然气供应量。目前，欧盟130个现有天然气储备库的总储备能力估计为700亿立方米。为此，欧盟计划在西班牙、葡萄牙、意大利、希腊和波罗的海地区建设37个项目（其中28个为地下储备库），总储备能力约为200亿立方米。届时，欧盟天然气储备量将可接近保障供应安全所需的850亿立方米。

六、建立健全危机应对机制

欧盟高度重视建立和完善能源供应安全应急机制。多年来，欧委会一直在酝酿修改现行的供应安全指令，制定新的石油和天然气储备条例，以确保欧盟能够迅速应对短期性供应中断问题，确保成员国之间的团结。2002年9月11日，欧委会通过了《建立内部能源市场：加强石油和天然气供应安全》的两项指令提案，旨在改善内部能源市场环境下的欧盟能源供应安全。[①]

（一）完善石油供应安全机制

欧盟的石油供应安全机制主要由理事会通过的三项指令和决定构成，即第68/414/EEC号指令（已由第98/93/EC号指令修订更新）、第73/238/EEC号指令和第77/706/EEC号决定。它们对成员国建立战略石油储备及危机管理措施作出了明确的规定。

自20世纪70年代两次石油危机以来，欧盟的能源品种和来源多元化程度已经大幅度提高，有效地限制了某个来源石油供应中断所能带来的影响。但是，欧盟经济依然严重依赖原油和成品油的持续供应，特别是交通运输部门。任何供应困难，即使是短期的困难，只要导致来自第三国此类产品进口的减少，或者导致国际市场油价大幅上升，都可能对欧盟的经济活动和社会生活产生严重影响，因为石油价格与其他燃料价格有着紧密的

---

① European Commission，*The internal market in energy：Coordinated measures on the security of energy supply*. COM（2002）488 final，Brussels，11.9.2002.

联系，一旦发生石油危机，其后果将会迅速波及到其他能源部门。国际石油市场虽然日趋成熟，但仍存在石油供应中断的危险。中东、俄罗斯、里海等国家和地区均不同程度地存在着供应中断的潜在风险。此外，随着世界原油贸易量的增大，运输的风险也在增大。然而，欧盟层面上缺乏一个有效的团结互助机制，在发生能源危机时无法保证成员国之间的团结和合作。

2002年9月11日，欧委会在《建立内部能源市场：加强石油和天然气供应安全》提案中，为确保内部能源市场的正常运作提出了下列几个目标：第一，通过预先制定能够确保协调行动的措施和机制，促进欧盟成员国在发生能源危机时的团结；第二，通过制定应对能源供应中断的充分有效的机制，对供应安全进行管理；第三，通过采取能够最大程度地确保生产国能源运输可靠性的安全措施，对能源供应和基础设施的安全性进行管理；第四，加强与生产国磋商，制定在预计将出现供应中断时可能采取的应对方案，恢复市场的正常运作，以促进市场稳定。

为了确保石油供应安全，欧委会提出了一系列旨在促进成员国联合和协调行动的意见和措施：

1. 提高应急储备水平

欧盟各国对能源的进口依赖程度很高，其需求的50%依靠进口。随着石油供应中不确定因素的日益增多，欧盟希望建立与美国类似的统一战略油气储备。目前，欧盟平均石油储备水平约为114天，各国情况差别很大，从90天到214天不等。新入盟国家情况更糟。为了保证石油供应的稳定性和价格合理性，欧委会提出将欧盟成员国战略石油储备从目前的90天消费量提高到120天，最迟不得超过2007年1月1日完成。其中，拿出1/3（即40天用量）组建欧盟的共同储备。[①] 这就可以改变由各国自行负责石油储备和大部分储备由民营石油公司拥有的现状。尽管没有明确规定，战略储备水平的提高也是为了确保欧盟创建超出“国际能源计划”（IEP）规定的储备水平，因为只有超出IEP要求的那部分储备才能受欧盟新的应急机制的控制。根据入盟谈判的规定，新入盟的成员国以2009年12月31日为过渡期，

① European Commission，*The internal market in energy: Coordinated measures on the security of energy supply*. COM（2002）488 final，Brussels，11/9/2002.

逐步将其战略储备水平增加到 90 天的消费量。欧委会希望新成员国在过渡期结束后，能逐渐把储备增加到 120 天的消费量。

2. 确立动用应急储备的标准

欧盟的应急储备一开始是为了使成员国能够应对生产国供应中断而引起的短期性石油短缺。因此，动用储备是一种最后手段。使用应急储备也是对积极的、相对严厉的减少消耗措施（如“星期天禁止开车”）的一种补充。因此，一些成员国法律对动用战略储备规定了非常严格的条件。然而，鉴于石油市场所发生的变化，在其他情况下动用应急储备也日益重要。在运营商们感到未来可能存在供应中断的风险时（这种中断不一定非得实际发生），这种情况可能将会导致现货市场油价暴涨，对经济带来极大的危害。这类事件曾在海湾战争期间出现过。当时，虽然相对于消费不存在生产短缺，可是在现货市场中，人们认为战争会威胁沙特阿拉伯的石油生产，因此油价骤然飙升。在这种情况下释放石油储备有助于抑制抢购风，恢复市场的正常运作，从而限制价格波动及其对经济的灾难性影响。

欧盟在这种情况下采取统一、一致的行动，对确保内部市场的正常运作是绝对必要的。因此，必须确保在不存在实际供应短缺但由于市场预期存在实际中断的风险而出现价格飙升的情况下，欧盟各成员国能够逐渐地释放战略储备。目前，情况并非如此，因为有些成员国的战略储备只能在发生实际短缺时启动，它们对动用储备规定了非常严格的限制。因此，欧盟法律必须确保，成员国的安排能够在普遍感到存在实际供应中断的风险从而正在引起价格大幅度波动的情况下释放储备。这是确保欧盟行动统一性和一致性从而保证内部市场正常运作的一个必备的先决条件。

假如人们普遍感到存在实际供应中断的风险，石油储备要以两种不同的方式予以释放：一是释放专门机构持有的战略储备是以市场价格按某一比率向下游石油运营商提供石油；二是释放下游石油运营商作为储备义务而持有的战略储备，逐渐减少其储备义务。具体采用哪一种方式将取决于战略储备是由专门储备机构持有，还是由下游石油运营商根据储备义务持有。这两种释放方式的效果是相似的。运营商既可以购买储备机构持有的储备，也可以保持其自己的安全储备。这样就可以防止运营商到现货市场不计价格地购买石油的倾向，也会打击利用供应中断风险进行投机的现象。在预期可能出现供应中断的情况下释放储备是有道理的，因为石油市场是在人们预期的基础上运作的。

要让释放储备真正发挥作用，还必须确保动用储备不会导致生产国改变其生产政策，以致抵消使用储备所带来的好处。这就是为什么欧盟认为战略储备绝对不能当作对抗生产国的一种方式。相反，动用储备必须与生产国协调进行。为此，欧盟必须发展生产国与消费国之间的能源对话，并使之制度化、实质化。这一动用储备的概念考虑到过去 30 年石油市场所发生的变化。为此，欧委会认为，成员国在两类情况下必须有权动用安全储备：一是发生石油供应中断，这是原来设计动用应急储备时的干预标准；二是普遍感到存在实际供应中断的风险，运营商对潜在的实际中断风险的预期正在引起现货市场出现无法接受的价格。

在这些原则基础上对成员国法规的趋同，有利于确保在发生危机时成员国之间保持团结和行动的统一性，使内部市场继续正常运作，也可使一些成员国不会因为法律和行政制度的阻碍而无法释放储备。

3. 建立共同体干预机制

欧盟认为，IEA 框架无法有效地应对石油市场中断的危机，因为 IEA 目前所使用的机制（CERM）要受到 27 个成员国一致同意规则的约束。由于参与国地理位置和利益差异很大，要达成共识非常不容易。美国、日本、澳大利亚和韩国等国家都是 IEA 的成员国。在参加国利益迥然不同的情况下，不太可能作出迅速而灵活的反应。即使在 IEA 主持下采取行动，参与国在对该行动如何作出贡献的问题上掌握着很大的回旋余地，行动的统一性严重缺失。

此外，目前欧盟法律只允许在出现石油供应中断的情况下动用储备。这是一种管理供应短缺的办法，无法用来应对由于对供应中断的预期而带来的市场波动。因此，除了动用储备所应遵循的常规标准（石油供应的实际中断）以外，必须规定动用战略储备的共同规则，以便在出现经济风险时，能以统一、协调的方式加以应对，特别是在普遍认为存在实际供应中断的风险而引起市场上的波动时。成员国各自采取的单独行动会违背内部市场的目标，也会不利于恢复石油市场的正常运作。共同规则将有助于确保在发生危机时内部市场正常运作所需要的团结和统一。

此外，共同体法律只规定成员国技术专家可以在欧委会的主持下就动用储备进行相互协商。因此，每个成员国都可以随心所欲地支配其储备，而欧盟无权动用成员国的战略储备。首先，储备水平不允许低于 IEP 协议规定的最低水平，除非 IEA 作出这样的决定；其次，超出 IEP 要求的储备由成员国控制，而不是欧盟层面控制。因此，欧盟目前没有动用储备的手段。这一点被视为在石油供应安全这一重要领域对共同体政策工具的一种严重制约。

为了解决这些问题，欧委会建议建立一种决策机制，使共同体能够在出现石油危机时确定行动计划。如果石油市场出现紧急需要，欧委会应有权采取所需的应急措施。具体地说，欧委会应在两种情况下可要求成员国逐步释放应急石油储备：

第一，假如世界市场上正常的原油供应水平出现 7%的中断，那么欧委会就可以采取措施，逐步提供安全储备。欧委会还可有选择性地或全面地限制消费。一旦决定采取这样的措施，欧委会一名代表应提交一份措施草案，给一个由成员国代表组成并由欧委会代表担任主席的委员会。该委员会应就该措施草案发表意见，至少需要 62 票赞成才能通过，主席不参加投票，投票权重的分配与欧盟理事会中的成员国投票权重相对应。如果意见通过，欧委会将采取这些措施。如果不通过，欧委会须向理事会提交一份与这些措施相关的提案，并通报欧洲议会。理事会应在一周内采取有效多数的表决方式就该提案进行表决。如果理事会表决结果为反对，那么欧委会必须对提案重新加以审定，然后向理事会提交一份修正案，或者重新提交该提案，或者根据《欧盟条约》提出一个立法提案。如果一周内理事会既没有通过也没有表示反对，那么欧委会就算通过该提案。

第二，普遍认为石油供应将出现中断的危险。对危险的预期可能导致石油市场高度的动荡，从而严重扰乱经济和内部油品市场的正常运作。欧委会所提出的决策程序与上述世界石油中断 7%的门槛完全一样。

欧委会还为应对油价飙升或动荡提出了标准。如果原油价格连续 12 个月保持高位，使欧盟未来 12 个月的外来石油开支相对于前 5 年的平均外来石油开支，以欧盟 GDP 的 0.5%以上的幅度增长，那么，欧委会就可以启动法定程序来逐渐释放应急储备。例如，在 2002 年的形势下，如果布伦特油价超过 30 美元/桶的门槛（相当于欧佩克的 28 美元/桶的门槛），欧委会即可启动共同体机制。

欧委会指出，今后，欧盟必须能够决定采取共同战略，经各成员国通过后，对石油供应的实际中断或经济中断作出有效的反应。这一战略应就成员国所需采取的措施规定详细内容、目标、持续时间以及成员国必须提供的资源。

4. 加强成员国储备体系的趋同

目前，欧盟的应急石油储备体系分为 25 个不同的成员国体系。但大致分为两类：第一类建立了公共储备机构，持有应急石油储备；第二类完全通过私营石油公司持有应急储备。这种分裂状况首先影响内部能源市场的正常运作，因为不同的成员国实施不同的规则。只需持有有限的操作储备的独立的成品油分销商或进口商认为，持有储备的义务成为它们不得不承担的净成本，而炼油公司在任何情况下都需持有操作储备，即使无需持有战略储备。因此，储备义务可能引起竞争扭曲。此外，在没有公共储备机构的成员国，战略储备缺乏透明度，因而也就缺乏可信度。在只有公司储备作为战略储备的国家，一旦出现紧急情况，哪些数量可以实际用作额外的供应存在着不确定性。有些成员国拒不提供有关现有战略储备实际规模的充分的透明度。

为解决这一问题，欧委会提出，所有成员国应建立一个公共机构，负责持有石油储备。这一机构应持有 120 天内陆消费量的至少 1/3 的储备。让公共机构来持有一部分储备就可以解决战略储备透明度不够的问题，一旦发生危机就能保证这些储备动用时的有效性和效率。

建立一个公共机构负责战略储备，将免去油品独立分销商和进口商建立这种储备的义务。它们只需向中央储备机构支付一笔合理的费用来履行自己的储备义务。这将有助于保障不同类型的石油分销商之间开展健康的竞争，保证市场上供应品种的多样性，从而改善供应安全。

5. 允许在另一个成员国持有储备

理事会第 68/414/EEC 号指令规定，成员国无需在本土持有全部的紧急储备。但如果要在另一成员国持有其紧急储备（或者持有一部分），两国必须签署政府间协议。没有这样一份协议就构成了违反指令的行为，而这种情况实际上很普遍。相对于纯本国性供应链而言，这一限制对跨境性下游供应链可带来不利。出于操作需要，石油储备通常集中在炼油厂。假如一个下游公司从一个国外的炼油厂获得其供应，那么就会出现这样一种情况，即该炼油厂的操作储备就不能算作紧急储备。该公司可能被要求在销售国持有额外的储备。在这种情况下，拥有国内炼油厂的下游公司就会享有竞争优势，因为该炼油厂的操作储备能算作紧急储备。

为了解决这一问题，新指令提案规定，成员国必须确保，其制定的储备持有安排不会对来自炼油厂设在其他成员国的供应带来相对来自于本国炼油厂的供应不利影响。成员国必须授权从其他成员国取得产品的公司，通过在供应来源的成员国持有紧急石油储备来履行自己的义务。相关成员国不得反对将这些紧急石油储备转移给别的成员国。为了对在另一成员国成立的企业、组织或机构在本国领土上持有的紧急石油储备进行识别、登记和监测，必须建立一个核查机制。

6. 建立欧盟油气供应监测体系

为了方便和监测所提法规的实施，更好地掌握市场动向，新指令提案提出建立一个欧盟油气供应监测体系，由欧委会负责管理。其任务是监督上述法规的落实，评估上述措施的有效性及其对内部石油产品市场运作的影响。

显然，上述措施将有助于改善欧盟内部能源市场框架内的能源供应安全，促进成员国之间在发生危机时的团结与行动的协调。在出现供应中断的情况下，新增的战略石油储备可以用来平抑市场上价格动荡带来的负面经济影响。然而，这一提案引起了很大争议，招致了石油和天然气工业界、能源消费者、成员国、欧洲议会能源委员会成员以及部分成员国议会的强烈批评。首先，许多成员国和市场相关方反对市场干预；其次，这一改革方案，特别是增加战略石油储备水平，将会大幅度地增加开支；第三，有人怀疑动用石油储备是否真的能实现稳定价格的预想效果。2003 年 11 月 19 日，欧洲议会投票否决了欧委会的这一提案。当然，欧洲议会工业委员会同时肯定了建立油气供应观察体系和加强欧盟与 IEA 合作的可取性。欧盟理事会也认为没有必要对现行战略石油储备体系作大规模的修改，而是提出对成员国战略石油储备体系作进一步的协调，加强欧盟与 IEA 之间的合作。由此可见，欧委会今后的努力方向将围绕着协调成员国战略石油储备体系和进一步加强欧盟体系与 IEA 体系之间的联系。

（二）建立天然气供应安全机制

1. 建立天然气供应安全机制的必要性

首先，在欧盟能源结构中，天然气的重要性正在日益提高。天然气正在与石油竞争，成为主要的能源品种。自1995年以来，天然气发电每年占欧盟电力生产新投资的50%—60%。在发电业，天然气所发挥的作用就如同石油在交通运输中的作用。天然气与电力的关系已经不可分割，相互依存。天然气供应安全对确保电力生产的持续性有着特别重要的意义。天然气中断对欧盟成员国的影响将是巨大的。2000年《欧洲能源供应安全战略》绿皮书指出，欧盟对进口天然气的依赖已经达到了令人忧虑的水平。目前，欧盟天然气消费总量40%依赖进口，并且主要来自于三个国家——俄罗斯、挪威和阿尔及利亚。对少数几个来源和运输线路的依赖意味着缺少选择余地，这是极其危险的。预测表明，到2020年，欧盟天然气进口依存度将上升到70%。为了满足欧盟日益增长的天然气需求、实现天然气供应的多元化，今后几十年，欧盟必须确保相当规模的新增天然气供应量，其中不少必须来自遥远的供应渠道并且经过远距离的运输。这里隐含着巨大的风险。2006年俄乌天然气之争给欧盟带来的影响，已经敲响了天然气供应安全的警钟。

其次，随着1998年6月22日欧洲议会和欧盟理事会关于内部天然气市场共同规则的第98/30/EC号指令和2003年6月26日欧洲议会和欧盟理事会关于内部天然气市场共同规则的第2003/55/EC号指令（同时废除第98/30/EC号指令）的实施，共同体天然气市场开始自由化。这一发展必然会给天然气供应安全带来影响。任何导致天然气供应减少的困难都可能对共同体的经济活动带来严重的影响。在一个迅速变化的市场上，必须避免供应安全责任上存在的任何不确定性。如果这一问题不清楚，就会增加发生供应危机的可能性。为此，欧盟必须采取措施来确保天然气供应的安全。

最后，内部天然气市场的不断完善也要求有保障供应安全的最低共同标准，特别是制定与这一市场相一致的、透明的、非歧视的供应安全政策，避免市场扭曲。明确各市场主体的作用和责任对于保障天然气供应安全和内部市场的正常运作有着极其重要的作用。同时，强加给公司的供应安全义务不应妨碍内部市场的正常运作，也不应给天然气市场主体包括市场新来者和小型主体强加不合理和不成比例的负担。

虽然天然气工业将继续担负操作方面的责任，但是，共同体在天然气供应安全方面已经拥有至关重要的协调和支持作用。共同体的作用就是要确保内部市场的正常运作，为市场主体提供一个清晰的框架，在这个框架内，各市场主体可以对改革加以解释和管理，同时要确保足够水平的天然气供应安全。如同石油一样，制定最低保障措施是确保内部天然气市场正常运作的必要条件。这种措施还包括各项措施的趋同，以保证所有成员国在发生供应危机时以统一、协调的方式采取行动。

2004 年以前，在天然气供应安全方面，欧盟在共同体层面上没有一个趋同措施框架。IEA 也没有具体的措施来保障外部对其成员国的天然气供应。欧洲天然气市场目前正在发生快速的变化，传统市场主体的角色也在发生变化。以前，规划和发展天然气网络以实现供应安全目标的工作都相对简单，因为主要供应企业拥有全部能源基础设施、天然气供求相关数据以及规划工作所需的信息和手段。国家直接参与没有多大必要，因为负责供应安全的天然气公司在很多国家都是部分或者全部国有企业。现在，在自由化的天然气市场上，由于天然气工业的结构改革，成员国市场的一体化，新公司的出现以及竞争的扩大，任何一个主体都无需为成员国层面上的天然气供应的短期和长期安全担负全责。因此，有关供应安全的政策和程序必须根据新情况加以评估和规范。在一个竞争性的市场上，天然气供应企业是否会对供应安全给予战略性的重视是说不准的。竞争日益成为各天然气公司的主要目标。因此，天然气供应安全的组织不能再像以往那样完全托付给这一产业。需要制定一个新的法律框架来确保所有市场主体都采取基本措施，以确保这一目标的实现。

2. 保障天然气供应安全的相关指令

由于欧盟成员国在天然气供应安全方面日益相互依赖，因此，在发生重大紧急情况时成员国之间的真诚团结非常重要。为了保障天然气供应安全，欧盟通过了一系列政策文件。2002 年，欧委会向欧洲议会和欧盟理事会提交了一份题为《内部能源市场：能源供应安全的协调措施》的政策文件，提出了保障天然气供应安全的一系列政策建议。[①]

2003 年 6 月 26 日，欧洲议会和欧盟理事会通过了第 2003/55/EC 号指

① European Commission, *The internal market in energy: Coordinated measures on the security of energy supply*, COM (2002) 488 final.

令，就内部天然气市场共同规则作出了规定。[①] 该指令承认各成员国有权把供应安全视为一种公共服务义务。该指令确立了内部天然气市场的共同规则，使成员国在能源市场突然发生危机时能够采取必要措施，保障供应。目前，欧盟天然气市场正处于自由化的进程中，必须采取措施，保障天然气供应安全。然而，竞争方面存在的种种障碍需要克服，如高额网络接入税率、网络接入的非歧视、透明条件的保证、市场新来者所面临的困难、一个或两个公司天然气生产和进口的监测等等。该指令的目标是建立一个保障天然气供应安全的共同框架，使各成员国能够确定总体的供应安全政策，而这种政策必须是透明的、以团结为基础的、非歧视的、与单一天然气市场要求相一致的。

2004 年 4 月 26 日，欧盟理事会发布了第 2004/67/EC 号指令。该指令的目标是建立保障足够水平的天然气供应安全的各项措施，同时促进内部天然气市场的正常运作。[②] 该指令还意在建立一个共同框架，使成员国可以制定与竞争性内部天然气市场相一致的透明、非歧视的总体供应安全政策，明确不同市场主体的作用和责任，实施具体的非歧视性程序，保障天然气供应安全。为了避免模糊，该指令特别解释了“长期天然气合同”和“重大供应中断”。前者是指期限超过 10 年的天然气供应合同；后者是指共同体有可能失去来自第三国天然气供应的 20％以上，并且成员国措施不太可能充分地应对共同体层面上的形势。该指令同时为发生至少持续 8 周的重大供应中断的情况下提供了适用的规则。

3. *天然气供应安全的政策与措施*

根据欧盟理事会第 2004/67/EC 号指令，欧盟保障天然气供应安全的政策主要包括：

第一，成员国在建立保障充分水平的天然气供应安全的总政策时，应明确规定不同的天然气市场主体在执行这些政策时的角色和职责，具体说明它

---

① *Directive 2003/55/EC of the European Parliament and of the Council of 26 June 2003 concerning common rules for the internal market in natural gas and repealing Directive 98/30/EC*，O J L 176，15/07/2003.

② Council of the European Union，*Council Directive 2004/67/EC of 26 April 2004 concerning measures to safeguard security of natural gas supply*，O J L 127/92，29/4/2004.

们必须遵守的充分的最低供应安全标准。这些标准应以非歧视的透明的方式实施，并且加以公布。

第二，成员国应制定相应措施，确保本指令中所指措施不会对天然气市场主体带来不合理、不成比例的负担，并且应与竞争性的内部天然气市场要求相一致。

第三，通过以下手段，增强天然气供应安全：达到储存容量的工作天然气；天然气储备的提取能力；提供管道能力，使天然气可以分流到受影响的地区；流动的可交易的天然气市场；系统灵活性；发展可中断的需求；在工业企业和发电厂使用替代性备用燃料；跨境容量；周边成员国的输电系统运营企业之间合作，进行协调传输；配电和输电系统企业之间的协调输电活动；本地天然气生产；生产灵活性；进口灵活性；天然气供应来源的多元化；长期合同；投资天然气进口基础设施，如再气化终端和输气管道。

欧盟理事会第2004/67/EC号指令还规定了保障天然气供应安全的一系列措施，包括：

第一，保障消费者供应安全。成员国必须确保本国境内的家庭消费者天然气供应至少在以下情况下得到保护：一是在由成员国根据国情确定的一段时期内出现国内天然气供应部分中断；二是在成员国确定的用气高峰时期出现极其寒冷的温度；三是在发生统计数据上20年一遇的最冷的天气期间出现天然气需求特别旺盛的时期。这些就是欧盟所称的“天然气供应安全标准”。成员国可把范围扩大到无法将其天然气消费转换为其他能源品种的中小企业及其他天然气用户，包括本国电力系统安全措施（如果该成员国发电依赖天然气）。成员国可采取相应措施与另一成员国合作，包括签订双边协议，利用位于该成员国境内的天然气储备设施来实现供应安全标准。但这些措施，特别是双边协议，不应妨碍内部天然气市场的正常运作。成员国可制定或要求工业界制定最低水平的示范储备目标，为未来保障能源安全可能需要建立的储备（不论是位于成员国内部还是外部）作出的贡献。这些目标必须加以公布。

第二，安全措施的报告。关于安全措施的报告问题，成员国应根据第2003/55/EC号指令发布报告，内容应包括：根据上述规定所采取的安全措施对天然气市场各主体的竞争影响；储备容量的水平；在其境内成立和注册的公司所签署的长期天然气供应合同的程度，特别是合同的剩余时间，以及天然气市场的流动程度，但去除商业敏感信息；为天然气的勘探、生产、储备、LNG 和运输的新投资提供足够优惠政策的监管框架。

第三，安全措施的监测。欧委会必须在成员国提交的报告基础上监测：与第三国新签的长期天然气进口合同的时间长度；天然气供应是否存在足够的流动性；储备中工作天然气的水平以及天然气储备的提取能力；成员国天然气系统的互联程度；共同体具体地区的天然气需求、供应自主性以及共同体层面上现有供应来源方面可预见的天然气供给情况。如果欧委会认为共同体天然气供应不足，无法满足长期的可预见的天然气需求，它可以根据欧盟条约的相关规定提出建议案。

第四，成立天然气协调小组。第 2004/67/EC 号指令宣布成立天然气协调小组。该小组由欧委会主持，由成员国代表、相关工业的代表机构以及相关消费者组成。其任务是方便共同体层面上在发生重大天然气供应中断时协调供应安全措施；协助成员国协调各自采取的措施；定期交流天然气供应安全方面的信息。其程序规则由该小组自行决定。

第五，成员国应急措施。指令要求成员国提前制定并适时更新本国的应急措施，并将这些措施通报欧委会。成员国应公布本国的应急措施。成员国的应急措施应确保各市场主体有足够的机会对紧急情况作出初期的反应。成员国可向天然气协调小组表明哪些事件由于规模太大、性质特别，成员国措施不足以管理。

第六，共同体应急机制。第 2004/67/EC 号指令规定，如果某一事件可能发展成为一个持续很长时间的重大供应中断，或者成员国表示无法靠自身力量予以应对，欧委会应根据某一成员国的请求或者自行决定尽快召集天然气协调小组开会。该小组将审议并在合适的情况下协助成员国协调国家层面上为应对重大供应中断所采取的措施。在开展工作时，天然气协调小组必须考虑到：（1）天然气工业为应对重大供应中断危机而首先采取反应措施；（2）成员国所采取的措施。只有在成员国层面上所采取的措施不足以应对危机所带来的影响，欧委会才可在与天然气协调小组协商后，向成员国提供采取进一步措施的指导，以协助那些特别受重大供应中断影响的成员国。如果成员国采取的措施不足以应对危机的影响，欧委会可向欧盟理事会提交有关采取进一步措施的建议。共同体层面上采取的任何措施均应确保对受这些措施影响的相关企业提供公平和公正的补偿。

（三）建立电力供应安全机制

进入新世纪以来，欧盟内外频频发生大面积停电事故，突出表明了电力供应安全的严峻形势。2001 年美国加利福尼亚和 2003 年欧盟多国（尤其是意大利）发生了一系列严重的停电事故，给事发地区的社会与经济发展带来了很大的影响。欧洲大面积停电事故，暴露了欧洲电力供应方面的缺陷，也给欧盟电力供应安全敲响了警钟。欧盟拥有世界上最大的电力市场。随着内部电力市场建设的不断推进，如何保障电力供应安全日益重要。

1. 电力供应安全法规的出台

2001 年 9 月 27 日，欧洲议会和欧盟理事通过了《促进可再生能源用于发电的指令》，就内部电力市场中促进使用可再生能源发电问题作出了规定。[①] 该指令形成了第一个促进可再生能源的欧盟政策框架，其目的是增加绿色电力的比例，使其在电力消费中的份额从 1997 年的 14%提高到 2010 年的 22%，同时使可再生能源在能源消费总量中的比例从 6%增加到 12%。该指令的颁布对于促进可再生能源的使用、保障欧盟电力供应安全具有深远的影响。

2001 年 12 月 20 日，欧委会就欧洲能源基础设施问题发表了一份政策文件。[②] 在该文件中，欧委会为旨在解决与周边国家连接管线中存在的瓶颈现象、确保现有基础设施有效使用、尽可能预防拥塞问题的共同体努力确定了最初的措施。它还列出了欧洲利益的优先项目，并强调指出，基础设施的发展，从根本上讲，是欧洲天然气和电力工业的一项任务，而公共管理机构的作用是提供一个稳定、可靠的监管框架，这一框架会提供适当的刺激以及政治和财政支持。

2003 年 6 月 26 日，欧洲议会和欧盟理事会颁布了第 1228/2003/EC 号

---

① *Directive 2001/77/EC of the European Parliament and of the Council of 27 September 2001 on the promotion of electricity produced from renewable energy sources in the internal electricity market*，O J L 283，27.10.2001.

② European Commission，*Communication of 20 December 2001 on European energy infrastructure*，COM（2001）775 final.

条例，对电力跨境交换网络的接入条件问题作出了专门的规定，特别是与拥塞管理相关的总的原则和具体的规则。① 该条例对于解决跨境交换网络管理中存在的突出问题、保障电力供应安全具有重要的促进作用。

2003 年 6 月 26 日，欧洲议会和欧盟理事会通过了关于内部电力市场共同规则的第 2003/54/EC 号指令，其目的是保障电力供应的高度安全，确保内部电力市场的正常运作。该指令规定，成员国必须：对电力企业强加公共服务义务，包括与安全相关的义务（供应安全、电力供应的规范、质量和价格）和与环境保护相关的义务（能源效率和气候保护）；确保至少所有家庭用户和小企业在其领土内以合理、可比和透明的价格享有某一特定质量电力/天然气供应；采取适当措施，保护终端用户和弱势用户，包括帮助他们避免中断的措施；确保实施一项允许第三方接入的制度，使所有合格用户可以接入传输和分配系统。

2003 年 12 月，作为对欧洲一系列严重的大规模断电事件的反应，欧委会提出了电力基础设施和供应安全指令草案。欧委会指出，随着电力需求量的增长，供应中断的风险日益增大，网络紧张加剧。为此，欧委会提出：成员国必须有一项目标明确的确保电力供求平衡的政策；成员国必须确定并实施传输和分配网络安全的标准，不达到目标可处以罚款；传输系统运营商必须向成员国监管机构定期提供跨境互联线的投资计划；监管机构必须向欧委会提交一份投资计划总结报告，供其与欧洲电力和天然气监管小组协商。

2004 年 2 月 11 日，欧洲议会和欧盟理事会通过了第 2004/8/EC 号指令，就促进热电联产问题对第 92/42/EEC 号指令进行了更新。②

2006 年 1 月 18 日，欧洲议会和欧盟理事会发布了第 2005/89/EC 号指

---

① *Regulation (EC) No 1228/2003 of the European Parliament and of the Council of 26 June 2003 on conditions for access to the network for cross-border exchanges in electricity*, O J L 176, 15/7/2003.

② *Directive 2004/8/EC of the European Parliament and of the Council of 11 February 2004 on the promotion of cogeneration based on a useful heat demand in the internal energy market and amending Directive 92/42/EEC*, O J L 52, 21/2/2004.

令。[①] 该指令通过了一系列保障电力供应安全的措施，目的是确保内部电力市场的正常运作。

2. 保障电力供应安全的政策与措施

理事会第2005/89/EC号指令是欧盟保障电力供应安全的最重要的指令。该指令旨在建立足够的发电能力、实现电力市场的供需平衡、为发展内部市场而在成员国之间建立必要的管线连接，以确保内部电力市场的正常运作。

欧盟要求各成员国采取必要的措施，促进稳定的投资气候的形成，并且明确各职能部门（包括监管机构）和各相关市场主体（包括传输和分配系统运营商、发电企业、供电企业和终端用户）的角色和职责，以确保高水平的电力供应安全。所谓电力供应安全，就是电力系统根据这一指令向终端用户供应电力的能力。

该指令规定，各成员国在制定实施措施时，必须遵循以下原则：一是确保电力供应的持续性；二是研究内部市场及跨境合作的可能性，以保障电力供应安全；三是减少电力需求增长的长期影响；四是在电力生产中引入一定程度的多样化，以确保不同一次燃料之间保持合理的平衡；五是促进能源效率和新技术的使用；六是不断更新传输和分配网络，以保持网络的正常运作。

该指令对确保欧盟电力供应安全提出四个方面的措施：

第一，操作性网络安全。指令要求传输网络运营商必须制定保障网络安全的最低规则和义务，以确保传输网络的持续运作。成员国可规定，这些规则和义务须由职能部门批准，并且在合适的情况下得到输电网络运营企业的遵守。成员国应特别确保互联的输电系统企业和（在合适的情况下）配电系统运营企业根据最低操作要求，及时、有效地交换与网络运营相关的信息。如果合适，这一要求还应适用与共同体以外系统运营企业互联的输电和配电系统运营企业。网络运营商必须制定和符合供应质量和网络安全运营目标。这些目标由成员国或职能部门批准并加以监督。这些目标必须客观、透明、

① *Directive 2005/89/EC of the European Parliament and of the Council of 18 January 2006 concerning measures to safeguard security of electricity supply and infrastructure investment*, O J L 33/22, 4/2/2006.

非歧视，并且予以公布。根据第 2003/54/EC 号指令和第 1228/2003/EC 号条例，成员国在制定相关措施时不得在跨境合同与本国合同之间加以歧视。紧急情况下限制电力供应，必须基于预先确定的由输电系统运营企业管理供需不平衡的相关标准。采取任何保障措施前均应与其他输电系统运营企业进行协商，并遵守相关双边协议，包括信息交换的协议。

第二，平衡供需。成员国应采取措施，维持电力需求和现有发电供应能力之间的平衡，特别要：（1）鼓励建立电力批发市场（不可忽视偏远小系统的特殊要求），为发电和消费提供相应的价格信号；（2）确保输电系统运营企业拥有适度的发电容量储备水平，以平衡供需，并采取相应的市场措施。该指令还要求成员国采取措施，为发电容量的发展和新发电公司进入市场提供便利，消除阻碍可中断合同使用的障碍，鼓励节能和需求管理技术。

第三，网络投资。电网投资对于促进竞争、加强电力供应安全至关重要。因此，该指令规定，成员国必须制定一个法规框架，为输电和配电系统网络运营企业提供投资信号，帮助它们发展网络，满足市场可预见的需求，便利网络的维护和更新。

第四，提交分析报告。该指令要求各成员国或相关职能部门会同输电网络运营机构，根据内部电力市场指令的规定，就供应安全准备一份报告。该报告必须包含操作性网络安全的信息，如未来 5 年供需平衡预测、未来 5—10 年电力供应安全前景、传输系统运营机构及其他相关方在未来 5 年或更长的时间内提供跨境连接容量方面的投资意向。报告中有关互联线路投资意向部分应关注欧盟理事会第 1228/2003/EC 条例中所列拥塞管理的原则，现有和拟建的输电线路，预计的发电、供电、跨境交换和消费的模式，以及地区性、国家性和欧盟可持续发展目标。在此信息基础上，欧委会起草一份报告，发放给各成员国、相关职能部门以及欧洲电力和天然气监管小组。

该指令从 2008 年 2 月 24 日起开始实施。2007 年 12 月 1 日前，各成员国须向共同体通报落实指令的措施。欧委会将监督和评估指令的实施情况，并在 2010 年 2 月 24 日前向欧洲议会和欧盟理事会提交一份报告。

七、开展多层次的国际能源对话与合作

欧盟认识到，在全球化时代，能源安全是一个全球性问题，各国的能源

安全问题是一个相互依存、相互促进的互动体系。任何国家都不可能独立于世界其他国家和地区来解决自己的能源安全问题。因此，欧盟与生产国、过境国和消费国积极开展多层次的能源对话与合作，谋求建立一个信息透明、制度完善、相互开放、运转良好的世界能源市场，并通过促进各方开发本土可再生能源、提高能源效率、促进供应多样化（特别是 LNG）以及推广清洁煤技术，共同保障能源供应安全。

（一）与周边国家的能源合作

欧盟周边国家，无论是作为当前还是未来的能源供应国或是过境地区，对于保障欧盟能源安全均有着至关重要的作用。将周边国家逐步纳入内部能源市场，统一贸易、运输、环保等协定，有利于欧盟创建一个可预测、透明、统一的市场，促进能源投资增长和供应安全。为此，欧盟高度重视与其周边国家发展能源关系，特别是与有着重要战略地位的周边国家积极建立睦邻友好关系，发展区域性能源合作伙伴关系，拓宽其内部能源市场，同时有效利用各种金融手段来确保能源安全。欧委会 2003 年 5 月 26 日发布的《关于欧盟扩大后能源政策发展的政策文件》① 全面勾画了欧盟与周边国家和地区发展能源关系的设想。

欧盟把东南欧作为加强与周边国家能源合作关系、构建泛欧能源大市场的第一步。20 世纪 90 年代东南欧发生了一系列冲突，导致从亚得里亚海到黑海和爱琴海的原本统一的能源系统分裂为几个片区。尽管地图上出现了新的边界线，但这些独立的实体依然相互依赖，维持其电力供应的顺利运转。显然，东南欧地区需要建立一个法律框架，以重建其能源网络、确保投资所需要的稳定性、创造有利于其经济有效重建的条件。通过地区一体化的方式来实现能源安全，一方面可以改善现有的供应和生产能力，另一方面可以优化未来的投资。

为了促进这一进程，并最终将该地区纳入欧盟内部能源市场，欧盟积极推动与东南欧国家建立能源共同体。2002 年和 2003 年欧盟与东南欧国家在

---

① European Commission, *Communication on the Development of Energy Policy for the Enlarged European Union, its Neighbours and Partner Countries*, COM（2003）262 final.

希腊首都雅典签署了两个备忘录，把欧盟的电力和天然气市场规则扩大到该地区。为了把两个备忘录转变为具有法律约束力的条约，双方从 2004 年 9 月起开始谈判。2005 年 10 月 17 日，欧盟 25 国与阿尔巴尼亚、保加利亚、波黑、克罗地亚、马其顿、黑山、罗马尼亚、塞尔维亚、科索沃等 9 个东南欧国家在雅典共同签署了《能源共同体条约》，正式宣告成立东南欧能源共同体（ECSEE）。

条约的宗旨是确保该地区国家能源供应安全、形成具有竞争力的能源市场、提高现有能源设施的效率，并通过该市场，进一步加强该地区国家间合作以及整个东南欧地区与欧盟的合作。其目标是：（1）建立一个有利于吸引对天然气网络、发电、传输和分配网络投资的稳定的法律和市场框架，确保经济发展和社会稳定所必需的能源供应的稳定性和持续性；（2）创建一个统一的网络能源贸易的法规空间；（3）提供一个稳定的投资环境，发展与里海、北非和中东天然气产地的跨境连接，开发诸如天然气、煤炭和水电等本土能源，以促进本地区的供应安全；（4）改善与网络能源相关的环境问题及相关的能源效率，促进可再生能源的使用，制定单一法律空间内能源贸易的条件；（5）在更大的地理范围内发展网络能源市场竞争，充分利用规模经济。[①]

能源共同体的主要活动包括：（1）在签约各方实施欧盟能源、环境、竞争和可再生能源的相关法规，在诸如跨境运输或连接的问题上落实欧盟的技术制度方面的标准。（2）条约建立了覆盖签约各方及欧盟相关成员国（奥地利、保加利亚、希腊、匈牙利、意大利、罗马尼亚和斯洛文尼亚）领土的地区能源市场的运作机制。这一体系为网络能源的远距离运输、供应安全、为公民提供能源、法规趋同、促进可再生能源和能源效率提高，以及在能源共同体某个成员国领土上网络能源市场发生突然危机时所需采取的措施，提供了一个框架。（3）条约在签约各方之间创建了一个没有边界的能源市场，成员国之间禁止征收关税、强加能源进出口数量限制和任何具有同等效果的措施，除非发生特殊情况。条约还包含了与第三国关系的规定以及在发生动荡时的互助问题。在所有这些活动中，欧委会担任协调员。

《能源共同体条约》主要涵盖电力和天然气两个部门。但是，今后市场一体化还将发展到其他能源产品和载体，例如液化天然气、汽油、氢能或其

---

① *Treaty establishing the Energy Community*，ECT/Annex/ 1，25/10/2005.

他基本的网络基础设施。统一能源市场的建立为投资者敞开了大门。根据协定，未来15年内，东南欧地区能源投资将达到200亿欧元，其中125亿欧元用于能源资源的开发。

《能源共同体条约》对欧盟的重要意义在于它改善了欧盟的能源安全，创建了世界上最大的电力和天然气统一大市场，并把欧盟的能源和环境法规延伸到巴尔干半岛西部的国家。此外，《能源共同体条约》还实现了欧盟的战略目标，包括：通过为欧盟企业保障可持续、安全可靠的能源供应，为欧盟宏观经济改革提供了一个坚实的基础；与里海、中东相邻国家建立了直接连接，为从这些国家进口能源确立了统一的法规基础。目前，作为主要能源供应国的挪威、能源过境国的土耳其和乌克兰也在申请加入该条约，正在开展加入能源共同体的谈判工作。能源共同体已经成为欧盟对外能源政策的一块中心跳板。

在建立东南欧能源共同体的同时，欧盟还把与邻国加强能源伙伴关系作为其2004年发起的"欧洲睦邻政策"（ENP）的一个重要组成部分，通过提高能源供应的可预见性，促进欧盟周边地区的和平、繁荣、安全与稳定。[①] 欧盟已经与以色列、约旦、摩尔多瓦、摩洛哥、巴勒斯坦、突尼斯和乌克兰一起实施了ENP行动计划，并且正准备与亚美尼亚、阿塞拜疆、格鲁吉亚、埃及和黎巴嫩签署行动计划。ENP行动计划的能源部分包括了广泛的合作领域：能源对话、能源政策和法律/法规框架的趋同（如内部电力和天然气市场一体化）、参加欧盟能源计划和活动的可能性、能源网络、能源效率和新能源与可再生能源、核安全、地区合作等。欧盟的最终意图是把《能源共同体条约》扩大到所有合适的周边国家，并以能源共同体为样板，创建一个个新的地区能源市场，最终形成一个以欧盟为中心的统一能源大市场。

（二）双边对话

1. 与能源生产国/供应国的对话

（1）俄罗斯

考虑到中东存在的不稳定因素，欧盟积极扩大自己的能源供应来源。对

---

① European Commission, *European Neighbourhood Policy——STRATEGY PAPER*, COM (2004) 373 final.

欧盟来说，最佳选择莫过于俄罗斯。俄罗斯是世界油气资源大国、生产大国和出口大国，也是最大的非欧佩克油气生产国，其石油和天然气储量分别占世界总量的6%和27%。在俄罗斯广阔的国土下蕴藏着丰富的石油天然气资源，有油气前景的陆地和海域面积约1290万平方公里，其中大陆架和海域面积为560万平方公里。俄罗斯石油、凝析油和天然气的资源总量为353.5亿吨、8.4亿吨和98.74万亿立方米。2001年底石油剩余探明储量为67亿吨，居世界第七位，占世界总储量的4.6%，占前苏联的74.3%，原油探明程度不足34%，凝析油探明程度不足15.6%；天然气剩余探明储量47.57万亿立方米，居世界第一位，占世界总储量的30.67%，占前苏联的84.13%。[①] 俄罗斯是欧盟最重要的化石燃料和铀供应国。欧盟一半的天然气、1/4的石油以及1/3的铀从俄罗斯进口。欧盟要保证能源供应多元化、应对新的能源挑战，就必须加强同俄罗斯的伙伴关系。为此，欧盟积极谋求与俄罗斯建立战略性能源伙伴关系。

自冷战结束以来，欧盟与俄罗斯间的关系不断发展。在1994年首次峰会上，双方签署了《俄罗斯与欧盟伙伴关系和合作协定》（PCA），并建立了定期对话机制。PCA包含政治、贸易、经济、文化等领域的合作，但是，毫无疑问，能源是最重要的。能源关系已经成为欧俄关系中最重要的，甚至是核心内容之一，特别是自世纪之交石油价格再次上涨以来，俄罗斯能源在欧盟能源战略中的意义陡然上升。1999年，欧盟确定了对俄罗斯的共同战略，从而加强了对俄能源外交的力度。

进入21世纪以后，随着双方合作范围的不断扩大和深入，PCA的相关条款已经难以满足实际的需要。因此，欧俄双方决定建立一种更加稳定的高层对话机制，以保障新世纪能源合作的顺利进行。这一构想在2000年10月巴黎举行的欧俄第6次首脑峰会上得以实现。峰会期间，欧委会主席普罗迪与俄总统普京签署了《欧俄战略性能源伙伴关系协议》，启动了“欧俄能源对话”机制，力促建立能源伙伴关系。双方合作集中在能源供应安全、能源使用效率、管道和基础设施、投资与贸易等方面。[②] 双方通过对话确定了一

① 张华、鹿爱莉：《俄罗斯的油气及能源政策》，《国土资源》，2003年第4期。

② European Commission, *The Energy Dialogue between the European Union and the Russian Federation between 2000 and 2004*, COM (2004) 777.

系列重要的基础设施项目，如建立北欧天然气管道、在莫斯科建立能源技术中心等。

欧俄能源对话的前提是双方相互依赖。欧盟希望获得俄罗斯巨大的天然气（和石油）资源，确保能源供应安全；而俄罗斯则希望获得欧盟的市场、资本和技术。能源对双方来说都蕴含着重大的战略和经济利益。欧俄能源伙伴关系的目标是通过建立更加密切的欧俄关系，加强欧盟的能源供应安全，同时确保双方奉行能源市场开放和一体化的政策。最终目标是相互进入对方的能源市场——欧盟对俄罗斯上游业务的投资，而俄罗斯则是进入欧盟下游业务。[①] 欧俄对话中所讨论的问题包括：（1）俄罗斯放开国内能源市场竞争的问题；（2）改善商贸环境的问题，包括为欧盟投资俄罗斯能源领域提供便利和法律保障；（3）就《京都议定书》气候变化问题进行合作；（4）核安全和核反应堆的退役问题，避免再次发生类似切尔诺贝利的事故。

2001 年 3 月，欧俄在能源对话的基础上建立了四个专题工作组，专注于能源战略、技术转让和能源基础设施、投资、节能和环保等议题。自此，“能源伙伴关系”成为欧俄峰会的重要内容。俄欧双方以联合能源工作组为依托，展开了全方位的能源对话，在双方领导人的高度重视和直接推动下，能源对话的成效很快就显现出来了。其中最引人注意的是，2002 年 11 月 5 日俄罗斯与欧盟在莫斯科成立了“俄罗斯—欧盟能源技术中心”，目的是加强在石油、天然气、煤炭、电力、新能源和可再生能源、能源保护等领域的技术合作。

2003 年，欧俄能源对话进入实施阶段，包括六大内容：（1）基于互利原则，新建或扩大天然气、石油运输管道项目；（2）设立能源基金，减少外资在非商业性能源投资中的风险；（3）欧盟支持俄罗斯能源部门，特别是电力和天然气行业的改革，期望俄罗斯实行有利于投资的生产—分配规则，尽快签署《能源宪章条约》；（4）建立对欧天然气供应法律保障；（5）在共同规则中对重点项目实行节能，提高能源利用率；（6）在能源领域，建立有利于相互依存的体系，包括在开发资源、提供技术、扩大投资、完善市场准入、环境保护以及核安全等方面扩大制度上的协商与联系。2004 年 1 月，俄罗斯与扩大后的欧盟之间又启动了核材料贸易谈判，并就完善海上石油运

---

① Heinrich Kreft，*Geopolitics of Energy：A German and European View*，p. 5.

输安全标准开展合作。

由欧俄能源对话直接推动取得的成果还有：什托克曼（Shtockman）海底天然气田的共同开发、北欧天然气管道的修建、亚马尔—欧洲天然气管道的修建、“友谊”管线与亚得里亚石油管网的一体化。这四个项目被视为“符合双方利益”的优先合作项目，其实施对俄罗斯巩固其天然气和石油在欧洲能源市场的地位具有至关重要的意义。

尽管自2000年以来能源对话已经制度化，并且俄罗斯能源部门吸纳了一些外国投资，但旨在为欧洲及其他西方企业打开俄罗斯市场、大规模获取俄罗斯油气资源的战略在很大程度以失败告终。在诸如管道、天然气供应合同、电力业的结构改革、核燃料供应等问题上，双方存在着相当大的分歧。其主要原因在于：第一，能源对俄罗斯经济来说极其重要，因此，俄罗斯政府对能源市场的改革问题非常谨慎。第二，欧俄对话不仅涉及政治层面上的伙伴，而且还有私营或国家控制的公司，它们往往有自己的议程。[①] 第三，俄罗斯与欧盟针对市场趋同和市场透明等重大问题有着不同的战略。第四，俄罗斯与欧盟有关成员国的双边交易仍然优先于欧盟层面的具体合作方式。而欧盟有些成员国（如德国、意大利、保加利亚）也撇开“欧俄能源对话”和能源宪章进程，在双边基础上与俄罗斯公司发展关系，这样就凸显了欧盟内部在如何以最佳方式与莫斯科打交道的问题上存在的分歧，也迎合了俄罗斯对双边交易的偏爱。第五，俄罗斯与欧盟一些东欧新成员国之间的争端阻碍着欧俄双边关系的发展。因此，欧俄能源对话没有出现实质性突破。欧盟未能成功地把俄罗斯纳入一个战略能源伙伴关系之中。

（2）挪威

挪威油气储量丰富，是世界上继沙特阿拉伯和俄罗斯之后的第三大油气出口国，也是欧盟的第二大油气供应国，对欧盟能源供应安全有着特别重要的意义。2004年挪威天然气占欧盟天然气消费总量的17%。德国（25%）、法国（30%）和英国（30%）是挪威天然气出口的最大消费国。截至2005

---

① Charles Grant and Katinka Barysch, *The EU-Russia Energy Dialogue*, Centre for European Reform, London, May 2003, pp. 1－2.

年1月，挪威拥有73.6万立方英尺的已探明天然气储量。[①] 挪威天然气储量大部分位于北海，但挪威海和巴伦支海也有大量资源。挪威也是西北欧石油储量最大的国家，2005年1月石油探明储量为85亿桶。挪威石油生产大部分在北海，在挪威海也有少量生产。2005年，挪威石油产量平均295万桶/日。随着北海油田日渐成熟，挪威石油生产可能会稳定几年，然后开始下降。巴伦支海的新开发有望弥补一部分。挪威石油出口的最大受益国是英国，它每天从挪威进口81.4万桶，占挪威石油出口总量的34%。其他重要的出口目的地为荷兰和德国。

尽管北海一些大气田已经成熟，但挪威又发现了一些新的气田，因而得以继续支撑天然气产量的增长。美国地质普查局（The United States Geological Survey）估测，全球尚未被发现的资源约有25%位于北冰洋地区。挪威是北冰洋沿岸国，对开发北冰洋丰富的能源储备有着天然优势。最近，挪威在俄罗斯什托克曼（Shtockman）气田边上开通的斯诺赫维特（Snohvit）气田将使巴伦支海成为欧洲的一个新的能源富集区。

挪威进入LNG出口市场为欧盟的能源安全合作提供了一个新的机会。挪威国家石油公司（Statoil）计划修建欧洲第一个大规模的LNG出口终端，与斯诺赫维特项目相连接。尽管斯诺赫维特项目初期的生产将出口到美国，但随后的生产和未来巴伦支海气田生产的LNG将运往欧洲。

欧盟已经认识到挪威对于其能源战略的重要性，并且已表示有兴趣帮助挪威开发欧洲北极地区的资源。欧盟各国也已认识到挪威未来在保障能源安全中的潜在作用。波兰和波罗的海三国已开始与工业界商讨沿波兰海岸线建设一个LNG接收终端，用来接收挪威的LNG，然后再转运到欧洲其他国家。

值得欧盟庆幸的是，挪威是欧洲经济区（EEA）的成员国，其能源法规已与欧盟天然气和电力市场开放指令实现了部分趋同，从而确保了其对欧盟能源出口的稳定性和可靠性。欧盟的大部分法规，包括内部能源市场和相关政策（竞争、环境、消费者保护、研发等）的法规均适用于挪威。

从2005年开始，“欧盟—挪威能源对话”每年举行一次会议。其主要目

---

① Paul Belkin, *The European Union's Energy Security Challenges*, CRS Report, January 30, 2008.

标是在更为广泛的意义上协调能源政策，包括能源领域研究和技术开发（如碳捕集与封存）、与其他产能国的关系等。对北极高纬度地区能源资源可能进行的勘探相关的问题也是在这一对话框架内加以讨论。[①]

2005 年 7 月 6 日，欧盟能源委员皮耶巴尔格斯（Andris Piebalgs）与挪威石油与能源部长举行会谈，确认双方对能源问题进行合作的兴趣。双方同意加强能源效率、可再生能源以及能源供应安全的合作。同时，双方也从广泛意义上协调了能源政策，包括与其他能源生产国在能源领域开展研究和技术合作。议题还包括对欧洲北部地区（如巴伦支海域）可能进行的能源勘探和生产活动。双方达成协议，欧委会参加由挪威、英国和丹麦建立的非正式论坛，就利用二氧化碳提高石油采收率等相关问题进行讨论。[②]

（3）阿尔及利亚

阿尔及利亚蕴藏着丰富的油气资源，有北非油库的美誉，生产的原油被认为是全球质量最好的原油之一。截至 2004 年底，阿尔及利亚拥有的石油探明储量为 118 亿桶，比上年增加了 4.3%，世界排名第 15 位；天然气探明储量为 160 万亿立方英尺，较上年增长了 0.31%，世界排名第 8 位。阿尔及利亚蕴藏的石油可采储量高达 430 亿桶，至今仍被认为是油气勘探不充分的国家。近年来，阿尔及利亚加快了油气勘探开发步伐，随着新油田的发现，实施更多的勘探钻井计划、老油田挖潜和提高采收率技术的广泛应用，估计未来几年探明石油储量将不断增加。同时，阿尔及利亚在油气勘探开发领域加强对外合作、吸引外资方面卓有成效，深受世界石油勘探开发公司的投资青睐。

2004 年，阿尔及利亚日产 193 万桶原油。阿尔及利亚能源和矿业部官员表示，阿尔及利亚在未来几年内，每年将吸纳 40 亿美元的油气投资，用于进一步提高生产能力。阿尔及利亚需要大量的外国投资和先进的油气勘探开采技术。阿尔及利亚能源部宣称，在未来 5 年内，要使从事石油勘

---

① European Commission，*Annex to the Green Paper——A European Strategy for Sustainable，Competitive and Secure Energy——What is at stake——Background document*，2006，p. 38.

② Geopolitics of EU energy supply，http：//www. euractiv. com/Article? tcmuri=tcm：29－142665－16&type=LinksDossier. 2005 年 8 月 7 日。

探开发公司数量比当前增加一倍，需要大量的外国投资和先进开采技术，加快油气勘探和开发力度。预计阿尔及利亚的石油产量将出现较大幅度的增长。①

阿尔及利亚是欧盟的主要油气供应国。其60%以上的油气出口输往欧盟。其中，90%的石油出口欧盟，主要是意大利、德国和法国。阿尔及利亚所产的原油含硫低，非常适合欧盟的炼油厂及其严格的燃料标准。因此，欧盟与阿尔及利亚积极开展对话，解决了天然气长期供货合同中的一些具体问题，使阿尔及利亚的天然气能够加倍输往意大利和西班牙。欧盟深知，如果要把对俄罗斯的依赖保持在最低水平的话，那么确保阿尔及利亚天然气资源的持续供应就具有极其重要的意义。因此，欧盟积极发展与阿尔及利亚的战略性能源对话。双方在能源和采矿领域的合作进一步加强。2005年9月1日，酝酿多年的阿尔及利亚与欧盟联系国协议在经各有关成员国议会批准后开始正式实施。根据协议规定，阿欧双方将在12年内（即在2017年前）分阶段、有步骤地削减并取消进口关税，最终实现双边自由贸易。取消阿尔及利亚的油气产品及原材料类产品的进口关税，无疑可以使欧盟从阿尔及利亚获得长期稳定的石油天然气供应，更多地获得阿尔及利亚的能源与资源，使阿尔及利亚更大程度地依赖于欧盟。

（4）伊朗

伊朗是世界上第四大石油输出国，天然气储量位居世界第二。而且，伊朗地处一个重要的海上交通要道：霍尔木兹海峡。世界石油贸易的一半要经过这一海峡。

欧盟积极加强与伊朗的能源合作。尽管美国将伊朗列为“邪恶轴心”，但欧盟仍不顾美国压力，继续加大与伊朗在能源、政治、反恐、人权、毒品、经济等方面的对话与合作。欧盟积极提倡对话与接触，而不是孤立和遏制，目的是取得伊朗的能源供应。2001年11月，欧委会通过了一项全面发展与伊朗关系的指导性议案。2002年6月，欧盟外长会议决定进一步加强与伊朗的贸易往来和政治对话。同年9月，欧盟和伊朗在德黑兰举行了全面政治对话会议；10月，欧盟外长会议发表声明，表示将加强与伊朗的关系，

---

① 中国石油网：“利比亚列全球最具油气投资吸引力国家排行榜首”，http://www.oilnews.com.cn/gb/misc/2006—06/02/content_670766.htm，2007年8月15日。

并授权欧委会就与伊朗缔结一项贸易和合作协定进行谈判。该协议就包含一个能源部分。2005 年 8 月伊核危机爆发后，欧盟冻结了贸易与合作协议（TCA）谈判，与伊朗的能源对话也暂时搁置。近来，欧盟与伊朗就开发沿海气田的赎买合同进行了谈判，伊朗还提出了 20 个石油、天然气领域的投资项目供包括欧盟等国家的外商投资选择。迄今为止，许多欧洲国家不顾美国反对外国公司投资于伊朗能源部门的有关法规，坚持本国的法律，鼓励本国油气公司在伊朗投资。

（5）伊拉克

伊拉克拥有的原油储量约为 1150 亿桶，位列沙特阿拉伯和伊朗之后，居世界第三位。其天然气储量约为 3.2 万亿立方米，居世界第十位。因长期战争以及国际社会的制裁，其国内仅有 30％的土地进行过勘探。有专家认为，如果伊拉克完成全境勘探，其油气储量极有可能远高于这些数字。[①]

伊拉克不仅对世界石油供应非常重要，而且也是欧盟潜在的天然气主要供应国。伊拉克石油资源丰富，当地传统的油气产区主要位于南部什叶派穆斯林聚居区和北部库尔德人自治地带，中部逊尼派穆斯林聚居区原来没有什么大油田。最盛产石油的北部已由美国和库尔德人控制。以后，还可能扩大到基尔库克—杰伊汉石油出口系统。最新勘探数据表明，在伊中部同样拥有丰富的油气资源。伊政府正加紧修订《石油法》，使英美石油公司将据此获得在伊开采石油 30 年的合同。

为了实现能源供应多元化，以减少对俄罗斯能源，特别是天然气的过度依赖，欧盟寻求加强双方在能源领域的合作。2004 年欧委会有关伊拉克问题的文件提议成立一个能源问题的联合工作组。在 2006 年欧盟“技术援助计划”中包含了相关的条款。但是，由于伊拉克方面缺少一个正常运作的行政当局，欧盟难以使这些行动付诸实施。

（6）埃及

埃及虽不是石油输出国组织成员，但却是重要的油气生产国和出口国。据埃及石油部门的统计显示，从 2002 年 7 月到 2003 年 6 月，埃及原油以及石化产品出口创汇 31 亿美元，同比增加了 30％，是最重要的外汇来源之一。石油和天然气行业吸引外资平均每年达 20 亿美元，居埃及各部门之首。

---

① 许欣：“欧盟看重伊拉克油气资源”，《北京青年报》，2008 年 4 月 18 日。

天然气和石油的生产与出口已成为推动国民经济发展的新亮点。

埃及的石油产区按地理位置可分为四块，即苏伊士湾产区、西奈半岛产区、西部沙漠和东部沙漠产区。其中以苏伊士产区的原油产量最大，占埃及石油总产量的 78%；西奈半岛占 5%；沙漠地区共占 17%。主要产油盆地有三个，分别是北埃及盆地、苏伊士盆地和尼罗河三角洲盆地。截至 2003 年底，埃及已探明的石油储量为 36 亿桶，天然气储量为 66 万亿立方英尺，在阿拉伯国家中居第 6 位，在全球探明有天然气的 102 个国家中排名第 18 位，将成为世界上最大的天然气出口国之一。埃及的原油年产量约 4500 万吨，天然气年产量 1800 万吨，年炼油能力为 3400 万吨（含天然气 1060 万吨），国内石油、天然气年消费量为 3770 万吨（含天然气 1430 万吨）。①

对欧盟来说，埃及不仅是一个迅速发展的产能国，而且还是从中东和非洲进口能源的一个关键中转站。其战略作用表现在苏伊士运河、苏地（苏伊士—地中海）管道、阿拉伯天然气管道、LNG 出口设施的修建以及与利比亚的天然气连接线（参见图 8）。因此，欧盟非常重视与埃及开展能源对话。目前正处于谈判阶段的“欧洲睦邻政策”（ENP）行动计划包含有一个能源合作的重要章节。

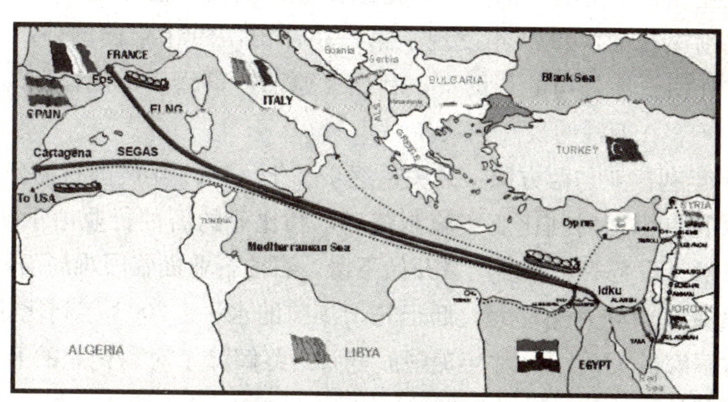

图 8　埃及输欧液化气项目

资料来源：European Commission，*Communication on the Development of Energy Policy for the Enlarged European Union，its Neighbours and Partner Countries*，COM（2003）262 final，p. 50.

---

① 驻埃及使馆经商处：“优势互补，双赢共赢——开展能源战略合作”，2004—10—06，http：//eg. mofcom. gov. cn/aarticle/ztdy/200410/20041000286711. html。

(7) 叙利亚

欧盟重视与叙利亚发展合作关系。1995年11月，欧洲—地中海国家第一次会议通过了《巴塞罗那宣言》，宣布在欧盟15个成员国与12个地中海国家之间建立全面的伙伴关系，在政治与安全、经济与金融、社会与文化等方面加强合作，以促进这一地区的稳定和经济发展。叙利亚是该地区唯一尚未与欧盟签署伙伴协议的国家。

由于最近发现了天然气，叙利亚正在成为马什里克（Mashrek）地区的一个天然气枢纽。叙利亚将成为埃及、伊拉克和中东向欧盟供应天然气的过境国。2004年5月16日，欧盟委员会能源委员德帕拉西访问叙利亚。其间，她表示，尽管美国对叙利亚实施制裁，欧盟仍然寻求与叙利亚进一步加强合作。欧盟希望尽快与叙利亚签署欧洲—地中海伙伴协议。双方就叙利亚在地区能源体系中的地位以及将叙利亚纳入欧盟能源市场等问题交换了意见。目前，欧盟已经与叙利亚谈判完成了一项联系国协议，能源合作是该协议中的一章。然而，该协议至今尚未正式签署。

(8) 利比亚

利比亚拥有丰富的石油资源，是欧佩克的重要产油国之一。1955年利比亚开始勘探石油，1959年发现了第一块油田，1961年向国外出口原油。此后，在外国石油公司的帮助下，利比亚原油产量逐步增加，1970年曾创下原油日产300万桶的最高记录。

1969年利比亚与西方国家的关系逐步恶化。1981年美国石油公司撤离，1986年美国和欧盟对利比亚实施制裁后，利比亚的石油行业由于缺乏投资和相关技术、设备等，原油产量开始下滑，石油行业面临艰难局面，目前原油日产量只有100万桶，大大低于几十年前的水平。2003年利比亚逐步修复与西方国家的关系，2004年美国放宽并最终解除了对利比亚的经济制裁，为美国及其他石油公司投资和购买利比亚的石油铺平了道路，利比亚的石油业也因此迎来新的发展契机，国际石油公司再次瞄准了这个盛产石油的国家。石油行业是利比亚的战略支柱产业，积极吸引外国投资、增加石油出口收入是其重返国际社会的一个重要目标。石油出口是利比亚国家收入的主要来源，占外汇收入的95%和财政收入的75%以上。

截至2004年底，利比亚拥有探明石油储量总计390亿桶，储量超过10

亿桶的油田有 12 个，还有 2 个储量在 5 亿—10 亿桶的油田，大部分油田都没有经过充分勘探，预计探明的原油储量还会进一步增加。利比亚正在努力提高原油生产能力，计划到 2008—2010 年由现在的日产 160 万桶提高到 200 万桶，到 2015 年增加到 300 万桶。[①] 为此，利比亚积极推行经济多元化改革，减少合同条款，吸引外国石油公司投资，进而与其合作勘探开采石油资源。与此同时，利比亚也开始全面升级改造其石油基础设施，并在寻求高达 300 亿美元的外国投资。

欧盟与利比亚没有正式的关系。利比亚尚未参加巴塞罗那进程。但是，利比亚原油资源丰富，采油成本很低，而且原油含硫量低、品质高，基础设施相对完善，距离欧洲市场较近，投资环境也得以改善，这些因素使其成为目前全球最具投资吸引力的国家。因此，欧盟计划探讨与利比亚尽早启动对话的可能性。

（9）加拿大

加拿大是欧盟最早签署能源相关协议的国家之一。双方于 1959 年签署了欧洲原子能共同体—加拿大协议。然而，双方没有定期的能源政策对话。欧加政治伙伴关系的最近表现是“2004 年 3 月伙伴关系议程”。该议程专门提到了在减少温室气体框架内的能源效率和能源技术。该议程内容宽泛。因此，只要双方有意愿，它可以很容易纳入一个能源政策对话。

（10）委内瑞拉

委内瑞拉是欧佩克创始国之一和主要的石油生产国，它对世界能源市场有着重要的影响。委内瑞拉拥有的探明石油储量达 780 亿桶。它是美国市场的主要供应国。在促进拉丁美洲能源领域的地区一体化努力中，委内瑞拉正在日益谋求发挥更大的作用。

欧盟与委内瑞拉之间的能源关系遵循 1998 年签署的协议。该协议规定双方可就具体议题进行讨论和合作，如生产国与消费国之间的对话、能源管制框架以及能源相关技术。欧盟希望今后能在该协议的基础上建立一个更有活力的双边能源对话。

---

① “利比亚列全球最具油气投资吸引力国家排行榜首”，中国石油网，2006 年 6 月 2 日，http://www.oilnews.com.cn/gb/misc/2006—06/02/content_670766.htm。

2. 与主要过境国的对话

能源供应安全不仅取决于资源的可获得性，也取决于第三国是否准许过境、是否有技术和财政资源创建和维护过境路线、是否有一个创造稳定的贸易条件的国际框架。要把能源安全运入欧洲，就必须加强国际合作。在这方面，《能源宪章条约》和能源宪章进程是为欧盟能源供应和能源过境创造一个稳定的法律框架的重要工具。在努力实现能源品种和供应渠道多样化的同时，欧盟非常重视过境安全。对欧盟来说，最重要的过境国是土耳其、乌克兰和摩尔多瓦。它们是来自俄罗斯和中亚—里海地区的大部分能源的必经之地。

(1) 土耳其

土耳其有着十分重要的战略位置。它地处欧亚大陆的交汇处，是来自包括俄罗斯、里海、中东和北非等核心产能区现有的和未来的油气运输管道的必经之地。这一得天独厚的地理位置使土耳其成为中东和里海油气产区与欧洲能源消费大市场之间的一座天然的“能源桥梁”。土耳其的杰伊汉港口对现在的伊拉克石油出口和未来可能的里海石油出口都是重要的出口通道。土耳其的博斯普鲁斯海峡是黑海和地中海航道重要的“咽喉要道”。土耳其是欧盟实现能源供应多样化的主干路线之一。欧盟几个重要的油气管道工程项目——“巴第杰”、“巴第埃管道”（即“南高加索天然气管道”）和“纳布科”——都要经过土耳其。这些项目与俄罗斯计划修建的管道项目如“蓝溪”（Blue Stream）构成竞争关系（参见图 9）。作为一个关键性的能源枢纽，土耳其对欧盟能源供应安全具有极其重要的战略意义和中介作用。[①]

欧盟非常重视加强与土耳其的合作。双方的关系是在土耳其希望加入欧盟的框架内得以发展的。欧盟主要通过与土耳其的入盟谈判进程来促使土耳其早日接受和实施欧盟的能源法规。欧盟积极支持土耳其能源市场的改革、通过其他基金资助的一些管道项目的筹备工作。不过，土耳其成为欧盟成员国的前景似乎还很遥远。欧盟从 2005 年开始启动了土耳其加入欧盟的谈判。但是，自那以来，谈判遭遇了不小挫折，因为在土耳其入盟的道路上有许多

---

① John Roberts, *The Turkish Gate: Energy Transit and Security Issues*, Centre for European Policy Studies, EU-Turkey Working Papers, No. 11/October 2004.

问题，例如，土耳其向塞浦路斯开放机场和港口的问题，言论自由的问题，少数民族的权利问题。

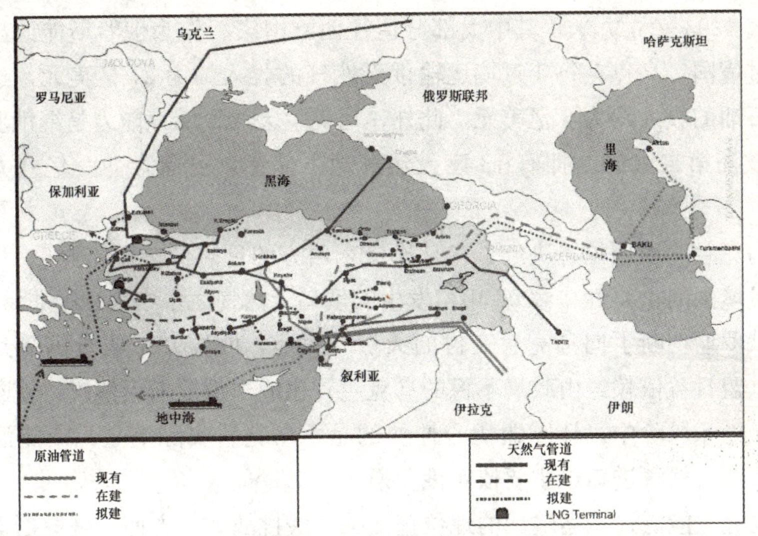

图 9　土耳其境内的现有、在建和拟建的油气管道

资源来源：Nilgün Ş. ACIKALIN，*Energy Corridor：Turkey*，Roundtable on Caspian Oil & Gas Scenarios，14—15 April 2003，Florence，ITALY.

土耳其积极支持创建《能源共同体条约》的雅典进程。只要《条约》与土耳其的入盟时间得以明确，土耳其即可加入该条约。土耳其遵守该条约以及实施正常过境条件（特别是天然气），都是欧盟—土耳其能源关系中的重要议题。土耳其如能加入能源共同体，或许能加速其入盟进程。欧盟希望“纳布科”和其他里海盆地油气外运管道项目的合作能以最具效率的方式得以实现。无疑，土耳其与欧盟能源标准和政策早日接轨将有利于实现土耳其作为主要能源枢纽的巨大潜力。

（2）乌克兰

乌克兰是俄罗斯向欧盟出口天然气的最重要过境国。俄罗斯出口至欧洲的天然气，大部分途经乌克兰。根据苏联时期的分工，俄罗斯石油出口主要经过白俄罗斯，天然气出口主要经过乌克兰。欧盟国家所需天然气的 1/4 是从俄罗斯进口，其中80%—90%过境乌克兰。[1] 乌克兰是连接欧洲天然气主产区和消费区的枢纽。乌克兰主要过境网络由约14000公里的管道组成，理论上可以输送1700亿立方米/年。2003年俄罗斯通过乌克兰领土过境运输天然气1293亿立方米，其中大部分运往西欧国家。作为俄罗斯能源出口的主要过境国，乌克兰每年过境运输俄天然气的收入约为21亿美元，过境运输俄石油的收入约为3亿美元。此外，乌克兰天然气储存能力是继俄罗斯之后的欧洲第二大国，拥有13座天然气地下储库，可储存300亿立方米天然气。

乌克兰的地理位置决定了它是连接东西方的理想“能源走廊”。乌克兰作为过境国的重要性在2006年初发生的俄乌天然气之争中表现得非常显著。由于俄罗斯切断了向乌克兰交付的天然气供应，欧盟几个成员国受到了影响。欧盟日益依赖经由政局不稳的乌克兰管道输送俄罗斯天然气，使欧盟能源安全处于风险中。让欧盟忧心忡忡的是，乌克兰实际上是一个能源短缺国，它的天然气进口也主要依赖俄罗斯。

乌克兰能源过境运输国的地位正面临严峻挑战。一方面，俄罗斯支持修建的北欧输气管道和“南溪”天然气管道，将俄天然气绕过乌克兰直接输送至欧洲，上述管道建成后，乌克兰作为俄天然气过境国的地位将大大降低；另一方面，乌境内的石油天然气运输管道严重老化。乌克兰石油天然气管道主要建于20世纪70年代，使用寿命为25—30年。有资料显示，乌克兰21.2%的天然气管道和17%的石油管道使用期已超过33年，需要维护和改造，维修费用至少需要50亿美元。

自2001年以来，欧盟与乌克兰一直在加强能源对话与合作，目的是让乌克兰在欧盟与中亚新独立国家之间起中介作用，提高乌克兰天然气过境网络的运作能力和设施安全。欧盟与乌克兰在油气领域的合作有两个主要目标：一是促进乌克兰油气领域的改革；二是提高过境网络的安全性。2005年12月，欧盟—乌克兰首脑会议在“欧盟睦邻政策（ENP）乌克兰行动计划”能源目标之上，签署了一个能源合作谅解备忘录，成为欧盟与乌克兰开

---

① European Commission, *On The Development of Energy Policy for the Enlarged European Union, its Neighbours and Partner Countries*, COM (2003) 262 final/2, p. 13.

展能源安全合作的主要工具。通过这一谅解备忘录的实施，乌克兰将逐渐与欧盟能源法规实现一致，其能源市场也将与欧盟能源市场实现一体化。这是“ENP 乌克兰行动计划”所要实现的目标。此外，乌克兰还是能源共同体的观察员国，并有可能成为电力出口国，因为它已经表示愿意加入欧盟和东南欧电力市场。因此，能源预计将成为未来欧盟与乌克兰合作的一个重要领域。①

（3）摩尔多瓦

摩尔多瓦也是俄罗斯向罗马尼亚、希腊和土耳其以及巴尔干地区出口天然气的一个过境国。摩尔多瓦的能源状况特别脆弱，它不仅容易受能源领域拥有垄断地位的一方所采取的单方面行动的威胁，而且还容易受能源价格突然飙升的冲击。目前，欧盟正在睦邻政策行动计划的框架内制定一项与摩尔多瓦在能源领域的合作议程。

3. 与主要消费国的对话

欧盟非常重视与其他消费国发展更加密切的能源关系，特别是与中国、印度、美国、日本，因为消费大国的利益至少部分是一致的，如能源安全、提高能效。消费国之间的合作有利于应对气候变化、加强技术合作、实施碳封存项目、发展生物燃料等。欧盟与其他消费国开展对话所追求的主要目标是促进各国遵守市场规则，减少经济竞争和政治竞争。

（1）中国

中国是世界能源市场的一个主要消费国。随着中国经济的持续增长、人民生活水平的提高以及加入 WTO，中国的能源面临着安全供给、国际竞争和能源环境三大挑战。作为最成熟的经济体，欧盟 25 国整体收入和能源消费水平高，增长速度平稳；作为发展中国家经济体，中国人均收入和能源消费水平低，增长速度快，中欧均面临对外能源依存度不断提高的问题。欧盟认为，中国正在与欧盟争夺全球能源资源。因此，欧盟重视与中国在能源、能源安全及与能源相关的领域开展对话和合作。

欧中双方的能源合作已经有 20 多年的历史。自 1981 年以来，欧中双方在能源领域保持了长期的、成效显著的交流与合作，能源合作已经成为中欧

① European Commission，DG External Relations website：http：//ec. europa. eu/external _ relations/index. htm.

总体关系和中欧科技合作的重要组成部分。双方已成功举办了 40 多期与能源有关的培训班，在华成立了 5 个中欧能源培训中心，执行了能源政策研究和技术可行性研究约 50 项、技术示范工程 2 项、政策和技术研讨会约 20 次。中欧能源合作培训集中在能源利用管理、节电技术、项目评估、环境影响等方面。通过中欧能源合作培训，中国在能源领域吸收了欧盟管理机制和先进技术，促进中国能源结构和利用水平的提升。

1994 年欧中第一次能源合作大会在布鲁塞尔召开以后，双方建立了大会交流机制。1996 年在北京举行的第二次大会签署了中欧能源合作联合声明，并成立了欧中能源合作高级工作组，由中国科技部和欧委会能源交通总司分别牵头，负责协调管理双方在能源领域的合作与交流，使中欧能源合作与交流走向了制度化。截止 2006 年，工作组已召开了 6 次会议。中欧双方就能源供应安全、可再生能源、能源效率、核能与核安全、能源政策与科研和环境间的紧密联系等内容进行了经验交流和合作。2006 年 2 月 20 日，第六次中国—欧盟能源合作大会在上海召开。会议期间，中欧签署了“二氧化碳捕集与埋存技术的研发合作”备忘录，以逐步实现大气中 CO_2 的近零排放。此外，双方就清洁能源、节能技术的利用、能源的可持续发展等领域进行经验交流和沟通。

欧盟于 1995 年推出第一个对华文件——《欧中关系长期政策》,[①] 确立了欧盟对华长期战略的基本方向。该文件呼吁欧盟与中国建立更加紧密的政治联系，鼓励中国完全融入国际社会，并承诺促进中国的改革。在接下来的几年里，欧盟委员会由公布了一系列新文件，如 1998 年的《与中国建立全面伙伴关系》、[②] 2001 年的《欧盟对华战略：1998 年文件执行情况及进一步加强欧盟政策的措施》、[③] 2003 年的《走向成熟的伙伴关系——欧中关系之

---

① European Commission，*A Long Term Policy for China-Europe Relations*，COM (95) 279 final，5/7/1995.

② European Commission，*Building a comprehensive partnership with China*，COM/98/0181 final，Brussels，25/3/1998.

③ European Commission，*EU Strategy towards China：Implementation of the 1998 Communication and Future Steps for a more Effective EU Policy*，COM (2001) 265 final，15 May 2001.

共同利益和挑战》[1] 以及2006年的《欧盟—中国：伙伴关系与责任共进》[2]以及详细阐述欧盟对华贸易与投资政策的“姊妹文件”——《竞争与伙伴关系：欧盟—中国贸易与投资政策》[3]。由此，中欧关系不断提升。《欧盟—中国：伙伴关系与责任共进》与以往的文件有明显的不同，因为以往的文件都是宣言性质的，而这次的文件却把重点放在经济问题上，尤其是同贸易和投资相关的方面，希望中国能提供更加开放的市场。[4]

2003年10月13日，就在欧洲理事会通过《走向成熟的伙伴关系》文件的同一天，中国政府作出了积极的回应。中国政府发表了《中国对欧盟政策文件》，[5] 表明了中国对欧盟的政策目标，并规划今后五年的合作领域和相关措施。文件明确指出了中欧能源合作的重点和目标：扩大中欧在能源结构、清洁能源、可再生能源、提高能效和节能等领域的合作，促进能源发展政策交流，办好中欧能源合作大会，加强能源工作组机制，推动能源技术培训和示范项目合作，促进技术的推广和转移。

2004年，“欧盟—中国能源/环境项目”正式启动，项目包括能源政策开发、能效、可再生能源、天然气等几个方面。资金总额达4200万欧元，其中，欧盟出资2000万欧元。[6]

（2）印度

近年来，印度经济的高速增长，导致石油需求的大幅度增加。印度本土

---

① European Commission，*A Maturing Partnership——Shared Interests and Challenges in EU-China Relations*，Brussels，10/09/03.

② European Commission，*Closer Partners，Growing Responsabilities*，COM（2006）631 final，24/10/2006.

③ European Commission，*A policy paper on EU-China trade and investment：Competition and partnership*，COM（2006）632 final，24/10/2006.

④ José Luís de Sales Marques：“寻求中欧关系的新范式——中欧对话的挑战和最佳条件”，The Institute of European Studies of Macau（IEEM），2007年，http：//www.china-europa-forum.net/bdfdoc—937_zh.html。

⑤ 中国政府：《中国对欧盟政策文件》（2003年10月），http：//news.xinhuanet.com/zhengfu/2003－10/13/content_1120537.htm。

⑥ European Commission，*Annex to the Green Paper——A European Strategy for Sustainable，Competitive and Secure Energy——What is at stake——Background document*，2006，p.44.

石油生产在下降，70%的石油依赖进口。预计到2030年，印度对进口石油的依存度将上升到90%。能源安全现已成为印度外交政策的一项关键内容。它正在发展一项全球战略，以确保其未来的能源需求。自2001年以来，印度公司一直在投资国外油气项目，包括在苏丹和伊朗这些存在问题的国家。

欧盟高度重视与印度的对话与合作。2000年，双方确立了首脑定期会晤机制，并于2005年正式建立了“战略伙伴关系”。从2000年至2006年，欧印举行了六次首脑会议，先后签订了《联合行动计划》和多个双边合作协议。双方每年举行部长会议、高官会议和各种专家会议，商讨议题广泛。在2005年9月“欧印联合行动计划”的框架内，欧盟还启动了与新德里的能源对话。2005年夏季发起的“欧印能源专家工作组会议”，为双方的对话、协调和合作提供了一个论坛。2006年2月，意大利总理普罗迪访印，双方签署可再生能源合作谅解备忘录等文件。同月，法国总统希拉克访印，双方签署了《核能和平开发联合宣言》。4月，印度总理辛格访问德国，双方成立了“印德能源论坛”。

双方在能源领域的合作项目将通过“行动计划支持基金”（资金为800万欧元）和国家示范计划（NIP）给予财政支持。[①]

（3）美国

美国是欧盟的一个战略性能源伙伴。美欧加在一起是世界上最大的能源市场。它们的能源产量约占世界23%，能源消耗却几乎占全球能源消耗总量的40%。[②] 它们还占世界CO_2排放总量的40%。因此，双方在能源安全问题上拥有共同利益。欧盟重视与美国加强在能源问题上的对话与战略合作。在1995年12月欧美马德里首脑会议上签署的《跨大西洋新议程》和《美欧共同行动计划》中，能源问题构成了这两个文件的重要组成部分。2003年欧美启动了“国际氢能经济伙伴”框架下的合作。2005年6月20日欧美峰会通过的“加强跨大西洋经济一体化和增长倡议”包括了一个“能源

---

① European Commission, *Annex to the Green Paper——A European Strategy for Sustainable, Competitive and Secure Energy——What is at stake——Background document*, 2006, p. 44.

② 据英国石油公司统计，美国约占全球石油消费总量的43%，天然气消费总量的23%。欧盟占全球石油消费总量的18%，天然气消费总量的19%。

安全、能源效率、可再生能源和经济发展”的专门附件。该倡议正通过一个包括供需双方问题的联合工作计划加以实施。

如同欧盟一样，美国的能源安全政策主要目的在于确保世界市场的正常运转。欧美在这方面的合作包括保障全球能源供应、消费与过境安全，追求建立全球开放、透明的能源市场。在欧盟看来，美国既是一个潜在的伙伴（如针对中国在非洲和拉美的行动），也是一个潜在的竞争对手（如涉及挪威在巴仑支海的油气资源）。但是，如果没有世界上最大的能源消费国（占油气消费总量25%）和二氧化碳排放国（拒签《京都议定书》）的合作，要在全球能源领域带来变化是难以想象的。另外，美国作为全球性强国对于保证海运通道的安全以及许多产油国的稳定具有至关重要的作用。

目前，欧美能源合作的重点是生物燃料、能源效率、能源技术和全球能源安全。欧盟、美国和巴西还在密切合作，制定一致的生物燃料标准。

（4）日本

日本是世界上第四大石油消费国（仅次美国、欧盟和中国），所用石油、天然气和煤炭资源几乎全部依赖进口。日本有着丰富的节能经验。除了在核能领域的合作外，欧盟已开始与日本讨论能源安全和能源效率的问题。2006年1月，欧委会与日本有关当局在东京联合举办了一次能源效率研讨会。2006年2月27日，欧盟和日本签订了核能和平利用合作协议，有效期为30年。欧委会能源委员皮耶尔巴格斯说，该协议将为产业界提供一个稳定和可预见的长期框架，对缔结和实施核领域的商业协议是必需的。[①]

欧盟在一个声明中说，该合作必须严格符合关于核不扩散、核材料安全保障、核材料安全和物理保障等国际法规，该协议考虑到了关于敏感核材料，特别是钚的透明性问题。除了政治方面外，该协议还包括重要的商业部分，估计在有效期间涉及几百亿欧元的交易。将在许多领域，如核技术、核反应堆、核安全和辐射防护、核燃料循环及核安全保障等领域进行合作。在稍后阶段还将缔结一个有关核研究的协议。

---

① “欧盟与日本签署和平使用核能合作协议”，商务部网站，2006年2月28日，http：//tjbjjhzq. mofcom. gov. cn/aarticle/yuwaisq/200602/20060201608910. html。

2005年，在国际热核实验堆（ITER）地址选择欧盟成员国法国的卡达拉什（Cadarache）还是日本的六所村（Rokkasho）时，欧盟与日本达成了一个协议，选择卡达拉什，但欧盟许诺给日本以享有特权的伙伴地位，在建造ITER的总采购单中日本可以提供占20%的高技术部件，并可在工程工作人员中享有更高的比例。

（三）地区性对话与合作

地区对话也有助于促进合作地区的能源市场逐渐与欧盟市场一体化，以有竞争力的国际价格供应欧洲市场。地区对话有助于欧盟加紧实施地区整体战略，应对国际石油市场的持续波动。积极的对话还有助于增进互信，达到“共赢”。零和博弈的地缘战略竞争只会削弱地区国家间的互信与互利，造成能源供应安全的“共输”结果。为此，欧盟与各相关地区积极开展能源对话和合作。

1. 黑海—里海地区

鉴于中东海湾地区的政治环境复杂多变，欧盟在保持与俄罗斯能源贸易的同时，积极将未来能源增量的希望寄托在环里海五国。该地区不仅紧邻欧盟，可以通过架设运输管线直接向欧盟各国供应能源。更重要的是，环里海地区是欧盟构建跨国能源大市场的战略重心之一，是欧洲安全体系中的一个重要组成部分。欧盟意在参与里海—中亚地区的多方面竞争，最终将其纳入欧盟能源大市场。

早在1995年，在TACIS计划的框架内，欧盟就启动了INOGATE计划，其目的是促进欧盟、黑海与里海沿岸国家以及周边国家油气管道系统的一体化，促进新独立国家（NIS）内部以及针对欧盟市场的油气运输，使该地区能源市场与欧盟内部能源市场逐渐融为一体，同时鼓励投资，支持可持续能源发展。据统计，从1996年至2006年，INOGATE计划提供了总计5600万欧元的援助资金。①

2004年，10个新成员国的加入使欧盟更加接近黑海地区和里海沿岸国

① European Commission, *Annex to the Green Paper——A European Strategy for Sustainable, Competitive and Secure Energy——What is at stake——Background document*, 2006, p.43.

家及其邻国，凸显了加强欧盟与里海周围广阔地区能源合作的重要性。欧委会在《迈向欧洲能源供应安全战略》绿皮书（2000 年）、《欧盟扩大后能源政策的发展》[①]（2003 年）以及《欧洲睦邻政策》（2004 年）[②] 等政策文件中，强调了该地区对促进欧盟能源供应多元化所具有的重要意义。

为了促进黑海和里海地区能源市场与欧盟能源市场的逐步一体化，2004 年 11 月 13 日，在欧盟睦邻计划的各项政策和战略的框架内，欧委会与阿塞拜疆、亚美尼亚、保加利亚、格鲁吉亚、伊朗（观察员）、哈萨克斯坦、吉尔吉斯斯坦、摩尔多瓦、俄罗斯联邦（观察员）、罗马尼亚、塔吉克斯坦、土耳其、乌克兰和乌兹别克斯坦等国在巴库共同发起了旨在加强里海、黑海沿岸国家及邻近国家能源合作领域的政治对话、促进地区能源市场一体化的“巴库倡议”。[③] 其目标是：（1）逐步实现法律和技术标准的趋同，创建一个根据欧盟和国际法律法规框架正常运转的能源市场。（2）促进能源供应安全，办法包括：现有基础设施的延伸和现代化；用环境友好型发电设施取代陈旧、危险的发电基础设施；开发新的基础设施，特别是网络跨境连接线；建立一个更加现代化的监测体系。（3）通过高效、可持续的能源系统的一体化，改善能源供应和需求管理。（4）促进具有商业和环境效益的共同利益能源项目的融资。INOGATE 技术秘书处作为支持“巴库倡议”之下能源合作的协调机构。

对欧盟而言，这一倡议的主要目标是便利里海地区丰富的油气资源输往欧洲，不论是过境俄罗斯还是经过伊朗和土耳其等其他线路；促进该地区能源市场与欧盟市场的逐步一体化。里海油气外运路线的安全对于促进欧盟能源供应的地理多元化、增强欧盟能源供应安全有着非常重要的意义。以有竞争力的价格向欧盟市场供应油气，对促进里海地区国家的经济、社会和政治发展也有着极端重要的意义。

---

① European Commission，*Communication on the Development of Energy Policy for the Enlarged European Union，its Neighbours and Partner Countries*，COM（2003）262 final.

② European Commission，*European Neighbourhood Policy——STRATEGY PAPER*，COM（2004）373 final.

③ http：//ec. europa. eu/dgs/energy _ transport/international/regional/caspian/energy _ en. htm.

中亚—里海国家地处内陆，90%以上的油气出口需要通过管道。里海地区1997年以前所修建的管线，都是为实现前苏联内部连接而设计的，都经过俄罗斯。要使环里海能源便捷地输往欧洲，除了过境俄罗斯，就是建设其他输油管道。因此，里海盆地油气外运管网也就成了大国地缘政治角逐的焦点。这里集中了相互对立的世界大国和地区小国的利益，美国、欧盟、俄罗斯、中国、伊朗、土耳其以及日本是里海石油资源流向的主要角逐者。① 大国通过博弈来争取自己的利益，而一些过境小国则依附于某些大国来追逐自己的经济利益。有专家甚至指出，谁掌握了油气管道主导权，谁就扼住了中亚能源发展的咽喉。多年来，围绕着油气管道的竞争从来没有停止过。

2005年5月25日，由美国和欧盟支持建设的“巴第杰”（BTC）输油管道正式开通，它把里海边上的阿塞拜疆首都巴库同土耳其地中海沿岸城市杰伊汉连接了起来。② 建设这一管道的主要目的是为了减少西方国家对不稳定的中东和欧佩克产油国的石油依赖。这条管道也可使该地区一些贫穷国家（阿塞拜疆、格鲁吉亚、哈萨克斯坦和土耳其）变成富裕的能源国家，并改变该地区的政治权力平衡。管道绕过了俄罗斯，使它从经济和政治上都成为这个项目最大输家之一。欧盟与美国极力支持跨里海能源管道与南高加索能源管线绕过俄罗斯，目的是削弱俄罗斯在欧洲能源供应上几乎垄断的地位，实现中亚与里海能源出口的多元化。双边贸易关系以及欧盟可能扩大到土耳其，构成了BTC管线地缘政治大环境的一部分。

2. 波罗的海地区

“波罗的海地区能源合作”（BASREC）由欧委会与丹麦、爱沙尼亚、芬兰、德国、爱尔兰、冰岛、拉脱维亚、立陶宛、挪威、波兰、俄罗斯和瑞典的能源部长于1999年10月共同发起，旨在协调波罗的海地区各国的能源政策和行动。讨论的问题包括在对俄罗斯依赖程度日益严重的情况下的能源供应安全问题、本地区的天然气过境线路、电力和天然气连接的进展。议程中也包括能源效率、气候变化、可再生能源等环境问题。2005年10月8日，

---

① 张良能：“里海地区正在成为新的世界热点”，《现代国际关系》1998年第12期。

② EurActiv，http：//www.euractiv.com/en/energy/new-caspian-pipeline-secure-western-oil-supply/article－139924，2007－12－25.

在BASREC雷克雅维克部长级会议上，各成员国决定，2006—2008年继续这一合作。

2005年7月，俄罗斯宣布，耗资50亿欧元的北欧管道计划将于9月开工，该管道长达3000公里，始于圣彼得堡和芬兰边境附近的维堡港（Vyborg），通过波罗的海，把天然气输送到德国的格赖夫斯瓦尔德镇（Greifswald）。[①] 该管道还可把天然气送入芬兰、瑞典和英国的天然气网络。北欧天然气管道的海底部分预计将耗资20亿美元，并计划绕开乌克兰等过境国。北欧管道建成后，德国将能通过这条管道从俄罗斯进口本国所需的大部分天然气。该管道的天然气输送能力在2009年将达到190亿—300亿立方米。

3. 地中海地区

自巴塞罗那进程启动以来，欧盟与南地中海伙伴国一直在积极开展能源对话，目的是促进地区能源一体化，加强能源安全，实现能源来源和供应路线的多元化。合作的主要工具是欧盟—地中海能源部长会议，自1998年以来已经召开过三次会议。目前，欧地合作框架已经建立，即“欧地能源论坛”，1998—2002年行动计划已经实施。涉及马格里布（阿尔及利亚、摩洛哥和突尼斯）、马什里克（埃及、约旦、黎巴嫩、叙利亚和伊拉克）、以色列和巴勒斯坦权力机构的次区域能源对话和合作也已经确立。

2000年格林纳达论坛（第三次会议）在合作进程中迈出了一大步，在以下领域确立了优先项目：（1）立法和监管框架改革以及能源工业的结构调整。伙伴国的能源企业一般都是国家控制的垄断企业。为了满足市场竞争的要求，必须进行全面改革。欧盟积极鼓励地中海伙伴国加入《能源宪章条约》。（2）地中海各国市场的一体化以及相关跨境连接线的发展。为加强能源供应安全，在地中海国家之间以及地中海国家与欧盟之间将建设基础设施连接线。现有基础设施的现代化也应成为一个优先考虑。旨在促进欧盟与里海等地区油气基础设施建设和衔接的INOGATE工程的扩大也将得到考虑。（3）可持续发展和可再生能源的使用。伙伴国的可持续发展基于能源效率要求、节能和环境保护之上的。可再生能源可以发挥重要作用，也是能源品种的多样化。这类能源的使用应在很大程度上促进能源领域的结构调整。

---

① Geopolitics of EU energy supply，http：//www.euractiv.com/Article? tcmuri=tcm：29－142665－16&type=LinksDossier. 2005年8月7日。

2001年3月7日，欧委会发布了《加强欧盟—地中海交通和能源合作》的政策文件。2003年12月2日，阿尔及利亚、摩洛哥、突尼斯和欧委会在罗马签署了马格里布国家电力市场与欧盟内部电力市场逐渐一体化议定书。欧盟的长远目标是签署一个欧盟—马格里布能源共同体条约。届时还将纳入利比亚和毛里塔尼亚，并与撒哈拉沙漠以南的非洲国家逐渐发展能源关系，促进这一地区的能源资源进入欧盟。

欧委会还在努力发展马什里克地区的次地区能源市场，使它们逐渐与巴尔干和欧盟能源市场实现一体化，最终实现欧盟—马什里克能源市场的趋同和一体化。由欧盟资助的“欧盟—马什里克天然气中心”已经在大马士革成立，成员国包括埃及、约旦、黎巴嫩、叙利亚和伊拉克。这一中心于2006年开始运作。欧委会正在促进以色列和巴勒斯坦权力机构之间加强能源合作关系。

欧盟与地中海地区的能源合作主要通过“欧盟—地中海国家援助计划”(MEDA)地区预算和双边援助提供资金。在实施“欧洲睦邻政策”(ENP)政策以前，欧盟共拨款1400万欧元，支持三个重点项目：马格里布电力市场的一体化；创建包括埃及、约旦、黎巴嫩和叙利亚在内的欧盟—马什里克天然气市场；建立一个联合能源办公室，旨在加强以色列与巴勒斯坦机构之间的能源合作，特别是在电力、天然气、可再生能源和能源效率领域的合作。①

4. 欧佩克

欧佩克成员国石油储量占全世界70%左右。欧盟石油进口约有40%来自欧佩克。预计到2020年，欧盟所需的石油50%将由欧佩克供应。因此，欧盟非常重视与欧佩克开展对话与合作。

欧盟与欧佩克成员国已经建立了定期能源对话机制。2005年6月9日，欧盟与欧佩克举行了首次双边高层对话，旨在通过合作提高国际石油市场和油价的透明度、稳定性和可预见性，减少投机行为，提高市场分析和预测能

---

① European Commission, *Annex to the Green Paper——A European Strategy for Sustainable, Competitive and Secure Energy——What is at stake——Background document*, 2006, p. 43.

力，开展技术合作和国际合作，以及满足投资需求（特别是对消费国的炼油厂）。[①] 欧佩克代表团向欧盟保证提供充足的石油供应，并且价格在每桶35—55 美元之间。

欧佩克在国际石油市场上有很强的定价能力。欧盟加强与其合作，定期举行对话在油价高企的时代显得尤为重要。但是，欧盟与欧佩克的合作前景在一定程度上将取决于地缘政治因素。伊拉克局势、伊朗核危机、巴以冲突，都会对国际石油市场的正常运作带来负面影响。同时，欧佩克组织内部意见常常不一，尤其体现在石油定价上。

5. 海湾合作委员会

欧盟高度重视与海湾合作委员会（GCC）的对话与合作。GCC 成员国拥有世界上最重要的石油和天然气储备，石油占世界储量的 45%，所有 GCC 国家除了巴林和阿曼以外都是欧佩克成员国。早在 1989 年，欧洲就与 GCC 六国建立了双边合作伙伴关系。双方建立自由贸易区的协议在 20 世纪 90 年代早期放弃后于 2001 年重启谈判。协议旨在促进欧盟与 GCC 成员国之间的自由贸易，并在政治和经济层面上进行对话，从而建立长期稳定的经济合作关系。其内容主要包括：建立合资公司，允许双方在石油勘探、生产、提炼和其他能源开发领域共同发展等。欧盟希望成为中东和平进程的一个重要角色，为整个地区的稳定发挥作用。

欧盟致力于对沙特阿拉伯、科威特、阿曼和卡塔尔等海湾产油国的能源投资与开发。近几年，为吸引外资，中东产油国打破了国家对油气部门的垄断和控制，实行油气开放政策，对本国的油气田勘探开发、炼油厂以及输气管线等项目进行国际招标。沙特政府已将这一改革列入 2000—2005 年发展计划中，内阁通过的《外国投资法》规定将天然气的勘探开发和石油有关部门对外开放。目前，包括法国道达尔公司在内的几家欧洲石油公司已通过沙特的投资资格预审，并开始就沙特三个投资 500 亿美元的天然气田开发项目进行洽谈。科威特也在制定与伊拉克交界地区投资额达 70 亿美元的油田开

① http：//www. euractiv. com/en/energy/eu-opec-try-talk-oil-prices/article － 140786.

发计划，包括欧盟在内的多家世界大石油公司已有意投资。[①]

鉴于双方关系一直发展缓慢，2005 年 4 月，在欧委会能源与交通总司的支持下，欧洲几个能源研究机构共同完成了长达 614 页的《欧盟与海湾产油国之间关于能源稳定和可持续问题的对话》。对话不是简单地交换意见，而是解决实质性的问题。2005 年在科威特举行了欧盟—海湾能源峰会，会议建议成立一个欧盟－GCC 能源技术中心，其职能将包括联合研究和技术转让、教育和培训。

6. 非洲—欧盟能源伙伴关系

欧盟在 2002 年世界可持续发展峰会上发起了“欧盟能源倡议”（EU-EI），作为与发展中国家开展对话的一个框架。该倡议是实现到 2015 年使世界贫困人口减半的千年发展目标进程的一部分。其主要目标是为能源在实现千年发展目标特别是扶贫中的重要作用吸引政治注意力和资源。关键行动包括：机构能力建设、知识和技术转让、技术合作、市场开发。EUEI 和欧盟各项行动将增加欧盟对发展中国家能源部门的财政援助。该对话的宗旨是在成员国、地区和国际层面上并会同所有公共和私营主体发起行动。目前，EUEI 在国家层面上（主要通过欧盟成员国）、地区层面上（包括非洲联盟/非洲发展新型伙伴关系）和非洲能源部长论坛均已产生了积极的成果。能源在欧盟发展合作中日益受到关注，这一点可以从欧委会最近发布的一系列政策文件和欧盟对非战略以及欧盟发展共识中反映出来。

在与发展中国家的能源合作问题上，欧委会的目标是：以欧盟的经验为基础，创新方法，集中提高能源效率、减少能源浪费、促进可再生能源。然而，这不能影响保障发展中国家人民和企业获取基本能源服务的根本目标。长远目标有五项：一是把能源作为一个横向内容融入欧盟发展援助计划。二是发展机构支持、技术援助和网络建设，目的是让发展中国家拥有能力去实施能源选择。措施包括向这些国家派遣欧盟专家、支持培训等。三是发展法规框架和创新性财政机制。这对鼓励私人资本是非常重要的，措施包括公共—私营伙伴关系。四是鼓励地区合作。五是发展欧盟内部以及与其他国际金融机构和国际组织的协调。欧委会建议指定一个国际组织来充当汇集点，

---

① EurActiv，http：//www.euractiv.com/en/energy/eu-opec-try-talk-oil-prices/article—140786，2007—12—25.

负责分析和管理发展中国家形势的相关数据。

近年来，非洲作为能源生产地的重要性止在提高。目前，非洲地区尤其是几内亚湾已经成为“石油新大陆”。安哥拉和尼日利亚等国现已成为全球主要产油国，几内亚湾的其他国家正在寻求照搬它们的成功模式。与动荡的中东地区相比，非洲显得相对平静。因此，世界能源消费大国竞相选择非洲作为分散进口油气风险的重要地区。

欧盟日益重视与非洲的能源对话，希望发展一种新型的“非洲—欧盟能源伙伴关系”（Africa-Europe Energy Partnership），讨论供应安全、可再生能源领域里的技术转让、资源的可持续开发、能源市场的透明以及实施良政等问题。“非洲—欧盟基础设施伙伴关系”（Africa-Europe Partnership on Infrastructure）将成为欧盟与非洲未来能源合作的重要工具。这一伙伴关系旨在实施“非洲联盟/非洲发展新型伙伴关系”（AU/NEPAD）优先目标，包括能源的跨境和地区合作及贸易。从欧盟的角度看，它还可发挥非洲作为能源生产区的作用。非洲拥有相当丰富的能源资源，现在它已经是全球市场上的重要能源供应地区。主要能源消费国，包括中国，在非洲能源市场上正变得日益活跃。

欧盟首脑会议 2005 年 12 月批准了欧委会关于欧盟和非洲在基础设施建设领域建立伙伴关系的建议。作为该伙伴关系框架内的主要合作项目之一，欧盟决定创建一项资助非洲基础设施建设的信用基金。基金于 2006 年开始启动，欧委会和欧洲投资银行将分别投入 6000 万欧元和 2.6 亿欧元。基础设施建设是经济发展和消除贫困的最基本的手段之一。欧盟欲通过加大对基础设施的投入来帮助非洲国家发展经济，促进地区一体化，便利洲际间和地区间基础设施的相互衔接。

7. 亚欧会议

2004 年 10 月，在河内举行的第五次亚欧峰会上，能源问题在欧盟与亚洲关系中走向前台。作为第一步，欧委会正在计划在亚欧会议的框架内，与日本经济产业省一起在东京组织一次能源研讨会。研讨会将集中讨论工业和家庭中的能源效率问题。会议将邀请所有亚欧会议国家，包括中国、韩国和日本。其目的是把研讨会的结果提交给 2006 年 9 月在赫尔辛基举行的下一次亚欧峰会。预计欧盟—亚洲能源合作将在此次峰会的议程上占据突出位置。

8. 拉丁美洲

拉丁美洲能源历来出口到北美市场。虽然该地区并非欧盟的主要能源供应区，但有关能源问题的讨论却成为欧盟与拉美国家关系的内在的重要组成部分，包括欧盟与南方共同市场（Mercosur）、安第斯共同体和中美洲的关系。能源领域也在拉美自身的地区一体化进程中发挥着日益重要的作用。

欧盟与拉丁美洲及加勒比海（LAC）地区有着巨大的对话和合作潜力。LAC 国家拥有丰富的化石燃料和可再生能源，但缺乏必要的投资来满足日益增长的需求。LAC 国家有着一些共同的发展趋势，同时也有着不同的国情。它们所面临的共同挑战包括减少经济增长中的能源强度、改善一次能源的多样化水平、保障能源经销商的供应安全、改善本国人口的能源服务，以符合本地区和全球环境要求的方式改善公民的福利。目前，LAC 国家市场一体化程度低下，无法在能源供应领域里开展有效的合作；监管框架不精细；在某些技术领域缺乏力量。

欧盟拥有技术和财政能力、区域能源市场一体化的经验以及技术研发合作经验。但是，欧盟面临严重的供应安全和对外依赖日益严重的问题，以及履行《京都议定书》中所承诺的减排目标。对话有利于欧盟与 LAC 国家认清各自在能源领域的互补性、障碍以及竞争优势。

欧委会正准备为八个拉美国家实施一项耗资 2400 万欧元的项目，旨在通过提供替代能源设备（太阳能电池板和风车），改善偏远农村小社区的电力供应问题。①

9. 北冰洋议程

北冰洋海底蕴藏着丰富的矿产资源，石油和天然气甚至可能占到世界总储量的 25%。随着全球变暖进程加剧，北冰洋冰层融化，使开发北冰洋底的自然资源变为可能。北冰洋沿岸国家——俄罗斯、挪威、加拿大、美国、丹麦——对北冰洋争夺战日趋白热化。

2005 年 7 月 7 日，来自挪威、俄罗斯、美国和欧盟政界和工业界的决策者召开了第一轮圆桌会议，并发布了《北冰洋能源宣言》。宣言指出，北

---

① European Commission，*Annex to the Green Paper——A European Strategy for Sustainable，Competitive and Secure Energy——What is at stake——Background document*，2006，p. 44.

冰洋是现存最重要的石油富集区之一，也将是全球能源供应的重要来源。巴伦支海是欧洲拥有一个石油富集区的新机会。但是，北冰洋能源开发最大的挑战是脆弱的生态环境，而保持当地渔业、环境、海上运输和石油开采的平衡发展是关键。因此，各国政府必须采取措施，确保能源开发的可持续发展。①

（四）多边对话与合作

近年来，随着能源需求的迅速增长和国际油价的大幅度攀升以及全球环境问题的日益恶化等，全球能源安全问题越来越受到国际社会的广泛关注，能源安全合作进一步超越消费国和输出国的界限，扩大至全球范围，全球能源安全与合作被提上议事日程。尽管各国对能源安全的理解和各自的战略目标不尽一致，但随着全球化的深入和能源相互依赖的加深，全球能源安全问题已成为影响未来国际能源形势发展的重要趋势。欧盟积极参与和推动各种国际/多边机构框架内的能源对话与合作。

1. 国际能源机构

国际能源机构（IEA）是经合组织框架内的世界能源领域里最重要的消费国政府间组织，其最初宗旨是协调成员国的能源政策、共同采取节省石油需求的措施，加强长期合作以减少对石油进口的依赖，收集石油市场情报，拟订石油消费计划，石油发生短缺时按计划分享石油，促进与石油生产国和其他石油消费国的关系等。多年来，IEA 的目标不断扩大。1999 年 4 月 16 日，IEA 对“国际能源计划”（IEP）进行了修订。新的目标和宗旨为：在公平、合理的条件下促进石油供应安全；采取共同、有效的措施，应对石油供应紧急需要，如实施石油供应紧急自足、限制需求和公平分配这些国家可供石油等；通过有目的的对话和合作，促进与石油生产国和其他石油消费国包括发展中国家的合作关系；推动石油消费国与石油生产国之间达成更好的谅解；考虑其他石油消费国的利益，包括发展中国家的利益；通过建立广泛的国际信息系统和与石油公司的永久性的协商机制，努力在石油业发挥更加

① The Arctic Energy, Agendahttp: //www. regjeringen. no/nb/dokumentarkiv/Regjeringen-Bondevik-II/Olje——og-energidepartementet/233575/234460/the _ arctic _ energy _ agenda. html? id=257683, 2005-7-7.

积极的作用；通过长期协作减少对进口石油的依赖，协作包括节能、加速开发替代能源、加强能源领域和铀富集的研发等。[①]

IEA在石油储备机制和石油供应危机的预防措施方面尤其发挥关键性作用。IEA定期对世界能源前景作出预测，其主要出版物《世界能源展望》（World Energy Outlook）（到2030年的能源预测）和石油市场月度报告（能源统计数字和国别能源评估），被全世界广泛用作参考。

欧盟与IEA有着密切的合作。欧盟大部分成员国均参加了IEA。欧委会在IEA拥有观察员地位，其作用是：一方面协调欧盟成员国的立场；另一方面协调IEA与欧盟的行动。欧共体参加IEA管理委员会的会议，也参与其不同委员会，包括长期合作委员会、石油市场和应急准备委员会、研发委员会、与非成员国的关系委员会。

欧盟与IEA的合作直接影响到共同体层面所采取的供应安全措施。IEA和欧盟的石油储备机制采取了相似的措施，表明欧盟和IEA在能源领域有很好的互动。这种互动对欧盟促进其能源供应安全来说是必要的。IEA的国际地位及其措施都为欧盟提供了非常好的机会。实际上，在能源安全方面，欧盟许多成员国更重视IEA，因为它有着更广泛的成员国。如果中东石油供应发生重大中断，欧盟除了可以指望英国和挪威控制的北海资源可能增产外，主要将依赖IEA的非欧洲成员国提供帮助。此外，美国依然是欧洲能源方面最关键的盟友，因为美国在某些能源领域拥有先进技术，在中东地区仍然发挥着主要的安全作用，而且在阿以冲突双方都拥有更大的筹码。

IEA比欧委会在能源问题上表现出更强的分析能力，并且收集了更多的石油市场信息。尽管IEA没有立法权，但它得到成员国政府的高度重视，因此，其建议具有很大的分量。欧共体能源安全措施，特别是应急石油分享措施，与IEA措施相一致，是对IEA机制的必要补充。

IEA与欧盟的密切合作和协调对成功应对国际供应危机发挥了十分重要的作用。在IEA的历史上曾有过两次动用石油储备：第一次是由海湾战争引起的；第二次是因美国受到飓风袭击而引起的。2005年，美国“卡特里娜”飓风袭击并摧毁了墨西哥湾地区的原油生产和炼油设施，国际油价随

① 姜润宇主编：《石油战略储备——欧盟的储备体制及其借鉴意义》，北京：中国市场出版社，2007年，第57—58页。

之大幅攀升。2005 年 9 月 2 日，IEA 宣布，未来 30 天每天释放 200 万桶原油、汽油和其他燃料供应国际市场。在 IEA 释放的 6000 万桶原油中，3000 万桶是美国能源部释放的紧急储备原油。美国释放的原油在 11 到 14 天内供应市场，这还不包括美国已宣布释放的 910 万桶战略储备原油。由美国、日本、德国、法国等其他 22 个 IEA 成员国所释放的储油，相当于每天增加科威特全国一天的石油产量进入市场。根据 IEA 的数据，当时其成员国拥有 40 亿桶原油储备，其中政府拥有 14 亿桶。IEA 宣布动用石油储备对油价起了一定的抑制作用。消息一出，国际油价立即从高位急挫 3%—4%。不过，第二次动用战略石油储备对油价的抑制作用没有 1991 年海湾战争期间第一次动用的效果明显。毕竟，第一次是由战争引起的油价高涨，当时世界上还拥有大量的闲置产能。而到 2005 年，石油产能已经逼近极限，且动用的储备以后还要补回去，所以 IEA 此举对市场的作用有限。尽管如此，动用石油储备仍然是当时对付世界油价上涨的最好办法。①

2. 八国集团峰会

八国集团（G8）峰会是世界主要发达国家的协调机制，在世界政治、经济事务中发挥着重要作用。由于欧共体在世界经济和贸易中的作用，欧共体早在 1977 年就开始参加七国集团（G7）峰会。代表共同体出席峰会的是欧委会主席和部长理事会主席。1989 年巴黎峰会是欧共体参加 G7 的里程碑，在这次会议上，欧委会应 G7 的请求，负责 PHARE 计划（向东欧前社会主义国家提供经济援助）。单一市场的建立、经货联盟的完成以及欧盟共同外交与安全政策的发展大大提高了欧盟在 G8 中的重要性。鉴于欧盟是一个独特的超国家组织，它不是一个主权国家，因此 G8 为八国集团，而不是九国集团。欧委会也不担任轮值主席。尽管欧委会不是一个成员国，但它拥有成员国享有的除峰会主办权和主持权以外的一切特权和义务。

进入新世纪以来，八国集团首脑会议已开始重新关注能源安全问题。2005 年 7 月，八国集团首脑会议在英国苏格兰的格伦伊格尔斯庄园举行，作为 G8 成员国之一和欧盟轮值主席国的英国主办了此次峰会。此次会议把解决全球气候变化作为峰会的两大议题之一。会议期间，八国峰会领导人就

① 王震、刘显法：“国际能源安全机制的演变与面临的新挑战”，《中国经济时报》2006 年 8 月 11 日。

气候变化、清洁能源和可持续发展等问题展开了讨论。与往届峰会不同的是，此次峰会还邀请了中国、印度、巴西、南非、墨西哥5个发展中大国以及阿尔及利亚、埃塞俄比亚、加纳、尼日利亚、塞内加尔、南非、坦桑尼亚7个非洲国家的领导人举行“8+5”和“8+7”对话会议，共同讨论世界经济、气候变化和其他重大的国际问题。会后，八国领导人发表了“气候变化、清洁能源和可持续发展行动计划”。各国领导人一致认为：必须坚决、迅速采取行动，实现减少温室气体排放、改善全球环境、促进能源安全、减少空气污染等多重共同目标；必须相互合作，并与新兴经济大国建立伙伴关系；必须采取进一步的行动，促进创新、提高能效、节能，改进政策、法规和融资框架，加速清洁技术特别是低排放技术的传播。①

八国峰会对欧盟来说具有非常重要的意义，因为参加峰会的有欧盟实力最强的国家——法国、英国、德国和意大利。此外，还有欧委会。正因为如此，八国峰会的决议和结果必然会对欧盟产生巨大影响。此外，俄罗斯也是八国集团成员国之一，这就增加了峰会对欧盟的重要意义。共同参加这一峰会，讨论共同面对的问题，特别是与能源供应安全有关的问题，对于消除俄罗斯和欧盟之间存在的障碍是一个重要的机会。

3. 联合国

联合国是世界上最大的国际组织。所有欧盟成员国均为联合国会员国，并且法国和英国还是安理会常任理事国。欧共体自1974年起在联合国拥有观察员的地位。1992年欧盟建立共同外交和安全政策（CFSP）以后，欧盟成员国逐渐开始在国际组织中协调行动。在联合国，欧盟成员国与欧委会一起定期协调立场。在联合国大会，欧盟几乎总是以一个声音说话。欧共体是联合国粮农组织的正式成员。共同体签署了50多个联合国多边协议，参加了许多联合国的重大会议。欧委会在联合国所有机构所在地——纽约、日内瓦、维也纳、罗马、巴黎和内罗毕——都设有常驻代表团。

能源问题本不属于联合国的职权范围。但是，1973年第一次能源危机爆发后，世界石油价格不断上涨，发展中国家财政和社会状况急剧恶化，联合国开始把能源问题列入了一些论坛的议事日程。联合国的一些专门机构还

① http://www.g8.gov.uk/servlet/Front? pagename = OpenMarket/Xcelerate/ShowPage&c=Page&cid=1094235520309，accessed on Jan. 28，2007.

采取措施，组织能源生产国和消费国开展全球对话。

自20世纪80年代末以来，联合国越来越重视全球能源问题。这主要是因为能源与全球环境问题有关。鉴于全球气候持续变化的趋势，联合国在这方面的活动十分活跃。1992年6月，联合国环境与发展大会在巴西里约热内卢召开，183个国家的代表团和70个国际组织的代表出席，并有102位国家元首或政府首脑到会，共同商讨全球环境与发展战略。会议通过了《里约环境与发展宣言》、《21世纪议程》等重要文件。各国政府代表签署了联合国《气候变化框架公约》、《生物多样性公约》等多个国际性文件及有关国际公约，同时提出了可持续发展战略的思想。这是联合国成立以来规模最大、级别最高、人数最多的一次国际会议，是人类环境与发展史上的一次盛会。这次联合国大会及通过的各项文件反映了关于环境与发展领域合作的全球共识和最高级别的政治承诺，体现了当今人类社会可持续发展的新思想。联合国环发大会是人类转变传统发展模式和生活方式，走可持续发展之路的一个里程碑。

此后，可持续发展成为联合国最重要的议题之一，而能源在实现可持续发展目标中起着至关重要的作用。2002年，世界可持续发展首脑会议通过的《约翰内斯堡实施计划》（JPOI）要求在能源领域采取以下行动：（1）增加可靠的、能够支付的、有经济竞争力的、社会可以接受的和环境健康的能源服务；（2）发展和推广替代能源技术，增加可再生能源在能源结构中的比例，并且带着紧迫感大幅度地增加全球可再生能源的份额；（3）发展先进、更清洁、更有效率、更具成本效益的能源技术，寻求能源供应多样化；（4）把一系列能源技术（包括先进的、更加清洁的化石燃料技术）结合起来，满足人们日益增长的对能源服务的需要；（5）加速对能够支付的、更清洁的能效和节能技术的开发、推广和运用。[①] 这些要求与欧盟的能源政策和能源安全观是一脉相承的。因此，联合国是欧盟开展国际能源对话与合作的最重要的多边论坛之一。2006/2007年联合国可持续发展工作计划把能源作为主题之一。

联合国在欧洲设有一个专门的经济机构——联合国欧洲经济委员会

---

① http：//www.un.org/esa/sustdev/sdissues/energy/enr.htm，2008年2月22日。

(UNECE)。该委员会为欧洲国家讨论和评估共同面临的问题、寻找解决办法提供了一个论坛。在能源领域，UNECE积极促进欧洲地区的可持续能源战略，主要目标是：使该地区的所有个人得到持续的高质量的能源服务；确保长期、中期和短期的能源供应安全；促进各国向更可持续的能源未来过渡，引入可再生能源，减少因能源生产、运输和使用对人类健康和环境造成的影响；在该地区建立平衡的能源网络体系，优化运作效率和地区合作；持续改进能效、能源生产和使用，特别是在中东欧经济转型国家；在欧盟扩大后，把能源结构调整、法律法规、能源定价改革以及社会层面融入能源政策制定中。[①] 欧洲经济委员会为欧盟提供了一个定期交流信息、讨论和监测相关发展的一个有特别意义的论坛。

另外，国际原子能机构也是联合国体系内的一个专门机构，它为讨论核能问题和信息分享提供了一个论坛。可见，联合国为讨论和监测国际能源安全形势、分享相关信息提供了几个论坛。可以说，联合国是欧盟卓有成效的合作伙伴，为欧盟实现其能源安全目标提供了有力的支持。

4.《欧洲能源宪章》

《欧洲能源宪章》是冷战后在欧盟的推动下建立的关于能源产品贸易、过境和投资条件的国际能源法律协议。该协议在很大程度上建立在WTO规则和欧盟的法律法规之上。协议旨在建立开放和公平的国际能源市场，促进能源贸易，加强能源投资，保障过境运输，提高能源效率，保护能源环境，维护能源供应安全，保证欧洲经济增长和政治稳定。《宪章》是政府间能源合作的国际组织和多边条约，包括《能源宪章条约》(ECT)、《能源宪章贸易条款修正案》、《能源效率与环境问题议定书》(PEEREA)等一揽子法律文件。

截至2003年，已有51个国家签署了ECT（加上欧共体和EURATOM为53个签约方），另外17个国家和10个国际组织拥有观察员地位。绝大多数签约方已批准了条约；尚未批准条约的只有澳大利亚、白俄罗斯、冰岛、挪威和俄罗斯。这5个国家不批准条约有不同的原因：澳大利亚和挪威私下表示，一旦俄罗斯批准条约，它们会立即批准。挪威是因为与争端解决机制相关的法律问题而没有批准条约。俄罗斯不批准条约的原因最为复杂，需要

① http://www.unece.org/ie/se/introsu.html，2008年2月22日。

作特别的分析。

客观地说，ECT对俄罗斯具有一定的吸引力。俄罗斯可以借助条约获取西欧能源开采、运输和加工的技术，提高能源利用效率，应对俄罗斯能源富集地区的生态环境问题。因此，俄罗斯于1994年签署了条约。然而，俄罗斯国家杜马于1996年和2001年两次否决了条约。俄罗斯之所以迟迟不予批准，是因为条约中的某些条款对俄罗斯极为不利。

首先，条约的《过境运输议定书》不利于俄罗斯保持对欧洲天然气出口运输的垄断地位。《过境运输议定书》规定："缔约国应鼓励在能源运输设施现代化、开发和运营等方面进行合作"。这就意味着欧盟公司可以使用俄罗斯的油气运输管道。这样一来就可能为俄罗斯天然气工业股份公司（Gazprom）在欧洲市场上制造更多的竞争者，从而削弱俄罗斯在天然气或石油价格上的控制力。而保持Gazprom对欧盟天然气出口的垄断地位是俄罗斯的核心利益。为了调节能源市场，俄罗斯等国往往对本国出口能源课以较高的关税，利用能源垄断优势擅自提高能源关税或价格，致使依赖能源进口的西方国家特别是欧洲国家遭受巨大损失。宪章会议欲通过"关税固定"条款禁止任何缔约国擅自提高能源进出口关税，但该条款在缔约国中尚存分歧，未能成为具有法律约束力的文件，只是要各缔约国"自愿接受"。

其次，条约未能满足俄罗斯提出的维护能源供应方利益的要求。俄方认为，《过境运输议定书》应当包括对生产厂家利益的考虑和过境国家所负担的责任及分配能源的规则等内容，而目前所讨论的文件并没有涉及这些问题。俄罗斯向欧洲出口油气的过境国家有乌克兰、波兰、白俄罗斯、捷克、匈牙利等，其中俄向欧洲出口的天然气80%要经过乌克兰。乌克兰"颜色革命"后对俄不友好，俄乌偶有天然气争执发生，影响俄对欧洲的能源出口。因此，俄罗斯希望过境运输协定强调过境国的责任和义务，保障俄罗斯能源运输安全。

最后，条约的争端解决机制不利于俄罗斯能源外交的实施。条约规定：如果发生运输争端，任何一方政府不能停止或缩减运输数量，直到争端解决；"能源宪章秘书长"有权指定中间人调解争端。根据ECT的能源运输争端解决程序，在发生争执时，各缔约方应首先通过争端解决程序协商，而不应采取极端措施影响能源运输。俄罗斯担心，在俄罗斯作为当事人的能源争端中，一旦指定美国或欧盟作为中间人，就必然会使俄罗斯处于孤立地位，从而受制于人。在这种硬性制约下，“以能源为先导、以军事为支撑”的“普京路线”就会进入死胡同。此外，当前版本的ECT本质上是欧盟介入俄罗斯与中东欧能源政治的工具，从根本上偏袒俄罗斯的能源外交对手，其中既包括欧盟，也包括美国，甚至前苏联加盟共和国。显然，一旦以现有条件签约，也就意味着俄罗斯主动放弃在前苏联加盟共和国享有的“特权”，将促使这些国家更加离心。[①]

因此，俄罗斯的意图是运用一切手段，尽可能地清除和修改《条约》中的不利因素。尽管欧盟多次敦促，俄罗斯至今仍未批准条约。欧盟把ECT看作能源生产国、过境国和消费国之间进行能源合作的最重要的法律和政治框架文件。为了避免俄罗斯的能源垄断，欧盟一方面启动了能源多元化战略，从能源来源层面上制衡俄罗斯的垄断，另一方面试图利用ECT，从法律层面制约俄罗斯的垄断，在多方框架下限制俄罗斯能源武器的威力。俄罗斯非常明白欧盟的意图。作为对欧盟不断敦促的回应，俄罗斯总统助理伊戈尔·舒瓦洛夫在2006年3月20日“后工业世界中的转型经济”会议上称，俄罗斯将坚持对能源宪章做某些修改。他指出，俄罗斯准备先与欧盟共同修改有关条款，后批准条约。[②] 俄罗斯国家杜马更是明确指出：俄罗斯会根据《过境运输议定书》的谈判情况决定批准条约的进度。

2006年3月，在G8能源部长会议上，俄罗斯与欧盟在此问题上的谈判也未取得进展。2006年6月2日，俄罗斯总统普京在会见八国集团成员媒体代表时说，俄罗斯与西方的能源合作要想发展顺利，必须遵循平等、互利和共赢原则。普京认为，能源合作不应只要求俄罗斯单方面满足欧洲国家利益，欧洲国家也应考虑满足俄罗斯的经济利益，减少对俄采取的限制性措施。

欧盟积极倡导并推动宪章的谈判工作，除了把宪章作为能源外交工具制衡和约束俄罗斯、实现自身能源利益的最大化以外，也是把它作为应对能源危机和保障能源安全的重要举措之一。此外，宪章还是欧盟与能源供应国沟通的一个载体和渠道。2002年12月1日，在布鲁塞尔召开的《欧洲能源宪

---

① http：//www. xoyue. com/viewnews－8414. html，2008年9月8日。

② 转引自程春华：“欧洲能源宪章与俄欧油气合作”，《国际石油经济》2006年第6期。

章》与欧佩克的对话会议上，双方就能源贸易、运输投资、能效和共同建立欧亚能源大市场等问题交换了意见，主张相互支持对方的活动。

5. 国际能源论坛

国际能源论坛（IEF）是由全世界各国能源部长组成的一个国际论坛，其成员国不仅包括 IEA 和欧佩克国家，还包括能源生产大国俄罗斯以及中国和印度等新兴国家，占全世界油气生产和消费量 90%以上。IEF 每两年召开一次会议，其宗旨是在全球范围内为主要产能国和消费国之间举行定期的高层能源对话提供一个框架，通过对话就能源相互依赖特别是全球能源安全相关的供需双方的影响问题达成政治共识。[①] 该论坛原名国际能源会议，由法国和委内瑞拉于 1991 年共同发起，2000 年更名为国际能源论坛。

通过分析会议的成果，可以发现，世界能源发展过程中，能源生产国与消费国之间的政治对话机制逐步得到推进和发展。政治对话的使命是探索相互协作和协调能源政策的途径，促进一体化进程的发展。积极参与国际能源会议的一些国家（如委内瑞拉、法国、印度和其他一些国家）曾多次建议成立全球能源组织。该组织应有常设管理机构，能代表所有参与全球对话的能源生产国和消费国的利益。1996 年 12 月，在印度举行的第五次会议上，委内瑞拉代表团就明确提出过这一主张。尽管法国、印度、意大利、挪威、俄罗斯和欧盟也表示支持，但该主张未能实现。主要原因是美国代表团态度消极。在印度会议结束后，美国代表团在许多场合限制对该倡议的讨论。由于石油价格的剧烈波动，1997—2000 年世界能源市场出现了动荡。此后，反对建立常设机构以组织全球能源对话的立场发生变化。2000 年在利雅得召开的第七次会议上，许多代表团（包括沙特阿拉伯代表团）都坚持要求建立常设秘书处以筹备论坛。2002 年 9 月 23 日，在大阪举行的第八次会议上，这一建议获得通过。2003 年 12 月，国际能源论坛常设秘书处成立，总部设在沙特阿拉伯首都利雅得。

人们普遍认为，石油市场数据缺乏透明度是造成油价过度波动的一个主要原因。作为生产国和消费国对话的一个具体成果，2001 年，IEF 发起了“联合石油数据活动”（Joint Oil Data Exercise，JODE）。这是亚太经合组织（APEC）、欧洲统计局（EUROSTAT）、IEA、拉丁美洲能源组织

① International Energy Forum Brochure，www2. iefs. org. sa. 2008 年 2 月 22 日。

(OLADE)、欧佩克和联合国六个国际组织合作的产物。JODE 总部设在沙特阿拉伯首都利雅得，由国际能源论坛秘书处负责管理。其宗旨是建立一个包括油价在内的透明、实时、完整、准确、适用和统一的石油信息数据系统，提高石油市场的透明度，促进全球能源安全。2003 年，JODE 更名为"联合石油数据倡议"（Joint Oil Data Initiative，JODI)。JODI 已经成为 IEF 的主要活动。2005 年 1 月起，IEF 秘书处承担起协调和管理 JODI 世界数据库的职责。

第十届国际能源论坛大会是 2006 年 4 月在卡塔尔召开的。来自 59 个生产国和消费国的部长和六个国际组织的代表出席了会议。会议讨论了一系列全球性的能源问题，包括能源安全、满足未来能源需求的投资要求以及现代可持续能源的获得问题。[①] IEA 强调指出，要战胜当今能源市场上所面临的挑战，必须在整个能源领域进行大幅度投资，在整个能源供应链上提高能效。与会各方均同意能源价格太高。除了节能——减少需求或者采取进一步的能效措施——以外，短期内别无他法。与会者还强调了所有能源市场上信息可靠、透明的重要性以及 IEF 提供的 JODI 所作出的贡献。

欧盟积极参与 IEF 框架内的对话和合作。2002 年 9 月 23 日，欧委会交通和能源事务委员罗约拉·德·帕拉西娅（Loyola de Palacio）出席了在日本大板召开的第八次会议，并在会上发表了题为"IEF 解决国际能源问题的前进之路"的讲话。她在讲话中介绍了欧盟为应对能源领域面临的新挑战所采取的行动，呼吁能源生产国、供应国和消费国加强对话和合作，确保全球能源市场的稳定和安全。[②] 目前，欧委会正通过欧洲统计局与 IEA 和其他国际组织一起，就 JODI 计划开展合作。

6. 欧洲安全与合作组织

欧洲安全与合作组织（OSCE）是最重要的国际安全组织之一，由 56 个成员国组成。其主要目标是确保安全、消除可能存在的风险。所有欧盟成

---

① Arne Walther (Secretary General, International Energy Forum), *Producer-Consumer Dialogue for Global Energy Security*, China Oil and Gas Summit 2007—— "Energizing the Future", Beijing, China, March 22—23, 2007.

② Loyola de Palacio, Vice-President of the European Commission, responsible for Transport and Energy, *The way forward of the IEF in addressing international energy issues*, 8th International Energy Forum, Osaka, September 23, 2002. SPEECH/02/415.

员国均为欧安组织的成员国。这一点对于促进这两个国际组织之间的对话有着重要的意义。此外，俄罗斯和其他新独立国家一直在推动欧安组织对经济问题（包括能源）给予更多的重视。因此，这也使它成为一个可以利用的论坛。

能源安全是欧安组织的工作重点之一。该组织支持在国际层面上采取措施，因为国家层面上难以解决能源安全问题。在能源安全领域，欧安组织的主要目标包括：能源供应和需求安全、加强能源消费国与生产国的对话、提高能效和使用可再生能源的重要性、国际能源市场的稳定与可靠性以及能源来源和过境通道的多元化。

这些目标与欧盟保障能源安全的优先工作完全相符。最重要的是，欧安组织和欧盟都主张采取多样化政策。促进供应安全的目标一致，有助于增进两个组织之间的密切合作。

7. 全球可持续发展伙伴关系

欧委会于 2001 年 5 月提出了可持续发展战略。在批准该战略时，欧洲理事会哥德堡峰会认识到，欧盟需要进一步发展对外能源关系。它还要求欧委会考虑欧盟对全球可持续发展的贡献问题。为了回应理事会的要求，并且阐明欧盟对世界可持续发展峰会的立场，2002 年 2 月 21 日，欧委会向提交了一份报告，题为《迈向可持续发展的全球伙伴关系》，① 明确提出了欧盟如何为全球可持续发展作出贡献以及为建立全球可持续发展伙伴关系所要采取的行动。欧委会指出，全球化是促进全球增长、解决诸如健康、教育、环境等国际问题的强大力量。然而，如果市场力量无节制地发展，那就会引起并恶化不平等和社会排斥现象，并且可能对环境造成无法弥补的破坏。因此，全球化必须与防止和减轻这些影响的措施同步发展。在贸易、发展融资、环境管理、应对贫困、打击犯罪等关键领域，必须作出努力，制定共同规则，加以贯彻实施并且有效监督。此外，还必须改善全球治理，如促进对相互依赖进行更有效的管理。

该报告提出了一系列旨在促进全球可持续发展的行动，涉及经济、社会、环境和财政以及共同体各项政策的连贯性问题和各个层面的治理问题，

① European Commission, *Towards a global partnership for sustainable development*, COM (2002) 82 final.

从而对2001年可持续发展战略起到了补充作用。

在贸易方面，为了确保全球化促进可持续发展，欧委会确定了下列具体经济活动：在WTO框架内促进发展中国家融入世界经济；帮助发展中国家从全球贸易体系中获益；改革普惠制（GSP），纳入可持续发展；把可持续发展纳入双边和地区协议之中；减少国际金融体系的不透明性，更有效地对它进行监管；鼓励欧盟企业负起社会责任；促进WTO与国际环境组织之间的合作。

在对自然资源和环境资源的可持续管理方面，欧盟的目标是到2015年扭转环境资源流失的趋势，在水、土地与土壤、能源和生物多样性领域，制定中期目标。具体活动如下：在约翰内斯堡世界可持续发展峰会上，发起一项促进水资源可持续管理的倡议；在能源和发展领域发起一项合作倡议；促进各项国际环境协议的实施；为全球环境基金提供部分补充资金；制定打击非法伐木的行动计划；对可持续交通方式进行投资；促进渔业的可持续发展；预防自然灾难；把全球环境和安全监测制度延伸到发展中国家。

在对可持续发展的财政支持方面，欧委会提出的行动包括：积极努力，实现官方发展援助拨款达到国民总收入（GNI，gross national income）0.7%的目标，从2006年起欧盟各成员国完成至少0.33%的中期目标；减少债务严重的穷国的债务；参与成员国提供全球公共产品可能性的辩论。

欧盟所要实现的目标是千年宣言中提出的目标，即：消除贫困和饥饿；普及初等教育；促进男女平等；减少儿童死亡率；改善妇女健康；应对传染病；促进可持续发展；发展全球伙伴关系。2006年2月24日，在欧盟理事会、欧洲议会、欧委会就欧盟的发展政策发表了一份题为《欧洲共识》的联合宣言①，重申了欧盟发展政策的目标是在可持续发展框架内减少全世界的贫困现象。

（五）支持国际能源合作的专项财政计划

2000年欧洲能源安全战略出台后，理事会于2001年4月通过了一项指

---

① The Council，the European Parliament，and the Commission，*The European Consensus*，O J C 46/01 of February 24，2006.

令，公布了《新的 SYNERGY 计划指导原则》。[①] 尽管该计划在理事会第 1999/23/EC 号指令的框架内，但其实施的焦点集中在以下两个领域的活动：一是供应安全；二是《京都议定书》灵活机制的实施。这表明，欧盟对促进供应安全和可持续发展以及欧盟在《京都议定书》框架内所承担的义务的高度重视。

欧委会在《欧洲气候变化行动计划》（ECCP）的政策文件中已经提出了减少温室气体排放的一系列政策和措施，其中包括国际合作。[②] 理事会指令要求把 ECCP 国际合作的相关措施纳入 SYNERGY 框架。调整后的 SYNERGY 计划将把焦点集中在加强欧盟供应安全和实施京都灵活机制上。这两个领域成为 SYNERGY 计划的核心活动，使它明显区别于共同体其他涉及国际能源合作的计划。此外，该计划的任务将集中在能够对基于现有人力和财政资源进行良好管理的活动上。

在供应安全方面，SYNERGY 计划并不是转向一个新的方向，而是更多地集中到理事会第 1999/23/EC 号指令所确定的一个目标之上。资助的活动有助于实现以下一个或多个目标：（1）分析欧盟能源供应形势及其前景，特别是研究生产国生产和对欧出口的前景；（2）促进欧盟、生产国、对欧主要出口国和国际组织之间的对话；（3）支持生产国和过境国发展能源政策以优化其能源生产或将其融入国际分配网络，制定保障能源生产和运输自由准入的政策，特别是通过建立促进自由化的法律框架；（4）分析对欧盟供应具有重要意义的地区的生产和过境投资情况，包括技术可行性，经济、环境和财政研究，关于此类投资的研讨会和大会等。鉴于欧盟正处于扩大的进程之中，SYNERGY 计划还用于资助旨在加强候选国供应安全的项目，与 SAVE 和 ALTERNER 计划中的相关活动一起支持这些国家。这方面的活动包括：（1）分析各种能源品种对特定候选国能源平衡的贡献，包括能源进

① COUNCIL DECISION of 9 April 2001 laying down the new guidelines applicable to actions and measures to be taken under the multiannual programme to promote international cooperation in the energy sector（1998 to 2002）under the multiannual framework programme for actions in the energy sector and connected measures（2001/353/EC），O J L 125/24，5/5/2001.

② European Commission，*Towards a European climate change programme*（ECCP），COM（2000）88.

口；（2）旨在促进非成员国和候选国之间地区交流的活动。

促进《京都议定书》的实施是一个新的活动领域，旨在落实 ECCP 的措施，配合正在召开的联合国气候变化框架公约第六次缔约国大会。在这方面，SYNERGY 计划主要资助有助于发展灵活机制的活动。在这一机制下，非成员国也可以在以下领域采取行动：（1）在能源部门加强能力建设，发展对实施京都机制的共同理解；（2）能源效率，如促进热电联产、对现有设施的审计；（3）发展促进清洁技术投资的机制；（4）促进可再生能源，特别是对有助于实现《京都议定书》确立的目标具有巨大潜力的可再生能源；（5）优化农村和城市地区家庭的能源使用（技术转让、创建能力）；（6）促进清洁煤技术。

从 2003 年起，该计划纳入了“欧洲聪明能源”（IEE）计划下的 COOPERNER 计划。COOPENER 预算 1760 万欧元，旨在支持与促进发展中国家可再生能源和能源效率相关的各项计划，特别是在欧盟与非洲、亚洲、拉丁美洲和太平洋地区发展中国家的合作框架内。[①]

八、大力加强核安全

欧盟 27 国中有 15 个国家拥有核反应堆，处于运营状态的核电站总数为 152 座。其中，法国 59 座，英国 23 座，德国 17 座。[②] 核电占欧盟发电总量的 1/3，满足了欧盟能源需求总量的 15%。由于受切尔诺贝利核事故及其他政治、经济、社会、技术等因素的影响，10 多年来，欧盟的核能比例一直在下降。欧盟 15 个老成员国中有 8 个使用核能，其中有 5 国已经通过或宣布暂停核计划。德国已经宣布于 2021 年关闭其核反应堆的决定。比利时已经达成政治协议，将于 2025 年终止核能。荷兰、西班牙和瑞典打算在核反应堆寿命周期内继续核能生产。另外三个国家——法国、芬兰和英国没有停

---

① *Decision No 1230/2003/EC of European Parliament and of the Council of 26 June 2003 adopting a multiannual programme for action in the field of energy: “Intelligent Energy-Europe” (2003—2006)*，O J L 176，15/7/2003.

② European Commission，*Nuclear Illustrative Programme*，COM（2006）844 final，Brussels，10/1/2007.

止核生产的决定。芬兰和法国还启动了新的反应堆项目。意大利早在1987年公民投票后就停止了核能生产。鉴于修建核反应堆成本太高，再加上核废料所带来的争议，因此欧盟没有核电厂的国家不太可能建设新的核电厂。最多目前已经拥有核电的国家可能会更新或者升级现有的核反应堆。在新入盟的成员国和候选国中，有些国家已经向欧盟承诺将关闭不可靠的反应堆。但是，它们非常关注这一行动将给其经济带来的影响。波兰对核能选择持开放态度。保加利亚和罗马尼亚已经着手建造新的反应堆的项目。

鉴于未来欧盟对化石燃料的依存度日益上升，同时欧盟又必须履行减排的义务，因此核能的重要性不会改变。但是，如何最大程度地确保核安全，这是欧盟必须解决的一个重大问题。欧盟的扩大意味着有19个前苏联设计的核反应堆将纳入欧盟，其中有些已经到关闭时间。欧委会负有实施EURATOM条约的职责，特别是贯彻有关辐射保护和核安全措施的规定。2002年12月10日，欧洲法院在一项裁决中，确认了欧委会负责核安全事务。[①] 欧委会对核安全的高度重视反映在2004/2007年入盟谈判中。及早关闭第一代苏联建造的反应堆或切尔诺贝利型反应堆被视为入盟的一个前提条件。

在应急准备方面，欧盟主要有两项法规：一是第87/600/EURATOM号决定，规定在发生辐射性紧急情况时权力部门之间尽早交换信息；二是第89/618/EURATOM号指令，规定在发生紧急情况时告诉公众所需采取的措施。

欧委会还积极开展核安全研究，特别是寻找更加安全地管理放射性废料的长期性技术解决办法。欧盟第五个科技研发框架计划中“核裂变”行动是联合研究中心（JRC）开展活动的一个重要框架。为了更好地集中现有资源、实现资源使用的合理化，欧委会建议成立一个核废料管理联合企业，负责管理核废料的研究活动。核设施退役的融资问题也是一个非常重要的问题。欧委会也在密切进行监督，确保资金得到有效的保障。

与此同时，欧盟积极加强与国际原子能机构（IAEA）的合作。1994年9月20日，IAEA在维也纳通过了旨在改善全球核安全的《核安全公约》（简称《公约》）。欧盟各成员国均为该公约的缔约方。《公约》有三个主要目

---

① European Court of Justice ruling for Case C29/99，10/12/2002.

标：(1) 通过加强国家措施和技术合作，实现和维持高水平的核安全；(2) 建立和维持针对核设施内放射性威胁的有效防护，保护人类和环境等；(3) 防范核事故，限制核事故的后果。

《公约》没有规定具体的安全标准，但它却代表着国际社会致力于实施核设施基本安全原则的一种承诺。《公约》适用于核电厂以及在同一地点、与核电厂运作直接相关的放射物质的储存、操作和处理设施的安全。在实施问题上，《公约》缔约方承诺建立一个法律和监管框架，确保核设施的安全。具体规定包括：(1) 建立充分的国家性安全要求和法规。(2) 建立核设施经营执照制度，禁止无证经营。(3) 建立检查和评估制度。某一设施建造和投入运营之前以及整个服役寿命期间应进行全面、系统的评估。(4) 制定措施，贯彻相关法规和执照发放条件（暂停或吊销执照等）。

加强与 IAEA 的合作，利用新设立的核安全合作工具，促进核不扩散、核安全，是欧盟在发展核能方面的根本宗旨。1999 年 11 月 16 日，欧委会通过了关于 EURATOM 加入《核安全公约》的决定。① 2000 年 1 月 30 日，欧盟加入了《核安全公约》。欧盟通过 EURATOM 在《公约》规定的领域内与成员国分享管辖权。EURATOM 并不拥有公约中所界定的核设施。核设施的安全属于设施所在国的职责范围。EURATOM 在《公约》内的职责来源于 EURATOM 条约（第二编第三章）对保护工人健康、使公众免受电离辐射危险的相关规定。欧洲法院在第 C－29/99 号案件判决中已经予以确认。

2002 年，欧盟在维也纳举行的《公约》第二次评估会议上发表了 Euratom 首份落实《公约》义务的报告，介绍了欧盟为落实《公约》的义务所采取的措施。② 报告指出，第 96/29/Euratom 号指令规定了保护公众健康、使工人免受电离辐射危险的基本安全标准。该指令是有关防辐射保护的相关法律的核心法令。它规定了实施程序、基本原则等。欧委会增加了核设施检查

---

① European Commission, *Decision 1999/819/Euratom of 16 November 1999 concerning the accession to the 1994 Convention on Nuclear Safety by the European Atomic Energy Community* (Euratom), O J L 318, 11/12/1999.

② European Commission, *Report on the implementation of the obligations of the Convention on Nuclear Safety* ——European Atomic Energy Community, COM (2001) 568 final.

及与核安全有关的活动的人员。自 2000 年起，欧委会每年都开展 2000 多次核安全措施检查。

2002 年 9 月，欧委会能源委员罗约拉·德·帕拉西娅公布了一份报告，旨在大力推动欧盟各成员国保持并发展核能。报告提议从四个方面来解决核能的继续发展问题：一是建立监督机构，协调欧盟各国的核电站安全标准；二是对拆卸废弃核电站所需要的巨额资金的管理建立统一的规范；三是与俄罗斯签订有关核燃料供应的协议；四是对核废料进行合理的管理和存储。[①] 报告要求各成员国对确定其最危险的放射性核废料存储地点要有严格的时间表，希望各国最晚在 2008 年确定地点，2018 年存储地点进入运转状态。

九、加强能源、环境与研究政策的结合

欧盟把能源技术研发看作促进能源供应安全、实现环境和经济目标的重要手段。技术研发可以改进能源效率，减少能源强度，大规模地提高清洁、持久和可再生能源的使用比例。此外，它还可影响全球能源使用和生产的模式，因为欧洲先进技术可以为发展中国家的经济增长提供更加可持续、环境破坏较小的手段。

（一）非核能源研究

欧委会在第五个科技研发框架计划内的能源专项计划下支持非核能源的研发和示范。该框架计划到 2002 年底结束。2001 年，欧委会提出了旨在促进可持续发展和知识经济的欧盟第六个科技研发框架计划（FP6，2002—2006 年）。该计划围绕三个目标：一是整合欧洲的科研力量；二是建设欧洲科研区；三是巩固欧洲科研区的基础。其重点是创建“欧洲科研区”(ERA)，作为欧洲研究的未来蓝图，其目的是通过在各个层面上加强合作、扩大互补、改善相关各方的协调，促进科学卓越性，加强竞争力和创新力。FP6 确定了七个优先研究领域：基因和生物技术；信息技术；纳米技术、智能材料和先进制造技术；航空航天；食品安全和健康风险；可持续发展与全

① 李红：《科技日报》2002 年 9 月 9 日。

球变化；知识社会中新型的公民与政府间关系。与第五个框架计划相比，FP6在建设欧洲科研区、加强技术创新在服务于欧洲公民和增强欧洲工业竞争力的作用方面表现出了质的飞跃。该计划不仅提出了发展科技的具体内容，还从科技手段和政治决策两方面提出了发展科技的具体方式和途径。框架计划所选择的优先研究领域基本覆盖了目前科学和技术的前沿领域，体现了欧洲通过内部力量的整合积极参与全球化，并充当领导者的决心和行动。

FP6总预算为175亿欧元。FP6框架内非核能源的研发重点是可再生能源、能源效率和替代燃料（包括氢能）。FP6的第六个优先发展领域包括可持续能源系统，预算资金8.1亿欧元，其中，中长期研究4.05亿，中长期示范4.05亿。中长期研究集中在五个优先领域：符合成本—效益的可再生能源；可再生能源的大规模入网；生态建筑；多种能源发电；汽车替代燃料。[①] 中长期的可再生能源研究计划包括以下重点技术：可再生能源技术的新的先进概念；能源载体/运输和储存的新技术，特别是氢能；燃料电池，包括其应用；社会经济、能源和环境的模型构建。

FP6资助的可再生能源（RES）研究重点是使下一代更具效益的可再生能源技术进入市场，特别是欧洲市场。欧盟资助的项目预计能够在没有政府补贴或者补贴很少的情况下在自由化的市场上展开竞争。可再生能源研究主要是谋求减少与可再生能源发电相关的成本，包括绿电、产热制冷以及液体和气体生物燃料。研究领域包括：第一，生物质。重点研究从能源作物发电以及从废物中提取燃料，旨在减少生物质发电的成本，使其到2020年降至0.05欧元/千瓦时，生物燃料的成本降至10欧元/吉焦（GJ）。第二，风能。重点是开发可用来减少陆地和近海风力发电成本的新型涡轮、部件及相关设计工具。风能研究包括在非常规地区（如近海、寒冷气候和复杂地形）安装风力涡轮机的制约因素、开发和示范新的确保电网稳定性的控制技术等。第三，太阳能光伏。优先项目包括高效率光伏电池和与大规模光伏生产相融合

---

① Decision No 1513/2002/EC of the European Parliament and the Council of concerning the Sixth Framework Programme of the European Community for research, technological development and demonstration activities (2002－2006), O J L232, 29/08/2002.

的模块，以减少太阳能发电的成本。长期研究的目标是减少光伏系统的投资成本，到2015年降至1—2欧元/瓦峰（WP），光伏零售价格降至0.1欧元/千瓦时。第四，其他可再生能源发电。欧盟支持开发输电塔、碟型卫星天线等大规模太阳热能发电潜力的小型研究计划。对地热能技术的支持集中在发电、热电联产工厂和利用地热产热制冷的应用技术。小型水电研究旨在减少与水电生产相关的成本和环境影响。欧盟海洋能技术研究计划包括波浪、洋流和潮汐能发电技术。第五，可再生能源产热制冷。该计划资助的项目重点是生物燃料和废弃物提取的燃料创新性地应用于工业设施和建筑物中的电力生产。

FP6对创新技术的大规模示范给予高度重视。在可持续能源领域，欧委会发起了一项大规模的专项行动计划"协奏曲"（CONCERTO），以支持旨在通过可再生能源和能效技术的创新性结合优化地方性社区能源流动的示范项目。该计划也是为了实现帮助地方性社区参与可持续发展活动的重要目标。另一个相类似的计划是"奇维塔斯"（CIVITAS），旨在利用交通和研究预算，促进可持续城市交通，包括汽车替代燃料。欧委会还发起了几个重要的专项行动，包括氢能和光伏技术平台，旨在为一些关键性技术描绘一个长远的前景和战略路线图。

（二）核能研究

新技术将有助于缓解人们对核安全问题的担忧，大大减少核废料的产生。欧盟第六个科技研发框架计划（2002—2006年）为核能研发专门拨款12.3亿欧元的预算资金。欧盟核研发活动包括裂变和聚变两个方面。在核裂变方面，FP6的拨款为4.8亿欧元。研发目的是全面开发核能的中短期潜力，推进环境可持续性、能源安全和减缓气候变化的能源战略目标。一个关键性的短期目标是要找到一个安全、永久性地质处理场，解决核废料的处理问题。加强欧洲各国现有核电厂的核安全和辐射保护也是一个研究重点。欧盟支持的核裂变研发计划包括四个项目：第一个项目是放射性废料的管理，重点是开发能为公众接受的核废料管理和处理的技术。该项目包括四个重点领域，包括废燃料和生命周期太长的废料的地质处理技术、化学分离（Partitioning）和嬗变（Transmutation）技术、提高现有反应堆裂变材料的使用效率和减少核电生产中废料产生的技术、放射性废料管理的跨领域研究。第二个项目是创新型、安全型和高效型核电厂，目的是评估针对核电厂的创新性新概念的潜力。研究主题包括高温反应堆设计和评估以及核能的其他应用，如利用核裂变系统过程产生的热量生产氢气的技术。第三个项目是现有核设施的安全性，目的是不断改进欧洲核安全标准和性能，发展全欧安全标准的一个共同科学基础。研究活动包括核工厂生命周期管理、严重事故现象及管理、反应堆退役研究。第四个项目是辐射保护，重点是研究如何减少核电工业对工人的长期性低量辐射的风险。研究领域包括医用辐射和自然辐射源、环境保护与辐射生态学、风险和紧急状态管理。

FP6 框架内的聚变能研究计划经费达到 7.5 亿欧元，其中包括用于第四代反应堆 ITER 研发 2 亿欧元、放射性废物管理 9000 万欧元、辐射保护 5000 万欧元、其他活动（核技术和安全）5000 万欧元。核聚变研究包括三个项目：第一个项目是聚变物理及技术，研究活动包括等离子和聚变材料的研发、英国牛津的欧盟 JET 实验聚变反应堆的退役研究以及聚变能的经济、政策和社会接受能力的研究。第二个项目是 JET 设施的运行和使用问题。第三个项目是 ITER。

ITER 计划是一个通过核聚变方法进行能源生产研究与开发的国际性合作计划，其目标是展示核聚变电力生产科学与技术的可行性。这是一项历时 30 年，总预算为 100 亿欧元的大型科技研发计划，是解决未来人类能源短缺、保护环境的重大战略行动。新一代核电站通过核聚变发电，更安全、更廉价、更能防扩散。在生产电力和氢气的过程中排放出的核废料更少，根本不产生空气污染或温室气体的排放。参与 ITER 计划的国家有：欧盟、日本、俄国、加拿大、韩国和美国，其中美国因为 ITER 计划昂贵和选址问题而在 1997 年宣布退出后又于 2003 年 2 月 18 日重新加入，中国也于同日正式加入 ITER 计划谈判。

经过早期的概念和工程上的设计阶段，2001 年产生了一个可被接受的详细设计，ITER 成员投入了 6.5 亿美元研发资金用来进行实用性的研究。根据计划，参与各方应在最近 10 年内共同建造一个热核反应堆，以证明和平利用热核能源的可能性。

2003 年，ITER 计划各方就试验堆选址问题展开了激烈的竞争，主要竞争者有三家：一是日本；二是法国；三是西班牙。欧盟经过反复协商，于 2003 年 11 月 26 日最终决定选择法国南部普罗旺斯—阿尔卑斯—蓝色海岸大区的卡达拉舍（Cadarache，位于马赛附近）。2005 年 6 月 28 日，参与实验项目的中国、俄罗斯、欧盟、韩国、美国、日本在俄罗斯莫斯科最终签订协议，决定在法国建造实验反应堆。2006 年 11 月 21 日，欧盟、中国、美国、日本、韩国、俄罗斯和印度的七方代表在法国总统府正式签署了联合实验协定及相关文件，全面启动这一开发未来新能源的宏伟计划。

第六章

欧盟可持续能源战略的成熟期（2006年至今）

近年来，欧盟能源安全出现了一系列新的挑战：世界能源需求量猛增、油气价格暴涨、全球竞争日趋激烈、地缘政治动荡不安、全球气候变暖、欧盟对外依存度继续上升、内部能源市场尚未完善等。2006年初爆发的俄乌天然气之争进一步加剧了欧盟对能源安全的危机感。《京都议定书》的生效、里斯本战略的重启以及欧盟可持续发展战略的更新为欧盟能源安全思想的发展提供了新的动力。2006年欧盟出台了可持续能源战略，提出了可持续、竞争力和供应安全三个目标。这三个基本目标既相互独立又相互促进，构成一个平衡、统一、互动的大三角。通过这三个目标，欧盟已经把能源安全、环境安全和经济安全相结合。这标志着欧盟多重目标互动的综合性可持续能源战略日趋走向成熟。为了落实2006年能源战略，2007年欧盟又通过了《欧洲能源政策》，提出把气候保护政策与能源政策相统一，并制定了以减排为核心、加速向低碳经济过渡的“20—20—20”宏伟蓝图，决心在欧盟催生一场“后工业革命”。这表明，欧盟能源安全思想出现了新的升华。本章旨在分析欧盟可持续能源安全思想走向成熟的历史背景，解析欧盟可持续能源战略出台的内在动力和基本内容，探讨欧盟为实现三重目标、发展低碳经济所采取的主要政策和措施。

第一节　欧盟能源安全面临的新形势

一、世界能源需求量猛增

进入新世纪以来，世界经济进入了新一轮增长周期，尤其是中国、印度等发展中经济体强劲增长。世界经济快速增长必然推动石油需求的大幅增加。据英国石油公司（BP）公布的《2005年世界能源统计》资料显示，近十年来，世界石油消费量年均增速达1.7%，特别是2004年世界石油日消费量首次突破8000万桶，达8076万桶，同比增长3.2%。目前，世界能源消费的基本态势是：发达国家高位徘徊，发展中国家加速增长。发达国家在工业化和后工业化过程中，已经形成了高消耗的工业用能、交通用能和建筑物用能体系。从能源消费的增长情况看，发达国家已经处于能源消费的缓慢增长期；发展中国家为摆脱贫穷和落后，正致力于加快发展，其能源消费的增长也在加快。据统计，1996—2006年，经合组织国家能源消费年均增长率为0.62%；同期发展中国家能源消费年均增长率为4.36%。

据IEA发布的《世界能源展望2007》预测，全球2005年到2030年间的一次能源需求将增加55%，年均增长率为1.8%。能源需求将达到177亿吨油当量，而2005年为114亿吨油当量。化石燃料仍将是一次能源的主要来源，在2005年到2030年的能源需求增长总量中占到84%。石油仍是最重要的单种燃料，尽管它在全球需求中的比重从35%降到了32%。2030年的全球石油需求量将达到1.16亿桶/日，比2006年多出3200万桶/日（增长37%）。预计要满足全球对能源的需求，大概需要在能源供应基础设施方面投入22万亿美元的资金，筹措所需投资资金将具有挑战性。

欧盟是世界能源消费大户，与北美和亚太一起并列为世界三大能源消费地区。全球能源需求量的持续增加必然导致国际能源供需形势的日趋紧张，严重制约欧盟的能源进口，从而威胁欧盟的能源供应安全。

二、能源资源日趋集中，全球竞争愈演愈烈

世界油气资源分布极不平衡。世界油气储量最多的前20个国家拥有世界石油总储量的93.8%，其天然气储量加起来占世界天然气总储量的83.7%。世界已探明的常规油气资源基本集中在两个地区：波斯湾周围的国家（占世界石油储量的61.5%，天然气储量的39.6%）和里海（占世界石油储量的10.2%，天然气储量的31.9%）。欧佩克成员国拥有世界石油储量的75.2%。世界石油产量最高的20个国家几乎占世界石油总产量的85%。经合组织国家仅占6.7%，可却消耗着世界总量的60%。按国别看，可采储量前10位的国家占世界总量的82.6%。同样，全球一半以上已探明的天然气储量集中在三个国家：俄罗斯（26.6%）、伊朗（14.9%）和卡塔尔（14.3%）。经合组织成员国仅占8.3%，可却消耗着世界消费总量的50%以上。今后，随着北海等地区油气资源的逐渐枯竭，油气生产将日益集中在中东和北非地区。

2003年世界GDP总量为36.3万亿美元，其中占世界GDP总量83%的五大石油消费区（C5）却占2004年世界石油需求总量的66%。然而，C5仅占有世界石油储量的8%，而中东和北非却拥有世界总储量的2/3。在天然气方面，C5消耗着世界供给总量的50%，却仅拥有世界储量的9%，中东和俄罗斯拥有2/3。预计这一“市场在这儿，资源在那儿”的错位在未来还将继续恶化。这幅资源、市场和地缘政治图景是研究21世纪能源供应安全的背景。

由于全球资源分布的不均衡性、能源生产国和消费国的地缘差异、各国经济和能源消费不同的增长水平，加之国际政治、经济格局的动荡等诸多因素的影响，能源供给已经上升到国家安全的战略位置，世界主要国家，不论是油气消费国，还是油气生产国甚至过境国，都程度不同地卷入到新一轮争夺能源的全球大角逐中。

当前，世界范围内的能源争夺愈演愈烈，这种角逐表现出以下几大特点：

第一，竞争区域的全球化。对能源的角逐遍布全世界，既包括传统能源产地，如中东、俄罗斯、北非、拉丁美洲，但更多地集中在油气资源丰富、

西方石油公司尚未来得及完全占有的里海中亚、非洲地区。近年来，伴随着世界油气重心的时空变化，新的油气地缘经济格局已逐步形成，“大中东石油地区”（中东、北非及环里海地区）同俄罗斯的油气在全球油气供应、出口和定价方面相互影响，连成一个从北非马格里布到海湾、里海、俄罗斯西伯里亚及远东地区的巨型带状区域，其油气储量分别占世界总储量的65%和73%。我国油气地缘政治专家徐小杰将其称为“石油心脏地带”。[①] 当前和未来世界油气需求主要来自环绕这一地带外部的两个部分：一是“内需求月牙地带”，主要由东北亚、东南亚、南亚和欧洲大陆组成，英国和日本分属“内需求月形地带”的外围；二是“外需求月牙地带”，主要由北美、南撒哈拉非洲和大洋洲组成。这就是当代世界油气资源地缘政治经济版图。在此基础上，有关国家围绕争夺中亚油气资源和跨国通道又构成内外两个三角间的战略竞争关系。内三角主要指中国、伊朗和土耳其在亚洲腹地油气运输通道上的竞争；外三角主要指俄罗斯、以美国为首的西方国家和中国三大力量间的相互钳制关系，内三角的竞争受到外三角相互钳制关系的极大影响。过去，世界油气地缘中心主要在美洲的墨西哥湾，20世纪70年代后逐步转移到中东的海湾地区。从90年代起，世界大国纷纷制订并实施自己的能源安全战略，海湾地区作为世界石油地缘中心的地位因此不断受到其他地区油气源的挑战以及其他因素的冲击，但海湾地区与世界其他产油区或产油国相比，在储量、产量及产能等方面仍具有较大优势，其“石油心脏地带”的中心地位在相当长时期内难以撼动。[②] 此外，近年来，北极也成为相关国家角逐的地区，因为据称北极下面拥有丰富的油气资源。

第二，竞争目标的多元化。一是争夺油气资源。各大国争取获得油气田的股份，占领油气勘查和开采领域，以便通过勘探和开发获得份额油气。欧、美、俄、日等跨国石油公司仍然是当前最有竞争能力的角逐者，在全球石油勘查、开采和营销领域有很大的优势。二是争夺油气管道。对

---

① 徐小杰：《新世纪的油气地缘政治》，北京：社会科学文献出版社，1998年4月版。

② 顾芸芸：“海湾地区地缘政治中的能源因素——兼议当前中国能源安全”，《阿拉伯世界》2004年3月。

油气运输管道的角逐具有鲜明的地缘政治因素。2005年开通的由美国支持并参与修建的“巴—第—杰”输油管道（BTC）最能表明新世纪能源大角逐的特点。这条输油管道绕开了俄罗斯，从而打破了俄罗斯垄断中亚、外高加索石油外运的局面。三是争夺下游销售市场。最近，欧佩克石油生产国提出了一项雄心勃勃的炼油厂建设计划，要在今后7年将日加工能力提高600万桶，即提高50%；而中东产油国计划建设大型炼油厂，将波斯湾地区的炼油能力提高60%，使中东地区将不仅是原油供应者，还将成为世界最大的成品油供应者。[①] 沙特阿拉伯开始大力投资于日本、韩国、中国和印度的炼油项目。与此同时，非欧佩克石油生产国也以丰富的资源抢占世界的销售市场，其中以俄罗斯最为突出。俄罗斯对内不断加强国家对油气资源的控制，增加探明储量，扩大开采能力；对外则加紧对独联体国家油气产业的整合，扩大对中亚国家油气资源与管网的控制，以巩固其支配地位。

第三，竞争主体的多元化。参与全球新一轮能源大角逐的，除西方发达国家、欧佩克石油生产国和非欧佩克石油生产国以外，正在快速工业化的发展中大国（如中国、印度等）也跨入了角逐的行列。西方大国为维护自身地缘政治和经济利益，加紧对原来已被它们掌握的全球主要油气资源的控制，并积极进军新的能源富集区。例如，以美、欧、俄罗斯、日本等国家围绕着中东、里海—中亚地区及其他能源产地的能源输出和通道问题展开了激烈的较量。从总的竞争态势上看，美俄及西方国家处于强势地位，中国、印度等发展中国家明显居于劣势。作为油气生产和出口大国，俄罗斯是国际能源竞争的重要参与者，其重点是参与中亚和里海地区的油气股份和输送管道的控制权。

第四，竞争方式的多样化。竞争方式主要是和平的，但有些国家也采用非和平的方式。最极端的例子是美国出兵推翻伊拉克萨达姆政权，扶植成立新的亲美政权，控制其石油资源。美国掌握了伊拉克的油田，就控制了世界最大石油产地中东的石油阀门，确立了其在世界石油资源争夺中的主导地位。和平的方式主要表现为并购石油公司，直接控制油气资产和石

---

① 王家枢：“21世纪新一轮石油能源全球大角逐已经展开”，《国土资源情报》2006年第4期。

油市场份额。过去，世界各大跨国石油公司主要追求的是矿业权，目标是控制某些油气资产和权益。现在欧、美主要能源公司主要采取并购的战略，特别是并购整个目标公司，购置其拥有的油气资产及其石油市场份额。

三、地缘政治日益动荡

今天，欧盟能源安全的主要威胁并非来自于能源资源的枯竭，而是来自于地缘政治形势的不稳定。这种不稳定既包括能源生产国政局动荡、资源民族主义、地区战争与冲突等传统安全威胁，也包括恐怖主义、宗教极端主义、分裂主义、跨国犯罪、环境生态破坏等非传统安全因素对能源设施和运输通道的威胁。安全领域不仅限于石油，还包括天然气、电力和核能等领域。安全范围不只涉及供应中断，还延伸到全球供应链的各个环节，如油轮、港口、通道、炼油厂、水坝、电厂、核能、基础设施等。欧盟1999年公布的《能源年度评估》报告警告说，世界油气储量3/4位于政治经济不稳定的地区，而这些地区是欧盟能源供应的主要来源。[①] 概括起来，欧盟能源安全所面临的主要地缘政治风险可分为以下几类：

（一）能源主产区局势动荡

欧盟油气供应主要来自于俄罗斯、中东、挪威和非洲。除了挪威以外，其他国家和地区均多多少少地存在着地缘政治风险。挪威虽然不是欧盟成员国，但它是欧洲经济区（EEA）成员国。欧盟与挪威有着良好的协作关系。挪威已经历了两次入盟谈判，许多经济政策已经基本与欧盟接轨。尽管因为公众投票否决而未能加入欧盟，但其政治和经济结构非常有利于双方合作，因此供应中断的可能性几乎可以排除。

在欧盟看来，地缘政治风险最大的莫过于俄罗斯。俄罗斯是欧盟最重要的油气出口国。因此，欧盟对俄罗斯能源依赖极为严重，尤其是欧盟东扩以后，许多新成员国几乎完全依赖俄罗斯能源供应。然而，俄罗斯近年来的一系列政治和经济行为让欧盟对其能源供应的可靠性和“能源政治”产生了严

① European Commission，*1999 EU Annual Energy Review*，p. 75.

重的担忧。近年来，俄罗斯采取了一系列措施来确保国家对能源的控制，诸如将私营能源公司收归国有，提高国有油气资本的集中程度等，强化了国家对能源产业的垄断。到目前，俄罗斯已有超过50%的能源生产掌握在政府控股企业手中。俄罗斯政府禁止外国公司参与其具有战略意义的油气田开发竞标，只有俄方控股至少51%的俄罗斯公司才有资格参与竞标。2005年，俄罗斯公布了一批禁止外资介入的油气战略资产清单，特别是石油储量超过1.5亿吨的油田和天然气储量超过1万亿立方米的天然气田。由此可见，俄罗斯资源民族主义趋势明显加强。俄罗斯还利用能源积极谋求对地缘政治格局施加影响。2005年底俄乌天然气之争和2006年底俄白"断气"、"断油"之争就是俄罗斯能源政治的重要标志。① 此外，俄利用世界能源市场的新变化，以"突破北美、稳定西欧、争夺里海、开拓东方、挑战欧佩克"的总体思路全面拓展能源外交，在世界能源市场的影响和地位迅速攀升，油气已成为俄罗斯与大国周旋的重要筹码。② 为了促进市场多元化、解决能源运输安全问题，俄罗斯制定了向东发展的计划，加大对中国、日本、韩国等国家的能源出口，在2020年前俄罗斯向东出口的能源比例将从现在的3%提高到30%。鉴于欧盟对俄能源（特别是天然气）高度依赖，欧盟担心，俄有可能将能源作为一个有效的外交与安全政策工具，因为俄罗斯的能源政策与欧洲追求经济利益的能源政策不同，它很大程度上受地缘政治与安全政策因素的影响。

欧盟能源供应安全的第二大威胁来自于中东。中东是当今世界上油气资源最丰富的地区。据统计，世界已探明的石油储量的61%和天然气储量的40.1%在中东。该地区也是欧盟石油进口的最重要来源。但是，战争、恐怖主义和政治动荡使该地区局势长期不稳。尤其是海湾地区，目前仍为领土、民族和宗教冲突、武器扩散以及国内政治问题所困扰。美伊战争结束后，伊拉克局势依旧动荡不安，石油设施屡遭破坏，石油生产和出口依然没有恢复到战前水平。反恐战争不仅没有解决中东的和平与安全问题，反而加剧了中东的地缘政治矛盾和冲突，导致石油出口国和过境国政局动荡不安，恐怖主

---

① 薛力："全球能源政治：热点透析"，中国网，2008年3月26日，http://www.lrn.cn/bookscollection/reports/200803/t20080326_212205.htm。

② 冯玉军："国际石油战略格局面临'洗牌'"，《人民日报》2003年4月9日。

义事件此起彼伏，沙特阿拉伯等产油国原油生产设施和输油管道面临严重威胁。伊朗核危机久拖未决，愈演愈烈，僵局难以打破。伊朗石油储量居世界第二，日产石油410万桶，是欧佩克的主要石油出口国。此外，伊朗还扼守着中东石油出口的"咽喉"——霍尔木兹海峡。伊朗一再警告说，如果发生冲突，它将封锁霍尔木兹海峡。届时，国际市场石油供应很可能发生大规模的中断，油价必定暴涨。由此可见，只要中东局势仍然不稳定，国际（包括欧盟）石油供应就存在中断的危险。即使石油供应不中断，政治因素也将导致油价出现剧烈振荡。

20世纪90年代以来，里海—中亚地区日益受人关注，因为那里发现了丰富的能源资源。据估计，环里海五国的石油是全球已探明储量的14.6%，天然气约占全球探明储量的50%。为此，美国、欧盟、俄罗斯、中国等大国在里海地区展开了激烈的较量和争夺。然而，由于里海的法律地位问题至今悬而未决，再加上其复杂的油气管道铺设问题，里海石油的开发和外运存在很大变数。此外，经济利益的驱动和多文化、多民族、多教派的复杂局面，使里海国家间纷争不断。民族冲突、分裂主义、权力之争、教派之争和社会黑帮的猖獗对该地区的安全构成最直接的威胁，严重影响该地区局势的稳定。①

世界其他一些重要的产能区也存在着地缘政治局势紧张的问题。一些油气生产国经常发生罢工、暴力冲突和种族内乱，使其油气生产经常受到影响。更为严重的是，在世界各个地区，能源民族主义均呈上升趋势，主要表现在国家支配能源公司，而能源公司则按政治逻辑而不是市场逻辑行事。全世界约有80%的石油储量和75%的天然气储量拒国际能源公司于门外。尽管市场准入问题不是什么新问题，但是对合同附加更严格的条件、国家能源公司影响力的上升都意味着能源民族主义非常严重。这方面最典型的是俄罗斯。但许多油气生产国政府也都加强了对本国油气开发项目的控制。伊朗新总统内贾德上台后多次强调，本国公司在重要的石油业竞标中享有优先权。阿联酋于2006年8月从美国康菲石油公司手中接管了一个近海油田，结束了与该公司持续45年的合作。在中亚，乌兹别克斯坦政府决定从2005年1

---

① 张良能："里海地区正在成为新的世界热点"，《现代国际关系》1998年第12期。

月起，开采石油的资源使用税率从6.7%提高到27%，开采凝析油的资源使用税率从18.5%提高到64%。哈萨克斯坦政府也出台相关措施，赋予国有能源企业优先权。尼日利亚修改了关于开采近海油田的条款。根据修改后的条款，外国石油公司的收益将大大减少。阿尔及利亚政府于2006年7月通过一项法律草案，提出对石油公司的利润额外征税，并要求国家石油公司在上游项目中至少拥有51%的股份。拉丁美洲地区也不平静。委内瑞拉不断加大政府对石油资源的控制力度，利用石油资源扩大影响力。其国有化政策已经逼走了大批投资者，还使其政府面临巨额的补偿金，石油生产不断下滑。委内瑞拉总统查韦斯善于打能源牌，动辄威胁要切断向美国的能源供应，并积极促进构建南美一体化，以此来对抗其北方邻居。而玻利维亚对其国内石油产业宣布国有化更是使得国际石油公司大为吃惊。[①]

这些国家和地区一旦发生严重的政治危机，必然会给世界能源市场带来巨大的压力。这种压力即使不会导致实际的供应中断，至少也会引起油价的大幅波动，不可避免地对欧盟的能源供应安全和经济增长产生影响。

除此以外，近年来国际能源市场上还出现了一个新的担忧。随着世界政治和经济局势的变化，俄罗斯、伊朗、阿尔及利亚等天然气出口国积极加强合作，并提出成立“天然气欧佩克”，目的是制订长期合作计划，协调行动，加强对市场的影响，提高对美洲、欧洲、亚洲采购商施压的能力。拥有世界最大天然气储备的俄罗斯近年在天然气出口方面与西方和独联体邻国多次发生严重冲突，深刻认识到有必要在此领域成立一个国际协调机构，联合行动，在天然气交易中占据主导地位。对伊朗来说，成立天然气欧佩克不仅能够进一步接近俄罗斯，而且增添了一个向美国和欧洲施压的工具。阿尔及利亚则希望消除进军欧洲天然气销售市场的阻碍。2001年，第一届世界天然气出口国论坛部长级会议在伊朗召开。该论坛目前共有15个成员国。其成员国拥有全世界70%以上的天然气资源。一般认为，刺激“天然气欧佩克”加速形成的主要原因是液化气工业的迅速增长。据英国石油公司的统计，2005年世界天然气需求规模共为2.75万亿立方米，其中仅有6.9%通过液化气的形式供应，19%通过国际天然气管道运输，其余全部由欧洲和地中

① 发改委：“2006年全球天然气市场发展的四个显著特点”，2007年3月13日，http：//finance.sina.com.cn/chanjing/b/20070313/14073402216.shtml。

海、中国和亚太国家、北美三大消费地区天然气管道供应。但是，近年来便利、快捷的液化气贸易形式不断成熟，加工生产规模不断扩大。根据IEA统计，到2010年前对液化气生产和运输领域的投资将超过1350亿美元，世界液化气生产规模将增至4760亿立方米。如果天然气欧佩克能够顺利建成，将能控制世界天然气交易领域内的液化气市场，必将对世界能源局势产生很大的影响。

随着成立"天然气欧佩克"的呼声日益高涨，欧盟、美国等主要天然气消费国开始坐立不安，因为对能源消费国来说，能源生产国的联盟就是危险。北约专家还警告说，这个天然气联盟的目标，是利用能源政策达到政治目的，俄罗斯将在其中发挥主导作用。欧盟贸易委员曼德尔森明确表示，成立"天然气欧佩克"会对天然气消费者发出不信任的信号。[①]

（二）过境风险日益加大

在当今的能源地缘政治中，谁控制了能源运输线路，谁就获得了政治上制胜的法宝。欧盟与能源主产区特别是天然气生产国的距离使过境问题不可避免。对许多欧盟国家，特别是依赖于单一供应源的成员国来说，过境问题尤其重要。近年来，俄罗斯与周边国家特别是乌克兰的能源争端不断。2006年初俄乌天然气价格之争就是过境风险最形象的演绎。

俄罗斯是欧盟的最大天然气供应国，欧盟每年所需天然气1/4从俄罗斯进口。为保障出口，俄罗斯修建了多条通往欧洲的天然气管道，以便将西伯利亚地区和中亚地区的天然气输入欧洲。俄罗斯向欧洲输送天然气主要通过三条线路：第一条线路是由东至西横穿乌克兰的多条管道组成。这些管道经乌克兰后，向西通往斯洛伐克、捷克、德国和奥地利，向南通往摩尔多瓦、罗马尼亚、保加利亚。第二条线路是"亚马尔—欧洲"管道。它绕过了乌克兰，由东至西穿越白俄罗斯和波兰，最后进入德国。第三条线路是经过乌克兰东部、由北至南穿越黑海至土耳其的"蓝溪"管道（参见图10）。由此可见，乌克兰地理位置极其重要，其天然气运输系统是连接俄罗斯和中亚主产区与欧洲消费区的重要枢纽。俄向欧盟出口的天然气80％要通过乌克兰国境运输。

---

① 关健斌："'天然气欧佩克'惊了美欧等国"，《中国青年报》2007年4月12日。

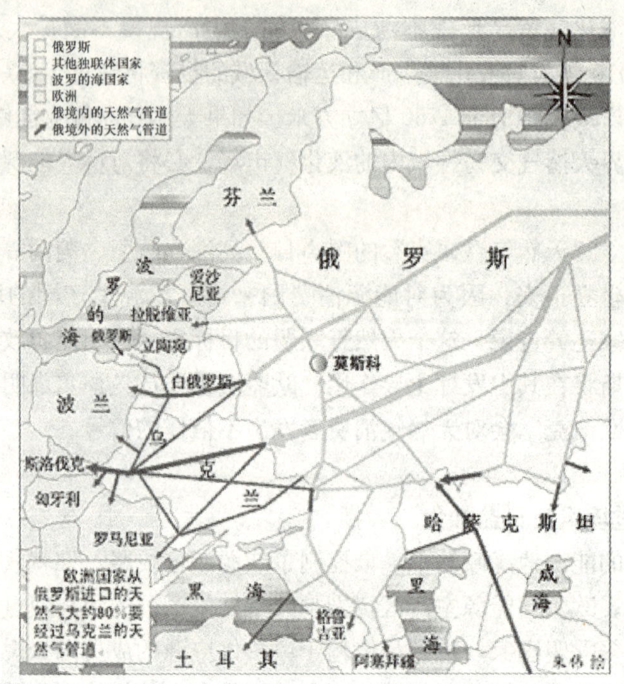

图 10　俄罗斯过境乌克兰的输气路线

资料来源：http：//news. online. sh. cn/news/gb/node/node _ 24273. htm。

根据双方原有的协定，俄输往西欧的天然气在乌过境享受每千立方米 1.09 美元的优惠过境费率。作为交换，乌克兰以易货贸易的形式每年从俄罗斯得到 170 亿立方米的天然气作为过境费。此外，乌每年还按每 1000 立方米 50 美元的优惠价从俄购买 80 亿立方米的天然气。因此长期以来，俄罗斯以远远低于国际市场的价格向乌克兰供应天然气。这种经济上的优惠政策是维系俄乌关系的重要纽带。

但是，一场“橙色革命”彻底颠覆了传统的俄乌关系。经过以西方为背景的“颜色革命”后上台的乌克兰总统尤先科，奉行亲西方的路线，积极寻求加入欧盟和北约，同时对俄主导的独联体提出批评，甚至与格鲁吉亚和摩尔多瓦一起成立了旨在同独联体分庭抗礼的“民主选择共同体”。乌克兰政治上的“西方化”，对作为本地区传统大国的俄罗斯无疑是沉重的打击。[①]

“颜色革命”后，俄罗斯显然无法再以优惠价格向乌克兰提供天然气。2005年3月，乌克兰提出，俄方应放弃陈旧的贸易模式，将天然气从乌过境费提高到每千立方米2—2.5美元。对此，俄方提出将输乌天然气价格提高到欧洲标准——每千立方米230美元。这对乌克兰社会经济无疑将构成沉重打击，乌方表示坚决不予接受。乌克兰认为，俄方应分阶段提高天然气价格，以减少其对国内相关行业造成的冲击，保证乌克兰消费者逐步适应这一变化。但俄方态度强硬，表示如果乌方不接受新的价格，俄方将从2006年1月1日起停止向乌方供气。乌克兰则威胁说，如俄方中止对乌天然气出口，乌方将抽取俄经乌出口到欧洲其他国家的天然气的15%，作为“过路费”。由于双方达不成协议，2006年1月1日，俄天然气的控制站正式停止了向乌克兰供应天然气，由此引发了一场“断气”危机。

“城门失火，殃及池鱼”。受俄乌天然气之争的影响，奥地利、克罗地亚其经由乌克兰的俄罗斯天然气供应量都减少了大约1/3；法国减少了25%—30%；匈牙利减少了40%；罗马尼亚减少了近1/4；斯洛伐克下降近30%。欧盟于1月4日召开紧急会议，协商制定应急措施。就在同日，俄罗斯与乌克兰就俄向乌出口天然气价格和俄天然气过境乌领土费用问题达成一致，并签署了相关合同，俄乌天然气大战终于尘埃落定。尽管如此，欧盟对能源供应安全的忧虑并没有因此而消除，欧盟国家反而对能源安全表现出严重的关切。俄罗斯恃强凌弱、它同能源输送过境国之间关系动荡不安以及对欧洲能源消费国所受影响的不在乎，使它们对俄罗斯能源的可靠性和稳定性的信心受到打击，也引起了欧盟各国领导人对能源供应和过境安全的警惕，迫使他们重新审视自己的能源安全战略。

里海盆地油气外运管网是大国地缘政治博弈的另一个战场。用什么线路运出石油，实质上是由谁来控制石油阀门的问题。于是，对中亚—里海盆地输油管网的争夺成为大国地缘政治博弈的焦点。俄罗斯和伊朗一直想方设法使油气管道经过自己的领土进入世界市场。而阿塞拜疆、哈萨克斯坦和土库曼斯坦都不希望它们的能源供应途径交由这两个国家控制，而是希望实现管

---

① 盛世良：“俄乌天然气争斗真相：打上地缘战略角逐的烙印”，http://news.sina.com.cn/w/2006－01－04/15098771607.shtml。

道多元化。美国处心积虑要削弱俄罗斯和伊朗在这一地区的传统影响和优势，采取挤俄压伊的政策，协助产油国精心设计既不通过俄罗斯也不通过伊朗的多条对外运输通道，使俄伊控制里海石油的如意算盘落空。美欧国家的石油公司都在积极寻找新的输出途径，包括支持实施“欧亚运输走廊”（TRACEKA）计划。美国选择的路线是穿过格鲁吉亚和土耳其到达地中海港口杰伊汉。此外，哈萨克斯坦和土库曼斯坦还打算选择一条南线通过阿富汗和巴基斯坦，把油气管道铺设到阿拉伯海。哈萨克斯坦还有意开辟一条东向路线，把油气管道铺设到太平洋岸边，为其的经济发展寻求重要合作伙伴。

总之，在输油管道的走向问题上，无论是通向土耳其地中海、伊朗南部、巴基斯坦或中国，或者仍然使用经过俄罗斯的现有输油管道，它既是经济利益之争，也是一场地缘政治的较量。中亚和外高加索国家的今后走向在很大程度上要取决于油气管道路线的选择。①

（三）能源运输日益受威胁

随着能源供应的一体化和国际化，能源产业链日渐延伸，任何一环出问题都会对能源市场产生较大的影响。因此，能源需求和供应链各个环节的安全问题也成为各国和相关能源公司关注的要点。人们普遍认识到，有储量、产量和管道远远不够，供应链上的任何一个环节都会对供应中断产生直接的影响。威胁涉及能源供应链的任何一个部分，包括：电站、分电站和输电线路；油气勘探、开采和加工设施以及燃油燃气电厂、管道和储存设施；铁路或公路网络，车站、终端和港口，飞机、油轮、火车或公路车辆。

近年来，由于恐怖主义、蓄意破坏、海盗袭击、自然灾害等事件的影响，能源设施和运输通道发生危机的风险日益加大。美国“9·11”事件之后，虽然世界反恐力量得到加强，但是恐怖活动不仅没有消除；相反，针对石油产业的恐怖活动却有增无减。尼日利亚武装分子对国内石油管道和油田的破坏一度引起国际油价的飙升，而沙特炼油厂遭遇恐怖袭击也使得石油贸易商对石油产业的安全性提出了疑问。全球能源运输基础设施成为对恐怖分

---

① 张良能：“里海地区正在成为新的世界热点”，《现代国际关系》1998年第12期。

子、游击武装和有组织犯罪具有吸引力的攻击目标。中东石油供应国尤其可能成为袭击目标，因为它们在石油出口方面的地位不可替代。

能源供应系统遭破坏必然造成供应中断。大规模的行动可能造成更长时间的中断，对能源市场造成更为持久的影响。由于网络的复杂性以及网络稳定的即时损失，需要在整个系统进行恢复，因此此类问题如果发生在大规模的互联系统之内，比如在加利福尼亚、意大利、德国等地发生的停电事故，就会造成特别严重的大范围影响。

令欧盟尤其担心的是海上运输的交通咽喉。世界能源供需的地域失衡格局使国际能源贸易大幅度增加，供应链变长。世界大量油气需要通过油轮和LNG运输船进行国际间的交易，每天有约4300万桶石油、约2/3的世界石油交易（包括原油和成品）通过油轮在海上运输，未来15年内将增加到7000万桶，在同样时间内通过海上运输的液化天然气将增加2倍。油轮和LNG运输船使全球性（洲际间）油气运输成为可能，因为它成本低，效率高，极其灵活。目前，全世界约有3500多艘油轮在不停地从事着海上运输。

海上油气运输通常有固定的一套海运路线。其间，油轮会遇到几个地理上的“咽喉”或者狭窄航道，如沟通波斯湾和阿曼湾的霍尔木兹海峡、连接印度洋和太平洋的马六甲海峡、连接阿拉伯海和红海的曼德海峡、连接红海和地中海的苏伊士运河和“苏迈德管道”、连接黑海和地中海的博斯普鲁士海峡（参见图11）。这些交通要道是世界石油贸易的生命线。IEA在《2002世界能源展望》中指出，世界每天有3500多万桶石油要通过这些航道和管道。[①] 假如它们发生航运事故，那就会对航道的运输造成严重的阻塞。另外，这些“咽喉要道”极易受到海盗和恐怖主义势力的袭击，从而扰乱正常运输。由于“基地”组织在处心积虑地寻找西方最薄弱的环节，以便给西方国家以致命的打击，这一可能已经不再是天方夜谭。这些石油运输要道只要有一条发生中断，那就会对世界石油供应产生重大影响，并进而影响世界和地区市场的油价。当一条贸易路线受到阻塞，已经在运输途中的石油就不得不改变路线，就可能导致严重的延误，平常由这一特定路线供应的地区就会发生供应短缺。

---

① International Energy Agency，*World Energy Outlook 2002*，OECD/IEA，Paris，p. 101.

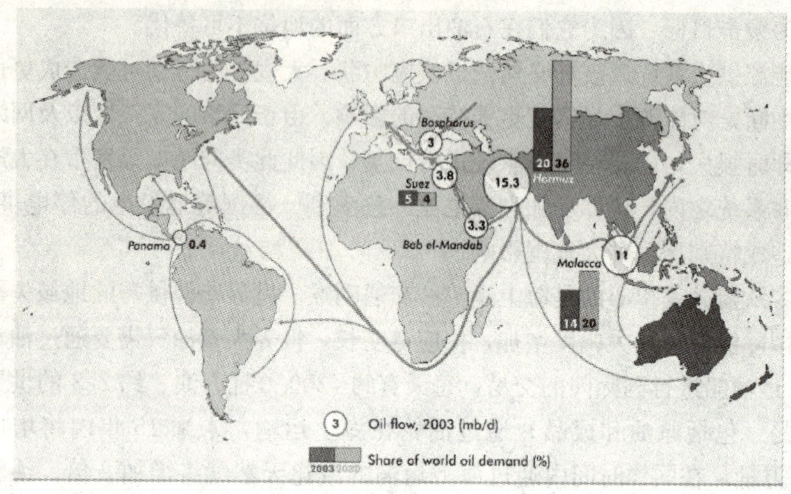

图 11 国际石油运输与交通咽喉

图片来源：Noe van Hulst：*Long Long-Term Energy Outlook & Term Energy Outlook & Future of Oil Reserves Future of Oil Reserves*，13th Middle East Petroleum & Gas Conference Dubai，3—5 April 2005.

目前，欧盟90％的石油依靠海运。就欧洲的原油供应而言，霍尔木兹海峡、曼德海峡、苏伊士运河/苏迈德管道以及博斯普鲁斯海峡是欧盟海上运输的“咽喉”，对欧盟的能源供应安全有着极其重要的意义。这四个海峡任何一个出现异常，欧洲的原油供应就会受到严重影响，并导致油价飙升。欧洲对这些海峡的脆弱性可以通过一个例子来加以说明。英国与欧洲大陆之间的北海海峡曾发生过一起“三色”号（Tricolor）汽车运输船的沉没事故。这条海峡比博斯普鲁斯海峡要宽得多。可就在航运警示信号正常的情况下，这条海峡还是发生了两起撞船事故。① 试想，假如博斯普鲁斯海峡发生一起类似“三色”号这样的沉船事故，几乎可以肯定，海峡将会关闭，这样，黑海周边国家和里海国家就无法用油船向外出口

① 2002年12月16日，在荷兰安第列斯注册的3000吨级的“尼古拉”号（Nicola）撞上了“三色”号残骸。2003年1月1日晚上至2日凌晨，载有7万吨高度易燃油气的土耳其轮船“维基”号（Vicky），没有注意法国发出的海上警示信号，一头撞上了“三色”号沉船。

原油。

四、国际油气价格暴涨

近年来，由于国际石油市场供求关系紧张、投资不足、美元贬值、市场投机炒作、地缘政治局势紧张、自然灾害频发等一系列结构性和突发性因素的综合影响，国际油价一路走高，出现了不断攀升、暴涨和疯涨的历程。2004 年 9 月，受伊拉克战争影响，国际原油价格再次突破 40 美元/桶，之后继续上涨，并首次突破 50 美元。2005 年 6 月，国际原油价格首次突破 60 美元/桶，并加速上行。2005 年 8 月，墨西哥湾遭遇“卡特里娜”飓风，国际原油价格首次突破 70 美元/桶。2006 年 4 月 18 日，纽约市场原油期货价格再创新高，收于每桶 70.40 美元，伦敦北海布伦特原油期货收于每桶 71.46 美元。2007 年 9 月 12 日，国际原油价格首次突破 80 美元/桶，随后，继续加速上扬；2007 年 10 月 18 日，国际原油价格首次突破 90 美元/桶，并在年底直逼 100 美元/桶。[①] 回顾过去几年的国际原油价格走势，用“疯狂”二字来概括，可以说是恰如其分。国际油价持续上涨并在高位运行达数年之久，这在世界经济发展史上从未有过，引起国际社会尤其是欧盟对石油供应形势的严重担忧。

当前，欧盟日益遭受国际能源市场价格动荡和油价飙升之苦，并且必须面对油气储量日益集中到少数产能国手中所带来的恶果。随着全球对化石燃料需求的不断增加、供应链的拉长以及对进口能源依存度的进一步提高，国际油气价格高企的趋势很可能将继续保持下去。潜在的影响是巨大的：如果 2030 年油价上升到 100 美元/桶，欧盟 27 国进口能源的总开支将增加约 1700 亿欧元，每个欧盟公民每年要多付 350 欧元。这一财富的转移将导致欧盟内部工作机会的减少。只有实施正确的政策和法律框架，才能在内部能源市场促进公平的、具有竞争力的能源价格的形成，促进节能，刺激投资。然而，所有这些条件都不存在。内部能源市场仍然没有完成，欧盟公民和欧盟经济仍然没有获得能源市场自由化的全部好处——能源价格降低、服务选

---

① 董登新：“38 年国际原油价格轨迹扫描——世界高油价是如何炼成的?”，http：//investment. blog. sohu. com/90585622. html，2008—6—28。

择改善。相反，高价、断电以及对供应安全的焦虑继续困扰着欧盟公民和企业，削弱了欧洲经济的竞争力。因此，减少能源成本对于提高欧盟公司在日益一体化的全球市场上的竞争力，有着极其重要的意义。

五、对外能源依存度继续上升

欧盟经济主要依靠化石燃料（石油、天然气和煤炭）。但是，欧盟本土的能源储量和产量均非常有限，已探明天然气和石油储量仅占世界的1.9%和0.65%，主要分布在北海，那里的资源开发强度明显高于世界其他地区，储量持续下降。欧盟扩大无法改变这种趋势。欧盟自产能源仅占其消费总量的20%，且产量还在急剧下降。2004年，欧盟25国天然气产量为21.8%，原油为15.3%，核能为28.9%，固体燃料为21.6%，可再生能源为12.4%。1999年，欧盟石油生产达到峰值，为340万桶/日（1.68亿吨油当量）；2004年下降到270万桶/日（1.35亿吨油当量），其中英国占70%，丹麦占15%。目前还没有迹象表明这一下降趋势会发生逆转。① 据预测，从2000年至2030年，欧洲石油和天然气生产将分别下降73%和59%。欧盟拥有丰富的煤炭资源，但共同体煤炭生产成本比世界市场价格高出2—3倍。缺乏竞争力迫使欧盟大幅度减少煤炭生产。欧盟铀储量仅占世界总储量的3%。鉴于世界市场铀的价格低廉，共同体铀矿日益缺乏竞争力。2030年欧洲能源总产量将比2000年低25%。②

能源需求不断增加，能源自给率持续下降，使欧盟日益依赖外部能源进口。2006年，欧盟25国能源进口依存度超过50%（参见表6）。除丹麦可以自给外，其他成员国均程度不同地依赖外部供应，有些国家甚至超过80%，如葡萄牙、意大利、爱尔兰、塞浦路斯、卢森堡和马耳他。

---

① European Commission, *Annex to the Green Paper——A European Strategy for Sustainable, Competitive and Secure Energy——What is at stake——Background document*, Brussels, COM (2006) 105 final, p. 18.

② European Commission, *European Energy and Transport: Trends to 2030*, *http://ec.europa.eu/dgs/energy_transport/figures/trends_2030_update_2005/energy_transport_trends_2030_update_2005_en.pdf* (Accessed on August 27, 2007).

表6 欧盟25国进口依存度（2006年） 单位：%

	全部燃料	固体燃料	石油	天然气
欧盟27国	53.8	41.1	83.6	60.8
欧盟25国	54.4	41.7	84.1	61.6
比利时	77.9	96.3	100.8	100.2
保加利亚	46.2	35.3	99.1	89.9
捷克	28.0	−16.1	96.6	104.5
丹麦	−36.8	93.6	−88.5	−103.3
德国	61.3	35.4	95.7	83.6
爱沙尼亚	33.5	−0.1	94.9	100.0
爱尔兰	90.9	70.4	101.5	89.8
希腊	71.9	2.7	101.3	99.1
西班牙	81.4	75.6	100.8	101.3
法国	51.4	104.8	98.7	99.6
意大利	86.8	99.7	92.5	91.2
塞浦路斯	102.5	116.7	104.2	
拉脱维亚	65.7	119.7	102.3	108.8
立陶宛	64.0	94.6	97.7	101.0
卢森堡	98.9	100.0	101.0	100.0
匈牙利	62.5	39.2	78.0	82.2
马耳他				
荷兰	38.0	102.3	95.7	−61.6
奥地利	72.9	93.6	95.2	87.7
波兰	19.9	−21.6	98.1	71.9
葡萄牙	83.1	105.6	98.1	100.6
罗马尼亚	29.1	28.4	44.0	32.8
斯洛文尼亚	52.1	20.1	97.8	99.6
斯洛伐克	64.0	80.8	94.6	96.6
芬兰	54.6	61.7	100.4	100.0
瑞典	37.4	86.9	96.5	100.0
英国	21.3	75.5	8.9	11.8

资源来源：Eurostat，May 2008。

预计到2030年欧盟对外能源依赖将上升到65%，其中天然气的对外依存度将从目前的57%上升到2030年的84%，石油从82%上升到93%。[①] 表7显示了欧盟25、27和30国1990—2030年的能源依存度。除非提高本土能源的竞争力，否则欧盟能源供给安全将受到严重威胁。

表7　欧盟25、27、30国能源进口依存度（1990—2030）

%

	1990	2000	2010	2020	2030
欧盟25国	44.7	47.2	55.0	63.5	64.9
欧盟27国	44.6	46.7	54.4	62.9	64.2
欧盟30国	38.9	36.4	44.4	52.4	56.3

资源来源：Aglika Genova，*European Union Energy Supply Policy——Diversified in Unity*? p. 26.

对外依赖并不会给所有的能源品种带来同样的问题。世界煤炭和铀市场流动性很高，地理分布范围广泛，价格波动不是很大，因此，这两种能源品种不成问题。然而，石油和天然气市场却非常动荡，资源分布也极不平衡，价格波动很大，给欧盟经济发展带来了严重的影响。

欧盟的油气供应来源并不很多，油气进口来自于少数几个国家和地区。

首先，欧盟石油进口主要依赖于俄罗斯（27%）、中东（19%）、挪威（16%）和北非（12%），其他地区仅占5%。[②] 对石油进口依存高的欧盟成员国为德国（97%）、法国（95%）和波兰（98%）。德国和波兰高度依赖俄罗斯。法国的进口比较多元化，主要来自中东和北非，其次是北海和俄罗

① European Commission，*An Energy Policy for Europe*，COM（2007）1，January 10，2007.

② European Commission，*Annex to the Green Paper——A European Strategy for Sustainable，Competitive and Secure Energy——What is at stake——Background document*，COM（2006）105 final，2006，p. 19.

斯。天然气主要依赖俄罗斯（24%）、挪威（13%）和阿尔及利亚（10%）[①]（参见图12）。

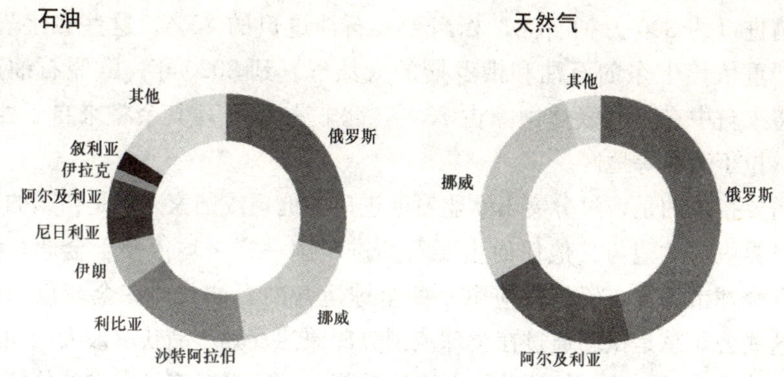

图12　欧盟25国石油和天然气进口来源（2003年）

资源来源：The Green Paper：The Stakes，p. 17.

表8　欧盟石油和天然气进口来源（2004年）

	天然气	石油
俄罗斯	24%	27%
挪威	13%	16%
中东		19%
阿尔及利亚	10%	
北非		12%
欧盟本土生产	46%	21%
其他地区	7%	5%

资料来源：*An External Policy to Serve Europe's Energy Interests*，Paper from Commission/SG/HR for the European Council，Brussels，16/6/2006.

① European Commission，*An External Policy to Serve Europe's Energy Interests*，Paper from Commission/SG/HR for the European Council，Brussels，16/6/2006.

鉴于全球剩余的石油储量将日益集中在中东地区，地理上的多元化非常困难。世界 63%的石油储量和 35%的天然气储量集中在中东。欧洲每天从波斯湾进口约 300 万桶石油，相当于其石油进口的 45%。这些数字表明，欧盟严重依赖中东的石油和俄罗斯的天然气。到 2020 年，欧盟石油进口 45%将来自中东，独联体国家占 23%，北非占 20%，其余将来自于西非、里海、拉丁美洲等地区。

需要指出的是，过分突出欧盟石油进口的地理或国家来源是错误的。在现实世界里，欧盟与其他任何主要石油进口国一样，均依赖于全球石油市场。在全球市场上，资源供应由一些全球运营的石油公司在全球范围内分配。这些公司总是试图通过在全球范围分配原油及其产品获取最大利润，同时使运输成本最小化，使原油相对于炼油能力及市场对产品需求的价值最大化。这就意味着欧盟石油供应安全，不论是防范供应中断还是价格暴涨，都要以全球市场来进行衡量。不论是中东（主要供应亚洲）、俄罗斯（主要供应欧洲），还是墨西哥或委内瑞拉（几乎全部供应美国）发生石油供应中断，都会给各大消费区带来同样的影响，唯一不同的是一个简短的调整期。没有迹象表明，这一模式会在今后 20 年发生重大变化。① 鉴于欧盟本土石油供应在也许不到 10 年的时间内将下降到其消费总量的 10%以下，欧盟石油供应安全从根本上来说是一个供应安全的问题，其主要威胁将来自于全球石油市场。

其次，在天然气方面，欧盟的进口依赖性更高，因此，能源安全问题比较严重。除丹麦和英国能够基本自给外，比利时、芬兰、卢森堡、葡萄牙、瑞典的天然气供应 100%依赖进口，西班牙、希腊、法国和德国的进口比例依次为 99%、98%、96%和 77%。据欧委会预测，欧盟对天然气的需求将从 2000 年的 3.38 亿吨油当量上升到 2020 年的 4.31 亿吨。目前，欧盟 46%的天然气供应来自本土，25%从俄罗斯进口，15%来自挪威，14%来自于北非、尼日利亚和中东（不到 1%）；6%—8%作为 LNG

① European Commission, *Annex to the Green Paper——A European Strategy for Sustainable, Competitive and Secure Energy——What is at stake——Background document*, Brussels, COM (2006) 105 final, p. 19.

从非洲和中东进口。[①] 在可以预见的将来，俄罗斯和阿尔及利亚仍将是欧盟的主要外部供应国。

表 9 欧洲国家进口俄罗斯天然气情况（2004 年）

欧洲国家进口俄罗斯天然气情况

2004年

	进口量（10亿m^3）	消耗量（10亿m^3）	从俄罗斯进口量占消耗量的比重（%）
欧洲总量	371.79	526.28	25.53
丹麦	0.28	5.44	0.0
爱尔兰	3.35	4.45	0.0
卢森堡	1.4	1.4	0.0
挪威	0.0	8.09	0.0
葡萄牙	3.56	3.56	0.0
西班牙	27.25	27.57	0.0
瑞典	1.05	1.05	0.0
英国	12.3	98.47	0.0
比利时	19.7	16.4	1.2
荷兰	15.9	44.64	6.0
瑞士	2.77	2.77	10.8
法国	44.78	45.41	25.3
意大利	67.73	80.59	26.3
德国	90.86	96.59	37.8
波兰	9.81	14.13	42.5
斯洛文尼亚	1.1	1.1	50.9
土耳其	22.18	22.53	63.7
奥地利	7.88	9.14	65.7
匈牙利	10.95	13.68	65.9
捷克	9.53	9.63	74.6
希腊	2.75	2.78	79.1
斯洛伐克	6.4	6.6	97.0
爱沙尼亚	0.97	0.97	100.0
芬兰	4.61	4.61	100.0
拉脱维亚	1.75	1.75	100.0
立陶宛	2.93	2.93	100.0

资源来源：http：//world. people. com. cn/GB/1030/4059197. html。

对俄罗斯的依赖尤其令欧洲人担忧。目前，俄罗斯 90%的能源出口都输往欧洲。2004 年，欧盟从俄罗斯进口的天然气占其进口总量的 32%。

① European Commission，*Annex to the Green Paper——A European Strategy for Sustainable，Competitive and Secure Energy——What is at stake——Background document*，Brussels，COM（2006）105 final，p. 24.

2005年，欧盟从俄罗斯的原油进口占其进口总量的30%以上。[①] 东欧从俄罗斯进口的天然气比例更高。表9显示了欧洲相关国家从俄罗斯进口天然气的基本情况，按依赖程度排列。

关于对俄罗斯天然气的依赖问题，欧盟以前从未怎么担心过，直到2006年1月俄罗斯天然气工业股份公司临时切断了通过乌克兰的天然气供应。随着匈牙利、奥地利及其他欧盟国家天然气管道中压力的下降，欧洲人开始就如何确保未来的能源供应展开了大辩论。甚至连那些从不担心克里姆林宫有一天会把天然气用作政治武器来对付欧盟国家的人，也日益担忧俄罗斯持续存在的投资不足的问题。

进口依存高意味着欧盟要同时受供应中断和价格飙升这两个因素的严重威胁。尽管供应中断的可能性不能完全排除，但供应中断是一种特殊情况，只有在油气产地发生大规模冲突的情况下才可能发生。当今欧盟能源安全的主要风险是经济风险。

六、充分竞争的内部能源市场尚未完成

从1988年开始，欧盟决定开放天然气和电力市场，创建一个统一的欧洲能源大市场。1996年和1998年，欧盟发布了第一批电力和天然气市场自由化的指令，旨在促进电力和天然气在共同体内部的自由流通。尽管大多数成员国到2000年9月已经落实了电力和天然气指令，但欧委会2001年所作的调查表明，完善内部能源市场需要采取进一步的措施。因此，欧盟于2003年6月通过了天然气和电力市场自由化第二号指令，要求所有成员国必须在2004年7月1日之前实现欧盟工业和商业用户能自由选择其天然气和电力供应方；在2007年7月1日之前，除爱沙尼亚、希腊和葡萄牙等少数几个国家出于特殊原因得以宽限外，其他所有成员国都必须全面开放能源市场，所有用户均可通过市场自由选择天然气和电力供应方。

尽管自由化取得了很大的进展，但市场开放的目标尚未实现。自由竞争

---

① Andrei Miroiu, *The Energy Security of the European Union*, July 18, 2007, p. 17.

的壁垒依然存在。天然气和电力批发价格有了相当幅度的上涨。欧盟各成员国能源市场的开放程度仍然存在巨大的差异，一些成员国能源市场依然受国家控制。根据欧委会2005年11月15日公布的《内部天然气和电力市场进展报告》，能源市场自由化已将近10年，但是欧盟离拥有一个单一的、竞争的和正常运作的能源大市场还有很长的距离。[①] 报告发现，尽管已经颁布了两批欧洲自由化的指令，但能源大企业在整个供应链中依然支配着传统市场。新的主体要想进入市场、带来真正的竞争，就必须获得能源供应、网络接入和客户连接权。然而，它们受到三个相互关联的结构性问题的阻碍。这三个问题是自由化以前国家市场结构遗留下来的问题：第一，许多能源市场集中程度太高；第二，缺乏跨境连接和跨境竞争；第三，许多能源市场存在着严重的垂直一体化。

2006年欧盟委员会发表的“内部能源市场通讯”[②] 和“天然气和电力市场调查报告”[③] 都表明：（1）内部能源市场自由化和成员国能源市场一体化水平不足；（2）成员国转换/落实指令进展缓慢；（3）相互连接水平不足，网络拥塞严重，导致价格差异很大，跨境贸易水平低下；（4）市场集中度过高，垄断企业依然存在；（5）消费者自由选择供应方的能力依然受限，大型电力用户情况有所好转，但小型用户和天然气消费者基本没有好转；（6）成员国监管机构有效权力方面依然存在许多差异。缺乏进展正导致成员国对电力和天然气施加普遍的限制。[④] 这种行动会阻碍内部能源市场的正常运作，抑制价格信号，导致投资不足和未来供应紧张，也会使新能源更难打入市场。只有一个具有充分竞争性的内部能源市场才能确保公民和企业的能源供

---

① European Commission，*Report on Progress in creating the internal gas and electricity market*，COM（2005）568 final，Brussels，15/11/2005.

② European Commission，*Communication of the Commission to the European Parliament and the Council on prospects for the internal gas and electricity market*，COM（2006）841.

③ European Commission，Communication from the Commission，*Sector Enquiry under Article 17 of Regulation（EC）No 1/2003 on the gas and electricity markets（final report）*，COM（2006）851.

④ European Commission，*An Energy Policy for Europe*，COM（2007）1 final. Brussels，10/1/2007，p. 7.

给安全，才能降低能源价格。为此，发展网络连接、建立欧洲共同能源政策、法规和游戏规则至关重要。①

七、全球气候变暖，生态环境恶化

能源的生产和使用给环境造成了巨大的压力。长期以来，以煤炭为主的能源消费结构，已导致世界各地环境污染严重：二氧化碳、烟尘、臭氧层耗损、酸雨、水污染、固体废物的大量排放，造成局部的环境污染与生态破坏、人文景观遭污染、生物多样性减少、人类健康受危害的严重后果。从20世纪80年代初起，欧盟成员国及共同体层面通过和实施了一系列环境法规，大大减少了空气污染物的排放，空气质量有了明显的提高。然而，2005年欧委会发布的一份研究报告表明，欧盟25国每年约有37万人仍然生活在空气污染中。②

与此同时，全球大气中CO_2浓度不断上升，使大气环境质量不断恶化，全球气候变暖。2007年IPCC发布的第四次评估报告指出，从现在开始到2100年，全球平均气温升高幅度可能是1.8℃—4℃，海平面升高幅度是18厘米—59厘米，而造成这一趋势的原因有90％可能是人类活动。如果气温上升1.5℃以上，全球20％—30％的物种将面临灭绝；如上升3.5℃以上，40％—70％的物种将面临灭绝。科学家普遍预测，如不采取积极的减排措施，到2100年，全球平均气温与1990年相比将上升1.4℃—5.8℃，欧洲上升2℃—6.3℃。③ 届时，全球各地区，包括欧盟将面临经济和生态体系的大灾难。

---

① European Commission，*Green Paper——A European Strategy for Sustainable, Competitive and Secure Energy*，COM（2006）105 final，pp. 3－4.

② European Commission，*Thematic Strategy on Air Pollution*，Brussels，21/9/2005，COM（2005）446 final.

③ European Commission，*Winning the Battle Against Global Climate Change*，Brussels，9/2/2005，COM（2005）35 final，p. 3.

第二节　能源安全、生态安全和经济安全三重目标的互动

一、欧盟可持续能源战略发展的新动力

（一）《京都议定书》的生效

1997年12月《京都议定书》通过后，随即就进入了很长的缔约国批准和政策准备期。《京都议定书》的生效可谓历经风雨，经历了长达8年的马拉松式谈判，险些胎死腹中。根据《京都议定书》第二十五条的规定，议定书正式生效，成为具有法律效力的国际条约必须同时满足以下三个条件：(1) 议定书得到不少于55个缔约国的批准、接受、核准或加入；(2) 这些缔约国的二氧化碳排放总量合计不低于议定书附件一所列国家（多为欧洲和北美等发达国家）1990年二氧化碳排放总量的55%；(3) 第一和第二项条件满足后经过90天的确认期。根据最初的计划，《京都议定书》最迟应在2002年开始实施。然而，一些发达国家出于经济利益的考虑，不愿减少温室气候排放。

在众多温室气体排放大户中，欧盟15国的二氧化碳排放量占全球排放总量的24.1%，俄罗斯占17.4%，日本占8.5%，加拿大占3.3%。美国是全球温室气体排放量最大的国家，其1990年温室气体排放量占附件一国家的36.1%。1998年11月12日，美国签署了《京都议定书》。然而，2001年3月28日，新上台的布什总统以“对美国经济发展带来过重负担”为理由宣布退出《京都议定书》。澳大利亚也随之退出。此举令签署《京都议定书》缔约方温室气体达到工业化国家总排放量55%的任务变得更加艰巨，造成《京都议定书》近乎夭折。

为了挽救《京都议定书》，欧盟和代表发展中国家的77国集团(G77)/中国在2001年7月德国波恩以及同年12月摩洛哥马拉喀什缔约方大会上，在森林（碳汇）问题上做了巨大让步，将CO_2减排总量降为原定的1/3；两者还同意对加拿大、澳大利亚、日本和俄罗斯四国作出非原则性的

妥协，这才最终达成关于议定书实施细则的《马拉喀什协定》（Marrakesh Accords）。根据这份协议，部分发达国家的减排义务从5.2%降至1.8%。

由于美国拒绝批准议定书，占1990年附件一国家17.4%排放量的俄罗斯持有决定议定书生死的一票。对于批准议定书，俄罗斯政府内部阻力重重。所幸，俄罗斯总统普京是议定书的倡导者，加之欧盟以支持俄罗斯加入WTO的承诺为交易，因此俄罗斯最终于2004年11月18日批准了《京都议定书》。2005年2月16日，《京都议定书》正式生效，成为具有法律约束力的国际条约。

在《京都议定书》生效的艰辛历程中，欧盟发挥了不可替代的重要作用。出于在应对气候变化的行动中担当领导角色的决心，欧盟决定率先行动。2002年4月25日，欧盟理事会通过决议，正式批准了《京都议定书》。[①] 各成员国也在随后的几个月里完成了国内的批准程序。截至2005年8月13日，全球有142个国家和地区核准了议定书，其中包括30个工业化国家，批准国家的人口数量占全世界总人口的80%。

随着《京都议定书》的正式生效，节能减排成为国际义务。减少化石燃料的使用、提高能源效率、发展可再生能源、应对气候变化成为欧盟能源战略的必然要求。

（二）里斯本战略的重启

欧盟历来把增加就业列为与经济增长同等重要的目标。早在1993年，欧盟委员会就在《增长、竞争力和就业》白皮书中提出，经济增长应以创造就业为基础，倡导劳动密集的增长模式。2000年，欧盟“里斯本战略”提出以加速经济发展推动就业增长，在10年内创造3000万个就业机会，到2010年把欧洲的平均就业率从2000年的61%提高到70%。由于实施效果不佳，欧盟决定以经济增长和增加就业为优先目标重启“里斯本战略”，使其成为欧盟经济改革的政策基点。

---

① Council of the European Union, *Council Decision 2002/358/EC of 25 April 2002 concerning the approval, on behalf of the European Community, of the Kyoto Protocol to the United Nations Framework Convention on Climate Change and the joint fulfilment of commitments thereunder*, O J L 130 of 15/05/2002.

2005年3月，欧洲理事会在布鲁塞尔召开春季峰会议。会议指出，在里斯本战略启动5年后，结果成败不一。尽管进展不可否认，但也发现了许多不足和拖延现象。因此，理事会要求立即采取行动，重启里斯本战略并将优先行动重新置于增长和就业之上，这被视为极其重要的步骤。欧洲应该更新其竞争力的基础，提高增长潜力和生产率，增强社会凝聚力，重点应放在知识、创新和优化人力资源之上。理事会为重启里斯本战略确定了下列关键领域：（1）知识和创新——可持续增长的发动机；（2）把欧洲变成投资和工作的一个具有吸引力的地区；（3）增长和就业，促进社会凝聚力。在更新里斯本战略之际，理事会再次指出，里斯本战略本身必须置于可持续发展要求的大背景之下来加以认识，即既要满足当代人的需要，同时又不损害后代满足自身需要的能力。里斯本战略的重启为欧盟可持续能源战略的发展提供了新的动力。①

（三）欧盟可持续发展战略的更新

2005年12月13日，欧委会发表了可持续发展评估报告，对其可持续发展战略进行了评估和更新。② 2006年6月，欧洲理事会在布鲁塞尔召开会议，就新的《欧盟可持续发展战略》作出了决定。新战略包括了2001年战略的许多方面（因为问题尚未解决），同时也增加了可持续生产和消费的挑战，纳入了全球维度。过去，可持续发展战略的对外维度是单列的。新的挑战包括：气候变化和清洁能源；可持续交通；可持续生产和消费；自然资源的节省和管理；公共卫生；社会融合、人口和迁移；全球贫困和可持续发展的挑战。在这些领域，新战略确定了总体目标，提出了具体行动目标和指标，列出了行动。

关于其与里斯本战略的关系问题，新的《欧盟可持续发展战略》指出："欧盟可持续发展战略和里斯本战略互相补充。可持续发展战略主要关注生

① Council of the European Union，*Presidency Conclusions*，Brussels，March 22－23，2005.

② European Commission，Communication from the Commission of 13 December 2005 on the review of the Sustainable Development Strategy——*A platform for action*，COM（2005）658.

活质量、代内和代际公平以及各政策领域（包括对外政策方面）之间的协调。它承认经济发展在促进向更加可持续的社会过渡中的作用。里斯本战略的重点是通过加强竞争力、促进经济增长和创造就业的行动和措施，为可持续发展这个大目标作出基础性贡献。欧盟可持续发展战略形成一个总体框架，在这个框架内，里斯本战略通过重新对增长和就业的重视，提供一个更具活力的经济作为发动机。这两个战略均承认，经济、社会和环境目标可以相互促进，因而应该齐头并进。"[①] 新的可持续发展战略的出台对欧盟能源政策的可持续化提出了更加明确的要求。

二、2006 年能源战略的出台

正是在这一大背景之下，欧委会开始酝酿发展一项共同能源战略。2005 年 10 月 28 日，欧洲理事会伦敦汉普顿宫峰会一致同意制定一项新的共同能源政策。为此，2006 年 3 月 8 日，欧委会发布了题为《欧洲可持续、竞争和安全的能源战略》的绿皮书，[②] 目的是就发展一项共同的、统一的欧洲能源政策发起一场大讨论。绿皮书在分析欧盟能源供应面临的主要挑战后，提出了欧盟能源政策的三个核心目标：（1）可持续。开发具有竞争力的可再生能源和其他低碳能源及载体，特别是替代运输燃料；在欧盟内部抑制能源需求；领导全球共同努力阻止气候变暖，改善空气质量。（2）竞争力。确保能源市场开放使消费者和整个经济发展受益，激励生产清洁能源和提高能源效率的投资；减轻国际能源价格高涨对欧盟经济和公民的影响；使欧洲始终处于能源技术的前沿。（3）供应安全。采取各种措施控制欧盟能源对外依存度，包括降低需求，增加本地资源特别是可再生能源资源利用，加强能源结构多样化，进口来源和运输路径多元化；建立激励机制，满足能源投资需要；提高欧盟应对突发事件的能力；为欧洲公司在全球各地获取资源创造条件；确保所有的居民和企业获得能源（参见图 13）。

---

① The Lisbon Strategy and the EU Strategy for Sustainable Development——An Overview. http：//www. clubofrome. at/events/2006/brussels/guide. html.

② European Commission，*Green Paper——A European Strategy for Sustainable, Competitive and Secure Energy*，COM（2006）105 final.

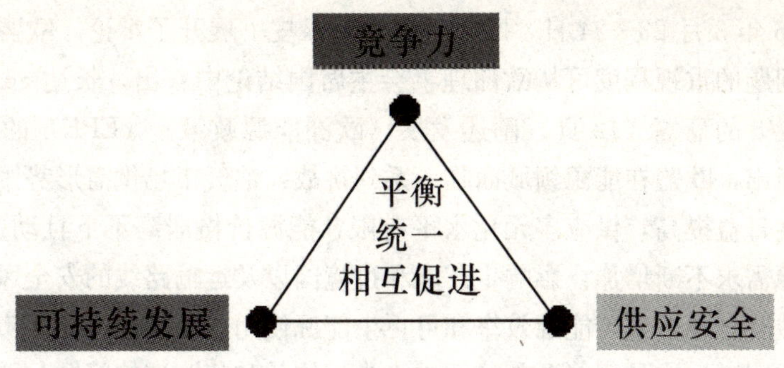

图13　欧盟能源战略目标互动大三角

为了落实这三个战略目标，欧委会同时提出了六个优先行动领域：（1）加快各成员国能源供应互联网络建设，完善欧盟内部天然气和电力市场，整合有关能源的法律法规，为最终建成欧盟共同能源市场做准备。（2）加强成员国之间的团结，确保内部能源市场的供应安全。建立欧洲能源供应观察站，增加欧盟各国战略油气储备，确保欧盟能源供应在能源进口突然中断的情况下得以持续。（3）致力于实行更加可持续、更加有效、更加多样化的能源政策，在尊重各成员国自主选择的同时确保欧盟整体能源供应安全。（4）采取切实措施应对气候变暖，制定可再生能源发展路线图，力争使欧盟在2020年以前减少20%的能源消耗，同时形成一个稳定的可再生能源投资和生产市场。（5）制定一个战略能源技术发展计划，确保欧盟企业成为快速发展的国际节能新技术市场的领导者。（6）制定共同对外能源政策，使能源外交成为欧盟对外关系的重点之一。与生产国、过境国和其他国际行为者建立能源伙伴关系，推动建立一个确保欧盟能源供应安全的泛欧能源共同体，把能源融入其他相关政策。

新战略还提出了一系列政策措施，包括：（1）强化对欧盟能源市场的监管，开放各成员国目前基本封闭的能源市场，制定欧盟共同能源政策；（2）鼓励能源的可持续利用，发展替代能源，加大对节能、清洁能源和可再生能源的研究投入；（3）加强与能源供应方的对话与沟通，建立确保能源供应安全的国际机制；（4）在与外部能源供应者的对话中，欧盟应以“一个声音说话”。为保证这一系列计划的落实，绿皮书建议欧盟在今后20年内投资1万亿欧元用于能源基础设施的更新换代，以满足能源需求。

2006年3月23—24日，欧洲理事会就绿皮书展开了辩论。欧盟成员国对能源问题的重视程度可从欧洲理事会主席国结论中看出。长达36页的文件用了1/3的篇幅（12页）阐述发展《欧洲能源政策》（EPE）的问题。[①] 该决议指出，欧盟在能源领域面临一系列挑战：油气市场供需形势困难，进口依存度日益提高，供应多元化水平有限，能源价格居高不下且动荡不安，全球能源需求不断增加，影响生产国和过境国以及运输路线的安全风险，气候变化威胁日益严重，能源效率和可再生能源使用进展缓慢，能源市场缺乏足够的透明度，成员国能源市场的进一步一体化和相互连接问题，能源主体之间协调不足，能源基础设施需要大量投资等等。这些问题不解决，就会对欧盟环境、就业和增长潜力产生直接影响。显然，欧盟各国对欧盟当前面临的能源安全形势感到严重不安。理事会要求以2006年能源政策绿皮书为基础，制定一项“欧洲能源政策”，最终目的是发展一项有效的共同体能源政策，促进成员国之间的统一性和内外不同政策领域之间的一致性，以平衡的方式实现供应安全、竞争力和环境可持续三个目标。主席国结论附录了一个33点“行动示范清单”，详细列出了实现三个目标可采取的一系列具体措施。理事会为“欧洲能源政策”的发展规定了四项基本原则：一是确保市场的透明度和非歧视性；二是符合竞争规则；三是符合公共服务义务的原则；四是充分尊重成员国在一次能源方面的主权和对能源结构的选择权。理事会要求欧委会从2007年开始定期发布能源战略评估报告，阐述发展中长期对外能源政策的目标和行动。

鉴于欧盟面临的挑战的紧迫性，理事会要求欧委会首先采取以下措施：（1）在2006年年中前提交一份能源效率行动计划；（2）落实生物质行动计划；（3）制定一个优先跨境连接计划，促进有利于供应多元化和地区市场融入欧盟内部市场的优先基础设施工程的完成；（4）推动俄罗斯在担任G8主席国期间批准《能源宪章条约》、签署《过境议定书》，提高欧俄对话的有效性；（5）制定一项战略，把内部能源市场扩大到周边邻国；（6）在欧盟第七个科技研发框架计划中确保能源的优先地位；（7）对长期能源供需前景展开分析；（8）改善能源市场特别是天然气储存能力和石油储备数据的透明度。

---

① Council of the European Union, *Presidency Conclusions of the Brussels European Council*, 23/24 March 2006, pp. 30—35.

虽然欧盟各国在开放本国能源市场的速度和建立欧洲统一能源监管机制方面仍存在分歧，但25个成员国的领导人就加强能源合作与协调、实现能源供给多元化、进一步改善能源内外市场、加强能源研发、发展可持续能源、确保能源供给安全等重大政策方面达成了共识，一致同意建立“欧洲能源政策”。

三、走向低碳经济——《欧洲能源政策》(2007年)

就在欧盟各国、各界就“欧洲能源政策”进行大辩论之时，能源“断流”的梦魇再次笼罩在欧洲人的心头。这一次发生在俄罗斯和白俄罗斯之间。俄方要求对出口到白俄罗斯的天然气提价，并以停气相威胁。两国就天然气价格问题展开了旷日持久的谈判。2006年12月31日深夜，双方终于签订了2007年的天然气供销合同。白俄罗斯同意提高付费，从而避免了一场像俄乌那样的能源危机。不料，一波未平，一波又起。从2007年1月1日起，俄罗斯开始对出口到白俄罗斯的石油征收每吨约180美元的出口税。白俄罗斯针锋相对，宣布从1月1日开始对俄过境石油征收每吨45美元的关税。可是，这一决定并未引起俄方关注，白俄罗斯决定暂停为俄石油提供过境服务，切断了对一些欧洲国家的石油供应。

俄白“断油”事件，让欧盟深受其害。在不到一周的时间内，石油供应就减少约8000吨。受影响最大的莫过于德国和与白俄罗斯邻近的中东欧国家。由于石油阀门被关闭，处于“友谊”石油管道终端的德国、波兰、捷克、斯洛伐克和匈牙利的炼油厂石油供应暂时中断，而这些国家的石油基本上都是通过该石油管线进口的（参见图14）。在中东欧国家中，爱沙尼亚和立陶宛两国的原油100%依靠从俄进口，波兰、斯洛文尼亚和拉脱维亚三国超过95%的原油来自俄罗斯，对俄石油依赖最少的捷克和匈牙利从俄进口量也分别占原油总进口数的90%和80%。它们不得不开始动用紧急储备，以保证其炼油与配送体系不致中断。欧盟委员会发表声明说，尽管目前的石油储备与协调机制尚能保证向消费者提供油品，但俄白两国作为欧盟能源伙伴的“形象与可信度”已受到负面影响。欧盟能源委员皮耶巴尔格斯表示，能源供应国及过境国不打招呼即采取影响第三方石油供应的措施是令人无法接受的。[①]

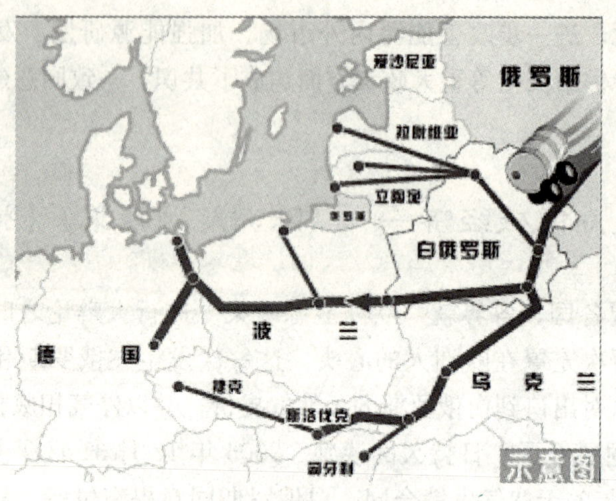

图 14　俄罗斯输欧石油管线示意图

资料来源：http：//world. people. com. cn/GB/8212/57081/57087/5271732. html。

虽然这场争斗的时间不长，但影响却很大。过去，虽然欧盟国家也知道，从经济学的角度讲，“不要把所有鸡蛋放在同一个篮子里”，这样可以分散风险。但毕竟守护一篮子鸡蛋比守护一打篮子鸡蛋要容易许多。再说，每多购置一个篮子也将带来经济成本的上升，因此欧洲国家早已习惯了对俄罗斯油气资源的依赖。[②] 然而，与俄相关的能源纠纷一而再、再而三地发生，无疑给能源依存度较高的各国敲响了警钟。

欧盟面临的挑战不止于此。首先，欧盟还面临能源与环境的严峻挑战。随着全球人口和经济规模的不断增长，能源生产和使用带来的环境问题及其诱因不断为人们所认识。人类活动打乱了地球的碳循环，CO_2过度排放将造成不可逆转的气候变化。2006 年 10 月 30 日，由前世界银行首席经济学家、时任英国首相经济顾问的尼古拉斯·斯特恩（Nicholas Stern）领导的 23 人

① 罗春华等：“俄白能源战暂息 欧洲反思热未减”，《人民日报》2007 年 1 月 11 日，第 3 版。

② 马建国：“俄乌‘断气’危机促欧洲各国重新审视能源战略”，2006 年 1 月 17 日，http：//dss. gov. cn/Article _ Print. asp？ArticleID=192568。

小组公布了《斯特恩回顾：气候变化经济学》（简称《斯特恩报告》）。该报告以气候科学为基础，采用经济学成本效益分析的框架，分析比较了气候变化对自然和人类社会经济系统的预期损失与减缓气候变化的成本之间的关系，由此得出了全球2℃的温升上限，进而呼吁各国迅速采取切实可行的措施并建立国际合作机制。[①]《斯特恩报告》在全球引起广泛的关注和强烈的反响。2007年IPCC发布的第四次评估报告就全球气候变化提供了新的更有力的科学依据。报告指出，全球变暖已经是不争的科学事实。该报告以“很可能”（表示90%以上的可能性）一词，进一步肯定了人类活动是近50年全球气候系统变暖的主要原因。到本世纪末，在多种温室气体排放情景下预估全球地表平均增温1.1℃—6.4℃，海平面相应上升0.18—0.59米。[②] 在全球变暖的大背景下，高温、热浪、强降水等极端天气事件的发生频率和强度很可能增加，生态系统和人类社会将受到严重威胁。报告呼吁，为了减缓气候变化，必须将大气中温室气体的浓度稳定在一定水平，因而需要大幅度减少温室气体排放。在此起彼伏的警戒和反思声中，经济由“高碳”走向“低碳”成为别无选择的选择。发展低碳经济意味着对当代社会经济发展进行一场深刻的能源经济、能源技术和消费行为的低碳革命，构建一种CO_2排放量最低限度的现代社会经济发展模式与消费方式。其实质是要求人类摒弃20世纪的传统增长模式，直接应用新世纪的创新技术与创新机制，通过低碳经济模式与低碳生活方式，由工业文明向生态文明过渡，实现社会经济的可持续发展。欧盟致力于应对气候变化，努力通过全球减排把全球气温升高限制在与前工业化水平相比高出2℃。然而，能源占欧盟温室气体排放的80%，欧盟当前的能源和交通政策意味着，到2030年欧盟CO_2排放不但不会减少，而且将增加5%左右，全球排放量将上升55%。全球气温到本世纪末大有可能升高5℃以上。可见，欧盟现行的能源政策是不

---

① 陈迎：“国际气候政治格局的发展与前景”，中国网，2008年2月13日，http：//www.china.com.cn/international/zhuanti/zzyaq/2008－02/13/content_9675442.htm。

② 陈迎：“国际气候政治格局的发展与前景”，中国网，2008年2月13日，http：//www.china.com.cn/international/zhuanti/zzyaq/2008－02/13/content_9675442.htm。

可持续的。[1]

其次，欧盟日益依赖进口油气。按现行趋势和政策，欧盟能源进口依存度将从当前欧盟能源消费总量的50%上升到2030年的65%，天然气进口依存度将从57%上升到84%，石油从82%上升到93%。这一依赖隐含着严重的政治和经济风险。全球能源资源的压力巨大，IEA预计，到2030年全球石油需求量将增加41%。如何实现全球市场的供需平衡尚不清楚。供应中断风险在上升。此外，在发生能源危机时确保成员国团结的机制尚未建立，欧盟不少成员国严重或完全依赖于某个单一的天然气供应国。同时，欧盟电力需求也在以每年1.5%的速度增加。即使节能政策卓有成效，今后25年光是发电业的投资就需要9000亿欧元。[2] 内部天然气和电力市场的可预见性和有效性是确保长期投资到位、用户价格具有竞争力的必要条件。然而，这些条件尚不存在。

最后，欧盟日益遭受国际能源市场价格动荡和油价飙升之苦，并且必须面对油气储量日益集中到少数产能国手中所产生的恶果。潜在的影响是巨大的：如果2030年油价上升到100美元/桶，欧盟27国进口能源的总开支将增加约1700亿欧元，每个欧盟公民每年要多付350欧元。[3] 这一财富的转移将导致欧盟内部工作机会的减少。只有实施正确的政策和法律框架，才能在内部能源市场促进公平的、具有竞争力的能源价格的形成，促进节能，刺激投资。然而，所有这些条件都不存在。竞争性的内部能源市场仍然没有完成，欧盟消费者和欧盟经济仍然没有获得能源市场自由化的全部好处——能源价格降低、服务选择改善。相反，高价、断电以及对供应安全的担忧继续困扰着欧盟公民和企业，削弱了欧洲的竞争力。刺激投资，尤其是对提高能效和可再生能源的投资，可以创造就业机会，促进欧盟内部的创新和知识经济的发展。欧盟已经是全球可再生能源领域的领头羊，产值200亿欧元，提供30万个工作机会。[4] 在迅速增长的全球低碳能源技术市场上，欧盟拥有

---

① European Commission, *An Energy Policy for Europe*, COM (2007) 1 final, p. 3.

② European Commission, *An Energy Policy for Europe*, COM (2007) 1 final, p. 4.

③ Ibid.

④ Ibid.

成为领头羊的潜力。欧盟决心领导全球应对气候变化的斗争，为欧盟创造驱动全球研究、创新的机会。

如何在气候变化、全球能源需求激增和未来供应不稳定的背景下确保欧盟获得有竞争力的清洁的能源，成为欧盟及其成员国共同面对的一个问题。假如一个成员国无法应对这一挑战，其他成员国也会受到影响。假如欧盟以外出现问题，整个欧盟也会受到影响。

2007 年 1 月 10 日，欧委会就 2006 年欧盟能源战略绿皮书公布了第一份战略性能源评估报告（Strategic Energy Review，SER)。该报告题为“针对变化世界的能源”，[①] 由一系列文件组成，主要包括《欧洲能源政策》、[②]《可再生能源路线图》、[③]《可再生能源发电进展报告》、[④]《生物燃料进展报告》、[⑤]《内部天然气和电力市场前景》、[⑥]《能源行业调查最终报告》、[⑦]《电力和天然气网络优先跨境连接计划》、[⑧]《化石燃料可持续发电——实现 2020 年近零排放》、[⑨]《发展一项战略能源技术计划》、[⑩]《核能研发计划》草案[⑪]等。这些文件包含了欧委会为构建欧盟未来共同能源政策而提出的一系列建

---

① European Commission，*Energy for a Changing World*，http：//ec. europa. eu/energy/energy _ policy/index _ en. htm.

② European Commission，*An Energy Policy for Europe*，COM（2007）1 final.

③ European Commission，*Renewable Energy Road Map——Renewable energies in the 21st century：building a more sustainable future*，COM（2006）848 final.

④ European Commission，*Report on progress in renewable electricity*，COM（2006）849 final.

⑤ European Commission，*Biofuels Progress Report*，COM（2006）845 final.

⑥ European Commission，*Prospects for the internal gas and electricity market*，COM（2006）841 final.

⑦ European Commission，*DG Competition report on energy sector inquiry*，SEC（2006）1724.

⑧ European Commission，*Priority Interconnection Plan*，COM（2006）846 final.

⑨ European Commission，*Sustainable power generation from fossil fuels：aiming for near-zero emissions from coal after 2020*，COM（2006）843 final.

⑩ European Commission，*Towards a European Strategic Energy Technology Plan*，COM（2006）847 final.

⑪ European Commission，*Nuclear Illustrative Programme*，COM（2006）844 final.

议、措施和解决办法。

这一揽子提案的核心是《欧洲能源政策》。欧委会强调指出，新的欧洲能源政策的出发点是：应对气候变化，限制欧盟对进口油气的外部脆弱性，促进就业和经济增长，从而为消费者提供安全可靠、支付得起和环境可持续的能源供应。欧委会把履行减排义务、应对气候变化置于其能源政策的核心，提出了指导欧洲能源政策发展的一个战略目标：推动国际社会就 2012 年《京都议定书》到期后的减排问题达成一项新的协议，促使所有发达国家承诺，到 2020 年以 1990 年为基点减排温室气体 30%；到 2050 年，全球减排 50%，工业化国家减排 60%—80%；欧盟承诺，到 2020 年减少温室气体排放至少 20%（与 1990 年相比）。① 欧盟的终极目标是把全球气温变化控制在不超出工业化前水平 2℃，防止全球气温变暖达到危险的程度。

作为实现这一战略远景的第一步，欧委会提出了一个三年能源行动计划（2007—2009），其措施包括：完善内部能源市场，进一步促进市场竞争；建立成员国之间的团结机制，保障石油、天然气和电力供应安全；长期致力于温室气体减排和欧盟排放交易制度；在共同体、成员国、地方和国际层面上发起一个大规模的能效行动计划；制定一个更长远的可再生能源目标；制定一项欧洲战略性能源技术发展计划；发展低碳化石燃料；研究核能的未来；发展一项积极追求欧洲利益的国际能源政策；建立有效的监测和报告机制。② 这些措施的最终目的是实现 2006 年欧盟能源政策绿皮书提出的可持续发展、供应安全和竞争力的战略目标。

2007 年 3 月 8—9 日，欧洲理事会春季峰会突出讨论了气候保护和欧洲能源政策问题。理事会强调，必须立即采取有效措施，应对气候变化的种种挑战，尽一切力量实现将全球气温变化控制在不超出工业化前水平 2℃的战略目标。鉴于能源生产和使用是温室气体的主要排放源，理事会提出必须把气候保护政策与能源政策有机结合起来。欧洲能源政策应在充分尊重成员国能源结构选择及其对一次能源的主权、体现成员国团结精神的前提下，追求

---

① European Commission，*An Energy Policy for Europe*，COM（2007）1 final，p. 5.

② European Commission，*An Energy Policy for Europe*，COM（2007）1 final.

三个核心目标：加强供应安全；确保欧盟经济的竞争力和价格合理的能源供应；促进环境可持续、应对气候变化。[①] 理事会明确承诺将欧洲转变成一个高能效、低排放的经济体（参见图15）。

欧盟的20/20/20远景

欧盟的20/20/20计划设想实现下列目标：

√将欧盟的温室气体排放削减20%（或国际协议中心的30%）；

√将可再生能源份额提高到20%；

√将能源效率提高20%。

这些目标将在2020年以前实现。这项计划的最终目标是将全球平均温度的上升限制在2℃。

图15　欧盟2020年远景设想

资料来源：Ute Blohm-Hieber："欧洲的战略远景"，《国际原子能机构通报》，2008年3月。

为实现这一目标，理事会通过了一个"20—20—20"的雄心勃勃的行动计划，即到2020年减排20%、增加可再生能源20%、节能增效20%（参见图16）。作为创建欧洲能源政策的一个里程碑和进一步行动的跳板，欧盟理事会通过了欧委会提出的三年能源行动计划（2007—2009）。该计划包括五项优先行动：一是建立统一的欧盟天然气与电力大市场；二是保障能源进口的稳定与安全；三是推行全方位的国际能源战略；四是提高能源效率，扩大核能利用规模，达到欧盟至2020年减少能源消耗20%的目标；五是研究新能源与开发绿色能源。[②] 作为后续行动，欧盟理事会要求欧委会每年对能源行动计划进行定期评估，分析欧盟能源和气候变化政策相结

① Council of the European Union, *Presidency Conclusions of the Brussels European Council*, 7227/1/07, March 8/9, 2007, pp. 10－14.

② Council of the European Union, *Presidency Conclusions of the Brussels European Council*, 7227/1/07, March 8/9, 2007, pp. 16－23.

合所取得的进展和成就。此外，理事会要求欧委会在2009年初提交一份新的能源战略评估报告，作为2010年以后的欧盟能源行动计划，由2010年欧洲理事会春季峰会讨论通过。《欧洲能源政策》的确定，标志着欧盟开始向低碳经济迈进。这一经济基于更加安全、更具竞争力和更加可持续的能源供应。

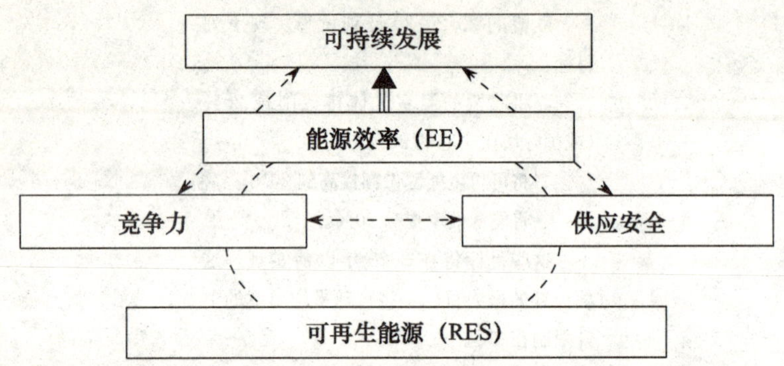

欧明能源新政策的总目标：使欧洲成为一个高能效的低碳能源经济体

图16 欧盟能源新政策

资料来源：Jozsef Szlezak，*EU Policies and Legislation on Energy Efficiency and Renewable Energy Sources*，Presentation at the Workshop on efficient，clean and sustainable energy production in Kosovo，Pristina，Kosovo（UNMIK），July 16－17，2007.

不难看出，为了应对气候变化、能源安全和全球化的挑战，欧盟已经把减排置于其未来能源政策的中心，这是因为：一是来自能源的CO_2排放占欧盟温室气体排放总量的80%，减少排放意味着节能、使用本土生产的更加清洁的能源；二是限制欧盟不断上升的对油气价格动荡和飙升的脆弱性；三是创造一个具有竞争力的欧洲能源市场，刺激技术创新，增加就业机会。这一揽子计划的通过标志着欧盟开始向低碳经济过渡，力图在欧盟催生一场“后工业革命”，不仅帮助欧盟履行其保护气候的国际承诺，并且大大改善欧盟能源供应安全，增强欧盟能源市场的竞争力，最终实现能源供应安全、经济竞争力和可持续发展三重目标。

第三节　走向低碳经济的共同体能源政策与措施

一、全面实现内部能源市场

一个竞争性的内部能源市场对于实现 2007 年 3 月欧洲理事会确定的“20—20—20”目标具有基础性作用。因此，欧委会把完善内部能源市场、消除一切竞争障碍作为其走向低碳经济的一个优先行动领域。

（一）内部能源市场的新目标

为了减少内部天然气和电力市场中存在的问题，2007 年 1 月，欧委会在《欧洲能源政策》中提出要在今后三年内完成欧盟天然气和电力网，实现真正竞争的欧洲能源市场。[①]

欧委会认为，只有建立在完全自由、公开竞争和充分互联而不是国家垄断基础上的真正的内部能源市场才能使公众受益，并最终实现可持续、竞争和安全的能源安全三大目标。首先，从可持续性角度而言，市场竞争有利于经济手段的有效运用，包括排放交易机制的正常运作，迫使企业减少外部环境成本，鼓励企业和个人考虑使用非常规能源；也能使能源输送系统营运商产生必要的兴趣，促进可再生能源、热电联产和微型发电的入网，刺激创新，减少对外能源依赖，从而增强欧盟能源安全。其次，就竞争而言，全面开放的能源市场有利于促进竞争，提供必要的投资信号，促进能源供应安全。市场竞争可以鼓励消费者选择能源供应商，从而减少成本、降低价格，刺激能效和投资。自由化是一体化的前提和基础。能源市场自由化通过产权结构的调整将竞争机制引入能源市场，打破传统的垄断格局，提高价格的透明度，为欧盟国家能源公司提供一个地域更加广阔的公平竞争的平台，这样

---

① European Commission，*An Energy Policy for Europe*. COM（2007）1 final. 10/1/2007.

就能使能源资源在欧盟范围内更有效地配置，提高能源的生产和分配效率，使欧盟区域内的消费者共同受益，促使社会整体福利水平提高。最后，在能源供应安全方面，一个有效运作和竞争性的内部能源市场可以给供应安全带来极大的好处和公共服务的高标准。加强各成员国间天然气和电力网络的相互联接，将更加有助于减少各自面临的能源供应中断的风险。网络与电力和天然气业务的有效分离，可以促使相关公司对新的基础设施、不同网络的互联能力以及新增发电能力进行投资，从而避免大面积断电、断气事故和不必要的价格飙升。可见，真正的单一市场有利于欧盟实现可持续、竞争和安全的能源战略三大目标，为欧盟社会经济的健康发展提供全面的支持。①

鉴于天然气供应安全问题日益突出，内部天然气市场的完成可以解决欧洲天然气供应安全面临的三大挑战：东欧的天然气供应多元化；欧洲作为一个整体应对供应中断（不论何种原因）的能力；消除欧俄天然气关系对欧盟对俄外交政策形成的制约。首先，东欧虽然天然气市场比西欧小，但对俄罗斯的依存度要高得多。市场一体化可以解决东欧天然气供应的多元化问题。一个统一的欧洲天然气市场可以在所有消费者之间创造团结，双边依赖就可变得无关紧要。市场一体化也可使团结机制没有必要。其次，一个运转良好的市场可把任何地方性供应短缺转变为普遍的价格上涨。辅以其他一些措施（如可中断性合同和应急储备），就可以减轻供应危机带来的经济影响，从而使以市场为基础的解决办法可以接受。第三，一体化、灵活的欧洲天然气市场可以使东欧更加安全，也会使“俄气”集团与德国、意大利或法国的公用进口公司之间关系不那么舒服。这就可以加强欧盟以一个声音对莫斯科说话的地位，从而在某种程度上消除欧俄天然气关系对欧盟对俄外交政策的不利影响。②

2007年3月，欧盟春季峰会通过了能源市场自由化决议，要求不折不扣地落实欧盟现行的各项内部市场指令，使供应和分配活动与网络业务有效

---

① European Commission, *An Energy Policy for Europe*. COM (2007) 1 final. 10/1/2007.

② Christian Egenhofer and Arno Behrens, *Two sides of the same coin? Securing European energy supplies with internal and external policies*, Centre for European Policy Studies (CEPS), Brussels, May 20, 2008.

分离（即拆分）。[①]

（二）完善内部能源市场的新举措

1. 加大执法力度

成员国迅速转换欧盟现有指令是实现内部电力和天然气市场全面运作，提高市场竞争性、透明度和能源效率，维护供应安全的基本要求。成员国对垄断企业的保护主义做法必然会导致内部市场的扭曲。因此，欧洲议会敦促欧委会确保内部市场规则的全面落实，确保公平、非歧视的竞争，避免能源市场垄断化。[②]

在 2007 年春季峰会上，欧盟各成员国领导人一致同意推进欧盟共同能源战略。为此，欧委会积极采取法律措施，加大对违规者和潜在违规者的惩罚力度，以促进成员国落实天然气和电力市场指令。欧委会能源委员皮耶巴尔格斯表示："欧盟成员国必须迅速、彻底地遵守有关开放天然气和电力市场的指令，不仅仅从形式上遵守，还要看最终的结果。"[③] 他表扬了丹麦和荷兰，说它们在能源市场自由化问题上是唯一两个"干净利落"的国家。

针对那些没有完全遵守欧盟环境和竞争规定的成员国，欧委会采取了有区别性的警告措施。一方面，欧委会对奥地利、比利时、英国、捷克、德国、爱沙尼亚、芬兰、法国、希腊、爱尔兰、意大利、立陶宛、拉脱维亚、波兰、西班牙、瑞典和斯洛伐克拒不遵守天然气和电力自由化指令发出了警告，表示如果它们不从形式和内容上落实指令的话将被告上欧洲法院。另一方面，对西班牙、卢森堡等没有遵照条例及时披露相关信息或者法规与欧盟条例不符的成员国，欧委会启动了法律程序。

2. 有效拆分垄断企业（Unbundling）

尽管 2004 年以来欧盟内部能源市场改革已经取得了很大的进展，但欧委会国别和部门调查报告都表明，欧盟内部市场自由化指令所规定的法律和

---

① http://www.consilium.europa.eu/ueDocs/cms_Data/docs/pressData/en/ec/93135.pdf.

② European Parliament, *Resolution on security of energy supply in the European Union*, P6_TA-PROV (2006) 0110.

③ "EU governments pressed to power up energy reform." *EU Business*. April 4, 2006. http://www.eubusiness.com/Energy/060404121548.ikhiudm0.

功能上的拆分仍不足以确保形成一个真正的竞争性的欧洲电力和天然气市场。[①] 欧委会在调查中发现的问题主要包括：第一，信息的非歧视性获取无法得到保证。现行的拆分规定中所设置的信息障碍无法保证传输系统运营商（TSO）不向一体化公司下属的发电或供应企业透露市场敏感信息。第二，现行的拆分规定没有消除导致第三方接入歧视的诱发因素。拥有网络的市场垄断公司（Incumbents）可以利用其网络资产使竞争者更难打入市场。歧视性的接入条件包括新企业的新发电厂的连接、不平等的网络接入容量（囤积）、维持人为的小规模平衡区间或者不提供现有的尚未使用的容量。第三，投资刺激措施受扭曲。垂直一体化的网络运营公司没有积极性去根据市场总体利益发展网络，以便利新建发电企业和供应公司进入市场。垂直一体化公司的投资决定都是倾向于满足其旗下供应公司的需要。在开放性的市场上，此类公司特别不想增加天然气进口能力或新的发电能力，这就会有时导致供应安全问题。只有通过强有力的规定才能刺激传输系统经营商以符合全体用户的利益经营和发展网络。

显然，成员国能源巨头（champions）的持续存在削弱了市场的整体效率，增加了成本，减少了创新和投资的积极性，给一体化进程增加了更多的阻力。此外，由于大型能源企业同时控制着能源生产和输送网络，妨碍了竞争并损害了消费者的利益。为了促进欧盟能源市场的竞争，欧委会决定对能源巨头进行拆分，即实行生产和输送业务分离。2007 年 9 月 19 日，欧委会公布了进一步推进欧盟能源市场自由化的第三批改革方案。[②] 其目的是确保欧盟消费者（不论大小）能够真正有效地在内部能源市场上选择供应商，实现更加安全、更具竞争力、更加可持续的能源供应。

欧委会为成员国公司拆分天然气和电力生产与供应业务提供了两套备选方案：

---

① Commission Staff Working Document, *Implementation report on electricity and gas EU regulatory framework: country reviews* — SEC (2006) 1709; Communication from the Commission, *Sector Enquiry under Article 17 of Regulation (EC) No 1/2003 on the gas and electricity markets* (Final Report) —SEC (2006) 1724.

② European Commission, *The EU Electricity & Gas markets: third legislative package*, September 2007, http://ec.europa.eu/energy/electricity/package_2007/index_en.htm.

第一套方案是建立所有权完全拆分的“传输系统运营商”（TSO）。[①] 即TSO与供应/生产公司完全拆分。TSO既拥有传输资产，又经营网络。其所有权独立拥有，供应/生产公司在TSO里不再拥有重大股份。这样做有几个好处：一是非歧视性的网络第三方接入能够得到保证，并因此而鼓励对发电和天然气进口基础设施的投资；二是TSO可更容易交换潜在的市场敏感信息，从而提高有效性；三是鉴于投资决定不再受到供应利益的扭曲，这就可以提供明确的刺激措施来增加欧盟内部基础设施的容量；四是可便利传输公司的跨境兼并，从而对跨境传输进行更有效的管理；五是在拆分水平和监管水平之间有清晰的平衡。全面拆分可以减少日益繁杂的监管问题，因为这样的监管无需太详细，只要确保不发生歧视就行了。这样也可大大减轻旨在保证垂直一体化TSO独立性的相对繁琐的监督负担。因此，欧委会倾向于此方案。

第二套方案是所有权不分，建立一个“独立的系统运营商”（ISO）。这是一种妥协性方案。该方案要求系统经营权同网络所有权分离，能源生产和供应公司在ISO里不再拥有重大利益。垂直型一体化公司可以保留其网络资产的所有权，获取一部分管理费用，但不负责网络的经营、维修或发展。ISO全权负责网络的经营以及网络维修和发展等商业性和投资性决定。ISO由成员国政府指定，并事先获得欧委会的批准，以确保其足够的独立性。显然，这一方案可以改进现状，但要求建立更为详细的、规范性的、费用昂贵的监管，这会带来更多的监管负担，而且在解决网络投资动力方面效果不如拆分所有权。有关配送活动拆分的规定还要另行审核。根据现行规定，不到10万用户的配送公司免于拆分。

第三批自由化改革建议出台后，欧盟开始了一场旷日持久的激烈辩论。争论的焦点是天然气和电力网络的所有权问题。欧盟27个成员国中已有11个成员国在本国法律上禁止天然气生产企业同时拥有传输网络，有7个成员国对电力行业制定了同样的要求。其中还有不少国家主张实施彻底拆分，尤其是英国、荷兰和丹麦。然而，德国、法国、西班牙等8个成员国强烈反对，因为它们担心所有权拆分会使法国的EDF和德国的E. ON等能源巨头

---

① 这种方式已经存在于丹麦、芬兰、意大利、葡萄牙、罗马尼亚、斯洛伐克、斯洛文尼亚、西班牙、瑞典和英国的电力领域。拆分后的TSO也是网络的拥有者。

面临传输网络的“肢解”或面临严格的限制，损害本国大型能源企业的利益。两大阵营经历了一年多的讨价还价。

2008年6月6日，在卢森堡举行的欧盟能源部长会议上，与会成员国达成了一个总体妥协方案。欧盟理事会放弃所有权拆分，同意大型天然气和电力企业可以保留其传输网络的所有权，但成员国必须创建一个“独立的传输运营商”（ITO），负责网络的日常经营管理，并保证其在管理和投资方面享有较高的自主权。这样，欧盟成员国大型天然气和电力企业不必担心被“肢解”，它们也无需出售旗下的能源输送网络，以使生产与传输业务分离且互不隶属。最终达成的妥协实际上是倾向于第二套方案，部分满足了德国、法国等8国的要求，使法国的EDF、德国的E. ON和RWE等国家垄断企业可以在接受外界监督的情况下，有权保留其天然气和电力传输网络的所有权。

然而，这一让步引发了荷兰等国的不满。这些国家认为，实行所有权拆分的国家应有权阻止未实施所有权拆分的欧盟成员国能源企业收购本国传输网络。经过数月艰苦谈判，欧盟成员国于2008年10月10日就有关能源巨头拆分的欧盟能源行业改革方案达成妥协。根据这一妥协方案，实行所有权拆分的成员国将有权阻止不实行所有权拆分的成员国能源企业收购本国的输送网络，以免处于不利境地。这一妥协结束了欧委会提出能源市场自由化改革建议以来长达1年之久的激烈争论。最终的结果虽然不是欧盟所希望看到的，但至少向更加开放的竞争性能源市场走近了一步。

值得一提的是，最终协议引入了一个互惠条款。根据协议，所有非欧盟国家必须与欧盟公司一样遵守相同的拆分要求，经认证后方可在共同市场上开展业务。此外，假如发放证书可能危及该成员国和共同体的能源供应安全，则欧盟成员国必须拒绝发放证书。欧委会引入“互惠条款”，被普遍解读为直接针对俄罗斯国家控制的能源巨头——俄罗斯天然气工业股份公司（Gazprom），因为它正在谋求在欧盟增加市场份额。[①] 这一条款承认成员国有权维护国家法律控制来保护合法的公共安全利益，因而为成员国决定是否让第三国公司进入其市场提供了足够的空间。

---

① EurActiv 20/09/07，http：//www. euractiv. com/en/energy/gazprom-clause-issues-russia-ultimatum-energy-operation/article－166888.

3. 改善能源网络的监管

（1）加强成员国监管机构的作用

2003 年电力和天然气指令要求成员国建立具有专门职能的监管机构。然而，由于缺乏独立于政府的地位和权力，监管机构的有效性经常受到限制。例如，欧委会的国别评估报告中指出，在建立功能拆分或非关税接入条件的规则方面存在着许多问题，监管机构没有权力来解决。在其他情况下，专门的监管机构与政府部门或竞争管理部门之间的监管职能是分裂。国别评估报告中证实，如果成员国监管机构没有被赋予足够的权力，那就会导致决策的不一致和遵守规则的不完全。①

各国监管机构的活动范围、现有权力和独立监管的能力方面存在不足，造成了监管不统一，有时还阻碍竞争的发展。因此，欧委会认为，成员国能源监管机构的权力需要加强，应该有权就所有相关问题作出决定。具体地说，监管机构应在下列领域拥有先决权（ex-ante powers）：一是网络第三方接入的各个方面；二是天然气储备的获取；三是平衡机制；四是电力交易的市场监测；五是配送系统运营商遵守功能和核算拆分；六是所有跨境问题；七是消费者保护包括任何终端用户价格控制；八是信息收集；九是对违规现象的处罚。

第三批自由化改革方案旨在解决这一问题。欧委会的建议包括：统一、强化成员国监管机构的权限和职责，使它们能够对能源发布具有约束力的决定，并对未能遵守规定的公司进行处罚；确保所有成员国监管机构真正独立于工业利益和成员国政府的干预，即它们有权支配自己的预算，管理人员的任命遵守严格的规定；规定所有成员国监管机构必须相互合作。

（2）各国监管机构在欧盟层面上的协调

欧盟深知，要形成一个真正的电力和天然气大市场，就必须创建一个统一的互联的欧洲传输网络。而这就意味着要对监管框架作出修改。消除投资决定和网络运营中的不统一带来财政问题，包括与增加容量相关的成本和风险的分配问题。此外，成员国层面上在关税结构、容量分配规则、平衡安排

---

① European Commission，Commission Staff Working Document，*Implementation report on electricity and gas EU regulatory framework: country reviews*-SEC（2006）1709.

和交易时间表与供应安全措施之间存在着不一致的问题。市场设计的这些差别造成了市场的分割，有些成员国市场甚至依然分裂为不同的地方关税，对内部市场的发展形成了阻碍。欧洲市场的这种分割性加大了少数供应商的支配性影响，对供应安全带来了破坏作用。可见，创建一个统一的欧洲传输网络并不容易，需要成立一个“欧洲监管机构”和“欧洲能源网络中心”，对影响跨境贸易的问题制定共同规则和标准，形成一个“欧洲能源网络规范”(European Grid Code)，以促进入网条件的趋同，至少是对等。

关于加强有效监管的问题，欧委会提出：首先，各国能源监管机构的权力和独立性应根据欧盟的最高标准加以趋同；其次，各国监管机构不仅应促进本国市场的有效发展，还应负责促进共同体能源市场的发展；第三，必须统一技术标准，使跨境贸易有效运作。目前已经创建的“欧洲各国监管机构电力和天然气工作组”（ERGEG）以及电力和天然气法规尚未提供必要的监管。大部分相关技术标准在各成员国都不一样，跨境贸易难度很大，有时根本无法开展。

为此，欧委会提出了三种解决方案：一是以目前的监管方式为基础逐渐发展完善，即加强各成员国监管机构之间的协作，尤其是要求成员国政府为其监管机构赋予一个共同体目标；引入一种机制，使欧委会可以评估成员国监管机构所作出的可能影响到内部能源市场的某些决定。二是建立一个“欧洲独立监管机构网络”。在这一机制下，ERGEG 的作用将得以正式化，它将负责为监管机构和相关的市场主体（如网络运营公司、电力交易所或发电企业）就某些界定清楚的技术问题和与跨境问题相关的机制作出具有约束力的决定。必要时，欧委会可以适当参与其中，以确保共同体的利益得到考虑。三是在共同体层面上建立一个新的统一机构。这一机构应特别被赋予相关职责，使它能为欧盟电力和天然气市场采取与规范性和技术性问题相关的单项决定，以使跨境贸易在实践中得以运作。①

上述三种方案中，欧委会认为第一种不够有效，因为 27 个成员国监管机构常常会有不同的利益，是否能取得进展要取决于这 27 个监管机构之间

① 根据欧委会《机构间欧洲管理机构运作框架的协议草案》（COM（2005）59），这一机构可以特别担负把共同体标准运用到具体问题的任务，包括采取对第三方具有法律约束力的单项决定的权力（第 4 条）。

自愿协议。第二种方案（即建立ERGEG）比较可行，在使跨境贸易有效运作所需的技术问题趋同方面有可能取得快速和有效进展。鉴于输欧天然气投资项目的重要性，ERGEG也将在与欧盟外能源伙伴国的对话中发挥重要作用。这将有助于促进国际监管领域的合作。欧盟将继续开展与东南欧能源共同体、欧洲—地中海能源合作圈和国际能源监管网的协作，并积极探索与俄罗斯等国的合作新途径，如欧俄对话。

成员国能源监管机构的权限和职能缺乏统一性，这一点被认为是阻碍欧盟能源市场运作正常的最大问题之一。欧盟内部能源市场自由化第三批指令旨在解决这个问题，其措施是：（1）对成员国能源监管机构的权限和职责进行趋同并加强，使其能对相关公司作出有约束力的决定，对拒不遵守规定的公司课以罚款。（2）确保所有的成员国监管机构真正独立于工业利益集团和政府干预。这就意味着它们必须拥有预算权，并且人事安排必须按严格的规则进行。（3）用具有约束力的方式规定所有成员国能源监管机构相互合作。

目前，成员国天然气和电力传输系统运营商（TSO）之间的合作只是在自愿的基础开展。今后，这种合作将根据欧委会的提议，通过成立“欧盟传输系统运营商网络”（European Network for Transmission System Operators）正式固定下来。该网络的目标是使管道和电网标准实现趋同，协调和确保网络的正常规划和投资，以避免大面积断电事故的发生。

4. 减少不公平竞争

许多成员国存在着市场高度集中的问题，带来批发市场受操纵的隐忧。由于天然气和电力市场自由化以前就存在垄断企业，且垄断也是这两类市场的自然特性，因此，这两类市场均可能受集中的影响。特别是电力，它是一种需求弹性极低的产品，即使价格较高，消费者也无法大幅度地减少消费。这一点，再加上网络拥塞所带来的结果以及不断平衡供需的必要性，增加了发生垄断企业支配市场的可能性。就天然气而言，竞争困难的根源也在于欧盟以外天然气工业的结构以及成员国本土生产不足。这些问题因市场的国家性质以及缺乏一体化而变得更加糟糕。

为了促进电力和天然气市场的公平竞争，欧委会拟在三个方面采取措施：

第一，提高能源市场透明度。透明度是市场正常运转的必要条件。如果处于支配地位的公司无需向其他市场参与者透露信息的话，集中的问题就会更加严重。例如，批发价格常常因生产的变化或者最大的电力和天然气公司对进口能力的利用而发生变动。假如较小的市场参与者无法追踪市场价格变化的原因，它们就会处于不利的地位。提高透明度可以加强市场监测。ERGEG已经提出了一个提高透明度的指导原则，并建议欧委会将其法律化。因此，欧委会拟通过立法或修改现行的第1228/2003号电力条例和第1775/2005号天然气条例，为电力和天然气市场制定具有约束力的透明度指导原则。

第二，严格控制长期性合同。欧委会一再表示认识到外部生产国与欧盟供应公司之间长期合同的作用。这些长期合同反映了进行先期投资的必要性。然而，此类协议常常延伸到下游，通过优先传输合同以及与当地供应商或直接与终端用户签订不成比例的长期供应合同，起着占领下游市场的作用。这常常导致欧盟内部市场的垄断。天然气条例已就传输合同规定了严格的“不用即失去”（use-it-or-lose-it）的条件。这包括根据关于天然气通过网络过境的第91/296/EEC号指令签订的合同。这些要求如与新增天然气投资相结合，就将有助于克服当前对开展有意义的竞争所存在的障碍。进一步发展“不用即失去”的指导原则也将有助于竞争更快地发展。欧委会将严格监测各方对第1775/2005号天然气条例要求的遵守情况，并根据该条例进一步发展该指导原则。欧委会还将提议，与此类合同有关的监管决定必须由它根据相关程序加以审核定夺。

第三，天然气储存设施准入。影响天然气部门竞争的另一个因素是储存设施的有限性。这些设施往往掌握在垄断公司手中。有些地方的储存设施对内部市场的运转可产生巨大的影响。2004年，欧盟储存系统运营商达成了行业自律性指导原则——《储存系统运营商良好规范》（GPSSO）。2006年ERGEG的报告发现该自律性协议的遵守情况令人失望。为此，欧委会将研究新的措施，以最佳地平衡有效准入的必要性与维持发展新储存能力的积极性。这可能需要一个专门的监管框架，包括：（1）法律上拆分；（2）根据ERGEG的进一步建议制定具有约束力的指导原则；（3）加强监管机构对个别天然气储存设施的权力。

5. 加强传输系统运营商之间的协调

天然气和电力必须能够根据相互兼容的技术规则在欧盟境内自由流通。这不仅是确保市场竞争的需要，也是保障供应安全的需要。为了实现这一点，必须确保TSO提供充足的传输能力来满足需求，实现成员国市场的一体化，而不危及供应的质量。成员国网络在最初设计时是为了满足许多分割的成员国市场的需要的，而不是一个统一欧洲大市场。因此，现在需要加大对泛欧网络的投资。这就需要对系统发展进行联合规划，分摊增加跨境连接的成本和风险。除了建设新的连接线外，TSO增加容量还有许多其他途径。例如更换主要变压器、安装移相器（phase-shifters）、增加天然气压缩设备，也可大幅度增加传输能力。TSO之间经常交换信息、操作技巧、改进拥塞管理做法等也可增强传输能力。所有这些措施都要求高水平的合作和一个清晰的监管框架。

近年来，欧盟和美国接连发生大面积断电事故。为了提高欧盟电力系统的稳定性，防范大面积断电事故，欧委会认为，有必要制定共同的具有约束力的网络安全最低共同标准。新的共同体“传输系统运营商”机制及结构也应承担起制定共同最低安全标准，经能源监管机构同意后产生约束力。

为了保证跨境传输的安全、有效，TSO需要就TSO之间详细的操作标准达成协议。这需要TSO之间有高水平的技术合作，包括长期网络规划和实时操作方面的详细信息交换。但是，在当前TSO和监管机构都倾向于甚至被迫遵循成员国优先的监管框架之下，欧委会怀疑这一点能否实现。加强TSO协调水平需要在共同体层面上制定一个新的法律框架，给现有的TSO协会（ETSO和GTE[①]）赋予一种制度性角色，在其原来的角色之上增加一些正式的义务和目标。例如，为了确保供应安全，欧委会或监管机构可要求TSO协会报告欧洲网络运营、投资以及上述网络安全技术标准的发展情况。ETSO和GTE的任务可确定为：采纳有关技术问题（如标准和操作规则）的建议；负责监测网络发展情况，以改善成员国之间的传输能力；也可负责定期评估基础设施投资的进展情况，并与受此投资影响的当地居民进行互动。

此外，欧委会认为需要作出努力，逐渐向地区系统运营企业发展，建立跨境系统运营企业。

---

① ETSO（European Transmission System Operators）和GTE（Gas Transmission Europe）分别是欧洲电力和天然气网络运营商的行业协会。

6. 鼓励电力和天然气投资

欧委会认为，今后25年内，欧洲需要9000亿欧元的投资，用于替换陈旧的发电设备，建设新的发电能力，包括扩大应对用电高峰的能力。欧盟需要保持一定的电力储备，以防需求高峰时发生供应中断，并可作为可再生能源供应时断时续时的备用。天然气效率高，今后仍将是首先的燃料。建设新的天然气发电厂需要1500亿欧元的投资。另外，建设天然气基础设施需要2200亿欧元。[①] 欧盟必须制定一个清晰的投资框架，以鼓励对发电厂/天然气进口和输送基础设施的投资。加强欧盟层面上监管的确定性将有助于吸引进一步投资，实现供应安全。欧委会认为，创造一个稳定的、有吸引力的投资环境必须成为欧盟层面上未来行动的一个优先考虑。

(1) 增加发电及基础设施投资

一些成员国出现的问题即使与拆分不足无关，在很大程度上也是批发市场或零售市场价格控制不当产生的结果。有些成员国缺乏流动、可靠的批发市场。欧盟电力和天然气指令赋予了任何公司投资发电和天然气进口项目的权利。然而，潜在的投资者需要市场近期和远期发展的最新信息。确保及时、可持续的投资，关键是要有一个正常运转的内部能源市场，以提供必要的投资信号、激励机制、法规稳定性和融资渠道。此外，也要密切监测供需平衡，以发现潜在的供应不足。欧委会在能源与交通总司内设立了一个“能源观察办公室”，负责收集和监测能源各部门的基本供需数据。这是促进高效新投资的重要辅助措施。为了落实电力供应安全指令，欧委会还将建立一个工作组，监测发电领域所需要的投资，检查投资框架以确保成员国创建充足的发电能力。另外几项政策也有助于影响对发电部门的投资，如排放配额的分配、可再生能源发电的专项刺激政策。

发展一个有效的电力基础设施也得到共同体层面的支持，特别是通过TEN-E纲要。[②]

(2) 天然气进口基础设施的投资

市场信号已经促成了一系列输欧天然气基础设施投资项目。根据天然气

---

① European Commission, *An Energy Policy for Europe*, COM (2007) 1 final, January 10, 2007, p. 10.

② European Commission, *Priority Interconnection Plan*, COM (2006) 846.

指令第22条的规定，欧委会拥有给予相关单位免税待遇权力。除了维持这一权力外，欧委会还打算修改天然气指令，以提供一个共同体框架，为影响两个成员国的新管道实行免税。它还将考虑为所有免税行动制定新的指导原则，以便为潜在的投资者提供更大的确定性。

7. 能源作为一种公共服务

能源批发价格波动较大会带来一个问题，即如何防止终端用户包括弱势消费者受此类价格波动的影响。天然气和电力指令要求建立安全保障措施，保护消费者。指令的附件还规定，消费者有权要求建立透明的合同结构、争端解决机制、免费切换、免受销售不当行为的影响。

没有能源，人们无法在当今的经济和社会环境中生活。电力是人类日常生活的必需品。它也常常影响到许多基本服务的供应。低收入家庭能源支出的比例高于较高收入的家庭。农村家庭能源支出的比例高于城市家庭。对大多数欧盟公民而言，电力供应服务是令人满意的。

欧委会认为，欧盟必须拥有最高标准的公共服务。欧洲能源市场正在发生的变化必须充分保护公民得到足够电力供应的权利，以合理、可比和透明的价格满足他们的基本需求。为了保护最弱势群体，欧盟还可采取特殊的措施，特别是在解决燃料贫困问题方面。天然气和电力指令还规定保护消费者免受不公平的销售做法的侵害，公民有权获得必要的信息以选择甚至更换供货商。这些规定必须本着透明和无歧视的原则在成员国层面加以实施。

能源是每个欧盟公民的必需品。欧盟现行法律均要求遵守"公共服务义务"。但是，欧盟需要进一步采取措施，解决能源贫困问题。因此，欧委会将制定一个《能源消费者宪章》，其关键目标有四个：（1）协助建立能源扶贫计划，帮助受害最严重的欧盟公民应对能源价格上涨；（2）改善欧盟公民所能获得的最低信息水平，帮助他们选择不同的供应商和供应品种；（3）简化消费者更换供应商的手续；（4）保护消费者免受不公平销售做法的侵害。[①]

---

① European Commission, *An Energy Policy for Europe*, COM (2007) 1 final, January 10, 2007, p. 10.

(三) 加强跨欧能源网络的跨境连接

创建和完善真正的欧盟内部市场需要足够的能源跨境传输能力。欧盟成员国能源市场的互联是增强灵活性、促进市场竞争、提高能源供应安全水平、促进共同体能源市场一体化的关键性步骤。随着欧盟能源市场自由化和一体化的不断推进，能源安全问题日益集中到内部市场是否有能力通过互联管道和电力网输送能源，是否有能力在紧急状态下提供应急供应。为此，欧盟高度重视跨欧能源基础设施建设。发展跨欧能源网络不仅可促进欧盟内部市场特别是内部能源市场的有效运作，促进电力和能源的跨地区、跨边界运输，也能加速共同体贫困地区的经济社会发展，有助于实现共同体经济和社会一体化的总目标。创建跨境管线连接还是确保成员国之间团结的一项至关重要的措施。

1. 跨欧能源网络建设的现状

自1996年以来，欧盟确定了三批具有共同利益的能源基础设施项目，通过TEN预算、结构基金和团结基金为一大批项目提供了共同体财政支持。2002年欧洲理事会巴塞罗那峰会提出到2005年把成员国之间的最低互联水平提高到10%。2005年10月，欧洲理事会伦敦汉普顿宫峰会强调了加速完善优先基础设施项目的必要性。近年来，跨境能源贸易虽然有所增长，但这项工作的进展不是非常令人满意。有相当一部分成员国（如波兰、英国、西班牙、爱尔兰、意大利、法国、葡萄牙、保加利亚、罗马尼亚等）没有完成10%的互联目标。2005年和2006年，几个成员国发生了大面积断电事故，其原因既有欧盟电力生产能力不足的问题，也有成员国或地区电力市场协调不够的问题，更有欧盟电力传输网络连接不足的问题。一些国家和地区，尤其是爱尔兰和马耳他，或者波罗的海国家，至今仍然是“能源孤岛”，在很大程度上与共同体其他国家相隔绝。许多地区的电力连接能力不足，特别是法国与西班牙之间，无法开展真正的竞争。天然气基础设施也需要增加投资。2006年3月欧洲理事会呼吁通过一个《优先跨境连接计划》，作为欧盟能源战略评估报告的一部分。2006年6月欧洲理事会要求全力支持旨在促进供应安全的外部能源基础设施项目。2006年12月14—15日，欧洲理事会突出强调了实现互联、透明、非歧视、规则趋同的内部能源市场和发展合作、应对紧急状况特别是供应中断的重要性。

尽管欧盟已经通过了一系列政策法规，但是，网络发展依然存在巨大障碍。正如欧委会在2006年公布的《内部天然气和电力市场前景》中所指出，目前，欧盟远远不可能向任何一家欧盟公司保证在任何一个成员国有权与现有的国家公司平等地无歧视地销售电力和天然气。[①] 网络的非歧视性接入和每个成员国具有同样切实有效的监管水平，这样的情况尚不存在。此外，欧盟至今没有充分解决在一个共同的稳定的欧洲监管框架之内为保障内部市场正常运转所需新增的基础设施水平的投资问题。成员国能源网络之间在技术标准、平衡规则、天然气质量、接触机制以及拥塞管理机制方面在很大程度上没有取得所需要的协调水平，而这些对于跨境贸易的有效运作是必不可少的。特别需要指出的是，由于垄断企业产权分离不到位，投资存在扭曲问题。网络运营商没有积极性去发展符合市场整体利益、使新的发电和供应企业可以进入市场的网络。垂直一体化公司的投资决定偏向于其下属供应企业的需要。这类公司特别不愿意增加天然气进口能力（如LNG终端），因而在某些情况下已经导致了供应安全问题的产生。对新增电力能力的连接问题也存在相同的问题。网络的运营正在一年年接近其极限，因而发生临时性供应中断的可能性日益增大。[②] 许多国家和地区仍为“能源孤岛”，在很大程度上与内部市场的其他地区相分割。波罗的海国家和东南欧新成员国尤其如此。欧盟跨境基础设施的投资额非常低下。每年只有2亿欧元投资于电网，作为增加跨境传输能力的主要动力。这仅占欧盟、挪威、瑞士和土耳其电网年投资总额的5%。这样的投资水平无法根据欧盟新的能源政策目标建设一个有效的基础设施网。欧盟若要全面完成TEN-E纲要中提出的优先跨境连接发展项目，就需要在2013年前对基础设施至少投资300亿欧元（其中电力传输60亿欧元，天然气管道190亿欧元，LNG终端50亿欧元）。[③] 譬如，把更多的绿电接入电网、内化为平衡时断时持的发电机所带来的成本，估计每年需要投资7亿—8亿欧元。

---

① European Commission, *Prospects for the internal gas and electricity market*, COM (2006) 841 final, Brussels, 10/1/2007.

② European Commission, *Commission report on creating an internal market in gas and electricity*, COM (2005) 518.

③ European Commission, *Priority Interconnection Plan*, COM (2006) 846 final, Brussels, 10/1/2007, p. 5.

随着共同体内部天然气储量的不断下降，天然气供需缺口越来越多地需要依靠进口来填补。对外依赖的增大要求对天然气供应链的所有环节进行及时的投资，并全力支持外部能源网络跨境连接线的建设。然而，IEA 在最近一份报告中对天然气部门投资不足的严重风险表示出担忧。[①] 如果欧盟继续按照目前的基础设施进程发展下去的话，那么欧洲能源政策的三个目标没有一个可以实现。由于网络拥塞，能源价格会上涨。可再生能源的发展会因为成员国内部或成员国之间的电网传输能力不足而受到阻碍。有证据表明，欧盟发展可再生能源依然存在巨大的瓶颈。建设风力发电场的平均周期约为3 年，而把地理上分散的风力发电场连接起来实现联网约需 10 年的时间。由于电网传输能力不足、生产受限制，每个成员国电力市场就需要储备更多的生产能力来应对难以预测的需求增长高峰或者发电机突然出故障。这就会降低电力系统的效率。

根据欧委会下属机构的分析，目前，能源网络建设存在着种种问题。

在电力方面，欧盟确定的 32 个欧洲利益项目中 20 个面临延误。这 20 个项目中，12 个面临 1—2 年的延误，而 8 个要拖延 3 年以上。32 个欧洲利益项目中没有出现延误的仅 12 个，占 37%。只有 5 个项目全部竣工或者几乎竣工。有个项目一部分在等另一部分完工，已经等了 10 多年。有两个项目部分在建。缺乏进展有多方面的原因：首先，规划及审批程序的复杂性是最主要的原因。即便大部分成员国的法律程序总体上具有可比性，但主要阶段（即全面规划申请过程）需通过结构不同的程序加以实施。这就是对不同的网络进行联网时出现的问题，因为涉及各级政府管理机构，或者需要长时间的协商期和批准程序。一项工程如果涉及两个以上的成员国，那么制定协调一致的规划和批准程序就常常会导致过度的延误。其次，出于环境或健康理由以外的反对意见也会导致许多工程竣工的重大延误。费用昂贵、困难重重的海底电缆由于公众反对声音比较少，因此其进展速度比某些备受争议的陆地跨境连接线要快一些。最后，某些项目出现的财政困难也造成了工程延误，特别是涉及纳入“绿电”和与邻国连接时。某些传输系统运营商（TSO）在增加跨境能力时动作缓慢。这往往是监管框架提供的刺激不够，或者因为某些 TSO 是垂直一体化公司的一部分，它们不愿增加现有供应，

① IEA Report on *Natural Gas. Market Review 2006. Towards a Global Gas Market*.

因为这可能有损其下属供应企业的利益。同样，以短期（如每3个月或每年）为基础进行重新计算的监管不当的关税，据称也阻碍了优先基础设施项目的发展。

在天然气方面，10条“欧洲利益”天然气管道大部分进展顺利。大部分工程项目没有出现延误。至少有7个项目将于2010—2013年开始运转：一条天然气管道已经竣工，两条在建，另有两条部分在建。这意味着到2013年，欧盟每年新增进口能力将达到800亿—900亿立方米（占欧盟2010年天然气需求量的16%—17%）。[①] 另一方面，29个LNG终端和储备设施的工程建设在各成员国却严重受阻。9个项目不得不放弃，需要找到替代解决办法。另有5个项目目前受阻。总之，对整个天然气供应链的投资达到令人满意的水平。几个重要的管道项目即将竣工，但跨越几道边界线的管道的投资风险却在扩大。延误的原因包括环境问题或当地居民的反对，特别是针对LNG终端。原材料价格上涨和熟练工人的短缺也是一部分原因。

为此，欧盟积极鼓励对建设跨境电力网和天然气管道连接设施的投资，加速构建跨欧能源网，以消除欧盟能源系统中的拥塞环节，改善偏远地区连接不足的问题，进一步打开成员国能源市场。与此同时，欧盟还把能源网络建设扩大到石油管道和新的LNG分配系统的建设。

2. 跨欧能源网络建设的新目标

欧盟《跨欧能源网络发展纲要》最早是在1996年通过的，里面包含一份涉及共同体利益的项目清单。这份清单经过1997年、1999年、2003年三次修改。最近一次修改是在2006年，其目的是把新成员国以及准入国（Accession Countries）和候选国（Candidate Countries）全面纳入该纲要，并使纲要更好地适应欧盟新的睦邻政策。

2006年修改后的《跨欧能源网络发展纲要》[②] 明确反映了欧盟能源战略的三大目标：可持续发展、竞争力和供应安全。首先，在可持续发展方面，把可再生能源特别是风力发电（今后来自近海风力发电场的电力将日益增

① PRIMES. “European Energy and Transport. Scenarios on key drivers”（2004）.

② *Decision No 1364/2006/EC of the European Parliament and the Council of 6 September 2006 laying down guideline for trans-European energy networks and repealing Decision 96/391/EC and Decision 1229/2003/EC*，O J L 262，22/9/2006.

多）接入高压电网并输送到远方的电力中心，已经成为欧盟的一大挑战。把可再生能源接入电网需要大规模地增加新的能源基础设施。这种设施还可以改善欧洲层面上的新增装机发电能力的效率，减少对效率不高的发电能力的投资。其次，就竞争力而言，能源基础设施的有效运作对一个高效的内部能源市场的运作和发展至关重要。它有助于促进地区间贸易，进而促进有效竞争，减少市场权力的滥用。最后，在供应安全方面，由于内部能源市场对外部供应的依赖程度比较高，欧盟需要有多元化的供应来源和足够的互联网络来提高供应安全，加强成员国（如“能源孤岛”）之间的团结。

2007年6月14日，欧委会在一份TEN-E年度工作计划草案的决定中进一步指出，TEN-E的目标是：发展网络，减少共同体落后地区和岛屿地区的闭塞程度，加强经济和社会凝聚力；优化网络能力，实现内部能源市场一体化，特别是跨境部分的一体化；增强能源供应安全，实现能源供应来源的多元化，特别是加强与第三国的连接；加强可再生能源的连接；提高互联网络的安全性、可靠性和相互可操作能力。

3. 跨欧能源网络的新举措

2006年欧委会公布的《优先跨境连接计划》中提出了五项优先工作：一是确定到2013年仍然缺乏连接的最重要的基础设施，确保填补这些缺失环节所需获得的泛欧政治支持；二是任命四名欧洲协调员寻求最重要的优先项目中的四项工程（德国、波兰和立陶宛电力连接线，北欧近海风力发电连接线，法国和西班牙电力连接线，从里海向中欧输送天然气的“纳布科”管道）；三是同意最高5年的期限完成《跨欧能源网络纲要》之下具有“欧洲利益”的项目的规划和审批程序；四是研究增加TEN-E资金的必要性，特别是促进可再生能源发电的入网问题；五是建立一个新的“传输系统运营商”（TSO）的共同体机制和架构，负责协调网络计划。[①]

（1）能源基础设施优先建设项目

鉴于未来20—30年欧盟对进口天然气依存度将大幅增长，TEN-E政策重点是确保从俄罗斯、里海、北非和中东地区的新增天然气进口能力，实现进口路线多元化。TEN-E政策确定的目标是：到2013年使新增天然气进口能力达到1000亿立方米。这一目标将通过新建500亿立方米/年的管道进口

① European Commission，*Priority Interconnection Plan*，COM（2006）846.

能力以及500亿立方米/年的LNG进口能力来完成。目前，TEN-E主要天然气优先建设项目包括：

——英国—北欧（包括荷兰、比利时、丹麦、瑞典和德国）—波兰—立陶宛—拉脱维亚—爱沙尼亚—俄罗斯：修建天然气管道，连接欧洲一些的主要天然气供应源，改善网络的互相运作能力，提高供应安全；

——阿尔及利亚—西班牙—意大利—法国—北欧：修建从阿尔及利亚到西班牙、法国和意大利的新的天然气管道，增强西班牙、意大利和法国本国以及相互之间的网络能力；

——里海国家—中东—欧盟：修建从新的供应源到欧盟的天然气管道网；

——比利时、法国、西班牙、葡萄牙、意大利、希腊、塞浦路斯和波兰修建LNG接收终端：使供应来源和进口点多元化，包括LNG接收终端与输送网络的跨境连接；

——西班牙、葡萄牙、法国、意大利、希腊和波罗的海地区建设地下天然气储库：增加西班牙、葡萄牙、法国、意大利、希腊和波罗的海地区的储存能力，首批设施在葡萄牙、希腊和立陶宛开工建设；

——地中海地区成员国—地中海东部天然气圈：在地中海地区成员国与利比亚—埃及—约旦—叙利亚—土耳其之间建立和增加天然气管道能力。

TEN-E电力网络的主要目标是创建和促进真正的欧洲电力市场。现有的电力连接能力在很大程度上不足以满足电力交换和贸易的进一步增长。2002年巴塞罗那欧洲理事会上，各成员国元首和政府首脑同意为成员国确立一个目标，使电力跨境连接水平到2005年达到装机生产能力的10%。为达到这一目标，必须在成员国之间增建连接能力。在电力网络方面，欧委会已经确定了对完成内部市场、将可再生能源发电纳入电网、实质性地提高供应安全具有重大意义的关键性工程项目。事实表明，这些项目可能面临延误。

在天然气方面，欧盟需要对当前的天然气供应来源（挪威、俄罗斯和北非）实现多元化。拥有一条“第四条走廊”的输气管道非常重要。这条管道可通过“纳布科”管道从中亚、里海地区和中东为欧盟带来替代天然气供应（到2010年可达300亿立方米，占欧盟天然气需求量的7%）。欧盟需要确保所有当前出现延误的优先天然气工程项目得以迅速完工。欧委会提到，连接阿尔及利亚和意大利的GALSI管道正面临重大延误。

新增天然气进口量的输送还需要在供应链的终端得以保证，以使天然气到达最终消费者。发展下游配送网络（即连接德国、丹麦和瑞典天然气市场以及德国、荷比卢和英国市场之间的管道）同样非常重要。最后，LNG能够提供更大的灵活性，特别是对完全依赖单一天然气供应源的成员国。LNG可以成为确保天然气供应安全、增加市场竞争力的一种良好的储备手段。根据欧委会2006年能源战略绿皮书，欧盟计划：第一，在意大利、西班牙、英国和其他一些成员国建设一批LNG接收终端，使欧盟到2010年的LNG接收能力达到1400亿立方米/年；第二，在东北欧实施一些次地区性多元化计划，在波罗的海三国和波兰以及乌克兰黑海海岸建设一批陆地可逆转衔接管道、联合地下天然气储库和LNG接收终端。[①]

LNG终端建设遇到的问题比修建天然气管道要多。各成员国的情况大不相同。在西班牙等国，工程建设没有遇到重大问题。而在意大利，大部分工程目前都在审批阶段或多或少地遭到阻碍。相关传输系统运营商提出的问题发生在审批阶段，而地方层面则遇到环境保护、工业风险和政治问题。解决这些问题的办法是向地方当局和当地居民提供更多的信息、通过资助公共投资进行集体补偿以及通过对当地居民可能遭遇的相关风险提供保险金对个人进行补偿。此外，举办欧盟层面上的研讨会，开展经验交流。尽管存在这样那样的问题，但是，预计欧盟天然气终端将可增加550亿—600亿立方米/年的天然气接收能力。这个数字已经超过了欧委会在2007公布的《优先跨境连接计划》[②] 中宣布的目标。因此，欧洲的天然气供应形势将得到相当程度的改观。

（2）任命欧洲协调员

根据TEN-E纲要的规定，欧委会可与相关成员国达成一致并与欧洲议会协商后任命一名欧洲协调员。协调员的职责是从欧洲层面推动工程项目，

---

① European Commission，*Annex to the Green Paper——A European Strategy for Sustainable，Competitive and Secure Energy——What is at stake——Background document*，Brussels，COM（2006）105 final，p. 46.

② European Commission，*Priority Interconnection Plan*，COM（2006）846 final，Brussels，10/1/2007.

促进工程推动者、公共部门和私营部门以及地方和地区当局之间的跨境对话；帮助协调成员国程序（包括环境程序），并就工程进展情况和可能导致重大延误的困难和障碍提交报告。

早在2006年，欧洲议会和欧盟理事会就在第1364/2006/EC号决定中提出任命几名欧洲协调员，监测和促进最重要的业已明确的优先项目。[①] 2007年3月8—9日欧洲理事会主席国结论中表示，任命协调员是对遭遇困难的重要设施的一个重要机会。为了促进4个进展缓慢的优先工程项目的早日竣工，欧委会在2007年1月10日公布的《优先跨境连接计划》提出为这4个工程任命欧洲协调员。这4个工程项目中，3个是电力项目（即德国、波兰和立陶宛之间的输电线；北欧（丹麦、德国和波兰）的近海风力发电的连接；法国和西班牙之间的连接线），1个是天然气工程项目（从里海和中东地区向欧盟输送天然气的“纳布科”管道）。2007年3月9日，欧盟理事会通过了这一提案。

2007年9月12日，欧委会为四个特别复杂的工程项目任命了4名欧洲协调员：一是负责法国—西班牙跨境连接线的马里欧·蒙蒂（Mario Monti）；二是负责波罗的海和北海近海风能连接线的亚当莫维奇（Adamo'witsch）；三是负责里海国家和中东到欧盟的跨境连接线（包括“纳布科”天然气管道）的凡·阿特森（van Aartsen）；四是负责北欧电力跨境连接线的米尔扎斯基（Mielczarski）。欧洲协调员的任期为4年，其职责是监督面临技术、政治或财政困难的项目。

从法国—西班牙电力连接线来看，由于特别协调员蒙蒂的成功斡旋，相关各方找到了各自可以接受的妥协方案，并取得了西班牙和法国政府的同意。这一事例表明，欧盟能够使相关各方找到既照顾到当地居民利益、又满足供应安全和环境要求、同时以传输系统运营商可以接受的成本的妥协办法，从而推动一个欧盟统一网络的形成。在波罗的海和北海近海风能发电机与陆地电网发展连接线的问题上，欧洲协调员的调查表明，这方面成员国没有制定过战略性的规划，也没有与公众开展充分的对话。发展近海电网需要

---

① *Decision No 1364/2006/EC of the European Parliament and the Council of 6 September 2006 laying down guideline for trans-European energy networks and repealing Decision 96/391/EC and Decision 1229/2003/EC*, O J L 262, 22/9/2006.

各相关成员国、传输系统营运商、各国监管机构以及包括 NGO 在内的利益相关方的参与。因此，2008 年 7 月，亚当莫维奇成立了一个工作组，把相关各方召集在一起研究出路。在波兰—立陶宛电力连接线问题上，米尔扎斯基帮助相关 TSO 建立了一个联合企业（LITPOL），让它来负责连接线筹备工作，从而解决了项目建设所遇到的困难。该连接线对本地区供应安全有着双重的利益：一方面可填补波罗的海三国与欧盟其他国家之间的网络空档；另一方面可为立陶宛规划中的核电厂的电力出口提供可能。包括“纳布科”项目在内的南部天然气走廊遭遇到的困难涉及网络规划和实施。与新的基础设施项目建设相关的政治安全和非商业风险，对商业公司来说是一个巨大的消极因素，它们都不愿首先承担风险。因此，欧洲协调员阿特森认为，公共权力机构必须继续为私营公司创造投资优惠条件。[①]

欧委会还在根据进展情况，考虑为下列工程项目也任命欧洲协调员：电力方面包括奥地利国内和通向奥地利的连接线，意大利与斯洛文尼亚之间的连接线，英国与欧洲大陆之间的连接线，法国（Moulaine）和英国（Aubange）连接线；天然气方面包括，连接阿尔及尔、意大利（通过撒丁岛和托斯卡尼）的 GALSI 管道（有一个分管道通过科西嘉输往法国），瑞典—丹麦—德国管道，德国、比利时和英国之间的下游天然气能力，遭遇重大困难的各 LNG 终端的竣工。

（3）根据消费者需求协调地区电网的规划

2006 年 11 月 4 日欧盟 8 个成员国所发生的大面积断电事故突出表明，欧洲大陆在某些方面已经作为一个单一电力系统运转，然而，其传输网络却没有得到相应的设计。欧洲电力系统（包括网络基础设施）必须针对它所服务的消费者加以规划、建设和运营。在自由化的市场中确定、规划和建设这一基础设施，这是一个持续不断的过程，需要在市场主体之间进行经常性的监测和协调。

在欧盟，各个能源区以及能源区之间都要对必要的基础设施和/或发电能力加强协调、尽早规划。促进 TSO 协调水平提高的一个重要途径，是利用“伽利略”卫星对能源网络进行准确的实时监测，这对发展一个创新性的

---

① European Commission，*Green Paper——Towards a secure，sustainable and competitive European energy network*，COM（2008）782，13/11/2008.

“智能”电网是必不可少的。“伽利略”技术不仅有利于对电力系统的实时监控，而且还有利于保护欧洲关键性能源基础设施。

2007年，欧委会将提议建立一个框架，加强负责网络规划的TSO之间的协调。这一框架将为各能源区网络的现有和未来发展进行监测和分析提供一个平台，从而在地区层面上改善成员国之间的传输能力。它将促进利益相关各方的对话，对各种社会经济和环境因素给予应用的考虑。它将在与成员国规划程序完全一致的情况下准备地区网络发展计划，对平衡供需进行预测。在执行这些任务时，它还要听取电力和天然气监管机构及其他相关论坛（佛罗伦萨论坛和马德里论坛）的意见。

（4）简化审批程序

耗时的法律和执照审批程序对一些天然气基础设施和输电项目的发展构成了重大的障碍。审批程序的不统一、地方和地区层面的强烈反对、否决权使用不当以及审批需要经过大量实体，这些都构成了重大障碍。在成员国之间的连接线问题上，缺乏协调和不同的时间表常常拖延审批程序。尽管有些国家已经简化了审批程序，但主要的困难依然存在。建设一个新的连接线有时需要10多年时间，而一个风力发电场或一个混合周期天然气涡轮机的建设时间只需2—3年。

要使欧盟天然气和电力基础设施有效地适应当今欧盟能源市场正在改变的现实，欧盟就必须采取有效的行动。优先发展的欧盟基础设施的计划和建设时间必须减少。必须兼顾环境、安全和健康问题。首先，在TEN-E纲要的基础上，宣布某些优先发展项目具有“欧洲利益”应有助于实质性地加速工程建设。其内容应包括制定项目竣工时间表。为了确保这一宣言的有效性，欧委会认为未来确定欧洲利益工程项目时将规定严格的条件。其次，欧委会将在与成员国和关键各方协商后，提出简化成员审批程序。

欧委会将从2007年开始修订TEN-E纲要，要求成员国根据辅助性建立国家程序，使欧洲利益项目的计划和批准过程在最多5年内完成。这并不是说，在规划过程中需要考虑的实质性问题要在欧盟层面上制定新的标准，而是要求成员国程序要在一个合理的时间范围内完成，当然，审批过程要尊重环境法规和受影响的公民的切身利益。

（5）提供清晰的投资框架

TEN-E项目应主要由相关经济主体提供资金支持。然而，对新的输电线路的投资已经放缓。出现这一趋势的部分原因是当前市场设计没有为输电线路的投资创造足够的刺激。不合理的地区定价模式掩盖了地区内部传输线路拥塞的问题，或者没有对传输网络运营情况提供准确、及时的信息。低投资与私营部门对长期基础设施项目的投资热情形成了很大的反差。因此，必须确保有一个稳定而具有吸引力的监管框架，使私营部门能够预测其投资的成功，保证稳定的投资回报率。TEN-E 公共资金支持是促进私营部门对遭遇审批困难和成本巨大的工程项目投资的一个很好的刺激因素。欧盟资金支持减少了工程延误的风险，刺激工程项目探索利用新技术，或者帮助促成专项工程的决定。

当前，每年 2000 万欧元的 TEN-E 预算不足于带来必要的巨额新投资。现在，TEN-E 预算不得不面对以下问题：一是将“绿电”接入电网的必要性；二是由于欧盟扩大为 27 个成员国所带来的新增基础设施的必要性；三是根据欧盟条约和 TEN-E 纲要进一步促进成员国之间的凝聚力，把更多的地区性孤立市场联接到一个统一大市场。这就要求对当前欧盟资金支持水平是否足于实现《欧洲能源政策》目标进行反思。为此，欧委会将研究是否需要增加 TEN-E 网络的资金支持。

《2007—2013 年共同体团结政策战略纲要》已经把解决欧洲大规模利用传统能源资源的必要性问题确定为一个优先考虑的目标。这将包括支持跨境连接的竣工问题，特别是跨欧网络、电网的改进以及天然气输送和配送网络的竣工和改进问题。欧委会鼓励成员国及其地区，特别是 2004 年和 2007 年刚刚加入欧盟的国家和地区，通过其投资计划落实这一纲要。同时要与欧洲投资银行和欧洲地区发展基金加强协调，促进跨欧投资。两个金融机构应把欧洲利益的项目视为其贷款业务的优先目标之一。对于涉及参与欧洲睦邻政策国家的工程项目，资金支持将由“邻国投资基金”（Neighbourhood Investment Fund）提供。该基金提供的赠款支持预计将是“欧洲睦邻政策工具”的 4—5 倍。同样，“非洲基础设施基金”（African Infrastructure Facility）也可促进与欧洲相连接的能源网络。

二、确保内部能源市场的供应安全

能源市场的一体化和自由化加强了成员国电力和天然气供应的相互依

赖。如何保障能源供应安全、应对能源供应中断，这是欧盟高度关注的一个问题。欧委会在 2006 年发布的《欧洲可持续、竞争和安全的能源战略》绿皮书中明确提出，必须加强成员国之间的团结，确保内部能源市场的供应安全；增加欧盟各国战略油气储备，确保欧盟能源供应在能源进口突然中断的情况下得以持续。2007 年 3 月欧盟理事会强调了欧盟作为一个整体以及每个成员国发展更加有效的危机反应机制，保障石油、天然气和电力供应安全的重要性。

（一）明确供应安全目标

2007 年 3 月 8—9 日，欧盟理事会在主席国结论中指出，为了增进供应安全，促进成员国在发生能源供应危机时团结互助，必须增强欧盟作为一个整体以及各成员国的供应安全，其目标是：（1）有效实行能源品种和运输路线的多元化，这也将促进内部能源市场的竞争性。（2）在相互合作的基础上，特别是在现有机制的基础上，发展更有效的危机应急机制，应仔细评估现有手段，考虑各种选择方案，同时要把成员国在满足国内需求方面的基本职责考虑在内，正确地利用能源安全通讯员网络所提供的预警能力。（3）改善石油数据透明度，评估欧盟石油供应基础设施及其对 IEA 危机机制起补充作用的石油储备机制，特别是在发生危机时的供应能力。（4）全面分析欧盟天然气储备设施的现状及成本。（5）评估目前和未来能源进口以及相关网络的状况对成员国供应安全的影响。（6）在欧盟委员会内设立一个能源观察站。①

（二）健全供应安全措施

1. 更新石油应急机制

鉴于石油在欧盟能源结构中的重要性、欧盟对外来石油供应的严重依赖性以及许多生产国地缘政治局势的不稳定性，保证消费者不间断地获得石油产品至关重要。为了确保其石油供应的安全，欧盟必须统一成员国最低水平的石油储备，以便在发生供应危机时可以用来补充全部或部分不足。

---

① European Council, *Presidency Conclusions*, Brussels, 8/9 March 2007, p. 18; *European Council Action Plan (2007—2009): Energy Policy for Europe*, 2007.

2006年7月24日，欧盟理事会通过了第2006/67/EC号指令，对第68/414/EEC号指令、第98/93/EC号指令和第72/425/EEC号指令进行了修订和更新，对成员国维持最低水平的原油和/或石油产品储备作出了明确规定。① 该指令明确规定，欧盟战略石油储备追求的目标主要有五个：一是通过建立和维持最低储备，提高原油和油品的供应安全；二是通过建立预定措施和机制，确保成员国在发生能源危机时协调行动，促进成员国之间的团结；三是通过制定应对能源供应中断的相应机制，对供应安全加以管理；四是与产能国加强协商，制定市场可能发生供应中断时的应对措施，恢复市场的正常运转，促进市场稳定；五是提高石油市场的透明度。②

2. 成立天然气协调小组

为了落实2004年4月26日欧盟理事会通过的关于保障天然气供应安全措施的第2004/67/EC号指令，2006年11月7日欧委会成立了天然气协调小组。其目的是在发生重大供应中断的情况下在共同体层面上协调各国所采取的天然气供应安全措施提供方便；检查并在合适的情况下协助成员国协调国家层面为应对重大供应中断所采取的措施。此外，它还将定期交换天然气供应安全方面的信息，并在发生重大供应中断的情况下审议相关问题。

该小组的成员包括：各成员国职能部门不超过两名代表；工业界具有代表性的组织，包括“欧洲天然气基础设施”（GIE）、“欧洲天然气”（Eurogas）、“国际油气生产者协会”（OGP）各提供不超过两名代表；相关消费者代表组织，包括“国际工业能源消费者联合会”（IFIEC Europe）、“欧洲电力”（Eurelectric）、“欧洲消费者联盟”（BEUC）各提名不超过两名代表。天然气协调小组每次会议提名不同的与会代表。协调小组由欧委会主持。③

---

① Council of the European Union，*Council Directive 2006/67/EC of 24 July 2006 imposing an obligation on Member States to maintain minimum stocks of crude oil and/or petroleum products.*

② Council of the European Union，*Council Directive 2006/67/EC of 24 July 2006 imposing an obligation on Member States to maintain minimum stocks of crude oil and/or petroleum products.*

③ European Commission，*Decision 2006/791/EC of 7 November 2006 establishing the composition of the Gas Coordination Group.*

3. 落实电力供应安全指令

断电的恶梦尚未从欧洲人的记忆中消失，2006 年世界多个国家又一次发生大面积停电事故：俄罗斯莫斯科、美国纽约、日本东京、巴基斯坦等受到严重影响。① 欧洲人感受最直接的是 2006 年 11 月 4 日西欧多国遭遇的特大停电事故，约 1000 万人受到影响。这是法国 30 年来最严重的停电事故，约 500 万法国人的电力供应被切断。除东南部地区外，全国电力供应几乎全部中断。在德国，停电影响了至少 100 万人，著名的鲁尔工业区也未能幸免。停电事故还波及到意大利西北部的皮埃蒙特、利古里亚和东南部的普利亚地区。此外，包括比利时安特卫普在内的 11 个城市停电，西班牙的马德里、巴塞罗那、萨拉戈萨等地也因停电而一片黑暗。此次停电事故的直接起因，是德国为了让一艘船出厂切断了两条高压线，从而造成欧洲电网东部电力输出负荷过重，而西部电力输入严重不足，引发欧洲电网连锁反应。欧洲目前使用统一供电网，任何一个环节出现问题，就可能对多个国家造成大范围影响。在严寒和酷暑季节里，不少西欧国家都出现供电不足的问题。

欧洲大停电事故，再次暴露了欧洲电力供应方面的缺陷，也给欧盟电力供应安全敲响了警钟。欧盟拥有世界上最大的电力市场。随着内部电力市场建设的不断推进，如何保障电力供应安全日益重要。欧盟认为，一个竞争的电力大市场要求具备相应的、透明的、非歧视的电力供应安全政策。没有这样统一的政策，或者成员国之间政策差别巨大，不仅会危害欧盟电力供应安全，而且会导致竞争的扭曲。只有明确成员国、相关职能部门以及各市场主体的角色和责任，才能有效地保障欧盟电力供应安全，确保内部市场的正常运作，同时避免给市场新来者（如成员国内刚开业的发电公司或供电公司）制造障碍，避免给各市场主体（包括市场占有率很小的公司）制造内部电力市场的扭曲现象或重大的困难。为此，欧盟官员呼吁各国加强能源合作，制定统一的电力政策，建立电力供应管理机构，加大电力建设投资等。欧盟已经制定了一系列指令，努力保障电力供应安全，包括短期的电力供应安全和长期的电力供应。

---

① “2006 年国外重大停电事故解析”，http：//rece. ecust. edu. cn/bencandy. php?fid=17&id=16，2007 年 12 月 5 日。

2006年1月18日，欧盟发布了关于保障电力供应安全的指令。[①] 该指令从2008年2月24日起开始实施。欧委会将监督和评估指令的实施情况，并在2010年2月24日前向欧洲议会和欧盟理事会提交一份报告。

4. 建立能源供应监测和预警机制

欧盟深知，要保障共同体能源供应安全，除了开发替代能源、促进能源供应多元化、完善战略储备和应急机制等措施外，还必须在共同体层面上建立一个多层次的、统一协调的常设的监测和预警机制，以提高能源数据的透明度，评估能源供应和储存设施，分析当前和潜在的能源进口以及相关网络的状况对每个成员国供应安全的影响。近年来，国际油价持续飙升，产能区和过境区地缘政治形势动荡，特别是2006年初俄乌天然气之争对欧盟的天然气供应产生了不利影响，给欧盟能源供应安全敲响了警钟，有力地证明了建立和完善其监测和预警机制的必要性。

(1) 能源市场观察办公室

能源政策是欧盟的一项工作重点。在欧盟，能源形势正在发生深刻的变化。欧盟正在发展一项欧洲能源政策，其基本目标是竞争力、可持续和供应安全。同时，能源需求也在增长，需求模式正在发生演变。市场主体需要确定自己的战略。对能源安全和气候变化的担忧已经上升为政策制定的主要议题。在这一新的背景下，信息和分析在制定政策和监测其实施过程中变得异常重要。

内部能源市场的监测、透明和报告是逐渐发展一项有效的欧洲能源政策必不可少的条件。提高信息的透明度，有助于增强共同体分析、预测和应对能源危机的能力。保持能源市场透明和可预见，也有助于向市场主体发出正确的投资信号，使竞争有效发挥作用，从而改善供应安全。此外，正确预测还助于欧盟增强其能源设施抵御自然灾害和恐怖主义袭击风险的能力，抵御包括供应中断在内的政治风险的能力。为此，2007年1月10日，欧委会在《欧洲能源政策》中提议建立一个“欧洲能源供应观察办公室”（European Energy Supply Observatory），负责监测欧盟能源市场上的供需形势，特别

---

① *Directive 2005/89/EC of the European Parliament and of the Council of 18 January 2006 concerning measures to safeguard security of electricity supply and infrastructure investment.*

是提高欧盟电力和天然气基础设施未来投资需要的透明度，尽可能在早期发现基础设施和供应中存在的不足，以便在欧盟层面上补充IEA的工作。通过交流最佳做法，宣传成员国在确保其能源结构的发展符合欧盟能源目标方面所取得的成功经验。

欧委会提出建立观察办公室的最重要目的是为欧盟创造一个可靠的、方便用户的、公开的、集中统一的数据和可信的信息来源，以改善信息效率和能源市场数据的透明度。这一切不会与IEA等其他机构所提供的数据和服务相重叠。当然，成立观察办公室的目的不仅仅是收集和公布数据，它还将提供更具附加值的分析性和解读性成果，为工业界、公共服务部门和行政机构以及其他利益相关方（公民社会、学术界等）的决策过程提供有用的信息输入。

2007年3月，欧洲理事会明确表示支持欧委会的提议。随后，欧委会建立了“能源市场观察办公室”（The Market Observatory for Energy，MOE）。能源市场包括燃料（如煤炭、石油和天然气）、电力和供暖市场。碳交易市场和可再生能源市场的发展将会越来越多地影响能源供应。MOE的任务是：汇集信息，分析能源问题，帮助政策制定者根据情况变化评估、提出或调整政策。

MOE发展和运行一套系统——“能源市场观察系统”（Energy Markets Observation System，EMOS）。这是一个综合性的数据库，带有数据管理、自动上载、报告和图表展示的工具。EMOS包含的信息来自各种不同的数据提供者。它覆盖了诸如天然气、电力、石油和油品等各类燃料以及不同的地区，还包含欧盟、周边国家以及欧洲的主要供应区的能源基础设施信息。EMOS是MOE分析工作和制定政策的一个战略工具。[①]

（2）能源安全通讯代表网络

在21世纪，世界各经济区在能源供需、经济增长和应对气候变化问题上是相互依赖的，欧盟需要更好地了解世界能源市场的信息。近年来，由于能源价格持续飙升、专家预测频频失误、全球和欧盟石油业技术参数（剩余

---

① European Commission，*COMMISSION STAFF WORKING DOCUMENT ON THE IMPLEMENTATION OF THE ENERGY MARKETS OBSERVATION SYSTEM (EMOS)*. SEC（2008）2898 final，Brussels，20/11/2008.

生产能力、新的勘探等）的演变日益使原油和成品油供应中断的可能性不断加大，因此尽快创建监测机制、提高欧盟能源市场的透明度和信息交换效率已经受到欧盟各国的广泛关注。在此背景下，欧委会提出建立一个服务机构，专门收集与能源市场经济学相关的数据，加以整编和分析。

作为加强欧盟对外能源安全的一项措施，欧委会领导人于2006年6月提出成立欧盟能源供应威胁预警机制——“能源安全通讯代表网络”(NESCO)，倡议每个成员国设立对能源安全负责的能源通讯代表。2006年10月，在欧盟拉赫蒂峰会上，欧盟领导人通过了建立NESCO的决定。12月11日，欧盟外长会议呼吁各成员国在2007年启动该网络，并在1月31日前任命本国的能源通讯代表。

2007年5月10日，NESCO正式启动，它由欧委会、欧盟理事会秘书处和欧盟成员国的代表组成。[①] 创建该网络的目的是让成员国对事关欧盟对外能源政策的重大问题尽早交换信息，并且作为一个论坛，分享各自对影响欧洲能源供应的外部因素的评估意见。NESCO的主要职责是收集、整理和分发与欧盟能源供应安全相关的地缘政治和能源领域的重要信息，为出现能源安全危机时采取早期预警和应急措施，并为高层领导采取行动和作出决定提供支持。此外，NESCO的工作还包括加强欧盟各能源相关机构和企业之间的合作，促进2007年5月欧盟理事会通过的“能源政策行动计划”的实施，使欧盟在有关能源问题上以“一个声音”说话。

欧盟对外关系委员瓦尔德纳（Benita Ferrero-Waldner）指出：“新成立的能源安全通讯代表网络是我们发展有效的欧盟对外能源政策中向前迈出的重要一步。其对信息交换的贡献将帮助欧盟在最敏感的能源问题上以一个声音说话。此外，通过这一早期预警机制，我们将可以更好地应对即将发生的危机，甚至把它们消灭在萌芽状态。在欧盟首脑会议召开后仅5个月NESCO就得以启动，这足以证明欧盟对外部能源安全的高度重视。”[②]

---

① European Energy Forum, *Network of Energy Security Correspondents* (NESCO), http://www.europeanenergyforum.eu/background-and-references/entities/european-union-institutions/network-of-energy-security-correspondents-nesco, 2008－6－15.

② Ibid.

欧盟能源委员皮耶巴尔格斯指出："欧盟对外能源政策必须建立在事先明确的清楚无误的欧盟共同利益和可靠的风险评估的基础之上，并配备必要的监测能力来提供早期预警。正是因为这样，NESCO将会发挥基础性作用。"①

为了识别和评估影响欧盟能源供应安全的外部因素，NESCO承担着持续不断的监测和信息交换任务。NESCO由一个专门的受到保护的网络端口相连接，以方便成员之间的通信。欧委会对来自130个代表团、对外关系总司危机室以及欧委会各咨询机构的输入信息加以协调，以补充网络成员所提供的信息。必要时召开碰头会。

虽然NESCO创建时间不长，但它已经证明是欧盟应对能源安全威胁的一个非常有用的预警工具。它与"天然气协调小组"和"石油供应小组"一起，在欧盟制定能源政策的过程中，发挥了重要作用，特别是针对可能威胁欧盟油气供应的事件或争端。

三、全面应对气候变化

（一）欧盟气候变化政策的成就与挑战

由于ECCP政策和措施、成员国采取的国内行动以及欧洲特别是中东欧国家工业结构调整的共同作用，欧盟温室气候排放量正在下降。这些因素使欧盟得以把排放与经济增长"脱钩"。从1990年到2005年，欧盟15国集体减排2%，而经济增长35%以上。欧盟25国同期排放量下降了11%。相比之下，美国在1990年至2005年间的排放量增加了16.3%，其经济规模扩大了54.7%。② 最新预测表明，通过现行措施的实施，再加上从第三国购买排放指标以及有助于吸收大气中碳排放的植树造林活动，到2010年，欧盟应该能实现减排7.4%。欧盟及其成员国正在酝酿的新政策和新措施将使

① European Energy Forum, *Network of Energy Security Correspondents* (NESCO), http://www.europeanenergyforum.eu/background-and-references/entities/european-union-institutions/network-of-energy-security-correspondents-nesco, 2008－6－15.

② European Commission, *Climate change and the EU's response*, Brussels, November 27, 2007.

8%的减排目标得以实现。如果这些新政策、新措施得以迅速、全面落实，那么到2010年欧盟的减排量甚至可以达到11.4%。[①]

随着《京都议定书》的实施与2012年的逼近，后京都时代何去何从成为世人关注的热点问题。2005年，UNFCCC和《京都议定书》签约方开始就2012年后的后续行动进行商谈。会谈由两部分构成：一是UNFCCC框架内的一个非正式对话；二是《京都议定书》框架内发达国家就2012年后目标展开的正式谈判。目前，国际上尚未就《京都议定书》第一个承诺期结束时即可生效的一个新的全球性气候协议进入全面的正式的谈判进程。

欧盟温室气体排放占全球排放总量的15%。但是，由于新兴发展中国家的快速增长，欧盟的比例正在下降。因此，应对气候变化必须在全球范围减少温室气体排放。鉴于谈判、批准和实施一项新协议所剩的时间越来越短，以及2007年IPCC报告中提出的令人震惊的科学新发现，欧盟强烈主张国际社会就缔结一项全球性的、全面的2012年后气候变化协议尽早开始正式的谈判，要求2007年12月3—14日巴厘岛联合国气候变化大会就启动这一谈判达成共识，并把2009年底确定为完成谈判的最后期限。这样，在2012年底以前就会有足够的时间批准新协议。随着气温上升，把全球气温升高控制在2℃以内的机会正在缩小。采取进一步行动的时间拖得越长，与气候变化相伴的成本就会越高。

（二）欧盟气候变化政策的新主张

2005年2月9日，欧委会公布了一份题为《打赢全球气候变化之战》的政策文件。[②] 该文件提出了一项未来的欧盟气候变化战略。其主要内容有五点：一是各排放大国广泛参与；二是纳入所有排放行业，包括航空业、海洋运输业和森林业（以解决森林破坏问题）；三是加强低碳技术的研发和应用；四是继续运用市场机制降低减排成本；五是适应气候变化，因为有些影响是不可避免的。2007年1月10日，欧委会公布了应对气候变化的一揽子

---

① European Commission, *Climate change and the EU's response*, Brussels, November 27, 2007.

② European Commission, *Winning the Battle against Global Climate Change*, COM (2005) 35 final, Brussels, 9/2/2005.

能源行动方案。在题为《把全球气候变化限制在2℃以内——通向2020年及以后的道路》① 的政策文件中，欧委会全面地阐述了欧盟应对气候变化的内外政策主张。

1. 欧盟内部的政策行动

欧盟认为，为了避免全球气温变暖达到危险水平，国际社会必须签订一项新的协议，把全球气温变化控制在前工业化水平2℃以内。发达国家应通过谈判达成到2020年减少温室气体排放30%的目标。为此，欧委会提出欧盟内部将采取以下几项政策行动：

(1) 确定减排目标。欧盟单方面承诺，在达成国际协议之前，欧盟将从现在起，通过欧盟排放交易机制（EU ETS）、其他气候变化政策以及能源政策框架内的行动，到2020年至少减少温室气体排放20%。这就会给欧洲工业界发出一个信号，表明2012年以后排放配额会有很大的需求，从而促进减排技术和低碳替代能源的投资。

(2) 落实欧盟能源政策目标。根据2007年出台的欧盟能源战略第一份评估报告，为了建立一个有竞争力、更加可持续、更加安全的能源体系，确保欧盟达到2020年减少温室气体排放20%的目标，欧委会提出三项具体行动：一是到2020年提高欧盟能源效率20%；二是到2020年将可再生能源比例提高到20%；三是采取一项有利于促进环境安全的碳捕集与封存（CCS）政策，包括到2015年在欧洲建成12个大规模示范工厂。

(3) 加强欧盟排放交易机制。到2007年，欧盟排放交易机制已经覆盖了欧盟45%的CO_2排放量。欧委会提出，从2013年起欧盟将扩大该机制的覆盖范围。在对该机制进行评估后，欧盟将考虑采取以下措施来加强该机制的作用：一是制定五年以上的配额分配计划，以便为长期投资决定提供可预见性；二是把该机制扩大到其他温室气体和经济部门；三是重视CCS的作用；四是统一各成员国的配额分配过程，包括扩大使用拍卖的方式，在欧洲范围实现公平竞争；五是把欧盟排放交易机制与其他国家的强制性排放交易机制（如加利福尼亚和澳大利亚的机制）相连接。

(4) 限制交通运输业的排放。欧盟交通运输业排放不断增长，抵消了一

---

① European Commission, *Limiting Global Climate Change to 2 Degrees Celsius: The way ahead for 2020 and beyond*, COM (2007) 2 final, Brussels, 10/1/2007.

大部分在废弃物、制造业和能源部门所取得的减排成就。为了解决交通运输业的排放问题，欧委会提出：一是把航空业纳入欧盟排放交易机制；二是把卧车税与CO_2排放水平相挂钩；三是进一步采取措施，减少车辆CO_2排放，通过全面、一致的方式，接近到2012年实现120g CO_2/km的车辆排放目标；四是加强需求管理措施；五是进一步限制公路货运和水运的温室气体排放；六是加快发展可持续生物燃料，特别是第二代生物燃料，减少交通燃料整个周期的CO_2排放。

（5）住宅和商业建筑。通过扩大建筑物能效指令的覆盖范围、制定推广极低能耗建筑物的欧盟能效要求（到2015年全面推广），建筑物能源消费量可减少30％。

（6）非CO_2温室气体。非CO_2温室气体占欧盟排放总量的17％。为了解决这些气体的排放，欧委会提出：一是加强共同农业政策和欧盟森林行动计划框架内的措施的落实，减少欧盟农业部门的排放，促进温室气体的生物性封存；二是制定气体发动机和煤炭、石油和天然气生产的甲烷排放限额，或者将其纳入欧盟排放交易机制；三是进一步限制或禁止氟化气的使用；四是减少来自大型燃烧设施的一氧化二氮排放，将其纳入欧盟排放交易机制。

（7）加强能源技术研发。欧盟在第七个科技研发框架计划内已将2007—2013年环境、能源和交通研究的预算增加到84亿欧元。这笔预算将用于促进清洁能源和交通技术的开发和推广，加强对气候变化及其影响的了解。欧委会提出，2013年后，研究预算应再次增加，同时成员国也应作出相应的努力。《能源技术战略行动计划》和《环境技术行动计划》应全面实施，进一步促进公共部门和私营企业之间的伙伴关系。

（8）团结（Cohesion）政策。2006年10月通过的团结政策战略纲要，通过结构基金和团结基金下的财政援助，促进可持续交通和能源以及环境技术和生态创新。这些措施应纳入行动计划中。

欧盟将审视各种可能的温室气体减排途径，确保所采取的环境和经济措施的一致性。同时，欧盟也将研究各种可能采取的政策措施，为欧盟的贸易伙伴采取有效的减排措施提供必要的刺激。此外，欧盟还将进一步加强公众意识，帮助公众了解其行动对气候变化所带来的影响，让他们参与到减少这些影响的努力中来。

2. 欧盟的对外政策主张

欧盟清醒地认识到，应对气候变化的斗争只有通过全球行动才能取得胜利。为实现2℃的目标，欧委会提出，国际社会必须就具体承诺进行谈判。欧盟把制定这样一项协议作为其对外工作的最优先目标。欧盟要求在共同体内部首先达成一致，以便在谈判中以统一的欧盟立场和政策，以令人信服和一致的方式参加谈判，这样就可以集中欧盟的全部力量。

欧盟认为，达成国际协议的基础已经存在。在没有批准《京都议定书》的美国和澳大利亚，人们已经日益意识到气候变化的危险性，并提出了地区性减排计划。企业界比某些国家的政府更加积极，它们正在采取一种长远的观点，要求建立一个统一、稳定、高效的政策框架，以引导投资决定。因此，它们正在成为应对气候变化的一支驱动力量。另外，大多数减排技术已经存在，或者已经处于准备的高级阶段。现在所需要的是排放大户对一项长期协议的承诺，以确保这些技术的推广和进一步开发。

为有效应对气候变化，欧盟提出，在制定未来国际气候变化协议时必须考虑到以下三个方面的行动：

第一，发达国家的行动。发达国家占目前大气中工业温室气体累积排放量的75％，如果计入森林破坏（大部分发生在发展中国家），则占51％。同时，发达国家拥有减排的技术和财政能力。因此欧委会认为，发达国家应该在今后10年应对气候变化的努力中作出更大的贡献。欧盟认为，那些尚未批准《京都议定书》的发达国家比欧盟成员国拥有更大的减排潜力。欧委会提出，为了实现2℃的目标，作为2012年后国际协议的一部分，发达国家应承诺到2020年减排30％。排放交易机制是确保发达国家以符合成本效益的方式实现其目标的一个关键性工具。各种机制应加强对接，以减少实现目标所需付出的代价。欧委会强调指出，2012年后的框架应包含监测和实施义务的具有约束力和有效的规则，以帮助各国树立履行承诺的信心，避免发生倒退。

第二，发展中国家的行动。由于发展中国家经济状况，其排放量不论是绝对数和相对数，到2020年均会占全球排放总量的50％以上。显然，仅靠发达国家一方采取进一步的措施不仅会失去效果，而且也是不够的，即使其排放总量得以大幅度减少。因此欧盟认为，发展中国家，特别是主要的新兴经济体，必须尽快开始减缓其排放量的增长趋势，从绝对数上减少2020年后的排放量。此外，发展中国家应作出重大努力，防止因砍伐森林而引起的排放。经济增长与解决温室气体排放是完全一致的。发展中国家还有许多利大于弊的政策可供选择：第一，解决能源使用效率低下的问题，减少不断加剧的对能源成本和能源安全的忧虑；第二，可再生能源政策基本符合成本效益的要求，可解决包括农村在内的电力需求；第三，空气质量政策可以改善人民的身体健康；第四，从垃圾填埋场、煤层、有机废物分解及其他来源中捕获的甲烷是一种低成本的能源。这类政策可以通过交流政策设计和规划的良好做法以及技术合作得到加强。欧盟将继续执行并进一步加强与发展中国家在这方面的合作。

欧委会认为，发达国家可以通过多种方式与发展中国家开展合作减排：

（1）改进清洁发展机制（CDM）。《京都议定书》的CDM机制应加以扩大。目前的CDM为发展中国家的减排项目投资创造排放信用配额（Emission Credits），发达国家利用这些排放信用配额来完成自身的指标，从而创造了相当规模的资本和技术流动。CDM的范围可以扩大到覆盖各个全国性的部门。假如一个全国性部门超过预定的排放标准，就可产生排放信用配额。然而，CDM扩大只有在信用配额需求增加的情况下才会运作，这只有在所有发达国家均履行减排义务的情况下才会发生。

（2）改进融资渠道。发展中国家新增发电能力的投资预计每年将超过1300亿欧元才能支持其经济增长。欧盟认为，这些资金大部分需要依靠主要发展中国家自己解决。新的发电设备要使用几十年，将决定2050年以后的温室气体排放。因此，它应该是最先进的。这就为发展中国家的减排提供了一个独特的机会。大幅度减少发电部门的CO_2排放每年需要约250亿欧元的新投资。这笔巨资无法通过CDM或发展援助来填补。它需要通过结合CDM、发展援助、创新性融资机制（如全球能源效率和可再生能源基金）、国际金融机构的专项贷款以及那些拥有财政资源的发展中国家的努力。这一资金差额填补得越早，发展中国家的排放增长量就越少。

（3）部门性减排机制。在有能力监测排放、确保遵守排放配额的经济部门，特别是发电、铝、铁、钢、水泥、炼厂、纸浆等大部分受国际竞争影响的能源密集型部门，引入部门性公司层面的排放交易机制。这些机制可以是全球性的，也可是国家性的。如果是国家性的，那么发展中国家的机制应该与发达国家的机制相链接。每年覆盖的部门应逐渐提高目标，直到与发达国家的目标相似。这样也会限制高排放的设施从受减排义务约束的国家向不受约束的国家转移。

（4）量化排放限制。达到发达国家相似发展水平的国家，应根据本国发展水平、人均排放量、减排潜力以及实施进一步排放限制和减排措施所需的技术和财政能力，承担相应的减排义务。

（5）最不发达国家无减排义务。最不发达国家将会遭受气候变化的严重影响。其温室气体排放水平很低，因此不应承担减排义务。欧盟将进一步加强与最不发达国家的合作，帮助它们应对气候变化的挑战，如采取措施增强粮食安全，提高监测气候的能力，加强其灾难风险管理、灾难准备以及灾难反应能力。一方面，在发展援助中纳入气候变化问题；另一方面，给它们提供额外的支持，使最容易受气候变化影响的国家适应气候变化。欧盟等发达国家还应帮助它们获得 CDM。

第三，其他方面的行动。欧盟认为，未来的国际协议还应考虑以下问题：

（1）进一步开展国际研究和技术合作。欧盟应大幅度地加强与第三国的研究与技术合作，包括在关键性发展中国家建立大规模的技术示范项目，特别是 CCS 项目。国际研究合作还应帮助量化地区性和地方性气候变化影响，发展合适的适应和减缓气候变化影响的战略。此外，欧盟还应关注海洋与气候变化之间的相互影响。

（2）今后 20 年内必须完全终止并逐渐扭转因森林植被净损失而带来的排放。解决砍伐森林问题的办法包括采取有效的国际和国内森林政策，辅以经济激励措施。必须尽早建立大规模试点计划，探索把国家行动与国际支持相结合的有效办法。

（3）帮助受气候变化影响的国家适应气候变化后果的措施必须成为未来全球气候协议的一个必不可少的组成部分。公共和私人投资决定都应把适应气候变化影响的需要考虑在内。在实施欧盟气候变化和发展行动计划的基础上，欧盟应加强与发展中国家在适应和减缓气候变化影响的领域缔结联盟。

（4）签订一项包括主要家用电器生产国在内的国际能源效率标准协议，将有利于市场准入，减少温室气体排放。

2007 年 3 月 8—9 日，欧洲理事会春季峰会讨论了欧委会提出的一揽子建议，强调了实现将全球气温变化控制在前工业化水平 2℃以内的战略目标的极端重要性。鉴于能源生产和使用是温室气体的主要来源，因此，欧盟认为，实现这一战略目标必须采取气候和能源政策相结合的方式。欧盟能源政策应追求三个目标：加强能源供应安全；确保欧盟经济的竞争力和价格合理的能源供应；促进环境可持续性，应对气候变化。欧盟领导人强调指出，欧盟应在国际气候保护中继续发挥领导作用，但大规模的国际集体行动对推动各国有效、公平地应对气候变化的挑战具有极端重要的意义。因此，从2007年开始的联合国国际气候变化大会应就缔结一项2012年后全球综合性协议展开谈判。这一协议应建立在《京都议定书》之上，并拓宽其范围，为实现最广泛的参与提供一个公平、灵活的框架。

欧盟环境部长理事会于2007年2月20日就一项2012年后全球气候变化协议提出了欧盟的主张，其内容包括：（1）进一步发展共同愿景，实现《气候变化框架公约》的终极目标；（2）就发达国家进一步减排的绝对义务达成一致；（3）促进其他国家作出进一步的公平有效的贡献；（4）扩大碳交易市场，包括创新和加强灵活机制；（5）加强技术、研发、推广、应用和转让方面的合作；（6）加强努力，解决适应气候变化的问题；（7）应对国际航空和海上运输的排放问题，进一步利用相关国际机构的专业知识、经验和工作；（8）减少砍伐森林带来的排放，通过可持续的森林管理和土地使用做法，加强碳汇（sinks）工作。[①]

欧盟领导人对欧盟环境部长理事会提出的主张表示支持，并重申绝对减排承诺是形成一个全球碳市场的关键。发达国家应继续率先减排，到2020年应在1990年的基础上集体减排30％，到2050年减排60％—80％。欧盟承诺，只要其他发达国家作出相应的减排承诺，而经济发展水平先进的发展中国家根据自身的责任和能力作出应有的贡献，欧盟将把减排目标确定为30％。欧盟致力于把欧洲转变成一个能效高、排放低的经济体。不论是否达成全球性协议，欧盟都单方面承诺：到2020年将欧盟温室气体排放量在1990年基础上至少减少20％。[②] 作为创建一项欧洲能源政策的一个里程碑

① Council of the European Union, *Presidency Conclusions*-Brussels, March 8/9, 2007, p. 11.

② Council of the European Union, *Presidency Conclusions*-Brussels, March 8/9, 2007.

和进一步采取行动的一个跳板，欧洲理事会通过了欧委会提出的2007—2009年能源行动计划。

为了落实2007年3月欧盟峰会通过的能源政策和气候保护目标，欧委会于2008年1月23日出台了欧盟气候和能源一揽子建议。在题为《欧洲的气候变化机遇》的政策文件中，欧委会为欧盟成员国到2020年集体减排20%、可再生能源比例提高到20%的目标制定了一项战略。[①] 欧委会的立法建议主要包括：（1）一项可再生能源指令，内容包括2020年欧盟27国达到可再生能源20%的国家目标、2020年生物燃料占交通燃料10%的目标、生物燃料/农业燃料的可持续标准、可再生能源证书等；（2）一项欧盟成员国分摊减排努力的提案，在EU ETS覆盖的部门（占排放量的40%）和其他部门之间分配指标。欧委会负责EU ETS覆盖的部门。该提案为其他部门确定了成员国指标。（3）修改国家援助纲要，允许对可再生能源提高国家援助，对CCS采取国家援助。（4）对成员国能效行动计划进行评估。[②]

（三）改进欧盟排放交易机制

欧盟排放交易机制（EU ETS）是欧盟气候政策的一块基石。如上所述，EU ETS的实施是分阶段推进的。第一阶段是试验阶段（2005—2007），此阶段的主要目的并不在于实现温室气体的大幅减排，而是获得运行总量交易的经验，为第二阶段正式履行《京都议定书》奠定基础。在选择所交易的温室气体上，第一阶段并没有全部包括《京都议定书》提出的六种温室气体，而仅仅是涉及对气候变化影响最大的CO_2排放权的交易。在选择所涵盖的产业方面，第一阶段仅包括热值输入超过20兆瓦的燃料设施、炼油、钢铁、玻璃、水泥、陶瓷、造纸、砖瓦等产业。EU ETS大约覆盖1.05万家企业，其排放占欧盟温室气体排放总量的40%和CO_2排放量的50%左右。第二阶段（2008—2012）的时间跨度与《京都议定书》的履约期保持一致。欧盟借助ETS，正式履行对《京都议定书》的承诺。

---

① European Commission，*20 20 by 2020：Europe's climate change opportunity*，COM（2008）30 final，Brussels，23/1/2008.

② *Energy Policy for Europe（EPE）2007－2008*，http：//www.inforse.org/europe/EU_policy_07－08－06.htm.

自2005年运行以来，EU ETS取得了巨大的成就。通过为企业的排放设定限额并允许企业出售或购买排放配额，EU ETS实现了给CO_2定价交易的功能。借助于EU ETS的实施，欧盟已经培育出多层次的碳排放交易市场体系，并带动了碳金融产业的发展。欧洲碳排放权交易从最初的柜台交易发展到大型碳排放交易中心（如欧洲气候交易所、北方电力交易所、未来电力交易所、欧洲能源交易所等）。作为迄今为止由发达国家设立的排放交易体系中最大也是最为成功的一个，EU ETS的碳排放交易量与交易额一直占全球总量的3/4以上。2005年6月，欧洲交易所推出了与欧盟排放权挂钩的期权交易，使CO_2如同大豆、石油等商品一样可以自由流通，从而增加了碳排放市场的流动性，促进了碳交易金融衍生品的发展。碳排放交易市场与金融产业交互作用，形成了良性循环。随着相关行业和机构的陆续加入，排放权交易市场的厚度越来越高。在第一阶段的不确定性逐渐消除后，排放权的价格信号已能准确反映碳排放许可权的供给与需求状况，从而对企业的生产决策产生了影响。① 可见，EU ETS已经为欧盟履行《京都议定书》的减排承诺奠定了坚实的制度基础。

但是，EU ETS在运行中也暴露出一些缺陷和问题，主要表现在：一是第一阶段排放权发放超过实际排放量导致价格暴跌。2005年，所发放的排放权超过实际排放量4%，没有一个产业的排放权处于短缺状态，钢铁、造纸、陶瓷和厨具部门的排放权发放量甚至超过实际排放量的20%。排放权总量过多，导致排放权价格下降，环境约束软化，企业失去采取措施降低CO_2排放的积极性。二是排放权免费分配导致排放量很大的公司“大发横财”。第一阶段排放权是免费发放给企业的，并且电力行业发放过多，结果电力行业并没有用排放权抵免实际排放量，而是把排放权放到市场上出售，获取暴利。三是EU ETS未来的发展前景受“后京都时代”不确定性的影响较大。四是EU ETS几乎不涉及CO_2以外的温室气体排放。因此，EU ETS对完成《京都议定书》减排承诺的影响并不充分。五是减排成本可能引起电价等能源价格上涨。随着EU ETS第二阶段的开始，越来越多发电等碳密集行业进入市场，造成电力等能源价格的上涨。六是EU ETS成交

① 李布：“借鉴欧盟碳排放交易经验构建中国碳排放交易体系”，《中国发展观察》2010年1月6日。

量有限。与《京都议定书》的减排承诺目标相比，EU ETS 的成交量尚未超过第一阶段分配额的 1.6%。[①]

随着 EU ETS 第三阶段（2013—2020）的临近，欧盟迫切需要解决该体系中存在的一系列问题：一是如何将 2007 年 3 月欧盟峰会通过的新的减排目标（到 2020 年在 1990 年的基础上减排 20%）纳入 EU ETS；二是如何扩大和深化这一机制，把碳以外的其他温室气体和新的经济部门纳入这一机制（航空业将在 2011 年前后纳入该体系，其他经济部门和规模较小的工业设施也可能纳入）；三是实现该机制的趋同，防止成员国以不同的方式发放排放权，探讨 2012 年后统一的欧盟范围的总量控制的必要性；四是改进监测和报告规则，加强遵守和实施工作；五是把 ETS 与全球其他现有碳交易机制实行连接。

2008 年 1 月 23 日，欧委会公布了 EU ETS 第三阶段的修改意见稿[②]，内容涉及第三阶段排放交易产业的指标制定、配额分配办法、京都机制的利用、交易机制的涵盖范围，并针对前两个阶段中出现的主要问题进行制度改进。2008 年 12 月 11 日，欧盟领导人就此达成妥协。同年 12 月 17 日，欧洲议会投票通过新的 EU ETS 方案。新方案的主要内容如下：

（1）第三阶段的减排义务。第一，欧盟减排目标按照 EU ETS 涵盖的行业和未涵盖的行业进行划分。考虑到 EU ETS 涵盖的行业（如电力行业等）比不在 EU ETS 下的行业（如交通行业）更容易减排且成本更低，因此 EU ETS 涵盖的行业到 2020 年相比于 2005 年的水平要求减排 21%（最多 17.2 万个排放权），EU ETS 未涵盖的行业到 2020 年相比 2005 年的排放水平要求减排 10%。第二，减排目标实行统一管理和分配。为避免前两个阶段出现的成员国过量分配排放配额的问题，欧盟决定对 EU ETS 下 21% 的减排目标实行统一管理和分配。根据新方案，排放限额将从 2013 年开始线性递减（每年减少 1.74%）。在第三阶段也不再需要各成员国制定国家分

---

① 魏敦人："欧盟排放交易体系对我国应对气候变化的启示"，《文汇报》2009 年 9 月 9 日。

② European Commission, *Proposal for a Directive amending Directive 2003/87/EC so as to improve and extend the greenhouse gas emission allowance trading system of the Community*, COM (2008) 16 final, 23/1/2008.

配方案（NAP），而是由欧盟根据协调好的方案统一进行配额分配，以确保在整个欧盟范围内从事相同或相近领域生产的企业将受到一致的待遇。第三，配额拍卖。当前，90%的配额都是免费发放的。从2013年开始，60%左右的配额将被拿出来拍卖。拍卖的比例各行业有所不同，其中电力行业最高，预计从2013年开始全面拍卖。这将导致电价上涨10%—15%。在其他行业，从2013年至2020年，免费发放的配额也将逐年减少，拍卖比例将逐年上升，2020年达到70%，2027年达到100%。然而，某些高耗能行业假如被欧委会确定为“具有重大碳泄漏风险”（指向气候保护要求较低的第三国转移），则可能继续得到免费配额。至于配额的拍卖权是下放到各成员国还是由欧盟来统一管理尚未有定论。考虑到一些面临国际竞争的行业鼓励“新进入者”的需求，欧盟将预留5%的排放配额给2013年以后新成立的企业或进入欧盟市场的航空公司。这部分预留配额没有用完的部分将分配给各成员国进行拍卖。第四，协调进口CDM/JI指标的比例。在EU ETS第二阶段的原有方案中，各成员国自行确定从欧盟以外的国家和地区进口CDM/JI项目下的减排指标占本国排放配额的比例上限，各国的比例从零至20%不等。新方案统一了这一比例。2008年到2020年期间，各成员国允许进口的来自CDM/JI项目的减排指标可占到本国减排目标的50%。从各国承担的减排目标来看，这相当于2008—2012年各国可进口的减排指标最多占到本国排放配额的11%。此外，在第三阶段，欧盟将通过提前储备的方式确保新行业和新进入者可以至少使用它们经核证的排放量4.5%的CDM/JI减排指标。新加入的航空公司可使用的比例至少为1.5%。第五，建立欧盟团结基金。根据新方案，EU ETS发放的排放配额要预留10%成立一个“团结基金”，为比较贫穷的中东欧转型国家发展清洁能源生产提供资金。另外2%的配额要在9个中东欧国家中进行重新分配，其中罗马尼亚占29%、波兰占27%、保加利亚占15%。此外，欧盟成员国还同意将拍卖配额所得至少一半用于低碳技术投资。第六，未涵盖行业的减排任务分配。对于EU ETS未涵盖的行业减排10%的任务，各成员国将根据协议分摊不同的减排义务，根据经济发展水平、人均GDP等指标，各国分摊的比例从减排20%到增排20%不等。两个方面的减排目标相加，就相当于欧盟到2020年在2005年排放量的基础上减排14%，或者在1990年的基础上减排20%。各成员国在2013年的减排起点将由各国在2008年到2012年间的平均排放配额总量决定。从2013年开始，各国每年总的线性减排系数为1.74%。以这个速度减排的话，到2020年将完成在1990年基础上减排20%的目标。欧盟还同意，如果其他发达国家在后京都协议中承诺可比的减排义务的话，欧盟可将2020年的减排目标从20%提高到30%。

（2）扩大地域范围。从2008年开始，EU ETS不仅涵盖了欧盟27国市场，还延伸到欧盟以外，吸纳了属于欧洲经济区的三个国家——挪威、冰岛和列支敦士登。就欧盟而言，交易平台的扩大可以增加流动性，防止价格过度波动，降低企业减排的成本。欧盟希望EU ETS成为将来发展全球排放交易系统网络的基石。因此，在对EU ETS进行修订的时候，欧盟也一直主张把交易规则逐渐变得更加简化和透明，以鼓励其他国家或地区加入。根据欧盟已通过的第2003/87/EC号决议，欧盟原则上同意EU ETS和其他已批准《京都议定书》的国家进行对接。随着美国和澳大利亚的气候立法框架逐渐明晰，两国气候法案下的“温室气体总量控制与交易系统”将如何与现有的EU ETS对接，日本国内刚刚开始尝试运行的自愿减排交易机制和新西兰专注于农业与林业领域的碳市场是否与其他发达国家的减排交易系统对接等，都是有待进一步研究和解决的问题。

（3）扩大涵盖领域。首先是将航空业纳入EU ETS。航空业带来的温室气体排放在全球排放总量中所占的比例在未来几十年可能增长很快。从1990年到2006年，在欧盟内部，那些有减排目标的行业的排放总量下降了4%，但航空业的排放却增加了96%。如果航空业的排放不加限制，它将严重损害其他领域的减排成效。因此，2006年12月，欧委会提议将航空业也纳入EU ETS。2009年1月13日，欧盟正式出台指令。欧盟决定分两步走：从2011年开始，将所有欧盟国家的国内航班和欧盟内部的国际航班纳入EU ETS；从2012年开始，这一范围将被扩大到所有以欧盟机场为始发或终点的国际航班。其次，从2013年开始，将一些新的工业领域和CO_2之外的一些温室气体纳入减排体系。新的工业领域包括化工、制氨、电解铝、硝酸和乙醛酸生产中产生的氮氧化物以及电解铝行业产生的全氟化碳（PFCs）等。此外，二氧化碳的捕集与封存将被纳入作为减排配额的供应源。

（4）排放量过小的企业可选择退出。EU ETS第一阶段减排行业范围中包括热值输入超过20兆瓦的设施。这是一个门槛很低的要求，许多生产企业（如食品厂、纺织厂、建筑与机械公司甚至一栋大楼等）只要使用燃烧锅炉，就很容易达到20兆瓦这个基准。因此，EU ETS包含了大量的温室气体排放量很小的企业。因此，在EU ETS的第二阶段，这一规定作了相应的修改，对于年排放量低于2.5万吨（即热值输入小于35兆瓦）的企业，只需根据它们所用燃料的排放系数计算并申报年排放量，而且对它们的排放监管要求也有所降低，以此来降低这些企业的达标成本。在新方案中，欧盟建议在过去三年里温室气体排放量连续小于2.5万吨的企业，可以选择退出EU ETS的第三阶段。这一建议涉及4200家企业，其排放量占EU ETS企业排放总量的0.7%左右。据估计，这些企业当中至少有一半会选择自行退出。

根据欧盟估算，将以上这些扩张和收缩汇总之后，其总的影响大致相当于把EU ETS下的排放配额总量在第二阶段的基础上增加6%，即1.2亿到1.3亿吨左右。[①]

（四）化石燃料的可持续利用

化石燃料（石油、天然气和煤炭）的大规模使用产生大量CO_2排放，是导致气候变化的主要原因。发电业占排放的很大比例，而且排放量还将继续上升。欧盟50%以上的电力生产来自于化石燃料（主要是煤炭和天然气），而煤炭约占欧盟发电总量的30%。为了确保欧盟能源安全、实现能源供应多样化，煤炭将继续在能源结构中发挥关键作用。然而，煤炭排放的CO_2是天然气的两倍。2005年，煤炭发电排放的CO_2占欧盟排放总量的70%。由于能源需求的大幅度增长，化石燃料，特别是煤炭，在世界其他地区（特别是中国和印度）未来几十年的电力生产中变得越来越重要。IEA估计，到2030年，煤炭发电量将翻一番。这就等于排放50亿吨CO_2，占全球能源相关的CO_2排放预期增量的40%。[②] 因此，发展清洁煤炭和CCS技术在国际层面上也至关重要。

欧委会认为，必须立即制定一个开发和推广煤炭可持续利用技术的框

① 李月："欧盟碳市场系列之三：2013—2020年的发展方向"，http://blog.sina.com.cn/s/blog_5fa62d9d0100gbp3.html。

② European Commission, *An Energy Policy for Europe*, COM (2007) 1 final, p.16.

架，限制因使用煤炭发电而产生的CO_2排放。煤炭技术（提高能效、减少由SO_2、NO_X和粉尘排放导致的酸雨和局部性大气污染）业已取得的进步表明，大规模的技术进步是有可能的，特别是通过应用CCS技术（参见图17）。

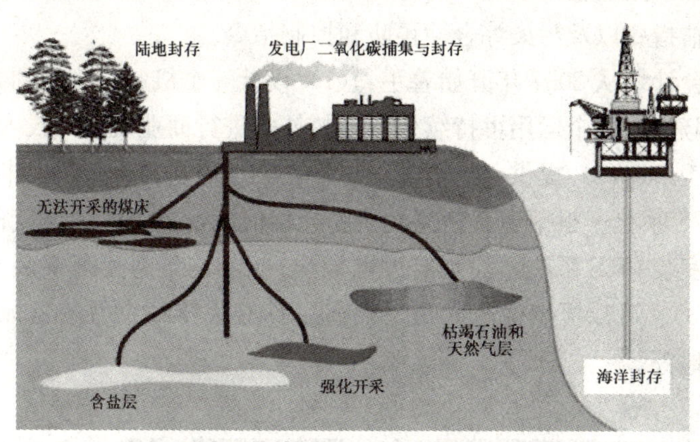

图17　碳捕集与封存（CCS）技术示意图

资料来源：http：//www. frponline. com. cn/News/detail _ 23118. html，2009年12月28日。

2007年1月10日，欧委会发布了《化石燃料可持续发电——走向2020年后煤炭近零排放》，提出了未来如何利用化石燃料发电，同时减少温室气体排放的解决办法。[①] 文件指出，可持续地利用化石燃料的技术就是对“洁净煤”技术（提高效益、减少大气排放）和CCS技术进行最优化的结合。持续开发这些技术、示范其商业潜力，将会促进其大规模的使用。要实现这一目标，就必须大幅度地增加研究资金，在成员国和共同体层面上发展技术示范项目。欧委会建议，在2006年发起的“零排放化石燃料发电厂技术平台”的基础上成立一个协调和支持结构，在工业部门与公共机构之间建立例行合作关系。同时研究短期内应采取的合适的示范性措施。必须运用最佳现有技术来实现欧盟煤炭发电厂的现代化，使其排放的CO_2到2020年减少20%。欧委会将评估运用现有技术是否卓有成效，并且考虑建议在必要的地

① European Commission, *Sustainable power generation from fossil fuels: aiming for near-zero emissions from coal after 2020*, COM（2006）843 final, January 10, 2007.

方采用具有法律约束力的工具来加以推广。

欧盟提出制定一个有利于低碳技术发展的法规和经济框架，确保可持续煤炭技术的长期使用，从而促进投资和向低碳技术的过渡。为此，欧委会建议：评估 CCS 所涉及的潜在风险；提出使用此类技术的要求，使风险得到妥善的管理；把这些要求纳入现行法规框架，即温室气体配额交易制度、环境影响评估指令以及污染综合性预防和控制指令。

欧委会计划从 2007 年开始着手：（1）设计一个机制，刺激到 2015 年在欧盟 25 国建成 12 个运用可持续化石燃料技术进行商业发电并投入运营的大规模示范工厂；（2）提供一个清晰的远景，展示煤炭和天然气发电厂何时需要安装 CCS 系统。根据现有信息，欧委会相信，到 2020 年所有新建煤炭发电厂应能安装 CCS 系统，而现有发电厂应从 2020 年起逐渐安装 CCS 系统（参见图 18）。可以提供优惠政策，如通过具有法律约束力的目标、设立欧盟储存场地等。

图 18　发电厂安装碳捕集与封存（CCS）系统

资料来源：http：//www. calgaryherald. com/business/energy-resources/Carbon ＋ capture ＋ possible＋deemed＋money＋loser/2678293/story. html。

欧委会提出，建设新的准备使用 CCS 技术的工厂不应导致成本的增加，而建设工业规模的可持续使用煤炭的示范工厂要求相当大的资金投入，2020 年后现有工厂的改造也需大量资金。目前，CCS 技术成本还偏高，无法大规模使用。然而，未来几年的技术改进以及 CCS 的附带效益，将使运用这项技术的发电厂的电力价格升高幅度到 2020 年限制在当前水平的 10%，甚至完成扯平。此外，煤炭发电厂电力生产成本的潜在上升不应转化（至少不应完全转化）为消费者电力价格的上涨。

欧委会认为，CCS 对环境带来的消极影响主要来自于潜在的碳泄漏事故。然而，联合国政府间气候变化专门委员会（IPCC）得出的结论是，在经过精心选择、精心管理的储存场地中保存 CO_2，100 年后，其完好程度完全有可能超过 99%。[①]

化石燃料的可持续使用，特别是 CCS，能够帮助化石燃料发电厂消除 90%以上的 CO_2 排放，即欧盟 27 国到 2030 年 CO_2 减排总量与 1990 年相比达到 27%—30%。使用合适的技术还将有助于减少与煤炭燃烧相伴的传统大气污染物（包括 NO_X 和 SO_2），从而降低局部环境和健康成本。

如果欧盟在开发可持续化石燃料技术中表现出强大的国际领导能力，那么，欧盟还能借此创造就业机会，出口其先进技术，对第三国产生积极的影响。为实现这一目标，欧盟必须与煤炭消费国（包括中国、美国、印度和发展中国家）开展密切合作，特别是技术和贸易层面的合作。欧盟还将在国际层面上继续努力，签署国际协议，把地球气温升高幅度限制在前工业化水平以上 2℃。CCS 是实现这一目标的一个备选方案。欧盟将支持修订现行的一些国际协议和公约，以减少 CCS 技术（如在海床底下）应用的障碍。

欧盟 CCS 技术的研发和行动主要通过欧盟能源技术战略计划来实施，并由“竞争力与创新框架计划”（CIP）框架内的“欧洲聪明能源计划”、第七个科研框架计划等给予资金支持。

（五）继续发展核能

面对供应安全和二氧化碳排放的双重挑战，核能提供了一种成本效益好、供应最稳定的低碳能源。核能作为一种低碳、成本效益高、保证供应安全的能源，不仅有助于欧盟提高其能源供应的独立性，应对能源安全挑战，而且可以减少 CO_2 排放，实现其在《京都议定书》中承诺的减排目标。在整

① European Commission, *Sustainable power generation from fossil fuels: aiming for near-zero emissions from coal after 2020*, COM（2006）843 final, January 10, 2007.

个燃料循环周期中，核能所产生CO_2排放量极低（与风能相当），并且具有准“本地的”特点，即它可依赖一个完整的欧洲核燃料循环周期。目前，核能是欧洲规模最大的无碳能源品种，占欧盟电力生产的31%、能源消耗总量的15%。如果欧盟放弃核能，未来二三十年内，其能源消费进口的比例将上升到70%，而不是现在的50%。此外，核电价格不像煤炭和天然气发电那样容易受价格波动的影响，因为铀在核电生产成本中所占比例非常有限，而且铀广泛分布在全世界，其储量足以持续几十年。核能是欧盟生产的低碳能源中价格最便宜的品种，且价格相对稳定。下一代核反应堆还将进一步减低成本。为此，欧盟积极主张发展核能。

然而，核电在欧盟和全球都是一个最复杂、争议最大的能源问题。核安全、核反应堆设计寿命结束后的退役问题、放射性废料的管理、运输和最终处理问题以及核不扩散问题，都是需要认真应对的重要问题。自1986年切尔诺贝利事故以来，欧盟某些成员国公众舆论非常对立，而在其他一些成员国，公众几乎完全支持，因为核电被视为一种价格低廉的无碳能源。在欧盟，是否使用核电取决于各成员国。成员国核能政策的明显差异阻碍了欧盟发展一项共同的核能政策。

核能逐渐退出，替代能源的问题将成为共同关心的问题。目前经济上可行的、能够迅速用来替代核能的燃料很少，这也是那些坚持认为对核能的利用和投资仍十分必要的人们的最重要的理由之一。在欧委会对《欧洲能源政策》的建议中，是否利用核电厂发电的选择由每个成员国自己决定，但文件同时规定，对核能的任何削减必须通过利用其他低碳能源来弥补，以实现未来低碳能源的目标。

鉴于核发电产生的温室气体几乎为零，核电倡导者获得的公众支持似乎正在上升。欧盟民意调查机构“欧洲晴雨表”通过多次调查表明，一旦成员国做出实施核废料方案的努力，公众对核能的接受程度就会提高。有证据表明，加强对话，发布相关信息，宣传核能优势和最大程度降低风险的办法，也可提高公众接受核能的意愿。①

石油和石化产品价格居高不下，天然气价格不断攀升，对俄天然气依赖所产生的担忧，使得欧洲持续20年之久的反核电情绪开始平息。2002年5

① Ute Blohm-Hieber：“欧洲的战略远景”，《国际原子能机构通报》2008年3月。

月芬兰国会批准了一项兴建第三代轻水反应堆的计划。这使芬兰成为“切尔诺贝利事件”后欧盟首个再建核反应堆的国家。作为核电的主要倡导者和欧盟核电大国，法国目前拥有58座核反应堆，另有一座正在诺曼底地区修建。同时，法国政府宣布将发展第四代核反应堆，并计划于2020年启用。已经停止发展核电的英国和意大利近来都表示将考虑重新启用并兴建新的核电厂，以减少CO_2排放量和对进口能源的依赖。保加利亚、罗马尼亚、捷克和立陶宛也在筹划兴建新的核电站。瑞典和比利时两国已拒绝在2010年和2015年之前关闭其核反应堆。曾经承诺运行中的核电站在其生产周期结束时将全部停止运行的荷兰、德国、西班牙、瑞典和比利时等国内部要求重新发展核电的呼声越来越强，因而有可能调整现行保守的核电政策。而2004年加入欧盟的中东欧国家基本都拥有核电设施，同时对核电的依赖比较大，更是发展核电的坚定支持者和行动者。就连历来反对核能的奥地利也在与欧委会达成妥协后放弃了要求欧盟对核电研发的资助仅限于对核安全和核废料处理研究的主张，最终选择了支持绝大多数欧盟国家的共同意见。

在当前的能源形势下，IEA预计，全世界核电使用量将从2005年368吉瓦上升到2030年的416吉瓦。因此欧盟认为，保持和发展欧盟在核能领域的技术领先地位，具有经济利益。① 欧盟核电发展的未来之路将取决于主张推动核电发展的欧委会的建议。

鉴于核电涉及核废料和核反应堆退役的问题，因此核废料的管理和反应堆的退役问题也被纳入欧盟的行动范围。欧盟积极支持第七个科技研发框架计划下的核研发工作，包括核废料管理；支持建立一个核能论坛，将所有相关的社会利益团体的高层代表汇聚一起，就核能的发展机会与风险展开对话。欧委会还提出建立一个“欧盟核安全高级小组”，其职责是不断促进核安全的共同理解并最终制定欧洲规则。此外，欧盟认为，应为核能利用建立一个适当的欧盟法律框架，以确保高水平安全、放射性废物处置和核能设施在寿期结束时的安全退役。

---

① European Commission，*An Energy Policy for Europe*，COM（2007）1 final. Brussels，10/1/2007，p. 18.

四、开展全方位的能效行动

加强需求管理、提高能源效率对欧盟有着多种意义。它不仅有利于抑制能源消耗，提高欧盟经济的竞争力，而且有利于欧盟减少对外依赖，改善供应安全。更重要的是，它有助于应对气候变化的挑战，使欧盟顺利达到《京都议定书》提出的削减8%温室气体排放量的目标。为此，欧盟高度重视能源效率问题，并把降低能源消耗、消除能源浪费置于共同体可持续能源政策的核心。

（一）欧盟节能增效的新目标

能源效率是指在不减少用能的工厂和设备使用的前提下，减少能源消耗。其目的是更好地利用能源。提高能源效率意味着促进减少能源强度的行为、工作方法和生产技术。减少能源消耗，促进高效、清洁技术的市场占有率是欧盟能源政策的一项优先。

2005年6月，欧委会发布了欧盟能源效率绿皮书——《用较少的资源办更多的事》。绿皮书指出，虽然欧盟已经是世界上能效最高的地区之一，但研究表明，欧盟能源使用中至少还存在20%的浪费。[①] 换言之，欧盟在节能领域拥有20%的巨大潜力，尤其是在建筑物、电器、照明以及交通运输部门。节能增效可使目前欧盟国家能源消耗总量到2020年降低20%，每年可节省600亿欧元，平均每个家庭节省200—1000欧元；在化石燃料价格不断飙升的形势下，有助于减少欧盟对油气进口的依赖，为能源安全作出重大贡献；以最快、最具成本效益的方式减少温室气体排放，帮助欧盟履行其对《京都议定书》应对气候变化的承诺；在能源相关部门创造100万个就业机会。欧盟各部门的节能潜力分别是：家庭（住宅）27%；第三产业30%；交通运输26%；制造业25%。可见，能源效率和需求管理是应对能源供应安全和气候变化的优先手段之一。针对欧盟在节能方面存在的主要问题，如市场激励机制不健全、缺乏有力的财政支持、节能技术信息不畅等，绿皮书

---

① European Commission, *Doing More with Less: Green Paper on energy efficiency*, COM (2005) 265 final, p. 15.

提出了一系列具体政策，充分发挥市场机制的作用，调动欧盟、各国政府、企业、地方、个人的积极性，形成欧盟各层面的共同行动计划，最终实现节能20%的目标。

2006年3月欧洲理事会春季峰会通过了雄心勃勃的战略目标：到2020年，欧盟要在1990年水平的基础上，至少减排温室气体20%；通过提高能效实现节能20%；实现生物燃油占全部燃油用量10%的约束性目标；实现可再生能源占全部能源消耗量20%的约束性目标。这一目标显示出欧盟致力于解决气候变化和推动国际气候变化谈判的决心。欧盟成员国对欧委会的提案表示支持，并敦促欧委会拿出一份既大胆又现实的行动计划。

为了实现到2020年使欧盟年节能至少20%的潜力，2006年10月19日，欧委会公布了《能源效率行动计划》（简称《行动计划》）。该计划提出了加速这一进程的一整套政策和措施，旨在动员公众、各级政府决策者以及各种市场主体，改变内部能源市场，为欧盟公民提供世界上“能效最高的基础设施、建筑、电器、工艺、交通手段以及能源系统”。[①] 鉴于人的因素在减少能源消耗中的重要性，该计划积极鼓励欧盟公民以最理性的方式使用能源。欧委会指出，能源效率不只是一个简单的立法问题，还涉及各个个体的知情选择问题。《行动计划》提出了十大优先行动，覆盖建筑、交通、制造等所有行业，有些优先行动需要立即实施，有些将在未来六年内逐渐加以实施，力争在2020年实现节能至少20%的目标。其中，家庭住宅能源使用效率提高27%、商用建筑（第三产业）提高30%、交通业提高26%、制造业提高25%。[②] 据估算，如果该目标得以实现，欧盟每年能减少能耗13%，减少石油进口3.9亿吨，降低CO_2排放量7.8亿吨，节约资金1000亿欧元。[③]《行动计划》所提出的行动不仅可以改善环境，减少化石燃料的进口，加强欧盟工业的竞争力，增加新的能效技术出口机会，还可改善就业形势。此外，该计划所提出的宏伟目标还大大超过了过去几十年的年平均能源强度改进目标。

---

① European Commission, *Action Plan for Energy Efficiency: Realising the Potential*, COM (2006) 545 final. Brussels, 19/10/2006, p. 4.

② Ibid., p. 6.

③ Ibid.

欧盟成员国领导人普遍支持欧委会提出的《行动计划》。2006 年 10 月 20 日，欧盟非正式首脑会议在芬兰拉赫蒂举行，与会领导人就如何抑制气候变化、提高能源效率以及确保能源安全等许多基本原则达成了共识。欧盟理事会于 2006 年 11 月批准了该行动计划，并要求各成员国提交本国的具体行动方案。在 2007 年 3 月 9 日召开的欧盟春季峰会上，各国领导人再次强调节能 20%的目标，作为欧盟到 2020 年实现“20—20—20”计划的一个重要组成部分。

（二）欧盟节能增效的政策措施

欧委会认为，尽管能源消费和能源供应均需采取有针对性的行动，但是，能源效率首先是一个控制和减少能源需求的问题。“一切照常”的办法不是一种可持续的应对办法。全面落实和执行现有的和未来的法规框架是必要的。因此，欧委会一直在通过法律手段，督促成员国转换和实施与能源效率相关的共同体法律法规（包括涉及内部能源市场、建筑物和家用电器节能法规）。

欧委会 2006 年发布的《能源效率行动计划》提出了有针对性的部门性措施和横向性措施：第一，为一系列产品、建筑和服务广泛地设定动态的能源性能标准。在能源转换领域制定有针对性的工具，以提高新建和已有发电能力的效率，减少传输和配送过程中的能源损耗。在运输领域，要针对不同主体制定全面、一致的监管措施，包括发动机和轮胎生产企业、司机、油/燃料供应商以及基础设施规划者。第二，加强公众节能意识，改变能源消费习惯。要利用适当的、反应成本的价格信号来改善能源效率、确保整体经济效率。同时，要根据相关的国家援助规定改善针对各个部门的融资工具和经济激励措施。能源效率问题还要在全球层面上加以解决，要通过国际伙伴关系和诸如家用电器的可以交易的产品，在全球合作中强调节能的重要性。第三，发挥创新和技术在提高能效中的重要作用。欧委会在 2007 年发布的《能源技术战略计划》将提出一个长远的协调一致的能源技术远景。它将在进一步推动全社会利用技术提高能效的过程中发挥重要作用。这方面要特别关注信息和通讯技术（ICT）的发展为节能带来的机遇。

欧盟层面的节能措施主要是综合利用欧盟现有的政策工具来推进节能，将节能目标与现有政策工具进行整合。欧委会提出的节能增效政策和措施主要体现在《能源效率行动计划》中，这些政策措施可分为六个方面：

1. 建立动态的能源性能标准

欧盟已经颁布和实施了一系列提高用能产品、建筑物和能源服务部门能源效率的指令和条例，包括《生态设计指令》、《能源效率分类标签指令》、《“能源之星”条例》、《能源终端用户效率和能源服务》、《建筑能效指令》等。这些措施大部分是在2000年欧盟第一个《能源效率行动计划》中提出的。[①] 这一法律框架如果得到全面、协调的执行和实施，欧盟的能源效率就可出现巨大的进展，导致市场面貌持久的改变。指令实施主要是成员国的事务。尽管许多措施已经出台，但是在有些国家和部门，市场、制度及其他壁垒仍在阻碍着能效措施的实施。这些壁垒必须加以消除，制度能力必须得到加强，以确保相关指令的有效实施、执行和监督。欧委会一方面鼓励各成员国政府加强现有法律的实施力度，另一方面将在共同体层面上采取新的措施，确保成员国尽可能有效地转换、实施和执行共同体法规，促进内部能源市场改革，为高能效产品和能源服务业发展创造良好的市场环境。

欧盟主要通过针对特定领域制定相应的能源标准来实现节能，主要包括：

(1) 落实《生态设计指令》。[②] 协调生态设计要求、标签和激励机制(2007—2012)。2005年7月6日通过的《生态设计指令》为用能产品的生态设计制定最低能效标准提供了框架。不符合要求的产品禁止上市。欧委会考虑把动态能效标准与能源性能等级和标签相结合，作为一个促进市场向能源效率转变的强大工具。内部市场职能为欧委会提供了补充成员国行动的基础，如信息宣传活动、白色证书制度、退税和公共采购。为此，欧委会将在2007—2012年间为一系列关键产品制定生态设施要求，作为能源效率政策的一个优先发展重点。在这方面，欧委会将要采取的措施包括：

A. 为14个优先产品组别制定生态设计要求（2007—2009）。这14类产品是：锅炉和联合燃料锅炉（天然气/石油/电力）；热水器（天然气/石油/电力）；个人电脑（台式和笔记本电脑）和电脑监视器；成像设备（复印机、

---

① European Commission, *The Action Plan to Improve Energy Efficiency in the European Community*, COM (2000) 247 final.

② The ECO-Design Directive, O J L 191, 22/7/2005.

电传机、打印机、扫描仪、多功能设备）；电脑用电子器件、电视机；用能产品的待机和关机状态下的耗电量；电池充电器和外接电源；办公室照明；（公共）街道照明；住宅室内空调设备（空调和通风）；电动机（1—150千瓦）；商用电冰箱和冰柜，包括冷却器、展柜和自动售货机；家用冰碟和冰柜；家用洗碗机和洗衣机。相对于其减少环境影响的成本和利益而言，这些产品具有较大的符合成本效益的能效改进潜力。

B. 为更多产品类别制定生态设计要求（2008—2010）。根据影响评估的结果，欧委会将招标进行先期研究，2008—2010年制定出生态设计要求。可能涉及的领域包括：固体燃料锅炉；洗衣房烘干机；工业空气压缩机；电动加热器（包括热泵）；家庭或工业照明；机顶盒；真空吸尘器。

C. 成立一个协商论坛（2007）。作为实施第2005/32/EC号指令的一部分，欧委会将成立一个协商论坛，以改进该指令的实施工作。2007年初召开会议，审议自我监管倡议的实施措施。2007年7月，欧盟将通过一个3年工作计划，明确到2010年将要覆盖的产品类别。

D. 成立一个监管委员会（2007）。作为实施第2005/32/EC号指令的一部分，2007年上半年，一个监管委员会开始运作，研究可能采取的实施措施。

E. 支持工业界实现节能的自我承诺（2007—2012）。欧委会将支持工业界承诺比强制要求规定的日期更快、成本更低地实现第2005/32/EC号指令附件三所规定的节能标准。

（2）落实和修改《标签框架指令》。①在欧盟，家用电器耗能大约占能源消费总量的1/4，并呈快速增长的趋势，因此控制家用电器的耗能增长非常重要。欧盟实行家用电器强制性标签制度，要求所有家用电器生产企业和销售部门，都有义务以标签形式明确标示该电器的耗能参数和耗能级别。强制性标签计划由一系列欧盟指令组成，几乎每种家用电器都制定了标签标准，例如：欧盟第92/75/EEC号指令（标签计划“框架”指令），第95/12/EC号指令（洗衣机）、第97/17/EC号指令（洗碟机）、第98/11/EC号指令（电灯）、第2002/40/EC号指令（电烤炉）、第2002/31/EC号指令（空调）、第2003/66/EC号指令（电冰箱、冰柜及制冷设备）等。目前，欧盟已通过

① The Labelling Directive，Directive 92/75/EC，O J L 297，13/10/1992.

“经济设计”指令，为家用电器制定了有关节能和环保的新标准。在照明、供暖和制冷等家用电器中广泛使用的“待机”状态，节能潜力也很大，估计可占住宅总耗电的5%—10%，应该积极推广更节能的新型的“休眠”技术。欧盟积极推行绿色照明计划，仅通过更换灯泡平均每个家庭每年可节省100欧元。

为了进一步促进节能，欧委会将采取以下措施：（1）起草有关煤气热水器和电热水器能源标签的两项指令提案（2007）。（2）制定新的标签落实指令，修订现行标签（2007—2009）。欧委会将对上述正在进行生态研究的一些产品类别的标签进行修订，目标是每5年重新确定标签的等级。最具能效的型号中通常只有10%—20%会给予A类标签。现行的标签分类将根据生态设计研究的结果加以修订更新，2007—2009年间将对现行的标签制度（A-G类）进行重新分级。生命周期的成本和预期的节能量也将加以核查。（3）考虑修改第92/75/EC号框架指令。欧委会将谋求扩大其适用范围，纳入其他设备。2007—2008年的影响评估将决定这一修订的利益和成本。（4）对标签指令的实施情况开展一次普查（2007）。2007年，欧委会将就第92/75/EC号标签指令的落实情况以及欧盟成员国商店和其他销售渠道中的能源标签的实施情况，发起一次全面的调查。

（3）签订新的“能源之星”协议[①]（2007）。欧盟“能源之星”（Energy Star）是办公用品领域的自愿标签行为。有关电器产品的生产商、分销商、进出口商以及零售商以自愿方式，向欧委会申请“能源之星”标签，以标明其产品满足或超过有关节能标准。目前，越来越多的家用电器生产商也积极参与到这场自愿活动中来。2007年，欧盟将与美国就办公设备的标签制度协调问题续签一个新的“能源之星”协议，实施期5年。新协议将对成像设备（复印机、打印机、传真机、扫描仪等）、计算机以及其他带外接电源的设备引入新的要求更高的能效标准。此外，欧委会将提议修改关于共同体办公设备能效标签计划的第2422/2001号条例，以改善该计划在欧盟的实施。2007—2011年，欧委会将制定更加严格的办公设备能效

① Regulation（EC）No 2422/2001 of the European Parliament and of the Council of 6 November 2001 on a Community energy efficiency labelling programme for office equipment，O J L 332，15/12/2001.

标准。

(4) 落实和修改《能源终端使用效率和能源服务指令》。[①] 欧委会将动员能源供应公司和监管机构、用能设备安装公司和供应公司、设备制造公司以及能源服务公司，促进能源服务市场的发展。在这方面，欧委会将采取一系列行动：2007年召开成员国和欧盟利益相关方大会，为第一个国家能源效率行动计划作准备；2007年与欧盟能源监管机构理事会（CEER）一起，通过与“欧洲电力和天然气监管机构小组”（ERGEG）起草一份谅解备忘录，提出改进能源终端效率的指南和行为规范；2008年1月对各成员国2007年6月提交的《国家能源效率行动计划》进行评估，并公布第一份评估报告，然后在2008年底对理事会2006年4月5日修订的《能源终端使用效率和能源服务指令》进行评估，以进一步加强该指令；2008年，在欧委会关于发展一个衡量能源效率改进情况统一系统的进展报告的基础上，对共同体范围的“白色证书认证制度”（White Certificate Scheme）进行评估；2008年，改善成员国公共采购在能源效率方面的指导原则的一致性，以加强成员国和共同体指导原则；2009年，为自愿协议制定更加严格、更加趋同的标准，提高自愿协议的有效性和相关性，避免低效率的自愿协议；[②] 2008年，为能源审计发布一项“欧洲标准”（European Norm，EN）的执行令（mandate），提高工业和建筑业能源审计的质量；2009年，考虑并提出更加具体的计量和计费（metering and billing）要求；2008年，与“欧洲技术学院”和“欧洲能源观察办公室”一起，考虑支持或建立一个“技术监测和开发中心”，发现和改进新兴的或现有的技术，并与工业界密切对话，对这些技术进行推广。

---

① Directive 2006/32/EC of the European Parliament and of the Council of 5 April 2006 on energy end-use efficiency and energy services and repealing Council Directive 93/76/EEC，O J L 114，27/4/2006.

② 自愿协议是产业界为节能而实施的自律行为，通常在产业界与政府之间签署。欧盟鼓励自律性行业协议，因为它往往是政府制定强制性标准的替代或先导。自律性行业协议在荷兰、挪威、瑞典等国家实施比较成功，并且协议内容不断得到升级。目前，在欧盟实施的自律性行业协议范围涉及电视机、电冰箱、洗衣机、洗碟机、电动汽车、热水器、声学设备等，其中“电视和盒式录像播放机待机损耗协议”与“家用电冰箱和洗衣机协议”被认为是实施效果最好的两个协议。

（5）落实和修改《建筑物能效指令》。[①] 该指令规定，今后所有新建建筑物都必须符合最低节能标准的要求，新建筑物要为节能设施提供或预留接口；老建筑在维修时也要尽量参照最低节能标准施工。该指令要求，符合节能标准的建筑物应颁发节能证书，有关管理机构要对获得节能证书的建筑物及其内部使用的锅炉及空调设施等进行定期检查，以评价其节能情况。2006年，欧盟开始实施新的建筑能源使用标准。实施这项标准后，估计仅此一项到2020年可节约4000万吨油当量的能源。

该指令的最终转换期限是2006年1月。然而，大多数成员国都不同程度地存在着拖延的现象，都要求延长第7、8、9条的转换时间，有些成员国要求长达3年的宽限期。2009年，欧委会将考虑修改指令，加强实施措施，其内容如下：

A. 2007年，欧委会将起草一份关于《建筑物能效指令》贯彻情况的工作文件，对成员国所采纳的最低能效要求水平进行分析研究。

B. 2009年，欧委会将提议扩大公共部门在示范新技术、新方法中的作用，目的是在修订《建筑物能效指令》时将这一义务纳入其中。

C. 2009年，欧委会将提议大幅度降低重大创新项目最低能效要求的门槛。对降低1000平方米门槛所带来的成本和效益进行影响评估。

D. 2009年，欧委会将对新建和翻修建筑物提出最低能效要求（KWh/m^2）。2007—2008年，对欧洲不同的气候地区不同类型的新建和翻建房屋制定欧盟最低能效标准的成本和效益进行研究。从2015年起，欧盟新建房屋的一项指标是接近“被动房屋”[②] 的水平。

E. 2008年底，欧委会将制定一项极低用能或被动房屋战略。2007—2008年将对广泛使用被动取暖制冷、生物质及其他可再生能源，补充或取代常规（电力和天然气）取暖制冷的影响进行评估，以便在修改指令时将其纳入其中。

F. 考虑提出具有约束力的安装被动取暖和制冷技术的要求（2008年

---

① Directive 2002/91/EC of the European Parliament and of the Council of 16 December 2002 on the energy performance of buildings, O J L 1, 4/1/2003.

② “被动房屋”（Passive House）系指取暖和制冷对外来能源供应依赖达到最低水平的房屋。

底)；

G. 2009年，欧委会将提出成员国为成本效益高的投资提供资金支持的措施。

(6) 落实《建筑产品指令》(89/106/EEC)。欧委会将在2008年提议加强和加快使用建筑产品指令中的能源效率标准。该指令中的能源效率和能源性能标准将加以评估，以便加快制定新的高效建筑部件的技术规格。

2. 改进能源转换效率

能源转换过程中的节能潜力巨大。2005年欧盟27国初级能源消费量为17.50亿吨油当量，其中1/3用于能源转换过程，其余19%用于交通运输，17%用于工业，16%用于家庭，9%用于农业，6%为非能源使用。电力生产的平均转换效率约为40%。新建发电能力的效率可接近60%。这就为提高能源效率创造了巨大的潜力，特别是未来几年欧盟需要安装相当规模的新的发电能力。欧委会要求采取符合成本效益的措施，减少电力传输和配送过程中的损耗。这一过程的电力损耗常常高达10%，其中传输占2%，配送占8%。此外，排放交易制度也是一个减耗动力。欧盟将制定新的措施，以进一步提高能源效率。具体内容如下：

(1) 为新增和现有发电能力制定最低能源效率要求(2008)。对低于20兆瓦的新增电力和地区供暖与制冷能力，欧委会将与制造业一起，在2008年前制定最低效率要求。欧委会还将研究为更大的生产单位制定效率要求的必要性。2008年，欧委会将与电力业和供暖制冷业一起，为现有发电能力制定良好操作规范。这些规范将适时进行评估，必要时提出新的措施，包括立法。

(2) 供热和发电厂工程师认证(2008)。2008年，欧委会将发布一项授权，为一个认证计划确定“欧洲准则”(European Norm)，要求对某一规模以上的发电厂的总工程师进行认证，确保其合格，以保持供热和发电厂(包括热电联产)的最大操作效率。

(3) 改进现有传输和配送网络。2008年前，欧委会将通过“欧洲电力和天然气监管机构小组”(ERGEG)，与“欧洲能源监管机构理事会”(CEER)合作，制定良好监管做法规范并达成协议，以减少传输和配送过程中的损耗。

(4) 为促进电网准入和分散式发电的联接制定新的监管框架(2007)。集中式发电具有规模经济的好处。然而，这些好处常常被传输和配送过程中的损耗所抵消。欧盟2003年发布的第二号电力指令（2003/54/EC）纳入了一项激励措施，鼓励成员国和国家监管机构将分散式发电对减少传输和配送网络的长期投资成本所带来的好处纳入考虑，推广分散式发电。为了确保各成员国遵守共同体关于建立公司自由，提供服务应遵循客观、非任意、非歧视的标准的法规，欧盟将于2007年提出一个促进电网准入和分散式发电联网的新的监管框架。

（5）促进热电联产（CHP），落实和修改关于促进热电联产的指令[①]。该指令的目标是通过促进和发展高效率的热电联产，提高一次能源的使用效率。为了进一步推广CHP，欧委会将采取以下措施：

A. 2008—2011年，在成员国中加速高效率CHP计算方法的趋同，以提高各国支持计划的一致性。

B. 2008年，发布一项CHP工厂总工程师认证的欧洲标准执行令。与成员国分支机构或相关机构合作，启动对CHP工厂总工程师进行认证的进程，以提高CHP工厂的运作效率。

C. 2007—2009年，鼓励成员国就电子产品“原产地保证”的趋同达成协议。这将加速和简化“CHP原产地保证”认可的进程。

D. 2008—2011年，向市场监管机构提出更严格的要求，通过建立新的共同监管框架或其他立法手段，促进CHP的电网准入和市场渗透。

E. 2007—2008年，成员国确定适合CHP的产热需求以及成员国废热潜力。为了确定适合CHP发展的产热需求以及工业生产和发电过程中排放的可用于地区供暖的废热，欧委会将要求成员国提供量化信息。

F. 2007—2008年，提出地区供热的最低效率要求。这一要求将建立在最近制定的用于衡量地区供热系统能源性能的“欧洲标准”（EN）之上。欧委会将考虑标准的实施方式。

G. 2007—2009年，将发布一个微型CHP最低能效要求执行令。该执行令还将考虑到相关的网络准入问题，包括CHP中天然气发动机的最大甲烷排放量要求，以避免能效取得的成绩被甲烷排放量增加所抵消。

---

① Directive 2004/8/EC of the European Parliament and of the Council of 11 February 2004 on the promotion of cogeneration based on a useful heat demand in the internal energy market and amending Directive 92/42/EEC，O J L 52，21/2/2004.

3. 提高交通运输部门的能源效率

交通运输在欧盟经济中发挥着极其重要的作用。该行业的能源消耗占欧盟一次能源消费总量的20%，它也是欧盟能源需求增长最快的行业。由于交通运输业对化石燃料进口依赖度最高，几乎100%依赖石油，因而它是欧盟温室气体主要排放源。欧盟国家温室气体来源中能源要占到78%，交通运输占其中1/3。因此，交通运输业是欧盟节能潜力最大的部门。提高运输业的能源效率是实现欧盟节能减排目标的关键环节。

欧委会在提高交通运输能效方面的主要措施包括：

（1）提高公路车辆的燃料效率。在确保汽车燃油效率方面，由于汽车能效与排放之间联系密切，节能目标可以通过对排放进行立法得以实现。欧委会将根据新修订的"可持续发展战略"实施下列燃料效率目标：

A. 到2008—2009年，新车CO_2排放量达到140克/公里。根据欧盟"21世纪汽车"标准，到2008/09年度，在欧盟市场上销售的新轿车，CO_2排放量应在每公里140克以下，相当于每百公里汽油油耗5.8升，柴油油耗5.25升，与1998年相比减少油耗25%。

B. 到2012年将新车CO_2排放量降低到120克/公里以下。欧委会将提交一份战略文件，提议通过汽车制造商以及石油和轮胎工业等利益相关各方的共同努力，实现这一目标。未来的战略不仅针对客车，而且包括轻型商用车辆（2007—2011）。欧委会要求理事会尽快通过其提出的在客车税收中创建一个CO_2内容的提案，以促进减排目标的实现。

C. 2007—2012年，欧委会将继续通过公共采购和提高公众意识，致力发展清洁、智能、安全和节能的汽车市场。欧盟公共采购占GDP的16%，每年欧盟15国公共采购轿车10万辆，面包车10万辆，卡车3万辆，大型巴士1.5万辆。如果将公共采购的25%用于清洁高效车辆，就相当于每年购买6万辆，可以有效提高市场对此类车辆的信心。

D. 2007—2012年，欧委会将加强和改进欧盟范围的现行实时交通和旅行信息（RTTI）系统和交通管理。信息和通讯技术将越来越多地用于减少拥塞，改善交通部门的安全性和能源效能。[①]

① Communication on the Intelligent Car Initiative（COM（2006）59 final）and 2nd eSafety Communication（COM（2005）431 final）.

E. 2007 年，考虑将环境纲要进一步用于国家援助规定，鼓励对高能效车辆的资金支持，加速其进入市场。

F. 2007 年，欧委会将提议对《小汽车燃料效率标签指令》（1999/94/EC）进行修改，目的是改换燃料效率标签的设计，扩大其使用范围，使之在成员国中实现趋同。10%—20%能效最高的小车可享有 A 级标签。该指令的范围将扩大到轻型商用车辆。

（2）通过胎压和部件节能。轮胎和道路之间的摩擦耗油大约占汽车总油耗的 20%，性能良好的轮胎可以减少 5%以上的燃料消耗。胎压适当可以降低油耗。使用性能良好、压力适当的轮胎平均可以使每个驾驶者每年通过节油节省 100 欧元。此外，空调系统通常不纳入燃料效率检测范围，因此，汽车制造商缺乏足够的改进动力。为此，欧委会将提出以下措施：2008 年发布一项执行令，建立一个测量轮胎滚动阻力的公认的欧洲标准（EN）和可能的国际标准，制定最高的轮胎滚动阻力限制；2007—2008 年，与欧洲和国际生产商合作，为汽车空调系统制定衡量议定书和最低能效要求；2008 年，基于最近的研究以及用于测量滚动阻力及其他影响的标准，提出一个轮胎标签计划；2008—2009 年，促进关于现有公路车辆胎压准确监测系统的自愿协议，并与交通燃料供应工业及其他能源供应商合作，采取措施，确保准确的胎压；2008—2009 年，考虑在所有新车上强制安装胎压监测系统。

（3）采取欧盟一体化的城市交通解决办法。80%的欧洲人居住在城市环境中。道路交通中有一半燃料消耗在人口密集区，而所有人口密集区车程一半其长度不超过 5 公里。因此，减少因城市交通不畅引起的不必要的能源消耗能够产生相当可观的节能潜力。与主要依赖私家车的城市相比，公共交通使用率高的城市，每个居民每年平均节能 400—500 公斤燃油。可见，城市交通和非机动车交通拥有巨大的节能潜力。此外，城市交通占公路运输 CO_2 排放的 40%、其他交通污染物的 70%以上。欧盟有关空气质量的指令要求污染严重的大都市采取措施净化空气，这就意味着大城市必须限制造成污染的车辆进入中心地区，或根据汽车排放和能耗水平进行分级收费。为此，欧委会将于 2007—2008 年公布一份《城市交通绿皮书》，在有关城市交通的绿皮书中以一些行之有效的措施为基础，提出综合解决方案的建议，其中包括对基础设施、道路和堵塞区域进行收费的措施。其他措施还包括鼓励使用公共交通、拼车、非机动车交通（如步行和骑自行车）、采用电视会议、远程办公等。

(4) 改变不良驾驶习惯。鉴于驾车者教育的普及性及其对能源消费者的潜力，欧委会将于 2008 年通过立法提出统一要求，将促进能源效率纳入驾驶员培训课程。通过共同体资助的项目提供支持，在 2007—2012 年间促进高能效和生态驾驶。

(5) 改善航空部门的能源效率。尽管公路运输是目前改进能效潜力最关键的部门，但是其他交通部门通过不同交通方式的衔接使用，同样有助于改善能源效率。2007—2012 年，欧委会将提议扩大“单一欧洲天空空中交通管制研究”（SESAR）计划的使用，发展覆盖全欧的统一空中管制系统，通过改善交通管理和后勤保障，提高能源效率。这一项估计可节省航空用油 6%—12%。2007—2012 年，欧委会将考虑对航空和海运部门使用一切可能的市场工具，前提是不损害这两个部门的总体竞争力。2005 年 9 月，欧委会通过了一份关于减少航空业对气候影响的政策文件。[①] 文件建议把航空业纳入欧盟 ETS 体系，以提高飞机的燃料效率。为此，2006 年底或 2007 年初，欧委会提议将航空业纳入欧盟 ETS 体系。

(6) 改进海运部门的能源效率。2007—2008 年，欧委会将探索优化轮船船体清洁以减少阻力的潜力。2007—2012 年，欧委会将支持使用国际海洋组织（IMO）的能效工作成果，包括衡量能效改进的 IMO 指数。2008—2009 年，欧委会将提出立法提案，对共同体内部船只停靠港口后使用岸边电力的情况进行监测，以实现节能的潜力。2007—2012 年，欧委会将推广短程海运、跨海高速公路以及其他环境友好并节能的运输模式，进一步实现节能目标。

(7) 改进铁路交通的能源效率。2007—2012 年，欧委会将通过一系列方式，提高铁路交通部门的能源效率，包括全面落实有关铁路交通问题的现有法律框架。

4. 节能融资、能源定价和经济激励措施

欧盟认为，一个运转良好的资本市场、有活力的合同形式、正确的定价

---

① European Commission, *Reducing the Climate Change Impact of Aviation*, COM (2005) 459 final, Brussels, 27/9/2005.

和不同的财政与税收优惠措施，都是以符合成本效率的方式改进能源效率的先决条件。虽然很多节能方式非常经济，投资回报期很短，但却因为融资困难不能实现，特别是中小企业面临的困难更大。一方面要促进节能融资，另一方面要改善能源价格信号。目前，欧委会正致力于发现并消除各成员国可能存在的制度障碍和监管不力的问题，确保有针对性、协调一致地使用税收手段，促进对能源效率项目的融资。此外，欧盟还将积极促进政府和企业结成伙伴关系，鼓励欧盟团结基金和结构基金、私人银行体系、欧洲投资银行、欧洲复兴与开发银行（EBRD）等公共金融机构采用债券融资、提供担保、风险投资等方式，促进私营部门对能源效率的投资，加速欧盟各国节能技术的发展。在这方面，欧委会将采取以下主要措施：

（1）改革能源效率的合同形式。2007—2009年，欧委会将查找并消除成员国在能源服务公司经常使用的融资模式方面仍然存在的法律障碍，制定标准化的监测和核查议定书，对合同模式进行简化和标准化，以改进其质量，扩大使用范围。

（2）信息交换所和小型投资项目的捆绑。2007—2009年，将发展或采用地方性轮转基金等工具，由欧洲复兴与开发银行、欧洲投资银行集团、结构基金和团结基金以及私营银行提供资金，每个基金均与当地一个信息交换所相挂钩。优先领域是安装公司和建筑公司以及实施节能项目的企业和家庭。

（3）中小企业和能源服务公司提供融资便利。由于欧盟新成员国的节能潜力特别大，欧委会将使用结构基金和团结基金作为工具，鼓励成员国和地方的私人企业增加节能投资。2007年，欧委会将考虑并发展与欧洲复兴与开发银行、欧洲投资银行等金融机构的公私合作框架，为欧盟新的高能效技术，特别是为中小企业和能源服务公司等提供能源服务的企业，吸引更多的资金，包括风险投资。2007—2012年，欧委会将促进对中小企业和公共部门使用赠款和其他财政措施，包括基金，以鼓励使用能源审计和能源效率专项投资。发展节能项目是团结基金的重要内容之一，欧委会在地区政策框架下，通过结构基金和团结基金促进新成员国和地区节能项目的融资，包括家庭建筑和社会建筑的节能改造项目。此外，欧委会还将积极发展成员国和地区之间的信息网络，推广节能融资的先进经验。2007—2012年，欧委会将鼓励中小企业使用由“竞争力和创新框架计划（2007—2013）”共同出资的

“绿色投资基金”，以促进生态创新。

(4) 为高能效产品生产提供税收抵扣。税收是将外部成本内部化的有效手段，从而也成为推广节能的有力工具。2007 年，欧委会将对利用税收抵扣鼓励企业节能进行成本收益分析，一方面鼓励企业增产达到节能指标的电器设备，另一方面鼓励消费者购买这类产品。

(5) 将税收、退税和奖优罚劣（feebates）纳入一个刺激措施框架。2006—2008 年，欧委会将就间接税提交一份绿皮书，作为加强欧盟政策实施的一个方法。绿皮书将分析把税收与诸如环境政策目标更好挂钩的可能性。2008 年，欧委会将对 2003 年颁布的“能源税指令”进行重新评估，提高能源税收的针对性和协调性，将节能目标和环保目标更好地结合起来。欧委会将在 2007 年对商用柴油税收安排提出建议，以缩小成员国之间税收差距。这项提案将减少“油箱旅游”(指货车司机到油价较低的国家加油)，提高货运业的能源效率。欧委会还呼吁成员国对提高能效的投资，例如增加建筑隔温层等降低增值税税率。在汽车税方面，2007 年欧委会将敦促理事会尽快通过其对 CO_2 排放征税的立法提案，[①] 把车辆税与 CO_2 排放相挂钩，并希望成员国在税制改革中增加相关内容。

5. 改变能源消费习惯

节能从家庭开始，能源的有效利用必须通过激发、促进和加强理性的、负责任的能源消费习惯来实现。良好的制度安排，普遍的公众意识，关于能源使用技术和方法的清晰、可靠及可获取的信息，相关的财政和环境利益，这些都是影响市场理性消费行为的重要前提条件，也有助于发动能源市场的各种主体。制度、标准以及家用电器、建筑和车辆的标签都有助于确保充分的信息、知识和理性决定。

在实施方面，欧盟的重点放在提高公众参与性和充分发挥市场机制作用上。通过绿皮书的发布和讨论，动员全社会普遍参与，并将节能与公民的个人利益相联系，以期影响大众的消费心理和习惯，为节能造就良好的社会氛围，为完善节能市场奠定基础。在实现改变能源消费行为习惯方面的目标方面，欧盟将采取以下措施：

---

① European Commission, *Proposal for a COUNCIL DIRECTIVE on passenger car related taxes*, COM (2005) 261 final, Brussels, 5/7/2005.

（1）欧盟机构作出表率（2007—2009）。欧委会及其他欧盟机构将率先改进建筑物、车辆、办公设备及其他用能设备的能源效率，示范新的节能技术，实施服务采购条例。使用和示范最佳现有技术和方法可以符合成本效益的方式影响消费行为和能源使用。欧盟第 761/2001/EC 号条例建立的生态管理和审计制度（Eco-Management and Audit Scheme，EMAS）是一套基于自愿参与的可以全面遵守环境法规、不断提高环境性能的环境管理体系。欧委会承诺：到 2007 年底，欧委会在布鲁塞尔的 65 座大楼中 29 座通过 EMAS 认证；到 2009 年底欧委会拥有的所有大楼通过认证。欧委会提议，到 2010 年，EMAS 认证扩大到其他欧盟机构。2007 年，欧委会将提议修改 EMAS，使参与机构更加重视欧盟关键性环境优先发展目标，包括能源效率。2008 年，欧委会将通过一项决定，提供定期更新的能效采购指南，以指导欧委会的采购活动。欧委会还将确保其大楼中使用的所有新能效技术都必须通过标签机制、信息活动和计划，提供相关信息，以便让公众知道其益处。

（2）在工业、交通业、中小企业和公共部门中加强能源管理。非能源密集型工业、中小企业和公共部门拥有 20%的节能潜力。改进能源管理做法是实现这一潜力的有效办法。为此，欧委会通过共同体计划共同资助能源效率管理计划，并运用其他财政工具予以加强和补充。重点是能源审计标准化、如何促进企业和公共管理机构采用能效产品的指南、最佳做法和基准指南以及能源管理人员的教育与培训计划。欧委会将在 2006 年底或 2007 年初提交一份环境计划，改善中小企业的环境表现。这项计划将由 LIFE 计划和 CIP 计划共同出资，其中将包括一个中小企业能源效率工具。2007 年，欧委会将根据理事会第 96/61/EC 号指令，公布一份“能源效率参考文件”，更新和改善污染综合预防和控制（IPPC）[①] 的能源效率数据以及其他现有的部门性文件。欧委会将把改进利益相关方能源效率的工具纳入统一的框架内，由共同的接口相连接，其目标是通过增加受益各方以及商业利益集团的融资，确保这些活动的制度化和简化。欧委会积极鼓励成员国和地方能源机构以及设备贸易协会扩大这些工具的推广应用领域，并鼓励能源服务公司和公私共同出资的合作项目帮助落实和资助已经确认的节能机会。

---

① Integrated Pollution Prevention and Control Directive（96/61/EC）.

(3) 在公共教育中纳入能源效率的内容。正规的教育制度是影响消费者能源选择的最佳途径之一。2007—2012 年，欧委会将精选的资助试点项目和计划进行简化和制度化，以便向教育者和教育机构提供必要的工具，提高教师、学生及其他利益相关方的能源意识，动员和激励他们培养能效习惯。2007 年，欧委会将向成员国提出在国家教育课程中纳入能源安全和气候变化内容的建议。同时利用共同体计划提供信息材料和教学指南等实际措施，并利用诸如 ManagEnergy[①] 一类的网络帮助传播。2008 年，欧委会将与“欧洲职业培训发展中心”合作，建立一个职业培训计划，改革培训课程，纳入能源效率和能效技术内容。其目标之一是在早期就让未来的安装工和技术人员了解新的能效技术的情况和正确的维护方法。

(4) 消费者行为、技术开发以及信息与通讯技术（ICT）。消费行为和消费者需求在决定技术开发和途径中发挥重要作用。从现在就影响消费行为可以对未来的技术开发产生重大影响。ICT 在改进能源效率中也能发挥日益重要的作用。在建筑业、工业、交通运输业和能源转换的终端使用中，这一点表现得尤其明显。

(5) 国家能效行动计划。国家行动计划将用来监测进展、报告结果、确保共同体能效法规的正确实施和遵守。2007—2012 年，欧委会将向成员国提供报告规范和指南，详细规定成员国贯彻欧盟能效法规、完成能效改进目标的测量和核查以及成员国能效法规实施机制的信息的报告义务。成员国提交国家能源效率行动计划 6 个月后，欧委会将在其定期报告中评估上述工具。欧委会将把进展和不足情况反馈给各成员国。

(6) 开展“欧洲可持续能源宣传活动”（SEE），提高公众能效意识(2007—2008)。该活动是欧委会组织实施的一项宣传活动，旨在影响能源市场上的各种主体，包括消费者和能源生产商以及那些需要用能设备和基础设施的工作者。为了提高该活动的影响力，欧委会还将创建并运行新的通信网络，合作对象为相关的能源工作小组。

(7) 加强国家性、地区性和地方性能源机构的合作。各成员国能源机构将通过“欧洲能源网络”(EnR)[②] 以及 350 多个地区性和地方性能源机构，

---

① http：//www. managenergy. net.

② “欧洲能源网络”是由各成员国能源机构组成的协会。

通过 ManagEnergy，参与2007—2012年的能效行动计划的部分活动。帮助它们在地方和地区层面上实施行动计划的措施，如良好和最佳做法与基准的信息，团结基金、结构基金和农村发展基金的使用信息，能源顾问、销售人员及其他主体的培训和教育计划，将纳入更广阔的信息传播框架。

(8) 在成员国学校开展能源效率活动。除了为教育和培训提供制度框架外，学校还要提供机会，促进人们对能源效率相关实际问题的理解，如能源管理、改进能源效率以及能源资源的最佳配置。为此，欧委会支持可在学校环境中开展的能效项目。2007—2008年期间，欧委会将在“欧洲可持续能源宣传活动”和“欧洲聪明能源计划”的支持下，在各成员国组织一次竞赛，根据一系列选拔标准，给能源效率最高的学校颁发一个奖。选拔标准包括该校能源系统管理水平、学校的整体能效、学生对能源效率和可持续性的知识水平。欧委会还将考虑颁发一个欧盟奖。

(9) 创建一个“市长契约”。2007年，在“能源效率谅解备忘录”的基础上创建一个由20—30个欧洲先进城市和欧委会组成的“市长契约”。它将依靠现行的一些倡议，如“奇维塔斯”（Civitas），[①] 创建一个永久性网络，对最佳做法进行交流和应用。欧委会将发布一个像“城市战略”中宣布的可持续城市交通计划指导文件。

(10) 成立“欧洲聪明能源机构”（IEEA）。IEEA将通过与成员国政府和能源机构合作，便利能效行动计划的实施。IEEA的独立职能及其在政策和实施链上的地位，使其能在共同体能源效率政策的全面、大胆实施中发挥重要的作用。IEEA还将在2007—2012年间推动发起与现行和未来共同体法规相关的、涉及大部分成员国、欧洲经济区国家和联系国相关的项目。

6. 加强国际能效合作

能源效率在很大程度是一个全球性的问题。世界各国通过国际贸易、发展政策以及国际协议和条约互相联接。这些工具可在欧盟及全世界扩大能效技术的应用。欧盟在节能领域积极开展国际合作，其考虑如下：首先，符合欧盟的地缘政治和战略利益；其次，由于欧盟国家在此领域具有国际领先水

---

① 科研框架计划内的一个子计划，旨在帮助相关城市实现更加可持续、清洁、能效更高的城市交通系统。

平，开展国际合作可以增加欧盟企业的商业机会；第三，欧盟可以积极参与制定国际统一的能源效率标准；最后，提高能源效率可以促进经济社会发展。

为了促进全球范围的节能增效行动，欧委会提出：

（1）2007 年发起一项“能源效率国际框架协议”的倡议，作为减缓全球气候变化、确保能源供应安全的一项努力。欧委会提出与联合国、IEA、G8、WTO、世界银行、欧洲投资银行集团、欧洲复兴及开发银行及其他国际组织一起，联合达成一个全球性的能源效率框架协议，其目标是在节能措施与评估、对能源使用产品和服务最低能效标准的制定、分类和认证、能源审计、待机能耗、产品编码等方面进行密切合作，共同限制不符合最低标准的产品的使用。这一协定覆盖所有能源终端用户领域，包括运输和能源转换在内，这一方面通过国际合作实现节能的潜力特别大。参与国不仅包括美国、日本、俄罗斯等发达国家，而且包括中国、印度、巴西等发展中国家。2007—2012 年间要加强国际合作，制定出最低能源效率要求和标签的测量方法。至少对全球交易产品制定统一的测量方法，以促进能效更高的设备的贸易，促进此类技术的推广。“欧洲标准”（EN）以及其他国际标准化组织（如 IEC 和 ISO）制定的准则可选作国际公认标准的基础。①

（2）与出口工业签订自律性协议（2007—2012）。2007 年，欧委会将寻求与工业分支机构签订协议（承诺），以便帮助提供更多的有关接受欧盟技术的国家的能源效率和能源需求管理的信息。促进欧盟能源标签制度的推广使用。

（3）在双边贸易和能源供应协议中纳入能源效率。2007—2012 年间，现有的和拟议中的国际对话、贸易协议以及其他合作工具和条约将加强能源效率方面的内容。

（4）创建一个传播能源技术信息的国际网络。2009 年将提议创建一个由欧盟以外各地方性能源中心组成的国际网络，传播欧盟能效技术和可再生能源技术的信息。

① European Commission，*Analysis of the Action Plan for Energy Efficiency：Realising the Potential*，SEC（2006）1173.

（三）设立节能增效财政工具

为了确保节能增效措施的落实，2006年12月18日，欧盟理事会通过的第七个科技研发框架计划（FP7），在能源领域主要集中在利用可再生能源发电、燃料生产、清洁煤技术、智能能源网络等方面，采用生物燃料的“清洁安全汽车”就是使用替代燃料的一个示范项目。其他还有采用电子设备对周围环境中的能源，例如使用者的运动、身体散发热量和太阳光进行回收的技术等。欧盟的目标是力争在未来20年内保持节能增效技术的领先地位。

欧盟另一个支持节能增效的财政工具是“欧洲聪明能源计划”（IEE）。IEE是欧盟继“1998—2002年能源框架计划”后在能源领域里实施的又一个旨在支持能源效率和可再生能源的行动计划。该计划最初于2003年6月26日由欧洲议会和欧盟理事会通过，2003年8月4日生效，实施期为2003—2006年，总预算为2亿欧元。① IEE旨在支持2000年里斯本战略、2000年欧盟能源供应安全战略绿皮书、2001年可持续发展战略以及共同体相关法规（包括可再生能源发电指令、建筑物能源效率指令和生物燃料指令），促进能源领域的可持续发展，实现欧盟能源供应安全、竞争力和环境保护三重目标。

IEE的具体目标有三个：（1）促进能源效率，增加可再生能源的使用，促进能源多样化（包括交通部门），改善可持续性，开发偏远地区和岛屿的潜力，制定实现这些目标所需的立法措施。（2）发展必要的手段和工具，使欧委会和成员国可以跟踪、监测和评估共同体及其成员国在能源效率和可再生能源领域（包括交通部门的能源方面）中所采取的措施的影响。（3）通过宣传教育、经验技术交流、支持旨在刺激对新技术投资的行动、鼓励最佳做法和最佳现有技术的传播、在国际层面上的积极推广，促进高效和聪明的能源生产和消费模式的形成。

IEE计划由四个部分组成：（1）SAVE（预算6980万欧元），旨在改善

---

① *Decision No 1230/2003/EC of European Parliament and of the Council of 26 June 2003 adopting a multiannual programme for action in the field of energy: “Intelligent Energy——Europe” (2003—2006)*, O J L 176, 15/7/2003.

能源效率和能源的合理使用，特别是在建筑业和工业部门；（2）ALTENER（预算8000万欧元），旨在促进新能源和可再生能源用于集中和分散的发电产热，并使其融入当地环境和能源系统；（3）STEER（预算3260万欧元），旨在支持与交通运输中所有能源方面相关的各项计划，促进燃料的多样化，如通过开发新能源和可再生能源，促进交通运输业中的可再生燃料（生物燃料）和能源效率；（4）COOPENER（预算1760万欧元），旨在支持与促进发展中国家可再生能源和能源效率相关的各项计划，特别是在欧盟与非洲、亚洲、拉丁美洲和太平洋地区发展中国家的合作框架内。受IEE计划支持的行动或项目致力于消除提高能源效率、促进可再生能源使用的各种市场壁垒，在欧盟层面也产生了巨大的影响，直接影响到欧盟公民和政策。

为了贯彻2006年欧盟能源战略和2007年《欧洲能源政策》，欧盟理事会于2006年11月9日通过了“竞争力和创新框架计划（2007—2013）”，其中纳入了“欧洲聪明能源计划”，实施期为2007—2013年，预算7.3亿欧元。新的IEE旨在支持能源效率、可再生能源和能源多样化，保障欧盟能源供应的安全和可持续，同时增强欧盟经济竞争力。其主要目标有三个：一是促进能源效率和能源资源的合理使用；二是促进新能源和可再生能源，支持能源多样化；三是促进交通部门的能源效率和新能源及可再生能源的使用。IEE实施措施包括试点项目、政策分析以及成员国或地区联合行动的支持。

该计划下设三个专项计划：（1）促进能源效率和能源资源的合理使用（SAVE），其行动：一是改善包括建筑业和工业部门在内的能源效率，促进能源资源的合理使用；二是支持相关立法措施的制定与实施。（2）促进新能源和可再生能源（ALTENER），其行动：一是促进新能源和可再生能源用于集中式和分散式发电、产热和制冷，支持能源品种的多样化；二是使新能源和可再生能源融入当地环境和能源系统；三是支持相关立法措施的制定与实施。（3）促进交通业能源效率和新能源与可再生能源的使用（STEER），其行动：一是支持与交通业所有能源相关方面和燃料多元化有关的倡议；二是在交通业中促进可再生燃料的使用，提高能源效率；三是支持相关立法措施的制定与实施。

目前，欧盟能源消费总量约为17.25亿吨油当量。如果当前的消费趋势继续的话，那么到2020年，欧盟消费总量将上升到19亿吨油当量。欧委会认为，只要严格执行欧盟自2001年以来采取的各种节能增效措施，那么欧盟平均每年可节能1.5%，到2020年欧盟25国完全有可能达到节能20%的目标，回到1990年的15.2亿吨油当量的消费水平。

欧委会决定把2007—2013年“欧洲聪明能源计划”项目预算大幅提升到7.8亿欧元，用于推广节能技术和可再生能源，消除立法、金融、体制和社会习俗等方面对节能的非技术壁垒。针对不少新节能技术因市场规模有限、难以抵消研发生产成本而无法推广的问题，欧盟决定开放公共采购，利用占GDP 16%的公共采购资金，增加购买清洁车辆等，以有效提高市场对这类产品的信心。欧委会正在全面推广绿色公共采购，要求在公共采购合同中纳入环保条款。欧盟还投资了360万欧元，开展“欧盟可持续能源2005—2008”宣传活动，以提高公众节能意识，加强节能技术培训和信息交流。

欧盟的研发项目在支持清洁汽车方面投资力度相当大，在“21世纪的汽车”项目中的支持政策还包括：为清洁汽车免税，公共采购清洁汽车，城市对污染和高耗能汽车采取收费或禁行措施，禁止其进入中心地带，对清洁汽车实行特殊的认证和技术标准等。这些措施比政府采取直接支持清洁汽车生产和研发的效果更好。欧委会已经提出了一个关于公共采购的立法提案。[①] 欧委会还积极促进生产商、地方和地区当局、拥有庞大车队的实体以及拼车机构之间的合作，鼓励它们通过联合采购行动和交流信息，购买污染小、能效高、成本低的车辆。

五、重点发展可再生能源

发展可再生能源有助于减少温室气体排放，提高本土生产能源的比重，实现燃料结构多样化和进口来源多样化，降低对进口能源（特别是油气）的依赖性，从而增进能源供应安全。从中长期来看，可再生能源的经济竞争力可能不亚于传统能源。同时，由于可再生能源是地方性能源，因而在解决偏

① European Commission, *Proposal for a Directive on the promotion of clean road transport vehicles*, COM (2005) 634.

远地区的能源供应和脱贫方面具有特别重要的意义。因此，欧盟高度重视可再生能源的研究、开发和利用。现在，欧盟已把发展可再生能源提升到发展低碳经济、追求可持续发展的战略高度，并制定了一份《可再生能源路线图》。

（一）可再生能源的发展现状

欧盟指导可再生能源发展的政策文件主要有四类：一是 1995 年《欧洲能源政策》白皮书；二是 1997 年《可再生能源》白皮书及其《行动计划》；三是 2000 年《欧洲能源供应安全战略》绿皮书；四是欧盟可再生能源指令。欧盟可再生能源指令是指导各成员国立法的具有法律约束力的文件，其对促进可再生能源发展的规定比较具体。涉及到可再生能源发展的欧盟指令有：关于促进可再生能源 的第 2001/77/EC 号指令、关于生物柴油的第 2003/30/EC 号指令、关于能源税收的第 2003/96/EC 号指令、关于电力市场自由化的第 2003/54/EC 号指令等。

2001 年 9 月欧盟理事会通过的《促进可再生能源用于发电的指令》明确规定，可再生能源在电力消费中的份额从 1997 年的 14%提高到 2010 年的 22%，同时使可再生能源在能源消费总量中的比例从 6%增加到 12%。然而，从总体上讲，目前欧盟可再生能源的开发不足，在能源消费总量中的比例很低，且各国利用程度参差不齐。在欧盟能源结构中，石油占 37%，天然气占 24%，煤炭占 18%，核能占 15%，可再生能源仅占 6%。[①] 可再生能源最重要的应用领域是发电。2004 年，欧盟 25 国一次可再生能源中，生物质和垃圾发电占 65.8%，水电 24%，地热能 4.9%，风能 4.6%，太阳能 0.7%（参见图 19）。

2004 年，欧委会对 2001 年可再生能源指令目标进展情况发表了一份评估报告。报告指出，以现行的成员国政策和措施，到 2010 年，欧盟只能实现可再生能源在电力总消耗中占 18%—19%的比例，而不是 22%。只有 4 个成员国（德国、丹麦、西班牙和芬兰）能够实现其国家目标。关于可再生

---

① European Commission, *Annex to the Green Paper——A European Strategy for Sustainable, Competitive and Secure Energy——What is at stake, Background document*, Brussels, COM (2006) 105 final, p. 8.

能源到 2010 年占能源消费总量 12%的目标，欧委会认为，即使生物燃料指令和其他的法规得以全面实施，也只能完成 10%。因此，文件提出必须在产热部门采取更多的行动。此外，要鼓励成员国保持投资和扶持计划，加强研究。

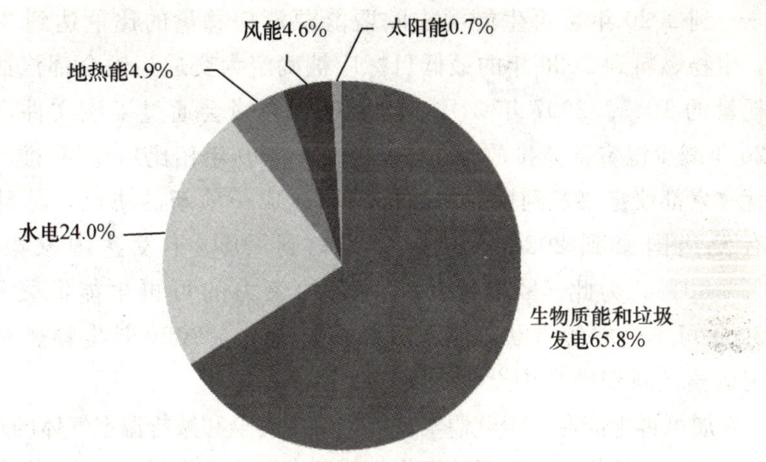

图 19　2004 年欧盟 25 国一次可再生能源产量

资源来源：*EUROPE IN FIGURES—Eurostat Yearbook 2006－07*，p. 19.

当前的预测表明，至 2010 年，欧盟可再生能源比例不太可能超过 10%。造成这种情况的原因是多方面的：首先，尽管大多数可再生能源的费用正在降低，但现阶段发展可再生能源并非最经济的选择方案。与可再生能源相比，市场价格中未能系统地包含外部成本，这为化石燃料提供了不公平的有利条件。其次，大多数可再生能源在应用上的复杂性、新颖性和分散性带来了许多管理方面的问题，包括规划、创建和操作系统审核程序不明晰、不通畅；标准和认证之间存在差异；可再生能源技术的测试体系间兼容性较差。这些因素共同导致了可再生能源部门增长缓慢。①

① European Commission，*Renewable Energy Road Map——Renewable energies in the 21st century：building a more sustainable future*，COM（2006）848 final.

（二）未来的可再生能源政策

为了改变这种状况，2007 年 1 月，欧委会公布了《可再生能源路线图》，[①] 作为欧盟应对能源安全和气候变化一揽子方案的一部分。该文件阐述了欧盟可再生能源的远景，建议欧盟确定一个具有法律约束力的目标——到 2020 年可再生能源占欧盟能源消耗总量的比重达到 20%，其中，生物燃料到 2020 年的最低目标应被确定为交通运输全部汽油和柴油消耗量的 10%。2007 年 3 月，欧盟理事会峰会通过了该文件，确定到 2020 年减少温室气体排放至少 20%（与 1990 年相比），同时推动国际社会就《京都议定书》到期后的减排问题达成一项新的协议，其目标是使所有发达国家到 2020 年减排 30%；到 2050 年发达国家集体减排 60%—80%。为此，欧盟提出了具有约束力的可再生能源发展目标：2020 年可再生能源占欧盟能源消费总量 20%，2020 年生物燃料在各成员国运输燃料消费量中至少占 10%。[②]

发展可再生能源对于欧盟实现促进供应安全和减排温室气体的双重目标有着极其重要的作用。为了让可再生能源发挥这一作用，欧委会积极采取措施，加强和扩大欧盟当前的监管框架，确保所有成员国均采取必要的措施，增加可再生能源在其能源结构中的比例。这一点得到了欧盟理事会、欧洲议会、各成员国、工业界以及公众的支持。欧盟未来的可再生能源发展政策主要体现在欧委会 2007 年 1 月公布的《可再生能源路线图》之中。

1. 未来可再生能源的立法原则

为了大幅度提高可再生能源在欧盟能源结构中的比例，欧委会提出，未来可再生能源政策框架必须遵循以下几项关键原则：（1）制定长远强制性指标，保持政策框架的稳定性；（2）增加各部门制定指标的灵活性；（3）确保全面性，尤其要覆盖供暖和制冷；不断努力消除可再生能源推广中存在的不合理的壁垒；考虑环境和社会因素；确保政策符合成本效益的原则；与内部能源市场相一致。

---

① European Commission，*Renewable Energy Road Map——Renewable energies in the 21st century：building a more sustainable future*，COM（2006）848 final.

② European Commission，*An Energy Policy for Europe*，COM（2007）1 final.

2. 可再生能源发展的总目标

可再生能源政策是欧盟减排政策的一个基石。自 20 世纪 90 年代以来，欧盟已经采取一系列旨在促进可再生能源发展的措施，有些是通过技术计划，有些是具体政策计划。欧盟促进可再生能源发展的政策措施均是以指标形式通过的，不是根据政治需要确定目标（如 1997 年制定的 12%的可再生能源目标），就是根据部门立法确定指标（如生物燃料指令和可再生能源发电指令）。这些指令也提供了一整套旨在促进指标实现的政策措施。

在许多经济部门，指标被用于为相关行业提供清晰性和稳定性，使它们在计划和投资时享有更高程度的确定性。欧盟层面上提供指标有助于增强这种稳定性效果，因为欧盟政策的时间跨度通常比较长，可以避免短期性国内政治变化的不稳定影响。要确保指标的有效性，就要界定清晰，重点突出，并且带有强制性。12%可再生能源目标是一个很好的政治目标，但实践证明，它不足于发展可再生能源部门。欧委会认为，制定一个具有法律约束力的目标，使欧盟可再生能源到 2020 年达到内陆消费总量 20%，不仅可行，而且可取。

3. 生物燃料目标

生物燃料比其他形式的可再生能源成本高，但它是目前可用来解决交通部门面临的能源挑战的唯一的可再生能源形式。交通部门不仅近乎完全依赖石油，而且温室气体减排特别困难。为此，欧委会建议在新的框架中为生物燃料纳入一个具有法律约束力的最低目标。这一目标就是到 2020 年生物燃料在交通汽油和柴油消费总量中达到 10%。为了这一目标的顺利实现，欧委会将同时提议修改《燃料质量指令》(98/70/EC)。

4. 国家目标和行动计划

鉴于可再生能源的支持措施在很大程度需要依靠成员国，因此，欧盟总目标需要体现在强制性国家目标之中。每个成员国对实现欧盟目标的贡献必须考虑到不同的国情。成员国应该可以灵活地促进最适合本国具体潜力和优先发展领域的可再生能源品种。欧委会要求各成员国在制定本国国家行动计划时，把实现其目标的确切方式通报给欧委会。国家行动计划应包含部门目标和措施，这些目标和措施应与实现国家总目标相一致，表明其与 2010 年可再生能源目标相比有实质性的进展。在实际落实国家目标时，成员国必须制定本国的电力、生物燃料以及供暖和制冷的具体目标，由欧委会核实，以确保欧盟总目标的实现。2007 年，欧委会将就生物燃料总目标、最低目标以及监测机制提出立法建议，以促进可再生能源在上述三个部门的占有率。这一进程将确保欧盟总目标以公平、公正的方式得以实现，明确地加强现有政治和法律框架。

5. 促进政策及辅助措施

除上述立法措施和成员国制定的应用措施外，欧委会还将采取如下行动：

（1）提议加强法律法规，以消除阻碍可再生能源融入欧盟能源系统的一切不合理因素；简化电网联接和延伸的条件；减少建设可再生能源系统时必须办理的繁琐手续；消除针对中小创新企业的官僚主义拖拉作风。欧委会将继续严格落实可再生能源电力指令。

（2）提议采取立法行动，排除影响供热和制冷部门可再生能源利用增长的障碍，包括行政管理障碍、配送渠道不足、建设规范不当和市场信息缺乏。

（3）进一步采取行动改善内部电力市场的运转，把可再生能源的发展纳入考虑。提高透明度、垄断企业拆分、提高跨境连接能力，这些均有助于改善创新型可再生能源主体进入市场的机会。

（4）2007 年，重新检查成员国可再生能源支持系统的状况，以评估其效能，研究在欧盟内部电力市场的背景下实现可再生能源支持机制趋同的必要性。尽管成员国对可再生能源发电的支持机制在内部市场完全运转之前仍需要有一个过渡期，但统一的支持机制将是长期的发展目标。

（5）推动一个生物燃料刺激/支持制度的提案。例如：阻止把具有很高生物多样性价值的土地转为种植生物燃料原料；阻止使用不良的生物燃料生产制度；鼓励使用第二代生产工艺。

（6）继续推动公共采购（尤其是交通运输）中可再生能源的利用，以支持清洁能源的发展。

（7）在生物燃料需求上升的背景下，注重内部生产商和欧盟贸易伙伴的利益，因此在与乙醇生产国或地区的自由贸易协议中，继续寻求一种平衡方法。

（8）继续与电网管理部门、欧洲电力监管机构和可再生能源工业密切合作，确保可再生能源更好地接入电网，特别要注意与近海风能大规模部署相关的特别要求，尤其是跨境电网联接的问题。欧委会将认真审视TEN-E计划所提供的机会，并着手建设一个欧洲近海超级电网。

（9）充分利用欧盟财政工具（特别是结构基金和团结基金、农村发展基金以及共同体国际合作计划所提供的财政支持）所提供的可能性，支持欧盟内外可再生能源的发展。

（10）利用不同的信息和辩论平台（如“阿姆斯特丹论坛”[①]），继续促进可再生能源最佳做法的经验交流。根据欧委会关于促进地区经济变革的倡议，欧委会还将建立地区和城市网络，促进可持续能源利用方面最佳做法的经验交流。

（11）继续内化常规矿物能源的外部成本（如通过征收能源税）。

（12）充分利用即将实施的“欧洲能源技术战略计划”以结果为导向的行动所提供的一切机会，促进可再生能源的发展。

（13）在对外能源政策中，推动可再生能源的利用，为发展中国家的可持续发展提供机会。

（14）全面实施欧委会2005年12月通过的“生物质能行动计划”，[②] 充分利用生物质能为欧盟其他政策提供的巨大潜力和重大益处。

（15）继续利用“欧洲聪明能源计划”，在创新技术的成功示范和有效的市场准入之间架起一座桥梁，促进欧盟各地对效能最高的新技术的大规模部署和投资，确保可再生能源在最大程度地利用旨在支持无碳或低碳能源技术的欧盟研发计划中获得最高的优先性，同时与开展同类研发的成员国发展协作关系。

除了共同体即将采取的上述行动外，欧委会还敦促成员国、地区和地方当局采取措施，为促进可再生能源的使用作出重要贡献。目前，成员国正在使用各种政策工具促进可再生能源，包括绿电入网保护价（feed-in tariffs）、固定补贴价格（premium systems）、绿色证书、税收减免、对燃料供应商规定义务、公共采购政策以及技术研发。为了实现新的目标，成员国必须根据欧洲共同体条约的规定，进一步使用一系列政策工具。欧委会特别呼吁成员国和地方或地区当局：（1）确保授权过程的简单性、快速性和公平性，并且

① http：//www.senternovem.nl/amsterdamforum/.

② European Commission，*Biomass Action Plan*，COM（2005）628，7/12/2005.

提供清晰的审批指南，包括在适当情况下指定“一条龙服务”的审批机构，负责协调与可再生能源相关的行政管理程序；(2) 改进预先规划机制，使地区和市政当局可以根据要求安排合适的地方，发展可再生能源；(3) 将可再生能源纳入地区和地方发展规划之中。

(三) 制定新的可再生能源指令

2008年1月23日，欧委会提出了一项新的可再生能源指令草案，以取代2001年生效的现行政策。根据这一草案，各成员国均应增加可再生能源（如太阳能、风能、水能）比例，以使欧盟的可再生能源比例从目前的8.5%提高到2020年的20%。交通燃料消耗中增加10%的生物燃料也被纳入了欧盟的总目标之中。[①] 为了实现这些目标，欧盟为27个成员国制定了2005—2020年的可再生能源目标，各国均应在2005年的水平上增加5.5%的可再生能源，其余增长部分按人均GDP计算（参见表10)。

欧委会还提出了一系列阶段性目标，以确保2020年目标的稳步实现：2011—2012年平均增长25%；2013—2014年平均增长35%；2015—2016年平均增长45%；2017—2018年平均增长65%。欧盟成员国有权决定本国的可再生能源结构，以反映不同的潜力。但是，欧盟要求各成员国必须在2010年3月31日之前向欧委会提交“国家行动计划”（NAPs)，提出可再生能源发展战略。计划必须明确三个方面的安排：电力、产热制冷和交通运输。这一指令草案有待于欧洲议会和欧盟理事会批准，时间是2009年上半年。

(四) 发展生物燃料

生物燃料是以生物质为原料生产的液态或气态燃料，原料主要来自农林产品或副产品、工业废物及生活垃圾等有机物。目前，生物燃料是应对交通部门能源挑战唯一的可再生能源形式。交通运输所消耗的能源在欧盟能源消费总量中超过30%，其中98%为化石燃料。这需要大量的石油进口，使欧盟经济极易受到国际石油市场波动的影响。此外，据统计，1990—2010年

---

① http://www.euractiv.com/en/energy/eu-renewable-energy-policy/article－117536，2008年8月10日。

表10　欧盟27国2005—2020年可再生能源发展目标

成员国	2005年可再生能源比例	2020年可再生能源比例
奥地利	23.3%	34%
比利时	2.2%	13%
保加利亚	9.4%	16%
塞浦路斯	2.9%	13%
捷克共和国	6.1%	13%
丹麦	17%	30%
爱沙尼亚	18%	25%
芬兰	28.5%	38%
法国	10.3%	23%
德国	5.8%	18%
希腊	6.9%	18%
匈牙利	4.3%	13%
爱尔兰	3.1%	16%
意大利	5.2%	17%
拉脱维亚	34.9%	42%
立陶宛	15%	23%
卢森堡	0.9%	11%
马尔他	0%	10%
荷兰	2.4%	14%
波兰	7.2%	15%
葡萄牙	20.5%	31%
罗马尼亚	17.8%	24%
斯洛伐克	6.7%	14%
斯洛文尼亚	16%	25%
西班牙	8.7%	20%
瑞典	39.8%	49%
英国	1.3%	15%

资料来源：http：//www.euractiv.com/en/energy/eu-renewable-energy-policy/article－117536。

欧盟新增CO_2排放量中90％来自交通运输业，是欧盟没有完成《京都议定书》减排义务的主要原因。[①] 发展生物燃料可以减少温室气体排放，促进交通运输燃料无碳化进程，实现能源供应的多样化，长期替代化石燃料，保持欧洲的竞争力；还会为农村地区提供更多的收入来源和就业机会。生物燃料的成本较其他形式可再生能源的成本为高。为此，欧盟将生物燃料作为发展重点。

目前，生物燃料仅占欧盟能源消费总量的2%。2005年12月欧盟公布的《生物质行动计划》提出到2010年将生物燃料的比重增加一倍。[②] 这样就可以将化石燃料在欧盟能源结构中的比重从80%减少到75%，石油进口减少8%，每年减少相当于2.09亿吨CO_2的温室气体排放量，在农业和林业部门创造25万—30万个工作机会。[③]

2006年2月，欧盟公布了以生物燃料开发和应用为核心的《欧盟生物燃料战略》，其目标是：改善欧洲内部能源安全，改善CO_2总体水平的平衡，保持欧洲的竞争力。[④] 实现这些目标需要发展创新性的生物燃料技术。该战略确立了三项具体目标：一是在欧盟和发展中国家进一步推广生物燃料的使用，确保其生产和使用方式在全球合乎环境保护的要求，并且考虑其竞争性因素，使其有助于实现里斯本战略的目标；二是通过优化生物燃料原料的种植，加强“第二代”生物燃料的研究，扩大示范项目，消除非技术性障碍，提高生物燃料的经济性，为生物燃料的大规模使用作好准备；三是探讨发展中国家生产生物燃料原料和生物燃料的可能性，确定欧盟在支持可持续生物燃料生产中所能发挥的作用。

同年，欧委会公布了一份更为具体的报告——《2030年欧盟生物燃料

---

① European Commission，*Biofuels in the European Union：A vision for 2030 and beyond*，Luxembourg：Office for Official Publications of the European Communities，2006.

② European Commission，*Biomass Action Plan*，COM（2005）628 final，7/12/2005.

③ http：//www.euractiv.com/en/energy/biomass-action-plan/article－155362＃. Accessed on 8/9/2007.

④ European Commission，*An EU Strategy for Biofuels*，COM（2006）34 final，O J C 67 of 18 March 2006，p. 4.

远景规划》。[①] 该报告提出，到2030年，欧盟25％的交通燃料将来自清洁的低碳的生物燃料，从而大大减轻欧盟各成员国对于化石能源的依赖。同时，制取生物燃料的成本将降低20％—30％。为实现这一远景规划，欧委会提议建立一个欧洲生物燃料技术平台，实施生物燃料战略。根据生物燃料制取技术的发展情况，欧委会提出分三个阶段实现生物燃料的大规模部署，不同阶段有不同的侧重点。第一阶段为近期（从现在到2010年），工作重点是：改进现有技术；第二代生物燃料的研发，建设第一批第二代生物燃料示范工厂；（从木素纤维素生物质中）提炼生物燃料概念的研发。第二阶段为中期（2010—2020年），工作重点是：第二代生物燃料生产的部署；生物燃料提炼概念的示范；继续开展研发，木素纤维素生物燃料，一体化生物燃料提炼工艺；发展能源作物和可持续农业的其他途径。第三阶段为长期（2020年以后），工作重点是：大规模生产第二代生物燃料；一体化生物燃料提炼设施的部署。[②]

欧盟提出发展生物燃料的主要政策措施有七项：[③]

第一，刺激生物燃料需求。2003年欧盟通过的《生物燃料指令》规定以参考价格计算生物燃料市场占有率，2005年和2010年生物燃料应分别达到2％和5.75％。为此，许多欧盟国家对发展生物燃料给予税收减免优惠政策，也有一些国家提出生物燃料义务策略，要求燃料供应时必须有一定比例的生物燃料。这些着眼于供给角度的措施效果并不显著，2005年生物燃料市场占有率仅为1.4％，远没有达到规定的目标。为此，欧盟打算对该指令进行修改，突出成员国指标、生物燃料使用义务和确保生物燃料可持续生产的重要性。欧盟计划采取市场导向的、从需求入手的政策框架，主要包括鼓励大众选择交通工具时考虑使用生物燃料、生态标签，并通过尾气收费和车辆税收实行价格分类、在发放贷款中考察环保绩效和进行环境风险评估。

---

① European Commission, *Biofuels in the European Union: A vision for 2030 and beyond*, Luxembourg: Office for Official Publications of the European Communities, 2006.

② European Commission, *An EU Strategy for Biofuels*, COM (2006) 34 final, O J C 67 of 18 March 2006, p. 4.

③ European Commission, *An EU Strategy for Biofuels*, COM (2006) 34 final, O J C 67 of 18 March 2006, p. 4.

第二，确保环境效益。目前，欧盟政策缺乏对不同生物燃料实际减排温室气体的贡献比较。为了实现最大的环境效益，《欧盟生物燃料战略》要求增加相应的研究投入，量化车辆使用生物燃料对于温室气体的抑制效果；向有关生产部门传递清晰的信息，引导其正确的发展方向。2006年，欧盟在《燃料质量条例》中，重新评估乙醇、乙醚与生物柴油的总量限制，以避免能源作物的大量种植加重环境负担。《欧盟生物燃料战略》要求比较生物燃料的外在成本收益，避免造成环境破坏和变相导致土地贫瘠。欧盟和第三国生物燃料原料必须以可持续的方式生产，以保护生物多样性，防止水源污染和土壤退化，保护栖息地和物种。此外，还必须考虑技术和环境法规的兼容性，特别是有关汽油和柴油中生物燃料的最高数量。

第三，发展生物燃料的生产。2005年，作为欧盟团结政策的体现，欧盟为生产能源作物有比较优势的中欧、东欧地区的农民提供了一系列支持政策，包括：相关设备和投资的财政补贴；与有关产业部门合作，突破技术转让的障碍；与有关利益集团达成妥协，确保生物燃料不受歧视；充分考虑生物能源作物对传统农业生产、食物供求和石油市场的影响。

第四，扩大生物燃料原料的供给。1992年开始，欧洲共同农业政策改变了生产补贴方式，强调农产品品质、环境保护和食品安全，这对确保能源作物的生产大有帮助。新提出的休耕补助政策，允许休耕农地种植非粮食作物，对发展生物燃料原料具有保障作用。2003年欧洲共同农业政策改革，引入了对能源作物的资金补助。目前以不超过150万公顷为上限，每公顷的能源作物可以享受45欧元的补助。为了防止发展生物燃料导致粮食和能源作物价格上涨，以及对工业原料需求产生影响，除了加强价格监管外，欧盟正在考虑实施《林业行动计划》，加强林产品在生物原料中的地位，并且把造纸、动植物副产品和生活垃圾等有机废物也纳入生物原料的范围。

第五，促进生物燃料国际贸易。欧盟目前没有关于生物燃料国际贸易的专门文件，生物燃料的交易仅仅受到诸如《科托努协定》、关税优惠等欧盟与有关国家和地区的优惠性贸易协议的约束。着眼于未来生物燃料在国际贸易谈判中的重要作用，欧盟提出尽快讨论有关生物燃料的关税协定，并且在多哈回合世贸谈判、欧盟与以阿根廷和巴西为主的拉美南部共同市场自由贸易协定等谈判中，强调欧盟在生物燃料国际贸易中的立场。

第六，支持第三世界国家。欧盟将进一步加强与第三世界国家在可再生能源领域里的合作，特别是利用《食糖议定书》的相应措施，支持受欧盟糖业体制改革影响的国家开展乙醇生产。“欧盟能源倡议”（EUEI）建立了预算为 2.2 亿欧元的欧盟能源基金，2006 年开始运作。该基金旨在刺激为生活在贫困线以下的人口提供能源服务的投资。另外，“约翰内斯堡可再生能源联盟”（JREC）重点帮助在发展中国家里发展可再生能源的开发商和中小企业解决融资缺口。为了进一步促进发展政策中推广生物燃料的不同工具之间开展协作，欧委会将出台一个统一的“协助生物燃料发展一揽子计划”，利用现有的各种工具，在可利用生物燃料开展可持续扶贫的国家和地区支持生物燃料开发。欧盟还将研究如何最佳地协助发展中国家发展环境和经济可持续的国家生物燃料平台和地区生物燃料行动计划。

第七，鼓励生物燃料技术研发。欧盟高度重视生物燃料技术的研究开发，其中一些研究项目对生物燃料的发展作出了重要贡献。如 1992 年实施的《生物柴油计划》表明，在不需要进行大量技术改造的前提下，现有交通工具中使用生物柴油在技术和经济上是可行的，为生物燃料的发展开辟了道路。欧盟将继续生物燃料的研发和创新，以改进其生产工艺、降低其生产成本。欧盟将在 2007—2013 年研发框架计划中，着重研究第二代生物质和生物燃料的全面使用，加强生物燃料产业的竞争力。欧盟建立的工业导向的生物燃料技术平台，将有助于建立生物能源生产和使用的欧洲共同愿景和战略。

六、加速低碳技术的研发与创新

欧盟能源安全既是一个供给安全问题，也是一个生态环境安全问题，还牵涉到欧盟经济的竞争力。当前欧盟和世界的预测都表明，大多数关键性能源指标（如能源消费量、化石燃料依赖性、常规油气资源的不可再生性、进口依存度、CO_2 排放量、能源价格等）都在脱离可持续、可靠的能源发展轨道。在经济发展需要能源、能源生产又不能破坏和污染环境的新形势下，能源技术研发和创新、寻求新能源开发途径，对于扭转上述趋势有着至关重要的作用。技术研发和创新有助于提高现有技术的经济效率、可支付性、可接受性和安全性，增加本土能源资源（包括可再生能源），改善能源结构，提高能效，促进节能。新技术也有利于增加清洁能源生产和使用的比例，减少能源生产和使用带来的环境影响，从而为共同体乃至世界所面临的环境和气候变化问题提供部分解决办法。此外，在经济全球化的背景下，保持和加强研发能力，促进技术成果的转化，有利于增强欧盟工业实力，提高欧盟企业的竞争力。可见，技术研发和创新对于欧盟迈向低碳经济，实现供应安全、经济竞争力和可持续发展三个目标有着特殊的意义。

（一）能源技术研发与创新的新目标

当前，欧盟能源经济面临严峻挑战：全球能源需求不断增加，常规油气资源不可再生，能源价格大幅波动（特别是对严重依赖石油的交通业带来破坏性影响），温室气体排放不断增多，油气供应不稳定，储量日益集中在少数几个国家，供应地区地缘政治动荡。气候变化已经成为现实威胁，能源安全形势日益恶化。预计到 2010 年，欧盟温室气体排放将超过 1990 年的水平，到 2030 年将超出 5%。① 到 2030 年，欧盟能源进口依存度将从目前的 50%，上升到 65%。这一切迫切需要欧盟找到充分、及时的解决办法。

欧委会在 2006 年能源政策绿皮书中提出，欧盟能源战略的目标是把全球气温变化控制在不超出工业化前水平 2℃。技术可以为能源效率、可再生能源的使用、化石燃料使用的减少、交通和发电厂的逐渐去碳化以及核能的使用带来实质性的进步。因此，发展新能源技术能够在保障能源安全、应对气候变化方面发挥决定性的作用，帮助欧盟实现到 2020 年减少能源消耗和温室气体排放 20%、把可再生能源在欧盟能源结构中的比例提高 20%的目标。同时，信息和通讯技术可以帮助管理和减少能源需求。因此，能源技术不仅有利于确保安全、可持续和价格合理的能源供应，而且有助于促进欧洲的增长和就业。

欧盟层面的研究已经取得了很大的成就。欧盟已经在一系列能源生产和能效技术方面拥有世界领先地位。欧盟是现代可再生能源技术（如太阳能、生物能源和风能）是领路先锋，风能和光电能产量增加，成本下降。欧盟也是全球发电和配送技术的有力竞争者，在 CCS 领域拥有强大的研发能力。欧洲技术平台已经建立，研究和示范的财政支持已经在第七个科技研发框架

---

① European Commission, *Toward a European Strategic Energy Technology Plan*, COM (2006) 847 final, Brussels, 10/1/2007.

计划下提供。在“欧洲聪明能源计划”框架下，欧盟能源研究的年度预算增加了50%。然而，欧盟目前的能源研发努力不足以应对气候变化和能源供应安全的双重挑战。首先，欧盟能源研究的预算远远落后于其他大国。尽管欧盟研发预算（FP7和EURATOM）在2007—2013年期间已经提高到平均每年8.86亿欧元，但美国能源法案单是2007年就提出了44亿美元，2008和2009年分别高达53亿美元。在非核能研究领域（可再生能源和能源效率），欧盟2007—2013年拨款仅为11.75亿欧元，每年1.68亿欧元。[①] 落后的还不止是公共部门。在美国、日本和中国，投入清洁技术的风险资本在不断地增加，而在欧盟却看不到这种趋势。能源部门的研发投资自20世纪80年代以来甚至在减少，大部分欧盟能源企业在清洁技术创新方面的净销售额不到1%。显然，欧盟的领先地位正在面临严重的竞争，特别是美国和日本。欧委会强调指出：“如果我们在日益加剧的全球低碳技术市场的竞争中落后的话，那么，我们可能需要依赖进口技术来完成我们的目标，从而就会失去对欧盟企业的巨大商机。”[②] 其次，研究政策掌握在成员国手中。于是，所有成员国都有本国的能源研究计划，大多拥有相似的目标，瞄准同样的技术。

面对世界能源市场新形势和新挑战，欧盟保持和加强能源技术的研发和创新能力、促进技术成果转化的战略重要性更加凸显。出于能源供应安全、经济竞争力和可持续发展的三重考虑，欧盟更加重视能源技术的研发与创新。2000年，欧盟理事会通过的“里斯本战略”提出要使欧盟到2010年成为世界上最具竞争力的知识经济体。为了落实这一目标，2002年《巴塞罗那宣言》提出到2010年研发资金至少要达到欧盟GDP的3%。为此，欧盟在2006年能源战略绿皮书中把能源技术研发与创新列为六大优先发展领域之一，并提出欧盟应制定一项战略能源技术研发计划，以加快有前景的能源技术的发展，并创造条件，帮助它们高效地打入欧盟和世界市场。在2006年欧盟布鲁塞尔春季峰会上，25个成员国的领导人共同提出了建设“创新

---

① http：//www.euractiv.com/en/energy/energy-technology-research/article－170925，2008年8月5日。

② http：//www.euractiv.com/en/energy/energy-technology-research/article－170925，2008年8月5日。

型欧洲”的设想，能源的研发与创新是列入欧盟创新的重点领域之一。

2007年1月，欧委会在一份政策文件备忘录中提出了欧盟未来能源技术研发和创新的目标，即：(1) 降低可再生能源的成本；(2) 促进能源使用效率的提高；(3) 使欧盟工业走在飞速发展的低碳技术市场的前列。① 为实现这三个目标，欧委会还于2007年公布了一份政策文件——《迈向一项欧洲战略能源技术发展计划》。② 该文件提出的欧盟未来能源技术研发的关键目标是：加速能源技术的创新，推动欧洲把气候变化和供应安全的威胁转变为提高其竞争力的机会，使欧洲经济逐渐向低碳能源系统过渡。这一蓝图提出的具体目标包括：(1) 到2020年，通过技术研发和创新，大幅度增加低成本的可再生能源，从而使20%的可再生能源目标成为现实。(2) 到2030年，热电生产将主要来自于低碳能源和大量应用CCS技术、实现近零排放的化石燃料发电厂；交通运输逐渐转向使用第二代生物燃料和氢燃料电池。(3) 2050年后，完成欧盟能源系统向低碳的转换，届时在欧盟能源总构成中，可再生能源、可持续的煤炭和天然气、可持续的氢气以及（对希望发展核能的成员国）第四代裂变核电厂和聚变核能将占很大比例。

该计划包括七个优先行动领域：(1) 加大建筑、家用电器、设备、工业生产工艺和交通系统的节能力度；(2) 发展生物燃料特别是第二代生物燃料，使之成为完全能够与碳氢化合物相竞争的替代燃料；(3) 在短期内大幅度提升近海风电的竞争力，为发展一个有竞争力的欧洲近海超级电网铺平道路；(4) 提高光电的竞争力，更好地控制太阳能；(5) 使用燃料电池和氢能技术，充分挖掘其在分散式发电和运输中的长处；(6) 可持续煤炭和天然气技术，特别是CCS；(7) 保持第四代裂变核反应堆和未来核聚变技术方面的技术优势，促进核电的竞争力和安全性，减少核废料排放水平。③

这一远景为欧盟描绘了一幅具有活力的可持续的能源经济蓝图，在应对

---

① European Commission, *Energy Technology for cheaper renewables, greater efficiency and global leadership of the European industry*, MEMO/07/14, Brussels, 10/1/2007.

② European Commission, *Towards a European Strategic Energy Technology Plan*, COM (2006) 847 final, Brussels, 10/1/2007.

③ European Commission, *An Energy Policy for Europe*, COM (2007) 1 final, p. 16.

气候变化和全球化带来的挑战的同时，紧紧抓住其隐含的机遇，占领世界多样化的清洁、高效和低碳能源技术的领先地位，成为欧盟经济繁荣的发动机和促进经济增长、就业增加的关键因素。

（二）加速低碳技术的开发与应用——《欧洲战略性能源技术发展计划》

2007年11月22日，欧委会正式公布了《欧洲战略性能源技术发展计划》（SET Plan），目的是加速低碳技术的开发和应用。[①] 该计划指出，欧盟要实现其2020年和2050年应对气候变化的目标、保障能源供应安全、促进欧盟公司的竞争力，能源技术起着至关重要的作用。然而，目前欧盟研究领域存在着一系列制约因素，阻碍着能源技术的发展和广泛应用。

第一，技术是落实欧洲能源政策的关键。气候变化、能源供应安全和竞争力这三重挑战互相关联，需要通过协调一致的方式来加以应对。欧盟只有联合采取行动，才能实现可持续、安全和具有竞争力的能源供应。因此，欧盟正在积极整合各种政策和措施：到2020年节能20%、减排20%、增加可再生能源20%；通过排放交易机制和能源税对碳排放进行定价；一个竞争的内部能源市场；一项国际能源政策。现在，欧盟需要一项目标明确的政策来加速具有经济效益的低碳能源技术的开发和推广。掌握技术对实现2007年3月9日理事会通过的欧洲能源政策目标具有至关重要的作用。要实现这些目标，就必须降低清洁能源的成本，使欧盟工业走在快速发展的低碳能源技术的前沿。从更长远的角度来看，欧盟要实现到2050年减排60%—80%的宏伟目标，就必须通过技术研究领域的突破来发展新一代的技术。

第二，当前趋势和未来预测都表明，欧盟没有实现其能源战略目标所应具备的基础。自20世纪80年代以来，欧洲长期享受着价格低廉、供应充足的能源供应。资源容易获取、没有碳排放制约以及市场力量的商业动力，使欧盟不仅依赖化石燃料，而且削弱了对新能源技术创新和投资的兴趣。由于20世纪80年代能源价格暴跌，欧盟公共和私营能源研究预算大

---

① European Commission, *A European Strategic Energy Technology Plan (SET-PLAN) —— "Towards a low carbon future"*, COM (2007) 723 final, Brussels, 22/11/2007.

幅下降，导致欧盟能源研究能力和基础设施长期投资不足。如果欧盟成员国政府现在按80年代的水平投资的话，那么欧盟能源技术开发的公共支出就应该是当前每年25亿欧元的4倍。

第三，能源创新内在的弱点。能源创新过程，从初始孕育到市场渗透，也存在着独特的结构性问题。由于所需投资的规模和现有能源系统内在的技术和法规惰性，能源创新先导时间长，往往需要几十年。创新面临以碳为基础的“封闭型”基础设施投资、垄断性主体、人为的价格封顶、修改法规框架、网络连接等一系列问题的挑战。新能源技术的市场占有还受到能源的商品性质的阻碍。新技术通常比它们所要取代的技术要昂贵，而能源服务却并没有改善。其直接利益往往属于社会而不是消费者。有些技术面临社会接受的问题，并且在适应现行能源系统时常常需要额外的入网成本。法律和行政障碍构成了完整的阻碍创新的框架。可见，公共干预支持能源创新不仅必要，而且合理。

第四，欧盟要走在世界能源技术的前列。欧盟成员国单独行动难以为工业部门创造必要的条件到全球市场上竞争。不仅美国和日本，而且中国、印度和巴西等新兴经济体正面临同样的挑战，它们正在加速新能源技术的研发与商业化应用。美国和日本都已通过了科技发展计划。其市场规模、投资和研究能力远远超过欧盟大部分成员国。更为不利的是，欧盟研究基础一直存在着分割性、研究战略的多头性和不协调性以及研究能力的非关键性。通过制定减排目标，实施ETS对碳排放收费，创建真正的内部市场，欧盟在应对气候变化方面已经走在世界的前列。欧盟希望其成员国能作出同样的决定，以同样的雄心壮志，采取一项发展低碳技术的政策，从而发起一场新的工业革命。在一个受碳困扰的世界里，掌握技术将决定繁荣和竞争力。如果在日益加剧的全球抢占低碳技术市场的竞争中落后，欧盟就要依靠进口技术来完成减排目标，欧盟企业因此将丧失巨大的商机。

第五，立即采取行动。向低碳经济过渡需要几十年时间，涉及每一个经济部门。欧盟需要迅速采取行动。今后10—15年作出的决定将对能源安全、气候变化、欧盟的经济增长和就业产生深刻的影响。行动的代价可能很高，但不采取行动的代价更高。《斯特恩报告》预测，采取行动的成本可能是每年全球GDP的1%左右，而不采取行动的代价可能导致每年损失全球 GDP 的 5%—20%。

欧盟的远景设想是使欧洲成为一个充满活力的可持续经济体，在多样化的清洁、高效和低碳能源技术方面拥有世界领先地位，使这些技术成为欧洲繁荣的强大动力，促进增长和就业。欧洲要牢牢把握气候变化和全球化所隐含的机遇，积极应对全球能源挑战，包括帮助发展中国家取得更多的现代能源服务。①

SET 计划提出，欧盟首先要从能源效率方面入手，提高能源转换、供应和终端使用的效率。在交通、建筑和工业部门，把现有技术机会转化为商机。充分利用信息和通讯技术以及机构创新的潜力，利用公共政策和市场手段来管理需求，培育新市场。目前已有几项政策和措施正在推动这一进程，尤其是“能效行动计划”、“生态设计指令”、“用能产品能源标签指令”、“能源服务指令”和“建筑节能指令”。其他措施也正在酝酿之中，如汽车 CO_2 排放、城市交通行动计划、排放交易机制新阶段、可持续生产和消费倡议、可持续工业政策倡议等。

实现 2020 年目标：实现 2020 年目标的技术已经存在，但总体上成本偏高，面临市场渗透的困难。因此欧盟必须采取一个双轨途径：一是加强研究，降低成本，提高性能；二是采取积极的支持措施，创造商机，刺激市场发展，消除阻碍高效低碳技术创新和市场推广的非技术壁垒。欧委会指出，今后 10 年欧盟实现 2020 年目标的主要技术挑战包括：使第二代生物燃料成为可与化石燃料竞争的替代燃料，同时实现生物燃料生产的可持续性；通过工业规模的示范，实现 CO_2 捕集、运输和储存技术的商业化应用；使最大的风力涡轮机发电容量翻一番，把近海风力作为先导应用目标；示范大规模光电（PV）和集中性太阳能的商用能力；启动一个能够容纳可再生能源和分散式能源大规模并网的单一的欧洲智能电网；帮助建筑、交通和工业部门中效率更高的能源转换和终端使用装置和系统大批量上市，如多种能源发电和燃料电池；保持裂变技术的竞争力，同时找到核废料管理的长效解决办法。

---

① European Commission, *A European Strategic Energy Technology Plan (SET-PLAN) —— "Towards a low carbon future"*, COM (2007) 723 final, Brussels, 22/11/2007.

实现2050年远景规划：为实现2050年完成去碳化的远景规划，欧盟必须通过重大的突破，发展新一代技术。同时，欧盟还必须为重大的制度性和基础设施的变化作好规划。欧委会指出，今后10年欧盟实现2050年远景规划的主要技术挑战包括：提高下一代可再生能源技术的市场竞争力；在能源储存技术的经济性方面取得突破；发展氢燃料电池汽车技术，创造条件使其商业化；完成新一代（第四代）更具可持续性的裂变反应堆的示范准备工作；完成ITER核聚变设施的建造工作，确保工业界在早期参与示范行动的准备工作；为发展支持未来低碳经济所需要的跨欧能源网络及其他相关系统制定详细的替代规划和过渡战略；实现能源效率研究的突破，如材料、纳米科学、信息和通讯技术、生物科学和计算机。

实现2020年目标和2050年远景规划是一个巨大的挑战，只有依靠集体努力才能最有效地加以应对。欧盟成员国、共同体、工业界和研究机构在合作行动中可以发挥不同的作用，通过创新体系，在成员国、欧盟和全球层面的合作与竞争之间取得平衡。

私营部门的行动：向低碳经济过渡是欧洲工业的独特机会。工业部门应准备增加投资，承担更大的风险。建立战略联盟是工业界分摊研究和示范负担、分享成果的一个必要手段。不同技术（如汽车行业、混合燃料汽车、燃料电池、生物燃料等）之间的协作有很大利用空间。工业部门还可携手合作，积极制定全球法规和标准，克服公众对新技术接受的复杂问题。

成员国层面的行动：成员国需要为2020年节能减排20％的目标作出贡献，使其能源系统到2050年逐渐实现去碳化。目标明确、措施到位的能源技术研究，有助于成员国以利益最大化、成本最小化的方式实现其目标。成员国行动的目标是努力增加投资，提供清晰无误的市场信号，以减少风险，刺激工业部门发展更可持续的技术。例如，制定先进的激励机制，刺激创新，创造价值链，而不是不恰当地扭曲竞争或者给短期潜力最大的技术提供补贴。税收优惠和成员国层面上实施的共同体工具，如结构基金，可用来加强研究基础，建设创新能力，促进优秀成果脱颖而出，增加人才资源。加强成员国计划和措施的实施、监督和评估，积极改善与其他成员国和共同体研究努力相协调，也会带来红利。

共同体层面的行动：能源技术领域采取一种新的共同体途径对于实现

SET计划的目标至关重要。共同体是一个载体，它可以：汇集资源、分担风险，开发具有巨大潜力但目前缺乏市场竞争力并且成员国没有能力开发的新技术；促进技术和能源系统的战略规划，以确保成员国通过共同的办法来解决具有跨境性质（如网络）的问题，并以最佳的方式向未来能源系统过渡；使成员国更好地收集和分享数据与信息，以支持能源技术的政策制定，指导投资决定；确保国际合作研究努力的协调；应对共同问题和非技术性障碍，如公众对新技术的接受和认知问题，寻找共同的具有广泛推广性的解决办法。

欧盟“科技研发框架计划”和“竞争与创新框架计划”是欧盟范围各主体目前开展技术创新项目合作的主要工具。这些共同体计划应更好地用来刺激成员国和私营部门的行动，帮助它们转向指导和共同资助联合计划而不是单个项目。这就要求改变计划实施方式。拟议中的“燃料电池和氢能联合技术倡议”就是这种转变的一个典型例子。共同体研发框架计划资金用于与工业界通过在欧洲公共部门与私营部门之间建立一种全新的伙伴关系的方式，共同资助一个研究与示范计划。

全球层面的行动：当前，世界能源需求不断上升，欧盟温室气体排放预计到2030年将从15%下降到10%。在这种情况下，只有开展全球合作，才能应对全球性的挑战。欧盟希望把国际能源技术合作上升到一个新水平，正如ETS正被用于刺激全球碳排放总量控制和交易体系的发展一样。如果不能创建一个低碳技术的全球市场、确保这些技术的广泛采纳和应用，那么实现欧盟目标就可能导致欧盟人力和资源的巨大浪费，欧盟企业和社会就要为这一战略付出昂贵的代价。

SET计划的目标：欧盟多年来采取的措施已经为欧盟行动提供了一个基础。欧盟各种技术平台的创建，使相关各方可以携手合作，确定共同的研究议程和推广战略。“欧洲研究区”（ERA）已经开始走上成员国之间开展共同研究规划的道路。“卓越网”（Networks of Excellence）已经为各国研究中心提供了在专门领域联合攻关的机会。在这一基础之上，SET计划将提高欧盟总体努力的集中性、强化性和统一性，目标是加快欧洲尖端低碳技术的创新进程，促进欧洲能源政策（EPE）所提出的2020年目标和2050年远景规划的实现。

为实现上述目标，SET计划提出了四项举措：

第一，建立联合战略规划。共同体层面新的合作方式需要有一种覆盖面广、充满活力、手段灵活的方式，来指导合作进程，确定优先领域，提出行动计划。这是一种集体性战略规划的方式。成员国、工业界、研究界和财政部门必须开始以更具结构性和任务导向的方式开展交流、作出决定，在一个合作框架中与欧共体一起制定和实施行动计划。这就需要一种新的治理结构。

(1) 建立战略性能源技术高级指导小组（Steering Group on Strategic Energy Technologies）。为了指导 SET 计划的实施，加强成员国、共同体和国际努力的协调性，欧委会将于 2008 年建立一个战略性能源技术高级指导小组，由欧委会主持，成员国政府高级代表组成。该小组的任务是：设计联合行动，通过协调政策和计划提供所需资源，系统地监测和评估进展情况，努力实现共同目标。2009 年上半年，欧委会将组织一次欧洲能源技术峰会，其目的是使整个创新系统的相关各方——从工业界到消费者，再到欧盟机构、金融机构以及国际合作伙伴——有机会坐到一起，评估研究进展，推广研究成果，促进不同部门间的交叉传播。

(2) 建立欧洲能源技术信息（European Energy Technology Information）系统。指导小组有效的战略规划需要经常性的可靠的信息和数据。为了支持能源技术目标的确定、就 SET 框架制定的行动计划建立共识，欧委会将建立一个开放性信息和知识管理系统。该系统将包括由欧委会的“联合研究中心”创造的“绘制技术图谱”（尖端技术、障碍以及技术的潜力）和“绘制能力图谱”（财政和人力资源）。该系统将通过能源市场观察站和两年一度的战略能源评估报告，协助对 SET 计划进展情况进行定期报告，为制定能源政策提供信息支持。

第二，建立更有效的实施方式。为了加快开发和市场引入进程，欧委会提出建立能够发挥公共干预、欧盟工业界和研究人员潜力的更强大的机制。

(1)“欧洲工业行动倡议”（European Industrial Initiatives）。这些行动倡议旨在通过必要的关键性活动和主体，加强工业部门能源研究和创新。它们将集中和协调共同体、成员国和工业界的努力，实现减少成本、提高能效的共同目标。它们把目标锁定在共同体层面上开展合作可以带来最大价值的技术领域——障碍、投资规模和相关风险可通过集体的方式更好地解决的技术。欧委会提出，从2008年起，启动六项新的优先行动计划：

A. 欧洲风能计划：重点是大涡轮机和大系统的有效性研究和示范；

B. 欧洲太阳能计划：重点是光电和集中式太阳能示范；

C. 欧洲生物能计划：重点是生物能使用大战略框架内的下一代生物能；

D. 欧洲CO_2捕集、运输和封存计划：重点是整个系统要求，包括效率、安全和公众接受度，以证明工业规模的零排放化石燃料发电厂的商业可行性；

E. 欧洲电网计划：重点是发展智能电力系统（包括储存），创建一个负责实施一项欧洲传输网络研究计划的欧洲中心；

F. 可持续核裂变计划：重点是发展第四代技术。

这些计划将按不同的方式实施，取决于部门和技术的性质和需要。对全欧已经拥有足够工业基础的技术，可采取公私合营的形式；其他被一些国家列为优先发展的技术则可采取感兴趣的国家联合规划的形式。在合适的情况下，可结合运用“技术推动”和“市场拉动”的工具。

（2）创建欧洲能源研究联盟。欧盟拥有强大的国家能源研究所和在大学和专业中心工作的出色的研究团队。它们追求类似的目标，但却各自制定战略和工作计划。传统工具（如项目和网络）已不足于协调它们的努力。扩大共同体层面的合作能够确保资源得到更有效的利用。欧委会提议创建欧洲能源研究联盟，并将于2008年上半年启动这一进程。联盟的使命是实现从当前的项目合作模式转向实施计划的新范式。其目标是使这些计划与SET计划优先发展目标相统一，使现有的不同的能力形成网络，与工业界构建持久的伙伴关系。欧洲理工学院（European Institute of Technology）将为实现这一梦想提供一个合适的载体。

（3）未来的跨欧能源网络和系统。建设可持续、互联的欧洲能源系统需要大规模的能源基础设施变革和组织创新。这一进程需要几十年，它将改变欧洲能源工业和基础设施的面貌，是21世纪最重要的投资之一。不同的部门都会受到影响，不仅包括能源、环境和交通，也包括信息和通讯技术、农业、竞争、贸易等。这就需要运用多学科的办法来研究问题，因为这些问题正在日益关联。要规划和发展未来的基础设施和政策，就必须对新能源技术选择的全面影响和后勤保障问题有良好的了解。欧委会提议，2008年就未来的跨欧能源网络和系统过渡规划发起一项行动。该行动将有助于优化和协调欧盟及其邻国间低碳能源系统一体化的发展。它还将有助于发展欧洲层面在诸如智能双向电网、CO_2运输和储存、氢能分配等领域进行预测的工具和模型。

第三，增加资源。能源与气候变化挑战规模巨大，这与当前欧盟研究和创新努力的投入水平形成了巨大的反差。解决这一反差至关重要。SET计划的实施有助于克服欧盟研究和创新基础的分割性，在合作与竞争之间取得更好的总体平衡。鼓励不同的财政计划和资金来源之间加强集中性和协调性，将有助于优化投资，加强能力建设，确保技术不同发展阶段的资金保障的连续性。在这方面，需要解决两个挑战：一是为研究和相关基础设施、工业规模的示范和市场复制项目筹措额外的财政资源；二是开展教育和培训，培养足够数量和质量的人才资源，以充分利用欧洲能源政策即将创造的技术机会。

(1) 增加投资。最近几年的几项研究（如《斯特恩报告》、IPCC报告和IEA）都证实，增加研究和创新投资，至少使目前水平翻一番，将会带来实质性的成果。技术推广的刺激性投资也需要增加2—5倍。欧盟第七个科技研发框架计划和“欧洲聪明能源计划”都是朝着正确方向迈出的重要步骤。在FP7中，用于能源研究的平均年度预算将达8.86亿欧元，而FP6仅为5.74亿欧元。欧盟对ITER核聚变计划的支持对确保预算增加发挥了重要作用。上述“欧洲工业计划”和“欧洲能源研究联盟”的运作也需要资金，因此也必须进一步增加资源。欧洲投资银行也在给能源项目投入更多的资源（未来几年将达到50亿—70亿欧元）。新设立的“分担风险金融基金”的第一批结果证明，它正在为可再生能源和能源效率部门的研究和示范项目打开更广阔的融资机会。一些成员国已经在逐渐增加国家能源研究资金。欧委会希望，其他成员国能够效法这些国家，以使欧盟今后三年的资金总量翻一番，实现里斯本战略目标。欧委会拟于2008年底提交一份关于为低碳技术提供资金的政策文件，讨论资源需求和来源问题，审视所有潜力的投资渠道，加强融资渠道之间的协调，筹措更多资金。该文件将特别审视为先进的低碳技术的工业规模示范和市场复制创建一个欧洲新机制/基金的机会，并审议创新税收优惠政策的成本和效益问题。

（2）扩大人力资源基础。为了提高有能力应对能源创新技术挑战的工程师和研究人员的素质和数量，欧委会将利用像科技研发框架计划中的“玛丽·居里行动”，来促进能源领域研究人员的培养。SET计划框架内的行动，如“欧洲工业计划”和“欧洲能源研究联盟”，将进一步创造教育和培训机会，其目的是为欧洲和全世界最优秀的科研人员创造诱人的工作环境。成员国扩大本国人力资源基础的行动应更好地加以协调，最大程度地利用各种协作体，在某些因缺乏年轻人加入而遭受人才压力的部门要增加流动机会。联合计划的共同出资要给予优先考虑。

第四，强化国际合作。国际合作（如研究和制定国际标准）对于促进低碳技术的全球发展、商品化、推广应用和获取均有着重要意义。就发达国家而言，竞争是一个关键因素。必须确保加强“公共产品”研究，如安全性、公众接受度以及相对长期的前沿研究。对发展中和新兴经济体，欧盟的兴趣在于帮助它们以更加可持续的方式发展和增长，同时为欧盟工业创造新的市场机会，确保在资源准入和开发方面的有效合作。与这些国家的进一步接触和合作有以下几种选择：使能源技术中心网络化；在这些国家为最具潜力的技术建立大型示范项目；加大创新性融资机制（如全球能效和可再生能源基金）的利用率；如果2012年后国际进一步减排协议得以达成，则应加强《京都议定书》各项机制（尤其是清洁发展机制）在减排项目投资中的运用。SET计划中提出的措施（如高级指导小组、“欧洲工业倡议”和“欧洲能源研究联盟”）有助于强化欧盟的国际合作。欧盟还必须确保在国际论坛上用一个声音说话，只有这样才能实现更加一致、更加牢固的伙伴效果。

2008年2月28日，欧盟运输、通信和能源部长理事会在布鲁塞尔通过了欧委会提出的《欧盟战略性能源技术发展计划》，同意在以下方面采取措施：建立欧委会所提出的六个“欧洲能源工业行动倡议”；支持和刺激终端技术的研发和示范，实现欧盟节能潜力，进一步促进能源效率工作；2008年成立一个由各成员国政府高官代表组成的“高级别指导小组”，交流信息，并通过联合规划，优化欧洲研究区的总体能源技术研发、示范和推广，逐步建立“欧盟能源科研联盟”；大幅度增加欧洲和成员国能源技术研发、示范和推广资金，加强能源科研和创新能力；改善和扩大共同体能源研究人员和研究院所的世界级知识基地；在政府、工业部门和研究人员之间发展不同类型的能源生产和节能技术的契约，以支持SET计划的目标；在各相关领域（如研究、国家援助、农业、交通、公共采购）制定相应政策和措施，支持2007年3月理事会通过的能源和气候目标；与第三国发展发展多层次的战略，进一步促进在清洁、可持续和高效的能源技术研发和示范方面的国际合作。① 这一决议为欧盟推进低碳产业发展、带动欧盟经济向高能效、低排放的方向转型、促进欧盟建立能源可持续利用机制迈出了第一步。

2008年3月14日，欧盟春季峰会通过了SET计划。但是，如何为SET计划的各项行动筹集资金以及由谁来提供资金却成为2008年热辩的议题。为此，2009年10月7日，欧委会公布了一份题为“为低碳能源技术发展提供投资”的政策文件。② 文件指出，今后十年能源技术研发预计需要500亿欧元的额外资金。这就是说，欧盟必须把目前每年的研发投资增加两倍，从30亿欧元增加到80亿欧元。新增资金将用于支持风能、太阳能、电网、生物能、CCS和可持续核裂变等六个关键性低碳技术领域的基础研究与应用研究、技术示范以及早日上市。此外，欧委会还提出了在多达30个城市（“智能城市倡议”）启动一项新的行动计划，以促进能效技术、可再生能源技术和能源网络技术的大规模上市。欧委会呼吁各级公共管理部门、企业界和研究人员携手合作，共同开发2020年应对气候变化、保障欧盟能源安全、确保成员国经济竞争力所需要的技术。欧委会科技委员亚内兹·波托奇尼克（Janez Potočnik）在文件公布当天表示：“欧洲要降低通往哥本哈根和未来之路的成本，就迫切需要增加清洁能源技术的研发投资。欧委会希望使SET计划成为欧洲跳跃式地跨入低碳经济的一块跳板，而这只有在公共和私营部门协调一致地汇集财政资源的情况下才有可能发生。今天增加清洁技术研发投资就有机会开发新的经济增长途

---

① Council of the European Union, *Council Conclusions on a European strategic energy technology plan*, 2845th TRANSPORT, TELECOMMUNICATIONS AND ENERGY Council meeting, Brussels, February 28, 2008.

② European Commission, *Investing in the Development of Low Carbon Technologies (SET-Plan)*, COM (2009) 519 final, Brussels, 7/10/2009.

径、发展绿色经济并确保欧盟在走出当前的经济危机后保持竞争力。”①

（三）研发与创新的支持计划

为了支持《欧洲战略性能源技术发展计划》的实施，欧盟通过了第七个研发框架计划和“竞争力与创新框架计划”框架内的“欧洲聪明能源计划”。

1. 第七个科技研发框架计划

第七个科技研发框架计划（FP7）是继 FP6 之后的旨在落实 2000 年里斯本战略的欧盟第二个科技研发框架计划，是欧盟贯彻里斯本战略的两个最重要的财政工具之一。重振里斯本战略、以科技进步为实现里斯本战略目标服务，是 FP7 最主要的指导思想。里斯本战略的核心是使欧盟到 2010 年成为世界上最具活力和竞争力的知识经济社会，将研发总投入提高到占 GDP 的 3%（其中 2/3 由私人投资）。研究、教育和创新政策构成了里斯本战略的“知识大三角”，目的是在全球化的背景下促进欧盟经济增长和就业扩大。FP7 旨在通过巩固“欧洲研究区”（ERA）、发展欧洲知识经济和知识社会，使欧盟的研究政策与其经济社会政策目标相统一。2006 年 12 月 18 日，欧洲议会和欧盟理事会分别通过了第 1982/2006/EC 号决定和第 969/2006/EC 号决定，批准了总预算为 505.21 亿欧元的欧盟 FP7（2007—2013 年）和总经费为 27.51 亿欧元的欧洲原子能共同体计划（2007—2011 年）。②

FP7 由四个专项计划组成：（1）合作计划。该计划预算为 323 亿欧元，旨在刺激跨国框架内各大学、工业界、研究中心和公共机构之间的合作，加强工业部门与科研机构的联系，其目的是帮助欧洲占领和巩固关键

---

① “*Investing in the future：Commission calls for additional 50bn in low carbon technologies*”（7 October 2009），http：//europa.eu/rapid/pressReleasesAction.do?reference=IP/09/1431&format=HTML&aged=0&language=EN&guiLanguage=en，2010 年 3 月 28 日。

② European Parliament and the Council，*Decision 2006/971/EC of 19 December 2006 concerning the Specific Programme “Cooperation” implementing the Seventh Framework Programme of the European Community for research，technological development and demonstration activities（2007 to 2013）*，O J L 400/86，30/12/2006.

科技领域的世界领先地位。该计划分10个主题：健康；食品、农业和生物技术；信息和通讯技术；纳米科学、纳米技术、材料和新的生产技术；能源；环境（包括气候变化）；交通（包括航空）；社会科学和人文科学；空间；安全研究。这些主题的总目标是促进可持续发展。(2) 思想创新计划。该计划预算为75亿欧元，旨在加强欧洲的研究探索，即发现能够根本改变我们世界观和生活方式的新知识。(3) 人力资源计划。该计划预算为47亿欧元，旨在改善欧洲研究人员的职业前景，吸引更多高素质的年轻研究人员。(4) 研究能力建设计划。该计划预算为42亿欧元，旨在为研究人员提供强大的工具，使他们能提高欧洲研究的质量和竞争力。该计划支持研究基础设施建设，创建地区性研究型联合体，促进有利于中小企业增长的研究，密切科学与社会的关系，促进国际研究合作，以提高欧洲研究和创新能力。

作为中长期重大科技研发计划，FP7具有研究水平高、涉及领域广、参与国家多、投资力度大的特点。相对FP6而言，FP7经费提高了40%。除研发经费大幅度增加外，FP7还有几个新特点：一是实施期由以往的4年增加到7年，扩大了执行时空，保证了计划执行的连续性；二是优先领域的集成更强，更符合欧洲科技发展的实际；三是突出了研究与创新的核心作用，尤其是企业的研究与创新具有清晰的市场导向性；四是充分发挥了泛欧科技大联合的优势，以科技进步为动力，推动里斯本战略目标的实现。

能源技术研发是在FP7的合作计划内的能源主题下进行的，预算是23.5亿欧元。FP7能源技术研发的目标是：减少对进口燃料的依赖，促进能源品种的多样化，特别是增加可再生能源、能源载体和非污染能源品种，使欧盟能源系统向更加可持续的能源系统转变；提高能源效率，促进能源的合理使用和储备；应对供应安全和气候变化的挑战，同时提高欧洲工业的竞争力。[①] 根据2000年《欧洲能源供应安全战略》绿皮书、2005

---

① European Parliament and the Council, *Decision No 1982/2006/EC of the European Parliament and of the Council of 18 December 2006 concerning the Seventh Framework Programme of the European Community for research, technological development and demonstration activities (2007—2013)*. OJ L 412/18, 30/12/2006.

年能源效率绿皮书和 2006 年《欧洲可持续、竞争力和安全能源战略》绿皮书所提出的战略思想，FP7 将能源技术研发的重点集中在确认和发展符合成本效益的低碳能源技术，促进欧盟（乃至世界）能源经济的可持续发展，为欧盟公民及各行各业提供能够承受的能源供应，使欧盟工业能够在全球舞台上成功地进行竞争。FP7 支持的活动覆盖各个时段，涉及基础研究、应用研究、技术开发、大规模技术示范等各个环节。

FP7 框架内支持的非核能源技术研究主要包括下述九项活动：

（1）氢能和燃料电池。统一行动，为具有竞争力的欧盟燃料电池和氢能工业（静止式、可携式和交通式应用）提供一个强大的技术基础。“欧洲氢能和燃料电池技术平台”已提出了一个一体化的研发战略。活动包括：基础研究和应用研究以及技术开发；适当规模的示范项目来验证研究结果，为进一步研究提供反馈；跨领域社会经济研究活动，包括基础设施问题，以支撑合理的过渡战略，为政策决策和市场框架发展提供一个合理的基础。

（2）可再生能源发电。研究、开发和示范适合不同地区条件的可再生能源一体化发电技术，大幅度提高欧盟可再生能源发电的比例；提高整体转换效率和成本效益，降低本土可再生能源（包括废弃物中可利用生物降解的部分）发电的成本，提高工艺的可靠性，进一步减少环境影响，消除现有障碍；研发重点是光电、风能和生物质（包括热电联产），其他可再生能源（地热能、太阳能、海洋能和水能）研究的目标是实现全部潜力。

（3）可再生燃料生产。研究、开发和示范一体化的燃料生产系统和转换技术，建立包括生物质和废弃物（可利用生物降解的部分）等可再生能源在内的固体、液体和气体燃料的可持续生产和供应链，降低其单价；最终目标是形成无碳燃料特别是用于交通和发电的生物燃料的符合成本效益的生产、储存、配送和使用体系。

（4）可再生能源取暖和制冷。研究、开发和示范一系列技术及装置，包括储存技术，提高可再生能源用于积极式和消极式取暖和制冷的潜力，促进可持续能源发展。其目标是实质性地降低成本，提高效率，进一步减少环境影响，优化各种技术在不同地区条件下的使用。研究和示范包括工业应用（包括热能海水淡化）、地区与室内取暖和制冷等新系统和新部件。

（5）实现零排放发电的二氧化碳捕集与封存（CCS）技术。化石燃料在未来几十年不可避免地将在能源结构中继续占有重大的比例。为了使化石燃料的使用与环境特别是气候变化相协调，必须大幅度地减少化石燃料使用产生的不利环境影响，最终实现近零排放的高效的符合成本效益的发电制热。这方面的研究、开发和示范活动的重点是高效的符合成本效益的可靠的CO_2捕集与封存技术，特别是地下封存技术，目标是把CCS的成本降低到20欧元/吨以下，捕集率在90%以上，并证明CO_2封存的长期稳定性、安全性和可靠性。

（6）清洁煤技术。以煤炭为原煤的发电厂是全世界电力生产的主力，但它们拥有进一步提高效率、减少CO_2排放的巨大潜力。为了保持竞争力、促进节能、管理CO_2排放，FP7支持对现有和未来发电厂的清洁煤炭及其他碳氢化合物转换技术的研究、开发和示范。生产二级能源载体（包括氢气）以及液体和气体燃料的转换技术，包括化学工艺，也将得到支持。这些活动将与CCS技术或生物质的共同利用相挂钩。这类技术将实质性改进发电厂的效率、可靠性和成本效益，最大程度地减少污染排放物，减少整体成本。

（7）智能能源网。为了促进欧盟电力和天然气系统和网络向更加可持续的能源系统过渡，欧盟需要研究如何在欧盟能源市场一体化程度不断提高的背景下提高其能源系统和网络的效率、灵活性、安全性、可靠性和质量。就电网而言，就是要把当前的电网改造成一个灵活的互动（用户/运营商）的服务网络，能够实时控制电力流量，消除可再生能源大规模应用和有效接入以及分散式发电（如燃料电池、微型涡轮机、互换型发动机）中存在的障碍。这就要求对关键性的技术（包括创新性ICT解决办法、可再生能源储存技术、电力电子和超导装置）进行研究、开发和示范，包括开发新的电力系统控制和可靠性工具。就天然气网络而言，研发目标是示范更加智能、高效的天然气运输和配送工艺和系统，包括可再生能源和生物气体有效融入现有网络的问题。

（8）能源效率和节能。终端能源消费和一次能源消费拥有巨大的节能增效潜力。实现这一潜力要求对新观念进行研究、优化、验证和示范，对已经验证的概念和技术进行优化，以改进建筑（包括照明）、交通、服务和工业部门的能源效率，进一步节约其整个生命周期的终端能源消费和一次能源消费。这就需要把提高能源效率的可持续战略和技术、新能源和可再生能源技术的使用、联合发电和多能源发电技术、城市和社区中大规模的需求管理措施和器材、气候影响最小化住宅（生态住宅）示范结合起来。研究的一个关键目标是实现当地社区能源系统的最优化，在大幅度减少能源需求与价格最可承受、最可持续的能源供应办法（包括新燃料的使用）之间找到一个平衡点。

（9）能源政策决策知识。发展可用于评估与能源技术相关的主要经济社会问题的工具、方法和模式，为中长期前景提供可量化的指标和方案。研究活动包括：为扩大后的欧盟建立数据库和各种决策方案，评估能源和能源相关政策对供应安全、环境、社会、能源工业竞争力以及公众接受能力问题的影响，特别是技术进步对共同体政策的影响。①

鉴于当前欧盟面临的挑战、威胁和机遇的全球性，国际协作在能源研究中的重要性与日俱增。欧盟一系列专项行动支持一些具有战略重要性的多边合作倡议，如“国际氢经济伙伴关系”（IPHE）、“碳封存领袖人物论坛”（CSLF）和“约翰内斯堡可再生能源联盟”（JREC）。FP7还支持其他旨在应对诸如能源政策的环境影响、能源供应相互依赖、技术转让和能力建设问题的专项行动以及与能源需求巨大的新兴经济体的接触。“国际能源领域科学合作”支持在世界可持续发展峰会（WSSD）期间发起的“欧盟能源扶贫和可持续发展倡议”（EUEI）的目标，即通过为穷人提供可靠的、能够支付的可持续能源供应，促进“千年发展目标”（MDGs）的实现。

应对新出现的需要和无法预见的政策需要。就新出现的需要开展研究有助于发现并探索能源供应领域、转换使用和可持续发展中新的科技机遇。这些机遇往往伴随着其他领域和学科的发展，如生物技术、新材料和新的生产工艺。无法预见的政策需要往往要求立即作出反应，例如国际气候变化行动的发展、应对严重供应中断或能源供应或价格不稳定等。

此外，FP7还资助“联合研究中心”所开展的非核行动（预算为

① European Parliament and the Council，*Decision No 1982/2006/EC of the European Parliament and of the Council of 18 December 2006 concerning the Seventh Framework Programme of the European Community for research，technological development and demonstration activities（2007—2013）*，O. J. L 412/18，30/12/2006.

17.51亿欧元）和欧洲原子能共同体计划框架内的行动（预算为27亿欧元）。

欧盟第七个EURATOM框架计划（2007—2011）安排了27.51亿欧元的预算，用于共同体内有关核领域的研究、技术开发、国际合作、技术信息的传播、应用及培训活动。该计划有两个部分：（1）核聚变能研究计划，包括以安全、可持续、环保和经济可行的能源开发为目的的核聚变能源研究，如ITER的实施、运营研究与开发等；（2）核裂变和辐射保护计划，包括核废料管理、反应堆系统、辐射保护、基础设施以及人力资源、流动和培训等。

2006年5月24日，参加ITER项目的欧盟、美国、中国、日本、韩国、俄罗斯和印度七方代表在欧盟总部布鲁塞尔草签了《成立国际组织联合实施国际热核聚变反应堆计划的协定》等协议，这标志着ITER计划实质上进入了正式执行阶段。ITER建在欧洲，欧盟是最大的出资方，承担50%的费用。其余六方分别承担10%，超出的10%用于支付建设过程中由于物价等因素造成的超支。2006年11月21日，参加ITER计划的七方代表在法国总统府正式签署了《联合实施国际热核聚变实验堆计划建立国际聚变能组织协定》和《联合实施国际热核聚变实验堆计划建立国际聚变能组织特权和豁免协定》以及其他相关文件。同年12月1日ITER临时国际组织成立，ITER计划正式开始实施。2007年10月24日，国际热核聚变实验反应堆合作协定正式开始实施，国际热核实验反应堆组织也于当天正式成立。目前参与ITER的七方已经有了明确的分工，每个国家都要贡献部件和技术，最终到法国组装。

目前，在卡达拉舍的临时研究中心，已经聚集了来自相关国家的50多名科学家和工程师，他们正在为项目进行前期准备。随着这一计划正式签署协议，与此相关的装置、建筑等子系统的建设将会迅速展开。等计划正式开始实施的时候，当地将会聚集约300到800名世界最顶尖的核能科学家。①

2. 竞争力与创新框架计划（2007—2013）

“竞争力与创新框架计划”（CIP）是欧盟为实现里斯本战略、促进欧

① http：//www.nxinfo.gov.cn/info/detail.asp? n_id=28408.

洲可持续经济增长、创造更多就业机会而通过的一个行动计划和财政工具，实施期为2007—2013年。为了实现2000年里斯本峰会确定的到2010年使欧洲成为世界上最具竞争力和最有活力的知识经济体，欧委会于2005年4月提出建立CIP，以便为整合共同体创新和竞争力领域的所有行动提供主要的法律基础，确保共同体层面上行动的统一性和协调性。

2006年10月24日，欧洲议会和欧盟理事会通过了第1639/2006/EC号决定，建立了CIP，总预算36亿欧元。① CIP确立了旨在加强欧盟竞争力和创新能力的框架，以促进知识社会和以经济平衡增长为基础的可持续发展，特别是鼓励信息技术、环境技术和可再生能源的使用。该框架计划纳入了若干个具体的共同体支持计划、新的行动以及与其他计划的协作计划，从而使共同体行动更简化、更具可见性、更具针对性。

CIP由三个专项行动计划构成：

第一，企业家精神和创新计划（Entrepreneurship and Innovation Programme）。该计划预算为21.6亿欧元，目的是促进企业家精神、工业竞争力和创新。其主要扶持对象是中小企业（SME），从高科技“羚羊”（具有很大增长潜力的公司）到占欧洲企业大多数的传统微型企业和家庭企业。该计划旨在为SME在起步和增长阶段获得资金支持和投资提供便利，为企业提供有关内部市场运作和机会的信息与建议以及与它们相关的共同体法律及未来立法的信息，使它们以符合成本效益的方式作好应对准备。该计划还规定，成员国之间交流最佳做法，以创造一个更好的企业与创新的监管和行政环境。最后，该计划还通过鼓励全面开发环境技术的潜力，促进生态创新。财政工具包括“企业和企业家精神多年计划”、“第六个研发框架计划”、“LIFE计划”和“工业竞争力计划”（已于2006年12月31日终止）。

第二，信息和通讯技术（ICT）政策支持计划。该计划预算为7.28亿欧元，目标是促进知识经济的支柱——信息和通讯技术——的采纳和使用。私营企业、行政部门和公营企业采用ICT有助于刺激欧洲创新，提高

---

① *Decision 1639/2006/EC of the European Parliament and of the Council of 24 October 2006 establishing a Competitiveness and Innovation Framework Programme (2007—2013).*

竞争力。该计划构成“2010 年：欧洲信息社会”战略的一部分。

第三，欧洲聪明能源计划（IEE）。该计划是欧盟对能效和可再生能源领域非技术行动的支持计划，预算为 7.3 亿欧元。该计划第一期从 2003 年到 2006 年。欧委会把 IEE 纳入 CIP，第二期从 2007 年到 2013 年。IEE 的目标是支持能源领域的可持续发展，促进环境保护、供应安全和竞争力三个目标的实现。其重点是消除非技术壁垒、创造市场机会、增强公众意识。纳入 CIP 后，IEE 谋求促进能源监管框架的实施、提高对新能源技术的投资水平、改进能源效率、促进新能源和可再生能源的应用、扩大其市场占有率、促进能源和燃料多样化、提高可再生能源比例以及减少最终能源消耗的活动。交通运输领域是该计划关注的重点。IEE 实施措施包括试点项目、政策分析以及成员国或地区联合行动的支持。IEE 计划有三个专项计划：一是能源效率和能源的合理使用，特别是建筑和工业部门（SAVE）；二是新能源和可再生能源发电产热及其与当地环境和能源系统一体化的问题（ALTENER）；三是交通领域的节能问题（STEER）。

CIP 采取简单而一致的方式来实现其目标。它创建了一系列协作计划，例如，其实施工具（财政工具、项目、网络、分析等）可应用于上述每一个专项计划。这一针对不同计划的共同“工具箱”是为了简化框架计划对其使用者的运作方式。CIP 不只基于试验过的或测试过的措施，也引入新工具。

欧盟有几个财政工具为企业提供支持：一是“高增长和创新型中小企业基金”（GIF），其宗旨是促进对中小企业（SME）启动阶段提供种子资本和初期资本。CIP 引入的一项新特色是在 SME 发展期间提供后续资本。二是“SME 保证基金”，其宗旨是为 SME 获取资金（贷款或租借）、小额信贷和股权（equity or quasi-equity）提供便利。该基金还包括一项新的银行贷款安全化工具，以帮助 SME 筹措额外的贷款融资。

CIP 加强和发展企业和创新支持服务，向企业传播共同体各种政策、法规和计划，特别是有关内部市场和框架研究计划方面的信息。这些服务还向企业提供创新、技术和知识转让方面的信息，为它们提供反馈，帮助它们进行效果评估和政策发展。该框架计划还支持市场复制试点项目，以促进技术上已经成功示范但尚未大规模入市的创新性或生态创新性技术和产品的有效营销与经济开发。此类项目通过公私合营的方式实施。

CIP有利于促进成员国和地区企业创新计划之间的合作，从而为欧盟企业提供获取欧洲其他地区的创新思想、技术和市场机会的途径。

七、实施全方位的国际能源外交

21世纪能源市场是一个相互依赖程度更高的全球市场。当前，世界能源需求飞速增长，全球能源资源竞争日趋激烈，国际油气价格不断飙升，产能区和过境区局势动荡，能源网络和运输通道面临恐怖主义威胁，环境污染和气候变化日趋恶化。欧盟不可能单纯依靠自身的力量来应对能源供应安全和气候变化的挑战。欧盟只有与发达国家和发展中国家，与能源消费国、生产国和过境国，在相互信任、合作和相互依赖的基础上，发展各种有效的能源关系，才能保障能源安全，维持稳定的经济条件，有效地应对气候变化的挑战。为此，欧盟积极发展共同对外能源政策，谋求以一个声音说话，利用一切政策工具，多层次、全方位地开展能源外交，努力确保其能源战略三个目标的实现。

（一）发展共同对外能源政策

1. 发展共同对外能源政策的必要性

要应对能源领域的种种挑战，实现可持续、竞争力和供应安全三重战略目标，欧盟首先必须拥有一项协调一致的对外能源政策，使它能在与世界其他能源伙伴解决共同问题时发挥更加有效的国际作用。这就要求欧盟成员国告别各自为政的过去，表现出就共同问题寻求共同解决办法的政治意愿。因此，欧盟需要迈出的第一步就是要在共同体层面上就对外能源政策的目标以及共同体和成员国层面上为实现这些目标所需采取的行动达成一致。欧盟对外能源政策的有效性和一致性取决于欧盟内外政策是否能相互结合，各成员国是否能真正团结一致，以同一个声音说话。

欧盟成员国在地理位置、能源资源禀赋、能源消费结构、能源监管体系、能源市场自由化程度、能源多样化水平、能源对外依存度、外交政策目标（如与俄罗斯的关系）等方面存在着种种差异，它们有着不同的国家利益和政策目标，包括能源政策、外交政策、经济政策等。尽管欧盟成员国在国际层面追求的许多目标相同，如《京都议定书》和WTO谈判，但外交和安全政策是各个国家目标和政策相差很大的领域，欧盟难以实施一项共同的国际能源战略。这就是为什么欧盟成员国有时会追求自身的战略利益，把双边关系置于多边关系之上。

缺乏共同能源政策使欧盟能源供应安全面临严峻挑战：第一，欧盟日益依赖于有限几个供应国的化石燃料，在短期内无法由其他供应国或替代能源资源所取代；第二，有些供应国不遵守或者部分不遵守自由市场准则和规则；第三，在一些供应国和构成竞争关系的消费国，国家在能源领域发挥支配性作用。一些国家毫不掩饰地把能源当作政策工具，不论是在对内还是在对外关系中，有时明显背离自由市场规则。欧委会认为，今后能源生产国很可能不会象20世纪90年代那样支持其能源部门的完全自由化。在这些国家看来，通过签订长期合同来确保需求安全能够带来稳定的收入，比自由市场所带来的益处更实在。多数供应国担心变革会破坏其稳定的油气收入，因而缺乏改革的动力。能源市场的这些新情况使能源问题重新回到了外交政策领域。任何由生产国引起的供应中断或者违反合同的行为，都会对欧盟经济和政治稳定构成风险。因此，这些问题不仅成为私营企业担心的问题，也是欧盟及其成员国政府所关心的大事。20世纪八九十年代各国所奉行的放任自流的态度遭受的压力越来越大。

然而，由于欧盟没有被赋予相应的职能和权限，共同体在能源问题上无法协调一致，使欧盟处于非常不利的地位。没有共同政策就缺乏必要的具有约束力的规则。欧盟27个成员国之间，以及成员国与欧委会之间，对能源安全政策的看法不同。各成员国往往把本国利益凌驾于共同体利益之上，追求自身的优先目标。欧盟成员国与第三方签订的一系列长期性双边能源协议就足以表明，成员国仍然把能源安全基本上视为一个国家政策问题。

这些不同的立场不时地导致欧盟内部的冲突。例如：匈牙利的油气公司MOL与俄罗斯天然气工业股份公司（Gazprom）签订协议，修建一条延伸线，连接俄罗斯穿过黑海的“蓝溪”天然气管道，通过巴尔干半岛进入匈牙利。这项工程与欧盟支持的“纳布科”管道项目——旨在实现欧盟能源供应多元化的几项重要工程之一——直接构成竞争关系。2005年，德国在事先没有与波兰、波罗的海三国和瑞典协商的情况下，与俄罗斯签订协议，在波罗的海海底建设一条直接连接两国的天然气管道（即“北溪”）。德国认为，修建这一管道最符合其利益。波兰和立陶宛把这一绕过它们的管道视为能源安全威胁。两国把它视为俄罗斯与德国签订的一项特别协议，是为了保障德国的能源供应，其他成员国无从享受。因此，它们对德国在签订该协议之前没有在欧盟层面上尝试协调一项管道战略而感到愤怒。东欧国家实际上失去了作为过境国的杠杆作用，而这一地位是它们与俄罗斯就能源价格进行谈判和防范对俄关系中的不利因素时所依赖的一个筹码。因此，该协议实际上削弱了东欧国家的地位。此外，从波兰的观点来看，此项工程的实现将把波兰和西欧的能源供应安全割裂开来，因而将破坏欧盟的团结以及欧盟共同能源政策出台的前景。许多新入盟的成员国（甚至包括法国和英国）都对德国日益依赖俄罗斯能源提出批评或者表示忧虑，因为如果德国对俄罗斯能源供应日益依赖，它就可能在政治上疏远其他欧盟伙伴国，对这些国家的能源、外交和安全政策带来不利的影响。这一事件突出表明了德国和欧盟成员国在能源政策问题上的单边主义倾向，也凸显了欧盟缺乏一个协调一致的欧盟能源战略。这种情形今后可能会变得更加频繁，除非成员国都认识到，如果继续不愿进行协调，就可能威胁欧盟的长期能源安全。

尽管欧盟成员国在能源领域存在着种种差异，但是它们有一个共同点：都依赖化石燃料，都依赖天然气和石油进口。目前，作为一个整体，欧盟所需能源50%依赖进口。这种依赖正在威胁能源安全。欧委会指出，尽管各成员国需要基于本国的偏爱和经济利益作出不同的能源选择，但是对进口油气的依赖构成了欧盟成员国的共同挑战，尽管程度不同。因此，欧盟必须制定一项协调一致的共同对外能源政策，力争在国际舞台上“用一个声音说话”，这样将更加有助于各国实现其能源安全目标。一个建立在25个甚至更多的各不相同的能源政策之上的处理办法是无法成功的。正如丘吉尔所言：“我们必须绑在一起，否则毫无疑问，我们都会被一个个地绞死。”① 作为世界能源消费第二大户，欧盟拥有巨大的购买力。团

① 英文原文为“We must all hang together or most assuredly we shall all hang separately”，转引自 Laurens Jan Brinkhorst，*THE NEW EU ENERGY POLICY：BALANCING THE INTERNAL MARKET AND EXTERNAL SECURITY OF SUPPLY*，Policy Dialogue-January 29，2007.

结起来，欧盟成员国就能更加强大，就能施加更大的影响，就能实施符合它们利益的工程项目，共同应对能源安全的挑战。

欧盟对外关系与欧洲邻国政策委员瓦尔德纳（Benita Ferrero-Waldner）在 2006 年 11 月 21 日召开的“对外能源政策会议”上指出，所谓“欧盟共同对外能源政策”就是各成员国在涉及能源的外交问题上通过统一的渠道用一个声音说话。“我们将不得不利用所有的工具……将对内与对外政策结合在一起，为我们的公民与工业提供安全、支付得起、可持续的能源供应。”①

2. 发展共同对外能源政策的进程

近年来，由于面临应对气候变化、供应安全问题（特别是进口依赖日益严重）以及全球化带来的竞争压力等一系列新的紧迫的挑战，欧盟成员国对发展共同能源政策的态度正在发生变化。自 2003 年下半年以来，能源安全已经成为欧盟成员国高度关注的外交政策问题。2003 年 12 月，能源被纳入了欧盟全球性的“欧洲安全战略”之中。这是欧盟共同外交与安全政策（CFSP）的重要文件之一。2006 年 1 月发生的俄罗斯同乌克兰之间的天然气之争，导致部分欧盟成员国出现天然气供应中断危机，让欧盟成员国进一步感受到了能源问题“政治化”的危险，迫使它们发展共同对外能源政策，以期今后在能源问题上用一个声音说话。为此，欧盟加快了发展共同对外能源政策的步伐。

2006 年 3 月 8 日，欧盟发表了新的能源政策绿皮书，提出了三个核心目标：可持续发展、竞争力和供应安全。绿皮书强调了把共同对外能源政策纳入 CFSP 的必要性。为了应对能源需求不断增加、能源价格持续上升、进口依存度日益提高和气候变化问题日益严重的挑战，欧委会认为，欧盟必须拥有一项协调一致的对外能源政策，确保欧盟“以同一个声音说话”。为此，欧委会提出：确定新的欧洲基础设施重点建设项目，保障能源供应安全；发展《泛欧能源共同体条约》；与俄罗斯建立新的能源伙伴

---

① Benita Ferrero-Waldner, *Concluding Remarks at the Conference: Toward an External Energy Policy to Assure a High Level of Supply Security*, Brussels, 21 November 2006. http://europa.eu/rapid/pressReleasesAction.do?reference=SPEECH/06/725&format=HTML&aged=0&language=EN&guiLanguage=en.

关系；建立新的共同体机制，对影响欧盟能源供应的外部紧急能源供应形势作出迅速和步调一致的反应；加深与主要生产国和消费国的能源关系；缔结一项国际能源效率协议。这一建议得到了 2006 年 3 月 23—24 日和 2006 年 6 月 15—16 日欧盟理事会的确认。欧盟各国领导人一致同意制定一项欧洲对外能源政策，并要求欧委会制定一个带有明确时间表的行动计划，提交 2007 年 3 月欧盟理事会讨论通过。

2006 年 6 月，欧委会和欧盟外交与安全政策高级代表联合发表了一份题为《一项服务于欧盟能源利益的对外政策》的共同文件，提出建立一项欧盟对外能源政策。文件首先明确了欧盟对外能源政策所需遵循的总的指导原则：加强欧盟外部能源供应安全。在此总原则之下，欧盟必须以协调一致的方式追求 10 个目标。① 现阶段必须考虑的能源安全两大重点是正常运转的能源大市场和多样化战略。文件同时指出，欧盟对外能源政策必须遵循的具体原则是：一致性（即受欧盟所有政策、成员国和工业界的支持）、战略性（即充分认识到能源安全地缘政治因素）和集中性（针对一切有利于推进共同体利益的倡议），并与欧盟更宽泛的外交政策目标（如预防和解决冲突、不扩散和促进人权）相一致。这一文件的发表标志着欧盟对外能源政策的初步形成，成为指导欧盟制定对外能源政策的核心文件。2006 年 6 月 15—16 日，欧洲理事会峰会通过了该文件，认为这是以团结的精神发展对外政策的坚实基础。② 欧洲理事会要求把能源融入到共同体各项政策之中。

2006 年 10 月 12 日，欧委会通过了一份题为《对外能源关系——从原则到行动》的政策文件。该文件强调指出，协调一致是实现欧盟能源政策三大目标的关键。所谓协调一致，就是要在能源政策内外两方面之间、能源政策与其他相关政策（如对外关系、贸易、发展、研究和环境）之间要实现协调一致。为了确保协调一致，各成员国和欧委会必须有效协调，使欧盟在对外能源政策中以一个声音说话。该文件还强调了与邻国和主要能源供应国发展更紧密的合作关系、把欧盟内部能源市场扩大到周边国家和

---

① European Commission，*An External Policy to Serve Europe's Energy Interests*，Brussels，16/6/2006.

② European Council，*Presidency Conclusions*，15－16/6/2006.

签订各种能源协议的重要性。该文件再次提出建立一个"能源通讯代表网络"(NESCO),作为一个预警机制。这是欧盟第二份具有重大影响的对外能源政策文件。2006 年 12 月 14—15 日,欧盟理事会批准建立能源通讯代表网络,其任务是收集、处理和分发与能源安全相关的可靠信息,协助欧盟对能源安全威胁作为早期反应,在发生能源安全危机的情况下为欧盟采取行动和决定作好准备。

2006 年 11 月 20—21 日,欧委会在布鲁塞尔专门举行了一次题为"迈向一项欧盟对外能源政策,确保高水平供应安全"的大会。能源领域相关各方相聚一堂,讨论欧洲解决能源安全问题的最有效办法。欧委会主席巴罗佐、欧盟外交与安全政策高级代表索拉那及其他与会官员和专家纷纷表示:"我们需要制定一项欧洲能源政策,把内外两个方面结合起来,以保持欧洲的竞争力、保证我们的环境目标、确保我们的供应安全。在对外能源关系领域,我们必须以一个声音说话,使我们各项政策(如贸易、发展、竞争、研发)均服务于我们的能源安全。能源安全与气候安全有着本质的联系。"①

2007 年 1 月 10 日,欧委会公布了题为《欧洲能源政策》的战略评估报告。报告指出,欧盟能源政策有三个出发点:应对气候变化;限制欧盟对进口能源的外部脆弱性;促进欧盟增长和就业,为消费者提供安全可靠、价格合理的能源供应。该报告同时提出了"2007—2009 年能源行动计划"。② 该计划强调指出,必须加快发展共同对外能源政策,开展消费国与生产国、消费国与消费国以及消费国与过境国之间的对话与伙伴关系。行动计划还提出了在对外能源政策中发展欧盟共同声音的基本内容。2007 年 3 月 8—9 日,欧盟理事会表示支持这一系列提案,并通过了"2007—2009 年能源行动计划"。③

---

① Benita Ferrero-Waldner, *Concluding remarks at the Conference: Towards an EU External Energy Policy to Assure a High Level of Supply Security*, Brussels, 21 November 2006, SPEECH/06/725.

② Council of the European Union, *Presidency conclusions* -Annex I, European Council on March 8/9, 2007.

③ Council of the European Union, *Presidency conclusions* -Annex I, European Council on March 8/9, 2007.

3. 共同对外能源政策的基本内容

（1）基本目标

欧盟共同对外能源政策的基本目标集中体现在2006年6月欧委会和欧盟外交与安全政策高级代表联合发表的《一项服务于欧盟能源利益的对外政策》文件中。根据该文件，欧盟共同对外能源政策有10个目标：一是通过与第三国建立各种能源伙伴关系，促进能源领域的透明度，改善治理能力，目标是为能源投资和贸易创建互利、开放、透明、非歧视和稳定的法律条件；二是改善生产国的生产和出口能力，发展和提升生产国和过境国的能源运输基础设施；三是改善欧盟公司在第三国的投资环境，促进它们向欧盟工业开放其能源资源的生产和出口；四是促进出口管道基础设施的非歧视过境和第三方接入，改善能源贸易条件；五是加强能源供应安全和环境安全以及能源基础设施安全；六是鼓励提高能效，使用可再生能源（包括生物燃料），低排放技术和世界范围能源的合理使用；七是落实《京都议定书》相关机制；八是促进能源进口品种和来源的多元化；九是根据核不扩散条约规定的义务和欧洲原子能共同体条约的相关规定，为选择发展核能的国家创建一个供应浓缩铀的国际机制；十是促进战略储备，鼓励与伙伴国联合持有储备。①

欧盟积极谋求把能源安全的目标整合到各项政策之中，综合运用各种政策和资源，追求其能源外交目标。欧委会强调，对外能源政策必须协调一致（即欧盟所有政策、各成员国和工业部门对能源的全方位、一致性支持）、具有战略性（充分认识到与能源相关的安全问题的地缘政治因素）、目标明确（针对欧盟层面上采取行动可以对促进欧盟利益具有明显影响的倡议）。这项政策还必须与欧盟更加宽泛的外交政策目标（如预防和解决冲突、不扩散和促进人权）相一致。② 内政外交的一致是确保能源供应安全、在国际上实现可持续发展目标的保证。基于这一考虑，欧盟力图把能源融入与能源相关的共同政策（如对外关系、贸易、发展、研究、环境等

① European Commission, *An External Policy to Serve Europe's Energy Interests*, Brussels, 16/6/2006.

② European Commission, *An External Policy to Serve Europe's Energy Interests*, Brussels, 16/6/2006, p. 3.

政策），利用对话和国际谈判追求欧盟的能源目标，并且利用一切财政工具（包括赠款和贷款），资助重大能源工程的建设。

（2）基本原则

根据欧洲议会 2007 年 9 月 26 日通过的题为《发展一项共同的欧洲能源外交政策》的决议，[①] 欧盟共同对外能源政策的基本原则可概括为四项：

第一，多元化。鉴于欧盟日益依赖有限的能源品种、供应国和运输路线，欧盟积极追求多元化。一是促进能源供应多元化，既包括地理来源上的多元化，也包括开发可持续替代能源，重点是开发环境安全的可再生能源。欧盟的一个主要目标是确保能源供应安全、价格支付得起并且可预测。二是促进运输路线的多元化。在周边地区发展能源多元化基础设施项目，特别是为实现供应国和运输路线多元化而新建的运输走廊（如跨里海/跨黑海能源走廊）、纳布科管道、LNG 基础设施、电网连接线、欧盟—地中海电力和天然气基础设施圈以及符合欧盟利益的新的石油基础设施项目（如敖得萨—格但斯克项目、康斯坦察—特里雅斯特项目）。三是支持成员国减少对支配性供应国、基础设施限制、碳密集型能源品种以及系统违反联合国宪章精神的国家的能源进口的依赖。四是加强与欧洲投资银行和欧洲复兴与开发银行合作，利用金融工具支持优先项目的建设。五是与相关国家一起，发展一项全球许可证制度，确保生物燃料生产和使用的可持续性，避免对生物多样性、全球粮食安全、天然森林乃至气候变化构成威胁。

第二，团结一致捍卫欧盟利益。创建一项共同能源外交政策，加强欧盟在与主要供应国开展对话时的地位，增强欧盟以一个声音说话的能力，促进其他政策领域的团结，提高欧盟的对外作用。成员国在就能源项目与第三国签订重大双边协议的战略决定时应向相关成员国和欧委会通报并进行协商。如果违背他国和欧盟利益的双边协议业已签订，该成员国应与欧委会合作，达成协议，本着团结的精神，消除任何负面影响，特别是环境影响。成员国和欧委会在决定重大基础设施投资前应进行全面的环境影响

---

① European Parliament，*Resolution of 26 September 2007 on towards a common European foreign policy on energy*，2007/2000（INI），O J C 219 E/206.

评估，避免管道建设对沿线生态系统和人类生命造成威胁。

第三，危机时保持团结。团结和能源安全是内部市场顺利运转的必要条件，因此欧盟将本着成员国团结的精神，创建一个团结机制，使欧盟在发生由于供应中断、关键性基础设施遭到破坏或任何其他事件引起的危机形势时高效、快速、协调一致地采取行动。在与生产国和过境国签订贸易、联系国和伙伴关系和合作协议时，欧委会将纳入“能源安全条款”，确定一个行为准则，明确规定在发生供应中断或某个伙伴单方面对合同条款或供应条件作出变化时所应采取的措施。创建一个包括“能源通讯代表网络”（NESCO）在内的高效的机制，制定相关措施，有效利用预警系统，建立相互连接的欧盟能源危机基础设施，特别是天然气和电力基础设施，以便在发生供应中断时援助相关成员国。

第四，加强与能源生产国、过境国和消费国的合作。欧盟将继续与各主要能源生产国、过境国和消费国开展密切的对话，特别是加强与阿尔及利亚、埃及等马什里克/马格里布地区其他生产国的能源关系，鼓励它们遵守国际承诺和国际法。通过与第三国发展能源伙伴关系，促进能源领域的透明度、法治和治理能力，为相关公司参与上游开发、开展能源投资和贸易创造互利、开放、透明、非歧视和稳定的法律条件，基本原则应是互惠和公平、透明的竞争。确保能源贸易收入不被滥用，不被用于资助恐怖主义。与欧盟以外的主要消费国和过境国建立研发伙伴关系，应对全球气温变暖，开发替代能源和可再生能源，特别要加强与美国等第三国的能源合作，开发能效技术，促进可再生能源热电联产和可持续生物质生产和使用。加强与发展中国家就能源问题的对话，促进可再生能源的推广，提高能源可获得性、可持续性，建设符合共同利益的能源基础设施。加强与美国及其他能源伙伴国的能源对话，与美国建立一个“能源安全伙伴关系”。与挪威等非欧盟成员国的欧洲国家加强能源合作。在欧盟所有外交政策领域（如“北方维度”、“黑海协作区”、“欧地伙伴关系”）融入一项统一的能源政策。与南高加索、里海和中亚地区以及地中海和中东地区国家发展更紧密的能源对话。发展现有机制、创造新的机制，在欧洲睦邻政策（ENP）和黑海协作区内，与过境国（乌克兰、白俄罗斯、摩尔多瓦以及南高加索、马什里克和马格里布国家）深化合作，提高市场运转的透明度，确保供应和过境的稳定性。推动土耳其与欧盟全面合作，鼓励其加入欧洲能源共同体，发挥其作为欧盟天然气供应多元化过境枢纽的重要作用。支持乌克兰、挪威和摩尔多瓦申请加入欧洲能源共同体。目前，《欧洲能源共同体条约》仅仅适用于东南欧国家，为深化地区能源合作、改善能源安全、促进投资提供一个监管框架。除了NESCO以外，欧盟还将发展其他工具和机制，更好地与邻国合作，分析、监测过境地区的形势，提高欧盟预防危机的能力；如果危机即将发生，则能更有效、更迅速地作出反应。加强与俄罗斯的能源伙伴关系。

(3) 对外能源政策的优先行动

根据2006年和2007年欧委会和欧盟理事会通过的能源政策文件，欧盟对外能源政策大致包括以下12个优先行动领域：

第一，推动国际协议，包括2012年后气候保护机制、向全球伙伴扩大排放交易、《能源宪章条约》的未来、开发和推广清洁和可再生能源技术。欧盟将在国际论坛中加强与成员国的协调，改善与IEA的协作，参与一些多边倡议，如“世界银行减少全球天然气焚烧伙伴关系”、“采掘业透明度倡议”。为了进一步加强统一性，欧盟还将视情申请加入相关国际组织。

第二，构建一个泛欧能源共同体。根据欧盟睦邻政策及其行动计划(以及通过伙伴与合作协议和联系国协议所作的工作)，欧盟积极谋求与邻国构建能源关系，扩大其能源市场，在欧洲周边创建一个“共同法规空间”，为欧盟及其邻国创造一个可以预测的、透明的市场，以促进投资、增长和供应安全。欧盟希望最终与所有相关邻国缔结一个《欧盟—欧洲睦邻政策能源条约》。目前，《欧洲能源共同体条约》已经成为一个蓬勃发展的地区能源市场的基石。欧盟谋求将此条约逐渐扩大到欧盟和巴尔干半岛以外，根据欧盟能源政策规则和原则，以自身为中心，最终构建一个广阔的“泛欧能源共同体”。

第三，加强欧俄关系，与俄罗斯就缔结一项新的全面的框架协议进行谈判，谋求与俄罗斯建立一种符合双方长远利益的全面的能源伙伴关系，为新投资创造必要的条件。这种关系必须建立在市场原则，以及《能源宪章条约》和《过境议定书》草案所规定的互利、透明、可预测和互惠的原则之上。真正的伙伴关系应该为双方提供安全和可预见性，从而为增加生产能力所必需的长期投资铺平道路。它也意味着公平和相互享有市场和基础设施的准入，尤其包括第三方使用管道。欧盟将通过G8框架，促进俄罗斯早日批准《能源宪章条约》，结束《过境议定书》的谈判。同时，欧盟谋求以能源问题为核心的《欧俄关系框架协议》替代2007年到期的《欧俄伙伴合作协议》，将欧俄关系纳入"法律轨道"，保证今后与俄在能源问题上打交道时"有法可依"。

第四，积极加强与中东、北非、中亚、拉美能源生产国的对话与合作关系，通过条约或双边协议的方式，将这些国家与欧盟"拴"在一起。为保障油气输送安全，欧盟还准备将土耳其、乌克兰等过境国也纳入这一机制。加强与黑海地区的合作，促进里海能源资源向欧盟的运输。加强与拉丁美洲和加勒比海地区的关系，进一步拓宽能源供应多元化的地理范围。欧盟还将寻求新的能源品种，与巴西就生物燃料开展对话。

第五，与美国、日本以及中国、印度、巴西等能源消费国定期开展多边或双边的对话与合作，了解能源需求，推动节能技术在全球的应用，以增加对未来能源需求的可预测性。与美国等发达国家，合作重点主要是促进全球能源市场的开放和竞争，提高能源效率，加强监管合作以及技术研究。与中国和印度，合作重点是能效、节能、可再生能源以及先进的零排放清洁煤技术。

第六，通过与欧盟所有相关伙伴和国际组织交流欧盟内部保护关键性基础设施的最佳做法，减少欧盟边界线以外关键性能源基础设施可能发生中断或实际破坏的威胁。

第七，发展全面的非洲—欧盟能源伙伴关系。非洲作为能源供应源的重要性仍在上升。欧非对话包括供应安全、可再生能源技术转让、资源的可持续开发、能源市场的透明度以及尊重良政。

第八，加强与IAEA的合作，建立新的核安全合作工具（Instrument for Nuclear Safety Cooperation），促进核不扩散、核安全。

第九，在贸易谈判中，欧盟已经用一个声音说话，而且共同体的职能早已确立。国际贸易和投资协议不论是通过双边谈判达成，还是通过多边方式缔结，均能更有效地用来建立具有法律约束力的工具。因此，要利用它们为增加投资、更可持续的生产和竞争创造必要的条件。

第十，加强与欧洲投资银行和欧洲复兴与开发银行的合作，建立一个邻国政策投资基金，大幅度增加欧洲睦邻政策工具下为能源项目提供的赠款额，利用财政工具，支持能源伙伴关系，资助诸如跨里海能源走廊、撒哈拉沙漠以南—马格里布项目。

第十一，改善国际项目的投资条件，建立一个清晰、透明的法律框架，任命欧洲协调员来代表欧盟在关键性国际项目上的利益。作为第一步，任命一名欧洲协调员，负责从里海盆地到奥地利和匈牙利的“纳布科”天然气管道。

第十二，能源政策融入到对外关系、气候变化、节能、研发、贸易和发展政策之中。欧盟积极谋求将能源目标融入与第三国的关系及相关政策之中，即在美国、加拿大、中国、日本和印度的关系中，加强对诸如气候变化、能源效率和可再生资源、新技术的研发、全球市场准入、投资趋势等问题的关注，在联合国、IEA、G8 等多边论坛中争取更好的结果。如果这些国家减少化石燃料的使用，那也会有益于欧洲的能源安全。欧盟将大力加强与这些国家的双边和多边合作，鼓励世界范围内合理使用能源；减少污染；鼓励工业和技术合作，开发、示范和推广节能技术、可再生能源、清洁化石燃料技术（碳捕获和地质储存）。特别谋求扩大欧盟排放交易机制的地理范围。欧盟将谋求签订一个能源效率国际协议。此外，欧盟将更加重视技术合作，特别是与其他能源消费国的合作。同样，欧盟还可以更好地使用贸易政策工具，来促进诸如能源非歧视性过境和发展更加安全的投资环境。欧盟将对相关国家施加压力，使它们更好地尊重 WTO 在能源领域的现行规则和原则。双边或地区性倡议将建立在这些规则和原则之上。这类协议可包括市场开放、投资、在诸如过境和管道准用问题上的法规趋同、以及竞争的规定。

第十三，把能源政策与发展政策相融合。对发展中国家来说，获取能源是一个优先考虑。在享受现代能源服务方面，撒哈拉沙漠以南的非洲是世界上水平最低的地区。与此同时，非洲水电潜力目前只有 7%得到了开发。欧盟将采取一种双轨制办法：一是通过“欧盟能源倡议”（EUEI)；二是通过提高能源效率在发展计划中的水平。譬如，集中发展可再生能源和微型发电项目，可以帮助许多国家减少对进口石油的依赖，改善数百万非洲人口的生活水平。《京都议定书》清洁发展机制的实施有助于刺激对发展中国家此类能源项目的投资。

2007 年 3 月 8—9 日欧盟理事会通过的“2007—2009 年行动计划”，

要求加快发展共同对外能源政策，开展消费国与生产国、消费国与消费国以及消费国与过境国之间的对话与伙伴关系。行动计划中提出了进一步发展欧盟共同声音以支持欧盟能源战略三个目标的主要政策：一是通过谈判与俄罗斯最终形成一个现行伙伴关系与合作协议到期后的新协议，特别包括能源问题；二是加强欧盟与中亚、里海和黑海地区的关系，以进一步促进进口来源和路线的多元化；三是通过双边能源对话加强与美国、中国、印度、巴西等消费国的伙伴关系和合作，重点是减少温室气体、能源效率、可再生能源和低碳能源技术，特别是CCS；四是确保《能源共同体条约》的实施，在可能的情况下将其扩大到挪威、土耳其、乌克兰和摩尔多瓦；五是充分利用欧洲睦邻政策所提供的工具；六是加强与阿尔及利亚、埃及及马什里克/马格里布地区其他产能国的能源合作关系；七是与非洲国家建立特殊的能源对话，利用共同体各种工具，促进该地区分散式可再生能源能源技术的应用，从总体上加强能源可获得性和可持续性，促进该地区符合共同利益的基础设施建设；八是根据联合国可持续发展的要求促进能源可获得性。①

为了提高效率，保持步调一致，欧盟积极促进共同体和成员国在国际上以一个声音追求这些目标，建立各种有效的伙伴关系，把这些目标转化为一项有意义的对外政策。欧盟认为，能源必须成为欧盟全部对外关系的一个中心，因为它对地缘政治安全、经济稳定、社会发展和国际应对气候变化的努力均有着至关重要的作用。在目前能源对外依存度、潜在的能源危机以及未来供应不稳定的情况下，欧盟必须采取措施与其所有国际伙伴在相互信任、合作和互相依赖的基础上，发展有效的能源合作关系以确保能源供应安全。这意味着欧盟与其国际伙伴的关系要在地域上扩大、性质上深化，签订的各种协议将包括实质性的能源条款。申请加入欧盟的候选国必须接受共同体全部能源法规，因此欧盟把它作为候选国入盟谈判过程的一项重要内容。

---

① Council of the European Union，*Presidency Conclusions of the Brussels European Council*，March 8/9，2007，p. 19.

(二) 加强对外能源伙伴关系

2007 年 3 月理事会通过的《2007—2009 年能源行动计划》明确了对外能源工作重点，积极谋求建立一项有效的欧盟对外能源政策，实现以一个声音说话。为此，欧委会发起了一系列行动，与重要的生产国、过境国和消费国开展对外能源对话与合作，力图构建一个全球性的可持续能源供给网络。

1. 中亚—黑海—里海地区

中亚—黑海—里海地区拥有丰富的石油、天然气、电力和水资源。欧盟对外能源依赖和能源供应多元化政策为欧盟与该地区的合作开辟了广阔的前景。与该地区加强合作不仅有利于保障欧盟能源供应安全，而且有助于促进中亚国家的稳定和繁荣。欧盟主要在“巴库倡议”（Baku Initiative)[①] 的框架内与本地区国家定期开展广泛的能源对话，以改善中亚地区的投资条件，提高其能源产量和效率，共同应对能源安全、环境保护和气候变化的挑战，确保中亚能源源源不断地输往欧盟。

2006 年 11 月 30 日，在欧委会的倡议下，欧盟、黑海—里海沿岸国家及周边国家第二届能源部长会议在哈萨克斯坦首都阿斯塔纳召开。会议发表了《关于加强欧盟、黑海—里海沿岸国家及周边国家能源合作的部长宣言》，通过了由“巴库倡议”参与国和欧委会联合制定的旨在加强本地区能源合作的路线图。[②] 该路线图为未来欧盟、黑海—里海沿岸国家及周边国家的能源合作确定了四个优先领域：(1) 在欧盟内部能源市场原则的基础上促进本地区能源市场的趋同。其中短期目标是努力促进本地区各国与欧盟内部能源市场的逐渐趋同，尊重公平竞争，提高环境、能效和安全（包括核安全）标准；其长期目标是创建一体化的地区能源市场，逐渐与

---

① European Commission，*'Baku Initiative'*，*an Energy Dialogue between the EU and the Countries of the Black Sea*，*Caspian Basin and their Neighbours*，http：//ec. europa. eu/external _ relations/energy/baku _ initiative/index. htm.

② Ministerial Declaration on Enhanced energy co-operation between the EU，the Littoral States of the Black and Caspian Seas and their neighbouring countries，http：//ec. europa. eu/energy/international/international _ cooperation/doc/2006 _ 11 _ 30 _ astana _ conclusions. pdf.

欧盟内部能源市场实现一体化。（2）通过解决能源出口/进口、供应多元化、能源过境和能源需求问题，改善能源安全。（3）支持可持续能源开发，包括提高能源效率、增加可再生能源的开发与合作、促进能源需求管理。（4）为符合共同体利益和地区利益的能源项目吸引投资。在这方面，各方同意进一步改善投资环境，促进能源部门的投资；为能源部门吸引必要的投资，支持能源生产、传输和消费基础设施的发展。该路线图包含了上述四个领域的详细安排和业已批准的行动项目。

2007年6月，欧盟通过了一项内容广泛的地区性战略——"欧盟与中亚：建立一种新型伙伴关系的战略"。[①] 该战略旨在加强欧盟与中亚国家在各个领域的合作关系，包括政治对话、人权对话、教育合作、法治、能源与交通、环境与水资源、共同威胁与挑战、贸易和经济关系等。欧盟把中亚作为进一步开展能源贸易和供应多元化的一个优先合作地区。欧洲理事会重申，欧盟将继续致力于开展地区性和双边性能源对话，继续促进能源领域法律法规的趋同。根据这一战略，欧盟计划在2007—2013年期间把向中亚国家提供的财政援助增加一倍。与此同时，欧盟成员国也在认真研究与单个中亚国家的双边伙伴关系及双边性和地区性合作计划，并根据需要向它们提供援助。在地区间会谈中，双方同意在共同利益和互惠的基础上发展长期的伙伴关系，通过持续的大规模投资，确保中亚能源资源的开发。欧委会还继续与该地区单个国家发展双边关系，例如落实与哈萨克斯坦签署的能源备忘录。[②] 欧盟还积极加强与土库曼斯坦和乌兹别克斯坦的合作。

黑海地区是欧盟的一个战略伙伴，因为它既是欧盟能源供应的生产区，也是一个过境区。2007年4月，欧委会制定了一个新的地区合作倡议——"黑海协作区"（Black Sea Synergy），旨在为欧盟与该地区的能源合作伙伴继续开展能源安全对话提供进一步的支持。该文件指出，"欧盟

---

① General Secretariat of the European Council，*The EU and Central Asia：Strategy for a New Partnership*，June 2009.

② European Commission，*Kazakhstan and the EU Set the Framework for their Energy Relations with the Signature of a Memorandum of Understanding*，http：//europa. eu/rapid/pressReleasesAction. do？ reference＝IP/06/1679&format＝HTML&aged＝0&language＝EN&guiLanguage＝fr.

对在该地区的合作中发展一个可持续的、生态性石油合作特别感兴趣，其主要原因是欧盟过境黑海地区的石油数量日益上升，已经引起了安全和环境担忧。”①

2. 俄罗斯

欧盟与俄罗斯的工作重点是就1997年签署的《欧俄伙伴关系与合作协议》（PCA）2007年12月到期后签订新协议启动谈判。新协议将纳入内容广泛的“能源”一章。俄罗斯方面希望欧盟尽快启动有关新协议的谈判。然而，欧盟持谨慎态度，其原因有以下几个方面。首先，这与波兰的立场密不可分。波兰与俄罗斯之间存在贸易摩擦，因而曾多次表示反对欧盟启动这一谈判。在波兰面临政府更迭、俄罗斯即将举行国家杜马选举和总统选举的情况下，波俄关系存在很大变数。其次，欧俄能源合作领域分歧加大。2006年初和2007年初俄乌和俄白发生的“天然气危机”影响到欧盟国家，使其对俄表示强烈不满，甚至怀疑俄是否能承担一个“稳定、可靠”能源供应国的责任。欧盟还担心俄罗斯建立“天然气欧佩克”，因此，欧盟一方面呼吁俄尽快批准《欧洲能源宪章》，另一方面出资积极支持俄邻国修建绕开俄罗斯通向欧洲的油气管道。一些试图绕过俄罗斯向欧洲供应天然气管道项目在欧盟的支持下已经进入经济技术论证阶段。② 俄罗斯对此大为不满，并积极采取反制措施。除了利用地缘政治优势从源头上控制绕过俄罗斯向欧洲供应天然气的管道外，俄罗斯还在2007年8月减少了向欧洲输送天然气的数量。最后，由于俄罗斯是欧盟能源供应大户，欧盟特别强调了保证能源供应安全的重要性，希望与俄罗斯达成协议，建立一个“能源供给预警系统”。俄罗斯则要求欧盟对俄开放下游市场。双方互不相让。欧盟委员会于2007年9月提出立法建议，要求对内部垄断性的电力和天然气资产进行强制拆分，禁止各能源企业同时控制能源的生产和输送领域，并针对外资能源巨头借机侵占欧盟能源市场采取特殊保护措施，要求来自第三方国家的公司在收购欧盟能

---

① European Commission, *Black Sea Synergy-A new regional cooperation initiative*, COM (2007) 160 final.

② 李克俭：“俄欧峰会的成果与分歧”，http://www.china.com.cn/xxsb/txt/2007-11/05/content_9178424.htm。

源公司或控制欧盟能源输送网络时，必须毫不含糊地完全遵守与欧盟公司一样的拆分要求。此举引起了俄罗斯天然气工业股份公司的强烈不满，认为该立法提案有悖于市场自由化的精神。可见，欧盟在短期内难以作出启动谈判的决定。

2007年10月26日，欧盟—俄罗斯峰会在葡萄牙小镇马夫拉举行了为期一天的会议。① 双方同意就输欧油气建立一个“能源供给预警系统”，以避免类似俄乌和俄白“天然气危机”给欧盟能源供给带来的威胁。2008年5月26日，经过长达两年时间的波折和反复，欧盟27个成员国外长在布鲁塞尔正式批准了旨在促成欧盟与俄罗斯缔结新的“伙伴关系和合作协定”的谈判授权条款，为欧俄峰会正式启动这一谈判铺平了道路。2008年6月27日，俄罗斯与欧盟领导人签署联合声明，决定7月4日启动有关签署新的俄欧《伙伴关系与合作协定》的首轮谈判。② 双方同意，现有协定在被取代之前继续有效。2009年11月18日，第24次欧盟—俄罗斯峰会在斯德哥尔摩举行，双方领导人主要就能源合作、应对气候变化以及加强经贸关系等议题展开讨论。此次峰会显示欧俄双方在承认分歧的同时，将进一步深化在应对气候变化和能源等领域的合作，双方未来的合作将更加务实。③

3. 欧洲睦邻政策（ENP）地区

出于地缘安全、能源等利益考虑，稳定大周边一直是欧盟对外战略的首要目标。2007年9月，欧盟与邻国召开了首届欧洲睦邻政策大会，共商落实睦邻政策，积极谋求其与东部和南部邻居合作的相对平衡。欧盟继续通过许诺与邻国签订自由贸易协定、伙伴合作协定、提供财政支持等方式，促其政治、经济与社会改革。欧盟计划在2007—2013年间向邻国提供120亿欧

---

① European Parliament, *EU-Russia Relations After the Mafra Summit*, http://www.europarl.europa.eu/news/expert/infopress_page/030-12912-316-11-46-903-20071109IPR12793-12-11-2007-2007-false/default_en.htm.

② 刘洋：“俄欧商定启动有关签署新《伙伴关系与合作协定》谈判”，新华网，2008年6月27日，http://euroasia.cass.cn/2006russia/diplomacy/diplom301.htm。

③ 许欣：“欧俄峰会折射双方务实合作愿望”，国际在线，2009年11月19日，http://gb.cri.cn/27824/2009/11/19/4445s2680696.htm。

元的援助，同比增加30%。[1] 与此同时，欧盟还通过ENP，积极加强与邻国的能源合作，以确保北非、中东及东部地区对欧盟油气资源供应或中转的安全。

欧洲睦邻政策由地区性和双边性协议组成。在地区性层面上，从ENP出台起，能源就一直是其一个战略性内容。ENP国家作为产能国和过境国，对欧盟能源安全有着至关重要的意义。为此，欧委会已经开始对所有涉及ENP地区第三国能源关系的现行框架进行分析，以评估建立一个欧盟－ENP能源关系法律框架的必要性。就地区外交而言，“欧洲—地中海伙伴关系”（即“巴塞罗那进程”）支持发展统一的法律法规框架的地区性努力，其中包括欧盟—马什里克天然气市场、马格里布电力市场一体化、各国能源监管机构之间的合作等。完成欧洲—地中海地区电力和天然气圈是ENP能源领域的优先工作之一。另一个重点项目——“阿拉伯天然气管道”已经取得了重大进展。该管道将从埃及和伊拉克向欧盟输入更多的天然气资源。为了加快这一进程，2007年12月17日“欧—地部长级会议”在塞浦路斯召开。上述项目作为战略重点的地位再次得到了确认。

在双边层面上，欧盟和乌克兰双方正在落实2005年12月签署的《谅解备忘录》。[2] 该备忘录发展了《欧盟—乌克兰ENP行动计划》中提出的能源目标。在切尔诺贝利事故后，欧盟与乌克兰签署的能源协议还特别强调核电厂的问题。2007年9月，欧委会－国际原子能机构—乌克兰联合工作组评估了乌克兰核电厂的核安全问题，并提出组织一次会议，以实施乌克兰天然气过境网络的恢复工作。乌克兰和摩尔多瓦目前均为《能源共同体条约》的观察员。两国加入能源共同体的问题正处于审议之中，作为促进其与欧盟法律法规趋同的一种手段。

---

① 王莉：“欧盟2007：明确外交重点 积极扩大国际影响”，中国网，2007年12月12日，http://www.china.com.cn/international/zhuanti/eurogroup/txt/2007－12/12/content_9378659.htm。

② Mission of Ukraine to European Communities, *Memorandum of Understanding on Cooperation in the Field of Energy between Ukraine and the European Union*, http://www.ukraine-eu.mfa.gov.ua/eu/en/news/detail/1345.htm.

欧委会加强了与摩尔多瓦的合作，双方已就一项共同能源战略达成协议。[①] 2007 年，欧委会分别与摩洛哥和约旦签署了联合声明，旨在为加强双方的能源关系提供一个法律框架。欧盟与摩洛哥的合作主要集中在加强其作为欧盟天然气供应过境国和电力出口国的作用。与约旦的能源合作主要集中在支持约旦的能源政策，加强该地区的能源安全，以便利未来输欧天然气的过境安全，并确保最高标准的核安全。

最后，欧盟与该地区两个能源供应大国——阿尔及利亚和埃及加强双方能源关系的讨论也在进行之中。与埃及的能源关系谈判已进入最后阶段。欧盟和阿尔及利亚于 2007 年 7 月就天然气供应合作中的领土限制和替代条款达成了协议。这标志着双方在深化战略能源关系方面又向前迈出了一步。[②]

4. 中东国家

考虑到中东油气储量以及其可再生能源的巨大潜力，欧盟继续与中东国家发展能源关系。2007 年 11 月，欧盟—非洲—中东能源大会在埃及沙姆沙伊赫（Sharm El Sheikh）召开。会议由欧委会和埃及共同主持。欧盟能源委员皮耶尔巴尔格斯在会上代表欧盟发言，介绍了欧盟应对全球能源安全和气候变化挑战的政策。本地区主要能源行为体参加了会议，共同商讨加强地区能源安全、应对气候变化、改善能源服务。与会代表同意发展技术合作，以解决清洁能源问题，如太阳能和风能技术。

5. 其他重要能源伙伴

能源在欧盟与第三国的双边关系中的重要性不断提高。2007 年 7 月启动的“欧盟—巴西战略伙伴关系”就包含了就可再生能源开展合作的承诺，其重点是生物燃料、低碳能源技术以及提高能效。2007 年 7 月 5 日，欧委会在布鲁塞尔主办了国际生物燃料大会，会议再次承诺要在全球层面上紧密合作。

欧盟与中国的关系也包含能源安全，双方把它视为一个关键问题。欧中

---

① European Commission, *Partnership and Cooperation Agreement-Full Text Signed on 28 November 1994 by the European Union and the Republic of Moldova*, http: // ec. europa. eu/external _ relations/ceeca/pca/pca _ moldova. pdf.

② European Commission, *Developing external energy policy for the EU*, MEMO/07/533, Brussels, 30 November 2007.

之间的能源合作在最近创建的“欧盟—中国清洁能源中心”框架内加以管理。欧盟参与合作的一个实例是欧委会为建设一个清洁煤技术发电厂所提供的支持。[①]

另一个对欧盟具有重要意义的能源伙伴是挪威。挪威是世界第三大油气出口国，拥有稳定的经济和政策制度。挪威也是欧盟的第二大天然气供应国。因此，双方的能源合作具有特殊重要的意义。双方同意协调能源政策，发展共同目标，通过运用研究和技术开发基金解决环境问题，如碳捕集与封存技术。

最后，欧盟和美国在能源安全方面拥有共同利益，因为它们都是世界上最大的能源消费者。为了共同解决问题，双方同意通过 2006 年欧美维也纳峰会确定的欧美战略能源合作，在生物燃料、能源效率、能源技术和全球能源安全等领域发展能源关系。另一项协议旨在制定统一的生物燃料标准，合作方包括欧盟、美国和巴西。

（三）大力推动国际对话与合作

强化国际合作对于促进全球节能减排和清洁能源的开发与利用，共同应对气候变化、保障能源安全、追求可持续发展，均有着极其重要的意义。为此，欧盟根据新的共同体能源战略目标，积极开展多层次、全方位的国际对话与合作。

1. 推动“后京都气候机制”的谈判

随着《京都议定书》的实施与 2012 年的逼近，“后京都时代”何去何从，成为世人关注的热点问题。目前，国际上尚未就《京都议定书》第一个承诺期结束时即可生效的后续方案进行全面的正式的谈判。鉴于谈判、批准和实施一项新协议所剩的时间越来越短，欧盟强烈主张国际社会就后京都协议尽早开始正式的谈判，争取在 2009 年底以前达成一项新的有关气候变化的国际协议，保证 2012 年《京都议定书》第一承诺期到期后人类应对气候变化的行动不会中断。

2007 年 11 月 27 日，欧盟在联合国气候大会前推出了自己的“巴厘谈

---

① Chatham House，*Interdependencies on Energy and Climate Security for China and Europe*，http：//www. eu-china-energy-climate. net.

判路线图”。为了体现欧盟主导气候问题的“合法性”，保持在巴厘岛会议上的强势姿态，欧委会同期公布了欧盟近年来在实现《京都议定书》减排目标方面取得的进展。欧委会宣称，1995—2005年期间，欧盟原有的15个成员国在经济增长35%的同时，CO_2排放量较1999年标准减少了2%，欧盟25国也在2005年实现了较1999年标准减排11%。欧盟的实践证明，经济发展和温室气体排放之间没有必然联系。尽管欧盟目前离实现2012年减排目标还有一定距离，但随着2008年1月欧盟气候和能源一揽子行动计划的出台，各国将相继实施一系列减排措施，欧盟能够实现甚至超额完成《京都议定书》的目标。欧委会环境委员斯塔夫罗斯·迪马斯表示，为了有效应对气候变化，欧盟愿与欧盟以外的发达国家一道，设定2020年前将温室气体减排30%的目标。如果有必要，这个目标还可以更高。[1]

2007年12月3—14日，在《京都议定书》诞生10周年之际，UNFCCC第13次缔约方大会在印度尼西亚巴厘岛隆重举行。全世界190多个国家和地区以及非政府组织都派代表参会。大会着重讨论了2012年后应对气候变化的措施安排等问题，特别是发达国家应进一步承担的温室气体减排指标。这次大会被认为是人类应对气候变化历史上最重要的一次会议。大会期间，各方对达成“巴厘路线图”充满了期待，期望新的协议能够摆脱以往的缺陷，真正落实控制全球气候变暖的目标。

然而，大会举步维艰。每个国家都想尽力维护自身利益，而发达国家与发展中国家之间的发展水平差距甚大，造成各方对克服全球变暖问题持有迥异的立场。欧盟、澳大利亚和南非等要求在大会决议中明确规定发达国家在2020年前将温室气体排放量比1990年减少25%—40%。广大的发展中国家支持这一立场。它们认为，发达国家长期历史排放和当前高人均排放是导致气候变化的重要原因，发展中国家历史上温室气体排放量极少，却是气候变化的主要受害者。因此，发达国家应“立即、进一步而且有效地”削减温室气体排放。然而，作为唯一未加入《京都议定书》的发达国家，美国强烈反对设定具体的减排目标，同时要求发展中国家承诺减排。日本和加拿大等国支持美国的立场。欧盟指责美国已经成为本次大会的主要障碍，并威胁抵制美国计划在2008年1月召开的主要经济体气候变化会议。在此背景下，经

---

① 李力：“欧盟为‘后京都时代’摩拳擦掌”，《光明日报》，2007年12月5日。

过一定的妥协，美国在大会的最后一刻接受了“巴厘路线图”。

2007年12月15日，联合国气候变化大会通过了一项决议案，决定到2009年结束时制定新的减少温室气体排放协议的谈判，保证使新的气候变化协议在2013年生效。这就是所谓的“巴厘路线图”(Bali Road Map)。根据这张路线图，在UNFCCC框架内将成立由全部缔约方参加的工作组，正式启动承接《京都议定书》的应对气候变化国际协议谈判。“巴厘路线图”的主要内容包括：依照UNFCCC原则，特别是“共同但有区别的责任”原则，考虑社会、经济条件以及其他相关因素，与会各方同意长期合作采取共同行动；大幅度减少全球温室气体排放量，未来的谈判应考虑为所有发达国家（包括美国）设定具体的温室气体减排目标；虽然不为发展中国家设定具体的排放限制目标，但发展中国家也应努力控制其温室气体排放增长；在2009年底之前，达成接替《京都议定书》的旨在减缓全球变暖的新协议。此外，“巴厘路线图”还提出了具体议题，包括：适应气候变化消极后果的行动，减少温室气体排放的方法，广泛使用气候友好型技术的方法，以及对适应和减缓气候变化的措施进行资助。

大会各方同意采取进一步行动，减少发展中国家因森林砍伐而造成的温室气体排放，决定建立《京都议定书》下的“适应基金”，发达国家为发展中国家适应气候变化和减排提供融资。基金将于2008年开始运作。大会还就IPCC第四份评估报告的重要性、小规模植树造林、碳捕捉与储存、最不发达国家适应气候变化等问题达成了协议。

欧盟参加巴厘岛大会的优先目标是确保大会达成共识，在联合国框架内就缔结一项全球性和综合性的2012年后气候变化协议展开谈判。2009年底作为完成谈判的最后期限，以使新协议能适时得以批准和实施，在2012年底《京都议定书》第一承诺期结束前生效。为此，欧盟希望大会确定一个“巴厘路线图”，提出未来协议的主要内容，使今后的谈判可以围绕着这些内容进行。其中应包括一个“共同愿景”，确定未来协议应努力达到的一个水平。IPCC第四次评估报告把“人类活动造成气候变化”的可能性从以前的“可能”、“很可能”变成了“几乎可以肯定”。鉴于IPCC等机构已经提供了强有力的科学新证据，欧盟积极倡议，这一共同愿景必须把全球平均气温的升幅控制在2℃之内。这就要求全球减排努力在今后15—20年内达到高峰，然后，到2050年把1990年的排放量至少减少50%。这些减排目标非常高，但IPCC的评估报告支持欧委会的分析结果，即它们不仅在技术上可行（利用现行的或者正在研发的清洁技术），而且经济上能够承受。

欧盟提出的优先行动包括：（1）发达国家制定更大幅度的强制性绝对减排量。为了遵守2℃的限定，欧盟提出发达国家到2020年集体减排30%，到2050年减排60%—80%。不论是否达成协议，欧盟已经单方面承诺到2020年至少减排20%。（2）其他国家，特别是新兴经济体，公平而有效地作出贡献，限制其经济增长的排放强度。（3）加强和扩大全球碳交易市场，包括通过创新机制和强化灵活机制。欧盟ETS已经证明，碳交易市场是成功的。（4）加强减排所需的清洁技术的研发和应用。（5）加紧解决气候变化适应性问题。必须加强合作，解决气候变化不可避免的影响，特别是帮助最贫困国家和最容易受影响的国家解决适应性问题。（6）应对国际航空和船运的排放问题。欧盟正在研究把航空业纳入EU ETS体系。（7）减少因森林破坏而产生的排放。砍伐森林占全球CO_2排放总量的20%。[①]

欧盟认为，2005年发起的关于2012年后行动的国际大讨论，现在应该转入实际谈判。国际大讨论的第一轨是UNFCCC缔约方之间就长期的合作行动开展的非正式对话，包括尚未批准《京都议定书》的美国。这一对话的结果将向巴厘大会提交报告。欧盟希望，继这一步以后，可以启动一个正式的谈判进程，内容涵盖未来协议所应包含的各个方面。第二轨是《京都议定书》各签约方，它们已经在就工业化国家继2008—2012年目标实施期结束后制定新的减排目标进行谈判。欧盟认为，这一轨道应该继续下去，并且补充一个进程，那就是对《京都议定书》进行全面评估。欧盟赞成创建一个特别工作组，继续开展非正式对话，就2012年后的进一步行动方案进行具体的谈判，同时确保两条轨道的工作保持协调和协作。[②]

除了就未来减排行动作出各项决定外，欧盟还积极推动就《京都议定书》的适应基金的操作安排达成一致，以使旨在帮助易受气候变化影响的国家适应气候变化的项目能够尽快实施。这一基金的资金将来自于对根据清洁

---

① European Commission, *Climate change and the EU's response*, 27 November 2007, Brussels, http://www.europa-eu-un.org/articles/en/article_7549_en.htm.

② European Commission, *Climate change and the EU's response*, 27 November 2007, Brussels, http://www.europa-eu-un.org/articles/en/article_7549_en.htm.

发展机制实施的减排项目征收2%的收益税（credits），加上自愿捐助，2008—2012年期间总资金可能超过3.5亿欧元。欧盟要求采取更多的措施，筹集必要的财政资金，包括通过扩大全球碳交易市场以及利用诸如“全球能源效率和可再生能源基金”（GEEREF）[1]等工具。在巴厘大会上，欧委会还积极倡议与最贫穷的发展中国家建立一个“全球气候变化联盟”（Global Climate Change Alliance），因为这些国家受气候变化影响最大，但最没有能力应对气候变化的影响。[2]

巴厘大会最后通过的“巴厘路线图”是各方妥协的结果。按照IPCC的建议，为了把地球平均气温的升幅控制在2℃以内，发达国家必须在2020年把排放量减少25%—40%（以1990年为基准）。而且全球温室气体排放必须在10—15年后达到顶峰，并在2050年时减少至2000年排放量的一半以下。欧盟极力争取把以上三条写入“路线图”，但遭到了美国的强烈反对。发展中国家也不愿意把这些数字列入其中，因为这很可能意味着它们也将很快被强加上一个具有法律约束力的减排指标。由于三方均不愿让步，谈判一度陷入僵局。最后，IPCC为减排制定的三项硬性指标均被删掉，只是以一个注脚的形式出现在不起眼的位置。美国要求发展中国家履行可测量（Measureable）、可报告（Reportable）、可核实（Verifiable）的减排的要求也被去掉，发展中国家可以继续在没有压力的情况下自愿减排。

欧盟为了继续主导和推动在UNFCCC框架下应对气候变化的进程，并迫使美国妥协，自己也做出了很大的让步。美国一直反对设定强制性减排目标，既然“巴厘路线图”没有规定2012年后发达国家减排目标的范围，那么美国就有很大的回旋余地。虽然美国签署了“巴厘路线图”，但美国等发达国家很可能利用主要经济体气候变化会议的机会继续对发展中大国施加压力。欧盟做出了最大程度的让步，它甚至愿意在其他国家不参与的情况下独自承担IPCC给出的硬性指标，并对此显示出强大的意愿。虽然欧盟官员以及许多环境NGO对此结果表示失望，但是，这份“路线图”为今后两年的

---

① *Commission proposes 100 million global risk capital fund for developing countries to boost energy efficiency and renewables*, IP/06/1329, Brussels, 6 October 2006.

② *Commission proposes a global alliance to help developing countries most affected by climate change*, IP/07/1352, Brussels, 18 September 2007.

谈判设定了一个明确的目标，这就是最大的胜利。①

“巴厘路线图”的绘就具有里程碑意义。它强调了国际合作；首次把美国纳入到旨在减缓全球变暖的未来新协议的谈判进程之中，要求所有发达国家缔约方都必须履行可测量、可报告、可核实的温室气体减排责任；强调适应气候变化问题、技术开发和转让问题以及资金问题三个在以前国际谈判中曾不同程度受到忽视的问题；为下一步落实《联合国气候变化框架公约》设定了时间表。这是一个可喜的进步。占全球温室气体排放总量1/4以上的美国如果不被纳入未来的谈判，控制全球变暖的努力将无法取得理想的效果。然而，正是由于美国的反对，“巴厘路线图”只规定了2009年前必须完成相关谈判，并没有就2012年后的温室气体减排设定目标。至于2012年之后各方应承担什么样的减排目标，则要留待2008年和2009年分别在波兰和丹麦举行的联合国气候变化大会解决。这为未来的谈判留下了悬念。②

2. 国际能源机构内的协作

近年来，随着世界石油市场供需形势的不断变化，各种新的不稳定因素也频繁冲击石油安全供应，国际能源机构（IEA）体系面临的挑战越来越多，主要表现在以下几个方面：

第一，国际石油供应形势发生变化。近年来，俄罗斯等非欧佩克国家的石油产量快速增长，使欧佩克在石油市场中的影响力有所下降。传统的产油区如英国北海的轻质低硫原油产量开始下降，而俄罗斯、非洲等地区原油产量增加，使得传统的产油国面临更多的竞争。然而，欧佩克石油产量在世界石油产量中仍然占有重要地位。2006年，欧佩克两次实施减产保价，并将非洲第二大石油生产国安哥拉纳入其中。欧佩克此次“扩员”的背景是近年来非欧佩克国家油气产量逐年上升和IEA主要国家石油储备超出了“期望值”，从而导致欧佩克在石油市场中的话语权降低。欧佩克的用意很明显：提高其国际石油定价的话语权。这传递出一个不容忽视的信号：在消费国石油选择趋于多元化的同时，欧佩克产油国对市场的掌控却在加强和恢复之

① 袁越：“‘巴厘路线图’诞生记”，《三联生活周刊》，2008年1月7日。

② 庄贵阳：“‘巴厘岛路线图’：悬念在后”，《新气象》，2008年1月30日。

中。[1] 欧佩克与IEA之间的公开较劲，是否意味着新一轮高油价的开始和能源安全问题的不利走势，这不能不令人感到担忧。

第二，消费格局发生变化。发展中国家的石油消费在全球能源消费总量中所占的比率正在持续增加，增长速度超过了发达国家。1972年，经合组织成员国消费的一次能源占世界总量的62%；到2003年，其比重已降至51%；预计到2030年将降至42%；而发展中国家将反超，达到49%。发展中国家需要更多的石油来支撑其日益腾飞的经济，这无疑会改变世界传统石油流通格局，伴之而来的是石油安全体系的转变适应。特别是中国、印度等国家，巨大的石油消费以及经济增长速度使它们面临较大的石油需求压力，保证石油供应是这些能源需求快速增长的国家急需解决的问题。IEA要解决能源安全问题，没有中、印等国以一定方式的参与和合作，很难实现真正意义上的能源安全，其应急机制就可能失效。

第三，政治局势的影响。一些国家的政治问题也越来越影响世界石油市场的发展，增加了石油市场波动的可能性，如伊朗核危机升级、伊拉克局势恶化、朝鲜发射远程导弹以及黎以武装冲突，都使原油价格不断刷新历史纪录。而在能源价格不断走高的情况下，各产能国都加强了对本国能源产业的控制。继俄罗斯普京总统上台后实行的重新国有化运动之后，拉美国家也都纷纷掀起了能源国有化运动。这项运动首先由委内瑞拉和巴西发起，随后蔓延到墨西哥。几个主张民族主义的政府上台后改变了拉美石油市场的游戏规则。这些政府要求分享外国石油公司从高价原油中获得的超额利润。而玻利维亚2006年5月1日宣布将石油天然气国有化，更是让国际石油公司大为吃惊。国有化措施导致跨国公司交给玻利维亚政府的税收从50%增加到82%。跨国公司从接受资源转让的地位成为公共企业和玻利维亚国家石油公司服务的提供者。玻利维亚的资源国有化宣言得到了在阿根廷举行的南美四国首脑会议的认可。[2] 不难想象，拉美石油资源的国有化将使世界石油市场

① 陈玉强、董云龙："国际能源安全机制尚待新突破"，《中国石油报》，2007年1月11日。

② "拉美掀'石油革命'，中国如何应对?"，《中国新闻周刊》，2006年6月2日，http：//www.oilnews.com.cn/gb/misc/2006－06/02/content_670871.htm。

变得更加脆弱。

第四，恐怖主义的影响。美国爆发“9·11”事件后，虽然世界反恐力量加强，但是恐怖活动却并未得到完全压制，相反，针对石油产业的恐怖活动有增无减。作为西非第一大产油国，尼日利亚频频发生绑架、破坏石油设施等事件。而武装分子对国内石油管道和油田的每一次破坏都伴随着国际油市的动荡和国际油价的飙升。沙特炼油厂遭遇恐怖袭击也使得石油市场贸易商对石油产业的安全性提出了质疑。

第五，石油产业链日益复杂。石油工业的一体化、国际化，使得石油产业链上的任何一环都能对石油市场产生较大的影响，而对石油需求和供应链上各个环节的安全问题也就成为各个公司乃至国家关注的重点。武装冲突、恐怖袭击、战争威胁、自然灾害，使原油价格不断刷新历史纪录，凸显了石油供应链的脆弱。2006年1月俄乌天然气之争和2007年1月俄白“断气”“断油”危机，使人们更加清醒地认识到有储量、产量和管道是远远不够的，供应链上的任何一个环节都会直接导致供应中断。能源安全已经从保护井口油气资源本身为主，延伸到油气基础设施乃至供应链的各个环节。

第六，国际油价不断上涨。在各种因素的综合影响下，油价变得更加脆弱。自2003年以后，国际油价一直处于上升的趋势，这使得石油消费国承受了巨大的损失；同时，也使得产油国面临压力，如何保证世界在高油价、高需求情况下的石油供应、减少油价对石油市场的冲击成为国际社会广泛关注的话题。①

第七，长期性能源投资不足。进入21世纪以来，以中国、印度为代表的新兴消费国不断增加，对能源的需求急速扩大。在这种情况下，中长期的供需趋于紧张。因此，增加投资、构筑一个向上游、下游流动的机制成为关键。IEA预测，到2030年，能源投资需要20万亿美元。考虑到准备时间，如果不尽早实施巨额投资，就会招致能源长期供求问题。目前，国际能源投资的增加不过是为了应对短期的成本增加，与生产能力的提高并无关系，而且欧佩克等的投资计划也不能说已经非常充分。

---

① 王震、刘显法：“国际能源安全机制的演变与面临的新挑战”，《中国经济时报》，2006年8月11日。

第八，气候变化问题日益突出。能源的大量使用导致气候变暖，因为80%的CO_2排放来自能源消耗。因此，在制定能源政策时，必须考虑到环境保护和气候变化问题。如何调整环境政策，实现环境、经济增长与能源安全保障之间的平衡，正在成为最大的挑战。预计中国CO_2的排放量将于2010年前超过美国。没有中国、印度等发展中国家以及美国的参与，现行的温室气体减排机制是无法解决气候变化问题的。

另一方面，现行的IEA框架却存在着一些明显的缺陷：

首先，IEA成立于第一次世界石油危机之际，是作为消费国对欧佩克的一种抗衡力量。但是，自IEA成立至今，其紧急分享计划从未启动过。为此，一些评论家指出："IEA基本上是一个市场预测和数据编撰机构。"①30多年来，石油市场已经发生了巨大的变化。随着全球石油现货市场的一体化，油价更趋不稳定。与此同时，石油供应中断的性质也已发生变化。由政治禁运引起的新的石油危机已经不太可能出现。相反，生产国的不稳定、恐怖主义袭击对石油设施的破坏以及影响石油供应的重大事故却构成更大的威胁。当前的应急机制，特别是"国际能源计划"（IEP），并不是为应对此类威胁而设计的。实际上，此类威胁被明确排除在启动IEP措施的理由之外。

其次，执行董事会由28个参与国的代表组成，有关"协调性紧急情况反应措施"（CERM）的任何决定均需执行董事会的一致通过。由于参与国（如美国、澳大利亚、日本和韩国）的地理位置、政治条件以及对某些供应国（如欧佩克）的依赖程度不同，它们有着不同的利益和立场，因此，IEA启动应急机制的决定必然要受到政治因素的影响，达成一致谈何容易。

最后，CERM不仅需要一致通过，而且其实际运作时也需要团结一致。受供应中断影响较小的国家必须帮助受影响严重的国家。然而，各参与国在如何对应急措施作出贡献的问题上拥有很大的回旋余地，这隐含着行动的统一性会受到严重影响。

面对一系列的挑战和自身的缺陷，IEA正在加快其改革的步伐，力图

---

① Robert Willenborg, *Europe's Oil Defences: An analysis of Europe's oil supply vulnerabilities and its emergency oil stockholding systems*, The Hague: The Clingendael Institute, January 2004, p. 39.

反映国际能源安全形势的变化。随着国际能源市场的演变和气候变化问题的日益突出，IEA的目标也发生了深刻的变化。据其官方网站介绍，IEA的目标已经扩大为“4E”，即能源安全（Energy Security）、环境保护（Environmental Protection）、经济增长（Economic Growth）和全球接触（Engagement Worldwide）。[①] 其主要活动领域包括：应急准备、石油市场、天然气市场、能源数据统计、世界能源展望、全球能源对话、能源与环境、能源效率、能源技术、能源技术网络、政策分析与合作等。当前，其工作重点集中在气候变化政策、市场改革以及与世界其他地区特别是诸如中国、印度、俄罗斯和欧佩克国家的主要能源消费国和生产国的能源技术协作。

截止到2010年初，IEA共有28个成员国，其中欧盟占20个，包括奥地利、比利时、捷克、丹麦、芬兰、法国、德国、希腊、匈牙利、爱尔兰、意大利、卢森堡、荷兰、波兰、葡萄牙、斯洛伐克、西班牙、瑞典、英国以及欧共体。[②] 目前，欧委会正通过欧洲统计局与IEA和其他国际组织一起，合作开展“联合石油数据倡议”（JODI）。欧委会还在参与一系列由IEA主持制定的能源技术《实施协议》（Implementing Agreements），与广大成员国、非成员国和其他国际组织集中资源，积极开展能源技术研发和应用方面的合作，有效地应对能源安全和气候变化的严峻挑战。

3. 八国集团框架内的能源对话

在2006年初成为八国集团（G8）轮值主席国后，俄罗斯提出在G8框架内讨论全球能源安全问题的建议，并得到有关各方的积极响应。2006年2月上旬，在莫斯科召开的G8财长会议把能源安全问题列为会议的主要议题，呼吁推动能源生产国和消费国之间的对话。3月中旬，G8能源部长在莫斯科召开能源会议，会议讨论了全球能源安全面临的政治、技术和生态等风险以及能源贫困问题，强调国际社会应通过提高市场透明度、运输可靠性，深化各国能源对话，加大能源领域投资等措施，共同制定全球能源安全战略，寻求建立全球能源安全体系。7月15—17日，在G8圣彼得堡峰会期

① http：//www. iea. org/about/docs/iea2008. pdf，2010年2月21日。

② http：//www. iea. org/country/index. asp，2010年2月21日。

间，G8领导人在关于加强全球能源安全的联合声明中呼吁能源生产国、中转国和消费国建立伙伴关系，采取措施确保全球能源市场的透明度、可预见性和稳定性，改善能源领域的投资环境，提高能源利用效率，促进能源消费结构的多元化，维护重要能源基础设施的安全运行，帮助发展中国家改善能源供应状况。峰会通过了加强能源安全的《圣彼得堡行动计划》。各国在行动计划中承诺，减少能源投资和贸易壁垒，使来自能源生产国和消费国的公司均能跨国投资和获得上游和下游资产。各国还强调指出，必须在能源供应链各利益相关者之间更合理地分担风险，在不同类型的合同之间实行经济上可行的多元化，包括以市场为基础的长期合同和现货合同、及时的决策以及合约的遵守和实施。"我们八国集团领导人认识到能源生产国和消费国在促进全球能源安全中存在着共同利益，因此，我们致力于保护关键性的能源基础设施。"[①] 欧委会主席巴罗佐和芬兰总理万哈宁代表欧盟出席了峰会。峰会期间，G8同中国、印度、巴西、南非、墨西哥、刚果（布）六个发展中国家领导人举行对话会议。中国国家主席胡锦涛突出强调应树立和落实互利合作、多元发展、协同保障的新能源安全观，通过对话协商解决分歧和矛盾，避免把能源问题政治化，以维护能源安全稳定的良好政治环境。

2007年6月，G8同中国、印度、巴西、墨西哥和南非五个发展中国家领导人对话会议在德国海滨小镇海利根达姆举行。与会领导人就全球化进程中世界经济、气候变化和非洲等关键性挑战展开讨论。在此次G8峰会上，能源效率问题成为一个重要的议题。会议认为，全世界能效的提高是减少温室气体排放、增强能源供应安全的最可持续、最便宜的途径。会议提出，必须把重点放在对气候保护具有特别重要意义的领域，如建筑（可持续建筑）、交通运输（包括创新推进系统和替代燃料）、发电厂（清洁化石燃料）。为此，会议要求G8成员国采取具体行动和措施实现上述目标，并且建议与新兴经济大国加强技术合作。[②]

---

① http：//en. g8russia. ru/. Accessed on Jan. 28，2007.

② http：//www. g－8. de/Webs/G8/EN/Homepage/home. html. Accessed on Jan. 2，2008.

（四）创建全球能效和可再生能源基金

全球能源需求的不断上升带来严重的影响，特别对空气质量、资源和能源的获取。确保可持续发展不仅需要应对气候变化，而且还需要根除能源贫困，保障能源供应。目前，在发展中国家和最不发达国家中，约有16亿人口无法稳定地获得可靠的能源服务。因此，欧盟认为，必须加强对能效和可再生能源的投资。"全球能效和可再生性能源基金"就是《欧盟可持续、竞争和安全的能源战略》绿皮书中所提出的解决办法的一部分。

2006年10月6日，欧委会提议拨款8000万欧元创建GEEREF，以便发展中国家提高能源利用效率，发展可再生能源，并最终遏制全球气候变暖的进程。[①] 欧委会指出，发展中国家和最不发达国家的人民必须获得能够负担得起的清洁能源的供应保障，这是经济和社会可持续发展的先决条件。欧委会希望通过创建该基金来调动私有企业加大对提高能效和可再生能源利用的工程项目的投资力度，特别是扩大对小型环保工程项目的投资规模。同时，希望籍此加速环境友好型的相关产品和技术的研发和转让，以帮助发展中国家和最不发达国家的人民获得可靠的清洁能源的供应。

促进可再生能源和能源效率技术需要投资，特别是在发展中国家和新兴经济体。尽管前景诱人，但有几个因素阻碍着私人投资者的参与，相关项目和企业在筹措风险资本方面存在重大的困难。造成这一情况的一个关键原因是可再生能源生产所需的初期投资成本比常规能源要高得多。尽管这些成本会得到低得多的运作成本的补偿，但私营投资者仍然认为回报期比较长，风险太大。发展中国家中存在的各种风险是另一个障碍，这就意味着投资者需要寻求额外的保证。而且，可再生能源技术常常适用于投资总额低于500万—1000万欧元的中小项目，而国际金融机构和私营部门传统上不投资于此类小项目。

---

① European Commission，*Mobilising public and private finance towards global access to climate-friendly，affordable and secure energy services：The Global Energy Efficiency and Renewable Energy Fund*，COM（2006）583 final，Brussels，6/10/2006.

创建GEEREF的目的之一就是希望通过提供新的风险分担和共同筹资机制，调动国际和国内私人资本对提高能效和可再生能源利用项目投资的积极性，进而打破对该领域的投资障碍。该基金是一项全球风险资本创新基金，它可以通过利用少量公共资本启动私人资本对发展中国家和经济转型国家的旨在提高能效和可再生能源利用的小型工程项目的投资。它的主要筹资对象是“有耐心的”风险资本，即为拥有长期回报前景而投资的资本。GEEREF对中等风险到高风险项目的参股比例介于25%至50%之间，而对低风险项目仅为15%。专项技术援助基金也将作出规定。

GEEREF不直接为项目提供资金，而是帮助创建和资助地区基金或者扩大现有相关倡议的规模。地区子基金能应对各地区的具体条件和需要。因此，GEEREF将向非洲、加勒比和太平洋地区、北非地区、非欧盟的东欧地区、拉丁美洲和亚洲地区的“地区子基金”注资，并将投资重点放在那些被商业投资机构和国际金融机构忽视的投资额低于1000万欧元的环保项目上。优先支持那些环境友好型且具有可靠的技术使用跟踪记录的环保技术开发和利用项目。

2008年下半年，GEEREF由欧委会、德国和挪威正式成立，三方一共为该基金注入了1.08亿欧元，覆盖期为2009—2012年。GEEREF有望激活总额达1.5亿—2亿欧元的公共和商业资本对该领域的投资，并将带来至少3亿欧元的风险资本投资。在一个较长的时间段内，风险资本的投资规模有望达到10亿欧元的规模。目前，国际金融机构，如欧洲投资银行（EIB）和欧洲复兴与开发银行（EBRD）、私人投资者及其他金融中介机构已经表示愿意为该基金出资。欧盟多个成员国和欧洲经济区成员国也表示对参与该基金感兴趣。该基金还得到了欧洲议会的支持，并由欧洲投资基金协助实施。

GEEREF是欧盟通过发展清洁能源、可再生能源、提高能源利用效率和遏制气候变暖来促进经济社会发展计划的首次具体行动。该基金的启动是欧委会履行其帮助发展中国家遏制气候变暖和加速向这些国家转让清洁能源技术承诺的具体表现。欧盟是根据2007年12月各国在巴厘岛达成的关于启动到2009年底完成《联合国气候变化框架公约》谈判的协议作出创建该基金的决定的。

据估计，GEEREF可带来大约10亿兆瓦的绿色发电装机容量，满足

100 万—300 万户居民的可持续能源服务，同时可减少 100 万—200 万吨/年的 CO_2 排放量。另外，该基金还将实质性地促进全球可持续发展，大大改善环境、气候变化和空气质量，为当地社会发展和就业创造机会，从而带来更大的社会和经济效益。

第四节　欧盟能源战略的最新动态

一、2008 年第二份能源战略评估报告的出台

（一）出台背景

对气候变化、环境可持续性、经济增长和能源供应安全的日益担忧引起了欧盟对能源部门的前所未有的高度关注，直接导致了 2006 年欧盟能源战略绿皮书的出台。2007 年 1 月，欧委会对 2006 年欧盟能源战略进行了第一次评估，提出了旨在综合应对能源安全和气候变化双重挑战的《欧洲能源政策》（EPE）。2007 年 3 月，欧盟春季峰会通过了这一具有里程碑意义的新政策，确立了到 2020 年将全球平均气温限制在不超过前工业化水平 2℃的战略目标，并通过了一个“20—20—20”政治议程，即：到 2020 年减排温室气体 20%、增加可再生能源比例 20%、提高能源效率 20%，最终实现欧盟可持续、竞争力和供应安全三大能源战略目标。作为实现这一政治议程的第一步，欧盟峰会批准了一个“2007—2009 年能源行动计划”。

2007 年 3 月欧盟峰会后，欧委会先后出台了两个重要的一揽子立法提案：

第一个是 2007 年 9 月 19 日公布的欧盟内部能源市场第三批改革方案，旨在进一步促进欧盟天然气和电力市场的自由化。经过旷日持久的谈判，欧盟理事会于 2009 年 6 月 25 日最终通过了能源市场自由化一揽

子法案。[①] 其主要内容包括：（1）对生产/供应活动与网络（传输/分配）活动进行拆分。允许能源巨头全面拆分，也可建立一个独立的传输系统运营商（TSO）来开展传输业务。TSO 负责传输系统以兼顾环境的方式保证合理传输需求的长期能力。（2）各成员国均须建立独立的电力和天然气市场监管机构，负责确保电力和天然气市场的竞争、安全和环境可持续性。（3）促进技术标准、网络准入条件的进一步趋同。（4）创建电力和天然气传输系统运营商网络，加强 TSO 之间的合作。（5）建立一个成员国能源监管机构欧洲合作机构。（6）欧盟成员国可就供应安全、能源质量和价格、环境保护（包括能源效率）、可再生能源和气候保护，对电力（和天然气）公司强行规定公共服务义务。这样，成员国可利用电力收费来支持促进能源效率和可再生能源的活动。（7）欧委会应与相关各方协商，制定一份与能源消费者权利相关的能源消费者实用信息清单，并予以公布。（8）各国应建立充分的保障措施，保护弱势消费者（包括“危急时期”不断电）。应在社会保障体系中提供社保措施，确保弱势消费者得到必要的电力和天然气供应，或者提供能效改进措施，应对能源贫困问题。（9）各国应确保消费者电力和天然气智能计量系统的实施，但在 2012 年 9 月前应对智能计量系统的经济合理性和效益以及分配时间是否可行进行评估。[②] 天然气传输网络准入条例和电力跨境交易网络准入条例已于 2009 年 9 月 3 日生效。成员国最迟应在 2011 年 3 月 3

---

① 该一揽子法案包括三个条例、两项指令：Regulation（EC）No 713/2009 of the European Parliament and of the Council of 13 July 2009 establishing an Agency for the Co-operation of Energy Regulators；Regulation（EC）No 714/2009 of the European Parliament and of the Council of 13 July 2009 on conditions for access to the network for cross-border exchanges in electricity and repealing Regulation（EC）No 1228/2003；Regulation（EC）No 715/2009 of the European Parliament and of the Council of 13 July 2009 on conditions for access to the natural gas transmission networks and repealing Regulation（EC）No 1775/2005；Directive 2009/72/EC of the European Parliament and of the Council of 13 July 2009 concerning common rules for the internal market in electricity and repealing Directive 2003/54/EC；Directive 2009/73/EC of the European Parliament and of the Council of 13 July 2009 concerning common rules for the internal market in natural gas and repealing Directive 2003/55/EC.

② *Third Energy Market Package*，http：//www. inforse. org/europe/eu _ enmark. htm.

日实施新的电力和天然气市场指令。拆分须在2011年3月3日前实施，第三国网络拥有者的监管从2013年3月3日开始实施。从2011年9月3日起，成员国应确保网络收费不再带有歧视性，也不按历史合同的轨迹确定收费。这一揽子法案的结果与欧委会最初的期望有很大的落差，但欧盟内部能源市场毕竟朝着自由化的方向迈出了一大步。

欧委会第二个一揽子立法建议是2008年1月23日公布的欧盟气候和能源一揽子提案。在题为《欧洲的气候变化机遇》的政策文件中，欧委会为欧盟成员国到2020年集体减排20%、可再生能源比例提高到20%的目标确定了一项战略。[①] 欧委会的立法建议主要包括：（1）修改欧盟排放交易机制（EU ETS）；（2）为发电厂配备碳捕集与封存（CCS）技术；（3）制定成员国减排努力分摊目标；（4）提高欧盟能源结构中可再生能源比例的成员国指标；（5）减少化石燃料温室气体排放。2008年12月11—12日，欧盟27国领导人就这一揽子提案达成了具体的协议，包括一项新的可再生能源指令、欧盟排放交易机制修正案、欧盟成员国减排任务分配的决定、CCS指令、燃料质量指令、新车CO_2最高排放标准条例等六项内容。[②] 同年12月17日，欧洲议会也通过了这一揽子提案。

这一系列行动标志着欧盟为落实其2020年政治议程向前迈出了重要的第一步。它将帮助欧盟彻底改变其未来能源经济，打破能源消费增长、进口增长、财富外流增长的恶性循环，走向更加可持续、更加安全、更加依靠技术的低碳能源市场，为欧盟创造更多的财富和就业机会。

但是，欧委会清醒地认识到，单纯依靠“20—20—20”一揽子计划是无法从根本上解决欧盟能源安全问题的。根据2007年3月欧洲理事会的要求，欧委会应在2008年11月对欧盟能源战略作出第二次评估，由2009年欧盟春季峰会讨论通过，并作为2010年以后欧盟能源行动计划的基础，由2010年欧盟春季峰会通过实施。评估报告应特别关注能源供应安全，包括跨境连接和对外能源政策。2008年10月15—16日，欧洲理事会重申将气候变化

---

① European Commission，*20 20 by 2020：Europe's climate change opportunity*，COM（2008）30 final，Brussels，23/1/2008.

② Council of the European Union，*Energy and climate change——Elements of the final compromise*，Brussels，12/12/2008.

和能源政策目标融为一体的坚定承诺，并就重点加强欧盟能源安全工作提出了一系列指导方针，包括：完成内部电力和天然气市场一揽子立法；加快实施《欧洲能源效率行动计划》和《战略性能源技术发展计划》；坚定不移地追求能源供应多元化；通过提高能源流通和储备的透明度、分享长期需求和资源的信息，促进市场运转的改善；发展危机机制，应对短期性供应中断；加强和增加关键性基础设施，特别是跨欧能源输送网络和 LNG 终端；与生产国和过境国发展能源关系，确保欧盟能源供应的稳定性和多元化。①

为此，欧委会于 2008 年 11 月 13 日公布了题为《确保欧洲未来能源供应安全》的第二份能源战略评估报告（SER2）②，提出了旨在加强能源安全和能源效率的一揽子提案。欧委会在 SER2 中指出，随着欧盟能源市场和基础设施的一体化，国家层面上的努力已经不足于保障其能源供应安全。尽管成员国的能源安全首先要由本国负责，但成员国之间的团结是欧盟的一个基本特点。分担风险、最大程度地利用欧盟在国际事务中的集体影响力，比各自为政的国家行动更为有效。从中长期能源安全的角度看，欧盟的“20—20—20”战略是正确的发展方向。一个拥有多样化的非化石燃料供应、灵活的基础设施和需求管理能力的能源体系将完全不同于今天的体系。从近期和中期来看，欧盟对进口燃料的依赖意味着必须建立有效预防和应对供应危机的法律法规。减少对能源供应危机的脆弱性，欧盟首先要从内部和外部发挥自身的优势。在此背景下，欧委会提出了旨在加强欧盟能源安全的一揽子计划：（1）一项加强成员国能源团结的新战略和一项旨在刺激对效率更高的低碳能源网络投资的能源网络新政策；（2）一项确保欧盟可持续能源供应的《能源安全与团结行动计划》；（3）加强能源效率的一揽子立法提案，以促进建筑、用能产品等关键领域的节能增效。

欧委会主席巴罗佐在公布这一揽子计划时指出：“欧盟过去一年能源价格平均上升了 15%。欧洲 54%的能源依靠进口，每个欧盟公民能源开支高达 700 欧元。我们迫切需要通过提高能源效率、减少对进口能源的依赖来改

---

① Council of the European Union, *Presidency Conclusions of Brussels European Council* 15－16 Oct. 2008.

② *Second Strategic Energy Review——Securing our Energy Future*, http://ec.europa.eu/energy/strategies/2008/2008_11_ser2_en.htm.

变这一现状。我们必须加强投资，促进能源供应的多元化。今天通过的提案表明了欧委会促进能源供应安全和可持续的愿望，应该能实现‘20—20—20’的气候变化目标。”[①] 欧委会能源委员皮耶巴尔格斯表示：“欧盟从未像今天这样走到一起，共同应对气候变化、能源价格高企和能源安全的挑战。但是，我们必须采取更多的行动，制定更加大胆的计划，规避未来能源供应中断的风险。这意味着要增加投资。对能源（包括能源效率）的投资，意味着在这一不确定的时期为我们的经济提供必要的动力。”[②] 欧委会对外关系委员瓦尔德纳则强调：“在欧盟对外关系中扩大对能源的关注程度对欧盟能源安全具有至关重要的意义。与供应国、过境国和其他能源消费大国发展牢固的可靠的能源伙伴关系是关键，因此，今天所提出的能源相互依赖的新规定是向前迈出的重要一步。今天的评估报告还提出了一系列旨在加强欧盟筹资能力的步骤，以支持从第三国获取能源供应所必需的能源基础设施。”[③]

（二）加强能源安全和成员国团结的行动

欧委会在 SER2 中提出的三项计划的核心是《能源安全与团结行动计划》[④]。该计划旨在补充欧盟为实现其能源战略三个基本目标所采取的一系列措施。为了帮助欧盟走向更加安全、更加可持续的能源供应未来，规避欧盟作为一个整体发生能源危机的风险，欧委会在计划中提出了五项重点行动：

第一，促进对欧盟至关重要的能源基础设施建设。石油市场是 个流动性很高的国际市场，而天然气供应却主要依靠固定的管道设施。目前，欧盟天然气消费总量的61％依赖进口，其中俄罗斯占42％，挪威24％，阿尔及利亚18％，其他国家16％。到2020年，欧盟本土能源产量将继续下降，天然气进口将从目前的61％上升到73％。在欧盟层面上，天然气供应多元化水平已经合理。然而，在国家层面上，由于历史的原因，一些成员国天然气

① European Commission presents energy security, solidarity and efficiency proposals, http://www.europa-eu-un.org/articles/en/article_8301_en.htm.

② Ibid.

③ Ibid.

④ European Commission, *Second Strategic Energy Review: an EU energy security and solidarity action plan*, COM/2008/0781 final.

需求100%依靠单一供给国。欧委会指出，欧盟内部市场的跨境连接和成员国之间的团结不仅是一体化市场系统的自然特点，也是分散和减少单个成员国风险的重要条件。因此，欧盟需要采取具体措施，促进成员国市场天然气供应的多元化。此外，为了保障欧盟公民的电力和天然气供应、实现欧盟“20—20—20”目标，欧盟也需要在今后若干年甚至几十年内对内部能源市场的基础设施作出重大的改变。这就要求在欧盟内部以及针对第三国制定透明、可靠的框架条件，使企业能够抓住新的投资机会。欧盟层面上采取坚决的态度对于促进这些条件的产生至关重要。为此，作为共同体能源安全的行动重点，欧委会提出了下列六项基础设施优先开发项目（参见图 20）。

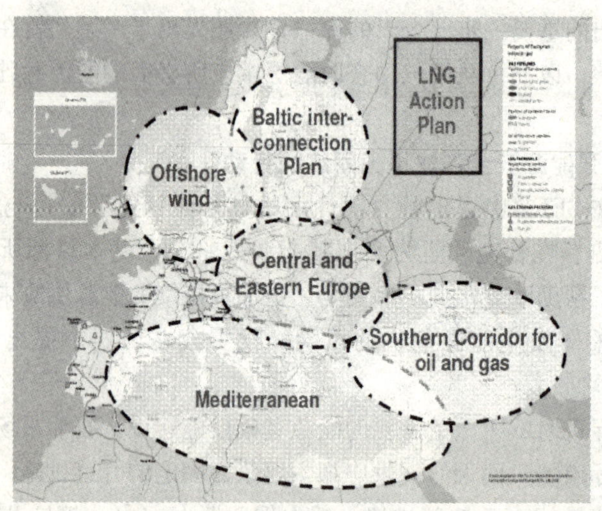

图 20　欧委会提出的六个能源基础设施重点建设项目

资料来源：www. energy-regulators. eu/... /2009－09－16 _ Baltic _ Energy _ Market _ Interconnection _ Plan——Ta. ppt。

（1）对欧洲仍然处于孤立状态的能源市场进行连接。2009 年，欧委会将与相关成员国和能源监管机构一起，制定一个涉及天然气、电力和储存的“波罗的海跨境连接计划”（Baltic Interconnection Plan），找出波罗的海地区仍然缺失的关键性基础设施，实现本地区与欧盟其他地区的有效连接，提高其能源供应的安全性和多样化。

（2）发展“南部天然气走廊”（Southern Gas Corridor），输送来自里海和中东的天然气。这是欧盟为改善其能源供应安全所确定的最高优先项目之一。欧盟及其成员国将加强与相关国家尤其是阿塞拜疆、土库曼斯坦、伊拉克和马什里克国家的合作，以迅速取得这些国家对天然气供应和必要的管道建设的坚决支持。从长远的角度看，欧盟还将把乌兹别克斯坦和伊朗视为重要的天然气供应源。

（3）制定一项液化天然气（LNG）行动计划。LNG 和充足的天然气储备对增强欧盟天然气市场的流动性和多样性至关重要，因此，所有成员国均应拥有足够的 LNG 能力，不论是直接还是通过与其他成员国作出团结性安排，特别是严重依赖某个天然气供应国的成员国。2009 年，欧委会将对全球 LNG 形势加以评估，以制定一项 LNG 行动计划。

（4）完善地中海能源传输圈。通过电力和天然气跨境连接线把欧洲与南地中海连接起来，以改善供应安全，并帮助该地区开发巨大的太阳能和风能潜力。欧委会将在不迟于 2010 年提出一个完善地中海能源传输圈缺失环节的计划，包括对促进欧盟外部能源供应多元化具有重要意义的一些关键性项目，与更为遥远的地区（如伊拉克、中东和撒哈拉沙漠以南地区）建立连接。

（5）开发中欧和东南欧南北走向的天然气和电力跨境连接线。在这方面，欧盟将特别依靠旨在创建一个共同天然气传输系统运营机构的“新的欧洲传输系统”计划、2007 年 12 月能源共同体部长级会议确定的优先连接项目——“能源共同体天然气传输圈”以及“泛欧石油管道”。2007 年 9 月公布的第三批内部能源市场自由化一揽子立法提案中提出要建立一个 10 年网络开发计划，明确提出仍然缺失的环节以及所需要采取的行动。欧委会将与成员国能源监管机构和传输系统运营商一起制定这一计划。

（6）根据欧洲协调员的工作以及欧委会公布的政策文件《近海风能：实现 2020 年及以后的能源政策目标所需采取的行动》①，制定一个北海近海电网发展蓝图，实现西北欧地区相关国家电网的联接，插入众多的拟建近海风能项目。该工程与地中海传输圈和波罗的海跨境连接计划一起，成为欧洲未

① European Commission，*Offshore Wind Energy：Action needed to deliver on the Energy Policy Objectives for 2020 and beyond*，COM（2008）768 final，Brussels，13.11.2008.

来超级电网的一个重要组成部分（参见图 21）。

图 21　海上风能发电

资料来源：http：//www. frponline. com. cn/News/detail _ 23118. html，2009 年 12 月 28 日。

欧委会将采取一切手段迅速推动上述优先行动。这包括与成员国密切协作，最大程度地利用欧盟在国际能源问题上以一个声音说话的能力。为了给这些重点建设项目筹措必要的资金，欧委会鼓励欧盟成员国、欧盟公司、共同体金融机构以及第三国的公共和私营实体开展各种形式的融资。

欧委会认为，欧盟现有工具不足于推动上述项目的快速推进。因此，欧委会提出了一个“三步走”的发展思路。第一步，欧盟各国达成一致，将上述项目确定为欧盟能源安全的优先项目。第二步，2009—2010 年，欧委会、成员国、工业界、传输网络运营商、成员国能源监管机构和欧洲议会密切协作，确定项目落实所需采取的具体行动，特别是财政需要和潜在的融资渠道。第三步，从 2010 年开始，共同体层面和成员国层面同时采取行动。欧委会指出，最初酝酿和制定跨欧能源网络（TEN-E）计划时，欧盟成员国的数量相对较少，面临的能源挑战也与今天的完全不同。目前的 TEN-E 预算仅为 2200 万欧元，在推动共同体重大项目的发展中作用有限。为此，欧委会已同时公布了一份绿皮书——《迈向安全、可持续、竞争力的欧洲能源网络》[①]，就如何制定一个新的“欧盟能源安全与基础设施政策工具”取代现行的 TEN-E 发起一场大讨论。新工具的目标是：（1）完善内部能源市场；（2）确保电网发展，实现欧盟可再生能源目标；（3）通过资助欧盟内外关键基础设施项目的建设，保障欧盟能源供应安全。此外，绿皮书还提出如何以恰当的方式确保欧盟对外政策和财政工具的有效利用和发展促进上述目标的实现。

第二，在欧盟对外关系中更加突出能源问题。欧委会指出，世界各国在能源问题上的相互依赖日益加深。能源相互依赖正在影响发展、贸易和竞争力，也对国际关系和全球气候合作产生深刻影响。因此，能源问题必须受到应有的政治重视，并体现到欧盟的国际关系之中，包括其贸易政策和协议、双边伙伴关系、合作与联系国协议以及政治对话。各国迥然不同的能源利益要求在能源和各个经济部门建立基于义务和利益相平衡的更具活力的国际法律框架。欧盟应利用一切内外工具，在与能源供应国打交道时增强集体影响力，建立基础更为广阔的新型伙伴关系。在多边层面上，欧盟应继续推进能源领域的贸易和投资自由化。

欧盟与一些国家和地区已经实现了法律和市场一体化。挪威已经作为欧洲经济区的成员国与欧盟能源大市场实现了一体化。它在促进欧盟能源供应安全方面发挥着极其重要的作用。因此，欧盟应在“欧盟—挪威能源对话”的框架内继续发展双边合作关系。欧委会认为，在可持续的基础上最大程度地扩大挪威大陆架的长期能源生产符合挪威和欧盟的共同利益。

能源共同体正在东南欧建设一个以欧盟为核心的一体化能源市场。它涉及电力和天然气内部市场和供应安全。此外，石油市场的延伸也在讨论之中。如果谈判成功，乌克兰、摩尔多瓦和土耳其加入能源共同体后将引起能源部门的改革，产生一个基于共同规则的能源大市场。欧盟还将考虑把观察员国的地位扩大到其他合适的国家。这一扩大进程在推广共同体能源法律法规中发挥重要作用，既可实现欧盟的能源安全目标，又有利于促进相关国家的安全。

鉴于白俄罗斯作为邻国和过境国的重要性，欧盟还在积极发展一项对白

---

① European Commission，*Green Paper——Towards a secure，sustainable and competitive European energy network*，COM（2008）782 final.

俄罗斯的战略。欧盟与许多第三国签署了能源备忘录。欧委会认为，欧盟应与欧洲以外的能源生产国在内容广泛的协议中纳入新一代“能源相互依赖”条款。能源相互依赖应谋求需求安全和供应安全的平衡。重点应置于鼓励上游投资，便利必要的基础设施的开发，明确（能源和各经济部门）市场准入的条件，加强市场和政策发展对话，制定争端解决条款。过境安排必须达成一致，以确保能源的正常运输，即使在出现政治紧张局势期间。欧委会认为，管理方式可以创新，如联合经营，或者供应国、过境国和消费国共同拥有管道产权。相关规定应基于欧盟能源法律法规和《能源宪章条约》的原则之上，应有助于形成长期的政治框架，减少政治风险，鼓励私营公司对供应和过境作出承诺。在俄罗斯的问题上，欧盟希望在1997年俄欧伙伴和合作协议的基础上达成一个内容广泛的新协议，以促进俄罗斯能源市场的改革和自由化，确保俄罗斯天然气供应的稳定性和可预测性，明确俄罗斯公司投资欧盟下游市场的条件，建立具有约束力的有效的泛欧过境规则，最终确保欧盟能源供应安全。欧盟对里海国家采取相似的做法。由于里海国家拥有丰富的能源资源以及对欧盟重点能源基础设施建设具有重要性，欧盟高度重视与本地区国家进一步发展关系。欧委会积极加强“巴库进程”，力图促进真正的能源伙伴关系的形成。同时，欧盟还通过双边关系加强与相关国家的接触。

“欧盟—欧佩克能源对话”为影响能源价格、生产国和消费国都需要的上下游投资以及技术进步所带来的影响等因素进行联合评估提供了一个论坛。该对话承认这样一个事实，即生产国和消费国在鼓励能源供应的稳定和价格合理的问题上拥有共同利益。欧委会认为，欧盟应进一步发展与伊拉克和海湾合作委员会在油气领域的能源关系，包括清洁能源技术等新领域。同时，欧盟还应与海湾合作委员会的单个成员国发展双边性能源关系。

与澳大利亚、加拿大、日本和美国以及新兴消费国的伙伴关系也是加强能源安全的一个重要方面。欧盟希望加深与其他消费国的合作，促进全球形成一个共同的能源安全观，改善全球能源市场的透明度，应对可持续发展问题。欧盟正在通过双边和多边方式与中国和印度等国家以及拉丁美洲和加勒比海地区发展合作框架。同时，欧盟还在与作为生物燃料出口大国的巴西等替代能源供应国发展合作。

非洲从油气资源到可再生能源均有着巨大的潜力，因此，欧委会认为，欧盟必须加强与非洲特别是北非的能源关系。阿尔及利亚、埃及、利比亚和尼日利亚等国家一直是重要的油气供应国，因此欧盟必须加强与这些国家的能源关系。"跨撒哈拉沙漠天然气管道"是欧盟实现供应路线和能源品种多元化的重要机会。因此，欧盟将通过各种工具，特别是通过双边合作、欧盟邻国与伙伴关系工具、欧洲开发基金以及欧洲投资银行，积极促进该管道的建设。此外，与非洲联盟建立的"非洲—欧盟能源伙伴关系"以及非洲地区经济共同体在发展进一步的能源对话和具体的行动计划方面也发挥着重要作用。欧盟将对非洲在欧盟能源安全中日益重要的作用进行评估，确保欧盟具备必要的手段和政策。电力市场的地区一体化以及促进可再生能源的发展是对非洲具有特别重要的发展机会，欧委会将加大这些领域的援助力度。

欧盟在核技术领域拥有全球领先地位。欧盟的一些伙伴国正在考虑发起一项核计划或扩大其目前的活动。许多发展中国家目前尚未建立必要的法律法规和监管机构来确保在设计、建造和运转过程中把核安全作为优先考虑。欧盟已于最近规划了推广最高标准核安全的行动。① 欧盟将通过"核安全合作工具"与第三国合作，协助它们改进其核安全文化和现有核电厂的安全性。对于拟建造核电厂的新兴国家，欧盟将帮助它们发展独立的称职的核监管机构，使它们有能力确保新建核电厂按照国际核安全标准建造，并根据最高标准运转。

欧委会指出，为了实现欧盟的能源政策目标，欧盟必须以一个声音说话，统一步调。IEA 在最近对欧盟能源政策的评估中指出，欧盟的优先行动领域应该是对外关系和能源安全。② 以一个声音说话就是要进行有效规划和协调，以确保成员国层面所采取的行动和发出的信息与共同体层面相一致。为此，欧委会将于 2009 年提出确保成员国和欧盟之间透明性所需要的具体机制。这将有助于改善欧盟在国际能源问题上的协调性。为补充这类机制，欧委会将考虑修改第 736/96 号条例，要求成员国必须向欧委会通报石油、天然气和电力部门涉及共同体利益的投资项目，以反映当今的能源挑战。欧

---

① European Commission, *Addressing the international challenge of nuclear safety and security*, COM (2008) 312.

② OECD/IEA, *IEA Energy Policies Review——The European Union*, September 2008.

委会将考虑如何以最佳方式与周边关键性能源伙伴进一步发展预警系统。

第三，改善油气储备和危机反应机制。为了实现欧盟能源安全目标，欧盟还必须尽可能确保其内部危机机制和安全标准的有效性。因此，欧盟《能源安全与团结行动计划》的第三项内容是更新和改进这方面的共同体规则。自1968年以来，欧盟一直在实施一个强制性的应急石油储备机制。欧盟成员国在贯彻石油储备指令的过程中制定了不同的机制：有些成员国采用了类似美国和日本的体制，依靠政府持有储备；有些则依靠工业部门持有储备。这种体制主要是响应由IEA协调开展的联合行动，在应对有限的供应中断时比较有效。欧委会提议修订欧盟战略石油储备法规，改进其与IEA机制的统一性，增强可提取石油储备的可靠性和透明性，简化遵守和核查，明确应急程序。目前，欧盟只是公布每个成员国的战略石油储备水平的数据。与美国不同，欧盟并不公布欧盟境内持有的商业石油储备水平的信息。为了提高石油市场的透明度、减小盲目投机的影响，欧委会提议，欧盟应每周公布欧盟石油公司所持有的商业石油储备总水平。

欧委会同时评估了天然气供应安全指令，认为目前欧盟的法律框架也应加以改进，特别是地区层面和欧盟层面的供应安全标准和预定应急措施需要进一步趋同。欧委会认为，现阶段没有必要将战略天然气储备作为欧盟成员国的强制性义务。天然气储备比石油储备代价高出至少5倍。更为有效的办法是：促进商业储备的发展和有效透明运转；多元化的供应连接，使LNG或欧盟内部市场的邻近供应商成为灵活的供应源；通过签订可中断的合同和燃料转换（特别是在发电部门）快速减少需求。如同石油部门一样，欧委会认为，欧盟层面的天然气危机协调机制也应加以改进，不仅在成员国之间，也包括与供应国和过境国的关系。欧盟将重新考虑启动欧盟行动的门槛，并且明确补偿安排。天然气协调小组将继续制定应对未来天然气供应危机的各种方案。2010年欧盟将与相关各方进行协商，对天然气供应安全指令加以修订。

第四，为能源效率提供新的动力。欧盟已经承诺到2020年提高能效20%。欧盟承诺的减排目标和可再生能源目标有助于这一目标的实现，而大规模的能效行动将极大地促进欧盟2020年气候目标的实现。因此，能效措施在以最低的成本实现气候和能源目标方面发挥着关键性的作用。欧委会认为，建筑和交通两个部门是开展能效行动的重点。20%的能效目标将极大地促进欧盟的可持续性和竞争力目标的实现。提高能效、减少能耗也是降低欧盟对化石燃料和进口能源依赖的最持久的办法。在当前困难的经济形势下，改进能效和绿色技术的措施也能为欧盟经济（包括中小企业）提供新的机遇。因此，欧委会把能源效率作为《能源安全与团结行动计划》的核心。

欧盟在落实20%能效目标方面已经迈出的重要步伐。这些措施将提高能效13%—15%。因此，与第二份能源战略评估报告相伴，欧委会公布了2008年能效行动一揽子计划，为实现20%的目标作出进一步的重大努力。这一揽子提案包括：

（1）修改《建筑物能效指令》，扩大其适用范围，简化指令的实施，使建筑物能效证书成为一个真正的市场工具。指令修改后，预计每个家庭平均每年可节省数百欧元的开支。

（2）修改《能源标签指令》。目前该指令仅覆盖家用电器。指令修改后，标签制度将扩大到更大范围的商业和工业用能产品，为公共采购和成员国的优惠政策建立一个统一的基础。欧委会正在更新一系列产品的分类或者建立新的产品类别。此外，欧委会还将为汽车轮胎引入一个新的能源标签。

（3）强化《生态设计指令》的实施。欧委会将首先对灯泡（逐渐淘汰浪费电能的白炽灯泡）、用电设备待机状态、电器的关闭模式功能、街道和办公室照明设备、外接电源以及电视机机顶盒制定最低要求，随后对洗衣机、洗碟机、电冰箱、锅炉、热水器、电动机和电视机制定能效措施。考虑到生态设计和标签制度的联动影响，预计这些措施完成后可帮助欧盟到2020年节能9600万吨油当量。

（4）促进热电联产。作为《能源安全与团结行动计划》的一部分，欧委会已于2008年11月公布了一份旨在消除热电联产障碍、建立网络准入共同框架的政策文件①和一份有关在技术上实施热电联产指令的细则的决定。②

（5）发展基准评价（benchmarking）和网络联接机制，推广最佳做法。

---

① European Commission，*Europe can save more energy by combined heat and power generation*，COM（2008）771 final.

② European Commission，*Commission Decision 2008/952/EC of 19 November 2008，establishing detailed guidelines for the implementation and application of Annexe II to Directive 2004/8/EC of the European Parliament and of the Council*，OJ L 338，17 December 2008.

“市长契约”（The Covenant of Mayors）将成为促进这方面工作的一个重要工具。欧盟将通过共同体资金（包括“欧洲聪明能源计划”）的拨款以及欧盟其他财政工具，加强全欧范围的推广工作。欧委会将联合欧洲投资银行和欧洲复兴与开发银行，发起一个新的“可持续能源融资倡议”，来实现这一目标。

（6）充分发挥团结基金的作用。团结政策框架内的各项计划已经为2007—2013年期间推广能源效率和可再生能源拨款90亿欧元。团结基金支持一系列活动，包括工业、商业、交通和公共建筑部门的能效提高，热电联产和地区性能源生产，可持续能源创新以及能效监测和评估的培训等。此外，在新成员国，团结政策在某些条件下还支持居民住宅的能效投资。

（7）提出“绿色税”一揽子提案，作为能源和气候变化一揽子计划的补充。这一揽子计划包括评估《能源税指令》，使它与能源和气候变化目标完全一致，研究增值税及其他财政工具如何用于促进能源效率。欧委会将在贸易谈判中积极推动能效商品与服务的自由化。

欧委会认为，其他工业国和新兴国家必须与欧盟一样提高能源效率。全球气候变化协议取得进展将为能效合作创造新的巨大动力。未来几年，能源效率将成为能源共同体追求的主要目标之一。欧委会将运用2008年7月在八国集团框架内与中国、印度和韩国达成的“能效合作国际伙伴关系”，在全世界推广产品共同标准，促进各国大力加强能效行动。欧委会还将于2009年参与上述伙伴关系，作为IEA一项实施协议的启动。欧委会指出，能源效率始终是欧盟能源政策的一个优先目标。欧委会将在2009年评估“能源效率行动计划”，并根据2008年6月欧洲理事会的要求制定一个更加明确的行动计划。

第五，更好地利用欧盟本土能源资源。欧盟本土产量占其能源消费总量的46%。在实施“20—20—20”计划之前，这一比例到2020年将下降到36%。实施新的能源政策后，这一比例将保持在44%左右。因此，欧委会认为，一切有助于促进本土能源开发和使用的符合成本效益的措施都应成为《能源安全与团结行动计划》的重要组成部分。

欧盟潜力最大的本土能源是可再生能源（RES），如风能、太阳能、水能、生物质能和海洋能。目前，可再生能源约占欧盟能源终端消费总量的9%。欧盟的目标是到2020年将其提高到20%。随着新的可再生能源指令的生效，欧委会将集中力量监督和促进指令得到正确、及时的实施，消除可能阻碍可再生能源有效快速进入市场的实际问题（如电网限制）。欧委会将出台一份题为《克服欧盟可再生能源障碍》的政策文件，找出这些障碍，提出解决办法。

为了给欧盟层面上大规模发展可再生能源建立合适的融资机制，欧委会正在与欧洲投资银行、欧洲复兴与开发银行等金融机构合作，发起“欧盟可持续能源融资倡议”，从资本市场筹措大量投资资金，在欧洲城市中支持能源效率、可再生能源、化石燃料的清洁使用以及利用可再生能源进行热电联产。

技术在以符合成本效益和可持续的方式开发和利用本土天然资源中起着关键性的作用。对可再生能源的需求只会随着欧盟温室气体减排目标的提高而增长。因此，推动可再生能源生产在竞争力、效率和可持续性方面迅速取得进展，这一点至关重要。对欧盟来说，它既有助于实现能源安全和可持续性目标，也是一个巨大的经济机遇。

目前，这一目标正在理事会 2008 年通过的《战略能源技术发展计划》框架内执行。该计划的实施已经取得了进展，包括六个欧洲工业倡议：风能，太阳能，生物能（第二代生物燃料），CCS（碳捕集、运输与储存），电网，可持续核裂变。下一步，欧委会将于 2009 年出台一份《为低碳技术提供融资》的政策文件。文件将提出欧盟层面支持大规模示范项目所需的资源及潜在来源，以及支持欧盟层面上开展大规模示范活动的办法，包括 12 个 CCS 示范工厂。

煤炭依然是欧洲本土能源供应的一个基本品种，是替代石油和天然气的一种重要能源。煤炭可以从全世界许多国家大量进口，且可以相对容易地储存。煤炭发电的重要性在世界许多地方正在上升，预计欧洲也将继续大量使用煤炭发电。煤炭发电的主要缺点是 CO_2 排放量较高。从长远的角度看，煤炭的使用只有在高效工厂占主导地位、CCS 普及的情况下才能与应对气候挑战的目标相兼容。CCS 的发展，不论在欧洲还是世界其他地区，都取决于法规、碳定价以及新技术、新工艺的普及。只有在工业示范的结果得到评估后，特别是在 ETS 所提供的刺激被证明不足的情况下，才能考虑强制性 CO_2 排放标准。欧盟的目标是到 2015 年拥有 12 个以上运营的商业规模的示范工厂。在 G8 框架内，欧盟承诺到 2020 年在全球发起 20 个示范工厂。这些都需要更有力的激励措施。尽管欧洲油气资源正在下降，但是高油价和本土资源的安全溢价提高了投资者对开发本土油气资源（包括非常规能源）的兴趣。此外，欧盟一些地区的其他能源资源（如油页岩和泥煤）也有助于增进某些成员国的能源安全。事实上，非常规资源是欧洲经济区天然气资源总量的三倍，达600多亿吨油当量。非常规资源面临的主要问题是，在一些地区，其开发利用面临较大的技术和环境挑战。欧委会将在“柏林化石燃料论坛”上组织讨论，研究共同体层面和成员国层面可以采取哪些新措施，特别是通过与挪威加强伙伴关系，促进欧盟本土化石燃料以符合成本效益和环境兼容的方式加以利用。

炼油能力也是确保欧盟能源安全的一个重要因素。欧盟将提高炼油能力供需平衡的透明度，努力把握好需求驱动因素（尤其是绿色交通行动计划）以及在未来柴油潜在供应方面存在的担忧。2010年，欧委会能源市场观察站将公布一份《炼油能力和欧盟石油需求》的政策文件。

最后，核能作为一种主要的发电品种，有助于增进欧盟的能源供应安全。核电不会增加温室气体排放，因而有助于应对气候变化。欧盟的铀供应已经实现多元化，且位于稳定地区，且铀成本对电价影响非常有限。欧盟发电量的1/3来自核能。欧委会指出，今后10—20年，欧盟大部分核电厂将达到原定设计寿命。如果不作出新的投资决定，那么，到2020年，核能在欧盟发电总量中的比例将大幅下降。关于寿命延长、新投资或者替代问题的决定日益紧迫，特别是在欧盟减排CO_2目标的背景之下。核能的投资由各成员国自己作出选择。然而，核安全框架的全面实施是欧盟共同关心的问题。欧盟对核能发电维持最高的安全、不扩散和环保标准。因此，欧盟需要确立一个核设施安全和核废料管理的共同法律框架。继“核安全和废料管理高级小组”的建立和“欧洲核能论坛”内的讨论后，欧委会将于2008年向理事会提交一个指令修正案，努力建立一个共同体核安全框架。

（三）制定2050年远景规划

由于全球石油需求量继续增长，而许多油田产能下降，供需平衡日趋紧张。应对气候变化又要求大规模地转向高效低碳能源技术。欧盟2020年议程已经规划了这一进程最基本的第一步。深刻的结构性变化（如无碳发电）或者根本性的技术转变（如打破交通部门对石油的依赖）都是一个长期的过程。然而，这些变革却需要决策者、投资者、教育机构和科学家今天就作出选择。因此，欧委会将于 2010 年提出对欧洲能源政策进行更新，以确定 2030 年的政策议程和 2050 年的远景设想。欧盟更长远的目标包括：

（1）到 2050 年实现欧盟电力供应去碳化。这是一个巨大的挑战，但欧盟认为这是必要的，因为它希望在 2050 年全球大幅减排温室气体的行动中充分发挥其领导作用，防止气候变化。这就需要进一步发展可再生能源、CCS 以及核能。ETS 的实施将通过取代现有的发电能力（到 2030 年其中一半将达到设计寿命）促进向低碳发电的转变。如果迅速作出战略性投资决定，欧洲接近 2/3 的电力生产可望在 2020 年代早期实现低碳化。

（2）结束交通运输业对石油的依赖。向电动、氢能和替代燃料汽车的转变不可能一夜之间发生，欧盟的交通设施需要作出巨大的变化。欧委会将在 2008 年公布题为《欧洲交通绿色化》[①] 政策文件的基础上，研究使欧盟走在这些变革前沿所需采取的行动。欧委会将特别考虑：A. 在遵守国家援助法律的基础上，为购买更加绿色的电动、生物乙醇和氢能汽车以及提前报废陈旧、高污染汽车提供税收优惠及其他奖励的必要性；B. 要求成员国政府和地方当局在所有新购车辆中规定电动、生物乙醇或氢能汽车所占最低百分比的可能性；C. 要求加油站引入必要的基础设施以促进替代交通在欧洲范围迅速发展的可能性。此外，欧委会还将考虑如何在 2012 年后促使汽车效率的进一步改进。

（3）低能耗、绿色净产能（positive power）建筑。建筑耗能占终端能耗的 40%。建筑物的设计和使用可采取一种新方式——使它们产能超过耗能，成为净产能建筑。欧委会将为低碳或零碳以及低能耗建筑的定义确立共同的原则，必要时提出措施，进一步增加此类建筑的数量。同时，欧盟还迫切需要在转变现有建筑方面取得进展。对现有建筑的投资可减少能源需求，促进欧盟未来几十年减排目标的实现。欧委会及欧盟成员国将进一步研究内部市场条件和激励机制，以鼓励住宅业的节能投资。

（4）智能式互联电网。当前的电网是为了从大型发电厂向国家性零售配送网络输电中心输电而建设的。未来的电网则应考虑到应对气候变化的需

---

① European Commission, *The Greening transport package*, July 2008, http://ec.europa.eu/transport/strategies/2008_greening_transport_en.htm.

要，并且服务于一个拥有许多可再生能源小型供应商的一体化欧洲大市场。这些可再生能源供应商可能是风力发电场，也可能是家庭发电。这类“绿电”将与大型发电厂一起，日益成为欧盟经济重要的电力保证。为此，欧盟电网必须作出巨大的改变，以适应分散式发电的要求。欧盟将进一步探讨建设一个环欧近海超级电网，把南欧的太阳能、西欧的波浪能、北欧的风能或水能与主要消费中心连接起来。在零售层面上，安装智能仪表和控制器可以大大提高能源效率，鼓励电动汽车的发展。

（5）在全世界推广高效、低碳能源系统。欧盟将说服和帮助世界其他国家和地区效仿欧盟，使欧盟 2030—2050 年能源远景规划的效果成倍增加。全球气候变化协议如果取得进展，则可成为全世界变革的巨大动力。欧盟尽早制定雄心勃勃的能源变革议程将使欧洲在汽车、建筑和能源工程领域成为世界技术的领头羊。

欧委会指出，没有一个包括研发、法规、投资和基础设施开发在内的协调一致的政策议程，这些根本性的技术变革是不可能实现的。为了推动这一进程，欧委会将在《战略性能源技术发展计划》框架内制定一个《走向2050 年能源政策的路线图》，并与成员国官员、学术界和工业界专家开展对话，以促进其大规模的实施。该路线图将特别提出欧盟 2050 年实现零碳供电所需采取的行动及现有选择。①

二、欧盟对第二份能源战略评估报告的反应

欧委会第二份能源战略评估报告和一揽子立法提案出台后，作为回应，欧洲议会在 2009 月 1 月 21 日通过了由法国自由民主党团议员安妮·拉普罗兹（Anne Laperrouze）提出的一份报告。② 该报告是在俄乌再次爆发天然气

① European Commission, *EU Energy Security and Solidarity Action Plan: 2nd Strategic Energy Review*, MEMO/08/703, Brussels, 13 November 2008.

② European Parliament, *Energy security blueprint for the EU's future energy strategy*, 21 January 2009.

争端的背景下出台的。[①] 这次危机让欧盟深刻地认识到加强能源安全和拓展能源供应渠道刻不容缓。欧委会主席巴罗佐指出，俄乌在天然气争端中拿欧洲天然气消费者当“人质”的做法是不能接受的，欧盟应该吸取教训，通过加大投资，加快基础设施建设、拓宽能源供应渠道、提高能源利用率、减少二氧化碳排放等手段来保证欧洲的能源安全，确保欧洲不会在今后出现类似危机。“新年是燃放爆竹和庆祝的时节，不是出现天然气危机的时候，决不能让危机成为一年一度的事情。”[②]

正是在这一背景下，欧洲议会以压倒多数通过了拉普罗兹提交的报告。报告敦促欧盟吸取教训，呼吁欧委会采取以下措施：（1）在2009年底前修改2004年天然气供应指令，制定强制性和有效的成员国和欧盟紧急行动计划；发展具有快速释放能力的天然气储备；建立统一的天然气网络，把欧盟所有成员国连接起来；发展中欧和东南欧南北向天然气和电力跨境连接线，特别是实现波罗的海地区与西欧网络的一体化。（2）与俄罗斯签订新的内容广泛的伙伴协议，取代1997年欧俄伙伴与合作协议。（3）支持供应路线多元化项目，建设更多的管道（如“纳布科”管线、土耳其—希腊—意大利管线、“南溪”管线）和LNG终端。（4）为2050年制定新的气候目标。到2050年，减排温室气体60%—80%，提高能效35%，可再生能源比例提高到60%。改善能源安全的最有效和最具成本效益的办法是立即通过一个到2020年提高能效至少20%的具有法律约束力的目标。2020年议程的其他两个目标——减排温室气体20%和提高可再生能源比例20%——已经在2008年12月欧盟气候变化一揽子立法中得以确立。（5）继续保持核能在欧盟能源结构中的地位，制定一个核能投资路线图，确保核能的使用在技术上达成

① 由于在2009年天然气供应价格和过境费率以及债务偿还等问题上未能达成协议，俄罗斯天然气工业股份公司于2009年1月1日中断了对乌克兰供气。7日，俄方以乌方无法保障全量输送过境天然气为由，停止经乌向欧盟供应天然气。欧洲17个国家因此而受到不同程度的影响。欧盟被迫介入纷争并进行斡旋。然而，俄乌“斗气”一波三折，让遭受“断气”危机的欧盟也随之不断经历了失望与希望。经过长时间谈判，俄乌双方最终于18日达成一致。20日，俄经乌输往欧洲的天然气供应得以恢复。

② 张碧弘：“恢复供气终于让欧盟心中石头落地”，新华网，2009年1月21日，http：//news.xinhuanet.com/world/2009－01/21/content_10692416.htm。

最高水平的安全性。①

2009 年 2 月 19 日，欧盟能源部长理事会召开会议，对欧委会提出的能源安全和能源效率一揽子建议表示欢迎，特别是《能源安全与团结行动计划》。理事会在会议决定中进一步提出了加强能源安全的近期和长期优先目标。②

第一，近期优先目标。加强跨境连接和能源供应国、品种/渠道和供应路线的多元化，特别是在天然气领域。为了满足基础设施需要，确保一体化的欧盟能源市场能源供应的多元化，防范天然气或其他能源部门发生重大供应中断，应对可能发生的供应中断事件的后果，理事会同意：（1）推进欧委会在第二份能源战略评估报告（SER2）中提出的六个优先基础设施项目。这些行动不影响现行的 TEN-E 项目以及有助于促进供应国、能源品种和供应路线地理平衡和多元化、加强欧盟中心能源市场与边缘地区连接的任何其他方案。（2）提高天然气储备的透明度，促进公共和私人对天然气储备的投资，以减少供应中断所带来的影响。（3）建立一个符合欧盟竞争规则的机制，使里海天然气能以具有竞争力的价格供应欧洲市场，建设必要的基础设施。（4）定期评估能源供需情况，包括实际的天然气流动、储存能力、储备变化、基础设施和生产能力的信息，促进投资，减少供应安全风险。（4）在修改 TEN-E 政策时，改革基础设施（包括跨境连接）的选择标准，使其建立在欧盟能源政策目标之上，促进全面互联的欧盟能源大市场的形成，加强能源供应的竞争性，增强成员国和欧盟的能源安全，促进能源供应国、品种/渠道和供应路线的多元化，同时在基础设施项目的经济性和成熟性以及能源安全之间达成适当的平衡。（5）确认和消除投资壁垒，包括简化规划和协商程序，或者为改善跨境连接的项目任命欧洲协调员。（6）促进欧委会和成员国之间的协调一致，以符合成本效益的方式支持欧洲近海风力发电的大规模推广，确保电网的可靠性。

---

① European Parliament, *Energy security blueprint for the EU's future energy strategy*, 21 January 2009.

② Council of the European Union, *Council Conclusions on "Second Strategic Energy Review——An EU energy security and solidarity action plan"*, Brussels, 19 February 2009.

由于全球能源需求不断增长，同时为了确保欧盟能源供应的多元化和安全性，能源政策已经成为欧盟及其成员国对外关系的一个关键部分。理事会强调：（1）应认真吸取2009年1月发生的天然气供应危机的经验教训，确保欧盟及其成员国在与供应国、过境国和消费国就对外能源问题开展对话时保持一致。（2）成员国向第三国发出的信息应与欧盟政策目标相一致，重点是减排温室气体、能源效率、可再生能源和低排放技术。（3）在欧盟能源法律和《能源宪章条约》原则之上，加强与东部邻国、俄罗斯、“南部走廊”沿线的供应国和过境国、乌克兰和摩尔多瓦、地中海国家等第三国和地区的能源关系。（4）进一步发展共同对外能源政策，以支持欧盟、成员国及欧盟公司与能源伙伴国发展能源合作。（5）成员国与第三国的能源关系（包括长期供应安排）在保留商业敏感信息的前提下，应与欧委会开展有意义的信息交换，以增加透明度和可靠性。

为应对天然气供应中断危机，理事会重申必须发展更加灵活、高效、透明的油气危机反应机制。理事会提出：（1）修改关于石油储备的第2006/67号指令，在IEA规则（包括建立石油储备和危机反应机制）的基础上提高透明度和有效性。（2）2009年欧委会应提交一份关于修改天然气供应安全的第2004/67号指令的提案，迅速改善成员国层面和欧盟层面确保天然气供应安全的法律工具。高效的能源转换、传输和消费有助于促进欧盟和第三国的能源安全。因此，应进一步发展和加强能效措施，成员国应全面落实能效计划，欧委会能效行动计划应加以修改。鉴此，理事会欢迎欧委会2008年11月提出的能源效率一揽子提案，希望2009年底就此一揽子提案达成协议。

为了降低对外能源依存度，欧盟必须充分利用其本土能源资源，包括可再生能源、化石燃料和核能，创造必要的投资环境。为此，理事会提出：（1）促进可再生能源的发展，消除发展可再生能源的障碍；（2）通过应用先进技术，促进欧盟本土化石燃料资源以环境兼容的方式得到开发和高效、可持续的利用；（3）发展共同体核安全和核废料管理监管框架。

第二，远期优先目标。理事会认为，世界能源供需平衡趋紧、继续应对气候变化的必要性、促进全球能源需求的减少，都要求欧盟立即行动，制定2030年政策议程和2050年的远景规划。2010年以后欧盟能源政策应把它作为一项重要内容。具体目标包括：（1）发展低碳、高效能源系统，包括扩大分散式发电；(2) 加速实施战略能源技术发展计划，确保未来科研框架计划与这些优先目标相一致；(3) 确保CCS技术和项目的及时推广；(4) 加速电动汽车以及氢能和替代燃料的开发，以降低石油依存度。

为实现上述目标，理事会要求欧委会：(1) 确定必要的立法和非立法行动以及合理的财政资源，在这过程中应考虑到2008年12月欧洲理事会通过的“欧洲经济复苏计划”中已提出的措施。(2) 在全面的影响评估的基础上，根据公众对《迈向一个安全、可持续和竞争的欧洲能源网络》绿皮书的协商结果，提出一个“欧盟能源安全和基础设施工具”。(3) 制定一个“可持续能源融资计划”，作为欧委会和欧洲投资银行的一个联合项目，以便从资本市场大规模筹措资金。(4) 改进欧盟内部并通过现有机制以及各种地区和多边论坛与第三国的在信息和最佳做法方面的交流。(5) 进一步采取行动，加强共同对外能源政策的发展。①

2009年3月19—20日，欧盟春季峰会对欧委会在SER2中提出的并由欧盟能源部长理事会进一步明确的一系列建议表示支持，认为能源安全是欧盟的一项优先工作，必须通过提高能源效率，促进能源供应渠道、能源品种和供应路线的多元化，推进欧盟与第三国的能源利益，来改善欧盟的能源安全。欧盟领导人同时强调成员国必须紧密合作，加强团结。欧洲理事会对SER2中提出的行动计划表示支持，特别是以下几点：(1) 发展能源基础设施和跨境连接。欧委会要就六个优先行动项目提出详细的行动，并在2010年初提出一个新的“欧盟能源安全与基础设施工具”。(2) 2009年底审议修改天然气供应安全的立法提案，内容包括：一个合适的危机管理机制，确保能源工业在内的所有主体作好准备，并通过发展欧盟和地区供应安全计划，确保透明度和预警信息；通过发展地区性计划加强成员国之间的团结；通过重新确定共同体层面行动的门槛，改进评估和协调工作。(3) 欧盟理事会应在2009年底前就能源效率一揽子建议达成协议，欧委会应迅速提出一个能效行动计划修正案。(4) 一个高效、自由化的互联的内部能源市场是确保能源安全政策有效性的一个先决条件，因此，欧洲理事会呼吁欧盟理事会和欧

---

① Council of the European Union, *Council Conclusions on "Second Strategic Energy Review——An EU energy security and solidarity action plan"*, 2924th TRASPORT, TELECOMMUICATIOS and EERGY Council meeting, Brussels, 19 February 2009.

洲议会尽快就内部能源市场第三批改革方案达成一致。[①]

三、第二次能源战略评估的后续行动

（一）修改天然气供应安全指令

2009年1月爆发的天然气供应危机表明，欧盟现行的第2004/67/EC号指令存在严重缺陷，已经不足以应对天然气供应中断的危机。其主要原因：一是该指令为欧盟成员国实施天然气安全措施提供了一个灵活的框架，因而不同的成员国准备程度大相径庭；二是缺乏多元化的供应选择，缺乏信息，传输系统运营商（TSO）之间协调不够，需求管理措施不足，跨境连接短缺；三是欧盟层面没有一个统一的战略。[②]

为了完善欧盟天然气应急机制，欧洲理事会、欧洲议会和欧盟能源部长理事会明确要求制定一个新的法律工具，取代2004年天然气供应安全指令。2009年7月16日，欧委会公布了一份关于加强天然气供应安全的条例草案。[③] 该条例旨在确保成员国与利益相关各方（如天然气工业界）预先作好充分准备，制定必要的短期性、中期性和长期性预防措施。在制定预防性行动计划和危机应急计划时，必须考虑以下几条原则：（1）采取任何国家干预措施前应尽可能让市场主体（即天然气供应商和传输系统运营商）应对供应中断危机；（2）这就要求有足够的基础设施来输送天然气，有足够的市场透明度让市场主体了解情况，对需求进行管理，特别是对工业用户；（3）假如市场无法解决供应中断问题，那么就应该确保成员国有关当局在地区和国家层面上以协调一致的方式采取相应的措施。

此外，欧委会要求提高天然气及其他主要能源部门（石油和电力）以及相关领域（如与能源生产相关的碳运输和储存）发展基础设施的透明度。欧

---

① Council of the European Union, *Presidency Conclusions*, 19/20 March 2009.

② Karel Beckman, *The great security of gas supply struggle*, *European Energy Review*, 8 March 2010. http://www.europeanenergyreview.eu/index.php?id_mailing=49&toegang=f457c545a9ded88f18ecee47145a72c0&id=1766.

③ European Commission, *Proposal for a Regulation of the European Parliament and of the Council concerning measures to safeguard security of gas supply and repealing Directive 2004/67/EC*, COM/2009/0363 final.

委会指出，（不论是现有的还是即将作出的）投资项目的透明度将有助于评估未来几年是否会存在基础设施不足的风险，并将有助于形成有利的投资气候。

欧委会主席巴罗佐在文件公布当天表示："加强能源安全将是欧盟未来几年最重要的工作重点之一。我们需要努力取得最好的结果，但也必须作好最坏的准备。欧洲必须吸取前几次危机的教训，确保欧洲公民不再因为自身的原因而挨冻。欧委会通过的这一提案将迫使成员国作好准备，并在再次发生供应中断时进行合作。"① 欧委会能源委员皮耶巴尔格斯呼吁理事会和欧洲议会尽快通过该提案。他说，"我们早已知道现行的安排不足以应对天然气危机。2009 年 1 月所发生的俄乌天然气之争证实了我们的担忧。所有成员国都认识到我们需要为整个欧盟制定共同的天然气供应安全标准。今天，我们提出的就是这些标准。"②

条例草案出台后，欧盟内部展开了激烈的争论。天然气工业界批评说，这一条例将损害天然气市场，因为它给欧委会赋予了太大的权利。根据条例草案，在发生天然气危机时，欧委会有权把天然气供应从一个国家分流到另一个国家。另外，条例还详细地规定了成员国必须采取的预防措施。天然气工业界认为，这些事情都应留给市场来处理。有专家甚至指出，欧委会过于相信监管，而不太相信市场有解决短缺的能力。"乌克兰天然气危机最终是由工业界解决的，而不是欧委会。"③ 天然气工业界之所以感到紧张，是因为有关供应安全条例草案的争论不光是对"应急措施"的辩论。天然气供应安全是一个涉及多个层面的复杂问题。它既有短期性的一面（如弱势消费者的保护、储备设施的使用、供应路线的分流、发电和工业部门的转换能力），也有长期性的一面（如供应渠道的多元化、基础设施的投资、天然气供应链其他环节的投资）。

显然，这场辩论的结果不仅将决定欧盟未来如何有效应对天然气危机，

---

① European Commission，"*The Commission adopts new rules to prevent and deal with gas supply crises*"，IP/09/1153，Brussels，16 July 2009.

② European Commission，"*The Commission adopts new rules to prevent and deal with gas supply crises*"，IP/09/1153，Brussels，16 July 2009.

③ European Commission，"*The Commission adopts new rules to prevent and deal with gas supply crises*"，IP/09/1153，Brussels，16 July 2009.

同时也将决定欧盟未来天然气市场的总体结构。截止到 2010 年 3 月，这场辩论还远远没有结束。

（二）加强能源效率行动

1. 修改《建筑物能效指令》

根据第 2002/91/EC 号指令（关于建筑物能效），欧盟成员国必须在 2006 年 1 月之前完成该指令的转换工作。但是，欧盟 2007—2008 年所作的第一次评估表明，欧盟成员国在落实指令过程中存在许多不足。到 2008 年 4 月，欧委会已经针对成员国提出了 17 起违法诉讼案件。这些成员国要么部分没有落实指令，要么完全没有落实指令。欧委会决定修改该指令，以使现行指令更加简单、明了，并加强某些方面的要求，重新确定落实指令的最低门槛，使成员国公共部门和欧盟政策的作用更加清楚。

2008 年 11 月 13 日，欧委会提出了一项新的建筑物能效指令（EPBD）提案，[①] 作为第二份能源战略评估报告和《能源安全与效率一揽子计划》的一部分。与 2002 年指令相比，新指令的主要变化表现在以下几个方面：(1) 国家推广和国家计划带有明确的指标，增加低排放和一次用能量低下或近零耗能的建筑的数量。公共管理当局所占办公大楼应率先实施。(2) 新修建筑和翻修建筑的最低能效要求。成员国建筑最低能效要求应分四步逐渐接近成本最佳水平：第一步，成员国应使用本国的方法确定成本最佳要求；第二步，欧委会制定一个比较方法，成员国参加比较；第三步，从 2014 年 6 月 30 日起，成员国只能给遵守最低能效要求的建筑的建设或翻修提供激励措施，能效最低要求应基于趋同的计算方法；第四步，从 2017 年 6 月 30 日起，对最低能效要求的评估应包括其成本最佳性，计算方法应趋同。(3) 把新建筑使用可再生能源系统和地区供热的义务扩大到所有新建筑（目前仅限于 1000 平方米以上的建筑。(4) 建筑物进行重大翻修（即超过建筑物价值 25%或结构变化超过 25%）时，取消 1000 平方米的国家性/地区性最低能效要求门槛。(5) 安装新的技术设施（锅炉、配热系统、排风系统等）或者对其进行更换/大修的最低能效要求。(6) 加强和明确能效证书上所包括的

---

① European Commission, *Proposal for a Directive of the European Parliament and of the Council on the energy performance of buildings (recast)*, COM/2008/0780.

建议和信息的作用。每次产权交易时应提供能效证书，必须让潜在购房者或租房人在早期阶段（广告等）就了解该建筑物/公寓的能效情况。（7）明确供热系统和空调检查的频率和报告。检查后须向住户提供一份报告，提出改进成本效益的建议。（8）对建筑物证书和技术设施检查专家所应具备的技能和独立性要求。（9）能效证书和检查报告独立的控制体系。（10）就建筑物证书和检查报告开展国家性宣传运动。（11）假如成员国不落实这些规定，将视能源消耗的多少给予相应的处罚。（12）新指令须在 2010 年 12 月 31 日之前纳入成员国法律，2012 年 1 月 31 日全面实施。①

如果该指令得以在 2009 年通过，那么，到 2020 年，欧盟将可减少能耗 6%—8%，CO_2减排量也将达到类似水平。2009 年 4 月 23 日，欧洲议会对该指令提案进行了第一次投票。欧洲议会提出了更多的要求，包括：要求所有新建房屋到 2019 年成为净零能耗房屋；公共管理部门率先贯彻能效要求；引入智能计量仪；消除提高能效的法律和市场壁垒；欧盟成员国制定能效激励措施的义务；建筑使用者提供更多能效信息。②

在欧洲议会、欧委会和成员国的谈判中，成员国不同意欧委会和欧洲议会的许多建议。即使比较简单的问题也难以解决，例如，关于成员国如何为建筑系统（供热系统、排风系统等）制定高于欧盟最低标准的要求问题，在欧洲议会和成员国之间讨论了好几个星期。问题较大的是欧洲议会要求所有新建房屋到 2019 年应建成零能耗房屋，这个问题远未解决。成员国希望用低能耗房屋交换“零能耗房屋”。另外，关于热消耗的共同计算方法也遭到一些成员国的质疑。

2009 年 11 月 17 日，欧洲议会最终通过了妥协方案。该方案同意，所有公共建筑到 2018 年底必须遵守能效高标准；所有新建筑在 2020 年底后必须遵守能效高标准，利用可再生能源提供其很大一部分能源需求。预计 2010 年初，欧洲议会将正式批准该法案。

2. 修改《能效标签指令》

所谓《能源标签指令》是指 1992 年 9 月 22 日通过的《关于家用电器消

① *Energy Performance of Buildings Directive——Recast 2008 - 2009*, October 2009. http://www.inforse.org/europe/eu_epbd.htm.

② *Energy Performance of Buildings Directive——Recast 2008 - 2009*, October 2009. http://www.inforse.org/europe/eu_epbd.htm.

耗能源及其他资源的标签和标准产品信息的第92/75/EEC号指令》。[①] 目前，该指令仅适用于家用电器。作为第二份能源战略评估报告和《能源安全与能源效率计划》的一部分，欧委会于2008年11月13日提出了《关于修改能源相关产品消耗能源及其他资源的标签和标准产品信息的指令提案》。[②] 新提案建议：（1）将指令的涵盖范围从家用电器扩大到工业和商业领域的用能产品及一些非用能产品（如窗户）。（2）除能耗外，标签还应标明产品的其他重要环境参数；（3）每个产品组的标签形式将在与相关各方评估后，通过专项实施措施加强确定。实施措施可以是市场监管，也可以是自愿协议。这样，大多数产品组就不再需要制定专门的实施指令。（4）新方案将为公共采购和欧盟与成员国提供激励措施确立一个统一的基础。实施措施将说明每个标签类别的能效水平。低于这个水平，公共当局就不应采购或给予激励措施。

预计这项提案的实施可帮助欧盟到2020年每年节能1100皮焦（PJ. 即千万亿焦耳），相当于每年减排8000万吨CO_2。这样可以确保产品的自由流通，提高能源效率，实现欧盟加强内部市场、创新、竞争力、环境保护和应对气候变化的目标。

3. 促进热电联产

加强能源供应安全、促进能源效率是欧盟面临的严峻挑战。热电联产（CHP）是应对挑战的一项重要工具。CHP有许多好处：第一，作为一种非常高效的能源技术，CHP相对于其他技术可以带来更大的节能效果。CHP工厂往往靠近终端用户（不论是社区还是产业部门），因此，能源传输和分配过程中的损耗很小。第二，CHP有利于减轻环境负担——减少废热、CO_2排放量和电网损耗。第三，可用于CHP的能源品种很多，包括煤炭、天然气和可再生能源。第四，CHP技术有助于增加欧盟技术出口，从而提高欧盟经济的竞争力。第五，CHP的应用日益广泛，小到居民家庭使用的

① Council Directive 92/75/EEC of 22 September 1992 on the indication by labelling and standard product information of the consumption of energy and other resources by household appliances and repealing Directive 79/530/EEC.

② European Commission, *Proposal for a directive on the indication by labelling and standard product information of the consumption of energy and other resources by energy-related products*, COM (2008) 778 final.

1千瓦微型CHP，大到地区供热和工厂使用的数百兆瓦CHP。近年来，随着微型CHP技术的发展，CHP不仅意味着居民家庭能源供应的安全性和灵活性水平提高，同时，运用微型CHP设备发电还可以帮助居民家庭降低能源开支。第六，CHP在工业和居民住宅领域的推广将促进电力市场的竞争，从而促使电价下降。可见，CHP在实现"20—20—20"的能源和气候保护政策宏伟目标方面可以发挥重要作用，有助于实现欧盟供应安全、可持续发展和经济竞争力的能源政策三大目标。

欧盟27国的CHP发电量约为100吉瓦，仅占其发电总量的13.6%。例如，2006年，欧盟27国CHP发电总量为366太瓦/小时（TWh），仅占其发电总量的10.9%。而且，成员国之间产量差异很大，从塞浦路斯的0.3%到拉脱维亚和丹麦的40%。欧盟27国CHP所能产生的节能效益估计每年可达3500万吨油当量，CO_2年减排量1亿吨。目前，CHP年节能量约为2%，是实现2020年节能20%目标的一项重要技术。

为了充分挖掘CHP的潜力，欧委会建议对2004年颁布的CHP指令[①]进行修改。CHP指令的一个重要工具是"原产保证书"（GO）。如同可再生能源领域一样，创造GO的目的是为了向能源消费者提供透明的信息，让他们了解电力的来源，并且使生产商能够展示所售电力来自高效的热电联产。GO由成员国相关职能部门发放。为了促进各成员国相互承认"原产保证书"，欧盟需要对CHP发电量的计算方法等相关问题进行趋同。另外，欧委会还要求成员国摸清废热潜力，为微型CHP制定一个欧洲标准和最低能效要求。而欧洲议会则敦促成员国将CHP纳入国家能效行动计划，积极推广CHP的使用。

作为第二份能源战略评估报告和《能源安全与能源效率计划》的一部分，欧委会于2008年11月13日公布了两份促进CHP发展的文件。第一份文件是《欧洲可以通过热电联产节约更多的能源》。[②] 该文件指出，尽管欧

---

① Directive 2004/8/EC of the European Parliament and of the Council of 11 February 2004 on the promotion of cogeneration based on a useful heat demand in the internal energy market and amending Directive 92/42/EEC.

② European Commission, *Europe can save more energy by combined heat and power generation*, COM (2008) 771.

盟的热电联产正在不断增加，但是其增长速度慢于预期，主要原因是目前共同体还存在一些阻碍CHP发展的障碍，包括电网接入和跨境连接不足。为此，欧委会要求成员国采取行动，消除这些障碍。第二份文件是《欧委会关于热电联产电量计算细则的决定》[1]，为来自热电联产的发电量的计算方法和程序制定了详细的指导原则，从而实现了欧盟成员国关于CHP计算方法的趋同。

4. 制定《轮胎标签指令》

轮胎占汽车燃料消耗的20%—30%。购买优质轮胎可以减少油耗，进而减少CO_2排放。因此，轮胎信息的详细标识对保护环境具有重大意义。作为第二份能源战略评估报告和《能源安全与能源效率计划》的一部分，欧委会于2008年11月13日公布了《关于对轮胎燃料效率及其他基本参数进行标识的指令草案》，[2] 其目的是向汽车终端用户提供有关轮胎质量方面的清晰的相关信息，引导消费者选择燃料效率更高、湿式制动更好、滚动噪音更小的产品。这样就可以统一轮胎能效的标签信息，推广高能效轮胎，提高公路交通的能效。该提案对轮胎供应商、轮胎经销商以及汽车供应商和经销商的责任分别作出了规定。2009年11月25日，欧洲议会和欧盟理事会通过了第1222/2009号条例，从2012年11月1日开始实施轮胎标签制度。[3]

（三）出台欧洲经济复苏能源刺激计划

2008年10月以来，由于受国际金融危机的影响，欧盟经济遭受沉重打击，迫切需要欧盟采取强有力的救助措施来刺激需求，提升市场信心，应对全球经济危机。同时，欧盟也需要筹措必要的财政资金，落实欧盟第二份能

---

① European Commission，*Commission Decision of 19 November 2008 establishing detailed guidelines for the implementation*，2008/952/EC.

② European Commission，*Proposal for a Directive of the European Parliament and of the Council on labelling of tyres with respect to fuel efficiency and other essential parameters*，COM（2008）779.

③ Regulation（EC）No 1222/2009 of the European Parliament and of the Council of 25 November 2009 on the labelling of tyres with respect to fuel efficiency and other essential parameters，OJ L 342，22/12/2009.

源战略评估报告中所提出的一系列行动计划，加快和确保能源领域的基础设施和技术项目的投资，改善成员国能源供应安全，加速向低碳经济过渡，尽早实现2020年能源和气候战略目标。

2008年11月26日，欧委会出台了“欧洲经济复苏计划”（EERP）[①]，旨在以协调一致的方式，在欧盟和全球层面上寻找促进欧盟经济复苏的解决办法。该计划追求四个战略目标：一是迅速刺激需求，增强消费者信心；二是帮助受经济危机影响最大的弱势群体；三是增强欧洲竞争优势，为未来增长作好准备；四是加速向低碳经济过渡，落实气候变化和能源安全战略。欧委会主席巴罗佐在公布该计划时指出，EERP有两个支柱和一个原则。两个支柱：一是刺激购买力，为欧盟经济注入动力。欧委会提议成员国和欧盟立即拿出2000亿欧元（欧盟GDP的1.5%）的紧急预算资金，刺激需求，提振信心。二是采取直接的短期行动，加强欧洲长远的竞争力，即制定全面的直接行动计划，进行“智能”投资——投资未来所需要的技能；投资能源效率，创造就业，节约能源；投资清洁技术，促进建筑、汽车等部门占领未来低碳市场；投资基础设施和跨境互联项目，促进效率和创新。该计划提出的一项根本原则就是团结互助和社会公正。EERP的重点是遏制经济危机的影响：保护工作机会和购买力，促进基础设施建设，在未来的低碳经济部门创造就业机会。能源项目的投资被视为支撑欧洲经济复苏的一个重要工具。作为EERP的一部分，欧委会建议从欧盟预算中划拨50亿欧元，用于2009年和2010年能源和宽带项目投资。

2008年12月，理事会通过了EERP，并要求欧委会制定一份具体的项目清单。2009年1月28日，欧委会正式提出了总额为50亿欧元的能源和宽带基础设施投资计划，并分别公布了符合条件的项目清单。[②] 其中，能源项目清单涉及三个领域：天然气和电力网络互联，建议投资17.5亿欧元；海上风力发电，建议投资5亿欧元；碳捕集与封存（CCS）示范，建议投资

---

① European Commission，*A European Economic Recovery Plan*，COM（2008）800 final.

② European Commission，*The Commission proposes 5 billion new investment in energy and Internet broadband infrastructure in 2009－2010，in support of the EU recovery plan*，IP/09/142，Brussels，28 January 2009.

12.5亿欧元。欧委会主席巴罗佐在公布该计划时表示，“欧盟经济复苏计划就是‘智能投资’——一个短期刺激计划，但瞄准长远目标。”“我们必须从最近发生的天然气危机中吸取教训，对能源进行大量投资。”①

经过长时间的谈判，2009年5月，欧盟理事会和欧洲议会终于就该一揽子经济刺激计划达成了协议。除了农村开发和宽带网络建设项目占去10.2亿欧元外，欧盟为2009年和2010年的能源项目拨款39.8亿欧元，其中天然气和电力基础设施项目23.65亿欧元（占预算的60%），近海风力发电项目5.65亿欧元（占预算的14%），CCS项目10.5亿欧元（占预算的26%）。

2009年7月13日，欧委会通过了为能源项目提供共同体财政援助的第663/2009号条例，正式建立了“欧洲经济复苏能源刺激计划”（EEPR）。②EEPR旨在为能源部门三大领域的项目提供资助：（1）天然气和电力基础设施。在这方面，EEPR主要资助跨境互联项目。其目标是：能源供应安全和多元化；优化能源网络能力，促进内部能源市场的一体化；发展网络；可再生能源的入网；能源互联网络的安全性、可靠性和互操作性。条例在附件A中列出了符合EEPR援助条件的一份项目清单。项目申请须由成员国和国际组织经相关成员国同意后提出。欧委会主要依据条例所规定的技术、财政、环境或社会经济标准选择资助项目，并决定援助数额。（2）近海风力发电项目（OWE）。条例附件B提供了一份符合EEPR援助条件的近海风力发电项目清单。项目申请须由商业企业提出。项目选取标准基于：设施和基础设施的改善；基础设施的建设；项目的创新性；项目对共同体近海风能电网系统的贡献。（3）碳捕集与封存（CCS）。条例附件C给出了一份符合EEPR援助条件的CCS项目清单。项目须证明有能力捕集工业设施中至少80%的CO_2。如果捕集过程在发电设施中进行，则须有相当于至少250兆瓦的输出。项目可由一个或多个企业联合申请。这些企业必须承诺向其他企业

---

① European Commission, *The Commission proposes 5 billion new investment in energy and Internet broadband infrastructure in 2009－2010*, *in support of the EU recovery plan*, IP/09/142, Brussels, 28 January 2009.

② Regulation (EC) No 663/2009 of the European Parliament and of the Council of 13 July 2009 establishing a programme to aid economic recovery by granting Community financial assistance to projects in the field of energy.

提供该领域所获取的知识。欧委会向符合财政和技术标准的企业以及项目的复杂性、设施的创新水平以及管理计划的成熟性和充分性发放项目。

2009年12月9日，欧委会批准了第一批EEPR资助项目。这批项目资助CCS和近海风力发电两个领域的15个项目，总金额为15亿欧元。其中，CCS项目6个，资助资金10亿欧元；近海风能项目9个，资助资金5.65亿欧元。

受资助的6个CCS项目分别是：(1) 德国一个现有发电厂CCS示范项目 (1.8亿欧元)；(2) 意大利一个拟建666兆瓦燃煤发电厂安装CCS技术 (1亿欧元)；(3) 荷兰鹿特丹一家企业CCS示范项目，将CO_2封存于工厂附近一个枯竭的海上天然气田 (1.8亿欧元)；(4) 波兰一个欧洲最大的新建褐煤发电厂CCS技术示范项目 (1.8亿欧元)；(5) 西班牙一个试点工厂CCS技术示范项目 (1.8亿欧元)；(6) 英国一家发电厂CCS技术示范项目 (1.8亿欧元)。①

受资助的9个近海风电项目集中在北海和波罗的海地区，包括：(1) 对德国 (Vattenfall)、瑞典 (Svenska Kraftnat) 和丹麦 (Energinet. dk) 波罗的海三个风力发电场进行联接的近海电网互联示范项目 (1.5亿欧元)；(2) 荷兰和丹麦两国北海风力发电场大容量电缆互联项目 (8654万欧元)；(3) 英国在设得兰群岛与苏格兰本岛之间增建一个高压直流输电互联平台，用于连接海上风力发电场和海上发电 (7400万欧元)；(4) 德国一家风能公司制造三桩基系统并为一个400兆瓦近海风力发电场生产和安装一个电缆进料系统 (5300万欧元)；(5) 德国两家近海风能公司为深海风力发电场建造重力基础 (5900万欧元)；(6) 德国一家风能公司为其一个近海风力发电项目的6兆瓦风力涡轮发电机修建地基结构 (5000万欧元)；(7) 德国一家风能公司开发三桩基5兆瓦涡轮风力发电机 (4300万欧元)；(8) 英国阿伯丁近海风力发电部署中心发展一个多兆瓦涡轮机检测设施 (4000万欧元)；(9) 比利时C-Power公司优化深海风力发电场的后勤保障 (1000万欧元) (参见图22)。

---

① *EU commits EUR1.5 bn to CCS and offshore wind development*. January 13 2010. http: //www. allbusiness. com/energy-utilities/utilities-industry-electric-power/13722875－1. html.

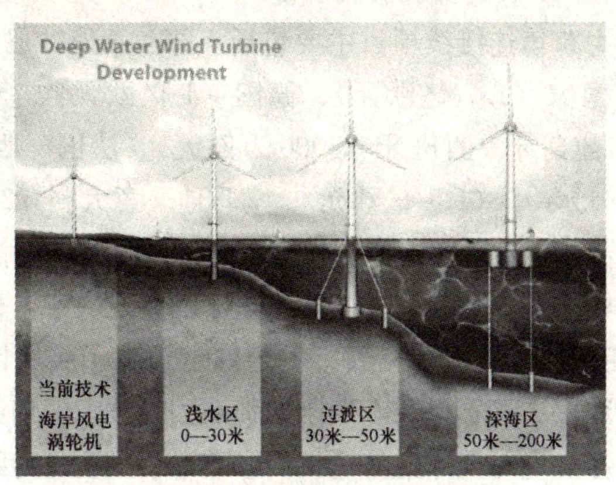

图22 深海风力涡轮发电机发展示意图

资源来源：http：//www.frponline.com.cn/News/detail_23118.html。

由于天然气和电力基础设施项目的分配程序比较复杂，争议也比较大，因此，欧委会在2009年12月18日进行了单独预选。2010年3月4日，欧委会作出最终决定，批准了43个天然气和电力基础设施项目，总金额23亿欧元。[①] 入选项目包括：12个电力跨境连接项目，资金总额9.1亿欧元；31个天然气管道项目，资金总额13.9亿欧元。这些项目因受经济危机的影响而面临严重延误。欧委会新任能源委员君特·奥廷格（Guenther Oettinger）表示，这是迄今欧盟划拨的最大一笔能源项目资金。至此，EEPR能源项目预算的97%已经投入使用。

入选的天然气项目主要包括："纳布科"天然气管道（2亿欧元）、IT-GI-Poseidon管道（1亿欧元）、Skanled-Baltic管道（1.5亿欧元）、波兰Swinoujscie港的一个LNG终端（8000万欧元）。跨境连接线也获得了资助，项目包括：斯洛伐克—匈牙利（3000万欧元）、奥地利—斯洛文尼亚（4000万欧元）、保加利亚—希腊（4500万欧元）、罗马尼亚—匈牙利（1660万欧元）、匈牙利—克罗地亚（2000万欧元）、德国—比利时—英国（3500万欧元）、法国—西班牙（4500万欧元）、法国—比利时（2亿欧元）。另有

① http：//www.allbusiness.com/economy-economic-indicators/economic-conditions-recovery/14109551－1.html.

8000 万欧元用于 14 个项目安装回流设备。

受资助的电力跨境连接线项目主要包括：芬兰—爱沙尼亚（1 亿欧元）、瑞典—波罗的海国家（1.7 亿欧元）、德国（1 亿欧元）、奥地利—匈牙利（1300 万欧元）、葡萄牙—西班牙（5000 万欧元）、法国—西班牙（2.25 亿欧元）、爱尔兰—威尔士（1.1 亿欧元）、马耳他—意大利（2000 万欧元）。①

EEPR 的出台体现了欧盟对能源安全和气候变化问题的高度重视，反映了欧盟通过应对经济危机加速向低碳经济过渡的坚定决心，标志着欧盟在实现 2020 年甚至更长远的能源战略目标的道路上迈出了实质性的一步。两批资助项目的批准和实施，不仅将有助于增强欧盟投资者的信心、创造就业机会、刺激经济复苏、应对全球经济危机的影响，而且还将为欧盟推动战略性能源技术的产业化、确保重大能源基础设施项目的完成、实现欧洲可持续能源安全打下一个坚实的基础。

四、塑造“后京都时代”的全球气候机制

（一）2008 年波兹南世界气候大会

2007 年 12 月，印度尼西亚巴厘岛联合国气候变化大会确立了“巴厘路线图”，启动了新的全球气候变化谈判进程。根据“巴厘路线图”，国际社会必须在 2009 年底以前在丹麦哥本哈根达成 2012 年后应对气候变化的新协议。波兹南大会是各方取得共识、为哥本哈根协议奠定基础的一个重要时间节点，因此，国际社会对此次会议抱以很高的期待。

2008 年 12 月 1—13 日，《联合国气候变化框架公约》（UNFCCC）第 14 次缔约方大会在波兰波兹南市举行。来自 186 个国家和地区的环境部门负责人及有关代表 1 万多人参加了会议。会议的主要任务是讨论一些共同设想，包括二氧化碳和其他温室气体减排的短期和长期承诺、有效适应气候变化、增加更多资金用于减缓和适应措施以及技术开发和转让。

会议期间，与会各方评估了全球 2008 年在气候变化方面所取得的成果，

---

① ECONOMIC RECOVERY PLAN：EXECUTIVE SELECTS FURTHER 43 ENERGY PROJECTS，18/3/2010. http：//www.allbusiness.com/economy-economic-indicators/economic-conditions-recovery/14160550－1.html.

对于环保方面所做的工作进行总结，讨论保护气候的必要性并制定2009年的工作安排。大会决定启动一年前巴厘岛会议批准设立的“适应基金”，帮助发展中国家适应气候变化，并同意给予“适应基金委员会”法人资格，使其能直接向贫穷国家提供资金支持。

然而，除了启动“适应基金”外，波兹南会议总体进展缓慢，没能如大多数人预期的那样取得实质性突破。会议期间，发展中国家之间立场非常接近或基本一致，而发达国家与发展中国家在长期合作行动的“共同愿景”以及发达国家2012年后减排目标上分歧依旧。有两点尤其令人沮丧：一是发达国家总体而言依然没有减排的政治意愿；二是发展中国家提出的技术转让等积极倡议和建议得不到有力回应。①

“共同愿景”是“巴厘路线图”确立的长期合作行动特设工作组讨论的主要议题。代表100多个发展中国家的77国集团和中国强调“共同但有区别的责任”原则和公平原则，强调“共同愿景”并非单一的减排目标，而是包含减缓、适应、技术和资金等要素。中国、印度、巴西等发展中大国在“共同愿景”上的立场非常接近。发达国家则认为，“共同愿景”是所有缔约方的可持续发展愿景，因此，除发达国家在减排中发挥主导作用外，发展中国家也应采取减排行动。欧盟强调，要把全球气温的上升限制在不超过工业化时期前2℃的水平，2050年全球排放必须在1990年水平上减少50％，发展中国家2020年的排放在待定基准年（2005年左右）的水平上减排15％至30％。②

2020年中期减排目标是应对气候变化最核心的问题。发达国家本已承诺应率先减排，却迟迟不肯宣布减排的具体数字。日本、加拿大、澳大利亚和新西兰遭到最猛烈的批评，因为它们不愿意现在就讨论任何中期减排目标。各国都在观望，特别是看美国新当选总统奥巴马的态度，看其他发达国家和其他排放大国包括中国的态度。谁都不愿过早地暴露自己的想法。正如世界自然基金会（WWF）全球气候行动主任卡斯滕森所说：“各国在谈判

① 方芳、张业亮：“波兹南大会未获实质性突破”，《中国环境报》，2008年12月17日。

② 刘向、魏建华、马世骏：“综述：联合国气候变化大会分歧依旧”，新华网，2008年12月9日。

中都留有底牌，都要先等其他国家出牌，不到最后一刻不会摊牌，澳大利亚是这样，日本和加拿大也是这样。”①

在波兹南会议上，少数发达国家提出要给发展中国家分类，把其中经济相对发达、排放相对较高的国家与其他发展中国家区别开来。其根据是UNFCCC所确立的“共同但有区别的责任”原则中“区别”一说。众所周知，UNFCCC所确立的这一原则是指发达国家率先大幅减排，发展中国家在得到发达国家的资金、技术和能力建设支持下积极采取减排行动。“区别”是指发达国家和发展中国家之间由于历史累积排放不同、经济发展水平存在差距等原因，在减排上应承担不同责任和义务。发达国家有意混淆概念，无非是想减轻自身的责任。这一论调立即招致了发展中国家的强烈反对。中国、印度、巴西等发展中大国指出，发达国家由于其历史排放多而对气候变化负有不可推卸的责任，它们必须提出明确的中期减排指标。②

作为气候谈判的积极推手，欧盟早在2007年3月就通过了“20—20—20”能源气候战略计划。然而，在波兹南会议期间，欧盟却一反常态，出现了不可思议的倒退。一方面，一些原先承诺大幅减排的欧盟国家立场有所松动，甚至出现倒退，因为它们担心强制减排会加大企业负担和压力，增加经济衰退风险。意大利等国明确表示无法在现有经济水平下完成原来的既定目标。另一方面，一向尊重“共同但有区别的责任”原则的欧盟对发展中国家的态度也变得苛刻起来，开始频繁抱怨：提供资金，我们不是自动取款机；转让技术，知识产权怎么办；减少排放，得看发展中大国的举措，等等。③作为欧盟主要成员国的英国在会议最后一天提出，英国在现阶段没有考虑《京都议定书》的第二承诺期，而是在考虑一个新的协议。这显然是对“巴厘路线图”的严重倒退。

尽管各国立场分歧严重，但波兹南大会令人欣慰地通过了2009年工作

① 方芳、张业亮：“波兹南大会未获实质性突破”，《中国环境报》，2008年12月17日。

② 刘向、魏建华、张章：“沿着‘巴厘岛路线图’推进谈判”，新华网，2008年12月13日。

③ 方芳、张业亮：“波兹南大会未获实质性突破”，《中国环境报》，2008年12月17日。

计划：2009 年 6 月制定出应对气候变化新协议的第一个草案文本（即谈判文本）；2009 年 3 月底、6 月初将分别在德国波恩举行会议；8 月或 9 月还将召开一次全球气候变化峰会，目标是 12 月在丹麦哥本哈根气候变化大会上就 2012 年后应对气候变化问题达成新协议。工作计划的通过标志着 2009 年气候变化谈判进程正式启动。

（二）2009 年哥本哈根世界气候大会

2009 年 12 月 7—18 日，《联合国气候变化框架公约》第 15 次缔约方会议在丹麦首都哥本哈根如期举行。194 个缔约方和观察员国，937 个联合国相关机构、专门机构、政府间国际组织和非政府组织以及 1069 个媒体单位，超过 4 万人参加了会议。有 119 位国家元首和政府首脑出席了领导人会议。这是自 1990 年气候变化谈判以来规模最大、规格最高的一次会议。大会的主要任务是协商《京都议定书》第一承诺期结束后的后续方案，就 2012 年后全球减缓气候变化行动达成一个新的框架协议。

根据 2007 年"巴厘路线图"的规定，哥本哈根会议应通过一份《哥本哈根议定书》，替代 2012 年即将到期的《京都议定书》。考虑到协议的实施操作环节所耗费的时间，如果《哥本哈根议定书》不能在本次会议上达成共识并获得通过，那么，在 2012 年《京都议定书》第一承诺期到期后，全球将没有一个共同文件来约束温室气体的排放。这将导致人类遏制全球变暖的行动遭受重大挫折。为此，哥本哈根会议被喻为"拯救人类的最后一次机会"。

基于现实困境，各国政府、国际组织、非政府组织、学者、媒体和民众都高度关注哥本哈根世界气候大会。国际社会普遍希望哥本哈根会议能落实 2007 年 12 月通过的《巴厘行动计划》，就工业化国家的减排目标、主要发展中国家的减排行动、对发展中国家减排和适应行动的资助以及资助资金的管理等议题达成一项具有法律约束力的全球协议。

由于利益错综复杂、矛盾根深蒂固，国际气候变化谈判中主要分为三股力量——欧盟、伞形集团（美国、加拿大、澳大利亚和日本等）、发展中国家（77 国集团＋中国）。欧盟自视为应对气候变化的"旗手"，在节能减排立法、政策、行动和技术方面一直处于领先地位。欧盟强调美国应承担减排责任。然而，金融危机爆发后，欧盟的谈判态度走向消极，在资金和技术转让问题上，欧盟尤其缺乏诚意。美国等伞形集团国家的立场类似，中期减排目标低，且以一些发展中国家参与减排为前提条件。其中，美国在奥巴马上台后态度有所转变，气候变化成为奥巴马政府的政策重点之一。不过，美国仍然拒绝接受具有法律约束力的《京都议定书》，力主各国自主减排，并坚持要求一些发展中国家参与强制减排。发展中国家在重大问题上看法趋于一致。2009 年 11 月 28 日，中国、印度、巴西、南非以及 77 国集团主席国苏丹的代表在北京发表声明，坚持《京都议定书》继续有效，要求发达国家承担第二承诺期减排指标；哥本哈根会议成果应涵盖长期合作共同愿景、减缓、适应、资金和技术转让等内容，应考虑最不发达国家、发展中小岛国以及非洲国家在应对气候变化方面的特殊需求。①

会议期间，各方展开了复杂的利益博弈和激烈的政治较量。虽然三个阵营内部也存在着错综复杂的矛盾，但哥本哈根会议谈判中的激烈交锋主要发生在发达国家与发展中国家两大阵营之间。双方的争论焦点主要集中在以下几个方面：

第一，双轨制还是两轨合一。根据“巴厘路线图”，哥本哈根会议需要完成“双轨”谈判：第一轨是《京都议定书》框架内的谈判，主要是明确发达国家在第二承诺期（2012—2020）的中期减排目标；第二轨是《联合国气候变化框架公约》下的谈判，主要是确定 2050 年全球认可的长期减排目标。双轨制谈判体现了“共同但有区别的责任”原则。但是，美国和欧盟要求双轨并一轨，取消《京都议定书》，要求先进的发展中国家（中国、印度、巴西等国家）也承担量化的减排义务。这一主张遭到了包括中国在内的发展中国家的一致反对。所有发展中国家都坚决要求实行双轨制，坚持 UNFCCC、《京都议定书》及“巴厘路线图”所确定的“共同但有区别的责任”原则。

第二，2050 年全球长远减排目标。2008 年在日本举行的 G8 峰会提出了 2050 年全世界温室气体排放量比当前降低 50%的目标，即“50—50”目标。2009 年 7 月在意大利举行的“8+5”峰会进一步明确了全球长远目标：2℃温升上限；进一步确认“50—50”目标；发达国家减排 80%。在哥本哈

① “哥本哈根会议：气候变化谈判‘三股力量’角力”，《南方都市报》，2009 年 12 月 7 日。

根谈判中，发达国家明确要求长远目标温升不超过2℃，温室气体排放浓度不超过450ppm。这意味着，2050年全球减排目标相对于当前水平仅减排50%。一些小岛国和最不发达国家则要求，温升不超过1.5℃，温室气体浓度水平不超过350ppm，2050年全球温室气体排放减少90%以上。“基础四国”（巴西、南非、印度和中国）等发展中大国认可2℃温升上限，但对全世界减排50%、发达国家减排80%的目标不予认可。它们认为，如果按照“50—50”目标，1850—2050年发达国家人均累计排放接近1000吨，发展中国家只有200吨，相差近5倍。发达国家现在人均排放15吨，如果减80%，还有3吨；美国人均20吨，减80%还有4吨；发展中国家平均只有2.5吨，减20%只有2吨。温室气体排放与发展进程紧密相关。发达国家已经在工业化过程中积累了足够的碳存量，而发展中国家正处于发展过程中，必然要产生大量的存量。“50—50”目标不仅没有充分考虑历史责任，而且还将严重制约发展中国家的排放空间。①

第三，2020年中期减排目标。根据IPCC的建议，发达国家2020年的排放要在1990年的基础上减少25%—40%。中国和G77要求发达国家至少减排40%。受气候变化影响较大的小岛国则要求发达国家至少减排45%以上。然而，发达国家虽然都已经提出了中期减排目标，但其总体减排幅度仅为10%—17%，距离IPCC的目标有很大差距，离多数发展中国家的要求则更远。例如，欧盟承诺2020年在1990年基础上减排20%，如果其他排放大国能跟上，则可以做到30%。美国总统奥巴马宣布到2020年在2005年基础上减排17%，仅相当于在1990年基础上减排4%，而且还未得到国会批准。日本承诺2020年在1990年基础上减排25%，但该目标是有条件的，哥本哈根必须要达成一个有效和全面的国际气候协定。

第四，资金支持问题。根据UNFCCC、《京都议定书》和“巴厘路线图”的规定，发达国家有义务向发展中国家提供额外的、足够的资金和技术支持，以帮助发展中国家提高减缓和适应气候变化的能力。但是，迄今为止，发达国家没有就具体金额、建立何种机制做出实质性的承诺，也没有采取切实的行动。据欧盟估计，到2020年，发展中国家为减少温室气体排放

① 潘家华：“哥本哈根气候会议的争议焦点与反思”，2010年3月22日，http://www.zzdjw.com/GB/178366/178395/11189856.html.

和适应气候变化的灾难性影响每年需要1000亿欧元左右的资金。欧盟最近提出，这笔资金应来自三个途径：20%—40%应由发展中国家通过公共和私人融资渠道在其国内自筹；约40%将来自未来建成的国际碳排放交易市场所得收入；余下的部分则来自欧盟等各方的国际援助。此外，欧盟建议，如果哥本哈根气候变化大会顺利达成协议，各方还应为发展中国家在2013年前的“快速启动”阶段额外提供50亿—70亿欧元援助，欧盟将为此贡献5亿—21亿欧元，在2013—2020年间，欧盟每年将平均拿出20亿—150亿欧元。[①] 不难看出，欧盟的出资方案不仅与发展中国家的期待差距甚远，而且在内容上绵里藏针，掺杂着较大水分。欧盟一方面淡化政府责任，强调私营部门的投资和市场机制的作用，另一方面试图动用未来的官方发展援助来规避应承担的资金义务。此外，欧盟还想将资金义务引向发展中国家，要求除最不发达国家之外的所有国家都有所贡献，以推卸其对于全球气候变暖的历史责任，把部分负担转嫁到迅速崛起的发展中国家身上。

第五，发展中国家的减缓行动是否接受“三可”（可测量、可报告、可核实）。在哥本哈根会议前，中国、印度、南非、巴西等发展中大国都提出了到2020年的减缓行动目标，以推动会议取得积极成果。这是发展中国家在没有得到发达国家资金、技术支持的情况下在减缓方面做出的贡献，说明广大发展中国家是负责任的。对此，发达国家一方面认可发展中国家的承诺力度很大，另一方面又想极力促使发展中国家作出更大的努力。发达国家甚至提出，发展中国家的减缓承诺也需要“三可”，接受国际社会的监督。在哥本哈根大会的最后一天，美国国务卿希拉里就借“三可”原则不点名地向中国“开火”。在承诺美国将参与减排长期融资计划后，希拉里宣称融资援助应与“三可”原则挂钩。她说：“对美国而言，在缺乏全球第二大排放国——现在可能是第一大排放国的（减排）透明度之下，达成有法律效力或有资金承诺的国际协议是很难想象的。”[②] 发展中国家则坚持，按照“巴厘路线图”，发达国家的减排行动要接受“三可”，发展中国家在得到资金与技术支持情况下的减缓行动要接受“三可”，但发展中国家自主采取的行动不

---

① 尚军：“欧盟应对气候变化出资承诺暗藏玄机”，新华网，2009年9月13日。

② 袁雪：“欧盟再谋气候谈判主导权 或借三可原则施压中国”，21世纪网，2010年3月17日。

接受“三可”。中国在哥本哈根会议前就重申自己的“底线”——发展中国家自愿减排不受“三可”原则约束。

哥本哈根大会本是一个多边国际会议，却演变成罕见的发达国家和发展中国家两大阵营的全面对抗。经过两周的激烈辩论、艰苦磋商和诸多戏剧性情景后，哥本哈根会议最终达成了一个不具有法律约束力的《哥本哈根协定》。尽管该协定是一项不具法律约束力的政治协议，但它表达了各方共同应对气候变化的政治意愿，锁定了已经达成的共识和谈判取得的成果，推动谈判向正确方向迈出了第一步。

哥本哈根会议的积极意义主要表现在三个方面：一是维护了《联合国气候变化框架公约》和《京都议定书》，坚持了“共同但有区别的责任”的原则，挫败了会议主办方丹麦及主要发达国家“两轨并一轨”、为发展中国家强加减排义务的图谋，坚定了“巴厘路线图”的方向；二是在发达国家实行强制减排和发展中国家实行自主减缓行动方面迈出了新的坚实步伐；三是就全球长期减排目标、资金和技术支持、透明度等焦点问题上达成了广泛的共识。《哥本哈根协定》认可有关控制全球升温不超过2℃的科学结论作为全球合作行动的长期目标；初步形成了发达国家2010—2012年“快速启动”阶段提供300亿美元、2020年增加到每年1000亿美元的短期和长期资金援助计划；两大阵营之间就发达国家履行减排义务和发展中国家采取减缓行动的透明性问题也达成了共识。[①] 此外，协议还承诺建立一个“绿色气候基金”，主要帮助发展中国家建设与缓解、适应气候变化相关的项目以及相关技术转让。

但是，对照“巴厘路线图”的要求，哥本哈根会议并没有实现预期的目标，实质性的问题依然悬而未决。哥本哈根会议决定，2010年12月在墨西哥召开UNFCCC第16次缔约方会议暨《京都议定书》第6次缔约方会议，届时将继续厘清《哥本哈根协定》更多的细节，争取出台一个具有法律约束力的全球协议。可以预言，后续谈判进程将充满艰难和坎坷。

值得一提的是，在哥本哈根会议上，自封“旗手”的欧盟一直被排除在

---

① 王宇丹、王小鹏：“《哥本哈根协议》是全球气候合作新起点”，新华网，2009年12月23日，http：//news. xinhuanet. com/environment/2009－12/23/content _ 12693007. htm。

核心谈判之外。由于内部分歧严重，欧盟未能取得预期的成果。在会议的最后阶段辩论中，欧盟成员国之间出现了不同的声音，严重削弱了欧盟的地位。据报道，一方面，丹麦、荷兰和英国等成员国积极推动欧盟无条件承诺30%的减排目标，另一方面，意大利和波兰等成员国则极力破坏内部协商，试图减低欧盟的减排规模。结果，原定在贝拉会议中心宣布欧盟谈判立场的记者招待会根本未能举行。[①] 在《哥本哈根协定》出台的过程中，美国与中国、印度、巴西、南非等“基础四国”发挥了核心作用，而欧盟则被撇在了一边。欧盟对此耿耿于怀，对协定也颇多微词。2009 年 12 月 19 日，欧委会主席巴罗佐发表声明，称哥本哈根会议是一个积极的步骤，但明显低于欧盟的雄心壮志。在关于未来协议的约束性质和非约束性质方面，哥本哈根协议远未达到欧盟的预期。巴罗佐表示，协议文本中有三方面还应进一步取得进展：减排、融资和透明度。巴罗佐称未来还需采取更多行动，欧盟将维持雄心水平并履行承诺。[②]

（三）欧盟对构建后京都全球气候机制的最新立场

为了准确理解和全面把握欧盟在全球气候谈判中的最新立场及其演变趋势，有必要对欧盟近年来的政策主张做一个较为系统的回顾和疏理。欧盟对构建后京都全球气候机制的最新立场主要体现在欧盟机构特别是欧委会在哥本哈根会议前后所公布的一系列政策文件之中。

1. 哥本哈根立场的形成

2007 年 12 月巴厘岛会议和 2008 年 12 月波兹南会议以后，为了推进“巴厘路线图”所确定的国际谈判进程，欧委会于 2009 年 1 月 28 日公布了题为《迈向一项哥本哈根气候变化综合协议》的政策文件[③]，提出了欧盟在哥本哈根会议上达成一项全球性综合协议的具体建议。文件围绕着三个关键

---

① Hughes Belin, *EU in desperate search for climate strategy*, European Energy Review, 1 March 2010. http://www.europeanenergyreview.eu/index.php? id _ mailing=49&toegang=f457c545a9ded88f18ecee47145a72c0&id=1746.

② 谭亚波：“欧盟对哥本哈根会议成果深表不满”，2009 年 12 月 30 日，http://eu.mofcom.gov.cn/aarticle/sqfb/200912/20091206710945.html。

③ European Commission, *Towards a comprehensive climate change agreement in Copenhagen*, COM/2009/0039 final.

性问题阐述了欧盟的立场：一是发达国家的减排目标和发展中国家的相应行动；二是为发展中国家采取行动（减缓温室气体排放，适应气候变化）解决融资问题；三是创建一个有效的全球碳市场。欧委会重申，发达国家应在1990年水平上集体减排30%。不论是否达成国际协议，欧盟都将减排20%，为发达国家作榜样。如果其他发达国家在国际协议中作出可比的承诺，而发展中国家也采取相应的行动，欧盟愿意将减排目标提高到30%。文件提出，发展中国家作为一个整体应将排放增长水平限制在15%—30%以内。为支持发展中国家采取必要的行动，国际社会必须大规模地增加援助资金。资金来源包括三个途径：一是国内自筹；二是全球碳市场；三是发达国家援助。欧盟认为，应通过连接可比的各国碳交易机制，构建一个全球碳交易市场。欧盟碳排放交易机制应向其他国家发展，到2015年形成一个经合组织范围的市场，到2020年形成更大的市场。

2009年9月10日，欧委会公布了一份题为《加强国际气候融资——欧洲对哥本哈根协议的设想》[①] 的政策文件，明确地表达了欧盟对扩大国际融资规模、帮助发展中国家应对气候变化的新的政策主张。文件指出，到2020年，发展中国家减缓温室气体排放、适应气候变化影响的行动每年大约需要1000亿欧元的资金支持。欧委会提出，这笔资金应主要来自三个渠道：（1）国内渠道（20%—40%）。一大部分投资资金应由发展中国家通过国内公共和私人融资渠道自筹。（2）国际碳交易市场（40%）。欧委会预计，到2020年，国际碳交易市场的扩大每年可为发展中国家产生380亿欧元的资金流动。但前提是，如同欧盟所主张的，发达国家集体承诺减排30%，而先进的发展中国家采取行业性配额机制，取代以项目为基础的清洁发展机制。（3）国际公共资金（每年约220亿—500亿欧元）。碳交易市场越成功，国际公共融资的需求就越小。欧委会提出，国际公共资金不仅应由工业化国家提供，而且经济上比较先进的发展中国家也应该提供。欧委会主席巴罗佐指出："应对气候变化需要大笔资金。欧洲将继续发挥领导作用，但发达国家和经济上先进的发展中国家也必须作出贡献。"[②] 各国的出资比例应根据

① European Commission, *Stepping up international climate finance: A European blueprint for the Copenhagen deal*, COM (2009) 475/3.

② Ibid.

其排放责任和支付能力通过协商加以确定。根据这种标准估算，欧盟所需作出的贡献将占全球出资总额的10%—30%。欧委会估计，2013年，发展中国家每年可能需要90亿—130亿欧元的国际公共资金，2020年将上升到220亿—250亿欧元。这就意味着，欧盟2013年需要出资9亿—39亿欧元，2020年每年需要出资20亿—150亿欧元。如果哥本哈根会议达成一项令人满意的协议，那么，国际公共资金需要为发展中国家提供一笔“快速启动”资金。欧盟估计，2010—2012年期间每年大约需要50亿—70亿欧元的援助资金。基于上述共同分配比例，欧盟每年应出资5亿—21亿欧元。但是，欧委会建议，欧盟应考虑提高出资比例，超过这一范围。2009年10月29—30日欧盟峰会对欧委会提出的融资建议表示支持。①

2009年11月10日，在哥本哈根会议召开前夕，欧委会发布公告，重申了欧盟关于应对全球气候变化和哥本哈根国际气候谈判的最新立场。欧盟强调，由于联合国关于哥本哈根国际气候谈判的五次协调会议进展不力，目前发达国家提出的2020年减排目标总体仅比1990年低10%—17%，与25%—40%的期望相去甚远，而几大新兴经济体也没有拿出切实行动控制排放，即将召开的哥本哈根会议已难以达成预期目标。有鉴于此，欧盟认为哥本哈根会议的最低目标应定位于达成具有法律约束力的框架协议，明确未来新条约的核心要素和最后期限，即包括美国在内的发达国家做出雄心勃勃的减排承诺，发展中国家充分开展抑制排放增长的行动，达成帮助发展中国家减排和适应气候变化的全球资金协议。欧盟同时表示，虽然谈判分为192个UNFCCC缔约方与184个《京都议定书》缔约方“两轨”，但两者应产生统一的具有法律约束力的国际条约，并将《京都议定书》的要素纳入其中。统一条约有利于各方创建统一制度框架，统一批约程序，使所有发达国家处于同一个国际气候体制之下，并如期完成批约，于2013年1月1日起生效实施。不论哥本哈根会议达成何种结果，欧盟都将履行其在《京都议定书》下的承诺和义务。欧盟对未来联合国气候变化新协议的具体要求包括：(1) 达成广泛参与、全面综合、具有法律约束力的全球协议；(2) 能够阻止全球升温比工业化前高出2℃，即比当前气温高出1.2℃；(3) 反映IPCC第四次

---

① Council of the European Union, *Presidency Conclusions*, Brussels European Council, 29—30/10/2009.

评估报告中的国际科研成果；（4）全球温室气体排放最迟于2020年达到峰值，2050年至少下降一半，此后继续减少；（5）所有工业化国家率先减排，2020年比1990年集体减排30%；（6）发展中国家2020年整体扭转排放快速增长势头，比目前预计排放增幅下降15%—30%；（7）采取措施减缓乃至彻底解决热带毁林问题，到2020年毁林比目前减少50%以上，最迟于2030年实现全球森林覆盖无损目标；（8）将2020年国际航空业、海运业分别比2005年减排10%和20%目标纳入其中；（9）适应气候变化行动框架将纳入建立更具气候弹性社会、加强最穷和最脆弱发展中国家适应气候变化的援助；（10）包括有关资助研发、部署和技术推广的条款，以使能源相关的公共和私营研发和部署在现有基础上持续增加。（11）大幅提升包括碳市场资金在内的公共和私营资金流量，为发展中国家适应和减缓气候变化、减少毁林、加强技术和能力建设活动提供帮助；（12）扩大、改革国际碳交易市场，促进低碳投资，实现全球低成本减排目标；改革清洁发展机制（CDM）和联合履约机制（JI），进一步提高效果，保育环境，确保最不发达国家广泛参与；针对先进发展中国家高度竞争产业，建立新的行业信用与贸易机制，逐步淘汰CDM。①

2. 后哥本哈根新战略的出台

2009年12月19日，哥本哈根会议达成了不具法律约束力的《哥本哈根协定》。欧盟一开始对协定表示不满，但后来逐渐改变了态度。根据《哥本哈根协定》的要求，2010年1月31日前，发达国家向UNFCCC秘书处提交或通报2020年减排目标，发展中国家则可通报自愿减缓行动计划。2010年1月28日，欧委会和欧盟轮值主席国联合致函UNFCCC秘书处，正式表示支持《哥本哈根协定》，并提交了欧盟2020年温室气体减排目标。欧盟在信中重申了其一贯立场，即：把全球气温升高幅度控制在2℃以下，全球排放量最晚在2020年达到峰值；2050年应在1990年水平上至少减排50%，然后继续降低排放量；2020年发达国家集体减排25%—40%，发展中国家减排15%—30%；欧盟继续承诺到2020年减排20%的目标，并可提高到30%，条件是其他发达国家作出可比的减排承诺，发展中国家根据其

① 中国驻欧盟使团："欧盟公布哥本哈根国际气候谈判最新立场"，http：//www.chinamission.be/chn/omdt/t627286.htm，2010年2月20日。

责任和能力作出足够的贡献。欧委会主席巴罗佐明确表示："欧盟决心迅速推动《哥本哈根协定》的落实，为达成我们把全球升温幅度控制在2℃以下所需要的协议取得进展。《哥本哈根协定》为构建这一未来的协议奠定了基础。因此，我敦促所有国家参与该协定，并通报雄心勃勃的减排目标或行动。"①

为了夺回在哥本哈根会议上失去的全球应对气候变化谈判的领导权，给谈判进程注入新的活力，2010年3月9日，欧委会出台了题为《后哥本哈根国际气候政策——重振全球气候变化行动刻不容缓》② 的政策文件，正式提出了欧盟后哥本哈根气候变化谈判的新战略。新战略包括近期行动和长期目标。近期行动是欧盟坚持把全球升温幅度控制在2℃以内作为目标，通过坚持联合国进程，与各国积极协商，筹集快速启动资金和长期资金，构建高效透明的测量、报告和核实框架以及进一步推进国际碳市场等措施，推动《哥本哈根协定》的实施。长期目标是欧盟推动低碳经济发展，制定2050年欧盟向低碳经济转型的发展路线，实现温室气体到2050年减排80%—95%的目标，促进发达国家实现到2050年温室气体排放降低50%的目标，积极推动全球共同应对气候变化进程。

文件指出，虽然哥本哈根会议令人失望，但会议所达成的《哥本哈根协定》支持了欧盟将全球升温控制在2℃以内的核心目标，而且加入该协定的发达国家和发展中国家温室气体排放量已合计超过全球排放总量的80%，朝着缔结具有法律约束力的全球性气候变化协议迈进了一步，欧盟将在此基础上进一步推动谈判进程。欧盟的下一步目标是继续争取在UNFCCC框架下达成一个具有法律约束力的国际协议。为实现这一目标，文件提出了下一步所需采取的措施：第一，确定未来谈判路线图。（1）继续推进联合国谈判进程。为2010年年底墨西哥会议前的两轮磋商制定一份后续谈判进度表，主要任务是把《哥本哈根协定》中所包含的政治性原则纳入联合国气候变化谈判文本之中，作为未来全球气候协议的基础。同时确定现有谈判文本中依

---

① European Commission，*Climate change: European Union notifies EU emission reduction targets following Copenhagen Accord*，IP/10/97，28/01/2010.

② European Commission，*International climate policy post-Copenhagen: Acting now to reinvigorate global action on climate change*，COM（2010）86 final.

然存在的立场差距以及《哥本哈根协定》没有涉及的议题，如完善国际碳排放交易市场以及减少航空和海运业的碳排放等，并把发达国家的指标和发展中国家的行动纳入正式的谈判进程。墨西哥坎昆会议的目标是达成全面、均衡的一系列决定，把《哥本哈根协定》纳入各种联合国谈判进程，尤其是在发达国家和发展中国家双方认为重要的问题之间达成平衡。在坎昆会议的基础上，2011 年南非第 17 次 UNFCCC 缔约方大会达成最终的具有法律约束力的综合性协议。（2）与第三国加强磋商。欧盟及其成员国将与有关各方开展各个层次的双边和多边对话，增进相互理解，解决分歧，促进立场趋同。（3）确保环境完整性。未来的全球协议必须包括环境完整性（environment integrity）目标。《京都议定书》仍然是联合国谈判进程的核心框架，但其涵盖国家少、约束力不强以及森林排放计量规则和 2008—2012 年间剩余国家排放权（AAU）的处置等遗留问题必须解决。第二，立即采取行动。（1）制定《欧盟 2020 战略》，发展低碳经济，使欧洲成为世界上环境最好的地区。欧委会已于 2010 年 3 月提出了《欧盟 2020 战略》，把可持续增长、创造绿色就业、促进能源效率、加强能源安全作为欧洲未来十年经济发展规划的核心目标。[①] 欧盟仍坚持到 2020 年比 1990 年减排 20%、在其他国家跟进的情况下则升至 30%的既定立场。但欧委会将在 2010 年 6 月欧盟峰会之前准备一份报告，提出欧盟实施 30%减排目标所需采取的具体政策，并在《欧盟 2020 战略》基础上，着手制定 2050 年欧盟向低碳经济转型的路线图，以落实欧盟承诺的到 2050 年减排 80%—95%的目标。文件表示，欧盟将采取智能的解决办法来实现这一目标，不仅要有利于应对气候变化，还要有利于增强能源安全，创造就业机会，实现经济的去碳化。（2）落实《哥本哈根协定》。一是在谈判中澄清各国承诺的减排目标和行动，落实升温控制在 2℃以下的目标；二是建立有效、透明的排放和行动核查框架；三是立即兑现 2010—2012 年每年向发展中国家提供 24 亿欧元“快速启动”资金援助的承诺，以挽回欧盟的信誉，并提高受援国应对气候变化的能力；四是通过各种融资方式确保到 2020 年为发展中国家每年提供 1000 亿欧元的长期援助资金。第三，继续推进国际碳市场发展。国际碳市场既可促进低

① European Commission，*Europe 2020：Commission proposes new economic strategy in Europe*，IP/10/225，03/03/2010.

碳投资、以符合成本效益的方式减少全球温室气体排放，又可为发展中国家融资。欧盟将采取措施，发展行业性碳交易市场机制，改革CDM机制。

这是欧盟在哥本哈根会议后首次就推动新一轮全球气候变化谈判提出自己的新战略。这一新战略为推动全球尽快达成具有法律约束力的协议、共同推进全球应对气候变化谈判传递出一个积极的信号，也给哥本哈根大会后略显沉闷的全球应对气候变化行动注入了新的活力。从欧委会公布的文件中可以看出，欧盟新战略在一些问题上出现了积极的变化：第一，快速启动资金的兑现。新战略明确指出，为了实现《哥本哈根协定》要求的2010—2012年间发达国家向发展中国家提供300亿美元快速启动资金的承诺，欧盟及其成员国将通过协调机制，履行2009年12月欧盟峰会确定的、2010—2012年每年筹集24亿欧元的承诺，并强调要尽快兑现这一承诺。按照这一承诺，欧盟在2010—2012年间将可提供72亿欧元快速启动资金，约为《哥本哈根协定》提出的300亿美元快速启动资金的1/3。这一承诺给世界发出了一个积极的行动信号，无疑将有利于促使美国、日本等其他发达国家尽快采取相应行动，推动全球应对气候变化行动迈出实质性的一步。第二，长期资金融资渠道的变化。新战略提出，《哥本哈根协定》中承诺的2020年前每年为发展中国家减缓和适应气候变化活动提供的1000亿美元长期资金的筹集，将主要依靠三个渠道：（1）国际碳市场。欧盟认为，只要设计合理，2020年前国际碳市场每年可为发展中国家带来高达380亿欧元的资金流量。（2）国际航空、海运温室气体排放权拍卖所得。欧盟将在欧盟排放交易体系下拍卖其国际航空和海运温室气体排放权，拍卖所得将用于长期资金。（3）国际公共资金。2020年前该部分资金每年可达220亿—500亿欧元，欧盟将承担其应承担的合理部分。欧盟这一表态与先前的表态有了明显的变化。2009年10月30日欧洲理事会在国际气候变化融资机制问题上曾明确表示，到2020年发展中国家每年需要的1000亿欧元将通过发展中国家的自身努力、国际碳市场和国际公共资金三个渠道来共同解决。[①] 显然，哥本哈根会议后，欧盟在这一问题上的态度有了较大的转变，特别是不再强调

① Council of the European Union, *Presidency Conclusions*, Brussels European Council, 29-30/10/2009.

把发展中国家的自身努力作为长期资金的主要融资渠道。第三，CDM将继续存在。自2009年以来，CDM在2012年以后是否还会继续存在的问题一直像阴云一样笼罩在国际碳市场之上，无论是碳交易的买家还是卖家，对是否继续开发CDM项目都持有浓重的观望心态。新战略明确指出，2012年以后CDM将继续存在，但其环境完整性、有效性、效率和治理方面的问题必须加以改革，要加大对最不发达国家CDM的关注，同时强调将与美国等国家协调，推动CDM项目从项目模式向行业模式转变。欧盟的上述表态无疑给国际碳市场的相关各方吃了一颗定心丸，对国际碳市场的健康发展具有重要意义。①

然而，欧盟新战略也包含着一些不容忽视的消极因素。第一，欧盟在国际公共资金问题上的立场没有改变。对发展中国家来说，国际公共资金是长期资金的最主要保障，最能满足《哥本哈根协定》提出的"更多的、额外的、可预见的和充足的新增资金"的要求。然而，欧盟仍然把国际公共资金作为长期资金最次要的来源，仍然认同到2020年每年需要220亿—500亿欧元国际公共资金，强调欧盟仅承担其应该合理分担的部分，回避了出资额。第二，国际碳市场供资量有限，且存在众多不确定因素，难以成为发展中国家长期资金的主要融资渠道。据统计，从2005—2009年，发展中国家通过国际碳市场获得的资金只有30亿美元，而且这些资金在发展中国家中分布很不均衡。其中，2009年全球CDM一级市场的碳交易额仅为10亿美元。可见，相对于发展中国家开展应对气候变化所需的大规模资金需求，全球CDM一级市场的发展水平不过是杯水车薪。欧盟对2020年前国际碳市场每年可为发展中国家带来高达380亿欧元资金量的估计过于乐观，不排除其有推卸出资责任的嫌疑。第三，国际航空、海运温室气体排放权拍卖所得尚是一个未知数。把拍卖国际航空、海运温室气体排放权所得用于长期资金，是欧盟的新思路，可以视为对《哥本哈根协定》中提到的"私营部门资金"的细化。但是，国际航空、海运温室气体排放权拍卖具体如何实施、拍卖数量和价格如何确定，至今仍是一个未知数。另外，一些发展中国家反对

---

① 谢飞、许明珠、孟祥明："欧盟推出最新气候变化战略"，《中国财经报》，2010年4月8日。

将其国际航空、海运排放问题纳入该拍卖体系，认为这违反了“共同但有区别的责任”原则。第四，CDM改革可能损害发展中国家的利益。CDM项目从项目模式向行业模式转变，对发展中国家来说，无疑是一把双刃剑。在带来机遇的同时，它也可能构成挑战。欧盟完全可能利用行业模式CDM，采用“一刀切”的行业标准或对行业温室气体排放封顶的办法，向发展中国家强加减排义务。[①] 第五，新战略对“三可”原则的认识暗含着欧盟联合美国施压发展中国家的危险倾向。“三可”原则是目前国际谈判中最核心的问题。在这个问题上，欧盟与美国有共同利益，即把中国、印度等发展中大国纳入“三可”原则的监控范围内。欧盟此前并不重视“三可”原则。在哥本哈根会议之前，欧盟的气候谈判文件往往一语带过“三可”原则。然而，从2010年初开始，欧盟的态度迅速改变。美国与欧盟就中国问题进行了沟通。此次欧盟新的气候变化战略在设计实现《哥本哈根协定》的行动计划时，把“三可”原则提到了第二重要的位置。这表明，欧盟的谈判策略发生了重大变化。3月15日欧盟环境部长会议更是希望把“三可”原则应用于所有国家的减排行动。欧委会气候变化委员康妮·海德嘉（Connie Hedegaard）直截了当地指出，“三可”原则“是达成一个具有法律约束力的国际条约的关键，而这正是欧盟所期望的”。[②]

欧委会的气候变化新战略表达了欧盟继续推进全球共同应对气候变化的强烈政治意愿，对下一步全球气候变化行动具有积极的意义。2010年3月15日，欧盟环境部长理事会在布鲁塞尔召开会议，正式通过了后哥本哈根时代欧盟在国际气候谈判上的立场。[③] 会议决议明确表示，欧盟将把《哥本哈根协定》作为未来国际谈判的基石。会议要求欧委会在2010年6月出台分析文件，评估欧盟2020年能否在1990年的基础上减排30%，而不是此

---

① 谢飞、许明珠、孟祥明：“欧盟推出最新气候变化战略”，《中国财经报》，2010年4月8日。

② 袁雪：“欧盟再谋气候谈判主导权或借‘三可’原则施压中国”，《21世纪经济报道》，2010年3月17日。

③ Council of the European Council，*Climate change：Follow-up to the Copenhagen Conference (7—19 December 2009)* ——*Council conclusions*，7562/10，Brussels，15/3/2010.

前一直承诺的20%。这意味着欧盟准备无条件提高自身减排目标。欧委会气候变化委员康妮·海德嘉在会后表示："欧盟将会尽其所能，推动年底的联合国气候变化墨西哥坎昆会议产生实际成果。"①

① 袁雪："欧盟再谋气候谈判主导权 或借'三可'原则施压中国"，《21世纪经济报道》，2010年3月17日。http：//finance. baidu. com/2010－03－17/123007221. html.

第七章

欧盟能源战略评析

几十年来，欧盟能源战略从无到有，从单纯应对供应中断和油价暴涨为目标的消极防范性能源战略，发展到供应安全、竞争力和可持续发展三重目标互动的综合性可持续能源战略，最终形成了以减排为核心、加速向低碳经济过渡的“20—20—20”宏伟蓝图。在这过程中，欧洲人的能源安全思想不断升华，战略目标不断延拓，政策措施不断丰富完善，时空维度不断拓宽，取得了令人瞩目的成就。本章旨在评析欧盟能源战略所取得的成效，分析其存在的主要问题及原因，深刻揭示欧盟能源安全思想的演进趋势和发展前景。

第一节 欧盟能源战略的成效

一、能源战略不断演进

从某种意义上讲，欧盟能源战略是伴随着欧洲一体化的进程而萌生、起步、发展和成熟的。作为最早面对能源问题、最早制定能源战略的区域集团，欧盟拥有能源战略最完整的演变过程。根据欧盟在不同时期所面临的能源安全挑战和欧盟能源安全思想演变的基本特征，本文将欧盟能源战略的发展大致分为六个阶段：(1) 萌芽阶段（1946—1972）。这一阶段分为两个时期。1946—1957年，能源供应严重不足是煤钢共同体六国面临的一个主要问题。能源合作促进了欧洲经济政治一体化。西欧六国先后创建了三个部门性能源政策合作框架——欧洲煤钢共同体（ECSC）、欧洲原子能共同体（EURATOM）和欧洲经济共同体（EEC）。1957—1972年，廉价的进口石油逐渐取代了本土的煤炭成为主要能源，欧洲从能源基本自给转向严重依赖外部进口。欧共体试图创建共同能源政策，建立能源共同市场，保障能源供应安全。然而，由于种种历史性、制度性和结构性原因，共同能源政策屡屡受挫。欧共体通过的唯一有意义的措施是根据经合组织（OECD）的要求，规定成员国必须建立90天消费量的战略石油储备。（2）起步阶段（1973—1985）。70年代两次世界石油危机彻底暴露了欧洲对外能源依赖的脆弱性，证明了互不协调的单边行动的无效性和成员国之间缺乏团结的危险性。欧共体开始制定能源战略，先后通过了1974年和1980年两部能源战略，确定了共同体1985年和1990年能源目标。两部战略均以供应安全为唯一目标。1974年战略旨在减少对进口石油的依赖，防范欧佩克使用石油武器造成供应中断和油价暴涨。1980年，欧共体面临的能源安全挑战不是供应中断，而是因油价暴涨而对成员国经济和国际收支平衡产生的巨大冲击。因此，1980年战略提出的目标是打破经济增长与石油消费增长的联系，这就强化了供应安全的目标。虽然两部战略的基本出发点都是要解决石油供应安全问题，但后者的战略重心已经从防范短期性石油供应中断和油价暴涨向应对中长期石油供应不确定性的结构性调整的方向转变。（3）转折阶段（1986—1995）。从80年代中期开始，由于国际油价暴跌、内部市场的启动以及环境运动的高涨，欧共体能源战略的关注焦点出现了明显的转折。1986年出台的共同体能源战略确定了1995年能源目标。受两次石油危机的影响以及对能源价格继续上涨的期待，欧共体依然把战略重心置于供应安全之上，但能源市场的自由和公平竞争以及因能源使用引起的环境安全问题也被纳入了行动范围，表明共同体能源战略开始由供应安全向竞争力和环境安全延拓。《单一欧洲法》和《欧洲联盟条约》的生效为欧盟能源政策的发展提供了强大的动力。随着内部能源市场的启动和环境政策与能源政策的结合，欧共体能源政策开始走向市场化、绿色化、共同体化。从此，竞争政策和环境政策成为共同体能源战略的新动力。（4）可持续能源战略创立期（1995—2000）。80年代末、90年代初，冷战的结束、经济全球化、国际可持续发展运动、欧盟成立等一系列政治经济形势的深刻变化，对欧盟能源政策产生了重大的影响。1995 年出台的《欧洲能源政策》白皮书提出了总体竞争力、供应安全和环境保护三大目标。这标志着欧盟能源战略开始向经济安全、能源安全和环境安全相协调的可持续能源安全方向发展，同时也表明欧盟开始构建真正的共同体能源政策。1997 年《阿姆斯特丹条约》的生效和《京都议定书》的签署，为欧盟能源政策的可持续化提供了强大的动力。减少对化石燃料的依赖、提高能源效率、扩大可再生能源的使用，不仅成为保障能源安全的需要，更成为应对气候变化、实现可持续发展的迫切要求。(5) 可持续能源战略确立期（2000—2006）。世纪之交，面对国际油价上涨、对外依赖日趋严重、国际减排义务等一系列新挑战，欧盟于 2000 年出台了《欧洲能源供应安全战略》绿皮书，提出了应对供应安全和气候变化的双重目标。鉴于欧盟在能源供应方面回旋余地有限，减排又进一步限制了欧盟的能源选择，欧盟开始把能源政策的重心由突出增加供应的传统思路转向控制需求增长和管理对外依赖。供应安全本身的关注范围也由石油扩大到天然气和电力部门。此外，核安全也受到高度重视。这标志着欧盟能源安全思想出现了根本性的转变。“里斯本战略”和“欧盟可持续发展战略”的相继出台推动了欧盟能源安全、生态安全和经济安全的进一步结合。（6）可持续能源战略成熟期(2006 年至今)。进入新世纪以来，欧盟能源安全面临一系列新的挑战：世界能源需求激增；能源资源日趋集中；全球竞争日益激烈；油气价格暴涨；对外依存度继续上升；全球气候变暖，生态环境恶化；全面竞争的内部能源市场尚未完成。2006 年初爆发的俄乌天然气之争以及一系列大面积停电事故更加剧了欧盟能源安全危机感。天然气和电力供应安全的地位陡然上升。《京都议定书》的生效、“里斯本战略”的重启以及“欧盟可持续发展战略”的更新为欧盟能源安全思想的升华提供了新的动力。欧盟 2006 年出台的《欧洲可持续、竞争力、安全能源战略》绿皮书，提出了可持续、竞争力和供应安全三大目标。三者既相互独立又相互促进，构成一个平衡、统一、互动的大三角。生态安全、经济安全和能源安全由此融为一体。这标志着欧盟多重目标互动的综合性可持续能源战略趋于成熟。为落实这一战略，欧盟于 2007 年出台了《欧洲能源政策》，明确提出把能源政策与气候保护政策相结合，确立了以减排为核心、加速向低碳经济过渡的“20—20—20”一揽子能源新政策，决心在欧盟催生一场“后工业革命”，最终实现可持续发展、供应安全和竞争力三大目标。

几十年来，欧盟先后制定了六部能源战略，其战略目标不断延拓，政策措施不断丰富，时空维度不断拓宽，主动性、全面性、一致性、远见性和可持续性不断增强。欧盟能源战略已经从一种单纯保障供应安全的防范性能源战略，演进为供应安全、竞争力和可持续三重目标互动的综合性可持续能源战略，并正在加速向以减排为核心、以应对气候变化和能源安全双重挑战为目标的低碳经济过渡。这表明，欧盟已经形成了比较完整、成熟、先进的可持续能源战略。这一战略的基本架构由内部和外部两个维度组成：内部维度主要包括内部能源市场战略、跨欧能源网络战略、节能增效战略、可再生能源战略、气候变化战略、技术研发与创新战略；外部维度主要包括能源供应多元化战略、国际对话与合作战略、油气储备和应急战略。实践证明，欧盟能源战略是深谋远虑和高瞻远瞩的，虽然存在着种种问题和局限，但从总体上讲是成功的。

目前，欧盟正在通过立法、政策、市场手段以及财政工具，在共同体内部各个层面上全面推进各项政策和措施的落实，并加紧整合其强大的经济、政治、外交、法律、行政、科技和财政资源，谋求在国际上以一个声音说话，一方面按照自己的利益和规则加速构建以欧盟为核心的泛欧能源大市场，保障其能源供应安全；另一方面与全球生产国、过境国和消费国开展多层次的能源对话和合作，在促进能源供应多元化的同时，努力保障国际能源市场的正常运转，促进全球节能减排和发展可再生能源，共同应对气候变化和能源安全的严峻挑战，最终确保其可持续能源战略三重目标的全面实现。

二、能源安全思想不断延拓和深化

欧盟能源战略的发展过程也是欧盟能源安全观不断延拓和深化的过程。随着国际能源市场的深刻变化、欧盟内外政治经济形势的不断演变、经济全球化的不断发展，特别是可持续发展和气候变化的出现，欧盟能源安全思想不断演变。

20 世纪 70 年代两次能源危机给严重依赖进口石油的欧共体国家以沉重打击，使它们付出了政治和经济上的沉重代价，彻底暴露了欧共体对外部能源高度依赖的脆弱性。能源安全迅速上升为“高级政治”，成为欧共体成员国国家安全战略的重要组成部分。由于石油占欧共体能源消费总量的2/3，因此，能源安全的焦点主要集中在石油上，特别是欧佩克把石油用作“石油武器”从而控制石油流动和价格的能力。从1973年到1985年，石油供应安全几乎等同于能源安全或能源政策。欧洲人认识到，能源危机已经彻底终结了廉价石油的时代，共同体必须改变能源供应模式，通过加大节能增效的力度、更多地使用本土资源和开发石油替代能源，减少进口依存度。欧共体制定了两部以供应安全为目标的能源战略。不过，在能源安全理念上，两者有本质的区别。1974年欧共体面临的能源安全挑战，主要表现在共同体成员国因严重依赖进口石油而在欧佩克石油禁运、减产和提价造成的供应中断和油价上涨面前所表现出的政治经济脆弱性。因此，1974年能源战略的目标是要大幅减少对进口石油的依赖，提高能源供应的独立性。1980年欧共体面临的能源安全挑战不是供应中断，而是因油价暴涨而对成员国经济和国际收支平衡产生的巨大冲击。因此，1980年战略提出的目标是打破经济增长与能源消费增长的联系。其战略重心已经从降低对进口能源的依存度、防范短期性石油供应中断和油价暴涨，向应对中长期石油供应不确定性的结构性调整的方向转变。这标志着共同体能源安全理念的深化。在该阶段，衡量能源安全的两个直接因素是供应量和价格。所谓能源安全，就是从数量和价格上保障经济和社会发展所需要的能源供应；能源不安全主要体现在供应突然中断或大规模短缺、价格上涨超出预期对共同体成员国经济的损害。

从80年代中期起，随着国际石油市场供需关系的缓和与油价暴跌，供应安全在欧共体能源政策中的地位逐渐下降。能源生产和使用所造成的环境污染问题以及能源价格给欧共体各国企业带来的竞争力问题逐渐成为欧共体能源政策的关注焦点。虽然1986年欧共体能源战略依然把重点置于供应安全之上，但是，能源市场的自由和公平竞争以及由能源使用引起的环境问题也被纳入了行动范围。80年代末、90年代初，在供应安全失去了大部分动力的情况下，内部能源市场的自由化和环境政策的发展为能源政策提供了强大的动力。欧委会利用《单一欧洲法》和《欧洲联盟条约》所赋予的内部市场和环境政策职能大力推进能源政策的发展。两者对共同体能源工业的影响已经远远超过传统的供应安全政策。随着内部能源市场的启动和环境政策与能源政策的结合，尤其是在1990年理事会确定将2000年共同体二氧化碳排放量限制在 1990 年水平的目标后，欧共体原先旨在促进供应安全的许多内外政策和措施（如研发、节能、可再生能源），几乎在一夜之间转向支持内部能源市场和环境政策目标。共同体围绕着促进经济竞争力、保护环境、减少二氧化碳排放、保障供应安全等能源政策目标采取了一系列新的行动，包括推进内部能源市场的自由化、提高能源效率、扩大可再生能源市场占有率、签署《欧洲能源宪章》、加强能源技术研发、促进经济和社会整合等。这表明，能源安全已经开始向经济安全和环境安全延拓，并逐渐向可持续能源安全方向发展。

90 年代，随着经济全球化的推进、生态政治的崛起和可持续发展的引入，欧盟的能源安全观也发生了深刻变化。能源安全不仅包含了传统的供应安全，还引入了环境保护、气候变化、可持续发展等新因素。换言之，能源安全涉及两个方面的内容：一是能源供应安全；二是能源使用安全。其中，能源供给安全是能源安全的基本目标，是“量”的概念；而能源使用安全则是能源安全的更高目标，是“质”的概念，是实现资源、经济和环境协调、可持续发展的关键。1992 年联合国环境与发展大会提出可持续发展以后，世界各国均把可持续发展作为重要组成部分纳入了本国的发展战略，包括能源战略。实现可持续能源安全需要关注三个主要问题：一要保证全球能源供应的安全；二要保护环境；三要应对气候变化问题。《欧洲联盟条约》的生效和欧盟第五个环境行动计划为欧盟能源战略的可持续化提供了强大的动力。1995 年《欧洲能源政策》白皮书提出的基本目标是总体竞争力、供应安全和环境保护。白皮书的通过确立了欧盟发展共同能源政策的正式基础，表明欧盟决心加强共同体与成员国之间的协调，着力解决工业竞争力、能源供应安全和环境保护三个目标之间存在的矛盾。这标志着欧盟可持续能源战略的初步确立。为了落实新的共同体能源战略，欧委会于 1997 年 4 月公布了《全面看待能源政策和行动》的政策文件，目的是提高欧盟能源政策的透明度，整合分散在能源政策、对外关系、环境、研发、竞争、内部市场、地区政策和农业等共同体政策中与能源有关的政策和工具，形成一个全面、统一的欧洲能源政策框架，提高共同体能源政策和行动的效率，优化共同体能源行动的资源，促进共同体与成员国、共同体与相关各方在能源领域的合作。同时，欧盟在能源市场一体化、能源供应安全、可持续发展、能源技术研发和示范四个领域采取了一系列行动，以平衡的方式积极推动供应安全、竞争力和环境保护三大目标的实现。1997年《阿姆斯特丹条约》的生效和1997年《京都议定书》的签署，使应对气候变化、追求可持续发展成为促进欧盟能源政策发展的新动力。欧盟能源政策加速向可持续能源安全方向发展。

世纪之交，国际油价暴涨和气候变化使能源安全问题再次成为欧洲人关注的焦点。欧盟能源对外依赖日益严重，如不采取措施，到2030年，欧盟对外依存度将从目前的50%上升到70%。在欧盟能源结构中，化石燃料占80%。如果现行政策不变，到2030年，欧盟能源结构将继续受化石燃料的支配。这就意味着，欧盟不仅供应安全将面临巨大风险，而且也无法应对气候变化的挑战，并严重影响其经济竞争力。2000年《欧洲能源供应安全战略》绿皮书提出的能源安全目标是："确保所有消费者（家庭和企业）能够在市场上以支付得起的价格不间断地获得能源产品；同时兼顾环境保护问题、追求可持续发展。"① 显然，这是一种涵盖能源安全、经济安全和环境/生态安全的多重目标互动的综合性可持续能源安全观。欧盟深刻认识到其影响能源供应的能力有限，因此提出把政策重点由传统的强调增加能源供应，转向突出控制需求增长、管理对外依赖。这是欧盟在深刻分析共同体内外能源供需形势的现实情况以后，为应对气候变化、供应安全和经济竞争力三重挑战所作出的重大战略性调整，代表着欧盟能源安全思想上的一次重要升华。里斯本战略和欧盟可持续发展战略的相继出台推动了能源安全、生态安全和经济安全的进一步结合。欧盟能源政策不仅要保障能源供应安全，也要履行京都义务，应对气候变化，实现可持续发展，还要实现里斯本战略，促进欧盟经济、社会创新。这标志着欧盟可持续能源安全观的正式确立。

与此同时，欧盟供应安全的概念也出现了深刻的变化，涵盖范围不仅包括石油，而且还涵盖天然气、电力、核能等，并延伸到整个供应链；不仅关注能源供应，而且包括能源价格。担忧的日益增多来自于国际经济和政治生活的种种变化，包括国际能源贸易量的扩大、对进口能源日益严重的依赖、跨境能源网络的迅速扩大、国际恐怖主义的兴起以及欧佩克市场力量的继续存在。因此，能源供应受多种风险和威胁的影响。就欧盟而言，能源供应安

---

① European Commission, *Green Paper—Towards a European strategy for the security of energy supply*. COM (2000) 769 final, p. 2.

全意味着：能以充足的数量和能够承受的价格获取来自生产国的长期的能源供应，以满足其需求；国际或国内能源流动不受政治或恐怖主义行动的影响而中断；国际或国内不受严重的技术故障、供应中断、事故或自然灾害造成的短期中断的影响。[①] 为此，欧盟采取了一系列政策和措施，积极促进供应安全、气候变化和竞争力三重目标的结合。

近年来，随着国际能源市场的深刻变化、经济全球化的加速发展、国际环境和气候变化的恶化以及欧盟东扩的不断推进，欧盟能源安全面临越来越严峻的挑战：一是能源投资严重不足；二是对外依存度继续上升；三是能源资源集中在少数几个国家；四是世界能源需求量猛增，严重制约了欧盟的能源进口；五是油气价格不断上涨；六是全球气候变暖，生态环境恶化；七是欧盟尚未建成一个具有充分竞争性的内部能源市场。2006 年初爆发的俄乌天然气之争使天然气供应安全的地位陡然上升。《京都议定书》的生效、里斯本战略的重启以及欧盟可持续发展战略的更新为欧盟能源安全思想的升华提供了新的动力。为此，2006 年欧盟能源战略提出了三个核心目标：可持续、竞争力和供应安全。这标志着欧盟已经形成了涵盖供应安全、经济安全和生态安全的综合性可持续能源安全观。欧盟 2007 年通过的《欧洲能源政策》明确提出把气候保护政策与能源政策相统一，并制定了加速向低碳经济过渡的“20—20—20”宏伟蓝图，决心在欧盟催生一场“后工业革命”。这表明，欧盟能源安全思想出现了新的升华。欧盟的意图是牢牢把握气候变化和全球化所隐含的机遇，积极应对全球能源安全和气候变化的挑战，使欧洲成为一个充满活力的可持续经济体，在多样化的清洁、高效和低碳能源技术方面拥有世界领先地位，使这些技术成为欧洲繁荣的强大动力，促进增长和就业，并通过各项内外能源政策的全面实施，确保共同体能源安全的“长治久安”，服务于欧盟更高层次的政治经济社会一体化目标。

不难发现，欧盟能源安全思想已经从石油供应安全演进为涵盖能源安全、经济安全和生态安全的综合性可持续能源安全观。欧盟深知，在经济全

---

① *Security of International Oil and Gas: Challenges and Research Priorities*. FINAL REPORT, A project for the Economic and Social Research Council, Centre for Energy, Petroleum and Mineral Law and Policy (CEPMLP), University of Dundee, August 2006, p. 2.

球化和贸易自由化的大背景下，世界各国的相互依赖越来越紧密。面对能源短缺、环境恶化、气候变化的严峻挑战，没有哪个国家或地区能够独自实现可持续能源安全。这是一个相互依存、相互促进的互保体系。因此，欧盟倡导的能源安全观是共同体内部与外部、发达国家与发展中国家之间、能源进口国与过境国和出口国之间基于市场原则、相互依存、相互合作的新能源安全观。

三、能源供应安全基本得到保障

20世纪70年代初，由于过度依赖中东石油，欧共体国家在两次世界石油危机中遭受了沉重的打击。欧洲人开始制定和实施以保障供应安全为目标的能源战略，以求大幅度地减少对中东石油的过度依赖。几十年来，通过对能源品种多样化和能源供应来源多元化的战略性投资，通过建立和完善战略储备和应急机制以及能源市场监测机制，通过开展卓有成效的国际能源合作和多层次的能源外交，欧盟已经建立了保障供应安全的长期性和短期性机制，供应安全取得了显著的成就。

第一，能源品种多样化水平有了明显改善。1973年，石油占欧共体成员国能源消费总量的63%。两次世界石油危机后，欧共体积极贯彻多样化战略，取得明显的成效。目前，在欧盟能源结构中，石油占37%，天然气占24%，煤炭占18%，核能占15%，再生能源占6%[①]（参见图23）。石油是欧盟能源结构中最重要的燃料，主要用于交通运输（占石油消耗的56%），石化（15%），工业、服务业和家庭（23%）以及发电（6%）。由于多次能源危机的影响，欧盟经济已经减少了对石油的依赖。欧盟的天然气消费量在过去几十年稳步增长，目前，天然气已占欧盟能源消耗总量的24%。天然气已经广泛地渗透到能源消费的各个领域，如电力生产和热电联产（29%）、家庭（29%）、工业（25%）、交通运输及其他终端需求（13%）。据预测，天然气消费将进一步增长，到2030年可能将上升到29%。煤炭在

① European Commission, *Annex to the Green Paper——A European Strategy for Sustainable, Competitive and Secure Energy——What is at stake——Background document*, Brussels, COM (2006) 105 final, p. 8.

欧盟能源结构中排名第三，主要用于发电（74%）和重工业（如钢铁工业）。核能持续增长，已在欧盟一次能源消耗总量中约占15%的比例。然而，近年来，对新核电厂的投资大幅下降。可再生能源强劲增长，现已在欧盟一次能源消耗总量中占6%的比例。

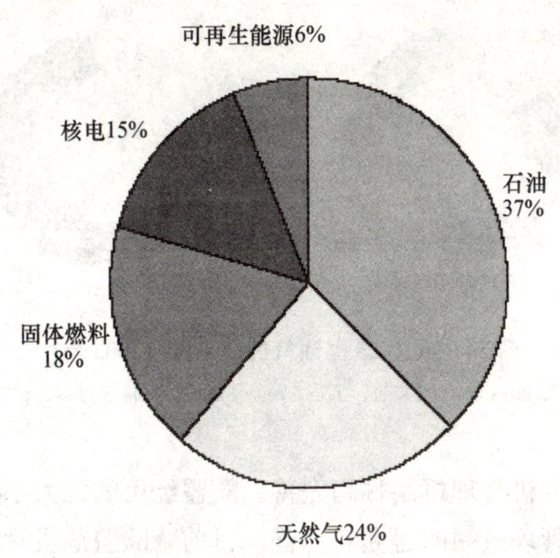

图23　欧盟能源消费结构（2004年）

图表来源：European Commission，*Annex to the Green Paper——A European Strategy for Sustainable，Competitive and Secure Energy——What is at stake*，p. 8。

第二，能源进口来源多元化水平取得显著进展。两次石油危机后，欧洲人积极贯彻进口来源多元化战略。欧洲国家先是把目光转向苏联。苏联解体后，又把重点放在俄罗斯、北非、中亚—里海地区等。目前，欧盟石油进口已经基本上实现了多元化，主要来自于俄罗斯（27%）、中东（19%）、挪威（16%）、北非（12%）及其他国家和地区（5%）。[①] 天然气进口也实现了一定程度的多元化，虽然没有达到石油一样的多元化水平。目前，欧盟天然气

① European Commission，*Annex to the Green Paper——A European Strategy for Sustainable，Competitive and Secure Energy——What is at stake——Background document*，Brussels，COM（2006）105 final，p. 19.

供应主要来自于俄罗斯（24%）、挪威（13%）和阿尔及利亚（10%）[①]（参见图24）。

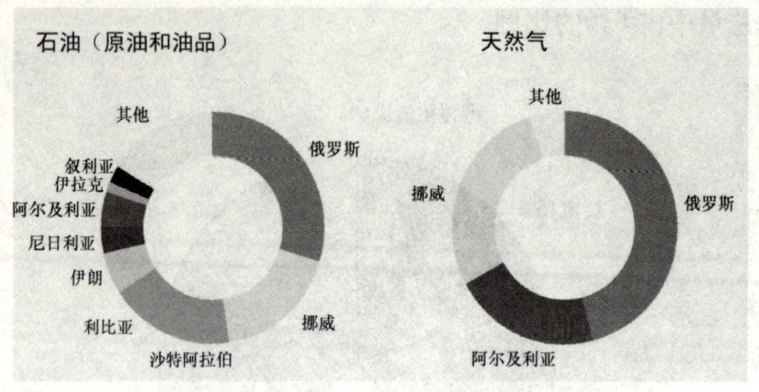

图24 欧盟25国油气进口来源（2003年）

图表来源：EU Commission（2005），*The Green Paper：The Stakes*，p. 17。

第三，能源危机管理机制日趋完善。欧盟经历的大大小小能源危机促进了欧盟能源危机管理机制的建立和完善。目前，欧盟危机管理机制主要涵盖三个能源品种：石油、天然气和电力。由于多次能源危机的影响，欧盟经济已经减少了对石油的依赖。但是，石油仍然是欧盟能源结构中最重要的燃料，因此，防范和应对石油危机对欧盟能源安全有着极其重要的意义。在应对石油危机方面，欧盟拥有两个框架：一是国际能源机构（IEA）机制；二是欧盟机制。IEA是石油消费国政府间的经济联合组织，其工作重心是石油供应危机的预防措施和石油储备机制。截止到2007年11月，IEA共有27个成员国[②]。欧盟有19个成员国为IEA成员国。[③] IEA应急机制对于保

① European Commission，*An External Policy to Serve Europe's Energy Interests*，Paper from Commission/SG/HR for the European Council，Brussels，16/6/2006.

② IEA成员国有澳大利亚、奥地利、比利时、加拿大、捷克、丹麦、芬兰、德国、希腊、英国、匈牙利、爱尔兰、日本、卢森堡、荷兰、新西兰、挪威、葡萄牙、斯洛伐克、西班牙、瑞典、瑞士、土耳其、美国。波兰和韩国是经合组织成员国，也打算加入IEA。此外，墨西哥在1994年加入经合组织之后，一直与IEA保持着密切的联系。

③ 包括奥地利、比利时、捷克、丹麦、芬兰、法国、德国、希腊、匈牙利、爱尔兰、意大利、卢森堡、荷兰、葡萄牙、斯洛伐克、西班牙、瑞典、英国以及欧共体。

障欧盟石油供应安全、应对供应中断具有基础性作用。欧盟机制是 IEA 的补充，主要由三项指令和决定构成，即第 68/414/EEC 号指令（后经第 98/93/EC 号指令修订）、第 73/238/EEC 号指令和第 77/706/EEC 号决定。它们对成员国建立战略石油储备及危机管理措施作出了明确的规定。2006 年欧盟理事会通过了第 2006/67/EC 号指令，对上述指令进行了修订和更新，主要目的是在欧盟东扩的背景下统一成员国最低石油储备和应急措施，确保成员国在发生能源危机时协调行动，促进成员国之间团结。近年来，随着进口天然气在欧盟能源结构中比例的不断上升，天然气供应安全问题日渐突出。为此，欧盟于 2004 年通过了第 2004/67/EC 号指令，确立了保障天然气供应安全的各项措施。该指令意在建立一个共同框架，确保成员国制定与竞争性内部天然气市场相一致的透明、非歧视的总体供应安全政策，明确不同市场主体的作用和责任，实施具体的非歧视性程序，保障天然气供应安全。该指令宣布成立天然气协调小组，其任务是方便共同体层面上在发生重大天然气供应中断时协调供应安全措施，协助协调成员国采取的措施，定期交流天然气供应安全方面的信息。新世纪以来，欧盟大规模断电事故时有发生，因此保障电力供应安全受到欧盟的高度重视。2006 年欧盟发布了第 2005/89/EC 号指令，要求各成员国采取必要的措施，促进稳定的投资气候的形成，并且明确各职能部门（包括监管机构）和各相关市场主体（包括传输和分配系统运营商、发电企业、供电企业和终端用户）的角色和职责，以确保高水平的电力供应安全。

第四，能源市场监测和预警机制已经建立。保障共同体能源供应安全，除了开发替代能源、促进能源供应多元化、完善战略储备和应急机制等措施外，还必须在共同体层面上建立一个多层次的、统一协调的常设的监测和预警机制，以提高能源数据的透明度，评估能源供应和储存设施，分析当前和潜在的能源进口以及相关网络的状况对每个成员国供应安全的影响。为了更好地了解欧盟内外能源市场的信息，欧盟已经建立了“能源市场观察办公室”（MOE），其任务是：汇集信息，分析能源问题，帮助政策制定者根据情况变化评估、提出或调整政策。MOE 发展和运行“能源市场观察系统”（EMOS）。这是一个综合性的数据库，带有数据管理、自动上载、报告和图表展示的工具。EMOS 包含的信息来自各种不同的数据提供者。它覆盖了诸如天然气、电力、石油和油品等各类燃料以及不同的地区，还包含欧盟、周边国家以及欧洲的主要供应区的能源基础设施信息。2006年欧盟还建立了一个能源供应威胁预警机制——“能源安全通讯代表网络”，作为加强欧盟对外能源安全的一项措施。该网络由欧委会、欧盟理事会秘书处和欧盟成员国的代表组成，其主要职责是收集、整理和通报与欧盟能源供应安全相关的地缘政治和能源领域的重要信息，为出现能源安全危机时采取早期预警和应急措施，并为高层领导采取行动和作出决定提供支持。

第五，国际能源对话与合作卓有成效。国际能源市场是一个相互依赖程度很高的全球市场。当前，世界能源需求飞速增长，全球能源资源竞争日趋加剧，国际油气价格不断飙升，产能区和过境区局势动荡，能源网络和运输通道面临恐怖主义威胁，环境污染和气候变化日趋恶化。欧盟不可能单纯依靠自身的力量来应对能源供应安全和气候变化的挑战。欧盟只有与发达国家和发展中国家、能源消费国和生产国，在相互信任、合作和相互依赖的基础上，发展各种有效的能源关系，才能保障能源安全，维持稳定的经济条件，有效地应对气候变化的挑战。为此，欧盟积极发展共同对外能源政策，谋求以一个声音说话，利用一切政策工具，多层次、全方位地开展能源外交，一方面促进能源供应来源的多元化，另一方面确保世界能源市场的正常运转。首先，欧盟重点发展与周边国家的能源合作，积极构建泛欧能源共同体。欧盟认为，无论是作为当前还是未来的能源供应国或是过境地区，周边国家对于保障欧盟的能源安全有着至关重要的作用。根据欧盟睦邻政策及其行动计划（以及通过伙伴与合作协议和联系国协议所作的努力），欧盟积极谋求与邻国构建能源关系，扩大其能源市场，在欧洲周边创建一个“共同法规空间”，为欧盟及其邻国创造一个可以预测的、透明的市场，以促进投资、增长和供应安全。目前，《能源共同体条约》已经成为一个蓬勃发展的地区能源市场的基石。欧盟谋求将此条约逐渐扩大到欧盟和巴尔干半岛以外，根据欧盟能源政策规则和原则，以自身为中心，最终构建一个广阔的“泛欧能源共同体”。其次，欧盟积极加强与俄罗斯、中东、北非、中亚、拉美能源生产国的对话与合作关系，通过条约或双边协议，将这些国家与欧盟“拴”在一起。为保障油气运输安全，欧盟还在积极努力，将土耳其、乌克兰等过境国纳入这一机制。加强与黑海地区的合作，促进里海能源资源向欧盟的运输。加强与拉丁美洲和加勒比海地区的关系，进一步拓宽能源供应多元化的地理范围。欧盟还与巴西就生物燃料开展对话，寻求新的能源品种。再次，欧盟与美国、日本以及中国、印度、巴西等能源消费国定期进行多边或双边的对话与合作，了解能源需求，推动节能技术在全球的应用，以增加对未来能源需求的可预测性。与美国等发达国家，合作重点主要是促进全球能源市场的开放和竞争，提高能源效率，加强监管合作以及技术研究。与中国和印度，合作重点是能效、节能、可再生能源以及先进的零排放清洁煤技术。最后，多边框架内合作。欧盟也在利用多边框架就能源安全问题进行国际对话和合作。《能源宪章条约》出于地缘战略考虑，将能源政策与欧盟扩大结合起来，将西欧的市场、资本、技术与东部的能源资源联合起来，以实现欧盟未来的能源供给和欧洲地区地缘稳定的双重目标。其它多边框架如IEA、八国峰会、联合国等也将能源安全、节能减排、开发可再生能源等问题提上议程，以确保能源供应安全、应对气候变化、追求可持续发展。

四、内部能源市场日趋完善

20 世纪 50 年代初，欧洲煤钢共同体的建立不仅为西欧六国构建了初步的能源合作框架，还有力地促进了共同体成员国在经济和政治方面的广泛合作。50 年代末至 70 年代初，廉价石油的大量进口取代了本土煤炭成为主要能源。由于种种历史性、制度性和结构性原因，欧共体国家并没有把能源部门的一体化作为重点关注的领域。70 年代两次世界石油危机使欧共体国家遭到沉重打击，凸显了共同体成员国能源政策互不协调的危险性。欧共体开始了能源一体化和市场自由化的进程。最直接的成效便是制定和实施了统一的对外石油政策，稳定石油供给源。因此，欧盟能源结构中的石油部门合作相对成熟，自由化和一体化程度较高。煤炭和原子能部门一体化的进程在二战后就已开始，并且不断完善，两者在总体能源结构中的比重相对较少。因此，欧盟把能源市场一体化的焦点集中到垄断程度很高的天然气和电力部门。

1987 年，欧盟通过了具有划时代意义的《单一欧洲法》（SEA），提出到 1992 年 12 月 31 日前完成单一欧洲市场，实现商品、服务、人员和资本的自由流通。SEA 的通过为欧洲一体化加速发展和单一欧洲市场的完成扫清了道路，也为创建欧盟内部能源大市场提供了强大的动力。1988 年 5 月，欧委会发表了《内部能源市场》的纲领性文件。这标志着欧盟决定开放天然气和电力市场，创建一个统一的欧洲能源大市场。

创建内部能源市场是一项涉及欧盟各国能源部门结构、监管和市场的根本性变革的巨大工程，需要对欧盟各国的能源市场进行自由化、趋同化和一体化改革，以打破成员国能源市场的垄断现象，把孤立的能源系统连接起来，最终形成一个统一、竞争的欧洲能源大市场。

从 90 年代初起，欧盟开始分阶段创建天然气和电力单一市场。第一阶段的目标是提高对终端用户天然气和电力价格的透明度，改善欧盟主要网络之间天然气和电力过境安排。1990 年 6 月，部长理事会通过了《共同体关于改善产业最终用户天然气和电力价格透明度的理事会指令》，从而正式拉开了欧洲天然气和电力市场一体化的序幕。1990 年和 1991 年，理事会分别通过了电力过境指令和天然气过境指令，以确保任何成员国的任何网络运营商不能阻碍其他成员国之间的天然气或电力贸易。

第二阶段始于 1992 年，主要目标是以趋同的方式建立成员国监管结构、促进成员国能源市场的自由化。主要措施是制定天然气和电力市场的共同规则，包括网络的第三方准入问题。部长理事会和欧洲议会先后于 1996 年 12 月 19 日和 1998 年 6 月 24 日通过了关于内部电力市场共同规则的第 96/92/EC 号指令和关于内部天然气市场共同规则的第 98/30/EC 号指令。这两项指令史称第一批指令，旨在确保电力和天然气在共同体内部的自由流通。1999 年和 2000 年，欧盟各国的电力和天然气市场向主要用户开放，实现了电力和天然气在共同体的自由流通。这标志着欧盟在创建内部能源市场的进程中向前迈出了重要的一步。

第三阶段的内部市场改革旨在谋求解决第二阶段所存在的不足和复杂问题，同时建立下一阶段改革的框架，加速电力和天然气市场的竞争，促进跨境贸易。2003 年 6 月 26 日，理事会和欧洲议会通过了天然气和电力市场自由化第二批指令（包括两项指令和两个条例），规定：（1）2004 年 7 月 1 日，欧盟小型工业和商业用户可自由选择其天然气和电力供应方；2007 年 7 月 1 日，除少数国家出于特殊原因得以宽限外，其他所有成员国均须全面开放能源市场，所有用户均可通过市场自由选择天然气和电力供应方。（2）2004 年 7 月 1 日，欧盟区内电力和天然气传输系统的经营商将实施分类计价；2007 年 7 月 1 日，区内电力和天然气营销系统的经营商将实施分类计价。从 2004 年年中起，欧盟将结束能源公司既控制主要的能源设施又利用设施供应能源产品的局面。欧盟区内的大型能源企业必须从2007年7月1日开始对旗下中型以上电力和天然气输送企业进行重组，将它们组建成独立法人，即实行“法律拆分”。至此，在获取能源和市场方面，欧盟区内的能源公司将本着透明、非歧视的运营原则，进行公平竞争。(3) 在每个成员国内，建立一个独立的监管机构。(4) 欧委会将为跨国电力传输业务制定一个共同的定价机制。

一系列法律法规的实施促进了欧盟统一能源大市场的形成，不仅为确保能源市场的真正公平竞争创造了有利的条件，也为确保公共安全、保护环境、确保消费者获得安全和支付得起的能源供应提供了保障。欧盟各国均已建立了独立的国家监管机构，以确保供应商和网络公司正确运营，按其承诺向顾客提供服务。欧委会则通过成员国监管当局提交的年度报告密切监测市场，找出障碍和不足。从2003年起，成员国能源监管机构负责人定期参加“欧洲电力和天然气监管小组”会议。该小组作为一个咨询机构，协助欧委会巩固内部电力和天然气市场。

尽管自由化已经取得了很大的进展，但市场开放的目标尚未实现。2005年欧委会对内部天然气和电力市场进行了调查。结果发现，虽然能源市场自由化已近10年，但欧盟离拥有一个单一的、竞争的和正常运转的能源大市场还有很长的距离。① 调查报告指出，尽管欧盟已经颁布了两批自由化指令，但欧盟能源市场竞争依然存在一些严重的壁垒，包括市场集中程度过高、垂直一体化、缺乏跨境连接和跨境竞争、缺乏透明度、价格形成机制有问题。

为了减少内部天然气和电力市场中存在的一系列问题，2007年1月10日，欧委会在《欧洲能源政策》中提出了一揽子措施。在取得2007年3月欧洲理事会春季峰会的全力支持后，欧委会于2007年9月19日公布了进一步推进欧盟能源市场自由化的第三批立法提案。这一揽子提案的重点是推动欧盟作为一个整体的市场自由化和透明度。目的是确保欧盟消费者能够真正有效地在内部能源市场上选择供应商，实现更加安全、更具竞争力、更加可持续的能源供应。欧委会的主要建议包括：(1) 生产和供应与传输网络相分

① European Commission, *Report on Progress in creating the internal gas and electricity market*, COM (2005) 568 final, Brussels, 15/11/2005.

离，即网络产权和经营相脱离。(2) 强调能源政策的战略重要性。第三国公司如果想获得欧盟某一网络的重大利益甚至控制权，就必须像欧盟公司一样遵守同样的拆分要求。(3) 便利跨境能源贸易。建立一个成员国能源监管机构合作机构，使其拥有具有约束力的决策权，以补充国家监管机构的不足。(4) 提高成员国监管机构的有效性。(5) 促进跨境合作和投资。建议成立一个新的欧洲传输系统运营商网络。(6) 提高网络运作和供应的市场透明度，确保各方享有平等的信息权，使定价机制更加透明，提升人们对市场的信任度，帮助避免市场操控。(7) 加强欧盟成员国之间的团结。通过整合成员国市场，成员国之间在面临能源供应威胁时互助能力将大大提高。

第三批自由化提案出台后，欧盟内部开始了一场旷日持久的激烈辩论。争论的焦点是天然气和电力网络的产权问题。经过长时间的讨价还价，2008年6月6日，欧盟能源部长理事会最终达成了妥协方案。欧盟不再坚持“肢解”成员国大型天然气和电力企业，也不再坚持让它们出售旗下的能源输送网络，以使生产与传输业务分离且互不隶属。方案确定建立一个传输网络经营企业且在管理和投资方面享有较高的自主权。这样的妥协方案虽然不是欧盟所希望看到的，但至少向欧盟能源市场开放走近了一步。2009年3月23日，欧洲议会与欧盟理事会达成妥协。同年4月22日，欧洲议会通过了该妥协方案。2009年6月25日，欧盟理事会正式通过了该一揽子立法提案。

创建真正的欧盟内部市场需要足够的能源跨境传输能力。欧盟成员国能源市场的相互联接是增强灵活性、促进市场竞争、提高能源供应安全水平、促进共同体能源市场一体化的关键性步骤。上世纪90年代，欧盟制定了跨欧能源网络政策（TEN-E)。《欧洲联盟条约》对跨欧网络（TEN）的目标作出了明确的规定：促进交通、电信和能源基础设施领域跨欧网络的建立和发展；促进各成员国网络间的相互联接和互操作性，确保网络的准入；特别要使岛屿、内陆和边缘地区与共同体的中心地区相连接。1995年欧盟财长理事会通过了《跨欧网络财政支持条例》，就TEN的融资问题作出了规定。该条例于1999年、2003年和2006年三次修订。数据表明，1995—2001年TEN-E支出约为1.22亿欧元。2002—2006年期间，TEN建设资金约为每年2000万欧元。1996年，欧盟通过了《跨欧能源网络发展纲要》，其中包含了一份体现共同利益的项目清单。该清单于1997年、1999年、2003年和2006年四次修订。2006年清单确定了314个需要加速完成的基础设施项目

（即“共同利益项目”）。该纲要为加强协调、监督实施进程、提供共同体财政支持（包括 EIB 贷款）提供了一个框架。目前，欧盟正在根据需要积极改善能源基础设施，尽可能提高能源运输效率。欧盟立法的目标是使市场向所有供应商开放，消除跨境贸易的壁垒。

目前，欧盟 27 个成员国的能源市场已经基本形成一个统一的能源大市场。从 2007 年 7 月 1 日起，欧盟消费者已经可以自由购买电力和天然气。各国能源公司在全欧范围内展开竞争。网络的准入得到了监管。可再生能源发电享有优先权。网络运营商在法律上享有独立性。内部能源市场的建立不仅促进了竞争力的提高，也有效地保障了供应安全，促进了可持续发展（可再生能源市场形成、绿电入网、基础设施）。欧盟公民和工业部门已经从能源市场的开放中获得了许多实惠：更多的选择，更多的竞争使价格不断下降，更好的服务，供应安全得到改善。

在构建内部统一电力和天然气大市场的同时，欧盟还积极发展与周边国家和地区能源市场的连接，努力构建以欧盟为中心的泛欧能源传输网。欧盟的政策重点是确保从俄罗斯、中亚—里海、北非和中东地区的能源运输能力，实现进口路线的多元化。目前，欧盟与俄罗斯的天然气合作水平不断提高，来自俄罗斯天然气的供应管道建设日趋完善。欧盟投资或鼓励兴建多条俄欧天然气供应管道，如“南溪”天然气管道、亚马尔—欧洲天然气管道、北欧“北溪”天然气管道。此外，欧盟还与油气资源丰富的环里海五国开展油气运输管线的合作项目。2005 年欧盟与巴尔干半岛各国（非欧盟国家）签署了《能源共同体条约》，建立了统一的电力和天然气市场。欧盟还在 2006 年实施了地中海电力市场计划，并计划对埃及、利比亚及中东地区进行辐射。

五、能源效率不断提高

欧盟的节能增效政策始于 20 世纪 70 年代。第一次石油危机爆发后，合理利用能源成为欧共体能源战略的一个支柱。节能等于开源，有助于减少对石油的依赖，改善共同体能源供应安全。为了落实共同体能源战略中提出的节能 15%的目标，欧共体从 1974 年起开始实施共同体节能行动计划。部长理事会通过了一系列建议，积极鼓励成员国开展节能增效的行动，包括建筑物的隔热、既有建筑物的供热、改进驾车习惯、促进城市公共交通、提高家用电器的性能、工业企业合理使用能源问题、促进热电联产等。这些建议不具有约束性。理事会通过的几项指令对成员国具有约束力，主要涉及新建大楼制热器性能标准和配热系统隔热性能以及家用电器能源标签。与此同时，理事会还通过了专项财政措施，在共同体层面上支持节能示范项目。节能行动导致了石油消耗的大幅下降。1973—1985 年，欧共体进口石油在一次能源消费总量中的比例从 61%下降到 31%。据估计，由于能源效率的提高，1983 年共同体石油消费节省了 2.5 亿吨。

1980 年能源战略出台后，欧共体通过了《关于共同体在节能领域新的行动方针的决议》，为共同体加强节能领域的行动提供了一个政策框架。决议批准了将 1990 年整个共同体的一次能源消费增长率与 GDP 增长率之间的平均比率降低到 0.7 以下，要求各成员国在 1980 年底前通过一项覆盖所有能源使用主要领域的节能计划，并根据理事会推荐的措施制定一项合理的能源价格政策。理事会向成员国推荐了有关能源定价政策的指导原则，以及鼓励家庭、工业、农业、办公室、商业以及交通运输业中合理使用能源的措施。由于 80 年代初国际能源供应形势趋于缓和，特别是 1986 年油价暴跌，欧共体成员国的节能增效工作受到很大影响。

随着《单一欧洲法》的生效和能源政策与环境政策的结合，尤其是 1990 年欧共体确定将 2000 年共同体二氧化碳排放量稳定在 1990 年水平的目标后，节能增效行动获得了新的动力。欧共体许多旨在促进供应安全的节能和研发措施，迅速转向支持环境保护的目标。能源效率成为欧盟应对气候变化、提高企业竞争力、追求可持续发展的一个关键因素。从 90 年代开始，欧盟实施了一系列旨在提高能效的技术和非技术行动计划，主要包括 JOULE-THERMIE 计划和 SAVE 计划，并在 PHARE、TACIS 和 SYNERGY 计划框架内开展了国际能效合作。

从 1990 年起，欧盟开始实施旨在鼓励创新性节能增效技术研发和示范的 JOULE-THERMIE 计划。其目的是，通过促进能源技术的研发和示范，以消费者能够承受的价格和条件确保持久和可靠的能源服务，降低能源消费，减少能源生产和使用过程中的环境影响，加强能源行业的技术基础。THERMIE 先后实施了两期。第一期实施期为 1990—1994 年，总投入为 5.74 亿埃居，资助 726 个使用节能技术和排放最少化的能源技术项目。年削减二氧化碳近1200万吨、二氧化硫7.5万吨、氮氧化物3万吨，节能300万吨油当量。THERMIE第二期实施期为1995—1998年，预算为5.77亿埃居，主要资助那些使用节能技术和减排的能源技术（革新性技术）的示范项目。

1991年欧盟通过了第一个旨在促进能源效率而在所有能源消费领域里实施的一个非技术行动计划——SAVE计划（1991—1995），预算资金为3500万埃居。其目的：一是稳定CO_2排放；二是达到欧盟在1986年所制定的能源政策目标，即到1995年能源效率提高20%。SAVE实施了大批试点项目，重点是开发落后地区。在SAVE的推动下，欧盟先后通过了三项指令：1992年5月通过的指令为新热水锅炉制定了最低能效标准；1992年9月通过的家用电器能耗标签指令对家用电器和通用设施实行强制性的能源标识制度，对电冰箱/冰柜、洗衣机/干洗机、洗碟机、烤箱、热水器、照明和空调等家用电器实行能耗标识；1993年9月通过的SAVE综合指令，对建筑物本身能耗、制冷、取暖和照明能耗等规定了标准，并建立了建筑物能源认证体系。1996年12月通过了第二个SAVE计划，预算为4500万埃居，执行期为1996—2000年。SAVEⅡ继续支持能源标识制度，重点资助建筑和交通部门的示范项目。资助的行动包括：能源效率研究；旨在加速投资和改进能源使用模式的部门试点行动；旨在促进经验交流的措施；监测能源效率进展；有利于地区和城市层面能源管理、增强成员国和地区之间凝聚力的具体行动。SAVEⅡ还资助成立了31个能源管理机构，并建立了地方和地区传播网络（“地区网络”、“城市网络”、“岛屿网络”）。2000年2月，SAVE计划并入《1998—2002能源框架计划》。

1997年《京都议定书》签署后，能源效率被视为节能减排、应对气候变化的一个基石。1998年欧盟出台了欧共体能效战略，要求把能源效率问题全面融入其他政策——主要是地区、交通、财政、研发和国际合作政策，到2010年实现1995年能源消费总量18%的节能潜力。2000年欧盟通过了第一个《能源效率行动计划》，提出将欧盟能源效率由过去10年每年的0.6%提高到1%。2000年欧盟能源战略把能源效率和节能作为欧盟保障供应安全、应对气候变化的重中之重。欧盟先后颁布了一系列旨在提高用能产品、建筑物和能源服务部门的能源效率的法律法规，包括《生态设计指令》、《能源效率分类标签指令》、《“能源之星”条例》、《能源终端用户效率和能源服务》、《建筑能效指令》等。2002年欧盟通过了预算为2.15亿欧元的“欧洲聪明能源计划”（2003—2006）。该计划下设三个专项计划，其中SAVE计划预算6980万欧元，其目标有两个：一是改善包括建筑业和工业部门在内的能源效率，促进能源资源的合理使用，二是支持相关立法措施的制定与实施。

由于能源效率政策和措施的成功实施，欧盟成员国能源消费增长速度普遍低于GDP增长。按照2000年美元固定价格计算，欧盟15国每实现1000美元GDP所消耗的能源已从1970年的0.272吨油当量下降到2003年的0.186吨油当量。[①] 据统计，2003年之前10年，欧盟能源效率每年提高了0.6%。

近年来，面临供应安全、气候变化和经济全球化所带来的种种压力，加强需求管理、提高能源效率成为欧盟可持续能源战略的核心。2005年6月，欧委会发布了能源效率绿皮书——《用较少的资源办更多的事》，提出欧盟在节能领域拥有20%的巨大潜力，尤其是在建筑物、电器、照明以及交通运输部门。2006年3月欧洲理事会通过了雄心勃勃的战略目标：到2020年，欧盟要在1990年水平的基础上通过提高能效实现节能20%。为了实现这一目标，2006年10月欧委会公布了《能源效率行动计划》，提出了10大优先行动，覆盖建筑、交通、制造等所有行业。其中，家庭住宅能源使用效率提高27%、商业建筑（第三产业）提高30%、交通业提高26%、制造业提高25%。该计划提出了全方位的节能增效措施：第一，为一系列产品、建筑和服务广泛地设定动态的能源性能标准；第二，加强公众节能意识，改变能源消费习惯；第三，发挥创新和技术在提高能效中的重要作用。为了促进全球范围的节能增效，欧委会提出了一系列新的建议：（1）与联合国、IEA、G8、WTO、世界银行等国际组织联合达成一个全球性的“能源效率框架协议”，在节能措施与评估，对能源使用产品和服务最低能效标准的制订、分类和认证，能源审计，待机能耗，产品编码等方面进行密切合作，共同限制不符合最低标准的产品的使用；（2）与出口工业签订自律性协议，促进欧盟能源标签制度的广泛使用；（3）在双边贸易和能源供应协议中纳入能

① 周弘等主编：《欧盟治理模式》，北京：社会科学文献出版社，2008年版，第187—188页。

源效率；（4）创建一个传播能源技术信息的国际网络，传播欧盟能效技术和可再生能源技术的信息。欧盟理事会于2006年11月批准了该行动计划，并要求各成员国提交本国的具体行动方案。

为了帮助发展中国家提高能源利用效率、发展可再生能源，遏制全球气候变暖的进程，欧委会还于2006年提议拨款8000万欧元创建“全球能效和可再生性能源基金”。欧盟希望通过创建该基金来调动私有企业加大对提高能效和可再生能源利用的工程项目的投资力度，特别是扩大对小型环保工程项目的投入规模，同时籍此加速环境友好型的相关产品和技术的研发和转让，以帮助发展中国家和最不发达国家的人民获得可靠的清洁能源的供应。

六、可再生能源的作用日益突出

1973年第一次能源危机后，欧共体能源战略中提出的保障供应安全的一项重要措施就是发展新能源和可再生能源（NRSE）。欧委会从1975年开始在NRSE领域里开展研究和示范活动。这些活动得到了共同体财政的支持，主要涉及太阳能和地热能的示范项目。1980年共同体能源战略要求鼓励和扩大可再生能源的使用，增加其在共同体能源供应中的比例。欧共体为太阳能和地热能的研发和利用提供了专项资金。

1986年9月欧共体通过的1995年共同体能源政策目标之一，就是要大幅度地提高NRSE产量，使其在总体能源结构平衡中占重要比例。此时，研发和使用NRSE的主要目的依然是促进能源供应安全，从长远角度为共同体增加能源供应提供一种保证。虽然共同体作出了许多努力，但可再生能源（RES）在共同体能源消费总量中仅占微小的比重。由于常规能源价格的下跌，可再生能源的竞争力遭到了沉重打击。到1991年，可再生能源（包括水电）商业化水平不到一次能源需求的2%。

气候变化的辩论为可再生能源的发展提供了强大的动力。为了大力扶持可再生能源的发展，使其在共同体减排战略中发挥重要作用，1993年欧盟出台了总预算4000万埃居的ALTERNER计划（1993—1997）。其宗旨是：促进本地能源资源的更好利用和公共资金的有效配置；限制温室气体及其他污染物的排放，保护环境；促进内部市场的完善；减少共同体对进口能源的依赖。ALTERNER在四个领域采取行动：（1）促进可再生能源市场的发展，使其融入内部能源市场；(2) 财政和经济措施；(3) 培训、信息和推广活动；(4) 与第三国开展合作。行动计划所涉及的可再生能源包括：小水电、风能、太阳热能、光伏太阳能、生物质能、生物燃料和地热能。

1995年欧盟能源战略提出了总体竞争力、供应安全和环境保护三大目标。白皮书把促进可再生能源的使用作为促进可持续发展的重要途径。1997年，欧盟颁布了《未来能源：可再生能源——共同体战略与行动计划》白皮书①，确定了欧盟在能源结构中增加可再生能源比例的行动纲领，提出可再生能源在一次能源消费中的比例从1995年的6%提高到2010年的12%。可再生能源电力装机容量在电力总装机容量中的比例从1997年的14%提高到2010年的22%，其中主要是生物质能发电和风力发电。至2050年，可再生能源在欧盟能源供应结构中将达50%。这一目标直接反映了欧盟对当时正在谈判的《京都议定书》的立场。

1997年3月12日，欧委会通过了 ALTENER II (1998—2002)。其目标首先是帮助创建贯彻可再生能源行动计划所需要的法律、社会经济和行政条件；其次促进私营企业和公共企业对可再生能源生产和使用的投资。其环境与能源的目标有：限制CO_2排放，应对全球气温变暖的威胁；达成可再生能源至2010年占总能源消费12%的目标；降低对进口能源的依赖；寻求替代能源，保证供应安全。该计划积极支持生物燃料，预计2005年至少达燃料销售总量的2%，至2010年上升至5.75%，至2020年在道路交通领域，生物燃料将取代汽油和柴油使用量的20%。ALTENER II 的活动包括：延长 ALTENER I 计划下的行动；旨在动员私营企业投资、促进可再生能源市场渗透的新倡议；实施、跟踪和监测欧盟可再生能源战略。

欧盟签署《京都议定书》后，其能源政策与环境保护政策日益紧密地联系在一起。可再生能源清洁、无污染、可再生，在应对能源安全和全球气温变暖的双重挑战方面可以发挥重要作用，符合可持续发展的要求。1999年欧盟发布的《欧洲共同体可再生能源战略起飞》白皮书中提出了2010年将可再生能源在欧盟成员国内能源结构中的比例提高一倍（即从6%上升至12%），包括时间表和行动计划。白皮书所提到的行动计划包括欧盟内部的

---

① European Commission, *Energy for the Future: Renewable sources of energy*, COM (97) 599.

市场手段；进一步鼓励可再生能源利用的政策；加强成员国之间的合作；鼓励各国在可再生能源领域内的投资，加强 RES 的信息服务，以及 RES 的信息传播。

2001 年 9 月，欧盟理事会通过了《促进可再生能源发电的指令》[①]。该指令形成了第一个促进可再生能源的欧盟政策框架，其目的是增加绿电力的比例，使其在电力消费中的份额从 1997 年的 14%提高到 2010 年的 22%，同时使可再生能源在能源消费总量中的比例从 6%增加到 12%。指令规定了每个成员国的可再生能源目标，但成员国可以自由选择实现其目标的措施。指令提出了五项国家政策措施：一是投资补贴，帮助支持高昂的基本建设成本；二是财政措施，如税收；三是可再生能源入网保证价（feed-in tariff），包括项目投资者的保证收入、为吸引对可再生能源投资而制定的价格、国家对可再生能源市场的干预或政府选择成功的技术；四是配额和可交易证书，类似于国际排放交易；五是招标制度。该指令反映了欧盟对减少能源依赖性、保护未来可用能源、限制温室气体和有害大气污染物排放等方面的关注。

2003 年，欧盟通过了《生物燃料指令》，要求成员国制定本国市场所应达到的生物燃料或其他可再生交通燃料最低水平的目标。指令提出的参照水平是：到 2005 年在市场上达到 2%，2010 年达到 5.75%。

2004 年，欧委会发表了对 2001 年可再生能源指令目标进展情况的评估报告。报告指出，以现行的成员国政策和措施，到 2010 年，欧盟只能实现可再生能源在电力消费总量中占 18%—19%的比例，而不是 22%。只有 4 个成员国（德国、丹麦、西班牙和芬兰）能够实现其国家目标。关于可再生能源到 2010 年占能源消费总量 12%的目标，欧委会认为，即使生物燃料指令和其他的法规得以全面实施，也只能完成 10%。造成这种情况的原因是多方面的：首先，尽管大多数可再生能源的费用正在降低，但现阶段发展可再生能源并非最经济方案。与可再生能源相比，市场价格中未能系统地包含

① European Parliament and the Council, *Directive 2001/77/EC of the European Parliament and of the Council of 27 September 2001 on the promotion of electricity produced from renewable energy sources in the internal electricity market*, O. J. L 283, 27/10/2001.

外部成本，这为化石燃料提供了不公平的有利条件。其次，大多数可再生能源在应用上的复杂性、新颖性和分散性带来了许多管理方面的问题，包括规划、创建和操作系统审核程序不明晰、不通畅；标准和认证之间存在差异；可再生能源技术的检测机制之间兼容性较差。这些因素共同导致了可再生能源部门增长缓慢。因此，文件提出必须在产热部门采取更多的行动。此外，要鼓励成员国保持投资和扶持计划，加强研究。

2006年欧盟能源战略确立了其能源政策的三个目标：可持续发展、能源产业竞争力和能源供应安全。发展可再生能源有助于减少温室气体排放，提高本土能源生产的比重，实现燃料结构多样化和进口来源多元化，降低对进口能源（特别是油气）的依赖性，从而增强能源供应安全。从中长期来看，可再生能源的经济竞争力不亚于传统能源。同时，由于可再生能源是地方性能源，因而在解决偏远地区的能源供应和脱贫方面具有特殊的意义。因此，欧盟把可再生能源的研发和使用提高了前所未有的突出位置。

2007年1月欧委会公布了《可再生能源路线图》，作为欧盟应对能源安全和气候变化一揽子方案的重要组成部分。该文件建议欧盟确定一个具有法律约束力的目标——到2020年可再生能源占欧盟能源消耗总量的比重达到20%，其中，生物燃料到2020年的最低目标应确定为交通运输全部汽油和柴油消耗量的10%。2007年3月，欧洲理事会通过了该文件，确定：到2020年减少温室气体排放至少20%（与1990年相比），同时推动国际社会就《京都议定书》到期后的减排问题达成一项新的协议，其目标是使所有发达国家到2020年减排30%；到2050年发达国家集体减排60%—80%。为此，欧盟提出了具有约束力的可再生能源发展目标：2020年可再生能源占欧盟能源消费总量20%，生物燃料在各成员国运输燃料消费量中至少占10%。

2008年1月23日，欧盟委员会提出了一项新的可再生能源指令草案，以取代2001年出台的现行措施。根据这一草案，各成员国均应增加可再生能源比例，使欧盟可再生能源比例从目前的8.5%提高到2020年的20%。交通燃料消耗中增加10%的生物燃料也被纳入了欧盟的总目标之中。为了实现这些目标，欧盟为27个成员国制定了2005年到2020年的可再生能源目标，各国均应在2005年的水平上增加5.5%的可再生能源，其余增长部分按人均GDP计算。

为了改善欧洲内部能源安全、改善CO_2总体水平的平衡、保持欧洲的竞争力，2006年欧盟公布了以生物燃料开发和应用为核心的《欧盟生物燃料战略》，确定了三个主要目标：一是推广生物燃料在欧洲与发展中国家的使用，确保使用的方式正确，合乎环境保护的要求；二是提出可再生能源成本控制计划，包括原材料、燃料再生、增加垂直市场占有率，以及技术性障碍的排除；三是援助发展中国家生物燃料技术的使用，研究欧盟如何参与生物燃料的持续生产。同年，欧委会公布了一份更为具体的报告——《2030年欧盟生物燃料远景规划》。根据这项报告，到2030年，欧盟25%的交通燃料将来自清洁的低碳生物燃料，从而大大减轻欧盟各成员国对于化石能源的依赖。同时，制取生物燃料的成本将降低20%—30%。为实现这一愿景，该报告提议建立一个欧洲生物燃料技术平台，实施生物燃料战略。第一阶段为近期（从现在到2010年），重点是：改进现有技术；第二代生物燃料的研发，建设第一批第二代生物燃料示范工厂；（从木素纤维素生物质中）提炼生物燃料概念的研发。第二阶段为中期（2010—2020年），重点是：第二代生物燃料生产的部署；生物燃料提炼概念的示范；继续开展研发，木素纤维素生物燃料，一体化生物燃料提炼工艺；发展能源作物和可持续农业的其他途径。第三阶段为长期（2020年以后），重点是大规模生产第二代生物燃料，一体化生物燃料提炼设施的部署。欧盟同时提出了发展生物燃料的七项政策措施：刺激生物燃料需求；确保环境效益；发展生物燃料的生产和分配；扩大生物燃料原料的供给；促进生物燃料国际贸易；支持第三世界国家；鼓励生物燃料技术研发。

七、能源技术研发成就显著

欧盟自诞生之日起就一直在支持能源研发工作，最初是在ECSC条约框架内进行煤炭技术研究，然后是根据EURATOM条约对核裂变和聚变进行研究。研发活动有三种方式：一是通过1957年成立的“联合研究中心”（JRC）在欧洲原子能条约框架内对核问题开展的直接行动；二是通过与成员国科研机构签订合同实施的间接行动；三是通过为“欧洲联合环形加速器”（JET）的建设和运行而建立的“联合企业”。欧盟非核研究和开发政策是1974年才开始实施的。为了实现共同体能源战略目标，对共同体研发工作的重点作出了一些重大的调整。尽管核能研究仍然占据重要地位，但共同体能源技术研发更加重视能源效率和新能源及可再生能源。

为应对国际能源危机，欧共体启动了能源技术扶持计划，帮助解决示范项目的融资问题。这些示范项目旨在示范新方法的工业和商业可行性，以便鼓励新方法的使用，在共同体内加以推广。第一个计划（1973—1975）仅限于油气的勘探、生产和运输技术。1978 年欧共体通过了关于向开发替代能源项目提供财政支持的条例，并将共同体资金扶持拓宽到四个领域：油气、固体燃料、合理使用能源和替代能源。1979 年部长理事会又通过了太阳能、固体燃料液化和气化以及地热能源领域的实施条例。理事会还在五年能源计划中为上述能源安排了 9500 万 EUA 的专项资金——固体燃料的液化和气化 5000 万 EUA，地热能 2250 万 EUA，太阳能 2250 万 EUA。

1983 年部长理事会批准了共同体历史上的第一个科技研发框架计划，目的是整合欧洲科技资源，协调各成员国的研发活动，形成整体优势，支持共同体能源政策目标的实现。该计划由欧委会负责实施和管理，同时协调欧盟各国的科研计划，是欧盟实施其研究政策的主要手段。从 1984 年开始到 2006 年底，欧盟先后实施了六个科技研发框架计划（FP），即：FP1（1984—1987），预算资金为 32.7 亿欧元；FP2（1987—1991），预算资金为 53.6 亿欧元；FP3（1990—1994），预算资金为 66 亿欧元；FP4（1994—1998），预算资金为 132 亿欧元；FP5（1998—2002），预算资金为 150 亿欧元；FP6（2002—2006），预算资金为 175 亿欧元。2006 年，欧盟通过了 FP7（2007—2013），预算资金为 505 亿欧元。欧盟科技研发框架计划已经成为当今世界上最大的官方科技计划之一，具有投资额度最大、研发领域最广、参与机构和人员最多等特征。欧盟框架计划覆盖核能和非核能源的研究、开发和示范项目的资金支持，包括为能源效率、可再生能源和清洁化石燃料提供资金。

经过几十年的不懈努力，欧盟能源技术研发已居世界领先水平，取得了令人鼓舞的成就：一是通过能源新技术开发与应用使燃煤电站的产量增加 30%；二是通过连续实施六个研发框架计划，欧盟能源研发与创新有了新的突破，涌现了许多新技术和新工艺，解决了不少科技难题，有力地促进了欧盟在新能源、洁净煤、能源运输、提高能效、核能等领域新技术的应用；三是节能技术有了长足的进步，节能新技术和新工艺的应用使能耗大户，如建筑、运输、农业、工业、材料等领域的能耗有了较大幅度的下降；四是清洁能源新技术的应用降低了温室气体的排放，缓解了环境的压力；五是研发与创新活动强有力地促进了能源新技术市场的开拓，尤其是高产量、低排放的能源新技术在不久的将来可望形成数十亿欧元的国际市场；六是培养了一支具有真才实学、水平较高的研发与创新队伍；七是打造了一批具有国际竞争力的能源生产和能源新技术出口的企业。①

面对新世纪世界能源市场的新形势和新挑战，欧盟保持和加强能源技术研发和创新能力、促进技术成果转化的战略重要性更加凸显。出于能源供应安全、经济竞争力和可持续发展的三重考虑，欧盟更加重视能源技术的研发与创新。2000 年，欧盟理事会通过的“里斯本战略”提出要使欧盟到 2010 年成为世界上最具竞争力的知识经济体。为了落实这一目标，2002 年《巴塞罗那宣言》提出到 2010 年研发资金至少要达到欧盟 GDP 的 3%。为此，欧盟在 2006 年能源战略绿皮书中把能源技术研发与创新列为六大优先发展领域之一，并提出欧盟应制定一项战略能源技术发展计划，以加快有前景的能源技术的发展，并创造条件，帮助它们高效地打入欧盟和世界市场。在 2006 年欧盟布鲁塞尔春季峰会上，25 个成员国的领导人共同提出了建设“创新型欧洲”的设想，能源的研发与创新是列入欧盟创新的重点领域之一。

2007 年 1 月，欧委会在一份政策文件备忘录中提出了欧盟未来能源技术研发和创新的目标，即：(1) 降低可再生能源的成本；(2) 促进能源使用效率的提高；(3) 使欧盟工业走在飞速发展的低碳技术市场的前列。为实现这三个目标，欧委会还于 2007 年公布了《迈向一项欧洲战略能源技术计划》。该文件提出的欧盟未来能源技术研发的关键目标是：加速能源技术的创新，推动欧洲把气候变化和供应安全的威胁转变为提高其竞争力的机会，使欧洲经济逐渐向低碳能源系统过渡。这一蓝图提出的具体目标包括：(1) 到 2020 年，通过技术研发和创新，大幅度增加低成本的可再生能源，从而实现 20%的可再生能源目标；(2) 到 2030 年，热电生产将主要来自于低碳能源和大规模应用 CCS 技术、实现近零排放的化石燃料发电厂；交通运输逐渐转向使用第二代生物燃料和氢燃料电池；(3) 2050 年后，完成欧盟能源系统向低碳的转换，届时在欧盟能源总构成中，可再生能源、可持续的煤

---

① 靳中华：“欧盟能源发展战略”，《产业综述》，2006 年第 10 期。

炭和天然气、可持续的氢气以及第四代裂变核电厂和聚变核能将占很大比例。

这一远景为欧盟描绘了一幅具有活力的可持续的能源经济蓝图，在应对气候变化和全球化带来的挑战的同时，紧紧抓住其隐含的机遇，占领世界多样化的清洁、高效和低碳能源技术的领先地位，成为欧盟经济繁荣的发动机和促进经济增长、就业增加的关键因素。

八、能源政策一体化趋势不断加强

欧盟能源政策与欧洲一体化进程存在着比较明显的互动关系。众所周知，欧洲一体化最初就是从能源部门的合作开始起步的。在促成欧洲共同体诞生的最初三个基础条约中，有两个与能源直接相关。煤炭和原子能领域的合作促进了部门性能源政策的一体化。然而，由于种种历史性、制度性和结构性因素的制约，共同能源政策屡屡受挫。70 年代两次石油危机促使欧共体走上了制定共同能源战略的道路。共同体提出的节能增效、发展替代能源等政策措施，对促进欧共体成员国能源政策的趋同、保障能源供应安全起到了积极的推动作用。

1986 年通过的《单一欧洲法》重新启动了欧洲一体化的进程，也为欧盟能源部门的一体化提供了强大的动力。随着内部能源市场的启动和环境政策与能源政策的结合，欧共体能源政策开始走向市场化、绿色化、共同体化。1988 年起，欧共体能源政策作为内部市场不可分割的一部分显著发展。共同体能源政策的范围从内部能源市场建设不断向外延拓，纳入了环境问题和能源供应安全问题。外部事件成为这些变化的催化剂。海湾战争促使欧共体提出关于申请 IEA 正式成员资格问题、共同体石油分享机制问题以及欧共体旨在稳定油价的政策干预问题的提案。独联体和中欧国家能源供应不足孕育了《欧洲能源宪章》。环境问题的国际性使能源成为欧共体议程上的一个紧迫问题，使环境政策与能源政策的结合成为必然。共同体内部决策机制的改革使决策更具效率，消除了单个成员国阻碍议案通过的可能，使成员国和利益集团的反对在某些情况下得以克服。这就是为什么在能源工业中许多有重要影响的利益集团极力反对的情况下，共同能源政策和内部能源市场还会取得进展，尽管速度非常缓慢。

随着《单一欧洲法》和《欧洲联盟条约》的生效，欧盟能源政策中的超国家因素在一体化的浪潮中逐步加强。欧委会通过内部能源市场、环境政策、跨欧能源网建设、能源税等手段来推动共同能源政策的发展。从1990年起，欧盟先后颁布了三批指令，推动内部电力和天然气市场的自由化。市场化的不断加深减少了成员国政府对能源问题的影响力，同时增强了欧委会对能源政策的调控能力。1995年发表的有关欧盟能源政策一体化的现状报告中提到，欧盟已经取得了下列正式职能：在欧盟地区（特别是欠发达国家）以及欧盟相邻地区（包括中欧和地中海地区）发展基础设施；为这些地区能源部门的发展提供援助；根据欧盟的国家援助政策和欧洲煤钢共同体规则，改革向煤炭生产提供援助的规则；根据欧盟条约规定促进能源政策与环境政策的结合；根据共同竞争政策，干预成员国能源部门，防止垄断性做法的出现和能源垄断企业的继续存在；在IEA和联合国环境与发展大会上代表欧盟行事。非正式决策职能包括对天然气和电力传输业务等方面建立和实施控制，制定此类运输的关税；在1995年成立一个专门机构以前，负责落实、管理和确保各方遵守《欧洲能源宪章》的规则。①

跨欧能源网络建设在欧盟条约中享有法律基础。《欧洲联盟条约》第15章规定了共同体在发展各种网络（包括公路、运河、铁路、通讯和能源网络）的职能。基础设施网络建设使欧洲一体化不可逆转。欧洲联盟的缔造者们无疑知道古罗马帝国通过建立良好的道路和海运线路，成功地维持了帝国的统一。因此，把欧盟各国的能源系统连接在一起，就可以使它们更加相互依赖，更加安全，也更加经济。

经济全球化和国际可持续发展的兴起，特别是应对气候变化的迫切需要，为共同体能源政策的一体化和可持续化注入强大的动力。成员国能源政策一体化趋势不断增强，欧盟机构在能源决策中的作用日益扩大，共同体能源目标趋于一致（能源效率、环境保护、可再生能源、技术转让、能源研发）。1995年《欧洲能源政策》白皮书的出台表明欧盟开始构建真正的共同体能源政策，同时也标志着欧盟能源战略开始向经济安全、能源安全和环境安全相协调的可持续能源安全方向发展。欧盟采取了一系列加强内部能源市

① Janne Haaland Matlary, *Energy Policy in the European Union*. 1997, pp. 22—23.

场建设、促进可再生能源发展、加强技术研发和创新以及发展对外能源关系的政策措施，有效地促进了欧盟成员国能源政策的趋同。《阿姆斯特丹条约》的生效和《京都议定书》的签署，为欧盟能源政策的可持续化提供了强大的动力。减少对化石燃料的依赖、提高能源效率、扩大可再生能源的使用，不仅成为保障能源安全的需要，更成为欧盟各国应对气候变化、实现可持续发展的共同要求。

进入新世纪以来，面对国际油价上涨、对外依赖日趋严重、国际减排义务等一系列共同挑战，欧盟于2000年出台了《欧洲能源供应安全战略》绿皮书，提出了供应安全和气候变化的双重目标。欧盟开始把能源政策的重心由突出增加供应的传统思路转向控制需求增长和管理对外依赖。里斯本战略和欧盟可持续发展战略的相继出台不仅促进了欧盟能源政策向供应安全、生态安全和经济安全三重目标的进一步结合，也极大地推动了欧盟能源政策的一体化。随着欧盟由15国扩大为25国，欧盟能源市场发生了本质的变化，成员国能源部门不得不告别过去封闭垄断的局面，打开本国的能源市场。2004年，新修订的天然气和电力市场指令正式生效，使欧盟成员国能源市场的一体化程度日益提高。欧盟加紧建设成员国之间能源贸易运输网络和基础设施。与此同时，气候变化、供应安全（特别是进口依赖日益严重）以及全球化带来的竞争压力等一系列新挑战，使欧盟各国认识到加强能源政策一体化的必要性和紧迫性。

近年来，随着世界能源需求激增、能源资源日趋集中、全球竞争日益激烈、油气价格暴涨、对外依存度继续上升、全球气候变暖等问题的日益突出，尤其是2006年初爆发的俄乌天然气之争，欧盟能源安全的共同体意识日益加强。《京都议定书》的生效、里斯本战略的重启以及欧盟可持续发展战略的更新为欧盟能源政策的一体化提供了新的动力。为此，欧盟加速协调和整合共同体能源政策，提出了可持续、竞争力和供应安全三个目标互动的可持续能源战略。一系列迹象表明，欧盟成员国已表现出准备在高度敏感的能源领域让渡主权的政治愿意。尽管欧盟成员国之间存在着种种差异和利益分歧，但是，它们已经拥有一个共同的能源战略远景。欧盟2007年出台的《欧洲能源政策》明确提出把能源政策与气候保护政策相结合，确立了以减排为核心、加速向低碳经济过渡的“20—20—20”一揽子能源新政策。各种内外因素的合力，特别是发展低碳经济的需要和欧委会的大力推动，正促使成员国能源政策朝同一个方向发展，为真正的欧洲能源政策确立基础。

能源政策与欧盟政治、经济和社会生活密切相关。作为欧盟经济政策的一部分，能源政策服务于欧盟更高层次的经济、社会和环境政策目标。在欧盟各项共同政策（内部市场、对外关系、消费者保护、环境、竞争、贸易、交通、研究）为欧盟能源政策提供强大动力的同时，欧盟能源政策的发展也有力地促进了单一欧洲市场的实现，推动了欧盟政治、经济和社会的一体化。内部能源市场一体化战略、跨欧能源网络战略、节能增效战略、可再生能源战略、气候变化战略、技术研发和创新战略、能源供应多元化战略、国际对话与合作战略、油气储备战略和应急机制以及一系列法律法规和政策措施的实施，强化了欧盟内部的协调，促进了成员国能源政策的趋同，密切了成员国之间的合作，有力地促进了欧盟一体化进程。在欧盟制宪进程遇到障碍的今天，能源政策的共同化趋向正在构筑欧洲宪法的现实基础，从而通过议题推进的方式在具体政策领域为欧洲制宪的合法性提供强大的支持。[①] 由此可见，欧洲一体化进程与能源战略之间存在着较为清晰的互动关系。欧盟能源战略的形成既是欧洲一体化的必然结果，又在很大程度上推动欧洲一体化向纵深发展。

实际上，欧盟能源政策的一体化已经可以从能源安全问题被首次纳入欧盟新条约这一事实中得以体现。2004 年 10 月 29 日欧盟 25 国代表在罗马签署的《欧洲宪法》中包含一个能源章节（第 III—256 条）。这是一个新创建的法律基础，它使共同体在不影响成员国自由选择不同能源品种及其能源供应总体结构的情况下，可以通过建立能源政策相关措施的法律或法律框架。《欧洲宪法》明确提出了欧盟层面上的三个共同能源政策目标：(1) 确保能源市场的正常运转；(2) 确保联盟能源供应安全；(3) 促进能源效率和节能，开发新能源和可再生能源。虽然《欧洲宪法》因法国和荷兰在 2005 年 5 月举行的公投中失败而流产，但我们已经可以清楚地看到，伴随着欧盟的扩大，欧盟一体化也出现了深化的趋势。2007 年 12 月 13 日通过的《里斯本条约》同样为能源专门设立了一章（176A），规定共同

① 蒋一澄："欧盟能源政策：动力、机制与评价"，《浙江社会科学》，2006 年第 1 期。

体应“确保能源市场的运转；确保能源供应安全；促进能效和节能；开发新能源和可再生能源；促进能源网络的跨境连接”。最后一个目标是《欧洲宪法》中所没有的，表明《里斯本条约》扩大了欧盟在能源领域的权限。能源政策将成为共同体及其成员国的共享职能，采取有效多数表决机制（第2C条）。当然，涉及燃料结构的决定仍将采取一致通过的表决方式。条约一旦由各国批准，则可确立欧盟在能源领域的法律基础和正式职能。

第二节　欧盟能源战略的问题和局限

欧盟作为一个特殊的政治经济一体化国家组织，执行权力有限，且欧盟成员国国情差别很大，不同国家对欧洲一体化进程的支持程度各有不同。因此，欧盟能源战略在发展和实施过程中必然存在着一些问题和障碍，主要表现在以下几个方面。

一、内部能源市场的完善仍然存在阻力

实现内部能源市场的一体化是欧盟多年的目标。早在1996年和1998年，欧盟就颁布了电力和天然气改革指令，要求建设统一的电力和天然气大市场来促进欧盟整体经济效益的提高。欧盟已经先后颁布了三批指令。尽管自由化取得了很大的进展，然而，时至今日，市场开放的目标尚未实现。自由竞争的壁垒依然存在。天然气和电力批发价格有了相当幅度的上涨。欧盟各成员国能源市场的开放程度仍然存在巨大的差异，一些成员国能源市场依然受国家控制。2006年，欧委会对欧洲能源市场进行了调查，发现了许多违规现象：（1）内部能源市场自由化和成员国能源市场一体化水平不足；（2）成员国转换/落实指令进展缓慢；（3）相互联接不足，网络拥塞严重，导致价格差异很大，跨境贸易水平低下；（4）市场集中度过高，垄断企业依然存在；（5）消费者自由选择供应方的能力依然受限，大型电力用户情况有所好转，但小型用户和天然气消费者基本没有什么好转；（6）成员国监管机

构有效权力方面依然存在许多差异。缺乏进展正导致成员国对电力和天然气施加普遍的限制。这种行动将阻碍内部能源市场的正常运作，抑制价格信号，导致投资不足和未来供应紧张，也会使新能源更难打入市场。欧委会郑重表示，欧洲能源市场没有按照公平竞争原则进行交易。这不仅阻碍着欧盟能源市场一体化进程，也增加了欧盟能源安全的风险。①

为了促进欧盟能源市场的竞争，欧委会提出对大型天然气和电力企业实施"厂网分离"的"所有权拆分"。2007年，欧委会在欧盟能源政策一揽子改革建议中就勾勒出拆分能源巨头的设想，要求对欧盟一些大型能源企业按照生产、传送等经营活动内容进行拆分，以提高内部能源市场的开放程度，加强竞争。欧委会提出的建议包含了两套备选方案：一是较为激进的所有权拆分，二是允许能源巨头继续保留对输送网络的所有权，但必须保证其运营独立。尽管欧委会力推第一套方案，认为只有彻底拆分才能达到预期目的，但是，第一套方案从一开始就遭到德国、法国等8个成员国的强烈反对。因为这些国家担心，所有权拆分会损害本国大型能源企业的利益。在欧盟27个成员国中，已有11个成员国在本国法律中禁止天然气生产企业同时拥有传输网络，有7个成员国对电力行业制定了同样的要求。其中还有不少国家主张实施彻底拆分，尤其是英国、荷兰和丹麦。两大阵营就能源巨头拆分计划展开了激烈交锋，最终只能达成妥协，以部分满足双方的要求。

二、供应安全依然受制于外部因素

自20世纪70年代两次石油危机以后，欧盟大部分国家没有受到能源供应安全的严重威胁。北海提供了相当规模的油气供应，同时，国际煤炭和石油市场也呈良性发展趋势。除了1991年初的第一次海湾战争外，唯一的威胁均来自欧盟内部，且都属临时性，大部分集中在劳工问题上。

然而，进入新世纪以来，这些条件已经发生了变化。目前，欧盟能源供应安全面临一系列威胁：第一，天然气对外依赖尤其是对俄罗斯的依赖日益严重，漫长的运输管道需要依赖政治上有时不稳定的国家；第二，石油供应

---

① 李萌、潘家华："中国和欧盟能源安全、国际合作与可持续发展"，《现代经济探讨》，2006年第10期。

的对外依赖日益严重，而石油生产正日益集中到中东地区；第三，欧洲电力和天然气跨境连接不足，过去20年投资不足，上世纪80、90年代兴建的炼油厂、发电站和基础设施网络已经年久失修，事故频发；第四，缺乏有效的欧盟层面上的机制来应对供应安全风险，协调基础设施投资；第五，能源市场吃紧，能源价格高企和动荡；第六，恐怖主义对关键能源设施构成威胁；第七，供应安全问题与共同外交和安全政策结合不够紧密，成员国无视欧盟共同利益签署双边协议；第八，成员国之间缺乏团结机制。①

尽管欧盟花费了大量的财力物力来降低共同体的对外能源依赖度，但是，欧盟能源结构依然严重依赖化石燃料和外部能源进口，且由于本土常规能源资源逐渐枯竭，对外依存度将日益提高，因此，欧盟能源供应仍然受到外部因素的很大影响。当前，欧盟50%的能源需求依赖进口。如不采取措施，到2030年欧盟对外依存度将上升到70%，并且对油气的依赖将进一步提高。这使欧盟能源供应安全在未来20—30年面临四种风险：一是实际供应中断的风险，指因某种能源枯竭或生产中断而造成的短期性、长期性或者永久性的能源供应中断；二是经济风险，指由欧盟和世界能源市场上油价大幅波动所引起的经济“中断”；三是社会风险，指能源供应不稳定所带来的严重社会后果；四是环境风险，指由能源供应链发生事故或污染物排放（如城市污染、温室气体）所造成的环境/生态破坏，特别是全球气候变暖。

由于中东、俄罗斯等地区仍然是欧盟能源的主要供应地，进口能源在欧盟能源消费总量中仍占很高的比例，欧盟对进口能源的高度依赖所造成的政治、经济乃至社会的脆弱性依然存在。与此同时，由于石油替代产品（如可再生能源）的开发成本和可靠性仍然无法与石油等传统能源相竞争，传统能源在欧盟能源消费结构中的地位短期内难以改变，这意味着欧盟仍然无法在短期内摆脱对进口能源的高度依赖。正如欧盟在2000年发表的《欧洲能源供应安全战略》绿皮书中指出，欧盟对少数能源供应源的依赖隐含着不稳定性：贯彻多元化政策没有能够帮助欧盟摆脱对中东（石油）和俄罗斯（天然气）的高度依赖。实际上，一些成员国，特别是新入盟的国家，完全依赖单

① Presidency Conclusions of the Brussels European Council，23/24 March 2006.

一的天然气管道。[1]

纵观近年来欧盟开展的外交行动，可以清楚地看到其能源外交的脉络。通过与俄罗斯、中亚—里海、北非、中东、南美等国家和地区的双边和多边协议框架，加紧构建能源安全网络，是欧盟确定的能源外交重点。欧盟一直希望俄罗斯能够批准《欧洲能源宪章》，为东、西欧之间的能源投资、贸易和运输确定法律框架。但俄罗斯以《欧洲能源宪章》过于偏重能源进口国的利益为由，至今没有批准这一宪章。2006 年初，俄乌天然气之争对欧洲带来了严重的影响，迫使欧盟全面审视其能源战略。2007 年初，俄罗斯和白俄罗斯之间又发生了“斗气”事件，使欧盟再度感到能源安全的重要性。2006 年召开的欧俄峰会、八国集团会议以及破例邀请俄罗斯总统普京出席的欧盟拉赫蒂峰会等，几乎都讨论了同一个议题：如何使以能源问题为核心的《欧俄关系框架协议》替代《欧俄伙伴合作协议》。然而，迄今为止，欧盟对俄能源外交攻势并未取得实质性的突破。俄罗斯作为欧盟最主要的能源供应来源仍然存在着很大的不确定性。

从制度层面上看，欧盟缺乏统一、有效的应急机制，发生能源危机时共同体干预能力有限，团结互助机制有待考验。成员国基本奉行独立的能源供应安全政策，且能源行动措施不足、努力不一致。随着国际石油市场形势的深刻变化、共同体内部能源市场的启动以及欧盟的多次扩大，欧盟现行的三项指令日益不适应内部能源市场的发展。相关规定无法充分地保证成员国措施的趋同和协调。具体地说，欧盟战略石油储备体系存在两个突出的问题：

首先，欧盟成员国实施的储备机制不统一。有些成员国依靠政府持有储备，有些建立了专门的储备机构，还有些依靠工业界持有的储备。欧盟大部分成员国战略储备由石油公司持有，并且与公司的操作储备混在一起。而在美国，战略石油储备是由公共管理部门持有的。欧盟只有一部分成员国成立了专门机构，持有全部或部分石油储备。这种储备体系的分裂性影响到内部能源市场的正常运作，造成炼油商和拥有很低水平操作储备的非炼油商之间竞争的扭曲。此外，由于运营商的安全储备是与操作储备混在一起的，因此，在出现危机时，成员国所能获得的油品数量（即短期内能够实际动用的

---

① European Commission，*Green Paper——Towards a European strategy for the security of energy supply*，COM（2000）769 final，p. 22.

数量）非常不确定。

其次，共同体没有动用石油储备的权力。欧盟虽然有三项指令规范成员国的战略储备，但是，欧委会没有权力命令成员国动用储备，因而在发生供应困难时难以保证成员国之间的团结。尽管共同体层面上要举行磋商、作出协调，但是，是否动用石油储备取决于成员国政府。各成员国单独行动不仅可能影响内部市场，而且行动不统一对国际石油市场产生不了多大的效果，甚至根本没有效果。欧盟法律没有规定在出现石油供应中断时使用战略储备的统一规则。

显然，一旦石油市场发生危机，欧盟现行法规无法保证其成员国会采取统一、团结、一致的行动。然而，这种行动的统一性和一致性却是确保内部市场在发生危机时保持正常运作的必要条件。确切地讲，一旦石油市场发生危机，欧盟可能遭遇两类问题：第一，某些成员国内对释放战略石油储备存在法律障碍。其法律对启动释放石油储备的行动规定了过分严格的先决条件。第二，欧盟缺乏在共同体层面上采取统一、一致和协调行动的决策机制。

2002 年欧盟委员会提出了一系列措施，旨在改善欧盟内部能源市场框架内的能源供应安全，促进成员国之间在发生危机时的团结与行动的协调。在出现供应中断的情况下，新增的战略石油储备可以用来平抑市场上价格动荡带来的负面经济影响。然而，这一提案引起了很大争议，招致了石油和天然气工业界、能源消费者、成员国、欧洲议会能源委员会一些成员以及部分成员国议会的强烈批评。首先，许多成员国和市场相关方反对市场干预；其次，这一改革方案，特别是增加战略石油储备水平，将会大幅度地增加开支；第三，有人怀疑动用石油储备是否真的能实现稳定价格的预想效果。2003 年 11 月 19 日，欧洲议会投票否决了欧委会的这一提案。当然，欧洲议会工业委员会同时肯定了建立油气供应观察体系和加强欧盟与 IEA 合作的可取性。欧盟理事会也认为没有必要对现行战略石油储备体系作大规模的修改，而是提出对成员国战略石油储备体系作进一步的协调，加强欧盟与 IEA 之间的合作。由此可见，欧委会今后的努力方向将围绕着协调成员国战略石油储备体系和进一步加强欧盟体系与 IEA 体系之间的联系。

鉴于欧盟成员国无法就应急储备的共同控制权达成协议，要想制定一项共同能源政策难以在短期内实现。能源一向被视为一个战略部门，而经济民族主义的复兴给建立一个统一的完全自由化的能源大市场带来了不确定因素。这一点不仅会削弱欧盟的市场地位，而且还影响欧盟的共同对外能源政策。俄乌天然气之争是否会起到警醒作用并进而促进欧盟共同能源政策的产生值得怀疑。国际能源专家乔纳森·斯特恩（Jonathan Stern）一针见血地指出："欧盟内部要达成一项协议需要几年的时间，到那时，人们早已把这三天发生的事情忘得一干二净了。"①

三、减排目标能否实现尚是未知数

2007年欧洲理事会峰会确定了以减排为核心的"20—20—20"目标，即到2020年，欧盟单方面将温室气体排放量在1990年的基础上至少削减20%，提高能源效率20%，将可再生能源在欧盟能源消费总量中的比例提高到20%。这些目标虽然都带有强制性，但能否实现仍是未知数。

首先，20%只是欧盟27国的整体目标，不是对每个成员国的具体目标。欧委会于2007年提出了一份立法草案，根据每个成员国的具体情况设定了可再生能源的消费目标。但是，如果某个成员国进展太慢，显然无法实现最终目标。鉴于2007年整个欧盟可再生能源只占其能源总需求的6.4%，要实现20%的目标显然具有很大的挑战性。欧盟可再生能源理事会（EREC）主席阿索罗斯·泽沃斯（Arthouros Zervos）指出："制定一个宏大的目标并不意味着这一目标能产生理想的结果。我们必须全速落实立法框架，只有这样才能确保各种可再生能源得以充分利用。"②

其次，核能的发展前景不确定，20%的可再生能源目标和20%的节能增效目标能否实现，气候变化政策和措施能否全面落实，环境成本能否纳入能源定价体系，这些都会影响欧盟20%减排目标的实现。

再次，旨在控制全球气候变化的《京都议定书》将于2012年到期，而其后的国际减排安排还是空白。单靠欧盟一家之力根本无法实现全球减排目

① 转引自 Kirsten Westphal, *Energy Policy between Multilateral Governance and Geopolitics: Whither Europe?* International Herald Tribune, January 5, 2006, p. 3.

② Ibid.

标。世界其他国家的减排努力必然会对欧盟成员国的减排工作力度产生影响。

最后，能源科技资金的筹措存在问题。欧盟经济发达、技术先进，在发展水平和技术水平上都有兑现减排目标承诺的优势。欧盟拥有足够的技术能力开发生物燃料、热核燃料以及氢燃料，但是，要有效地使用已有的技术能力就必须平衡各方利益、保障投资。欧盟深知，可再生能源的开发和使用问题不在于技术，而主要取决于政治意愿和决心，否则就会因为费用问题而被搁置。政治支持不只是口号，还包括提供土地，把传统能源作为备用（因为可再生能源有可能间断），容忍比传统能源高得多的价格，以及投资未来、鼓励创新、监督共同措施的执行等管理措施，需要政府和企业相互配合，以及多渠道地融通资金，这是保障欧盟能源可持续发展的关键。①

四、独特的共同体制度构架形成制约

欧盟既不同于传统的国际组织，又不是一个超国家，而是一种介于国际组织和主权国家之间的特殊政体模式。独特的制度构架对欧盟制定和实施共同能源战略和政策产生了较大的制约性。在欧盟的四个主要机构中，欧洲理事会（首脑会议）和欧盟理事会（部长理事会）是欧盟的政府间机构和决策主体。其中，欧洲理事会是欧盟最高权力机构，为欧洲一体化提供必要的发展动力，并确定一般性的政治原则。欧盟（部长）理事会是欧盟制度体系中最主要的立法与执行权力机构。两者主要代表成员国利益。欧委会和欧洲议会是欧盟的超国家机构，主要代表欧盟的整体利益。其中，欧委会是欧盟的行政执行机构，类似于主权国家的政府；欧洲议会是欧盟的监督、咨询机构，在某些领域与欧盟理事会共享立法职能，并享有部分预算决定权。欧委会拥有立法提案权，而欧盟理事会拥有立法决定权。换言之，欧盟政策制定权主要掌握在欧盟理事会手中，成员国政府处于影响欧盟政策出台的最强有力的地位。

---

① 李萌、潘家华：“中国和欧盟能源安全、国际合作与可持续发展”，《现代经济探讨》，2006 年第 10 期。

能源部门作为一国经济发展及国家安全的命脉，其政策规划历来由成员国政府所垄断。在欧洲一体化进程中，能源政策是成员国政府最不愿失去主权的国家核心利益范畴之一。因此，虽然促成欧共体诞生的三个基础条约中有两个与能源相关，但是，欧盟成员国却没有在欧共体条约中为共同能源政策赋予一个独立的法律基础。欧委会曾数次试图在欧盟条约中纳入一个单独的能源部分，以加强共同体在能源领域的超国家权力，结果均以失败而告终。欧委会一直未能取得共同能源政策的正式权限。50 多年来，欧盟机构主要通过内部市场、对外关系、消费者保护、环境、竞争、贸易、交通、研究等共同政策来制订和实施能源政策、解决能源领域的突出问题、促进共同体能源政策的趋同（参见图 25）。迄今为止，欧盟成员国在能源结构的选择和双边能源关系上仍然保留着一大部分自决权，能源政策的决策权和实施权基本掌握在各成员国手中。

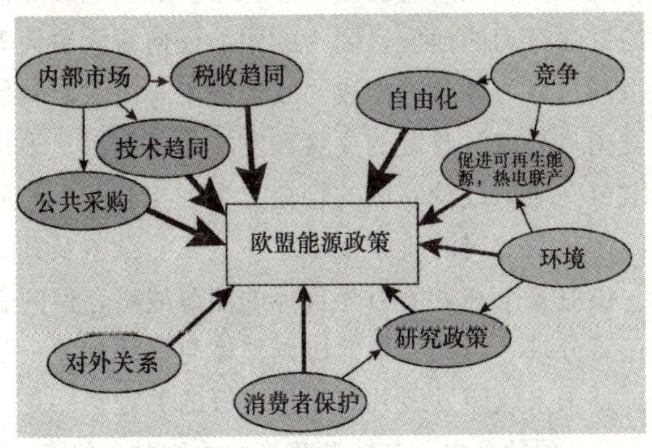

图 25　欧盟能源政策职能（从《欧共体条约》中推导）

资源来源：Christian Egenhofer：*European Energy Policy：turning point?*

欧盟机构在制定能源战略和政策措施时必须根据共同体基础条约和相关法律的规定和程序行事，遵循“辅助性原则”和“比例适度原则”，不能超越现行条约所规定的权限。在能源政策方面，欧盟层面采取的行动只能集中在能够给共同体带来增值的领域，集中在成员国现行政策对能源贸易形成障碍或其他市场扭曲行为，从而影响共同能源目标实现的领域。其任务主要是确保内部市场的运作不受任何危害。但欧盟必须尊重成员国对能源结构的选择，不得强行规定成员国改变其现行政策。欧盟在共同体层面上并非是集中式的监管。欧盟能源战略主要由成员国实施。各成员国在共同体能源战略所确定的优先发展目标的框架内根据本国国情制定和实施本国的能源战略。共同体在实施能源战略方面的作用，主要是对各成员国采取的政策措施加以监测、报告和协调，在必要的情况下，根据条约的相关规定和辅助性原则，制定共同体措施来协调、辅助和加强成员国措施。

欧盟已经发展成为一个国家和超国家特征高度统一的独特经济政治实体。能源政策因其重要性成为欧盟机构和各成员国共同介入的政策领域。但是，共同体层面的介入程度是不充分的，远未达到主权国家政策的深度和广度。[①] 在欧盟多层次治理框架下，民族国家依然占有十分重要的地位。由于各成员国在国家利益上存在不同认知和具体考虑，各国政府尽可能将能源政策的决策权掌握在自己手中。敏感的主权让渡问题使欧盟共同能源政策面临重重阻力。从欧盟的决策过程看，成员国政府仍然处于影响欧盟政策制定的最强有力的地位，因为欧盟的任何重大决策只有在成员国首脑会议上获得通过后，才有可能成为欧盟的正式决策。就能源政策执行而言，由于成员国参与能源政策的决策和实施，各国都更多地考虑自身的利益，这也使欧盟在能源政策领域的管辖权受到相当程度的限制，导致能源政策成为共同体较为薄弱的政策领域之一。虽然欧盟及其成员国共同确定了以可持续、供应安全和竞争力为目标的能源战略，但两者在能源政策的主导权上存在着分歧。因此，如何协调整体与局部利益，强化欧盟层面政策介入程度，是未来欧盟发展共同能源政策的关键。[②]

此外，在欧盟各项预算中，与能源政策相关的财政预算依然较少。以结构基金为例，农业政策所占有的比例是能源政策所望尘莫及的。因此，从纵向的角度看，欧盟能源政策已经有了很大的发展，但是，从横向角度看，即与欧盟内部一体化程度较高的政策领域相比，能源政策的一体化程度尚有很大的差距，有待进一步提升。欧盟能源政策若要向“共同”能源政策进一步

① 郭志俊：“欧盟共同能源政策：制约因素及路径选择”，《国际论坛》，2006 年第 5 期。

② 袁旭东：“欧盟一体化进程中能源合作问题研究”，http：//info. feno. cn/2007/110304/c000111934. shtml。

迈进，欧盟及其各成员国就必须大幅度加强财政支持的力度。惟有如此，才能增加共同体能源政策对成员国的吸引力和政策权威性，逐步加强能源政策的“刚性”，使之成为具有约束力的政策领域。①

五、成员国差异阻碍共同能源政策

（一）不同的能源禀赋和能源消费结构

各国不同的资源禀赋、能源需求和进口依存度是阻碍共同能源政策的一个重要因素。欧盟有些成员国为产能国，如英国和荷兰，而大部分成员国均为能源进口国。产能国与进口国有着不同的利益。进口国希望产能国增加能源产量，在发生能源危机时分享能源资源，确保其供应安全。而产能国则希望维护其对能源资源的主权，控制能源产量。它们不愿让共同体来控制其资源，更不希望与其他国家分享其资源。其次，各成员国在进口依存度以及所依赖的能源进口国方面均存在着巨大的差异。大部分新成员国（2004 年和 2007 年加入欧盟）由于历史和地理的原因，在很大程度上依赖俄罗斯的能源进口。保加利亚、芬兰、拉脱维亚、立陶宛、罗马尼亚、斯洛伐克等国天然气进口完全依赖俄罗斯，石油的大部分来自俄罗斯。其他国家，如法国和意大利，已经实现了足够的供应来源多样化水平。另外，各成员国有着不同的能源结构。例如，法国主要依靠核能，其电力的 80%来自 59 座核电站。奥地利依赖水电，坚决反对核能。德国进口油气，使用自产的煤炭，发展风能和太阳能，减少核能的比例。英国在北海拥有较丰富的油气资源，但这些资源正在逐渐枯竭，因此，英国计划修建陆上和近海风力发电场，并准备用第三代核反应堆来取代第一代和第二代核电生产。荷兰选择天然气。波兰与其他许多东欧国家一样，主要使用煤炭。不同的能源需求决定了成员国不同的能源政策模式和优先发展目标。

欧盟内部的经济社会差别很大，从历史传统到自然条件的因素使欧盟形成发达的中心地带和落后的边缘地带。欧盟的边缘地带多为自然条件相对较

---

① 郭志俊：“欧盟共同能源政策：制约因素及路径选择”，《国际论坛》，2006 年第 5 期。

差、矿产资源匮乏、远离经济中心或交通相对落后的地区，因而各成员国在能源消费的结构和特征等问题上相距甚远。以核能开发为例，在对核能开发的未来发展和环境保护的重要性的认识问题上，各国各地区之间、各部门之间迥然不同。在欧盟内部，较为富裕的北方和较为落后的南方国家的观点泾渭分明，在欧盟南部地区能源部门首先需要解决的是基础设施不够发达的问题，而在北部则强调与新能源有关的环境问题。欧盟成员国在能源储量方面的贫富不均，对能源需求的不同要求，是能源进口国还是能源出口国、距离欧盟能源消费环保标准的差距以及各国经济发展水平的差异等，都导致各国对欧盟能源政策有着不同的诉求。

由于市场和法规日益趋同，阻碍欧盟层面上形成能源政策的成员国差异从长期来看将会消失。可是，即使是能源市场的自由化在不同的成员国进展速度也是不一样的。例如，荷兰正在对网络和分配公司的所有权进行拆分，而其他国家只是进行了法律上或者组织上的分离。在法国，政府花费了很大的努力来避免苏伊士公司被意大利 ENEL 公司所并购，从而产生了“经济民族主义”的概念。西班牙也保护了 Endesa 公司，使它未被德国的 E. ON 所接管。为此，有些国家试图建立一些国家龙头企业，使它们能在欧盟市场上竞争，然后再全面实施电力和天然气指令。而其他国家没有这样的工业政策。这种保护主义的趋势在法国和波兰最为明显。法国担心，在开放的市场上，它可能失去“国家龙头”公司。而波兰则担心其能源业最终落入俄罗斯控制之下。

（二）与主要能源供应国不同的双边关系

欧盟成员国之间在与主要能源供应国的双边关系方面存在着巨大的差异。最典型的例子是与俄罗斯的关系问题。尽管中东欧成员国与其他欧盟成员国具有相似的依存度，但它们却因为在地理上更加接近俄罗斯以及与俄罗斯的关系而面临不同的挑战。东西欧之间的差异主要表现在四个方面：能源使用结构、能源依存度、基础设施、能源问题的政治化程度。第一个重大差异是：中东欧国家比其他欧盟成员国对单一来源——即俄罗斯——有着更高程度的能源依赖。这一点在天然气领域更为明显，中东欧成员国天然气依存度远远高于其他欧盟成员国。中东欧成员国天然气进口量合计约占 72%，而其他欧盟成员国总量不到 42%。石油的情况也基本相似，尽管进口差异不是那么悬殊：中东欧成员国石油进口占消费量的87.7%，欧盟其他成员国占76.8%。此外，尽管总的依存度相差不大，但对单一供应源的依赖在中东欧成员国中却要明显得多。在欧盟的西欧成员国中，对单一供应源的依赖很少超过30%，而中东欧成员国对俄罗斯石油和天然气的依赖程度在50%—100%之间。[①]

东西欧之间的差异还表现在不同的基础设施效率和能源在政治中所发挥的作用上。前苏联遗留下来的说不清、道不明的关系使中东欧成员国对俄贸易很难像与其他国家一样进行。“对于中东欧国家来说，能源是对俄贸易中最敏感的部分，对俄贸易不只是贸易：它带有与前霸权进行贸易的阴影。”[②]不信任和焦虑感破坏了它们与其主要供应国关系的认知。这一因素在欧盟其他成员国与其供应国——不论是挪威还是阿尔及利亚——的关系中都不存在。

因此，欧盟成员国在如何对待俄罗斯问题上存在着严重的分歧。有些成员国（如波兰）倾向于发展跨大西洋关系，希望疏远俄罗斯。有些成员国（如德国）则希望与美国保持一种不冷不热的关系，而愿意与俄罗斯保持良好的关系，尤其是施罗德担任德国总理期间。波兰和波罗的海国家认为，要实现其能源安全，就必须通过供应多元化来减少对俄罗斯的依赖，并对俄罗斯采取更加强硬的集体立场。而德国和法国却不愿意孤立俄罗斯，它们希望与俄罗斯发展长期的能源关系。这些不同的立场有时会导致欧盟内部的冲突。例如，匈牙利决定与俄罗斯共同建设的与“南溪”天然气管道相连接的延伸线，与欧盟支持的“纳布科”直接构成竞争关系。再如，2005年德国和俄罗斯签订协议，在波罗的海海底建设一条直接连接两国的天然气管道（“北溪”）。由于该管道绕过波兰和立陶宛，因而被两国视为能源安全威胁。

（三）不同的国家利益和政策目标

欧盟成员国在地理位置、资源禀赋、能源消费结构、能源监管体系、能

---

① Judy Dempsey & Dan Bilefsky，*EU unity on power is elusive*. International Herald Tribune. March 23，2006. http：//www. iht. com/articles/2006/03/22/business/energy. php.

② Ibid.

源自由化程度、能源多元化水平、能源对外依存度等方面存在着种种差异，因而它们有着不同的国家利益和政策目标，包括能源政策、外交政策、经济政策等。能源政策历来被视为与国家安全相关的一个问题。确保能源安全历来被视为“高级政治”，特别是在20世纪70年代两次石油危机期间。欧盟成员国把能源政策视为核心利益，不能让渡给任何一种国际组织。各成员国不愿意失去在这一领域的主权。尽管欧盟成员国在国际层面追求许多相同的目标，如《京都议定书》谈判和WTO内的谈判，但外交和安全政策是各个国家目标和政策差异很大的领域。这就是为什么欧盟成员国有时会追求自身的战略利益，而把双边关系置于多边关系之上。在经过上一轮扩大以后，政策趋同变得更加困难，因为它带来了更多有着不同政治和社会条件、不同经济发展水平的国家。

一些成员国不愿意开放其市场、引入竞争，其他成员国则反对在能源领域向欧委会让渡更多的权力。许多欧盟成员国把能源视为关键性的国家安全问题，不应该把它置于欧委会的管控之下。成员国最担心的情况是，一旦出现能源供应短缺，它们必须相互支援。另外，是否要对关键性的通向欧洲的过境网络加以连接。还有一个问题是成员国储备设施的准用问题，因为这些设施被视为安全资产。一些成员国，特别是德国和荷兰均不愿意向其他成员国开放其储备设施，除非是特殊情况。欧委会在试图建立一个能源监管机构方面也面临抵制。在2006年3月欧盟峰会期间，德国总理默克尔避而不谈向欧委会赋予权力的问题，而是强调了实现能源供应渠道多元化的必要性，要求开放能源网络，进一步加强与北非和中东国家的关系。①

① Judy Dempsey & Dan Bilefsky，*EU unity on power is elusive*. International Herald Tribune. March 23，2006. http：//www. iht. com/articles/2006/03/22/business/energy. php.

结　语

未来欧盟能源战略将会如何发展，这在很大程度上将取决于国际政治经济形势的发展和欧洲一体化进程。从历史上来讲，欧洲一体化的每一进步都是重大国际政治经济事件驱动的结果。能源领域也不例外。回顾过去几十年的欧盟能源政策史，我们不难发现，欧盟能源政策主要受事件驱动。1952年欧洲煤钢共同体的成立是能源需要的产物。煤炭供应不足促使欧洲人走向联合。1956年苏伊士战争催生了《欧洲原子能共同体条约》，核技术被视为可以彻底解决欧洲对外依赖的一种前景广阔的能源技术。1973年和1979年两次世界能源危机促使欧共体走上了制定和实施能源战略的道路，采取了从节能到能源多样化的一系列行动。这突出表明外部事件迫使欧洲人采取行动。三哩岛事件和切尔诺贝利事故使核能遭到了质疑。1986年国际油价暴跌、内部市场的启动和环境运动的加强，促使欧共体能源战略由供应安全向内部能源市场的竞争和环境安全延拓。90年代，苏东剧变、海湾战争、经济全球化、欧洲一体化、特别是气候变化成为欧洲人关注的严重问题，促使欧盟出台兼顾经济安全、环境安全和能源安全的可持续能源战略。新世纪以来，由于油气价格暴涨、天然气供应中断等一系列严峻的挑战，供应安全又一次成为欧盟领导人和普通民众共同关心的一个重大问题，促使欧盟发展共同对外能源政策。历史证明，一旦发生重大供应中断事件或者其他重大国际政治经济事件，就有可能促使欧盟成员国让渡一部分主权，走共同能源政策的道路。

几十年来，欧盟一直试图制定共同能源政策，但只取得了有限的成功，其失败的主要原因是，成员国在这一高度敏感的政策领域里不愿意放弃主权，不愿意让欧盟机构来决策。然而，一系列内外因素将促使成员国的能源政策向同一个方向发展：欧洲经济的日益一体化；共同面临环境、气候变化和国际竞争的挑战；欧委会在能源相关领域里的大力推动。这些因素都将促使成员国能源政策的趋同，为真正的欧洲能源政策确立基础。[①]

今后，欧盟在内部市场、竞争政策、环境政策、气候变化政策、研究政策、对外政策等领域的相关职能将在能源政策领域一体化进程中继续发挥重要的推动作用。内部电力和天然气市场的日益完善将导致成员国能源市场在燃料选择和发电技术方面的趋同，从而促进经济监管和政策制定的一体化进程。环境也将继续成为欧盟能源政策的一个主要动力。由于环境污染和气候变化对人类构成直接威胁，欧盟必须找到一个与内部市场相适应的扶持可再生能源发展的体系。这一体系如果在成员国层面制定，就可能产生新的竞争扭曲和贸易障碍问题。分配可再生能源指标并允许跨境交易，既可与内部市场规则相一致，又可把经济效率和环境有效性相结合。不论国际气候变化谈判在短期内有多么不确定，气候变化仍将成为欧盟能源政策的主导因素。气候政策的实施虽然由成员国发挥主要作用，但是，能源市场的自由化将使成员国政策受到经济压力的制约。

2007 年通过的《里斯本条约》为能源专门设立了一章，确保能源市场的运转、保障能源供应安全、促进能效和节能、开发新能源和可再生能源、加强能源网络的跨境连接，已经成为条约的重要内容。能源政策将成为共同体和成员国的共享职能，采取有效多数表决机制。当然，涉及燃料结构的决定仍将采取一致通过的表决方式。此外，条约还设立了欧盟“外交部长”一职，为欧盟共同外交（包括能源外交）赋予了更多权力，增强了欧盟在能源问题上以一个声音说话的可能性。2009 年 12 月 1 日，《里斯本条约》正式生效，这标志着欧盟在能源领域的法律基础和正式职能正式确立。欧盟能源政策的决策效率将得到实质性的提高，能源政策的一体化程度将进一步加强。在能源问题上制定新政策的可能性使欧盟三重目标互动的可持续能源战略有望得到更有效的落实和进一步的发展。

中国自改革开放以来，经济快速发展，能源需求不断增加。1993 年，

---

① Francis McGowan，ed.，*European Energy Policies in a Changing Environment*，Heidelberg：Physica-Verlag，1996，p. 1.

中国由石油出口国转变成为石油进口国，而且对外依存度逐年提高。2009年，中国原油对外依存度首次超过50%的国际警戒线，能源供应安全将面临严峻挑战。作为发展中的能源消费大国，中国同样面临环境保护、气候变化、可持续发展以及经济全球化带来的重大压力。随着中国经济的快速发展以及工业化、城镇化进程的不断加快，中国能源需求迅速增长，构建稳定、经济、清洁、安全的能源供应体系面临着重大挑战。这些挑战主要表现在以下三个方面：第一，资源约束突出，能源效率偏低。单纯依靠增加能源供应，难以满足持续增长的消费需求。第二，能源消费以煤为主，环境压力加大。大量使用煤炭资源，对本国和周边地区造成严重的环境污染。另外，气候变化问题也对中国的环境外交产生压力。2005年《京都议定书》的生效已经向中国发出了一种市场信号——向大气空间排放温室气体也要付费了。第三，市场体系不完善，应急能力有待加强。石油储备能力不足，有效应对能源供应中断和重大突发事件的预警应急体系有待进一步完善和加强。[①] 针对能源安全和气候变化的种种挑战，中国迫切需要借鉴欧盟可持续能源战略的经验，制定和完善以发展低碳经济为核心、兼顾能源安全、经济安全和生态安全的可持续能源战略，牢牢把握气候变化和全球化所隐含的机遇，坚持走科技含量高、资源消耗低、环境污染少、经济效益好、安全有保障的能源发展道路，最大程度地实现能源的全面、协调和可持续发展。

2007年12月，中国政府公布了《中国的能源状况与政策》白皮书，提出了一项综合性能源战略：坚持节约优先、立足国内、多元发展、依靠科技、保护环境、加强国际互利合作，努力构筑稳定、经济、清洁、安全的能源供应体系，以能源的可持续发展支持经济社会的可持续发展。[②] 显然，这是一种涵盖能源安全、经济安全和环境安全的可持续能源战略，与欧盟能源战略有着异曲同工之妙。然而，我们必须清醒地认识到，就中国目前的能源、环境、科技以及整体的经济社会发展水平而言，要全面、高效地实现这一战略，中国面临着长期而艰巨的挑战。这就要求我们必须广泛学习和借鉴世界各国的先进经验，学习其行之有效的政策措施和运作机制，跨越式地建立和完善各项制度。欧盟可持续能源战略的先进理念、政策措施和方法手

---

① 中华人民共和国国务院新闻办公室：《中国的能源状况与政策》，2007年12月。
② 同上。

段，对于中国发展和完善能源战略，建立健全各项制度，大力发展低碳经济，追求可持续能源安全，应对气候变化、能源安全和经济全球化的种种挑战，乃至多层次、全方位地开展区域性和全球性能源与环境合作，均有着极大的启示性和借鉴性。此外，欧盟雄厚的科技力量和丰富的财政资源也为中欧能源合作提供了巨大的潜力和广阔的前景。

附录一

欧盟能源战略演变一览表（1974—2009年）

时间及名称	基本目标	具体目标
1974年12月理事会《关于1985年共同体能源政策目标的决议》	1985年共同体进口能源依存度由1973年的63%降低到50%甚至40%。	需求方面： 1. 将1973年对1985年能源需求量的预测数降低15%。 2. 改变能源消费模式，将电力的比重提高到35%。 供应方面： 1. 固体燃料：将共同体的煤产量保持在1.8亿吨油当量；从第三国增加4000万吨油当量的煤炭进口；将褐煤和泥煤产量提高到3000万吨油当量。 2. 天然气：加强共同体研究和生产，将天然气产量提高到1.75亿—2.25亿吨油当量；确保第三国天然气进口达到9500万—1.15亿吨油当量。 3. 核能：将核能装机发电量增加到160—200吉瓦。 4. 水电和地热能：建立和发展水电和地热能生产基地，将其产量提高到4500万吨油当量。 5. 石油：限制石油消费，代之以其他经济的能源；将共同体的石油产量提高到1.8亿吨油当量；将第三国石油进口减少到5.4亿吨油当量（1973年为6.4亿油当量）；将进口石油在能源总需求中的比重降低到38%—28%（1973年为61%），或者石油消费总量的75%—70%（1973年为98%）。

续表

时间及名称	基本目标	具体目标
		6. 其他能源：通过实施技术研发政策，更好地利用传统能源，并在未来用新能源取代。
1980 年 6 月理事会《关于 1990 年能源目标及成员国政策趋同的决议》	打破经济增长同石油消费之间的现有联系。	1. 将一次能源需求的增长率与国内生产总值增长率的比值降至 0.7 以下； 2. 将石油消费在一次能源消费总量中的比重降到 40%； 3. 使固体燃料发电和核能在一次能源需求量中的比重达到 70%—75%； 4. 鼓励使用可再生能源，增加其对共同体能源供应的贡献； 5. 使能源价格政策有利于能源政策目标的实现。
1986 年 9 月理事会《关于 1995 年共同体能源目标的决议》	使消费者能够以令人满意的经济条件拥有充足、安全的能源供应。	部门目标： 1. 到 1995 年提高能效至少 20%； 2. 将石油消费占能源消费量的比重保持在 40%左右，将石油的净进口保持在能源消费总量的 1/3 以上； 3. 保持天然气在能源平衡中的一定比重，确保天然气供应稳定和多元化，加强共同体内部的天然气勘探和生产； 4. 促进固体燃料消费，改善共同体固体燃料生产的竞争力； 5. 将油气发电量的比重降低到 15%； 6. 增加可再生能源的比重。 横向目标： 1. 保证能源供应的安全，减少能源价格波动造成的风险； 2. 将共同体价格形成的原则应用到各个能源部门； 3. 利用一切可能的技术，处理能源与环境保护的关系； 4. 消除贸易障碍，扩大内部能源市场的一体化，以增强供应安全、减少成本、提高经济竞争力； 5. 建立统一的能源市场； 6. 采取措施改进共同体落后地区的能源结构；

续表

时间及名称	基本目标	具体目标
		7. 通过研究、开发和示范，在共同体迅速推广其成果，不断促进技术创新； 8. 协调能源部门的对外关系。
1995年12月《欧洲能源政策》白皮书	总体竞争力 供应安全 环境保护	1. 促进内部能源市场的一体化； 2. 加强对外依赖的管理，保障能源供应安全； 3. 促进可持续发展，主要包括加强环境保护，提高能源效率，促进可再生能源的使用； 4. 加强能源技术的研发。
2000年11月《迈向欧洲能源供应安全战略》绿皮书	确保所有消费者（家庭和企业）能够在市场上以支付得起的价格不间断地获得能源产品；同时尊重环境关切、追求可持续发展。	1. 在需求方面主要是控制需求增长。支持控制需求的政策行动来重新平衡供应政策，通过征税措施实质性地改变消费者行为，引导其朝着尊重环境的消费方式发展。 2. 在供应方面主要是管理外部依赖。优先考虑应对全球气候变暖的要求，采取一切财政手段支持新能源和可再生能源（包括生物燃料）的发展，使其在能源供应结构中的比重从6%增至2010年的12%，在电力生产中的比重由14%提高到22%；加强对核废料技术的研究，最大程度地提高核设施的安全性；加强油气储备机制建设，建立油气战略储备，预测新的进口线路。
2006年3月《欧洲可持续、竞争和安全的能源战略》绿皮书	可持续 竞争力 供应安全	1. 加快能源供应互联网络建设，完善欧盟内部天然气和电力市场，整合相关能源法律法规。 2. 加强成员国之间的团结，确保内部能源市场的供应安全。 3. 实行更加可持续、更加有效、更加多样化的能源政策，确保欧盟整体能源供应安全。 4. 应对气候变暖，制定可再生能源路线图，至2020年节能20%，形成一个稳定的可再生能源投资和生产市场。

续表

时间及名称	基本目标	具体目标
		5. 制定一个战略能源技术开发展计划，确保欧盟企业成为快速发展的国际节能新技术市场的领导者。 6. 制定共同对外能源政策，使能源外交成为欧盟对外关系的重点之一。与生产国、过境国和其他国际行为者建立能源伙伴关系，建立一个泛欧能源共同体，将能源融入相关政策。
2007 年 3 月《欧洲能源政策》	将全球气温变化控制在不超出工业化前水平 2℃。 供应安全；竞争力和价格合理的能源供应；环境可持续、应对气候变化；使欧洲成为一个高能效、低排放的经济体。	• 到 2020 年减排 20%，增加可再生能源 20%，节能增效 20%。 • 2007—2009 三年能源行动计划的五大优先目标： ①建立统一的欧盟天然气与电力大市场； ②保障能源进口的稳定与安全； ③推行全方位的国际能源战略； ④提高能源效率，扩大核能规模，2020 年节能 20%； ⑤研究新能源，开发绿色能源。

附录二

缩略语中英对照表

ACP	African，Caribean and Pacific countries	非洲、加勒比海和太平洋国家
ALURE		欧盟与拉丁美洲能源合作计划
Altener	Alternative Energy Programme	可再生能源发展计划
AR4	the Fourth Assessment Report	第四次评估报告
bcm	billion cubic metres	10 亿立方米
BP	British Petroleum	英国石油公司
BSA	Burden-sharing Agreement	（欧盟）减排义务分摊协议
BTC	Baku-Tbilisi-Ceyhan	“巴—第—杰”输油管道
CARDS		欧盟对巴尔干半岛的重建、发展和稳定援助计划
CCS	Carbon Capture and Sequestration/Storage	碳捕集与封存
CDM	Clean Development Mechanism	清洁发展机制
CEEC	Central and Eastern European countries	中东欧国家
CEER	Council of European Energy Regulators	欧洲能源监管机构理事会

Cenelec	European Committee for Electrotechnical Standardization	欧洲电工标准化委员会
CERs	Certified Emission Reductions	核证减排量
CERT	The Committee on Energy Research and Technology	能源技术研究委员会
CH_4	methane	甲烷；沼气
CHP	combined heat and power	热电联产
CFSP	Common Foreign and Security Policy	共同外交与安全政策
CIP	Competitiveness and Innovation Programme	竞争力与创新框架计划
CIS	Commonwealth of Independent States	独联体
CO	carbon monoxide	一氧化碳
CO_2	carbon dioxide	二氧化碳
COOPENER		欧盟与发展中国家合作计划
CTO	Campaign for Take-off	（可再生能源）起飞运动
DEI	Declaration of European Interest	欧洲利益通行令
DSO	Distribution System Operator	配送系统运营商
EBRD	European Bank for Reconstruction and Development	欧洲复兴与开发银行
EC	European Community	欧洲共同体
ECCP	European Climate Change Programme	欧盟气候变化计划
ECSC	European Coal and Steel Community	欧洲煤钢共同体
ECU	European Currency Unit	埃居（欧洲货币单位，1975 年诞生）
EEA	European Economic Area	欧洲经济区

EEC	European Economic Community	欧洲经济共同体
EEPR	European Energy Programme for Recovery	欧洲能源刺激计划
EERP	European Economic Recovery Plan	欧洲经济复苏计划
EFP	Energy Framework Programme	能源框架计划
EFTA	European Free Trade Association	欧洲自由贸易联盟
EIB	European Investment Bank	欧洲投资银行
EIF	European Investment Fund	欧洲投资基金
EIE/IEE	Intelligent Energy——Europe	欧盟聪明/智慧能源计划
EMAS	Eco-Management and Audit Scheme	生态管理和审计制度
EMOS	Energy Market Observation System	能源市场观察系统
ENI		意大利国家碳氢公司（埃尼）
ENPI	European Neighbourhood and Partnership Instrument	欧盟睦邻与伙伴关系工具
EPE	Energy Policy for Europe	欧洲能源政策
EPR	European Pressurised Reactor	欧洲压水堆
ERGEG	European Regulators' Group for Electricity and Gas	欧洲电力和天然气监管机构小组
ERA	European Research Area	欧洲研究区
ERC	European Research Council	欧洲研究理事会
ERDF	European Regional Development Fund	欧洲地区开发基金
ERU	Emission Reduction Unit	减排单位
ETAP		能源市场观察、分析和预测计划
ETS	Emission Trading Scheme	排放交易机制
EU	European Union	欧盟

EUA	European Unit of Account	欧洲计算/记账单位（始于1979年）
EUA	European Union Allowances	欧盟碳排放配额
EUEI	European Union Energy Initiative for Poverty Eradication and Sustainable Development	欧盟扶贫和可持续发展能源倡议
Euratom	European Atomic Energy Community	欧洲原子能共同体
Eurelectric		欧洲电力
Eurogas		欧洲天然气
Eurostat		欧洲统计局
FED		非洲、加勒比和太平洋国家合作计划
FP	Framework Programme	欧盟科技研发框架计划
G8	The Group of 7 plus Russia	八国集团
G77	The Group of 77	77国集团（代表发展中国家）
GATT	General Agreement on Tariffs and Trade	关贸总协定
Gazprom		俄罗斯天然气工业股份公司；俄气集团
GCC	Gulf Cooperation Council	海湾合作委员会
GEEREF	Global Energy Efficiency and Renewable Energy Fund	全球能效和可再生能源基金
GHG	greenhouse gas	温室气体
GIE	Gas Infrastructure Europe	欧洲天然气基础设施
GO	Guarantee of Origin	原产/来源保证
GW	gigawatt	千兆瓦；10亿瓦；吉瓦

GWh	gigawatt hour	千兆瓦/小时；10亿瓦/小时；吉瓦/小时
HFCs	hydrofluorocarbons	氢氟碳化物
IAEA	International Atomic Energy Agency	国际原子能机构
ICT	information and communication technologies	信息和通讯技术
IEA	International Energy Agency	国际能源机构；国际能源署
IEF	International Energy Forum	国际能源论坛
IEM	internal energy market	内部能源市场
IET	International Emissions Trading	国际排放贸易
IMF	International Monetary Fund	国际货币基金组织
INCO	Specific International Scientific Cooperation Activities	欧盟国际科技合作计划
INOGATE	Interstate Oil & Gas Transport to Europe	对欧输送油气的跨国运输网
IPCC	Intergovernmental Panel on Climate Change	联合国政府间气候变化专门委员会
IPPC	integrated pollution prevention and control	污染综合预防与控制
ISO	Independent System Operator	独立系统营运商
ISPA		环境和交通领域基础设施项目计划
ITER	International Thermonuclear Experimental Reactor	国际热核实验反应堆
JET	Joint European Torus	欧洲联合环形加速器
JI	Joint Implementation	联合履约机制
JODI	Joint Oil Data Initiative	联合石油数据倡议

Joule	non-nuclear energy R&D programme	非核能研发计划
Joule-Thermie	non-nuclear energy R&D and demonstration programme（FP4）	非核能研发和示范计划
JPOI	Johannesburg Plan of Implementation	约翰内斯堡实施计划
JRC	Joint Research Center	联合研究中心
LNG	liquefied natural gas	液化天然气
MEDA	programme for cooperation with Mediterranean countries	欧盟与地中海国家合作计划
MOE	Market Observation for Energy	能源市场观察
mtce	million tonnes of coal equivalent	百万吨煤当量
mtoe	million tonnes of oil equivalent	百万吨油当量
MW	megawatt	兆瓦；100 万瓦
MWh	megawatt hour	兆瓦/小时；100 万瓦/小时
NAP	National Allocation Plan	（碳排放）国家分配方案
NESCO	Network of Energy Security Correspondents	能源安全通讯代表网络
NIS	Newly Independent States	新独立国家
N_2O	nitrous oxide	氧化亚氮
NOx	nitrogen oxides	氧化氮
NPT	Non-Proliferation Treaty	不扩散核武器条约
NRSE	New and Renewable Sources of Energy	新能源和可再生能源
OECD	Organization of Economic Cooperation and Development	经济合作与发展组织；经合组织

OPEC	Organization of Petroleum Exporting Countries	欧佩克；石油输出国组织
PACE	Programme to Improve Efficiency in the Final Use of Electricity	提高电力终端使用效率行动计划
PCA	Partnership and Cooperation Agreement	伙伴关系和合作协议
PECO	S&T cooperation with CEEC countries	欧盟与中东欧国家科技合作计划
PERU	Regional and Urban Energy Programmes	地区和城市能源计划
PFCs	perfluorocarbons	全氟化碳
PHARE	Programme of Technical Assistance for Central and Eastern Europe	中东欧技术援助计划
PINC	Illustrative Nuclear Programme for the Community	共同体核能研发计划
ppm	parts per million	每百万分之一含量（气体浓度单位）
R&D	research and development（also RTD）	研发
Regen	Community Initiative in support of certain gas and electricity projects	支持某些天然气和电力项目的共同体倡议
RES	renewable energy sources	可再生能源
Rosneft		俄罗斯石油公司
RTD	research，technology development and demonstration	研究、技术开发与示范

SAPARD		农村和农业开发计划
SAVE	Specific Actions for Vigorous Energy Efficiency	能效专项行动计划
SEA	Single European Act	《单一欧洲法》
SET Plan	Strategic Energy Technology Plan	战略性能源技术研发计划
SF_6	sulphur hexafluoride	六氟化硫
SME	small and medium sized enterprise	中小企业
SO_2	sulphur dioxide	二氧化硫
STEER		交通节能计划
SYNERGY	Programme for international cooperation in the energy sector	国际能源合作计划
TACIS	Programme of technical assistance for the CIS	对独联体国家技术援助计划
TEN-E	Trans-European Energy Networks	跨欧能源网络
Thermie	Programme for the promotion of energy technology	能源技术推广计划
tce	tonne of coal equivalent	吨煤当量（700万千卡）
toe	tonne of oil equivalent	吨油当量（1000万千卡）
TPA	third party access	第三方准入/通过
TPER	Total Primary Energy Requirement	一次能源消费总量
TRACEKA	Transport Corridor Europe-Caucasus-Asia	“欧亚运输走廊”计划
Transneft		俄罗斯石油运输公司
TSO	Transmission System Operator	传输网络运营商

WEC	World Energy Council	世界能源会议/理事会/委员会
WTO	World Trade Organisation	世界贸易组织
UNECE		联合国欧洲经济委员会

参考文献

一、欧盟官方文件

1. Council of Ministers of the European Coal and Steel Community, *Protocol of Agreement on energy problems reached between the Governments of the Member States of the European Communities at the 94th meeting of the Special Council of Ministers of the European Coal and Steel Community held on 21 April 1964 in Luxembourg*, Journal officiel n° 069 du 30/04/1964.

2. Council of the European Communities, *Council Directive 68/414/EEC of 20 December 1968 imposing an obligation on Member States of the EEC to maintain minimum stocks of crude oil and/or petroleum products*, O. J. L 308, 23/12/1968.

3. Council of the European Communities, *Council Decision 68/416/EEC of 20 December 1968 on the conclusion and implementation of individual agreements between Governments relating to the obligation of Member States to maintain minimum stocks of crude oil and/or petroleum products*, O. J. L 308, 23/12/1968.

4. Council of the European Communities, *Communique for the First Summit Conference of the Enlarged Community*, Meetings of the Heads of State or Government, Paris, 19－21/10/1972, Bulletin of the European Communities, No. 10/1972.

5. Council of the European Communities, *Council Directive 72/425/EEC of 19 December 1972 amending the Council Directive of 20 December 1968 imposing an obligation on Member States of the EEC to maintain minimum stocks of crude oil and/or petroleum products*, O J L 291, 28/12/1972.

6. Council of the European Communities, *Council Directive 73/238/EEC of 24 July 1973 on measures to mitigate the effects of difficulties in the supply of crude oil and petroleum products*, O J L 228, 16/08/1973.

7. Council of the European Communities, *Council Resolution of 17 September 1974 concerning a new energy policy strategy for the Community*, O J C 153, 09/07/1975.

8. Council of the European Communities, *Council Resolution of 17 December 1974 concerning Community energy policy objectives for 1985*, O J C 153, 09/07/1975.

9. Council of the European Communities, *Council Decision 77/186/EEC on the exporting of crude oil and petroleum products from one Member State to another in the event of supply difficulties*, O J L 61, 5/3/1977.

10. Council of the European Communities, *Council Decision 77/706/EEC of 7 November 1977 on the setting of a Community target for a reduction in the consumption of primary sources of energy in the event of difficulties in the supply of crude oil and petroleum products*, O J L 292, 16/11/1977.

11. Council of the European Communities, *European Council in Dublin*, 29—30/11/1979, Bulletin of the European Communities, No. 11/1979.

12. Council ofthe European Communities, *Council Resolution of 9 June 1980 concerning Community energy policy objectives for 1990 and Convergence of Policies of the Member States*, Council of the European Communities Press Releases, Presidency: Italy, Meetings and press releases, May-June 1980.

13. Council of the European Communities, *Council Resolution of 9 June 1980 concerning new lines of action by the Community in the field of energy*

saving, O J C 149, 18/6/1980.

14. Council of the European Communities, *Council Resolution 86/C 241/01 of 16 September 1986 concerning new Community energy policy objectives for 1995 and convergence of the policies of the Member States*, O J C 241, 25/9/1986.

15. Council of the European Communities, *Council Decision 87/516/ Euratom, EEC of 28 September 1987 concerning the framework programme of Community activities in the field of research and technological development (1987—1991)*, O J L 302, 24/10/1987.

16. Council of the European Communities, *Council Decision 93/167/ Euratom, EEC of 15 March 1993 concerning the framework programme of Community activities in the field of research and technological development (1990—1994)*, O J L 117, 8/5/1990.

17. Council of the European Communities, *Council Decision 91/565/ EEC of 29 October 1991 concerning the promotion of energy efficiency in the Community (SAVE programme)*, O J L 307, 8/11/1991.

18. Council of the European Communities, *Resolution of the Council and the Representatives of the Governments of the Member States, meeting within the Council of 1 February 1993 on a Community programme of policy and action in relation to the environment and sustainable development* (5th Action Programme on the environment), O J C 138, 17/05/1993.

19. Council of the European Communities, *Council Decision 93/500/ EEC of 13 September 1993 concerning the promotion of renewable energy sources in the Community (Altener programme)*, O J L 235, 18/09/1993.

20. Council of the European Union, *Decision No 1110/1994/EC of the European Parliament and of the Council of 26 April 1994 concerning the Fourth Framework Programme of the European Community activities in the field of research and technological development and demonstration (1994—1998)*, O J L 126, 18/5/1994.

21. Council of the European Union, *Council Decision 94/807/EC of 23 November 1994 adopting a specific programme of research and technological*

development, including demonstration, in the field of cooperation with third countries and international organization (1994—1998), O J L 334, 22/12/1994.

22. Council of the European Union, *Council Regulation (EC) No 2236/95 of the Council of 18 September 1995 laying down general rules for the granting of Community financial aid in the field of Trans-European networks*, O J L 228, 23/9/1995.

23. Council of the European Union, *Council Resolution of 8 July 1996 on the White Paper "An Energy Policy for the European Union"*, O J C 224, 1/8/1996.

24. Council of the European Union, *Council Decision 96/737/EC of 16 Decemberr 1996 concerning a multiannual programme for the promotion of energy efficiency in the Community——SAVE II*, O J L 335, 24/12/1996.

25. Council of the European Union, *Council Directive 98/93/EC amending Directive 68/414/EEC imposing an obligation to maintain minimum stocks of crude oil or petroleum products*, O J L 358, 31/12/1998.

26. Council of the European Union, *Council Decision 1999/21/EC, Euratom of 14 December 1998 adopting a multiannual framework programme for actions in the energy sector (1998—2002) and connected measures*, O J L 7/16, 13/1/1999.

27. Council of the European Union, *Council Decision 1999/22/EC of 14 December 1998 adopting a multiannual programme of studies, analyses, forecasts and other related work in the energy sector (1998—2002) —* ETAP programme, O J L 7, 13/1/1999.

28. Council of the European Union, *Council Decision 1999/23/EC of 14 December 1998 adopting a multiannual programme to promote international cooperation in the energy sector (1998—2002) —*SYNERGY programme, O J L 7, 13/1/1999.

29. Council of the European Union, *Council Decision 1999/24/EC, Euratom of 14 December 1998 adopting a multiannual programme of technical actions promting the clean and efficient use of solid fuels (1998—2002) —*

CARNOT programme，O J L 7，13/1/1999.

30. Council of the European Union，*Council Decision 1999/25/Euratom of 14 December 1998 adopting a multiannual programme (1998—2002) of actions in the nuclear sector relating to the safe transport of radioactive materials and to safeguards and industrial cooperation to promote certain aspects of the safety of nuclear installations in the countries currently participating in the TACIS Programme*—SURE programme，O J L 7，13/1/1999.

31. Council of the European Union，*Decision No 182/1998/EC of the European Parliament and of the Council of 22 December 1998 concerning the Fifth Framework Programme of the European Community for research, technological development and demonstration activitie (1998—2002)*，O J L 26/46，1/2/1999.

32. Council of the European Union，*Council Decision 1999/64/Euratom of 22 December 1998 concerning the Fifth Framework Programme of the European Atomic Energy Community (Euratom) for research and training activities (1998—2002)*，O J L 26，1/2/1999.

33. Council of the European Union，*Decision 646/2000/EC of the European Parliament and of the Council of 28 February 2000 adopting a multiannual programme for the promotion of renewable energy sources in the Community (1998—2002)* —ALTENER programme，O J L 79，30/3/2000.

34. Council of the European Union，*Decision 647/2000/EC of the European Parliament and of the Council of 28 February 2000 adopting a multiannual programme for the promotion of energy efficiency in the Community (1998—2002)* —SAVE programme，O J L 79，30/3/2000.

35. Council of the European Union，*Directive 2001/77/EC of the European Parliament and of the Council of 27 September 2001 on the promotion of electricity produced from renewable energy sources in the internal electricity market*，O. J. L 283，27/10/2001.

36. Council of the European Union，*Decision No 1513/2002/EC of the European Parliament and of the Council of 27 June 2002 concerning the Sixth*

Framework Programme of the European Community for research, technological development and demonstration activities, contributing to the creation of the European Research Area and to innovation (2002—2006), O J L 232, 29/8/2002.

37. Council of the European Union, *Decision No 1600/2002/EC of the European Parliament and of the Council of 22 July 2002 laying down the Sixth Community Environment Action Programme*, O J L 242/1, 10/9/2002.

38. Council of the European Union, *Directive 2002/91/EC of the European Parliament and of the Council of 16 December 2002 on performance of buildings*, O J L 001, 4/1/2003.

39. Council of the European Union, *Directive 2003/30/EC of the European Parliament and of the Council of 8 May 2003 on promotion of the use of biofuels or other renewable fuels for transport*, O J L 123/42, 17/5/2003.

40. Council of the European Union, *Directive 2003/55/EC of the European Parliament and of the Council of 26 June 2003 concerning common rules for the internal market in natural gas and repealing Directive 98/30/EC*, O J L 176, 15/07/2003.

41. Council of the European Union, *Decision No 1230/2003/EC of European Parliament and of the Council of 26 June 2003 adopting a multiannual programme for action in the field of energy: "Intelligent Energy—Europe" (2003—2006)*, O J L 176, 15/7/2003.

42. Council of the European Union, *Regulation 1228/2003/EC of the European Parliament and of the Council of 26 June 2003 on conditions for access to the network for cross-border exchanges in electricity*, O J L 176, 15/7/2003.

43. Council of the European Union, *Directive 2003/87/EC of the European Parliament and of the Council establishing a scheme for greenhouse gas emission allowance trading within the Community and amending Council Directive 96/61/EC*, O J L 275, 25/10/2003.

44. Council of the European Union, *Council Directive 2003/96/EC of 27*

October 2003 restructuring the Community framework for the taxation of energy products and electricity，O J L 283/51，31/10/2003.

45. Council of the European Union，*Directive 2004/8/EC of the European Parliament and of the Council of 11 February 2004 on the promotion of cogeneration based on a useful heat demand in the internal energy market and amending Directive 92/42/EEC*，O J L 52/50，21/2/2004.

46. Council of the European Union，*Council Directive 2004/67/EC of 26 April 2004 concerning measures to safeguard security of natural gas supply*，O J L 127，29/04/2004.

47. Council of the European Union，*Directive 2004/101/EC on establishing a scheme for greenhouse gas emission allowance trading within the Community*，*in respect of the Kyoto Protocol's project mechanisms* (Linking Directive)，O J L 338，13/11/2004.

48. Council of the European Union，*Directive 2005/32/EC of the European Parliament and of the Council establishing a framework for the setting of ecodesign requirements for energy-using products and amending Council Directive 92/42/EEC and Directives 96/57/EC and 2000/55/EC of the European Parliament and of the Council*，O J L 191/29，22/7/2005.

49. Council of the European Union，*Council Decision 2005/905/EC of 17 October 2005 on the signing by the European Community of the Energy Community Treaty*，O J L 329，16/12/2005.

50. Council of the European Union，*Directive 2005/89/EC concerning measures to safeguard security of electricity supply and infrastructure investment*，O J L 33/22，4/2/2006.

51. Council of the European Union，*Presidency Conclusions of the Brussels European Council*，7775/06，23—24/3/2006.

52. Council of the European Union，*Directive 2006/32/EC of the European Parliament and of the Council of 5 April 2006 on Energy End-use Efficiency and Energy Services and repealing Council Directive 93/76/EEC*，O J L114/64，27/4/2006.

53. Council of the European Union，*Presidency Conclusions of the*

Brussels European Council, 15—16/6/2006.

54. Council of the European Union, *Council Decision 2006/500/EC of 29 May 2006 on the conclusion by the European Community of the Energy Community Treaty*, O J L 198, 20/7/2006.

55. Council of the European Union, *Council Directive 2006/67/EC of 24 July 2006 imposing an obligation on Member States to maintain minimum stocks of crude oil and/or petroleum products*, O J L 217/8, 8/8/2006.

56. Council of the European Union, *Decision No 1364/2006/EC of the European Parliament and of the Council of 6 September 2006 laying down guidelines for Trans-European energy networks and repealing Decision 96/391/EC and Decision No 1229/2003/EC*, O J L 262, 22/9/2006.

57. Council of the European Union, *Regulation (EC) No 1638/2006 of the European Parliament and of the Council of 24 October 2006 laying down general provisions establishing a European Neighbourhood and Partnership Instrument*, O J L 310/1, 9/11/2006.

58. Council of the European Union, *Decision 1639/2006/EC of the European Parliament and of the Council of 24 October 2006 establishing a Competitiveness and Innovation Framework Programme (2007—2013)*, O J L 310, 9/11/2006.

59. Council of the European Union, *Decision No 1982/2006/EC of the European Parliament and of the Council of 18 December 2006 concerning the Seventh Framework Programme of the European Community for research, technological development and demonstration activities (2007—2013)*, O J L 412, 30/12/2006.

60. Council of the European Union, *Decision 2006/971/EC of 19 December 2006 concerning the Specific Programme "Cooperation" implementing the Seventh Framework Programme of the European Community for research, technological development and demonstration activities (2007 to 2013)*, O J L 400/86, 30/12/2006.

61. Council of the European Union, *Decision 2006/969/EC of 18 December 2006 concerning the Seventh Framework Programme of the European*

Atomic Energy Community (Euratom) for nuclear research and training activities (2007—2011), O J L 391, 30/12/2006.

62. Council of the European Union, *Presidency Conclusions of the Brussels European Council*, 7227/1/07, 8—9/3/2007.

63. Council of the European Union, *Directive 2009/28/EC of the European Parliament and of the Council on the promotion of the use of energy from renewable sources and amending and subsequently repealing Directives 2001/77/EC and 2003/30/EC*, O J L 140, 5/6/2009, pp. 16—47.

64. Council of the European Union, the European Parliament, and the Commission, *The European Consensus*, O J C 46/01, 24/2/2006.

65. European Commission, *First Guidelines for a Community Energy Policy*, Memorandum presented by the Commission to the Council on 18 December 1968, COM (68) 1040.

66. European Commission, *Energy Policy——Problems and Resources 1975—85* . Submitted to the Council by the Commission. COM (72) 1201 final, 4/10/1972.

67. European Commission, *Necessary Progress in Community Energy Policy*, Communication from the Commission to the Council, COM (72) 1200 final, 4/10/1972.

68. European Commission, *Guidelines and Priority Actions under the Community Energy Policy*, SEC (73) 1481 final, 19/4/1973.

69. European Commission, *Problems in the Energy Sector*, COM (74) 20 final, 10/1/1974.

70. European Commission, *Towards a New Energy Policy Strategy for the European Community*, COM (74) 550 final/2, Brussels, 26/6/1974.

71. European Commission, *Practical details with regard to the dialogue between consumer and producer countries*, COM (75) 7 final, 10/1/1975.

72. European Commission, *The Preparation of the Consumer-Producer Dialogue* . The Activities of the International Energy Agency. COM (75) 5 final, 10/1/1975.

73. European Commission, *Principles of International Cooperation Re-*

lating to the Development of Energy Resources, COM (75) 72 final, 21/2/1975.

74. European Commission, *Views on the Measures to Sustain the Development of Energy Resources*, COM (75) 74 final, 21/2/1975.

75. European Commission, *Implementation of the Energy Policy Guidelines Drawn Up by the European Council at its Meeting in Rome on 1 and 2 December 1975*, COM (76) 20 final, 16/1/1976.

76. European Commission, *Report on the Achievement of the Community Energy Policy Objectives for 1985*, COM (76) 9 final, 16/1/1976.

77. European Commission, *Second Report on the Achievement of Community Energy Policy Objectives for 1985*, COM (77) 395 final, 29/7/1977.

78. European Commission, *Cooperation with Developing Countries in the Field of Energy*, COM (78) 355 final, 31/7/1978.

79. European Commission, *Energy Objectives for 1990 and Programmes of the Member States*, COM (78) 613 final, 16/11/1978.

80. European Commission, *Towards a European Energy Policy*, European File 8—79, April 1979.

81. European Commission, *Energy Cooperation with Developing Countries and the Role of the Community*, COM (80) 96 final, March 1980.

82. European Commission, *Energy Policy in the European Community——Perspectives and Achievements*, COM (80) 397 final, 10/7/1980.

83. European Commission, *A New Impetus for the Common Policies*. Follow-up to the Mandate of 30 May 1980. Bulletin of the European Communities, Supplement 4—81, 1981.

84. European Commission, *Community Position for the United National Conference on New and Renewable Sources of Energy* (Nairobi, August 1981), COM (81) 381 final, 9/7/1981.

85. European Commission, *Measures to Limit the Effects of a Limited Shortfall in Oil Supply*, COM (81) 533 final, 30/9/1981.

86. European Commission, *The Development of an Energy Strategy for*

the Community, COM (81) 540, 2/10/1981.

87. European Commission, *An Energy Strategy for the Community——The Nuclear Aspects*, COM (82) 36 final, 9/2/1982.

88. European Commission, *Review of Member States' Energy Policy Programmes and Progress Towards 1990 Objectives*, COM (82) 326 final, 10/6/1982.

89. European Commission, *Community Energy Strategy——Progress and Guidelines for Future Action*, COM (83) 305 final, 2/6/1983.

90. European Commission, *The European Community and the Energy Problem*, 3rd *ed*., Periodical 1—1983, Luxembourg: Office for Official Publications of the European Communities.

91. European Commission, *Progress in Structural Change-The Main Findings of the Commission's Review of Member States' Energy Policies*, COM (84) 87 final, 29/2/1984.

92. European Commission, *Review of Member States' Energy Policies*, COM (84) 88 final, 29/2/1984.

93. European Commission, *New Community Energy Objectives*, COM (85) 245 final, 28/5/1985.

94. European Commission, *The Internal Energy Market*, COM (88) 238 final, 2/5/1988.

95. European Commission, *The Main Findings of the Commission's Review of Member States' Energy Policies. The 1995 Community Energy Objectives*, COM (88) 174 final Vol. I & II, 3/5/1988.

96. European Commission, *Evaluation of Technological Programmes in the Field of Energy*, COM (89) 164 final, 20/3/1989.

97. European Commission, *Energy and the Environment*, COM (89) 369 final, 8/2/1990.

98. European Commission, *Energy in the European Community, 4th ed.*, Periodical 7/1990, Luxembourg: Office for Official Publications of the European Communities, June 1990.

99. European Commission, *On the Oil Supply Situation, Incorporating*

Two Proposals for Council Directives on the Steps to be Taken in the Event of Supply Difficulties and on the Maintenance of Stocks of Oil, COM (90) 514 final 22/11/1990.

100. European Commission, *European Energy Charter*, COM (91) 36 final, 14/2/1991.

101. European Commission, *Report from the Commission of the European Communities to the United Nations Conference on the Environment and Development*, SEC (91) 2488 final, Rio de Janeiro, 20/3/1992.

102. European Commission, *A Community Strategy to Limit Carbon Dioxide Emissions and to Imporve Energy Efficiency, Communication from the Commission*, COM (92) 246 final, 1/6/1992.

103. European Commission, *Technical Harmonization and Standardization in the Energy Sector*, Communication from the Commission, SEC (92) 724 final, 9/6/1992.

104. European Commission, *ALTENER——Specific Actions for Greater Penetration for Renewable Energy Sources*, COM (92) 180 final, 29/6/1992.

105. European Commission, *Fifth Environmental Action Programme-"Towards Sustainability"*, COM (92) 93.

106. European Commission, *The European Energy Charter——Fresh Impetus from the European Community*, COM (93) 542 final, 4/11/1993.

107. European Commission, *Energy and Economic and Social Cohesion*, COM (93) 645 final, 14/2/1994.

108. European Commission, *Commission Communication to the European Parliament and the Council on Community guidelines on trans-European energy networks*, COM (93) 685 final, Brussels, 19/01/1994.

109. European Commission, *Green Paper: For a European Union energy policy*, COM (94) 659/final/2, 30/2/1995.

110. European Commission, *A Review of Community Energy Legislation*, COM (95) 391 final, 26/7/1995.

111. European Commission, *An energy policy for the European Union :*

White Paper, COM (95) 682, Luxembourg: Office for Official Publications, 1995.

112. European Commission, *Proposal for a Council Regulation (EC) adopting a multiannual programme to promote international cooperation in the energy sector—SYNERGY programme*, COM (95) 197 final, 6/9/1995.

113. European Commission, *European Community Gas Supply and Prospects*, COM (95) 478 final, 18/10/1995.

114. European Commission, *Communication from the Commission to the European Parliament and the Council Concerning the Euro-Mediterranean Partnership in the Energy Sector*, COM (96) 149 final, 3/4/1996.

115. European Commission, *Energy for the future: renewable sources of energy*, Green Paper for a Community strategy, COM (96) 576, Luxembourg: Office for Official Publications, 1996.

116. European Commission, *The External Dimension of Trans-European Energy Networks*, COM (97) 125 final, 26/3/1997.

117. European Commission, *An Overall View of Energy Policy and Actions*, Communication from the Commission, COM (97) 167 final, 23/4/1997.

118. European Commission, *The Energy Dimension of Climate Change*, COM (97) 196 final, 14/5/1997.

119. European Commission, *1996 summary of information received on investment projects of Community interest in the petroleum, natural gas and electricity sectors*, SEC (97) 1693 final, 25/9/1997.

120. European Commission, *Energy for the future: renewable sources of energy ——White Paper for a Community strategy and action plan*, COM (97) 599, Luxembourg: Office for Official Publications, 16/11/1997.

121. European Commission, *Energy Efficiency in the European Community-Towards a Strategy for the Rational Use of Energy*, COM (1998) 246 final, 29/4/1998.

122. European Commission, *Strengthening environmental integration*

within Community energy policy, COM (98) 571 final, 14/10/1998.

123. European Commission, *Economic Foundations for Energy Policy*, Luxembourg: Office for Official Publications of the European Communities, 1999.

124. European Commission, *Campaign for Take-off, Energy for the Future: Renewable Sources of Energy (Community Strategy and Action Plan)*, SEC (99) 504, 9/4/1999.

125. European Commission, *Preparing for Implementation of the Kyoto Protocol*, COM (99) 230 final, 19/5/1999.

126. European Commission, *Commission Decision 1999/819/Euratom of 16 November 1999 concerning the accession to the 1994 Convention on Nuclear Safety by the European Atomic Energy Community* (Euratom), Official Journal L 318, 11/12/1999.

127. European Commission, *Green Paper: Towards a European strategy for the security of energy supply*, COM (2000) 769 final, Brussels, 29/11/2000.

128. European Commission, *Green Paper——Towards a European strategy for the security of energy supply——Technical Document*.

129. European Commission, *A Sustainable Europe for a Better World: A European Union Strategy for Sustainable Development*, COM (2001) 264.

130. European Commission, *Report on the implementation of the obligations of the Convention on Nuclear Safety*——European Atomic Energy Community, COM (2001) 568 final.

131. European Commission, *Communication of 20 December 2001 on European energy infrastructure*, COM (2001) 775 final.

132. European Commission, *Commission Directive 2002/31/EC of 22 March 2002 implementing Counicl Directive 92/75/EEC with regard to energy labeling of household air-conditioners*, O J L 86/26, 3/4/2002.

133. European Commission, *Commission Directive 2002/40/EC of 8 May 2002 implementing Council Directive 92/75/EEC with regard to energy*

labeling of household electric ovens, O J L 128/45, 15/5/2002.

134. European Commission, *Energy: Let us overcome our dependence*, Luxembourg: Office for Official Publications of the European Communities, 2002.

135. European Commission, *Towards a global partnership for sustainable development*, COM (2002) 82 final.

136. European Commission, *Final report on the Green Paper——Towards a European strategy for the security of energy*, COM (2002) 321 final, June 2002.

137. European Commission, *Energy cooperation with the developing countries*, COM (2002) 408 final.

138. European Commission, *The internal market in energy: Coordinated measures on the security of energy supply*, COM (2002) 488 final, Brussels, 11/9/2002.

139. European Commission, *Commission Directive 2003/66/EC of 3 July 2003 amending Directive 92/2/EC implementing Counicl Directive 92/75/EEC with regard to energy labeling of household electric refrigerators, freezers and their combinations*, O J L 170/10, 9/7/2003.

140. European Commission, *On The Development of Energy Policy for the Enlarged European Union, its Neighbours and Partner Countries*, COM (2003) 262 final/2.

141. European Commission, *DECISION OF THE EUROPEAN PARLIAMENT AND OF THE COUNCIL laying down guidelines for trans-European energy networks and repealing Decisions No 96/391/EC and No 1229/2003/EC—Extended Impact Assessment*, SEC (2003) 1369, 2003.

142. European Commission, *Energy Infrastructure and Security of Supply*, COM (2003) 743 final, Brussels, 10/12/2003.

143. European Commission, *Communication from the Commission to the Council and the European Parliament on the future development of the EU Energy Initiative and the modalities for the establishment of an Energy Facility for ACP countries*, COM (2004) 711 final, 26/10/2004.

144. European Commission, *Winning the Battle against Global Climate Change*, COM (2005) 35 final, Brussels, 9/2/2005.

145. European Commission, *Sustainable Energy Europe 2005—2008——A European campaign to raise awareness and change the landscape of energy*, Luxembourg: Office for Official Publications of the European Communities, 2005.

146. European Commission, *Doing More with Less—Green Paper on Energy Efficiency*, COM (2005) 265 final, 22/6/2005.

147. European Commission, *External actions through thematic programmes under the future financial perspectives 2007—2013*, COM (2005) 324 final, 3/8/2005.

148. European Commission, *Thematic Strategy on Air Pollution*, COM (2005) 446 final, Brussels, 21/9/2005.

149. European Commission, *Report on Progress in creating the internal gas and electricity market*, COM (2005) 568 final, Brussels, 15/11/2005.

150. European Commission, *External action: Thematic programme for environment and sustainable management of natural resources including energy*, COM (2006) 20 final, 25/1/2006.

151. European Commission, *Green Paper——A European Strategy for Sustainable, Competitive and Secure Energy*, COM (2006) 105 final, Brussels, 8/3/2006.

152. European Commission, *Annex to the Green Paper—A European Strategy for Sustainable, Competitive and Secure Energy—What is at stake—Background document*, COM (2006) 105 final, 2006.

153. European Commission, *Action Plan for Energy Efficiency: Realising the Potential.* COM (2006) 545 final, Brussels, 19/10/2006.

154. European Commission, *Analysis of the Action Plan for Energy Efficiency: Realising the Potential*, SEC (2006) 1173.

155. European Commission, *Mobilising public and private finance towards global access to climate-friendly, affordable and secure energy services: The Global Energy Efficiency and Renewable Energy Fund*, COM

(2006) 583 final, Brussels, 6/10/2006.

156. European Commission, *External Energy Relations-From Principles to Action*, COM (2006) 590 final, Brussels, 12/10/2006.

157. European Commission, *Commission Decision 2006/791/EC of 7 November 2006 establishing the composition of the Gas Coordination Group*, O J L 319, 18/11/2006.

158. European Commission, *Communication from the Commission to the Council and European Parliament on strengthening the European Neighbourhood Policy*, COM (2006) 726 final, 4/12/2006.

159. European Commission, *An External Policy to Serve Europe's Energy Interests*, Paper from Commission/SG/HR for the European Council, Brussels, 16/6/2006.

160. European Commission, *Nuclear Illustrative Programme*, COM (2006) 844 final, Brussels, 10/1/2007.

161. European Commission, *Renewable Energy Road Map——Renewable energies in the 21st century: building a more sustainable future*, COM (2006) 848 final, O J C 138, 22/6/2007.

162. European Commission, *An Energy Policy for Europe*, COM (2007) 1 final, Brussels, 10/1/2007.

163. European Commission, *Limiting Global Climate Change to 2 Degrees Celsius: The way ahead for 2020 and beyond*, COM (2007) 2 final, Brussels, 10/1/2007.

164. European Commission, *Renewable Energy Road Map——Renewable energies in the 21st century: building a more sustainable future*, COM (2006) 848 final, Brussels, 10/1/2007.

165. European Commission, *Sustainable power generation from fossil fuels: aiming for near-zero emissions from coal after 2020*, COM (2006) 843 final, 10/1/2007.

166. European Commission, *Energy technology for cheaper renewables, greater efficiency and global leadership of the European industry*, MEMO/07/14, Brussels, 10/1/2007.

167. European Commission, *Towards a European Strategic Energy Technology Plan*, COM (2006) 847 final, Brussels, 10/1/2007.

168. European Commission, *Priority Interconnection Plan*, COM (2006) 846 final/2, Brussels, 23/2/2007.

169. European Commission, *A European approach to nuclear power, safety and security*, MEMO/07/10, Brussels, 10/1/2007.

170. European Commission, *A European Strategic Energy Technology Plan (SET-PLAN) —— "Towards a low carbon future"*, COM (2007) 723 final, Brussels, 22/11/2007.

171. European Commission, *Climate change and the EU's response*, Brussels, 27/11/2007.

172. European Commission, *EU Energy Policy Data*, Commission Staff Working Paper, Brussels, 2007.

173. European Commission, *Facing the challenge of higher oil prices*, COM (2008), Brussels, 11/6/2008.

174. European Commission, *Green Paper——Towards a secure, sustainable and competitive European energy network*, COM (2008) 782 final, Brussels, 13/11/2008.

175. European Commission, *Report on the implementation of the trans-European energy networks programme in the period 2002－2006*, COM (2008) 770 final, Brussels, 13/11/2008.

176. European Commission, *Proposal for a Directive imposing an obligation on Member States to maintain minimum stocks of crude oil and or petroleum products*, COM (2008) 739, Brussels.

177. European Commission, *Impact Assessment on the Revision of the Emergency Oil Stock Legislation*, COM (2008) 739.

178. European Commission, *Proposal for a DIRECTIVE OF THE COUNCIL on minimum stocks of crude oil and petroleum products——IMPACT ASSESSMENT*, COM (2008) 775 final, Brussels, 13/11/2008.

179. European Commission, *Communication on the Directive 2004－67—EC of 26 April 2004 concerning measures to safeguard security of natu-*

ral gas supply, COM (2008) 769 final, Brussels, 13/11/2008.

180. European Commission, *Energy efficiency—delivering the 20% target*, COM (2008) 772 final, Brussels, 13/11/2008.

181. European Commission, *Second Strategic Energy Review—An EU Energy Security and Solidarity Action Plan*, SEC (2008) 2794/2795, Brussels, 13/11/2008.

182. European Commission, *Oil infrastructures—An assessment of the existing and planned oil infrastructures within and towards the EU*, SEC (2008) 2869 final, 13/11/2008.

183. European Commission, *Commission Staff Working Document on the Implementation of the Energy Markets Observation System (EMOS)*, SEC (2008) 2898 final.

184. European Commission, *Decision of 30 June 2009 establishing a template for National Renewable Energy Action Plans under Directive 2009/28/EC of the European Parliament and of the Council (notified under document number C (2009) 5174)*.

185. European Parliament, *Resolution on security of energy supply in the European Union*, P6 _ TA-PROV (2006) 0110.

186. European Parliament, *Resolution of 26 September 2007 on Towards a Common European Foreign Policy on Energy*, 2007/2000 (INI), O J C 219 E/206.

二、英文著作

1. Adams, Neal, *Terrorism & Oil*, Tulsa, Oklahoma: PennWell Corporation, 2003.

2. Barnes, Pamela M. andIan G. Barnes, *Environmental Policy in the European Union*, Cheltenham, UK; Northampton, MA: Edward Elgar Pub., 1999.

3. Clark, John G., *The Political Economy of World Energy: A Twentieth-Century Perspective*, Hempstead, UK: Harvester Wheatsheaf, 1990.

4. Daintith, Terence, and Leigh Hancher, *Energy Strategy in Europe: The Legal Framework*, Berlin; New York: De Gruyter, 1986.

5. El-Agraa, Ali M., *The European Union: History, Institutions, Economics and Policies*, Prentice Hall Europe, 1998.

6. Evans, Douglas, *The Politics of Energy: The Emergence of the Superstate*, London: MacMillan, 1976.

7. Evans, Douglas, *Western Energy Policy: The Case for Competition*, London: Macmillan, 1978.

8. Geusau, Franz A. M Alting von, ed, *Energy in the European Communities*, Leyden, Netherlands: A. W. Sijthoff International Publishing Company B. V., 1975.

9. Jasinski, Piotr and Wolfgang Pfaffenberger, *Energy and Environment: Multiregulation in Europe*, Aldershot, England: Ashgate Publishing Limited, 2000.

10. Kohl, Wilfrid L., ed., *After the Second Oil Crisis: Energy Policies in Europe, America, and Japan*, Lexington, Mass.: Lexington Books, 1982.

11. Lieber, Robert J., *Will Europe Fight for Oil?: Energy Relations in the Atlantic Area*, New York, N. Y.: Praeger, 1983.

12. Lieber, Robert J., *Oil and the Middle East War: Europe in the Energy Crisis*. Boston: Harvard University Press, 1976.

13. Lieber, Robert J., *The Oil Decade: Conflict and Cooperation in the West*, New York: Praeger, 1983.

14. Lubell, Harold, *Middle East Oil Crises and Western Europe's Energy Supplies*, Baltimore, MD: John Hopkins Press, 1963.

15. Lucas, Nigel, *Energy and the European Communities*, London: Europa, 1980.

16. Lyons, Paul K., *Energy Policies of the European Union*, London: EC INFORM, 1994.

17. Lyons, Paul K., *EU Energy Policies towards the 21st Century*, London: EC INFORM, 1998.

18. Lyons, Paul K., *Transport Policies of the European Union*, London: EC INFORM, January 2000.

19. MacDougall, David S., and Thomas M. Wälde, *European Community Energy Law: Selected Topics*, London/Boston: Graham and Trotman/M. Nijhoff; Norwell, MA, USA: Kluwer Academic Publishers Group, 1994.

20. Matlary, Janne Haaland, *Energy Policy in the European Union*, Basingstoke, Hampshire: Macmillan Press Ltd., 1997.

21. Maull, Hanns, *Europe and World Energy*, London/Boston: Butterworths in association with the Sussex European Research Centre, University of Sussex, 1980.

22. McCormick, John, *Environmental Policy in the European Union*, New York: Palgrave, 2001.

23. McGowan, Francis, ed., *European Energy Policies in a Changing Environment*, Heidelberg: Physica-Verlag, 1996.

24. Nugent, Neill, *Government and Politics of the European Union*, 5th ed., Durham, NC: Duke University Press, 2003.

25. Odell, Peter R., ed., *Oil and Gas: Crises and Controversies 1961—2000. Volume 2: Europe's Entanglement*, Brentwood, UK: Multi-Science Publishing, 2004.

26. Roggenkamp, Martha, ed., *Energy Law in Europe: National, EU and International Law and Institutions*, Oxford/New York: Oxford University Press, 2001.

27. Scott, Richard, *The History of the International Energy Agency: the First 20 Years (1974—1994)*, Vol. I, II & III, OECD/IEA 1994—1995.

28. U. S. Dept. of Commerce, *Energy Policies in the European Community*, Prepared for the U. S. Energy Research and Development Administration, Washington: The Administration, 1975.

29. Vernon, Raymond, ed., *The Oil Crisis*, New York, USA: W. W. Norton & Company Inc., 1976.

30. Wälde, Thomas W. ed., *The Energy Charter Treaty: An East-*

West Gateway for Investment and Trade，London/Boston：Kluwer Law International，1996.

31. Wallace，Helen，and William Wallace，*Policy-making in the European Union*，Oxford/New York：Oxford University Press，1996.

32. Weidenfelf，Werner，and Wolfgang Wessels，*Europe from A to Z：Guide to European Integration*，Luxembourg：Office for Official Publications of the European Communities，1997.

33. Willrich，Mason，et al.，*Energy and World Politics*，New York：Free Press，1975.

三、报告、演讲、论文及新闻报道

1. Andersen，Svein S.，*EU Energy Policy——Interest Interaction and Supranational Authority*，http：//www. arena. uio. no/publications/wp00_5. htm.

2. Barbaso，Fabrizio，Deputy Director General for Energy，DG TREN，European Commission，*EU Energy Policy：Towards Sustainable，Competitive and Secure EU Energy Policy*，speech at World Refining & Fuels Conference，Brussels，31 May 2006.

3. Barysch，Katinka，*Turkey's Role in European Energy Security*，Centre for European Reform，December 2007.

4. Balmaceda，Margarita M.，*EU Energy Policy and Future European Energy Markets：Consequences for the Central and East European States*，(Working paper)，Mannheim：2002.

5. Beden，Ayse，*Security of Energy Supply in the EU：Challenges and Solutions* (M. A. Thesis in Advanced European and International Studies)，Nice，June 2007.

6. Belkin，Paul，*The European Union's Energy Security Challenges*，CRS Report，January 30，2008.

7. Brinkhorst，Laurens Jan，*The new eu energy policy：balancing the internal market and external security of supply*，Policy Dialogue—29 Janu-

ary 2007.

8. British Petroleum, *BP Statistical Review of World Energy*, June 2006.

9. Cayrade, Patrick, *Investments in Gas Pipelines and Liquefied Natural Gas Infrastructure——What is the Impact on the Security of Supply?* INDES Working Paper NO. 3/MARCH 2004. Available at http://www.ceps.be.

10. Chavelier, Jean-Marie, *Security of Energy Supply for the European Union*, September 2005, www.dauphine.fr/.../Chevalier%20SECURITY%20OF%20ENERGY%20SUPPLY.pdf.

11. Checchi, Arianna, Arno Behrens and Christian Egenhofer, *Long-Term Energy Security Risks for Europe: A Sector-Specific Approach*, CEPS (Center for European Policy Studies) Working Document, No. 309/January 2009. Available at http://www.ceps.eu.

12. CIEP, *Study on Energy Supply Security and Geopolitics* (a report produced by a consultant Clingendael International Energy Programme for EU DG Energy and Transport), The Hague, January 2004, (TREN/C1—06—2002).

13. Cohen, Ariel, *Europe's Strategic Dependence on Russian Energy*, November 5, 2007. Available at http://www.heritage.org/Research/Europe/bg2083.cfm.

14. Dempsey, Judy & Dan Bilefsky, *EU unity on power is elusive*. International Herald Tribune. March 23, 2006. Available at http://www.iht.com/articles/2006/03/22/business/energy.php.

15. EEA Report No 8/2006, *Energy and environment in the European Union——Tracking progress towards integration*, Luxembourg: Office for Official Publications of the European Communities, 2006.

16. Egenhofer, Christian, and Arno Behrens, *Two sides of the same coin? Securing European energy supplies with internal and external policies*, Centre for European Policy Studies (CEPS), Brussels, 20 May 2008.

17. Egenhofer, Christian, Kyriakos Gialoglou & Giacomo Luciani,

Market-based Options for Security of Energy Supply. March 2004. Available at http://www.ceps.be.

18. Energy Information Administration (US), *World Oil Transit Chokepoints*. Available at http://www.eia.doe.gov. Accessed on Jan. 18, 2007.

19. Energy Information Administration (US), *Caspian Sea Region: Survey of Key Oil and Gas Statistics and Forecasts*, 2006.

20. Gallis, Paul, *NATO and Energy Security*, CRS Report RS22409.

21. Ganova, Aglika, *European Union Energy Supply Policy: Diversified in Unity?* (M. A. Thesis in Advanced European and International Studies) Nice, May 2007.

22. Gault, John, *The European Union: Energy Security and the Periphery*, Geneva, Geneva Centre for Security Policy, No. 40. August 2002.

23. Geden, Oliver, Clemence Marcelis & Andreas Maurer, *Perspectives for the European Union's External Energy Policy—Discourse, Ideas and Interests in Germany*, the UK, Poland and France, Working Paper, December 2006.

24. Geerdink, Marlieke, *Energy and Geopolitics: Possibilities and Impediments for EU Energy Supply Security from Saudi Arabia* (Master's Thesis in International Relations), June 2007.

25. Grant, Charles and Barysch, Katinka, *The EU-Russia Energy Dialogue*, Centre for European Reform, London, May 2003.

26. Helm, Dieter, *European Energy Policy: Securing Energy Supply and Meeting the Challenge of Climate Change*, New College, Oxford, 25 October, 2005.

27. International Energy Agency, *Towards a Sustainable Energy Future*, Paris, 2001.

28. International Energy Agency, *World Energy Outlook 2002*, OECD/IEA, Paris.

29. International Energy Agency, *World Energy Outlook 2008*, OECD/IEA, Paris.

30. Jong, Jacques de and Coby van der Lindel, *EU Energy Policy in a Supply-constrained World*, European Policy Analysis, OCTOBER, ISSUE 11—2008.

31. Kelleher, Catherine M., *Europe's Energy Dilemmas: The New Security Dimensions*, The Watson Institute for International Studies, Brown University, USA, March 29, 2008.

32. Kreft, Heinrich, *Geopolitics of Energy: A German and European View.*

33. Kröger, Wolfgang, *Issues of Secure Energy Supply*, October 12, 2006.

34. Massai, Leonardo, *European Climate Policy Dossier*, T. M. C. Asser Institute, 10 September 2007.

35. Miroiu, Andrei, *The Energy Security of the European Union—a detailed analysis of the Union's energy (re) sources*, CSIS Files No. 5, 18/7/2007.

36. Palacio, Loyola de, *Speech on EU Energy Policy-looking to the future*, November 21, 2003.

37. Pedersen, Camilla Damsø, *EU Renewable Energy Policy——a study on the EU legislative framework for promoting renewable energy* (Master's Thesis), Department of Environment, Technology and Social Studies Roskilde University, Copenhagen, Denmark, May 2005.

38. Piebalgs, Andris, *EU and Turkey: Together for a European Energy Policy*, Speech at the conference "Turkey and the EU", Istanbul, June 2007.

39. Roberts, John, *The Turkish Gate, Energy Transit and Security Issue*, Centre for European Policy Studies, No. 11. October 2004.

40. Rodrigue, Jean-Paul, *Straits, Passages and Chokepoints: A Maritime Geostrategy of Petroleum Distribution*, 2004.

41. Socialist Group in the European Parliament: *Towards a Sustainable Common European Energy Policy*, Discussion paper for the Public Hearing, 8 June 2006.

42. SDP Working Party on Energy, *An Energy Strategy to the 21st Century*, London: SDP, Open Forum Committee, 1983.

43. Skinner, Robert, *Strategies for Greater Energy Security and Resource Security*, Oxford Institute for Energy Studies, June 2006.

44. Solana, Javier, *A Secure Europe in a Better World—The European Security Strategy*, document adopted by European Heads of State and Government at the European Council in Brussels on 12 December, 2003.

45. Waldner, Benita Ferrero-, *Concluding remarks at the Conference: Towards an EU External Energy Policy to Assure a High Level of Supply Security*, Brussels, 21 November 2006, SPEECH/06/725.

46. Walther, Arne (Secretary General, International Energy Forum), *Producer-Consumer Dialogue for Global Energy Security*, China Oil and Gas Summit 2007—— "Energizing the Future", Beijing, China, 22—23 March 2007.

47. Westphal, Kirsten, *Energy Policy between Multilateral Governance and Geopolitics: Whither Europe?* International Herald Tribune, January 5, 2006.

48. Willenborg, Robbert, Christoph Tonjes and Wilbur Perlot, *Europe's Oil Defences: An analysis of Europe's oil supply vulnerability and its emergency oil stockholding systems*, The Hague: The Clingendael Institute, January 2004.

四、译著

1. [挪威] 安德森，斯万 (Svein S. Anderson)，契尔·艾里亚森 (Kjell A. Eliassen) 主编：《欧洲政策制定》(Making Policy in Europe)，陈寅章等译，北京：国家行政学院出版社，2002 年版。

2. 奥德尔，彼得·R.：《石油与世界霸权——石油危机的背景》，北京：三联书店，1978 年版。

3. [英] R. 贝尔格雷夫，[美] 查尔斯·K. 埃伯格尔，[日] 冲野秀明编：《2000 年的能源安全》，王能全、李绍先、刘宁译，北京：时事出版社，

1990 年版。

4.［美］布朗，莱斯特·R：《B 模式——拯救地球 延续文明》，林自新、暴永宁等译，北京：东方出版社，2003 年版。

5.［美］戴维斯等著：《世界能源与环境》，刘铭等编译，沈阳：辽宁人民出版社，1992 年版。

6.［美］迪斯，戴维·A，约瑟夫·S·奈合编：《能源和安全》，李淼等译，上海：上海译文出版社，1984 年版。

7.［美］克莱尔，迈克尔·T 著：《资源战争：全球冲突的新场景》，童新耕、之也译，上海：上海译文出版社，2002 年版。

8.［英］克拉克（Clarke，R）主编：《世界能源新技术：向持久性能源系统过渡》，张超英、贾国安译，北京：海洋出版社，1989 年版。

9.［德］科勒—科赫，贝娅特等著：《欧洲一体化与欧盟治理》，顾俊礼等译，北京：中国社会科学出版社，2004 年版。

10.［法］莫内，让：《欧洲第一公民——让·莫内回忆录》，成都：成都出版社，1993 年版。

11.［俄］日兹宁，斯著：《国际能源政治与外交》，强晓云等译，上海：华东师范大学出版社，2005 年版。

12.［英］桑普森（A. Sampson）著：《七姊妹：大石油公司及其创造的世界》，伍协力译，上海：上海译文出版社，1979 年版。

13. 世界能源会议编（伦敦）：《能源术语词汇集》（第二版），北京：能源出版社，1989 年版。

14.［美］耶金，丹尼尔（Daniel Yergin）著：《石油·金钱·权力》，钟菲译，北京：新华出版社，1992 年版。

15. Cassedy，Edward S. 著：《可持续能源的前景》，段雷、黄永梅译，北京：清华大学出版社，2002 年版。

16. OECD/IEA：《石油供应安全：2000 年国际能源署成员国应急潜力》，国家发展和改革委员会石油储备办公室等编译，北京：石油工业出版社，2006 年版。

五、中文著作

1. 阿木提，安尼瓦尔、张胜旺主编：《石油与国家安全》，乌鲁木齐：新疆人民出版社，2003 年版。

2. 陈玉刚著：《国家与超国家——欧洲一体化理论比较研究》，上海：上海人民出版社，2001 年版。

3. 戴炳然译：《欧洲共同体条约集》，上海：复旦大学出版社，1993 年版。

4. 顾念祖、刘雅琴编著：《能源经济与管理》，北京：中国电力出版社，1999 年版。

5. 郇庆治著：《多重管治视角下的欧洲联盟政治》，济南：山东大学出版社，2002 年版。

6. 计秋枫、洪邮生、张志尧著：《欧洲的梦想与现实——欧洲统一的历程与前景》，南京：南京大学出版社，2000 年版。

7. 江红著：《为石油而战：美国石油霸权的历史透视》，北京：东方出版社，2002 年版。

8. 姜润宇主编：《石油战略储备——欧盟的储备体制及其借鉴意义》，北京：中国市场出版社，2007 年版。

9. 李世安、刘丽云等著：《欧洲一体化史》，石家庄：河北人民出版社，2003 年版。

10. 刘秀文、埃米尔·J·科什纳等著：《欧洲联盟政策及政策过程研究》，北京：法律出版社，2002 年版。

11. 齐高岱等编译：《中东局势与能源危机：欧佩克 30 年的发展和政策》，北京：经济管理出版社，1991 年版。

12. 王能全著：《石油与当代国际经济政治》，北京：时事出版社，1993 年版。

13. 王伟中主编：《国际可持续发展战略比较研究》，北京：商务印书馆，2000 年版。

14. 吴于廑、齐世荣主编：《世界史·现代史编（下卷）》，北京：高等教育出版社，1994 年版。

15. 徐小杰著：《新世纪的油气地缘政治——中国面临的机遇与挑战》，

北京：社会科学文献出版社，1998 年版。

16. 杨豫、胡成著：《历史学的思想与方法》，南京：南京大学出版社，1999 年版。

17. 张国忠主编：《世纪宣言》，北京：华夏出版社，1998 年版。

18. 张荐华著：《欧洲一体化与欧盟的经济社会政策》，北京：商务印书馆，2001 年版。

19. 中国现代国际关系研究院经济安全研究中心著：《全球能源大棋局》，北京：时事出版社，2005 年版。

20. 周弘、[德] 贝娅特・科勒—科赫主编：《欧盟治理模式》，北京：社会科学文献出版社，2008 年版。

六、中文报刊文章

1. 埃斯科瓦尔，佩佩：“管道斯坦的最大角逐开始了”（“21 世纪‘能源大博弈’开场”），《参考消息》，2005 年 5 月 27 日第 3 版。

2. 蔡秀华、张庆阳、吕文忠：“迎接全球气候变暖问题的挑战”，《气象科技》，2000 年第 4 期。

3. 常冰译：“英国政府出台能源政策白皮书”，《国外核新闻》，2003 年第 5 期。

4. 陈迎：“国际气候政治格局的发展与前景”，中国网，2008 年 2 月 1 日。

5. 崔宏伟：“实现中国能源安全战略——兼谈欧洲经验的借鉴”，《世界经济研究》，2005 年第 6 期。

6. 董登新：“38 年国际原油价格轨迹扫描——世界高油价是如何炼成的?”，http：//investment. blog. sohu. com/90585622. html。

7. 范洲平编译：“欧盟与美国及其邻国的能源合作”，《中国标准化》，2003 年第 8 期。

8. 国家发展和改革委员会赴欧洲考察团：“欧洲可持续能源政策及对我国的启示”，《中国能源》，2003 年第 4 期。

9. 顾芸芸：“海湾地区地缘政治中的能源因素——兼议当前中国能源安全”，《阿拉伯世界》，2004 年 3 月。

10. 郭志俊："欧盟共同体能源政策：制约因素及路径选择"，《国际论坛》，2006年9月第5期。

11. 郭学良："欧盟积极推进中亚新战略"，《光明日报》，2007年10月14日。

12. 胡国松、邓翔："《欧洲能源宪章条约》述评"，《欧洲》，1996年第6期。

13. 基思布朗，亚当布朗："欧洲联盟的可再生能源政策及规划"，《中国能源》，1996年第10期。

14. 姜毅："俄罗斯与欧盟——新的合作伙伴"，《俄罗斯中亚东欧研究》，2004年第1期。

15. 蒋一澄："欧盟能源政策：动力、机制与评价"，《浙江社会科学》，2006年第1期。

16. 金启明："2004年欧盟科技发展综述"，《全球科技经济瞭望》，2005年第2期。

17. 金启明："欧盟能源政策综述"，《全球科技经济》，2004年第8期。

18. 郎一环，赵建安："国外能源监管体制与机制研究对我国的启示"，2007年5月31日，http：//www.cnnr.org/listNews.asp？id=50&classid=1。

19. 李伟建："国际关系中的能源因素"，《阿拉伯世界》，2001年第4期。

20. 李萌、潘家华："中国和欧盟能源安全、国际合作与可持续发展"，《现代经济探讨》，2006年第10期。

21. 齐绍洲、刘健、罗威："欧盟能源市场一体化浅析"，《法国研究》，2006年第1期。

22. 齐铁健："IEA示警能源供应"，《中国石油石化》，2007年第15期。

23. 秦大河："全球气候变化对人类的影响"，2006年12月28日，http：//www.cast.org.cn/n435777/n616445/38072.html。

24. 秦大河："气候变化的危局与中国对策"，http：//jsj.jypc.org/civilization/talk/2009－03－09/3043.html。

25. 裘元伦："技术、合作、政治生态学——欧盟能源政策"，《中国石油》，2001年第9期。

26. 任海平："油气资源牵动地缘政治"，《人民日报》，2004年7月30

日，第7版。

27. 任兴洲、王杰："国外石油安全战略及其启示"，《经济研究参考》，2001年第25期。

28. 孙永祥："能源安全及'后石油时代'的对策"，《当代石油石化》，2006年第10期。

29. 孙晓青："当前欧盟对俄关系中的能源因素"，《现代国际关系》，2006年第2期。

30. 唐东："世界能源供需现状与发展趋势"，《国际石油经济》，2005年第1期。

31. 田帆："欧盟：以一体化寻求能源安全"，《参考消息》，2005年1月13日，第12—13版。

32. 王震、刘显法："国际能源安全机制的演变与面临的新挑战"，《中国经济时报》，2006年8月11日。

33. 吴刚、刘兰翠、魏一鸣："能源安全政策的国际比较"，《中国能源》，2004年第12期。

34. 吴广义等："世界能源地缘政治格局的新态势"，《亚洲纵横》，2004年第3期。

35. 吴妮："国际油价持续高涨引发多国抗议潮"，《新京报》，2008年6月20日。

36. 肖主安等："欧盟可持续能源政策及其对中国的启示"，《环境保护》，2005年第1期。

37. 徐明棋："欧盟能源政策特点及对中国能源政策启示和西部开发的借鉴意义"，《世界经济研究》，2006年第11期。

38. 徐影："全球气候变化的最新科学事实和研究进展"，http://www.sd.xinhuanet.com/qx/2007－09/12/content_11127621.htm.

39. 杨光："欧盟能源安全战略及其启示"，《欧洲研究》，2007年第5期。

40. 杨纪东："非洲石油开发现状及中非石油合作战略"，《海外投资与出口信贷》，2006年第3期。

41. 杨恕、曾向红："欧盟：中亚战略 能源算盘"，《中国石油石化》，2008年1月3日。

42. 严娟娟："俄白"'斗气'未平又'斗油'"，http：//www. china5e. com/news/oil/200701/200701160038. html。

43. 姚雨欣、杨芙姚、银燕："欧洲可再生能源技术发展现状与布局"，《中国科技产业》，2000 年第 5 期。

44. 余建华："欧盟对外能源合作若干问题探析"，《国际问题论坛》，2006 年春季号（总第 42 期）。

45. 袁旭东："欧盟一体化进程中能源合作问题研究"，http：//info. feno. cn/2007/110304/c000111934. shtml。

46. 张华、鹿爱莉："俄罗斯的油气及能源政策"，《国土资源》，2003 年第 4 期。

47. 张静："欧盟科技政策之流变"，《内蒙古科技与经济》，2005 年第 13 期。

48. 张良能："里海地区正在成为新的世界热点"，《现代国际关系》，1998 年第 12 期。

49. 张世坤、许晓光："我国当前的能源问题及未来能源发展战略"，《能源研究与信息》，2004 年第 4 期。

50. 张世均、甘爱冬："俄乌'天然气之争'及其对我国能源安全的启示"，《曲靖师范学院学报》，2006 年 3 月，第 25 卷第 2 期。

51. 中华人民共和国国务院新闻办公室：《中国的能源状况与政策》白皮书，2007 年 12 月。

52. 中华人民共和国国家发展和改革委员会：《中国应对气候变化国家方案》（国发［2007］17 号），2007 年 6 月 3 日。

53. 周弘："欧盟如何应对能源安全危机"，《求是》，2005 年第 21 期。

54. 周弘："欧盟能源战略：'中欧亚'能源一体化"，http：//www. powerproduct. com/news/1449. html。

55. Ute Blohm-Hieber："欧洲的战略远景"，《国际原子能机构通报》，2008 年 3 月。

后　记

本书基于作者在南京大学欧盟研究所攻读博士期间所完成的博士论文——《走向低碳经济——欧盟能源安全战略研究》。本书的写作始于2005年7月，完稿于2009年底。根据出版社的要求，作者续写了第六章第四节，以反映欧盟能源战略的最新动态。在本书出版之际，作者首先要感谢导师、南京大学欧盟研究所所长杨豫教授及师母刘小萱老师。本书的最终完成也凝聚着恩师的心血和汗水。其次，作者要感谢南京大学历史系世界史教研室的钱乘旦教授、陈晓律教授、沈汉教授、陈祖洲教授、陈仲丹教授、胡成教授、舒晓昀副教授和国际关系教研室的朱瀛泉教授、蔡佳禾教授、洪邮生教授、石斌教授、郑安光副教授，以及南京大学副校长张异宾教授、政府管理学院严强教授、外国语学院从丛教授等。他们的精彩讲课和渊博知识为作者的研究提供了必要的理论背景和学术基础。作者也要感谢李霄翔、祝吉芳、肖主安、刘颖、陈淑梅、方国学、闵凡祥、唐金龙、刘英国、惠一鸣、刘光华、马约生、张清、张经建、蔡玉辉、薛向君、丰华琴、刘艳、臧书磊、庄瑞英等学友们的关心和支持。多年来，解放军国际关系学院各级领导和同事们，尤其是何树教授，给予作者许多关照和支持。在此，一并表示衷心的感谢。

在资料搜集过程中，英国能源专家保罗·莱昂斯（Paul K. Lyons）慷慨地把自己的两部专著发给作者，为本研究提供了非常宝贵的参考资料。英国布里斯托尔大学（University of Bristol）政治系主任、欧洲政治学教授Michelle Cini博士2007年7月在南京大学任客座教授期间，专门安排时间就本书的内容和研究方法与作者进行了认真的讨论，提出了许多有启发性的意见。此外，在本书写作过程中，作者广泛参考、借鉴和引用了包括莱昂斯在内的国内外众多专家学者的研究成果。在此，谨向他们表示衷心的感谢。

作者还要特别感谢中国社会科学院欧洲研究所副所长罗红波研究员，江苏省社会科学院世界经济研究所所长朱乃新研究员，南京大学历史系陈祖洲教授、计秋枫教授和洪邮生教授，东南大学外语学院院长李霄翔教授，解放军国际关系学院基础部主任何树教授。在本书作为博士论文的评阅和答辩阶段，他们给作者提出了许多宝贵的意见和建议，为本书的完善提供了有益的帮助。

本书的顺利完成也凝聚着作者家人的支持和关爱。年迈的父母始终关心着作者所取得的点滴成绩。父亲勤奋好学、多才多艺，退休之后开始学习书画，现已成为小有名气的书画家，精彩作品不时见诸报刊，令作者无比自豪。多年来，妻子承担了大部分家务和琐事，使作者得以集中精力读书写作。儿子好学上进，先是成功考入南京外国语学校，高中毕业时又成功申请到奖学金，赴国外留学，攻读MBA，且本硕连读，令作者十分欣慰。

作者还要借此机会感谢时事出版社的领导，特别是编辑部主任苏绣芳女士和责任编辑杨安哲。正是因为他们的高效决策、精心策划和快速运作，才使本书得以如此迅速地面世。

由于作者理论素养和学术水平所限，文中难免存在诸多疏漏和不足之处，祈盼各位专家和读者批评指正。

冯建中

2010年4月于南京

图书在版编目（CIP）数据

欧盟能源战略：走向低碳经济/冯建中著．—北京：时事出版社，2010.7
ISBN 978-7-80232-361-2

Ⅰ.①欧…　Ⅱ.①冯…　Ⅲ.①欧洲联盟—能源经济—研究　Ⅳ.①F450.62

中国版本图书馆 CIP 数据核字（2010）第 106772 号

出 版 发 行：时事出版社
地　　址：北京市海淀区万寿寺甲 2 号
邮　　编：100081
发 行 热 线：(010) 88547590　88547591
读者服务部：(010) 88547595
传　　真：(010) 68418647
电 子 邮 箱：shishichubanshe@sina.com
网　　址：www.shshishe.com
印　　刷：北京昌平百善印刷厂

开本：787×1092　1/16　印张：39.75　字数：632 千字
2010 年 8 月第 1 版　2010 年 8 月第 1 次印刷
定价：98.00 元
（如有印装质量问题，请与本社发行部联系调换）